全国高职高专教育精品规划教材

# 会计职业基础与技能

主　审：李桂付
主　编：顾国巧　吴雯洁
副主编：徐宏桂　李荣道　孙海成
编　委：李　萍　张　菁　顾珂里　陶　涛　丁金兰　戴　云

東華大學出版社

## 内容提要

本书按照会计核算工作的基本流程，并结合学习者的认知特点，将学习内容分为初识会计、原始凭证、记账凭证、会计账簿、会计报表、账务处理程序和会计档案七个项目，大体分为三个环节：入门环节、专项技能训练环节、综合技能训练环节。每个项目中分别设具体的会计工作任务，从完成会计工作任务的目标出发，引出会计工作任务，然后解析完成会计工作任务所需掌握的理论和技能知识，让学习者在学中做、做中学，最终能够完成每一项具体的工作任务，提高学生的会计职业技能和职业素质。

本书采用任务驱动的模式，将理论与实践有机结合，理论以实用、够用为限。每个项目将会计基本技能和基本方法融于教学过程中，课后为帮助学生理解并深化基本理论设置了相应的习题训练。

本书是一本完整的以会计核算工作流程为体系，介绍会计基本理论和基本技能的教材，适合高职高专会计类专业、工商管理类专业和经济类专业等相关专业的学习者选用，也适合作为会计学习的入门教材、刚参加工作的会计人员的指导用书，以及参加会计从业资格考试的参考用书。

**图书在版编目(CIP)数据**

会计职业基础与技能/顾国巧，吴雯洁主编. —上海：东华大学出版社，2014.8
ISBN 978-7-5669-0532-1

Ⅰ.①会… Ⅱ.①顾… ②吴… Ⅲ.①会计学—岗位培训—教材 Ⅳ.①F230

中国版本图书馆CIP数据核字(2014)第155273号

**责任编辑** 张 静
**封面设计** 魏依东

**出　　版**：东华大学出版社（上海市延安西路1882号，200051）
**出版社网址**：http://www.dhupress.net
**天猫旗舰店**：http://dhdx.tmall.com
**营销中心**：021-62193056　62373056　62379558
**印　　刷**：常熟市大宏印刷有限公司
**开　　本**：787 mm×1 092 mm　1/16　印张15.25
**字　　数**：381千字
**版　　次**：2014年8月第1版
**印　　次**：2014年8月第1次印刷
**书　　号**：ISBN 978-7-5669-0532-1/F·060
**定　　价**：33.00元

# 前　言

FOREWORD

“会计职业基础与技能”是一门实践性很强的课程。该课程是会计学习的入门课程，也是学习者取得会计从业资格证的必修课程。根据该课程在会计专业整个课程体系中的作用和地位，结合高职高专“以就业为导向，以能力为本位”的职业教育理念，本书打破原来以会计核算方法为框架的课程内容体系，建立了以会计核算工作基本流程为框架的课程内容体系。

本教材有以下特点：

**一、从会计核算工作的基本流程入手，构建教材内容体系**

本教材根据会计核算工作的基本流程和具体的岗位任务，并结合学习者的认知特点和会计从业资格考证的要求，选取并序化教学内容，形成了以“初识会计”“原始凭证”“记账凭证”“会计账簿”“会计报表”“账务处理程序”“会计档案”七个项目组成的课程内容体系。大体上分为三个环节：入门环节，帮助学习者了解并认识会计，激发学习者学习该专业和该课程的热情；专项学习环节，帮助学习者学习并完成会计核算工作基本流程中具体的岗位任务；综合训练环节，让学习者在老师的指导下，完成某一企业一个月发生的会计业务。

**二、融会计原理于操作实践中，实现“岗证融合”**

对于初次接触会计知识的学习者而言，纯粹的理论讲述空洞、乏味，会让学习者失去学习的兴趣。本教材从会计核算工作的需要入手，让学习者认识会计核算工作的基本流程，完成岗位工作任务；理论的选取以必需、够用为度，并结合会计从业资格考证的要求，让学习者在做中学、学中做，将岗位工作任务与考证知识点有机地融为一体。

### 三、校企合作，将工作过程融于学习过程中

纽曼阀门制造有限公司财务经理孙先生为本教材的编写提供了大量的会计实务工作的原始资料，并结合他多年从事会计工作的经验，对教材的编写给出了建设性的建议，即：根据会计工作的需要学习会计知识，学习过程与工作过程融于一体。

本教材由盐城工业职业技术学院顾国巧老师担任主编，负责全书的框架构建，并完成项目二“原始凭证”、项目三“记账凭证”和项目四“会计账簿”的编写；吴雯洁老师完成项目五“会计报表”的编写；徐宏桂老师完成项目七“会计档案”的编写；李荣道老师完成项目一“初识会计”的编写；孙海成老师完成项目六“账务处理程序”的编写。另外，李萍、张菁、顾珂里、陶涛、戴云和丁金兰等老师负责资料的收集、整理和部分编写工作；李桂付教授对本教材进行审核，并给出了指导性建议。

在本教材编写过程中参考了大量文献和资料，在此向有关作者表示感谢！

由于时间仓促，编者水平有限，书中不足之处在所难免，敬请广大读者批评指正。

编　者

# 目　录

## CONTENTS

**新课开篇**：通过让学生讨论“我为什么选择会计专业?”入手，了解学生学习该专业的态度，以及对该专业的认识，由此引导学生以积极主动、乐观向上的心态来认识会计专业，来学习该课程。

# 项目一 Project 1 初 识 会 计

**教学内容**

**任务一** 走近会计
**任务二** 认识会计机构、人员和岗位
**任务三** 走进企业，认识会计核算工作基本流程

**教学目标**

**能力目标**：能够认识会计和会计核算工作的基本流程
**知识目标**：了解会计、会计机构、会计岗位和会计人员
**素质目标**：培养学生对本课程的学习兴趣，培养学生成为称职会计人员的意识

## 任务一 走 近 会 计

**任务目标**： 认识会计是什么？会计有什么作用？

**任务引领**： 讨论“什么是会计?”(图 1-1-1～图 1-1-4)由此导入本次课的学习。

图 1-1-1 货币

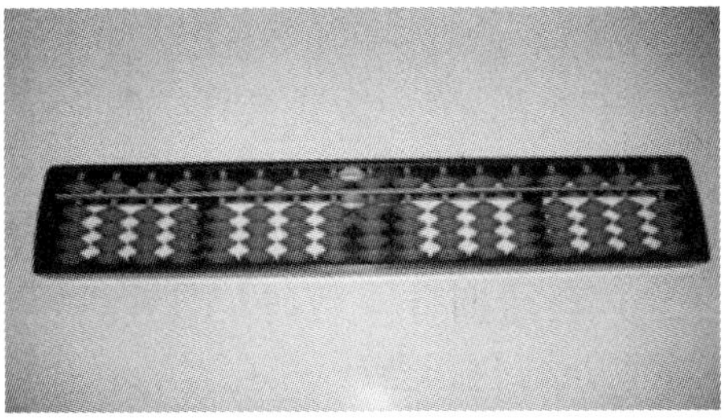

图 1-1-2 算盘

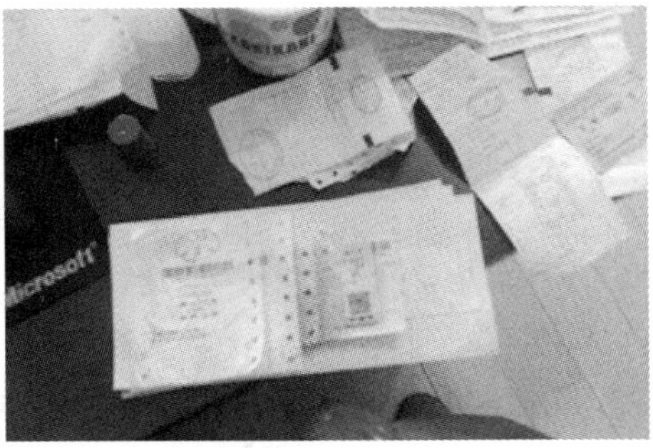

图 1-1-3 原始单据

图 1-1-4 凭证与账簿

**任务解析:**

## 一、会计的概念

会计是人类社会发展到一定历史阶段的产物,是随着生产力的发展和管理的要求而产生、发展,并不断完善起来的。

在我国,“会计”一词起源于西周时期,有计算财富、考察官吏功过之意。按照《说文解字》的注解和实际运用,“会”的意思是无遗漏地汇集起来,“计”的意思是计算,两者本来都有计量和计算的含义,是可以通用的。后来,我国清代的焦循根据会计实践,在《孟子正义》中又对“会”和“计”两个字的含义做了一定的区分:“零星算之为计,总合算之为会。”依照此解释,“会计”两字联用,就包括了日常的零星核算和定期的总括核算。

会计从产生到现在,尽管其内容不断扩充,程序愈加科学,方法日臻完善,会计理论逐步成熟,但关于会计的含义问题,一直没有一个明确、统一的说法。“零星算之为计,总合算之为会”的解释已经无法概括现代会计的本质内涵。

综上所述,本书编者认为:会计是以货币为主要计量单位,运用一系列专门方法,核算和监督一个单位的经济活动过程的一种经济管理工作。

## 二、会计的特点

### (一) 会计以货币为主要计量单位

为了全面综合核算经济活动,客观上需要一种统一的计量尺度作为会计的计量单位,从而解决财产物资不能直接相加减的问题。因此,选择货币作为计量单位,从价值角度统一度量,使得财产物资的价值能够直接相加减,并通过价值计量表达出错综复杂的经济活动的过程和结果,成为综合核算经济业务活动的必要手段。

除货币计量外,还可以运用实物计量(千克、台、米、张等)和劳动计量(工时、工作日等)。

### (二) 会计拥有一系列专门方法

会计方法,包括会计核算方法、会计分析方法和会计检查方法。

会计核算方法,包括设置账户、复式记账、填制和审核会计凭证、登记账簿、成本计算、财产清查、编制财务会计报告。会计核算方法如图 1-1-5 所示。

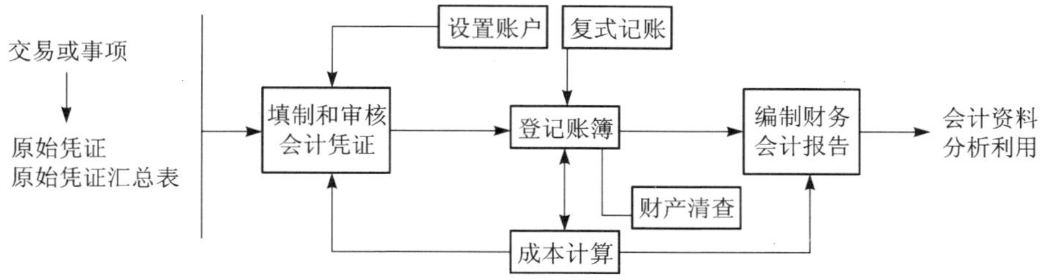


图 1-1-5 会计核算方法

### （三）会计的主要作用（职能）是核算和监督特定单位的经济活动

1. 会计的基本职能

（1）核算职能。会计的核算职能是会计的最基本职能，也是全部会计工作的基础环节。会计核算是指会计通过确认、计量、记录、报告，从数量上核算企业、行政事业等单位已经发生或完成的经济活动，为经营管理提供经济信息的功能。它主要是以价值形式从数量上连续、系统和完整地记录和报告各单位的经济活动情况。通常所说的记账、算账、报账等会计工作，就是会计核算职能的表现形式。

（2）监督职能。会计的监督职能是指会计在核算的过程中，对会计主体经济活动的合法性、合理性进行审查。合法性审查是对各项经济业务是否遵守国家有关法律法规、是否执行国家各项方针政策等情况的审查，以杜绝违反财经法纪的行为；合理性审查是指对经济业务是否符合经济运行的客观规律和单位的内部管理要求、是否执行单位的财务收支计划、是否有利于经营目标和预算目标的实现等进行的审查，为单位增收节支、提高效益把关。

会计监督具有以下特点：

第一，会计监督主要是利用价值指标进行监督。会计监督是依据会计核算资料进行的，会计核算以货币为主要计量单位核算经济活动的过程和结果，因此，会计监督也就可以利用价值指标从总体上监督经济活动。例如，通过制定费用预算，会计人员可以在总额上控制和监督费用的开支范围，从而达到控制其经济活动的目的。

第二，会计监督是对经济活动全过程进行监督。会计监督的核心是保证会计资料的真实可靠，因此，会计机构和会计人员必须对经济活动全过程进行事前、事中和事后监督。

（3）核算职能和监督职能的关系。会计核算职能和会计监督职能关系密切，相辅相成。核算职能是监督职能的前提，监督职能是核算职能的保证。

2. 会计的新职能

除了会计的核算和监督这两个基本职能外，会计还具有预测经济前景、参与经济决策、进行经济控制、评价经济业绩等功能。

会计预测是根据已有的会计信息和相关资料，对生产经营过程及其发展趋势进行判断、预计和估测，找到财务方面的预定目标，作为下一个会计期间进行经济活动的指标；会计决测是指会计按照提供的预测信息和既定目标，在多个备选方案中，帮助主管人员选择最佳方案的过程；会计控制是通过会计反馈信息和利用信息对经济活动偏离目标的倾向进行调整、干预或施加影响，使其达到预定目标；会计评价是以会计核算资料为基础，结合其他相关资料，运用专门的方法，对经济活动的过程和结果进行分析，肯定成绩，找出薄弱环节和原因，提出改进措施，改善经营管理。

### (四) 会计的本质是一种经济管理活动

会计是经营管理的必不可少的工具，本身又是经营管理的组成部分。因此，任何社会的经营管理活动，都离不开会计。经济越发展，管理越要加强，会计也就越重要。

## 任务二　认识会计机构、人员和岗位

**任务目标：** 认识会计机构的设置、会计人员的岗位和任职要求。

**任务引领：** 找找生活中的会计机构和会计人员(图 1-2-1)，你认为作为一名合格的会计人员应当具备哪些条件和素质？

图 1-2-1　会计机构和会计人员

**任务解析：**

企业、事业单位、机关、团体等单位，一般需要设置从事会计工作的职能部门，建立健全会计机构，并配备一定数量的高素质会计人员。这对于加强会计工作领导，充分发挥会计核算和监督的职能具有重大意义。

### 一、会计机构的设置

#### (一) 设置的基本原则

各单位根据会计业务的需要设置会计机构。

#### (二) 考虑因素

(1) 单位规模大小。

(2) 经济业务和财务收支的繁简。

(3) 经管管理的要求。

#### (三) 具体做法

(1) 会计业务较多：设置会计机构配备会计人员，指定会计机构负责人。

(2) 会计业务较简单：在有关机构配备会计人员，指定会计主管人员。

(3) 会计业务较少，不具备条件：委托依法设立的中介机构代理记账。

### 二、会计岗位

#### (一) 会计岗位的定义

会计岗位指一个单位会计机构内部根据业务分工而设置的职能岗位。

### （二）主要会计工作岗位

（1）总会计师(或行使总会计师职权)岗位。

（2）会计机构负责人(会计主管人员)岗位。

（3）出纳岗位。

（4）稽核岗位。

（5）资本、基金核算岗位。

（6）收入、支出、债权债务核算岗位。

（7）工资、成本费用、财务成果核算岗位。

（8）财产物资的收支、增减核算岗位。

（9）总账岗位。

（10）财务会计报告编制岗位。

（11）会计机构内会计档案管理岗位。

（12）会计电算化岗位。

---

**注意：**

会计档案管理岗位的特殊性(会计机构内部负责会计档案管理的人员属会计岗位，但档案部门负责会计档案管理的人员不属于会计岗位)；医院门诊、住院部的收费员和商场的收银员不属会计岗位；内部审计机构、内部审计人员不属于会计岗位。

会计工作岗位可以一人一岗、一人多岗或者一岗多人，但要符合内部牵制制度的要求，即凡涉及款项或财物的收付、结算和登记工作，必须由两人以上的人员分工办理，以起到相互牵制、相互制约的一种内部管理制度。如：出纳人员不得兼任稽核、会计档案的保管和收入、支出、费用、债权债务账目的登记工作。

---

### （三）总会计师

1．总会计师的定义

总会计师是组织领导本单位的财务管理和会计工作等方面的工作，参与本单位重要经济问题分析和决策的单位行政领导人员。总会计师是单位主管会计工作的负责人，是单位领导班子成员，直接对单位负责人负责。

2．总会计师的设置

国有或国有资产占控股(或主导)地位的大、中型企业必须设置总会计师；凡是设置总会计师的单位，不应当设置与总会计师职责重叠的行政副职。

3．总会计师的任免

企业的总会计师由本单位主要行政领导人员提名，政府主管部门任命或聘任；免职或解聘程序与任命与聘任程序相同。(单位负责人不能直接任免)

4．总会计师必须具备的条件

（1）具备会计师以上任职资格。

（2）主管一个单位或单位内一个重要方面的财务工作时间不少于3年。

### （四）会计机构负责人(会计主管人员)

1．会计机构负责人的条件

《会计法》第36条规定：“各单位应当根据会计业务的需要，设置会计机构，或者在有关机构中设置会计人员并指定会计主管人员。”

(1) 单独设置会计机构的单位,负责组织管理会计事务、行使会计核算与监督职权的负责人可称为会计机构负责人。

(2) 不单独设置会计机构的单位,由单位指定的负责组织管理会计事务、行使会计核算与监督职权的负责人为会计主管。

2. 会计机构负责人的条件

(1) 具有会计从业资格证书。

(2) 具有会计师专业技术职务或从事会计工作3年以上。

(3)《会计基础工作规范》规定:政治思想条件(坚持原则、廉洁奉公);政策业务水平条件(熟悉国家财经法律法规和方针政策,掌握本行业业务管理知识);组织能力条件(有较强的组织协调能力);身体条件(身体状况能适用本职工作要求)。

### (五) 会计人员

1. 会计人员定义

在会计工作岗位上从事会计工作的人员。在会计工作岗位上从事会计工作的人员必须具有会计从业资格证书。

在国家机关、社会团体、公司、企业、事业单位和其他组织从事会计工作的人员(包括香港特别行政区、澳门特别行政区、台湾地区人员,以及外籍人员在中国大陆境内从事会计工作的人员),必须取得会计从业资格,持有会计从业资格证书。

2. 会计从业资格的取得

(1) 实行考试制度。凡是从事会计工作的人员必须经过考试才能取得会计从业资格。

(2) 考试报名条件。报名基本条件和禁止参加考试的相关规定以下:

① 基本条件:遵守国家法律、法规,具有良好的道德品质,具备一定的会计专业知识和技能。

② 禁止参加考试规定:

a. 一定期限内禁入(5年内禁入):因有《会计法》第42、43、44条所列违法行为,未构成犯罪的,被吊销会计从业资格证书之日起5年内禁入。

b. 终身禁入:与会计职务有关的违法行为被依法追究刑事责任的,不得取得或重新取得会计从业资格证书。与会计职务有关的违法行为包括:提供虚假财务会计报告、做假账、隐匿或故意销毁会计资料、贪污、挪用公款、职务侵占等。

## 三、会计专业技术资格

1. 会计专业技术资格考试级别

初级、中级、高级资格三个等级。其中高级会计师考评结合。

2. 会计专业技术职务

高级(高级会计师)、中级(会计师)、初级(助理会计师、会计员)

# 任务三 走进企业,认识会计核算工作基本流程

**任务目标:** 认识并熟悉会计核算工作的基本流程。

**任务引领：** 出纳（会计人员）到银行取款的业务需不需要进行会计处理呢？如果需要，应如何去处理该业务呢？

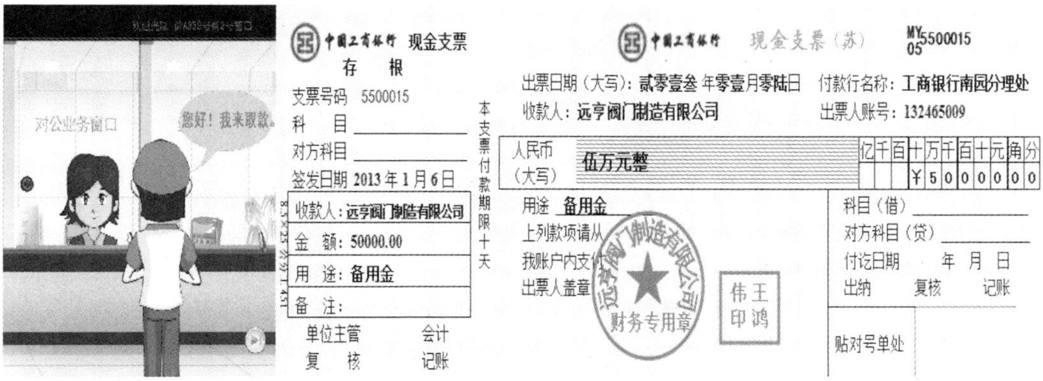


图 1-3-1　到银行提取现金业务的办理

**任务解析：**

## 一、走进企业

### （一）走进制造企业（工业企业）

企业是以盈利为目的的经济组织，成立一家企业要有一定的人力、物力和财力等资源。企业首先要有资金的投入，而投入的资金主要来源于两个途径：一是投资者投入；二是向债权人借入。对于制造型企业而言，有了资金要请进工人、购买物料、厂房、设备等资源，接着要运用这些资源去生产产品，产品完工后要将产品销售出去，再换回更多的资金。换回的资金有一部分会偿还债务、交纳税费和向投资者分配股利或利润而流出企业，另外的部分会再次投入生产，形成资金的循环与周转。在这个过程中，制造企业经历了采购过程（供应过程）、生产过程和销售过程。从资金运动的角度来看，制造企业的资金经历了资金投入、资金的循环与周转（资金的运用）和资金的退出三个环节，如图 1-3-2 所示。

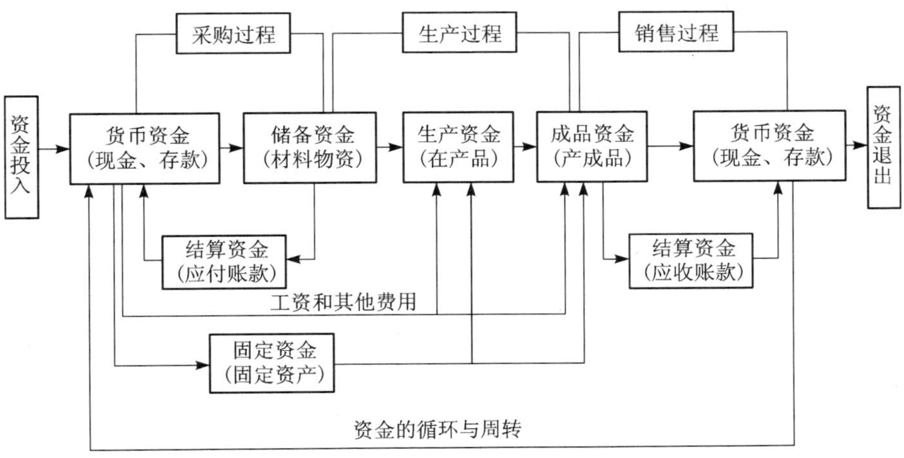


图 1-3-2　制造企业资金运动

**(二) 走进商品流通企业**

商品流通企业与制造企业相比,没有生产过程,主要经历采购过程和销售过程;但其资金运动的过程与制造企业一样,也经历了三个环节,即资金投入、资金的循环与周转(资金的运用)和资金的退出,如图 1-3-3 所示。

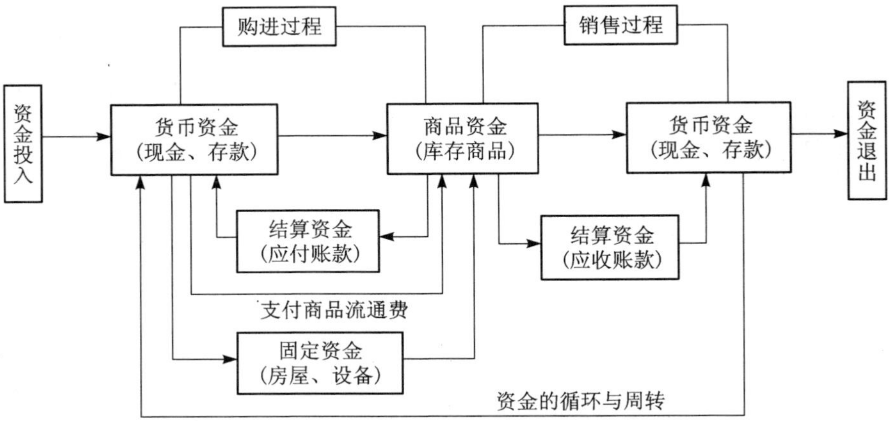


**图 1-3-3 商品流通企业资金运动**

## 二、认识会计主体

**(一) 会计主体的含义**

会计主体是会计所核算和监督的特定单位或者组织,是会计确认、计量和报告的空间范围。通俗一点来讲,会计主体就是会计人员所服务的具体的单位或部门。

**(二) 会计主体的内容**

会计主体包括某单个企业、企业内部的部门、多个企业组成的企业集团,如总公司、分公司、母公司、子公司、母子公司组成的企业集团、生产部门等。

**(三) 会计主体与法律主体**

(1) 法律主体是指能够独立承担民事责任的组织。

(2) 法律主体的内容。法律主体包括总公司、母公司、子公司,但不包括分公司。企业集团不是一个法律主体,而是多个法律主体组成的联盟。

(3) 会计主体与法律主体的关系。会计主体不一定是法律主体,但法律主体一定是会计主体。

## 三、认识会计对象

**(一) 会计对象的含义**

会计对象是会计所要核算和监督的内容。就是企业、机关、事业单位和其他组织能用货币表现的经济活动,即资金运动。

**(二) 资金运动**

资金运动有三个环节:资金投入、资金运用、资金退出。

## 四、认识会计核算工作的基本流程

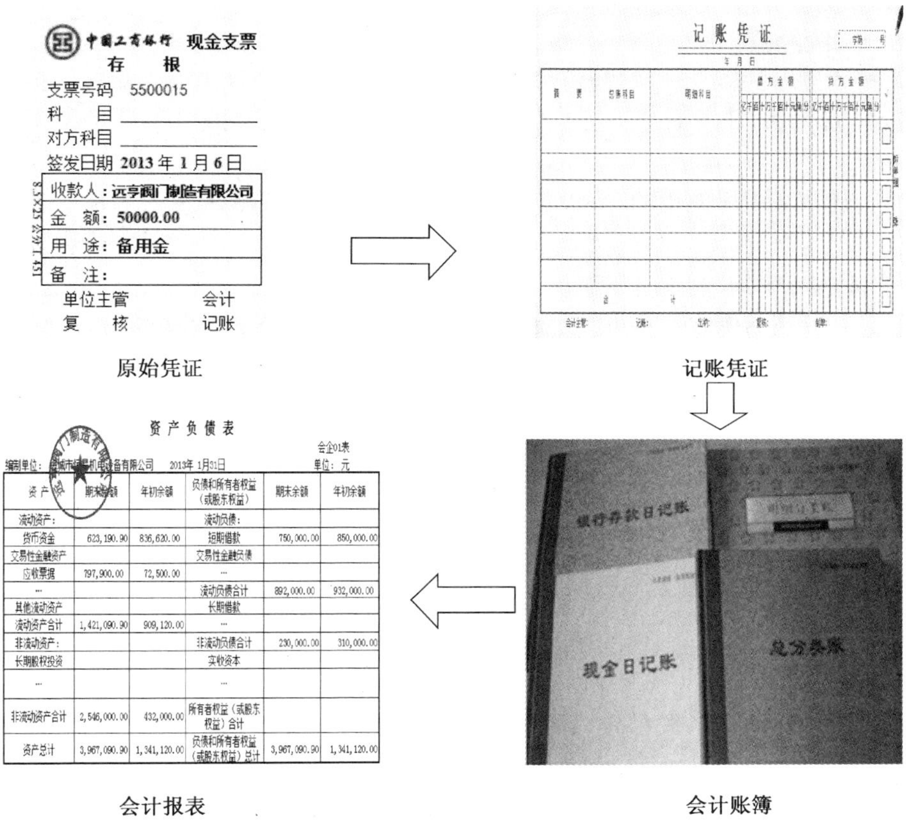


图 1-3-4 会计核算基本流程

从图 1-3-4 看出，会计核算工作的基本流程为：

填制和审核会计凭证 → 登记会计账簿 → 编制财务会计报告

（1）填制和审核会计凭证。填制和审核会计凭证是会计核算的起点。会计凭证是记录经济事项发生或完成情况的书面证明，也是登记账簿的依据。会计凭证按填制的程序和用途不同，分为原始凭证和记账凭证。

（2）登记账簿。登记账簿是会计核算的中心环节。

（3）编制财务会计报告。编制财务会计报告是会计核算工作的总结。

## 五、认识会计假设

一个正常经营的企业，它的经营活动是不断变化的，因此会计面对的是一个复杂、变化的环境。要使会计核算工作具有一定的稳定性和规律性，必须对会计工作提出一定的前提条件，即做出某些假设，从而使会计工作处于一个相对稳定的，比较理想的环境中。这种对会计核算的空间范围、时间范围、内容和方法所做的限定，就是会计核算的基本前提，也称为会计假设。具体包括会计主体、持续经营、会计分期和货币计量四大假设。

**(一) 会计主体**

见“认识会计主体”部分对会计主体的界定。

**(二) 持续经营**

(1) 持续经营的概念。持续经营指在可以预见的未来,会计主体将会按当前的规模和状态持续经营下去,不会停业,也不会大规模削减业务,是会计确认、计量和报告的时间范围。

(2) 会计核算中所使用的一系列的会计处理方法和原则,都建立在持续经营前提的基础上。

**(三) 会计分期**

(1) 会计分期的概念。指将一个会计主体持续经营的生产经营活动分为一个个连续的长短相同的期间,以便分期结算账目和编制财务会计报告。是对持续经营的补充。

(2) 会计期间分为年度和中期。中期包括半年度、季度、月度。年度、半年度、季度和月度都以公历起讫日期确定。我国的会计年度从每年公历 1 月 1 日至 12 月 31 日。

(3) 会计分期的意义。会计分期有利于企业及时结算账目,编制财务报告,以及提供核算企业经营情况的财务信息。

**(四) 货币计量**

(1) 货币计量的含义。货币计量是指会计主体在会计确认、计量和报告时采用货币作为统一的计量单位,核算会计主体的生产经营活动。货币计量为会计核算提供了必要的手段。

(2) 会计核算应以人民币作为记账本位币。业务收支以人民币以外的货币为主的单位,可以选定其中一种货币作为记账本位币,但是编报的财务会计报告应当折算为人民币。在境外设立的中国企业向国内报送的财务会计报告,应当折算为人民币。

## 习题训练

### 一、单项选择题

1. 下列有关会计方面的表述中,不正确的是(　　)。
   A. 经济越发展,会计越重要
   B. 会计按其报告对象不同,分为财务会计与管理会计
   C. 会计就是记账、算账和报账
   D. 会计是以货币为主要计量单位,反映和监督一个单位经济活动的一种经济管理活动
2. 会计的本质是(　　)。
   A. 一种经济管理目标　　B. 一项经济管理活动
   C. 一种技术工作　　D. 一种货币资金管理工作
3. 会计的基本职能包括(　　)。
   A. 会计控制与会计决策　　B. 会计预测与会计控制
   C. 会计核算与会计监督　　D. 会计计划与会计决策

4. 以货币为主要计量单位，通过确认、计量、报告等环节，对特定主体的经济活动进行记账、算账、报账，为各有关方面提供会计信息的功能是(　　)。
   A. 会计核算职能　B. 会计监督职能　C. 会计计划职能　D. 会计预测职能
5. 下列关于会计的基本特征表述正确的是(　　)。
   A. 会计是以货币为计量单位，不能使用实物计量和劳动计量
   B. 会计拥有一系列的专门方法，包括会计核算、管理和决策分析等
   C. 会计具有会计核算和监督的基本职能
   D. 会计的本质是核算活动
6. 下面关于会计对象说法不正确的是(　　)。
   A. 会计对象是指会计所要核算与监督的内容
   B. 特定主体能够以货币表现的经济活动，都是会计核算和监督的内容
   C. 企业日常进行的所有活动都是会计对象
   D. 会计对象就是社会再生产过程中的资金运动
7. 下列不属于资金退出的是(　　)。
   A. 偿还各项债务　B. 支付职工工资
   C. 上交各项税金　D. 向所有者分配利润
8. 下列经济业务事项，既属于财物的收发、增减和使用，又属于收入、支出、费用和成本的计算的是(　　)。
   A. 期末所得税的计算　B. 支付职工工资和奖金
   C. 生产车间和管理部门领用材料　D. 购买原材料，款项尚未支付
9. 会计人员在进行会计核算的同时，对特定主体经济活动的合法性、合理性进行审查称为(　　)。
   A. 会计控制职能　B. 会计核算职能　C. 会计监督职能　D. 会计分析职能
10. 下列有关会计主体的表述中，不正确的是(　　)。
   A. 会计主体是指会计所核算和监督的特定单位和组织
   B. 会计主体就是法律主体
   C. 由若干具有法人资格的企业组成的企业集团也是会计主体
   D. 会计主体界定了从事会计工作和提供会计信息的空间范围

## 二、多项选择题

1. 会计方法是反映和监督会计对象，完成会计凭证的手段，是从事会计工作所使用的各种技术方法，一般包括(　　)。
   A. 会计核算方法　B. 会计分析方法　C. 会计检查方法　D. 会计决策方法
2. 下列各项中，属于会计职能的有(　　)。
   A. 预测经济前景　B. 参与经济决策　C. 评价经营业绩　D. 实施会计监督
3. 以下关于事中监督描述正确的有(　　)。
   A. 事中监督是指在日常会计工作中，对已发生的问题提出建议，促使有关部门和人员采取改进措施
   B. 事中监督是对经济活动的日常监督和管理

C. 事中监督是指以事先制定的目标，利用会计核算提供的资料，对已发生的经济活动进行的考核和评价

D. 事中监督是对未来经济活动的指导

4. 下列关于会计监督的说法正确的有(　　)。

A. 只是对特定主体的经济活动的真实性、合法性进行审查

B. 主要通过价值指标来进行

C. 包括事前监督和事中监督，不包括事后监督

D. 会计监督是会计核算质量的保障

5. 会计核算的内容是指特定主体的资金活动，包括(　　)等阶段。

A. 资金的投入　　B. 资金的循环与周转

C. 资金的储存　　D. 资金的退出

6. 下面关于会计对象说法正确的有(　　)。

A. 会计对象是指会计所要核算与监督的内容

B. 特定主体能够以货币表现的经济活动，都是会计核算和监督的内容

C. 企业日常进行的所有活动都是会计对象

D. 会计对象就是社会再生产过程中的资金运动

7. 下列各项中，属于会计核算方法的有(　　)。

A. 登记会计账簿　　B. 填制和审核会计凭证

C. 成本计算　　D. 财产清查

8. 下列各项中，属于会计核算基本前提的有(　　)。

A. 会计主体　　B. 持续经营　　C. 会计分期　　D. 货币计量

9. 会计核算的环节包括(　　)。

A. 确认　　B. 计量　　C. 记录　　D. 报告

10. 会计分期这一基本前提的主要意义在于(　　)。

A. 可使会计原则建立在非清算基础之上

B. 可分期结算账目奠定理论与实务基础

C. 界定了提供会计信息的时间和空间范围

D. 为编制财务会计报告及使用相关会计原则确立了理论和实务基础

## 三、判断题

1. 会计的基本职能是会计核算和会计监督，会计监督是首要职能。(　　)

2. 会计的监督职能是会计人员在进行会计核算的之前，对特定会计主体经济活动的合法性、合理性、完整性等进行审查。(　　)

3. 企业会计的对象就是企业的资金运动。(　　)

4. 会计科目和账户的设置、复式记账、填制会计凭证、登记会计账簿、进行成本计算、财产清查和编制财务会计报告等，国家有统一的会计制度要求。(　　)

5. 会计中期，是指短于一个完整的会计年度的报告期间，一般指半年度。(　　)

6. 会计主体前提为会计核算确定了空间范围，会计分期前提为会计核算确定了时间范围。(　　)

# 项目二 原始凭证

Project 2

**教学内容**

任务一　认识原始凭证
任务二　识别原始凭证
任务三　填制原始凭证
任务四　审核原始凭证

**教学目标**

**能力目标：**能够识别、填制和审核原始凭证
**知识目标：**熟悉会计对象和会计要素，领会经济业务对会计等式的影响
**素质目标：**培养学生细心、耐心和谨慎的职业习惯

## 任务一　认识原始凭证

**任务目标：** 认识原始凭证

**任务引领：** 大家都有去超市购物的经历，怎么知道你今天去超市购物了？能够证明你购物的是什么？由此导入本次课的学习。

**任务解析：**

### 一、原始凭证的概念

原始凭证是指在经济业务发生或完成时直接取得或填制的，用以记录经济业务的发生或完成情况的最初书面证明。它是进行会计核算的重要原始资料，是记账的原始根据。如购买原材料时供货单位提供的发票、出差乘车的车票、住宿费发票等。凡是不能证明经济业务已经发生或完成的各种单据、文件，如购货合同、请购单、费用预算、会议记录、计划等，都不属于原始凭证，不能作为记账的原始依据。

### 二、原始凭证的种类

**(一) 原始凭证按来源不同分类**

原始凭证按来源不同分可以为两类：外来原始凭证和自制原始凭证。

1. 外来原始凭证

是指本单位在与外单位或个人发生经济业务往来时取得由外单位或个人填制的原始凭证。外来原始凭证都是一次凭证，如供货单位开出的发票——购货发票(表 2-1-1，表 2-1-2)、收款单位或收款人开出的收据——付款方持有的收据(表 2-1-3)、出差乘坐的车

表 2-1-1

江苏省增值税专用发票

发票联

3200123140　　开票日期：2014 年 01 月 05 日　　№ 0 1053157

| 购货单位 | 名称：远亨阀门制造有限公司<br>纳税人识别号：320901650202669<br>地址、电话：盐渎路18号88587796<br>开户行及账号：工行南园分理处132465009 | | | | 密码区 | 4-659639*+6+/ 加密版本号：01<br>3-7+98>608-62+ 3220025114140<br>1096-50>82*44/0 0103215<br>6070/>222+45>7 | | |
|---|---|---|---|---|---|---|---|---|
| 货物或应税劳务名称 | 规格型号 | 单位 | 数量 | 单价 | 金额 | 税率 | 税额 | |
| 铸钢件 | | 吨 | 25 | 14 000.00 | 350 000.00 | 17% | 59 500.00 | |
| 合计 | | | | | ¥350 000.00 | | ¥59 500.00 | |
| 价税合计（大写） | ⊗ 肆拾万玖仟伍佰元整 | | | | （小写） ¥ 409 500.00 | | | |
| 销货单位 | 名称：恒盛铸造有限公司<br>纳税人识别号：320010046321005<br>地址、电话：开发大道269号<br>开户行及账号：工行新都支行1103065326 | | | | 备注 | 恒盛铸造有限公司 320010046321005 | | |

收款人：　　复核：　　开票人：陈玉祥　　销货单位(盖章)

税总函[2013]316号 南京造币有限公司

第三联 发票联 购货方记账

表 2-1-2

江苏省地方税务局通用机打发票

发票联

发票代码 2350010103216

发票号码 21208715

开票日期：2014-01-10　　行业分类：旅店业

付款方名称：远亨阀门制造有限公司

付款方识别号：320901650202669

| 项目 | 单价/房价 | 房间数/数量 | 天数 | 金额（人民币） | 附注 |
|---|---|---|---|---|---|
| 住宿费 | 210.00 | 1 | 6 | 1260.00 | |

金额合计（大写）：人民币壹仟贰佰陆拾元整　　（小写）：¥ 1260.00

备注：　　开户银行：

开户账号：

水云轩连锁酒店 321007125563627 发票专用章

开票人：李艳　　收款方名称：水云轩连锁酒店　　收款方识别码：321007125563627

第一联发票联付款方付款凭证（手写无效）

船票(表 2-1-4)、从银行转来的收付款通知(表 2-1-5)和其他结算凭证等。

**表 2-1-3**

收款收据

2014 年 1 月 7 日

交款单位 远亨阀门制造有限公司　收款方式 转 账

人民币（大写）壹拾肆万叁仟元整　￥ 143 000.00

收款事由 2013 年 12 月 12 日销货款

（印章：高盛钢材厂 财务专用章）

单位盖章：　记账：　出纳：　审核：　经办：吕兴国

第二联 交付款单位

**表 2-1-4**

江苏省旅客运输专用发票

（印章：全国统一发票监制章 江苏省 国家税务总局监制）

发票联

231102326712912

发票代码 132021113323

发票号码 21366231

| 始发地—目的地 | | 票价（元） | 票种 | 承运人 | 班车（船）类别 | 车（船）型号 |
|---|---|---|---|---|---|---|
| 通州—亭湖 | | 40.00 | 全 | | | |
| 乘车（船）日期 | 开（船）日期 | 车（船）次 | 座号 | 上车（船）地点 | 检票口 | 工号 |
| 2014-01-10 | 09:00 | MC5317 | 12 | 通州总站 | 5 | 4506 |

（印章：公路运输集团有限责任公司 320113163243325 发票专用章）

附：1.票价含过路、过渡费。

2.限当日当次车，过期、涂改、污染、撕损、副票丢失票失效。

**表 2-1-5**

进账单（收账通知）　4

2014 年 1 月 1 日　第 001 号

| 收款人 | 全称 | 远亨阀门制造有限公司 | 付款人 | 全称 | 鑫成环保热电公司 |
|---|---|---|---|---|---|
| | 账号 | 132465009 | | 账号 | 0032566441 |
| | 开户银行 | 工行南园分理处 | | 开户银行 | 工行中心营业部 |

| 人民币（大写）叁拾万元整 | 百 | 十 | 万 | 千 | 百 | 十 | 元 | 角 | 分 |
|---|---|---|---|---|---|---|---|---|---|
| | ￥ | 3 | 0 | 0 | 0 | 0 | 0 | 0 | 0 |

| 付款单位名称或账号 | 种类 | 票据号码 | 百 | 十 | 万 | 千 | 百 | 十 | 元 | 角 | 分 | |
|---|---|---|---|---|---|---|---|---|---|---|---|---|
| 0032566441 | 转账支票 | 01735 | ￥ | 3 | 0 | 0 | 0 | 0 | 0 | 0 | 0 | （印章：工商银行南园分理处 2014.01.01 业务专用章）收款人开户行盖章（盖章有效） |
| | | | | | | | | | | | | |
| | | | | | | | | | | | | |
| | | | | | | | | | | | | |

此联是收款人开户银行交给收款人的收账通知

单位主管：　会计：　复核：　记账：

2. 自制原始凭证

指经济业务发生或完成时，由本单位内部经办业务的部门或人员在执行和完成某项经济业务时，根据经济业务的内容自行填制的原始凭证。如销货发票(表 2-1-6)、收款单位或收款人持有的收款收据(表 2-1-7)、产品入库单(表 2-1-8)、产品出库单(表 2-1-9)、收料单或原材料入库单(表 2-1-10)、领料单或原材料出库单(表 2-1-11)、借款凭证或借款单(表 2-1-12)、报销单(表 2-1-13)、折旧计算表(表 2-1-14)、制造费用分配表等。

**表 2-1-6**

**3200024140**　　江苏省增值税专用发票　　№ **06232572**

此联不作报销、扣税凭证使用

开票日期：**2014** 年 **01** 月 **22** 日

| 购货单位 | 名称 | 新特能源设备公司 | 密码区 | 4-669639*+6+/ 加密版本号：01<br>3-7+98>608-62+ 3200024140<br>1096-50>82*44/0 06232572<br>6070/>222+45>7 |
|---|---|---|---|---|
| | 纳税人识别号 | 321284371368 | | |
| | 地址、电话 | 开放路23号86315439 | | |
| | 开户行及账号 | 建行城西支行010053780 | | |

| 货物或应税劳务名称 | 规格型号 | 单位 | 数量 | 单价 | 金额 | 税率 | 税额 |
|---|---|---|---|---|---|---|---|
| 闸阀 A | | 台 | 200 | 500.00 | 100 000.00 | 17% | 17 000.00 |
| 闸阀 B | | 台 | 200 | 400.00 | 80 000.00 | 17% | 13 600.00 |
| 合计 | | | | | ￥180 000.00 | | ￥30 600.00 |
| 价税合计（大写） | ⊗贰拾壹万零陆佰元整 | | | | （小写） ￥210 600.00 | | |

| 销货单位 | 名称 | 远亨阀门制造有限公司 | 备注 | |
|---|---|---|---|---|
| | 纳税人识别号 | 320901650202669 | | |
| | 地址、电话 | 盐渎路18号88587796 | | |
| | 开户行及账号 | 工行南园分理处132465009 | | |

收款人：　　复核：　　开票人：张小霞　　销货单位：（盖 章）

税总函[2013]256号 南京造币有限公司

第一联 记账联 销货方记账

**表 2-1-7**

**收款收据**

2014 年 1 月 10 日

交款单位 张 庆　　收款方式 现 金

人民币 肆佰伍拾元整　　￥450.00

收款事由 出差交回余款

单位盖章：　　记账：　　审核：　　经办：赵彩虹

第三联 会计记账

表 2-1-8

远亨阀门制造有限公司

**库存商品入库单**

| 类别 | 产成品 |
|---|---|
| 单据 | |

| 编号 | 1402101 |
|---|---|
| 来源 | 生产车间 |

2014 年 1 月 22 日

| 名　称 | 计量单位 | 单位成本 | 数　量 | 实际成本 | 备　注 |
|---|---|---|---|---|---|
| 闸阀A | 台 | 320 | 600 | 192 000.00 | |
| 闸阀B | 台 | 210 | 1 600 | 336 000.00 | |
| 合　计 | | | | | |

仓库主管：丁伟　　验收保管：孙华良

第三联 会计记账

表 2-1-9

远亨阀门制造有限公司

**库存商品出库单**

| 提货单位 | 新特能源设备公司 |
|---|---|
| 用　途 | 销售 |

| 编号 | 1402001 |
|---|---|
| 仓库 | 5#6#库 |

2014 年 1 月 22 日

| 名　称 | 规格 | 单位 | 数　量 | 单位成本 | 金　额 | 备　注 |
|---|---|---|---|---|---|---|
| 闸阀A | | 台 | 200 | 320.00 | 64 000.00 | |
| 闸阀B | | 台 | 200 | 210.00 | 42 000.00 | |
| 合　计 | | | | | 106 000.00 | |

记账：　仓库主管：丁伟　发货：孙华良　提货：曹民海

第三联 会计记账

表 2-1-10

远亨阀门制造有限公司

**收 料 单**

| 类别 | 原材料 |
|---|---|
| 发票 | 0201258 |

| 编号 | 1410003 |
|---|---|
| 来源 | 万达金属材料公司 |

2014 年 1 月 9 日

| 名　称 | 规格 | 单位 | 数量 | | 实际成本 | | | | 备注 |
|---|---|---|---|---|---|---|---|---|---|
| | | | 应收数 | 实收数 | 单价 | 总价 | 运杂费 | 合计 | |
| 五金配件 | | 个 | 10 000 | 10 000 | 20.00 | 200 000.00 | | 200 000.00 | |
| | | | | | | | | | |
| 合　计 | | | | | | | | 200 000.00 | |

供销主管：　采购：　验收保管：孙华良

第三联 会计记账

表 2-1-11

远亨阀门制造有限公司

领料单

| 部门 | 厂办公室 |
|---|---|
| 用途 | 一般耗用 |

2014 年 1 月 10 日

| 编号 | 1401004 |
|---|---|
| 仓库 | 3# |

| 名称 | 规格 | 单位 | 数量 | | 单价 | 金额 | 备注 |
|---|---|---|---|---|---|---|---|
| | | | 请领 | 实发 | | | |
| 五金配件 | | 个 | 100 | 100 | 20.00 | 2000.00 | |
| | | | | | | | |
| 合计 | | | | | | | |

第三联 会计记账

记账： 发料：孙华良 领料单位负责人：刘力祥 领料：蔡文

表 2-1-12

借款凭证

2014 年 1 月 3 日 №：**001128**

| 借款部门 | 采购部 | 借款人 | 张庆 |
|---|---|---|---|
| 事由 | 去通州采购材料 | | |
| 借款金额 | 人民币(大写)：贰仟元整 ￥2 000.00 | | |
| 领导审批 | 同意暂借 王鸿伟 2014.1.3 现金付讫 | | |

第二联 付款凭证

表 2-1-13

远亨阀门制造有限公司

差旅费报销单

同意报销 王鸿伟 2014.1.10

2014 年 1 月 10 日

| 姓名 | | | | 张庆 | | 事由 | 出差采购材料 | | | | | 往返天数 | | 10 |
|---|---|---|---|---|---|---|---|---|---|---|---|---|---|---|
| 起讫日期 | | | | 地址 | | 车船费 | | 出差补助 | | | 住宿费 | | | 其他费用 | |
| 月 | 日 | 月 | 日 | 起 | 止 | 交通工具 | 金额 | 天数 | 标准 | 金额 | 天数 | 标准 | 金额 | 项目 | 金额 |
| 1 | 4 | 1 | 4 | 亭湖 | 通州 | 汽车 | 40.00 | 7 | 30 | 210.00 | 6 | 210 | 1 260.00 | | |
| 1 | 10 | 1 | 10 | 通州 | 亭湖 | 汽车 | 40.00 | | | | | | | | |
| | | | | | | | | | | | | | | | |
| 合计 | | | | | | | 80.00 | | | 210.00 | | | 1 260.00 | | |
| 合计人民币(大写) | | | | | | 壹仟伍佰伍拾元整 ￥1 550.00 元 | | | | | | | 附件 3 张 | | |

出差人（签名）：张庆

表 2-1-14

远亨阀门制造有限公司

**固定资产折旧提取计算表**

2014 年 1 月 15 日

| 固定资产用途 | 计提基数 | 月折旧率 | 金　额 |
|---|---|---|---|
| 生产用固定资产 | 1 000 000.00 | 1.2% | 12 000.00 |
| 管理用固定资产 | 152 000.00 | 1% | 1 520.00 |
| 合　　计 | 1 152 000.00 | | 13 520.00 |

复核：李东升　　　　制表：刘海洋

### （二）原始凭证按其填制手续和内容不同分类

原始凭证按其填制手续和内容不同分为三类：一次凭证、累计凭证和汇总凭证。

1. 一次凭证

一次凭证是指只核算一项经济业务，只记录一笔经济业务的原始凭证。一次凭证是一次有效的凭证，其填制手续是一次完成的。所有的外来原始凭证和大部分的自制原始凭证都属于一次凭证，如收料单、领料单、借款单、发票等。

2. 累计凭证

累计凭证是指在一定时期内连续记录若干项同类经济业务的会计凭证，其填制手续是随着经济业务发生而分次完成的。它主要适用于一些重复发生且有消耗定额或计划的经济业务。表 2-1-15 所示“限额领料单”就是典型的累计凭证，它可以在核定的限额内多次领用材料，并可以多次记载有关的业务内容。

表 2-1-15

远亨阀门制造有限公司

**限额领料单**

领料车间：基本生产车间　　　　　　　　　　材料类别：黑色金属

用　　途：生产阀门　　　2013 年 12 月　　　仓　　库：2#

| 材料编号 | 材料名称 | 规格 | 计量单位 | 领用限额 | 实际领用 | | | 备注 |
|---|---|---|---|---|---|---|---|---|
| | | | | | 数量 | 单价 | 金额 | |
| 01306 | 钢材 | 20 mm | kg | 3 500 | 3 500 | 4.00 | 14 000.00 | |

| 日期 | 请领 | | 实发 | | | 退库 | | | 限额结余 |
|---|---|---|---|---|---|---|---|---|---|
| | 数量 | 领料负责人签章 | 数量 | 发料人签章 | 领料人签章 | 数量 | 收料人签章 | 退料人 | |
| 12-5 | 700 | 刘明 | 700 | 孙华良 | 张祥 | | | | 2800 |
| 12-10 | 700 | 刘明 | 700 | 孙华良 | 张祥 | | | | 2100 |
| 12-15 | 700 | 刘明 | 700 | 孙华良 | 张祥 | | | | 1400 |
| 12-20 | 700 | 刘明 | 700 | 孙华良 | 张祥 | | | | 700 |
| 12-25 | 700 | 刘明 | 700 | 孙华良 | 张祥 | | | | 0 |
| 合计 | 3 500 | | 3 500 | | | | | | 0 |

生产部门负责人：刘海红　　供应部门负责人：孙兆康　　仓库负责人：丁伟

3. 汇总凭证

又称原始凭证汇总表。它是指在会计核算工作中，为简化记账凭证的填制工作，将一定时期内记载同类经济业务的原始凭证进行定期汇总，另行填制的一种自制原始凭证，是用以集中核算某项经济业务总括发生情况的会计凭证，如根据同类原始凭证定期填制的“收料凭证汇总表”、“发料凭证汇总表”(表 2-1-16)、“工资结算汇总表”等。

**表 2-1-16**

远亨阀门制造有限公司

原材料领用汇总表

2014年1月10日

原始凭证编号自　1401001 至 1401004　共　4　张

| 用　途 | 铸钢件 | | | 钢材 | | | 五金配件 | | | 合　计 |
|---|---|---|---|---|---|---|---|---|---|---|
| | 数量 | 单价 | 金额 | 数量 | 单价 | 金额 | 数量 | 单价 | 金额 | |
| 生产成本 | 5 | 14000.00 | 70000.00 | 6 | 4000.00 | 24000.00 | 3000 | 20.00 | 60000.00 | 154000.00 |
| 闸阀A耗用 | 10 | 14000.00 | 140000.00 | 20 | 4000.00 | 80000.00 | 5000 | 20.00 | 100000.00 | 320000.00 |
| 闸阀B耗用 | | | | | | | | | | |
| 制造费用 | | | | | | | | | | |
| 车间一般耗用 | | | | 2 | 4000.00 | 8000.00 | | | | 8000.00 |
| 管理费用 | | | | | | | | | | |
| 厂部一般耗用 | | | | | | | 100 | 20.00 | 2000.00 | 2000.00 |
| | | | | | | | | | | |
| 合　计 | 15 | 14000.00 | 210000.00 | 28 | 4000.00 | 112000.00 | 8100 | 20.00 | 162000.00 | 484000.00 |

记账：刘海洋　　复核：李东升　　制单：王萍萍

**(三) 原始凭证按格式不同分类**

1. 通用凭证

通用凭证指由有关部门统一印制，在一定范围内使用的具有统一格式和使用方法的原始凭证，如税务部门统一印制的增值税发票、中国人民银行统一印制的支票、商业汇票等结算凭证等。

2. 专用凭证

专用凭证指由单位自行印制，仅在本单位内部使用的原始凭证，如某单位的收料单、折旧计算表、费用分配表等。

## 三、原始凭证的基本内容

原始凭证是用来记录经济业务发生或完成情况的，由于日常发生的经济业务千差万别，记录经济业务的原始凭证的具体内容、格式也必然是多种多样的。但任何一张原始凭证都是作为经济业务发生的原始证据，都必须客观地记录和核算经济业务的发生和完成情况，必须明确经办单位、部门和人员的经济责任。这就决定了各种原始凭证具备一些共同的基本内容。原始凭证所包含的基本内容通常称为凭证要素，主要包括：

(1) 原始凭证的名称。

(2) 填制原始凭证的日期。

(3) 凭证编号。

（4）接受原始凭证的单位名称。

（5）经济业务的基本内容（含实物数量、单价、金额等）。

（6）填制单位签章。

（7）有关人员（经办人员、部门负责人）的签名或盖章。

（8）填制凭证单位名称或者填制人姓名。

除了上述基本内容以外，不同的原始凭证根据其所核算的经济业务，还有着其他内容。

# 任务二　识别原始凭证

**任务目标：** 能够看懂原始凭证，通过原始凭证熟悉企业的经济业务事项。

**任务引领：** 会计人员通过什么来了解企业的经济业务？

**任务解析：**

## 一、识别原始凭证

### （一）资金投入

1. 投资者投入资金（表 2-2-1，表 2-2-2）

表 2-2-1

进账单（收账通知）　4

2014 年 1 月 1 日　　第 001 号

| 收款人 | 全称 | 远亨阀门制造有限公司 | 付款人 | 全称 | 鑫成环保热电公司 |
|---|---|---|---|---|---|
| | 账号 | 132465009 | | 账号 | 0032566441 |
| | 开户银行 | 工行南园分理处 | | 开户银行 | 工行中心营业部 |

| 人民币（大写）叁拾万元整 | 百 | 十 | 万 | 千 | 百 | 十 | 元 | 角 | 分 |
|---|---|---|---|---|---|---|---|---|---|
| | ¥ | 3 | 0 | 0 | 0 | 0 | 0 | 0 | 0 |

| 付款单位名称或账号 | 种类 | 票据号码 | 百 | 十 | 万 | 千 | 百 | 十 | 元 | 角 | 分 | |
|---|---|---|---|---|---|---|---|---|---|---|---|---|
| 0032566441 | 转账支票 | 01735 | ¥ | 3 | 0 | 0 | 0 | 0 | 0 | 0 | 0 | 工商银行南园分理处 2014.01.01 业务专用章 |
| | | | | | | | | | | | | 收款人开户行盖章（盖章有效） |

此联是收款人开户银行交给收款人的收账通知

单位主管：　　会计：　　复核：　　记账：

表 2-2-2

**出资证明**

远亨阀门制造有限公司因经营需要追加资本 80 万元，市工商行政管理局已于 2013 年 10 月 8 日核准（工商管字第 153 号）。

根据信达会计师事务所陈翔 2013 年 12 月 6 日签署的[信会所]字第 16 号验资报告，鑫成环保热电公司应依照合同一次缴付增加的注册资本人民币贰拾万元（￥300 000.00），截止至 2014 年 1 月 1 日已全部缴足，出资方式为货币资金。

特此证明

此致

2014 年 1 月 1

投资方（盖章）　　　　受资方（盖章）

2. 向债权人(银行)借入资金(表 2-2-3)

表 2-2-3

**中国工商银行 借款借据（入账通知）**

2014 年 01 月 02 日

| 收款人 | 全称 | 远亨阀门制造有限公司 | 借款人 | 全称 | 远亨阀门制造有限公司 |
|---|---|---|---|---|---|
| | 账号 | 132465009 | | 账号 | 131062 |
| | 开户银行 | 工行南园分理处 | | 开户银行 | 工行南园分理处 |

| 借款金额 | 人民币(大写)贰拾万元整 | 千 | 百 | 十 | 万 | 千 | 百 | 十 | 元 | 角 | 分 |
|---|---|---|---|---|---|---|---|---|---|---|---|
| | | | ￥ | 2 | 0 | 0 | 0 | 0 | 0 | 0 | 0 |

| 借款原因及用途 | 流动资金借款 | 借款计划指标 | 1 500 000.00 |
|---|---|---|---|

| 借款期限 | | | | |
|---|---|---|---|---|
| 期次 | 计划还款日期 | √ | 计划还款金额 | 你单位上列借款已转入你单位结算户内，借款到期时由我行按期自你单位结算账户转还。 |
| 1 | 2014-07-02 | | 200 000.00 | |
| 2 | | | | |
| 3 | | | | |
| 备注：利率6% | | | | 工商银行南园分理处 2014.01.02 业务专用章 此致 |

此联由银行退借款单位作入账通知

## (二) 资金运用

1. 购买设备(数控车床)(表 2-2-4～表 2-2-7)

表 2-2-4

# 江苏省增值税专用发票



抵 扣 联

3204624140 　　　　　　　　　　　　　　　　　　№ 10000215

开票日期： 2014年01月03日

| 购货单位 | 名　　称：远亨阀门制造有限公司<br>纳税人识别号：320901650202669<br>地　址、电话：盐渎路18号88587796<br>开户行及账号：市工行南园分理处132465009 | | | | 密码区 | 4-659639*+6+/ 加密版本号：01<br>3-7+98>608-62+ 3220025114140<br>1096-50>82*44/0 0000113<br>6070/>222+45>7 | | |
|---|---|---|---|---|---|---|---|---|
| 货物或应税劳务名称 | 规格型号 | 单位 | 数量 | 单价 | 金额 | 税率 | 税额 | |
| 数控车床 | CL-630B | 台 | 1 | 80 000.00 | 80 000.00 | 17% | 13 600.00 | |
| 合　　计 | | | | | ￥80 000.00 | | ￥13 600.00 | |
| 价税合计（大写） | ⊗玖万叁仟陆百元整 | | | | （小写） ￥93 600.00 | | | |
| 销货单位 | 名　　称：金顺车床厂<br>纳税人识别号：322002511322124<br>地　址、电话：城南新区南纬路10号<br>开户行及账号：市工行城南新区支行600432532 | | | | 备注 | | | |

收款人：　　　　复核：　　　　开票人：刘莉莉　　　　销货单位（盖章）



第二联 抵扣联 购货方扣税凭证

税总函［2013］225号 南京造币有限公司

表 2-2-5

# 江苏省增值税专用发票



发 票 联

3204624140 　　　　　　　　　　　　　　　　　　№ 10000215

开票日期： 2014年01月03日

| 购货单位 | 名　　称：远亨阀门制造有限公司<br>纳税人识别号：320901650202669<br>地　址、电话：盐渎路18号88587796<br>开户行及账号：工行南园分理处132465009 | | | | 密码区 | 4-659639*+6+/ 加密版本号：01<br>3-7+98>608-62+ 3220025114140<br>1096-50>82*44/0 0000113<br>6070/>222+45>7 | | |
|---|---|---|---|---|---|---|---|---|
| 货物或应税劳务名称 | 规格型号 | 单位 | 数量 | 单价 | 金额 | 税率 | 税额 | |
| 数控车床 | CL-630B | 台 | 1 | 80 000.00 | 80 000.00 | 17% | 13 600.00 | |
| 合　　计 | | | | | ￥80 000.00 | | ￥13 600.00 | |
| 价税合计（大写） | ⊗玖万叁仟陆佰元整 | | | | （小写） ￥93 600.00 | | | |
| 销货单位 | 名　　称：金顺车床厂<br>纳税人识别号：322002511322124<br>地　址、电话：城南新区南纬路10号<br>开户行及账号：工行城南新区支行600432 | | | | 备注 | | | |

收款人：　　　　复核：　　　　开票人：刘莉莉　　　　销货单位（盖章）



第三联 发票联 购货方记账

税总函［2013］225号 南京造币有限公司

表 2-2-6

远亨阀门制造有限公司

其他物资入库单

| 类别 | 机器设备 |
|---|---|
| 发票 | 10000215 |

2014 年 1 月 3 日

| 编号 | 1403001 |
|---|---|
| 来源 | 金顺车床厂 |

| 名称 | 规格 | 单位 | 数量 | | 实际成本 | | | | 备注 | |
|---|---|---|---|---|---|---|---|---|---|---|
| | | | 应收数 | 实收数 | 单价 | 总价 | 运杂费 | 合计 | | 第三联 会计记账 |
| 数控车床 | CL-630B | 台 | 1 | 1 | 80 000.00 | 80 000.00 | | 80 000.00 | 车床只需进行简易安装。 | |
| | | | | | | | | | | |
| 合计 | | | | | | | | 80 000.00 | | |

供销主管：　　采购：　　验收保管：吴宏鸣

表 2-2-7

中国工商银行 转账支票

存　根

支票号码 5800020

科　　目 ____________

对方科目 ____________

签发日期 2014 年 1 月 3 日

| 收款人：金顺车床厂 |
|---|
| 金　额：93 600.00 |
| 用　途：支付设备款 |
| 备　注： |

单位主管　　会计

复 核　　记账

8.5×25 公分工 4510

2. 购买材料(表 2-2-8,表 2-2-9)

表 2-2-8

江苏省增值税专用发票

抵扣联

3200123140　　No 01053157

开票日期：2014年01月05日

| 购货单位 | 名称 | 远亨阀门制造有限公司 | | | | 密码区 | 4-659639*+6+/ 加密版本号:01<br>3-7+98>608-62+ 3220025114140<br>1096-50>82*44/0 0103215<br>6070/>222+45>7 | |
|---|---|---|---|---|---|---|---|---|
| | 纳税人识别号 | 320901650202669 | | | | | | |
| | 地址、电话 | 盐渎路18号88587796 | | | | | | |
| | 开户行及账号 | 工行南园分理处132465009 | | | | | | |
| 货物或应税劳务名称 | | 规格型号 | 单位 | 数量 | 单价 | 金额 | 税率 | 税额 |
| 铸钢件 | | | 吨 | 25 | 14 000.00 | 350 000.00 | 17% | 59 500.00 |
| 合计 | | | | | | ¥350 000.00 | | ¥59 500.00 |
| 价税合计（大写） | | ⊗肆拾万玖仟伍佰元整 | | | | （小写）¥409 500.00 | | |
| 销货单位 | 名称 | 恒盛铸造有限公司 | | | | 备注 | | |
| | 纳税人识别号 | 320010046321005 | | | | | | |
| | 地址、电话 | 开发大道 269 号 | | | | | | |
| | 开户行及账号 | 工行新都支行1103065326 | | | | | | |

收款人：　　复核：　　开票人：陈玉祥　　销货单位（盖章）

第二联 抵扣联 购货方扣税凭证

税总函[2013]316号 南京造币有限公司

表 2-2-9

江苏省增值税专用发票

发票联

3200123140　　No 01053157

开票日期：2014年01月05日

| 购货单位 | 名称 | 远亨阀门制造有限公司 | | | | 密码区 | 4-659639*+6+/ 加密版本号:01<br>3-7+98>608-62+ 3220025114140<br>1096-50>82*44/0 0103215<br>6070/>222+45>7 | |
|---|---|---|---|---|---|---|---|---|
| | 纳税人识别号 | 320901650202669 | | | | | | |
| | 地址、电话 | 盐渎路18号88587796 | | | | | | |
| | 开户行及账号 | 工行南园分理处132465009 | | | | | | |
| 货物或应税劳务名称 | | 规格型号 | 单位 | 数量 | 单价 | 金额 | 税率 | 税额 |
| 铸钢件 | | | 吨 | 25 | 14 000.00 | 350 000.00 | 17% | 59 500.00 |
| 合计 | | | | | | ¥350 000.00 | | ¥59 500.00 |
| 价税合计（大写） | | ⊗肆拾万玖仟伍佰元整 | | | | （小写）¥409 500.00 | | |
| 销货单位 | 名称 | 恒盛铸造有限公司 | | | | 备注 | | |
| | 纳税人识别号 | 320010046321005 | | | | | | |
| | 地址、电话 | 开发大道269号 | | | | | | |
| | 开户行及账号 | 工行新都支行1103065326 | | | | | | |

收款人：　　复核：　　开票人：陈玉祥　　销货单位（盖章）

第三联 发票联 购货方记账

税总函[2013]316号 南京造币有限公司

3. 材料验收入库(表 2-2-10)

**表 2-2-10**

远亨阀门制造有限公司

**收 料 单**

| 类别 | 原材料 |
|---|---|
| 发票 | 01053157 |

2014 年 1 月 5 日

| 编号 | 1410001 |
|---|---|
| 来源 | 恒盛铸造有限公司 |

| 名 称 | 规格 | 单位 | 数量 | | 实际成本 | | | | 备注 |
|---|---|---|---|---|---|---|---|---|---|
| | | | 应收 | 实收 | 单价 | 总价 | 运杂费 | 合计 | |
| 铸钢件 | | 吨 | 25 | 25 | 14 000.00 | 350 000.00 | | 350 000.00 | |
| | | | | | | | | | |
| 合 计 | | | | | | | | 350 000.00 | |

第三联 会计记账

供销主管: 采购: 验收保管: 孙华良

4. 支付前欠货款(表 2-2-11,表 2-2-12)

**表 2-2-11**

中国工商银行 转账支票

存 根

支票号码 7700032

科 目 ______

对方科目 ______

签发日期 2014 年 1 月 7 日

| 收款人:富盛钢材厂 |
|---|
| 金 额:143 000.00 |
| 用 途:支付前欠货款 |
| 备 注: |

单位主管 会计

复 核 记账

8.5×25 公分工 4510

**表 2-2-12**

**收 款 收 据**

2014 年 1 月 7 日

交款单位 远亨阀门制造有限公司 收款方式 转 账

人 民 币(大写)壹拾肆万叁仟元整 ¥ 143 000.00

收款事由 2013 年 12 月 12 日销货款

富盛钢材厂 财务专用章

第二联 交付款单位

单位盖章: 记账: 出纳: 审核: 经办: 吕兴国

5. 领用原材料(表 2-2-13)

**表 2-2-13**

远亨阀门制造有限公司

领 料 单

| 部门 | 一车间 |
|---|---|
| 用途 | 生产闸阀 A |

2014 年 1 月 10 日

| 编号 | 1401001 |
|---|---|
| 仓库 | 1# 2# 3# |

| 名 称 | 规格 | 单位 | 数 量 | | 单 价 | 金 额 | 备 注 |
|---|---|---|---|---|---|---|---|
| | | | 请 领 | 实 发 | | | |
| 铸钢件 | | 吨 | 5 | 5 | 14 000.00 | 70 000.00 | |
| 钢材 | | 吨 | 6 | 6 | 4 000.00 | 24 000.00 | |
| 五金配件 | | 个 | 3 000 | 3 000 | 20.00 | 60 000.00 | |
| 合 计 | | | | | | 154 000.00 | |

第三联 会计记账

记账： 发料：孙华良 领料单位负责人：刘 民 领料：何 威

6. 分配职工薪酬(表 2-2-14)

**表 2-2-14**

远亨阀门制造有限公司

职工薪酬分配表

2014 年 1 月

| 分配对象 | | 成本项目 | 直接计入 | 分配计入 | | 工 资 | 福利费 | 合计 |
|---|---|---|---|---|---|---|---|---|
| | | | | 生产工时 | 分配金额 | | | |
| 生产成本 | 闸阀 A | 直接工资 | 33 400.00 | 5 400 | 21 600.00 | 55 000.00 | 7 700.00 | 62 700.00 |
| | 闸阀 B | 直接工资 | 42 000.00 | 4 600 | 18 400.00 | 60 400.00 | 8 456.00 | 68 856.00 |
| | 小 计 | | 75 400.00 | 10 000 | 40 000.00 | 115 400.00 | 16 156.00 | 131 556.00 |
| 制造费用 | | | 14 300.00 | | | 14 300.00 | 2 002.00 | 16 302.00 |
| 管理费用 | | | 12 200.00 | | | 12 200.00 | 1 708.00 | 13 908.00 |
| 合 计 | | | 101 900.00 | | 40 000.00 | 141 900.00 | 19 866.00 | 161 766.00 |

记账： 复核：李东升 制单：赵彩虹

7. 发放上月职工薪酬(表 2-2-15)

**表 2-2-15**

远亨阀门制造有限公司

职工薪酬结算明细表

2013 年 12 月份　　第 6 页

| 工号 | 姓名 | 应付职工薪酬 | | | 代扣款项 | | | 实发薪酬 | 签名 |
|---|---|---|---|---|---|---|---|---|---|
| | | 标准工资 | 津贴及奖金 | 小计 | 水电费 | 保险 | 小计 | | |
| 06080 | 王鸿伟 | 2 800.00 | 3 205.00 | 6 005.00 | | 320.00 | 320.00 | 5 685.00 | 王鸿伟 |
| 06081 | 俞春明 | 1 752.00 | 2 462.00 | 4 214.00 | 85.00 | 253.00 | 338.00 | 3 876.00 | 俞春明 |
| 06082 | 李东升 | 1 752.00 | 1 903.00 | 3 655.00 | 120.00 | 253.00 | 373.00 | 3 282.00 | 李东升 |
| 06083 | 刘力祥 | 1 648.00 | 1 692.00 | 3 340.00 | | 220.00 | 220.00 | 3 120.00 | 刘力祥 |
| 06084 | 王萍萍 | 1 524.00 | 1 665.00 | 3 189.00 | | 205.00 | 205.00 | 2 984.00 | 王萍萍 |
| 06085 | 赵彩虹 | 1 524.00 | 1 693.00 | 3 217.00 | 63.00 | 198.00 | 261.00 | 2 956.00 | 赵彩虹 |
| 06086 | 刘海洋 | 1 524.00 | 1 665.00 | 3 189.00 | | 184.00 | 184.00 | 3 005.00 | 刘海洋 |
| 06087 | 丁伟 | 1 486.00 | 1 567.00 | 3 053.00 | | 163.00 | 163.00 | 2 890.00 | 丁伟 |
| 06088 | 孙华良 | 1 388.00 | 1 559.00 | 2 947.00 | 85.00 | 152.00 | 237.00 | 2 710.00 | 孙华良 |
| 06089 | 张小霞 | 1 388.00 | 1 545.00 | 2 933.00 | 78.00 | 152.00 | 230.00 | 2 703.00 | 张小霞 |
| | | | | | | | | | |
| | 合计 | 16 786.00 | 18 956.00 | 35 742.00 | 431.00 | 2 100.00 | 2 531.00 | 33 211.00 | |
| | 总计 | 86 945.00 | 80 652.00 | 167 597.00 | 6 352.00 | 9 562.00 | 15 914.00 | 151 683.00 | |

记账：　　复核：李东升　　制单：赵彩虹

第二联 会计联

8. 产品完工入库(表 2-2-16)

**表 2-2-16**

远亨阀门制造有限公司

库存商品入库单

2014 年 1 月 22 日

| 类别 | 产成品 |
|---|---|
| 单据 | |

| 编号 | 1402101 |
|---|---|
| 来源 | 生产车间 |

| 名称 | 计量单位 | 单位成本 | 数量 | 实际成本 | 备注 |
|---|---|---|---|---|---|
| 闸阀A | 台 | 320 | 600 | 192 000.00 | |
| 闸阀B | 台 | 210 | 1 600 | 336 000.00 | |
| 合计 | | | | | |

仓库主管：丁伟　　验收保管：孙华良

第三联 会计记账

9. 销售产品(表 2-2-17)

表 2-2-17

3200024140　　**江苏省增值税专用发票**　　№ **06232572**

此联不作报销、扣税凭证使用

开票日期：2014 年 01 月 22 日

| 购货单位 | 名称 | 新特能源设备公司 | 密码区 | 4-669639*+6+/ 加密版本号：01 |
|---|---|---|---|---|
| | 纳税人识别号 | 321284371368 | | 3-7+98>608-62+ 3200024140 |
| | 地址、电话 | 开放路23号86315439 | | 1096-50>82*44/0 06232572 |
| | 开户行及账号 | 建行城西支行010053780 | | 6070/>222+45>7 |

| 货物或应税劳务名称 | 规格型号 | 单位 | 数量 | 单价 | 金额 | 税率 | 税额 |
|---|---|---|---|---|---|---|---|
| 闸阀 A | | 台 | 200 | 500.00 | 100 000.00 | 17% | 17 000.00 |
| 闸阀 B | | 台 | 200 | 400.00 | 80 000.00 | 17% | 13 600.00 |
| 合计 | | | | | ￥180 000.00 | | ￥30 600.00 |
| 价税合计（大写） | ⊗贰拾壹万零陆佰元整 | | | | （小写）￥210 600.00 | | |

| 销货单位 | 名称 | 远亨阀门制造有限公司 | 备注 | |
|---|---|---|---|---|
| | 纳税人识别号 | 320901650202669 | | |
| | 地址、电话 | 盐渎路18号88587796 | | |
| | 开户行及账号 | 工行南园分理处132465009 | | |

收款人：　　复核：　　开票人：张小霞　　销货单位：（盖章）

第一联 记账联 销货方记账

税总函［2013］256号 南京造币有限公司

10. 结转销售成本(表 2-2-18)

表 2-2-18

远亨阀门制造有限公司

**销售成本计算表**

2014 年 1 月 25 日

| 名称 | 销售数量 | 单位成本 | 销售成本 |
|---|---|---|---|
| 闸阀A | 550 | 320.00 | 176 000.00 |
| 闸阀B | 1 500 | 210.00 | 315 000.00 |
| 钢材 | 20 | 4 000.00 | 80 000.00 |
| 合计 | / | / | 571 000.00 |

复核：李东升　　制表：刘海洋

11. 支付广告费(表 2-2-19,表 2-2-20)

表 2-2-19

江苏省地方税务局通用机打发票

发票联

发票代码 1320000306120

发票号码 **26608521**

开票日期：2014-01-26　　　　行业分类：服务业

付款方名称：远亨阀门制造有限公司

付款方识别号：320901650202669

| 项　目 | 金额（人民币） | 附注 |
| --- | --- | --- |
| 广告费 | 5 000.00 | |

金额合计（大写）：人民币伍仟元整　　　　（小写）：￥5 000.00

备注：　　　　开户银行：

开户账号：

（印章：飞跃广告有限公司 320307125563528 发票专用章）

开票人：陆伟　　收款方名称：飞跃广告有限公司　　收款方识别码：320307125563528

第一联发票联付款方付款凭证（手写无效）

表 2-2-20

中国工商银行 转账支票

存　根

支票号码　7700032

科　目 ________

对方科目 ________

签发日期　2014 年 1 月 26 日

| 收款人：飞跃广告有限公司 |
| --- |
| 金　额：5 000.00 |
| 用　途：支付广告费 |
| 备　注： |

单位主管　　会计

复　核　　记账

8.5×25 公分工 4510

## （三）资金退出

1. 缴纳税费（表 2-2-21）

**表 2-2-21**

中华人民共和国
税收通用缴款书

征收机关：国家税务局 2014 年 1 月 28 日

| 缴款单位（人） | 代码 | 5667845 | 预算科目 | 编号 | 13101106 |
|---|---|---|---|---|---|
| | 全称 | 远亨阀门制造有限公司 | | 名称 | 增值税 |
| | 开户银行 | 工商行南园分理处 | | 级次 | 共享 |
| | 账户 | 132465009 | | 收款国库 | |

| 税款所属时期 2013 年 12 月 | | | | 税款限缴日期 2014 年 1 月 28 日 | |
|---|---|---|---|---|---|
| 税种/税目 | 课税数量 | 计税金额或销售收入 | 税率或单位税额 | 已缴或扣除额 | 实缴税款（千百十万千百十元角分） |
| 增值税 | | 1260 000 | 17% | 198 500 | ¥1 5 7 0 0 0 0 |
| | | | | | |
| 合计金额（大写）壹万伍仟柒佰元整 | | | | | ¥1 5 7 0 0 0 0 |

| 缴款单位（盖章） | | 上列款项已收妥并划转收款单位账户 | 备注 |
|---|---|---|---|
| 远亨阀门制造有限公司<br>经办人（章） 侯月 | 国家税务局 021 征税专用章<br>税务机关（盖章） | 工商银行南园分理处 2014.01.28 业务专用章<br>国库（银行）盖章<br>2014 年 1 月 28 日 | |

第一联（收据）国库（经收处）收款盖章后退缴款单位（人）作完税凭证是申报纳税留存依据

2. 偿还借款（表 2-2-22）

**表 2-2-22**

中国工商银行 特种转账借方传票

2014 年 01 月 31 日

| 付款人 | 全称 | 远亨阀门制造有限公司 | 收款人 | 全称 | 工行南园分理处 |
|---|---|---|---|---|---|
| | 账号 | 1132465009 | | 账号 | 00110608 |
| | 开户银行 | 工行南园分理处 | | 开户银行 | |
| 金额 | 人民币（大写）叁拾万元整 | | | 千百十万千百十元角分 | ¥3 0 0 0 0 0 0 0 |

| 原凭证金额 | | 赔偿金 | | 科目（借） |
|---|---|---|---|---|
| 原凭证名称 | | 号码 | | 对方科目（贷） |
| 转账原因 | 偿还借款：<br>期限3个月<br>利率6% | 工商银行南园分理处 2014.01.31 业务专用章<br>银行盖章 | | 会计 复核<br>记账 制单 陈华为 |

单位主管 会计 复核 记账

3. 向投资者分配股利(表 2-2-23)

表 2-2-23

远亨阀门制造有限公司

应付股利计算表

2014 年 1 月 31 日

| 项　　目 | 金　　额 |
|---|---|
| 计提依据（净利润） | 269 853.60 |
| 向投资者分配比例 | 40% |
| 应付股利 | 107 941.44 |

复核：李东升　　　　制表：刘海洋

**知识点：**

会计对象：资金运动。

会计要素：资产、负债、所有者权益、收入、费用和利润。

## 二、会计要素

### (一) 会计要素的含义

会计要素是对会计对象进一步分类形成的项目，是会计对象的具体化。

### (二) 会计要素的内容

会计要素包括资产、负债、所有者权益、收入、费用和利润。

1. 资产

(1) 资产的定义。资产是指企业过去的交易或者事项形成的，由企业拥有或者控制的，预期会给企业带来经济利益的资源。

(2) 资产的特征。

① 资产预期会给企业带来经济利益；

② 资产应为企业拥有或者控制(实质重于形式)的资源；

③ 资产是过去的交易或者事项所形成的。

(3) 资产的分类。资产按流动性分为流动资产和非流动资产。

① 流动资产包括货币资金、交易性金融资产、应收票据、应收及预付款项、应收股利、应收利息、其他应收款、存货等；

② 非流动资产包括长期股权投资、固定资产(房屋及建筑物、机器设备、运输工具、工具器具)、无形资产(专利权、商标权、著作权、特许权、非专利技术、土地使用权)、在建工程、工

程物资、开发支出等。

2. 负债

(1) 负债的定义。负债是指企业过去的交易或者事项形成的,预期会导致经济利益流出企业的现时义务。

(2) 负债的特征。

① 是企业承担的现时义务;

② 负债的清偿预期会导致经济利益流出企业;

③ 是过去的交易或事项的形成。

(3) 负债的分类。负债按流动性分为流动负债和非流动负债。

① 流动负债包括短期借款、应付票据、应付账款、应付职工薪酬、预收账款、应交税费、其他应付款等;

② 非流动负债包括长期借款、长期应付款和应付债券。

3. 所有者权益

(1) 所有者权益的定义。所有者权益是指企业资产扣除负债后由所有者享有的剩余权益。公司的所有者权益又称为股东权益。

(2) 所有者权益的来源。

① 所有者投入的资本(实收资本、资本公积);

② 直接计入所有者权益的利得和损失(资本公积);

③ 留存收益(盈余公积、未分配利润)等。

(3) 所有者权益分为实收资本、资本公积、盈余公积和未分配利润。

4. 收入

(1) 收入的定义。收入是指企业在日常活动中形成的,会导致所有者权益增加的,与所有者投入资本无关的经济利益的总流入。

(2) 收入的特征。

① 收入是日常活动中发生的;

② 会导致所有者权益增加(资产增加或负债减少或资产增加的同时负债减少);

③ 会导致经济利益流入企业;

④ 与所有者投入资本无关。

(3) 收入的分类。

① 收入按性质分为商品销售收入、提供劳务收入和让渡资产使用权收入;

② 收入按地位分为主营业务收入和其他业务收入。

5. 费用

(1) 费用的定义。费用是指企业在日常活动中发生的,会导致所有者权益减少的,与向所有者分配利润无关的经济利益的总流出。

(2) 费用的特征。

① 费用是日常活动中发生的;

② 会导致所有者权益减少(资产减少或负债增加或资产减少的同时负债增加);

③ 会导致经济利益流出企业;

④ 与向所有者分配利润无关。

(3) 费用的分类。

① 营业成本包括主营业务成本和其他业务成本;

② 期间费用包括销售费用、管理费用和财务费用。

6. 利润

(1) 利润的概念。利润是指企业在一定会计期间的经营成果。

(2) 利润的来源(计量)。

① 收入减去费用后的净额(经营活动形成——日常);

② 直接计入当期利润的利得和损失(非经营活动形成——非日常)等。

(3) 利润的分类。

① 营业利润=营业收入-营业成本-营业税金及附加-销售费用-管理费用-财务费用-资产减值损失±公允价值变动收益±投资收益;

② 利润总额=营业利润+营业外收入-营业外支出;

③ 净利润=利润总额-所得税费用。

**提示:**

资产、负债、所有者权益是核算企业财务状况的会计要素,是静态会计要素。

收入、费用、利润是核算企业经营成果的会计要素,是动态会计要素。

### (三) 会计要素之间的关系

1. 会计基本等式

(1) 会计基本等式的内容。会计基本等式(表2-2-24)也叫会计恒等式或第一会计等式,它是资金运动的静态表现。

表2-2-24　　会计基本等式

| 资金的用途 | | 资金的来源 |
| --- | --- | --- |
| 资产 | = | 权益 |
| 资产 | = | 债权人权益　+　所有者权益 |
| 资产 | = | 负债　+　所有者权益 |

资产与权益的恒等关系是复式记账法、设置账户、试算平衡和编制资产负债表的理论依据。

(2) 经济业务对会计恒等式的影响。远亨阀门制造有限公司20××年11月30日,资产总额为600万元,负债和所有者权益总额为600万元,资产与权益总额相等,假设该公司在20××年12月发生如下经济业务:

① 5日,收到东风集团投入的资金20万元,存入银行;

② 7日,向银行借入50万元存入银行;

③ 10日,以银行存款偿还德胜金属材料公司上个月的购货款15万元;

④ 12日,因缩小规模减少注册资本10万元,并以银行存款发还投资者;

⑤ 15日,向银行提取现金30万元;

⑥ 18日,将盈余公积10万元转增资本;

⑦ 20 日，从银行借入 15 万元直接用于偿还所欠恒盛设备有限公司的货款；

⑧ 25 日，经与债权人协商并经有关部门批准，将所欠的 20 万元的债务转成资本；

⑨ 27 日，经研究决定向投资者分配股利 5 万元。

经济业务的发生对会计等式的影响见表 2-2-25。

**表 2-2-25　　经济业务对会计等式的影响**

| 经济业务的类型 | | 资产 | = | 负债 | + | 所有者权益 |
|---|---|---|---|---|---|---|
| 资产和权益同时增加 | 资产和所有者权益同时增加 | +20 | | | | +20 |
| | 资产和负债同时增加 | +50 | | +50 | | |
| 资产和权益同时减少 | 资产和负债同时减少 | −15 | | −15 | | |
| | 资产和所有者权益同时减少 | −10 | | | | −10 |
| 资产内部一增一减 | 资产内部一增一减 | +30，−30 | | | | |
| 权益内部一增一减 | 所有者权益内部一增一减 | | | | | +10，−10 |
| | 负债内部一增一减 | | | +15，−15 | | |
| | 负债减少，所有者权益增加 | | | −20 | | +20 |
| | 负债增加，所有者权益减少 | | | +5 | | −5 |

分析：该企业期初的资产为 600 万，等于期初的负债加所有者权益（600 万），本期发生了 9 笔经济业务后资产总额为 645 万，负债和所有者权益总额为 645 万，资产依然等于负债加所有者权益。

结论：无论经济业务发生什么变化，都不会破坏会计等式的平衡关系。

2. 第二会计等式

$$收入 - 费用 = 利润$$

收入扣除费用要经过调整（加上利得，减去损失）后才等于利润。这一等式是资金运动的动态表现，是编制利润表的基础。

3. 六要素之间的关系

（1）期初：资产＝负债＋所有者权益。

（2）会计期间内：资产＝负债＋所有者权益＋（收入－费用）。

（3）会计期末结账前：资产＝负债＋所有者权益＋利润。

（4）会计期末结账后：资产＝负债＋所有者权益。

# 任务三　填制原始凭证

**任务目标：** 会填制常用的原始凭证。

**任务引领：** 假设你作为一名采购人员要出差采购材料，需要向单位预借差旅费，需要办理哪些手续才能顺利借到款项呢？首先要填写借款单（表2-3-1）。本任务将教你学习常用原始单据的填制。

表 2-3-1

借　款　凭　证

年　　　月　　　日 №:

| 借款部门 | | 借款人 | | 第二联 付款凭证 |
|---|---|---|---|---|
| 事　　由 | | | | |
| 借款金额 | 人民币（大写） | ￥ | | |
| 领导审批 | | | | |

**任务解析:**

原始凭证的填制应根据经济业务的执行和完成的实际情况直接填制(由经办人填制，而不是由财会人员填制)，或由财会人员根据账簿记录的有关资料填制。为了保证会计核算资料的真实、准确和及时，原始凭证的填制应遵循记录真实、内容完整、填制及时和填写规范等要求。

## 一、记录真实、合法

对经济业务发生或完成情况应如实地进行记录，不得弄虚作假。原始凭证上所填写的日期、经济业务的内容和有关数据都要真实可靠，要符合有关经济业务的实际情况，不可估计或匡算。

凭证所核算的经济业务必须合法，必须符合国家有关政策、法令、规章、制度的要求，不符合以上要求的，不得列入原始凭证。

## 二、内容完整

原始凭证应按规定的格式和内容逐项填写齐全，不得遗漏和省略，必须符合手续完备的要求，经办业务的有关部门和人员要认真审查，签名盖章。项目填列不全的原始凭证，不能作为经济业务的合法证明，也不能作为填制记账凭证的依据和附件。

凡是填有大写和小写金额的原始凭证，大写与小写金额必须相符；购买实物的原始凭证，必须有验收证明；支付款项的原始凭证，必须有收款单位和收款人的收款证明，付款人不能自己证明自己已付出的款项。

自制的原始凭证，应有经办人员和经办单位负责人的签名或盖章；从外单位取得的原始凭证，除某些特殊的外来原始凭证如火车票、汽车票外，必须盖有填制单位的财务专用章，没有公章或财务专用章的原始凭证应视为无效凭证不能作为填制记账凭证的依据；从个人取得的原始凭证，必须有填制人员的签名或签章。

一式几联的发票和收据，必须套写，并连续编号，作废时应加盖“作废”戳记，连同存根一起保存，不得撕毁；发生销货退回时，除填制退货发票外，退款时，必须取得对方的收款收据或银行的汇出凭证，不得以退货发票代替收据。

职工因公借款借据，必须附在记账凭证上，收回借款时，应另开收据或退还借据副联，不得退还原借款借据；经有关部门批准办理的某些特殊业务，应将批准的文件作为原始凭证的附件，若批准文件需要单独归档，应在凭证上注明批准机关名称、日期和文件字号。

## 三、手续完备

单位自制的原始凭证必须有经办单位负责人或者其他指定的人员签名盖章；对外开出的原始凭证必须加盖本单位公章；从外部单位取得的原始凭证，必须盖有填制单位的公章；从个人取得的原始凭证必须有填制人员的签名盖章。

## 四、填写规范

原始凭证的各项内容必须详尽地填写齐全，不得遗漏，而且凭证填写的手续必须完备，符合内部牵制原则。

填制凭证时，应认真书写原始凭证上的数字和文字，字迹要清晰、工整，不得潦草。如果填写过程中出现文字或数字错误，不得任意涂改、刮擦或挖补，应按规定的方法予以更正。对某些重要凭证，如支票填写错误，则不能更正，更不能撕毁，而应办理作废手续后重新填制，作废的凭证要加盖“作废”戳记，按原编号顺序与其他存根联一起保存。使用印有编号的原始凭证，应按编号连续使用。原始凭证的填制，除需要复写的外，必须用钢笔或碳素笔书写。属于套写的凭证应一次套写清楚，做到不串格、不串行。

凭证上的阿拉伯数字应当一个一个准确、清晰地书写，不得连笔书写。阿拉伯金额数字前面应当书写货币币种符号或者货币名称简写，如人民币币种符号为“￥”、美元币种符号为“＄”等。币种符号与阿拉伯数字之间不得留有空白。大写金额数字用汉字“壹、贰、叁、肆、伍、陆、柒、捌、玖、拾、佰、仟、万、亿、元、角、分、零、整”等，一律用正楷或者行书字书写。大写金额数字前应当书写有“人民币(大写)”字样，与大写金额数字之间不得留有空格。阿拉伯金额数字中间有“0”时，汉字大写金额要写“零”字；阿拉伯金额数字中间连续有几个“0”时，汉字大写金额中只用一个“零”表示；阿拉伯金额数字元位是“0”，或者数字中间连续有几个“0”，元位也是“0”，但角位不是“0”时，汉字大写金额可以只写一个“零”字，也可以不写“零”字。大写金额数字到元或者角为止的，在“元”或“角”字后应加“整”或“正”字断尾；大写金额数字到分的，其后不写“整”或“正”字。如金额“300 060.50”，汉字大写金额应写为“人民币叁拾万零陆拾元伍角整”，或写成“人民币叁拾万零陆拾元零伍角整”。银行结算制度规定的结算凭证、预算的缴款凭证、拨款凭证、企业的发票、收据、提货单、运单、合同、契约，以及其他规定需要填列大写金额的各种凭证，必须有大写的金额，不得只填小写金额，而不填大写金额。

## 五、编号连续

各种凭证都必须连续编号，以备查核。如果原始凭证已预先印好编号，在写坏作废时，应加盖“作废”戳记，妥善保管，不得撕毁。

## 六、不得涂改、刮擦、挖补

原始凭证记载的各项内容均不得涂改、刮擦或挖补。原始凭证有错误时，应当由出具单位重开或更正，更正处应加盖出具单位公章。原始凭证金额有错误的，应当由出具单位重开，不得在原始凭证上更正。

以支票为例，支票是银行的存款人签发给收款人办理结算或委托开户银行将款项直接支付给收款人的一种票据。企业在填写支票时，应认真填写支票的有关内容，如支票号码、密码号码、签发日期、开户银行名称、签发单位账号、收款人名称、取款金额、取款用途，并加盖印章。必须做到要素齐全、内容真实、数字正确、字迹清晰、不潦草、不错漏，做到标准、规范，防止涂改。签发时应使用墨汁或碳素墨水填写，未按规定填写，被涂改冒领的，由签发人负责。支票大小写金额和收款人不得更改，其他内容如有更改，必须由签发人加盖预留银行印鉴之一证明。与签发一般支票不同，如果单位向银行提取现金，其收款人和签发人都是本单位。

## 七、填制及时

原始凭证应在经济业务发生或完成时及时填制，并按规定的程序和手续传递给有关业务部门和会计部门，以便及时办理后续业务，进行会计审核和记账。

**任务训练：**

远亨阀门制造有限公司是一家以生产阀门（闸阀）为主的制造企业。公司地址：盐渎路18号；电话：88587796；开户银行：工商银行南园分理处；账号：132465009；纳税人税务识别号：320901650202669；该企业的原材料（原料及主要材料）为：铸钢件、钢材和五金配件。产品主要是闸阀A和闸阀B。

该公司相关岗位设置如下：

单位负责人：王鸿伟；财务主管：李东升；销售发票开票人：张小霞；出纳：赵彩虹；材料保管员：孙华良。

**第一笔业务：**

2014年1月1日采购部徐明因去泰州采购材料，预借差旅费1 500元。需填写借款凭证（表2-3-2）。

表 2-3-2

借 款 凭 证

年　　月　　日 №:

| 借款部门 | | 借款人 | |
|---|---|---|---|
| 事　由 | | | |
| 借款金额 | 人民币（大写）　　　　￥ | | |
| 领导审批 | | | |

第二联 付款凭证

**第二笔业务:**

2014 年 1 月 5 日采购员徐明因去泰州采购材料回来,报销差旅费 1 450 元。交通费、住宿费及补助情况如下:1 月 1 日于建阳启程去泰州,汽车票一张,计 50 元;1 月 5 日于泰州启程回建阳,汽车票一张,计 50 元;住宿单据一张,共 4 天,计 1 200 元;另外,根据规定付出差补助 150 元。余款已如数退回现金 50 元,结清了本月 1 日预借款。需填制差旅费报销单(表 2-3-3)和收据(表 2-3-4)各一张。

**表 2-3-3**

差旅费报销单

年 月 日

| 姓 名 | | | | | | 事 由 | | | | | | | 往返天数 | | |
|---|---|---|---|---|---|---|---|---|---|---|---|---|---|---|---|
| 起讫日期 | | | | 地 址 | | 车船费 | | 出差补助 | | | 住宿费 | | | 其他费用 | |
| 月 | 日 | 月 | 日 | 起 | 止 | 交通工具 | 金 额 | 天数 | 标准 | 金额 | 天数 | 标准 | 金额 | 项目 | 金额 |
| | | | | | | | | | | | | | | | |
| | | | | | | | | | | | | | | | |
| | | | | | | | | | | | | | | | |
| 合 计 | | | | | | | | | | | | | | | |
| 合计人民币(大写) | | | | | | ¥ | | | | | | | 附件 | 张 | |

主管: 审核: 出差人:(签名)

**表 2-3-4**

收款收据

年 月 日

交款单位 ______________ 收款方式 ______________

人 民 币 ______________________ ¥ ________

收款事由 ______________________________

第三联 会计记账

单位盖章: 记账: 审核: 经办:

**第三笔业务:**

2014 年 1 月 8 日开出转账支票支付前欠华瑞钢板制造厂货款 52 650 元。需填制转账支票(表 2-3-5)。

表 2-3-5

中国工商银行 转账支票
存 根
支票号码 7700030
科 目 ________
对方科目 ________
签发日期 年 月 日

| 收款人： |
| --- |
| 金 额： |
| 用 途： |
| 备 注： |

单位主管 会计
复 核 记账

8.5×25公分工4510

本支票付款期限十天

中国工商银行 转账支票（苏） BY 04 7700030

出票日期（大写）： 年 月 日 付款行名称：
收款人： 出票人账号：

| 人民币（大写） | 亿 | 千 | 百 | 十 | 万 | 千 | 百 | 十 | 元 | 角 | 分 |
| --- | --- | --- | --- | --- | --- | --- | --- | --- | --- | --- | --- |
| | | | | | | | | | | | |

用途 ________ 科目（借）________
上列款项请从 对方科目（贷）________
我账户内支付 转账日期 年 月 日
出票人盖章 复核 记账

## 第四笔业务：

2014 年 1 月 10 日提取现金备发工资 130 579 元。需填写现金支票(表2-3-6)。

表 2-3-6

中国工商银行 现金支票
存 根
支票号码 5500015
科 目 ________
对方科目 ________
签发日期 年 月 日

| 收款人： |
| --- |
| 金 额： |
| 用 途： |
| 备 注： |

单位主管 会计
复 核 记账

8.5×25公分工451

本支票付款期限十天

中国工商银行 现金支票（苏） MY 05 5500015

出票日期（大写）： 年 月 日 付款行名称：
收款人： 出票人账号：

| 人民币（大写） | 亿 | 千 | 百 | 十 | 万 | 千 | 百 | 十 | 元 | 角 | 分 |
| --- | --- | --- | --- | --- | --- | --- | --- | --- | --- | --- | --- |
| | | | | | | | | | | | |

用途 ________ 科目（借）________
上列款项请从 对方科目（贷）________
我账户内支付 付讫日期 年 月 日
出票人盖章 出纳 复核 记账

贴对号单处

## 第五笔业务：

2014 年 1 月 3 日采购原材料入库，见增值税专用发票(表2-3-7)。需要填制材料的入库单，入库单编号：1401001(表 2-3-8)。

## 第六笔业务：

2014 年 1 月 18 日销售给福泉机电商场商品(闸阀 ZF201)1 000 件，单价 200 元，采用银行汇票结算方式，收到机电商场的银行汇票票据号码(支付票据号为 00256)，该机电商场为增值税一般纳税人，纳税识别号：3212843371348624；地址：开创路 153 号；电话：88630552；开户银行：工行城西分理处；账号：012725513。请填写增值税专用发票(表2-3-9)，填写进账单(表 2-3-10)，办理进账手续，并开具收款收据(表 2-3-11)。发出的商品(闸阀 ZF201)，实际单位成本 150 元，提货人是赵金玲，销售部门负责人是黄明。请填写出库单(表 2-3-12)。

表 2-3-7

江苏省增值税专用发票

发票联

3202616312 № 01003215

开票日期： 2014年01月03日

| 购货单位 | 名称：远亨阀门制造有限公司<br>纳税人识别号：320901650202669<br>地址、电话：盐渎路18号88587796<br>开户行及账号：市工行南园分理处132465009 | | | | 密码区 | 4-659639*+6+/ 加密版本号：01<br>3-7+98>608-62+ 3220025114140<br>1096-50>82*44/0 0000113<br>6070/>222+45>7 | | |
|---|---|---|---|---|---|---|---|---|
| 货物或应税劳务名称 | 规格型号 | 单位 | 数量 | 单价 | 金额 | 税率 | 税额 | |
| 钢材 | | 吨 | 10 | 4 500.00 | 45 000.00 | 17% | 7 650.00 | |
| 合计 | | | | | ￥45 000.00 | | ￥7 650.00 | |
| 价税合计（大写） | ⊗伍万贰仟陆佰伍拾元整 | | | | （小写） ￥52 650.00 | | | |
| 销货单位 | 名称：华瑞钢板制造厂<br>纳税人识别号：322000045311632<br>地址、电话：解放路1200号<br>开户行及账号：工行城南支行1200067366 | | | | 备注 | | | |

收款人： 复核： 开票人：王敏 销货单位（盖章）

（印章：全国统一发票监制章 江苏 国家税务总局监制；华瑞钢板制造厂 322000045311632 发票专用章）

第三联 发票联 购货方记账

税总函[2013]329号 南京造币有限公司

表 2-3-8

收料单

年 月 日

| 类别 | | | 编号 | |
|---|---|---|---|---|
| 发票 | | | 来源 | |

| 名称 | 规格 | 单位 | 数量 | | 实际成本 | | | | 备注 |
|---|---|---|---|---|---|---|---|---|---|
| | | | 应收数 | 实收数 | 单价 | 总价 | 运杂费 | 合计 | |
| | | | | | | | | | |
| | | | | | | | | | |
| 合计 | | | | | | | | | |

供销主管： 采购： 验收保管：

第三联 会计记账

表 2-3-9

江苏省增值税专用发票

3200014140 № 06232572

此联不作报销、扣税凭证使用

全国统一发票监制章 江苏 国家税务总局监制

开票日期： 年 月 日

| 购货单位 | 名　　称<br>纳税人识别号<br>地　址、电话<br>开户行及账号 | | | | | 密码区 | | 第一联 记账联 销货方记账 |
|---|---|---|---|---|---|---|---|---|
| 货物或应税劳务名称 | 规格型号 | 单位 | 数量 | 单　价 | 金　　额 | 税率 | 税　　额 | |
| 合　　计 | | | | | | | | |
| 价税合计（大写） | | | | | （小写）￥ | | | |
| 销货单位 | 名　　称<br>纳税人识别号<br>地　址、电话<br>开户行及账号 | | | | | 备注 | | |

收款人： 复核： 开票人： 销货单位：（盖章）

税总函［2013］256号 南京造币有限公司

表 2-3-10

进账单（收账通知） 4

年 月 日 第 号

| 收款人 | 全　　称 | | | 付款人 | 全　　称 | | |
|---|---|---|---|---|---|---|---|
| | 账　　号 | | | | 账　　号 | | |
| | 开户银行 | | | | 开户银行 | | |

| 人民币（大写） | 百 | 十 | 万 | 千 | 百 | 十 | 元 | 角 | 分 |
|---|---|---|---|---|---|---|---|---|---|
| | | | | | | | | | |

| 付款单位名称或账号 | 种　　类 | 票据号码 | 百 | 十 | 万 | 千 | 百 | 十 | 元 | 角 | 分 | 收款人开户行盖章（盖章有效） |
|---|---|---|---|---|---|---|---|---|---|---|---|---|
| | | | | | | | | | | | | |
| | | | | | | | | | | | | |
| | | | | | | | | | | | | |
| | | | | | | | | | | | | |

单位主管： 会计： 复核： 记账：

此联是收款人开户银行交给收款人的收账通知

表 2-3-11

**收款收据**

年 月 日

| | | | |
|---|---|---|---|
| 交款单位 | | 收款方式 | |
| 人 民 币 | | ¥ | |
| 收款事由 | | | |

第三联 会计记账

单位盖章： 记账： 审核： 经办：

表 2-3-12

远亨阀门制造有限公司

**库存商品出库单**

年 月 日

| 名 称 | 规格 | 单位 | 数 量 | 单位成本 | 金 额 | 备 注 |
|---|---|---|---|---|---|---|
| | | | | | | |
| | | | | | | |
| 合 计 | | | | | | |

第三联 会计记账

记账： 仓库主管： 发货： 提货：

**第七笔业务：**

根据领料单(表 2-3-13～表 2-3-16)编制原材料领用汇总表(表 2-3-17)。

表 2-3-13

远亨阀门制造有限公司

**领 料 单**

2014 年 1 月 10 日

| 部门 | 一车间 |
|---|---|
| 用途 | 生产闸阀 A |

| 编号 | 1401001 |
|---|---|
| 仓库 | 1# 2# 3# |

| 名 称 | 规格 | 单位 | 数量 | | 单 价 | 金 额 | 备 注 |
|---|---|---|---|---|---|---|---|
| | | | 请 领 | 实 发 | | | |
| 铸钢件 | | 吨 | 5 | 5 | 14 000.00 | 70 000.00 | |
| 钢材 | | 吨 | 6 | 6 | 4 000.00 | 24 000.00 | |
| 五金配件 | | 个 | 3 000 | 3 000 | 20.00 | 60 000.00 | |
| 合 计 | | | | | | 154 000.00 | |

第三联 会计记账

记账： 发料：孙华良 领料单位负责人：刘 民 领料：何 威

表 2-3-14

远亨阀门制造有限公司

领 料 单

| 部门 | 二车间 |
| --- | --- |
| 用途 | 生产闸阀 B |

2014 年 1 月 10 日

| 编号 | 1401002 |
| --- | --- |
| 仓库 | 1# 2# 3# |

| 名　称 | 规格 | 单位 | 数量 | | 单　价 | 金　额 | 备 注 |
| --- | --- | --- | --- | --- | --- | --- | --- |
| | | | 请 领 | 实 发 | | | |
| 铸钢件 | | 吨 | 10 | 10 | 14 000.00 | 140 000.00 | |
| 钢材 | | 吨 | 20 | 20 | 4 000.00 | 80 000.00 | |
| 五金配件 | | 个 | 5 000 | 5 000 | 20.00 | 100 000.00 | |
| 合　计 | | | | | | 320 000.00 | |

第三联 会计记账

记账：　　发料：孙华良　　领料单位负责人：浦　杰　　领料：张　祥

表 2-3-15

远亨阀门制造有限公司

领 料 单

| 部门 | 一、二车间 |
| --- | --- |
| 用途 | 一般耗用 |

2014 年 1 月 10 日

| 编号 | 1401003 |
| --- | --- |
| 仓库 | 2# |

| 名　称 | 规格 | 单位 | 数量 | | 单　价 | 金　额 | 备 注 |
| --- | --- | --- | --- | --- | --- | --- | --- |
| | | | 请 领 | 实 发 | | | |
| 钢材 | | 吨 | 2 | 2 | 4 000.00 | 8 000.00 | |
| | | | | | | | |
| 合　计 | | | | | | | |

第三联 会计记账

记账：　　发料：孙华良　　领料单位负责人：俞春明　　领料：王　晗

表 2-3-16

远亨阀门制造有限公司

领 料 单

| 部门 | 厂办公室 |
| --- | --- |
| 用途 | 一般耗用 |

2014 年 1 月 10 日

| 编号 | 1401004 |
| --- | --- |
| 仓库 | 3# |

| 名　称 | 规格 | 单位 | 数量 | | 单　价 | 金　额 | 备 注 |
| --- | --- | --- | --- | --- | --- | --- | --- |
| | | | 请 领 | 实 发 | | | |
| 五金配件 | | 个 | 100 | 100 | 20.00 | 2 000.00 | |
| | | | | | | | |
| 合　计 | | | | | | | |

第三联 会计记账

记账：　　发料：孙华良　　领料单位负责人：刘力祥　　领料：蔡　文

表 2-3-17

远亨阀门制造有限公司

原材料领用汇总表

年 月 日

原始凭证编号自 至 共 张

| 用 途 | 铸钢件 | | | 钢材 | | | 五金配件 | | | 合 计 |
|---|---|---|---|---|---|---|---|---|---|---|
| | 数量 | 单价 | 金额 | 数量 | 单价 | 金额 | 数量 | 单价 | 金额 | |
| 生产成本 | | | | | | | | | | |
| 闸阀A耗用 | | | | | | | | | | |
| 闸阀B耗用 | | | | | | | | | | |
| 制造费用 | | | | | | | | | | |
| 车间一般耗用 | | | | | | | | | | |
| 管理费用 | | | | | | | | | | |
| 厂部一般耗用 | | | | | | | | | | |
| | | | | | | | | | | |
| 合 计 | | | | | | | | | | |

记账： 复核： 制单：

**第八笔业务：**

根据出库单(表 2-3-18～表 2-3-21)编制销售成本计算表(表 2-3-22)。

表 2-3-18

远亨阀门制造有限公司

库存商品出库单

| 提货单位 | 新特能源设备公司 |
|---|---|
| 用 途 | 销售 |

2014 年 1 月 22 日

| 编号 | 1402001 |
|---|---|
| 仓库 | 5#6#库 |

| 名 称 | 规格 | 单位 | 数 量 | 单位成本 | 金 额 | 备 注 |
|---|---|---|---|---|---|---|
| 闸阀A | | 台 | 200 | 320.00 | 64 000.00 | |
| 闸阀B | | 台 | 200 | 210.00 | 42 000.00 | |
| 合 计 | | | | | 106 000.00 | |

第三联 会计记账

记账： 仓库主管：丁伟 发货：孙华良 提货：曹民海

表 2-3-19

远亨阀门制造有限公司

库存商品出库单

| 提货单位 | 吉利商贸有限公司 |
|---|---|
| 用 途 | 销售 |

2014 年 1 月 23 日

| 编号 | 1402002 |
|---|---|
| 仓库 | 5#6#库 |

| 名 称 | 规格 | 单位 | 数 量 | 单位成本 | 金 额 | 备 注 |
|---|---|---|---|---|---|---|
| 闸阀A | | 台 | 200 | 320.00 | 64 000.00 | |
| 闸阀B | | 台 | 500 | 210.00 | 105 000.00 | |
| 合 计 | | | | | 169 000.00 | |

第三联 会计记账

记账： 仓库主管：丁伟 发货：孙华良 提货：戴兆军

表 2-3-20

远亨阀门制造有限公司

库存商品出库单

2014 年 1 月 24 日

| 提货单位 | 方圆五金商场 |
|---|---|
| 用 途 | 销售 |

| 编号 | 1402003 |
|---|---|
| 仓库 | 5#6#库 |

| 名 称 | 规格 | 单位 | 数 量 | 单位成本 | 金 额 | 备 注 |
|---|---|---|---|---|---|---|
| 闸阀A | | 台 | 150 | 320.00 | 48 000.00 | |
| 闸阀B | | 台 | 800 | 210.00 | 168 000.00 | |
| 合 计 | | | | | 216 000.00 | |

第三联 会计记账

记账： 仓库主管： 丁伟 发货： 孙华良 提货： 薛豪

表 2-3-21

远亨阀门制造有限公司

领 料 单

2014 年 1 月 25 日

| 部门 | 鑫瑞机械设备有限公司 |
|---|---|
| 用途 | 销售 |

| 编号 | 1401005 |
|---|---|
| 仓库 | 2#库 |

| 名 称 | 规格 | 单位 | 数 量 | | 单 价 | 金 额 | 备 注 |
|---|---|---|---|---|---|---|---|
| | | | 请 领 | 实 发 | | | |
| 钢材 | | 吨 | 20 | 20 | 4 000.00 | 80 000.00 | |
| | | | | | | | |
| 合 计 | | | | | | 80 000.00 | |

第三联 会计记账

记账： 发料： 孙华良 领料单位负责人： 领料：

表 2-3-22

远亨阀门制造有限公司

销售成本计算表

年 月 日

| 名称 | 销售数量 | 销售成本 | 销售成本 |
|---|---|---|---|
| | | | |
| | | | |
| | | | |
| | | | |
| 合计 | | | |

复核： 填表：

# 任务四 审核原始凭证

**任务目标：** 会审核原始凭证。

**任务引领：** 审核会计凭证是正确组织会计核算和进行会计检查的一个重要方面，也是实行会计监督的一个重要手段。任何原始凭证都必须经过严格认真的审核，只有审核无误的原始凭证才能作为记账的依据。这既是会计的基础工作，也是为了保证核算资料真实、正确和合法的需要。

**任务解析：**

## 一、原始凭证的审核内容

会计凭证的审核，主要是对各种原始凭证的审核。原始凭证的审核是一项严肃而细致的工作，会计人员必须坚持制度、坚持原则，认真履行会计人员的职责。原始凭证的审核主要包括以下几个方面：

**（一）真实性**

审核原始凭证所核算的内容有无掩盖、仿造、歪曲和颠倒。审核原始凭证的日期、摘要和业务内容是否真实。

**（二）合法性**

审核原始凭证所核算的经济业务是否符合有关政策、法令、制度等规定，是否履行了规定的凭证传递和审查程序，是否有贪污腐败等行为。

**（三）合理性**

审核原始凭证是否符合生产经营活动的需要，是否符合计划、预算和合同等规定。

**（四）完整性**

审核原始凭证填写的项目内容是否规定的要求，是否填列齐全；凭证所记录的经济业务是否符合实际情况，手续是否完备，有关经办人员是否都已签名或盖章，是否经过有关主管人员审批同意，凭证联次是否正确等。

**（五）正确性**

审核原始凭证的日期、摘要和业务内容是否填写清楚、易于辨认，数量、单价、金额、合计数等有无差错，大写与小写金额是否相符等。

**（六）及时性**

审核原始凭证是否及时填制，及时传递。

## 二、原始凭证审核结果的处理

经审核的原始凭证应根据不同情况处理：

（1）对于完全符合要求的原始凭证，应及时据以填制记账凭证入账。

（2）对于真实、合法、合理，但内容不够完整、填写有错误的原始凭证，应退回给有关经办人员，由其负责将有关凭证补充完整、更正错误或重开后，再办理正式会计手续。

(3) 对于不真实、不合法的原始凭证，会计机构和会计人员有权不予接受，并向单位负责人报告。

**任务训练：**

让学生互换角色，对任务三中已填的原始凭证进行审核。

## 习题训练

### 一、单项选择题

1. 会计核算工作的基础环节是(　　)。
   A. 登记会计账簿
   B. 合法地取得、正确地填制和审核会计凭证
   C. 进行财产清查
   D. 编制财务报表
2. 以下有关会计凭证的表述中不正确的有(　　)。
   A. 会计凭证是记录经济业务的书面证明
   B. 会计凭证可以明确经济责任
   C. 会计凭证是编制报表的依据
   D. 会计凭证是登记账簿的依据
3. 在每项经济业务发生或完成时取得或填制的会计凭证是(　　)。
   A. 原始凭证　B. 转账凭证　C. 收款凭证　D. 付款凭证
4. 下列属于通用凭证的是(　　)。
   A. 领料单　B. 工资计算表
   C. 增值税专用发票　D. 借款单
5. 折旧计算表属于(　　)。
   A. 转账凭证　B. 自制原始凭证　C. 收款凭证　D. 付款凭证
6. 汇总原始凭证与累计原始凭证的主要区别点是(　　)。
   A. 登记的经济业务内容不同　B. 填制时期不同
   C. 会计核算工作繁简不同　D. 填制手续和内容不同
7. 下列不属于自制原始凭证的是(　　)。
   A. 领料单　B. 成本计算单　C. 入库单　D. 火车票
8. 根据连续反映某一时期内不断重复发生而分次进行的特定业务编制的原始凭证有(　　)。
   A. 一次凭证　B. 累计凭证　C. 记账凭证　D. 汇总原始凭证
9. 下列各项中，不属于原始凭证的基本内容的是(　　)。
   A. 接受凭证单位的全称
   B. 交易或事项的内容、数量、单价和金额
   C. 经办人员签名或盖章
   D. 应记会计科目名称和记账方向

10. 不符合原始凭证基本要求的是(  )。
   A. 从个人取得的原始凭证,必须有填制人员的签名盖章
   B. 原始凭证不得涂改、刮擦、挖补
   C. 上级批准的经济合同,应作为原始凭证
   D. 大写和小写金额必须相等
11. 下列表示方法正确的是(  )。
   A. ￥501.00　　B. ￥81.00
   C. 人民币伍拾陆元捌角伍分整　　D. 人民币 柒拾陆元整
12. 在审核原始凭证时,对于内容不完整、填制有错误或手续不完备的原始凭证,应该(  )。
   A. 拒绝办理,并向本单位负责人报告
   B. 予以抵制,对经办人员进行批评
   C. 由会计人员重新填制或予以更正
   D. 予以退回,要求更正、补充,或者重新填制
13. 发现原始凭证金额错误,下列各项中,正确的处理方法是(  )。
   A. 由本单位经办人更正,并由单位财务负责人签名盖章
   B. 由出具单位重开
   C. 由出具单位更正,更正处应当加盖出具单位印章
   D. 由本单位会计人员按划线更正法更正,并在更正处签章
14. 下列关于会计要素的表述中,不正确的是(  )。
   A. 会计要素是对会计对象的基本分类
   B. 会计要素是对会计核算对象的具体化
   C. 资产、负债和所有者权益称为静态会计要素
   D. 收入、成本和利润构成利润表的基本框架
15. 下列说法中不正确的是(  )。
   A. 会计要素用于反映企业财务成果和经营状况
   B. 会计要素包括资产、负债、所有者权益、收入、费用和利润
   C. 资产、负债和所有者权益称为动态会计要素
   D. 利润要素的确认主要依赖于收入和费用

## 二、多项选择题

1. 原始凭证的基本内容中包括(  )。
   A. 原始凭证名称　　B. 接受原始凭证的单位名称
   C. 经济业务的性质　　D. 凭证附件
2. 以下属于原始凭证的有(  )。
   A. 火车票　　B. 领料单
   C. 增值税专用发票　　D. 产品入库单
3. 以下属于汇总原始凭证的有(  )。
   A. 汇总收款凭证　　B. 收料凭证汇总表

C. 限额领料单　　D. 发料凭证汇总表

4. 下列属于一次凭证的有(　　)。

A. 收据　　B. 发货票　　C. 工资结算单　　D. 工资汇总表

5. 下列属于外来原始凭证的有(　　)。

A. 本单位开具的销售发票　　B. 供货单位开具的发票

C. 职工出差取得的飞机票和火车票　　D. 银行收付款通知单

6. 下列原始凭证中,属于单位自制原始凭证的有(　　)。

A. 收料单　　B. 限额领料单　　C. 产品入库单　　D. 领料单

7. 在原始凭证上书写阿拉伯数字,正确的有(　　)。

A. 有角无分的,分位不得用"—"代替

B. 无角分的,角位和分位写"00"或者符号"—"

C. 有角无分的,分位应当写"0"

D. 有角无分的,分位也可以用符号"—"代替

8. 对原始凭证发生的错误,正确的更正方法是(　　)。

A. 由出具单位重开或更正

B. 由本单位的会计人员代为更正

C. 金额发生错误的,可由出具单位在原始凭证上更正

D. 金额发生错误的,应当由出具单位重开

9. 从外单位取得的原始凭证遗失时应该作(　　)处理后,才能代作原始凭证。

A. 应取得原签发单位盖有公章的证明　　B. 注明原始凭证的号码金额内容等

C. 由经办单位会计机构负责人批准　　D. 由经办单位负责人批准

10. 下列各项反映企业经营成果的会计要素是(　　)。

A. 利润　　B. 费用　　C. 收入　　D. 所有者权益

## 三、判断题

1. 限额领料单属于一次凭证。(　　)
2. 自制原始凭证都是一次凭证,外来原始凭证绝大多数是一次凭证。(　　)
3. 原始凭证发生的错误,正确的更正方法是由出具单位在原始凭证上更正。(　　)
4. 为了简化工作手续,可以将不同内容和类别的原始凭证汇总,填制在一张记账凭证上。(　　)
5. 在签发支票时,"5 200.05 元"的汉字大写金额应写成"伍仟贰佰元伍分"。(　　)
6. 对于真实、合法、合理但内容不够完善、填写有错误的原始凭证,会计机构和会计人员不予以接受。(　　)
7. 资产、负债和所有者权益三项会计要素是资金运动的动态表现,反映企业的财务状况,是资产负债表的基本要素。(　　)
8. 所有者权益是指企业投资人对企业资产的所有权。(　　)
9. 利润包括收入减去费用后的净额、直接计入当期利润的利得和损失等。(　　)
10. 费用按性质不同,可分为生产成本和期间费用。(　　)

# 项目三 记账凭证

Project 3

**教学内容**

**任务一** 认识记账凭证
**任务二** 填制记账凭证
**任务三** 填制制造企业记账凭证
**任务四** 审核记账凭证

**教学目标**

**能力目标：**能够选取、填制和审核记账凭证
**知识目标：**熟悉并掌握会计科目、借贷记账法和会计分录的编制
**素质目标：**培养学生细心、耐心和谨慎的职业习惯

## 任务一 认识记账凭证

**任务目标：** 认识记账凭证，能够根据经济业务选取记账凭证。

**任务引领：** 原始凭证给会计工作提供了最原始的资料，但如何将原始凭证中所核算的内容用会计的语言表达出来呢？这项工作是通过填制记账凭证（表3-1-1）来完成的。

**表3-1-1**

记 账 凭 证

年 月 日 记字第 号

| 摘 要 | 总账科目 | 明细账科目 | 借方金额 | 贷方金额 | 记账 |
|---|---|---|---|---|---|
| | | | | | |
| | | | | | |
| | | | | | |
| | | | | | |
| 合 计 | | | | | |

附件 张

会计主管： 记账： 出纳： 审核： 制单：

**任务解析：**

## 一、记账凭证的概念

记账凭证又称记账凭单，是会计人员根据审核无误的原始凭证按照经济业务事项的内容加以归类，并据以确定会计分录后所填制的会计凭证。它是登记账簿的直接依据。

## 二、记账凭证的种类

### （一）按内容分类

1. 收款凭证

收款凭证是指用于记录库存现金和银行存款收款业务的会计凭证。收款凭证的左上角为借方科目，借方科目只能是“库存现金”或“银行存款”（表 3-1-2）。

**表 3-1-2**

收　款　凭　证

借方科目：　　　　年　月　日　　　　收字第　号

| 摘　要 | 贷方科目 | | 金　额 | 记账 | |
|---|---|---|---|---|---|
| | 总账科目 | 明细账科目 | | | |
| | | | | | 附 |
| | | | | | 件 |
| | | | | | |
| | | | | | 张 |
| 合　计 | | | | | |

会计主管：　记账：　出纳：　审核：　制单：

2. 付款凭证

付款凭证是指用于记录库存现金和银行存款付款业务的会计凭证。付款凭证的左上角为贷方科目，贷方科目只能是“库存现金”或“银行存款”（表 3-1-3）。

**表 3-1-3**

付　款　凭　证

贷方科目：　　　　年　月　日　　　　付字第　号

| 摘　要 | 借方科目 | | 金　额 | 记账 | |
|---|---|---|---|---|---|
| | 总账科目 | 明细账科目 | | | |
| | | | | | 附 |
| | | | | | 件 |
| | | | | | |
| | | | | | 张 |
| 合　计 | | | | | |

会计主管：　记账：　出纳：　审核：　制单：

3. 转账凭证

转账凭证是指用于记录不涉及库存现金和银行存款业务的会计凭证（表 3-1-4）。

表 3-1-4

转 账 凭 证

年 月 日 转字第 号

| 摘 要 | 总账科目 | 明细账科目 | 借方金额 | 贷方金额 | 记账 |
|---|---|---|---|---|---|
| | | | | | |
| | | | | | |
| | | | | | |
| | | | | | |
| 合 计 | | | | | |

附件 张

会计主管： 记账： 审核： 制单：

**说明：**

收款凭证、付款凭证和转账凭证的划分，有利于区别不同经济业务分类管理，有利于经济业务的检查，但工作量大，适用于规模较大，收付业务较多的单位。收款凭证、付款凭证和转账凭证属于专用记账凭证。对于经济业务较少的单位还可以采用通用记账凭证（表 3-1-5），即不分收款、付款和转账业务，将所有的业务统一编号。

表 3-1-5

记 账 凭 证

年 月 日 记字第 号

| 摘 要 | 总账科目 | 明细账科目 | 借方金额 | 贷方金额 | 记账 |
|---|---|---|---|---|---|
| | | | | | |
| | | | | | |
| | | | | | |
| | | | | | |
| 合 计 | | | | | |

附件 张

会计主管： 记账： 出纳： 审核： 制单：

### （二）按照填列方式分类

1. 复式凭证

复式记账凭证是将一项经济业务所涉及的全部会计科目都填制在一张记账凭证上，收款凭证、付款凭证、转账凭证和通用式记账凭证都是复式记账凭证。复式记账凭证能全面核算某项经济业务的全貌，反映所涉及的会计科目之间的对应关系，便于检查会计分录的正确性，但是不便于分工记账。实际工作中应用最广泛的是复式记账凭证。

下面举例说明：

某企业于 20××年 2 月 15 日购买甲材料一批，买价 1 000 元，增值税进项税额 170 元，款项已付，材料尚未到达企业（表 3-1-6）。

表 3-1-6

记　账　凭　证

20××年 2 月 15 日　　　　记字第 9 号

| 摘　要 | 总账科目 | 明细账科目 | 借方金额 | 贷方金额 | 记账 |
|---|---|---|---|---|---|
| 购买材料 | 在途物资 | 甲材料 | 1000.00 | | |
| | 应交税费 | 应交增值税（进） | 170.00 | | |
| | 银行存款 | | | 1170.00 | |
| | | | | | |
| 合　计 | | | ¥1170.00 | ¥1170.00 | |

附件 2 张

会计主管：　记账：　出纳：　审核：　制单：李维

2. 单式凭证

单式记账凭证是将一项经济业务所涉及的每个会计科目分别单独填制的记账凭证，每张记账凭证只登记一个会计科目，一项经济业务涉及几个会计科目就要填制几张记账凭证。其中，只填列借方科目的称为借项凭证，只填列贷方科目的称为贷项凭证。单式记账凭证便于分工记账，但是不能核算某项经济业务的全貌，以及反映所涉及的会计科目之间的对应关系。

下面举例说明：

沿用上一例。该业务涉及三个会计科目，需填制三张记账凭证（表 3-1-7～表 3-1-9）。

表 3-1-7

单式记账凭证（借项记账凭证）

20××年 2 月 15 日　　　凭证编号 $9\frac{1}{3}$ 号

| 摘要 | 总账科目 | 明细账科目 | 账页 | 金额 |
|---|---|---|---|---|
| 购买材料 | 在途物资 | 甲材料 | | 1000.00 |
| 对应总账科目：银行存款 | | | | |
| | | | | |

附件 1 张

会计主管：　记账：　出纳：　审核：　制单：李维

表 3-1-8

单式记账凭证（借项记账凭证）

20××年 2 月 15 日　　　凭证编号 $9\frac{2}{3}$ 号

| 摘要 | 总账科目 | 明细账科目 | 账页 | 金额 |
|---|---|---|---|---|
| 购买材料 | 应交税费 | 应交增值税（进） | | 170.00 |
| 对应总账科目：银行存款 | | | | |
| | | | | |

附件 × 张

会计主管：　记账：　出纳：　审核：　制单：李维

表 3-1-9

单式记账凭证（贷项记账凭证）

20××年 2 月 15 日　　凭证编号 $9\frac{2}{3}$号

| 摘要 | 总账科目 | 明细账科目 | 账页 | 金额 |
|---|---|---|---|---|
| 购买材料 | 银行存款 | | | 1170.00 |
| 对应总账科目：在途物资 | | | | |
| 应交税费 | | | | |

附件 1 张

会计主管：　记账：　出纳：　审核：　制单：李维

**注意：**

单式凭证和复式凭证都是根据复式记账法的原理填制的记账凭证。

## 三、记账凭证的基本内容

（1）记账凭证的名称。

（2）填制记账凭证的日期。

（3）记账凭证的编号。

（4）经济业务事项的内容摘要。

（5）经济业务事项所涉及的会计科目及其记账方向。

（6）经济业务事项的金额。

（7）记账标记。

（8）所附原始凭证张数。

（9）会计主管、记账、审核、出纳、制单等有关人员签章。

# 任务二　填制记账凭证

**任务目标：** 会填制记账凭证。

什么是会计科目？

借贷表示什么意思？

记　账　凭　证

20××年 12 月 12 日　　记字第 3 号

| 摘　要 | 总账科目 | 明细账科目 | 借方金额 | 贷方金额 | 记账 |
|---|---|---|---|---|---|
| 提取现金 | 库存现金 | | 5000.00 | | |
| | 银行存款 | 交通银行 | | 5000.00 | |
| | | | | | |
| | | | | | |
| 合　计 | | | ￥5000.00 | ￥5000.00 | |

附件 1 张

会计主管：　记账：　出纳：　审核：　制单：张涛

图 3-2-1　记账凭证

**任务引领：** 凭证上所记载的内容表示什么含义(图 3-2-1)？什么是总账科目和明细科目？借和贷表示什么意思？记账凭证如何填制？

**任务解析：**

## 一、会计科目

### (一) 会计科目的概念

1. 会计科目的概念

会计科目是对会计要素进一步分类核算和监督的项目。每一个会计科目都有一定的名称,都应核算其特定的经济内容。

2. 会计科目的意义

(1) 会计科目是复式记账的基础。

(2) 会计科目是填制记账凭证的基础。

(3) 会计科目为成本计算与财产清查提供了前提条件。

(4) 会计科目为编制会计报表提供了方便。

### (二) 会计科目的分类

1. 按归属的会计要素分类

会计科目按归属的会计要素分为资产类、负债类、所有者权益类、成本类、损益类等。具体见会计科目表(表 3-2-1)。

表 3-2-1　　会计科目表(简表)

| 顺序 | 编号 | 会计科目名称 | 顺序 | 编号 | 会计科目名称 |
|---|---|---|---|---|---|
| (一) 资产类 | | | 18 | 1601 | 固定资产 |
| 1 | 1001 | 库存现金 | 19 | 1602 | 累计折旧 |
| 2 | 1002 | 银行存款 | 20 | 1604 | 在建工程 |
| 3 | 1012 | 其他货币资金 | 21 | 1605 | 工程物资 |
| 4 | 1101 | 交易性金融资产 | 22 | 1606 | 固定资产清理 |
| 5 | 1121 | 应收票据 | 23 | 1701 | 无形资产 |
| 6 | 1122 | 应收账款 | 24 | 1702 | 累计摊销 |
| 7 | 1123 | 预付账款 | 25 | 1801 | 长期待摊费用 |
| 8 | 1131 | 应收股利 | 26 | 1901 | 待处理财产损溢 |
| 9 | 1132 | 应收利息 | (二) 负债类 | | |
| 10 | 1221 | 其他应收款 | 27 | 2001 | 短期借款 |
| 11 | 1231 | 坏账准备 | 28 | 2201 | 应付票据 |
| 12 | 1401 | 材料采购 | 29 | 2202 | 应付账款 |
| 13 | 1402 | 在途物资 | 30 | 2203 | 预收账款 |
| 14 | 1403 | 原材料 | 31 | 2211 | 应付职工薪酬 |
| 15 | 1404 | 材料成本差异 | 32 | 2221 | 应交税费 |
| 16 | 1405 | 库存商品 | 33 | 2231 | 应付利息 |
| 17 | 1511 | 长期股权投资 | 34 | 2232 | 应付股利 |

续 表

| 顺序 | 编号 | 会计科目名称 | 顺序 | 编号 | 会计科目名称 |
|---|---|---|---|---|---|
| 35 | 2241 | 其他应付款 | 46 | 6001 | 主营业务收入 |
| 36 | 2501 | 长期借款 | 47 | 6051 | 其他业务收入 |
| 37 | 2502 | 应付债券 | 48 | 6111 | 投资收益 |
| 38 | 2701 | 长期应付款 | 49 | 6301 | 营业外收入 |
| （三）所有者权益类 | | | 50 | 6401 | 主营业务成本 |
| 39 | 4001 | 实收资本 | 51 | 6402 | 其他业务成本 |
| 40 | 4002 | 资本公积 | 52 | 6403 | 营业税金及附加 |
| 41 | 4101 | 盈余公积 | 53 | 6601 | 销售费用 |
| 42 | 4103 | 本年利润 | 54 | 6602 | 管理费用 |
| 43 | 4104 | 利润分配 | 55 | 6603 | 财务费用 |
| （四）成本类 | | | 56 | 6701 | 资产减值损失 |
| 44 | 5001 | 生产成本 | 57 | 6711 | 营业外支出 |
| 45 | 5101 | 制造费用 | 58 | 6801 | 所得税费用 |
| （五）损益类 | | | 59 | 6901 | 以前年度损益调整 |

2. 按提供信息的详细程度及其统驭关系分类

会计科目按其所提供信息的详细程度及其统驭关系分为总分类科目和明细分类科目。

（1）总分类科目。总分类科目也称为“总账科目”或“一级科目”。它是对会计要素具体内容进行总括分类，提供总括信息的会计科目，如“应收账款”“原材料”等。

（2）明细分类科目。明细分类科目也称为“明细科目”。它是对总分类科目做进一步分类，提供更详细、更具体的会计信息的科目，可在总分类科目和明细分类科目之间设置二级或多级科目（表 3-2-2，表 3-2-3）。

**表 3-2-2　应收账款总分类科目与明细分类科目**

| 总分类科目 | 明细分类科目 |
|---|---|
| 应收账款 | 东风汽车有限公司 |
| | 东盛机电设备有限公司 |

**表 3-2-3　生产成本总分类科目与明细分类科目**

| 总分类科目（一级科目） | 明细分类科目 | |
|---|---|---|
| | 二级明细科目 | 三级明细科目 |
| 生产成本 | A 产品 | 直接材料 |
| | | 直接人工 |
| | | 制造费用 |
| | B 产品 | 直接材料 |
| | | 直接人工 |
| | | 制造费用 |

(3) 总分类科目与明细分类科目的关系。

① 总分类科目对明细分类科目具有统驭控制作用；

② 明细分类科目对总分类科目具有详细说明的作用。

我国现行会计制度规定，总分类科目一般由财政部统一制定，明细分类科目可由企业根据实际需要自行设置。

---

**注意：**

明细科目不是越详细越好，要根据企业管理的需要自行设置，有些科目是无需设置明细科目的，如果设置特别详细会增加财务工作量。

---

### (三) 会计科目设置原则

1. 合法性原则

合法性原则是指所设置的会计科目应当符合国家统一的会计制度规定，以保证会计信息的规范、统一和相互可比。

---

**注意：**

不能随意自行设置会计科目，且不得随意编造会计科目。

---

2. 相关性原则

相关性原则指所设置的会计科目应满足信息使用者的要求。

3. 实用性原则

实用性原则指所设置的会计科目要符合单位自身的特点，满足单位实际需要。

### (四) 账户

1. 账户的概念

账户是根据会计科目开设的，具有一定格式和结构，用于反映会计要素增减变动及其结果的载体。

2. 账户的分类

(1) 按提供的详细程度分类，分为总分类账户和明细分类账户。

(2) 按反映的经济内容分类，分为资产类、负债类、所有者权益类、成本类、损益类。

3. 账户的基本结构

账户分为左方、右方，一方登记增加额，另一方登记减少额；左方登记增加额，右方登记减少额；右方登记增加额，左方登记减少额，余额的方向与增加额的方向一致。

(1) 账户的简化格式(图 3-2-2，图 3-2-3)。

| 左方　　　　**账户的名称** | 右方 |
|---|---|
| 期初余额<br>本期增加发生额 | 本期减少发生额 |
| 期末余额 | |

图 3-2-2　账户格式一

| 左方　　　　**账户的名称** | 右方 |
|---|---|
| 本期减少发生额 | 期初余额<br>本期增加发生额 |
| | 期末余额 |

图 3-2-3　账户格式二

期末余额＝期初余额＋本期增加发生额－本期减少发生额

（2）账户标准格式(图 3-2-4)。

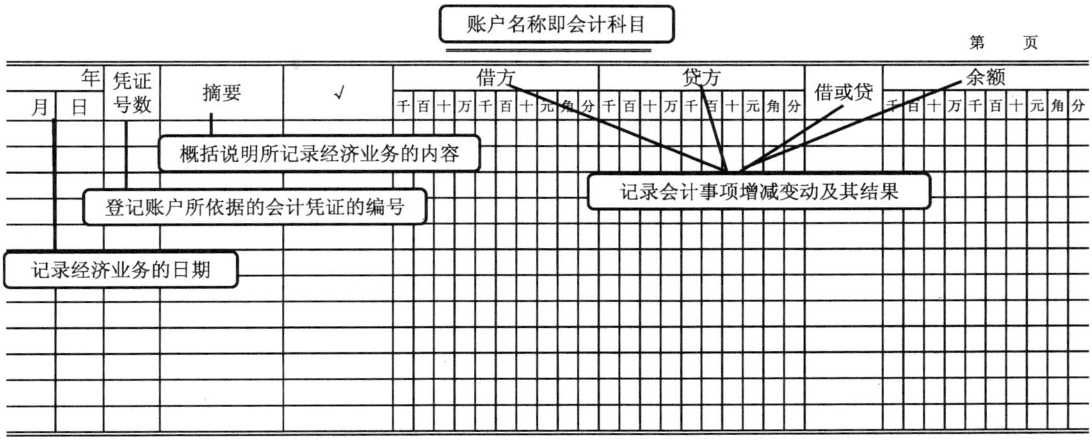


**图 3-2-4 账户标准格式**

账户基本结构内容包括账户名称、日期、记账凭证编号、经济业务摘要、增减金额及余额等。

4．账户与会计科目

会计科目是账户的名称，账户是对会计科目的运用；但账户具有一定的格式和结构，而会计科目没有结构。在实际工作中，账户和会计科目不做区分。

## 二、借贷记账法

### （一）记账方法

在会计的发展过程中，记账的方法经历了从单式记账法向复式记账法的转变。

1．单式记账法

单式记账法是对发生的交易或事项只在一个账户中进行记录的记账方法。

2．复式记账法

复式记账法是以资产和权益平衡关系作为记账的基础，对每一项经济业务，都要在两个或两个以上相互联系的账户中进行登记的方法。

（1）复式记账的类别包括借贷记账法、增减记账法、收付记账法。我国采用借贷记账法。

（2）复式记账法的意义。

① 复式记账法能相互联系地记录每一项经济业务，从而能如实核算资金运动的来龙去脉。

② 复式记账法使有关账户之间形成清晰的对应关系，便于了解交易或事项的内容，检查交易或事项是否合理、合法。

③ 复式记账法下，账户形成一个完整的体系，并可利用各账户发生额及余额之间相互联系、相互制约的关系进行试算平衡，检查账户记录是否正确，从而保证账户记录正确无误。

### （二）借贷记账法

1. 借贷记账法的概念

借贷记账法是指以“借”和“贷”为记账符号，对每一笔经济业务都要在两个或两个以上相互联系的账户中以借贷相等的金额进行登记的一种复式记账法。

借贷记账法是我国法定的记账方法。

2. 借贷记账法的记账符号

借贷记账法以“借”和“贷”作为记账的符号。至于“借”表示增加还是“贷”表示增加，则取决于账户的性质和结构。借方表示资产、成本、费用的增加，负债、所有者权益、收入的减少；贷方表示负债、所有者权益、收入的增加，资产、成本、费用的减少。

3. 借贷记账法的账户结构

（1）资产类账户的结构。资产类账户增加额记借方，减少额记贷方，余额一般在借方（图 3-2-5）。

借方 资产类账户 贷方

| 借方 | | 贷方 | |
|---|---|---|---|
| 期初余额 | ××× | | |
| 本期增加额 | ××× | 本期减少额 | ××× |
| 本期借方发生额合计 | ××× | 本期贷方发生额合计 | ××× |
| 期末余额 | ××× | | |

**图 3-2-5 资产类账户**

$$\text{资产类账户的期末借方余额}=\text{期初借方余额}+\text{本期借方发生额}-\text{本期贷方发生额}$$

（2）权益（负债和所有者权益）类账户的结构。权益类账户增加额记贷方，减少额记借方，余额一般在贷方（图 3-2-6）。

借方 权益类账户 贷方

| 借方 | | 贷方 | |
|---|---|---|---|
| | | 期初余额 | ××× |
| 本期减少额 | ××× | 本期增加额 | ××× |
| 本期借方发生额合计 | ××× | 本期贷方发生额合计 | ××× |
| | | 期末余额 | ××× |

**图 3-2-6 权益类账户**

$$\text{权益类账户的期末贷方余额}=\text{期初贷方余额}+\text{本期贷方发生额}-\text{本期借方发生额}$$

（3）成本类账户的结构。成本类账户增加额记借方，减少额记贷方，余额一般在借方（图 3-2-7）。

| 借方 | 成本类账户 | | 贷方 |
|---|---|---|---|
| 期初余额 | ××× | | |
| 本期增加额 | ××× | 本期减少额 | ××× |
| 本期借方发生额合计 | ××× | 本期贷方发生额合计 | ××× |
| 期末余额 | ××× | | |

图 3-2-7 成本类账户

$$\text{成本类账户的期末借方余额} = \text{期初借方余额} + \text{本期借方发生额} - \text{本期贷方发生额}$$

(4) 损益(收入、费用)类账户的结构。收入类账户的结构与权益账户的结构相似,增加额记贷方,减少额记借方,但期末结转后该类账户一般无余额(图 3-2-8)。

| 借方 | 收入类账户 | | 贷方 |
|---|---|---|---|
| 本期减少额 | ××× | 本期增加额 | ××× |
| 本期借方发生额合计 | ××× | 本期贷方发生额合计 | ××× |

图 3-2-8 收入类账户

费用类账户的结构与成本类账户的结构相似,增加额记借方,减少额记贷方,但期末结转后该类账户一般无余额(图 3-2-9)。

| 借方 | 费用类账户 | | 贷方 |
|---|---|---|---|
| 本期增加额 | ××× | 本期减少额 | ××× |
| 本期借方发生额合计 | ××× | 本期贷方发生额合计 | ××× |

图 3-2-9 费用类账户

4. 借贷记账法的记账规则

借贷记账法的记账规则为:有借必有贷,借贷必相等。即对于每一笔经济业务都要在两个或两个以上相互联系的账户中以借贷相等的金额进行登记。

**下面举例分析(承接项目二的例子):**

远亨阀门制造有限公司于 20××年 12 月份发生如下经济业务:

(1) 5 日,收到东风集团投入的资金 20 万元,存入银行。

该笔业务的发生,导致所有者权益(实收资本)增加了 20 万元,记贷方;资产(银行存款)增加了 20 万元,记借方(图 3-2-10)。

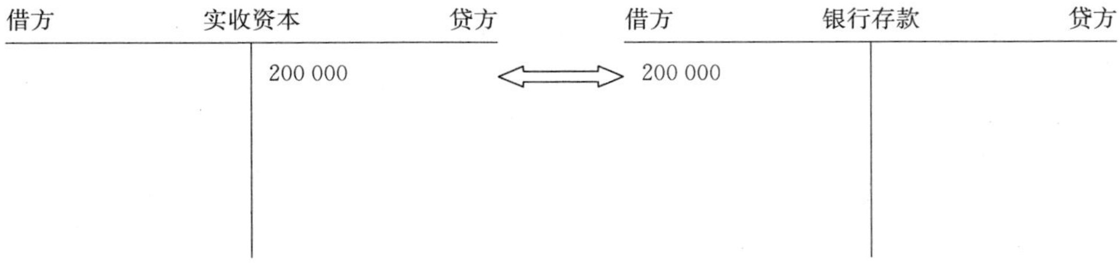


图 3-2-10

(2) 7 日，向银行借入 50 万元存入银行。

该笔业务的发生，导致负债(短期借款)增加了 50 万元，记贷方；资产(银行存款)增加了 50 万元，记借方(图 3-2-11)。

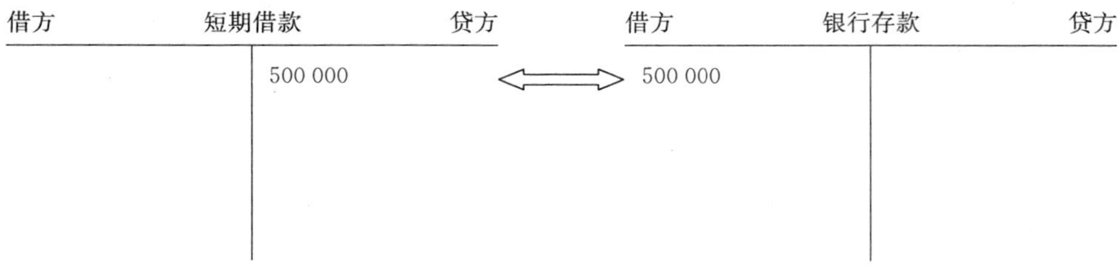


图 3-2-11

(3) 10 日，以银行存款偿还德胜金属材料公司上个月的购货款 15 万元。

该笔业务的发生，导致资产(银行存款)减少了 15 万元，记贷方；负债(应付账款)减少了 15 万元，记借方(图 3-2-12)。

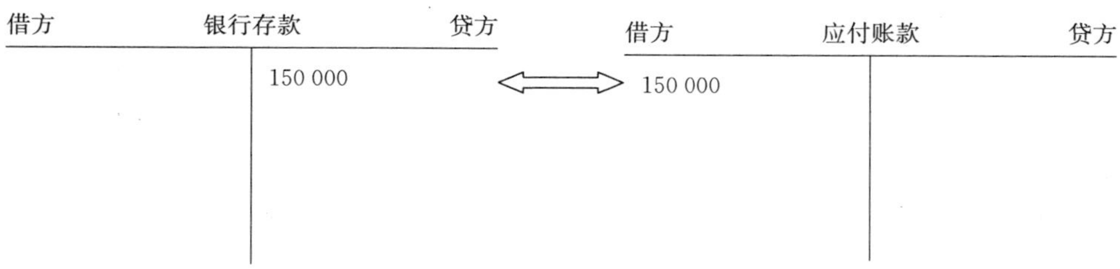


图 3-2-12

(4) 12 日，因缩小规模减少注册资本 10 万元，并以银行存款发还投资者。

该笔业务的发生，导致资产(银行存款)减少了 10 万元，记贷方；所有者权益(实收资本)减少了 10 万元，记借方(图 3-2-13)。

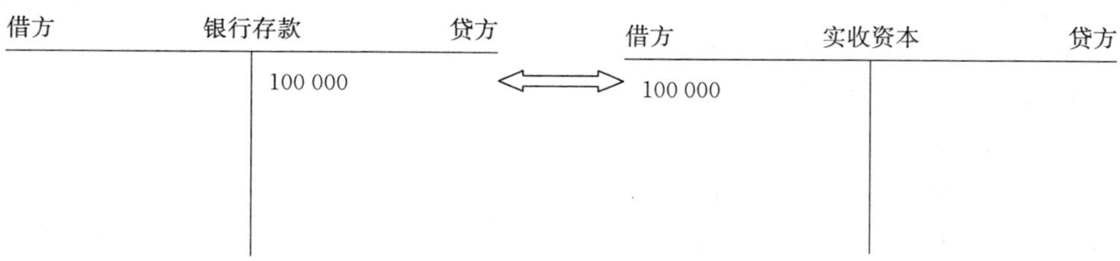


图 3-2-13

(5) 15 日,向银行提取现金 30 万元。

该笔业务的发生,导致资产(银行存款)减少了 30 万元,记贷方;资产(库存现金)增加了 20 万元,记借方(图 3-2-14)。

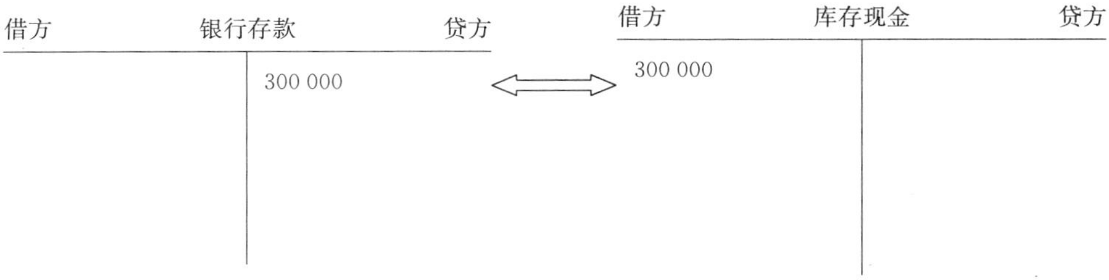


**图 3-2-14**

(6) 18 日,将盈余公积 10 万元转增资本。

该笔业务的发生,导致所有者权益(实收资本)增加了 10 万元,记贷方;所有者权益(盈余公积)减少了 10 万元,记借方(图 3-2-15)。

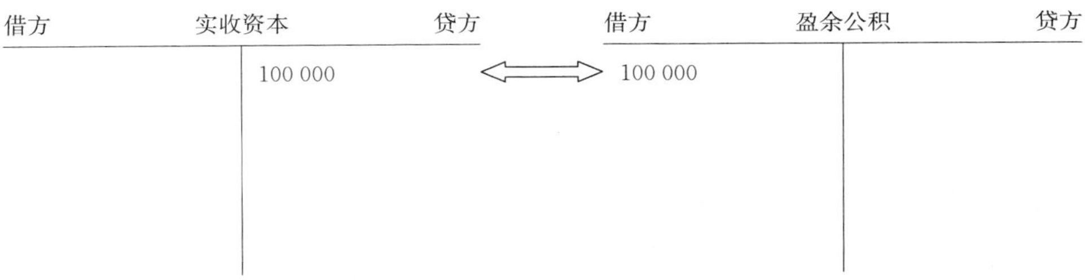


**图 3-2-15**

(7) 20 日,从银行借入期限为 3 个月的借款 15 万元直接偿还所欠恒盛设备公司的货款。

该笔业务的发生,导致负债(短期借款)增加了 15 万元,记贷方;负债(应付账款)减少了 15 万元,记借方(图 3-2-16)。

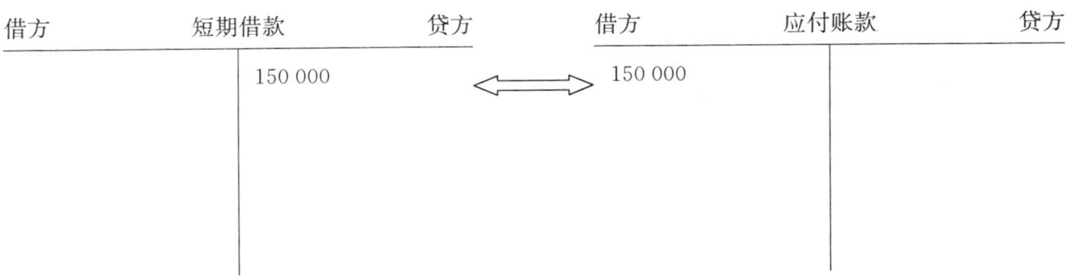


**图 3-2-16**

(8) 25 日,经与债权人协商并经有关部门批准,将所欠的 20 万元债务转成资本。

该笔业务的发生,导致所有者权益(实收资本)增加了 20 万元,记贷方;负债(应付账款)减少了 20 万元,记借方(图 3-2-17)。

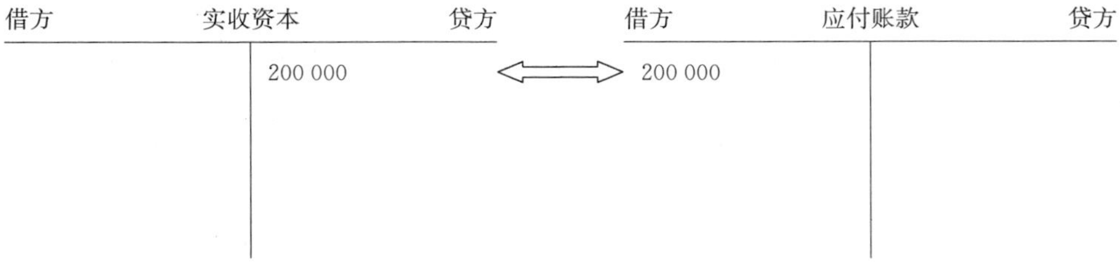


图 3-2-17

(9) 27 日,经研究决定向投资者分配股利 5 万元。

该笔业务的发生,导致负债(应付股利)增加了 5 万元,记贷方;所有者权益(利润分配)减少了 5 万元,记借方(图 3-2-18)。

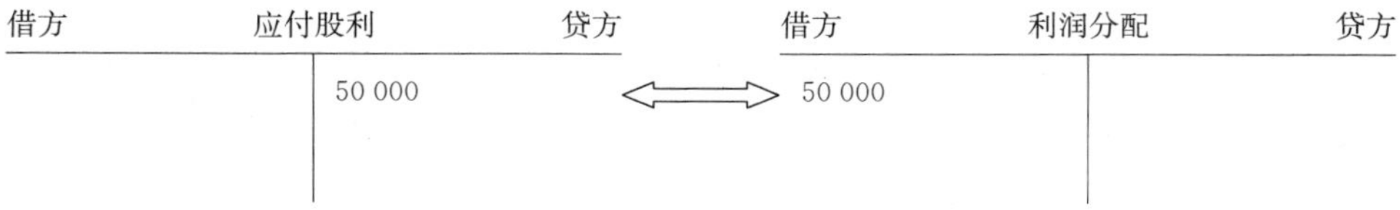


图 3-2-18

从以上九种情况可以看出,无论经济业务的类型如何,在借贷记账法下,对于发生的每一笔经济业务,都要按照“有借必有贷,借贷必相等”的记账规则来记账。不管经济业务如何变化,都不会破坏会计等式的平衡关系,等式两边依然相等。

在借贷记账法下,所有的经济业务都要在两个或两个以上的账户中进行记录,这两个或两个以上账户之间的关系被称为账户的对应关系,即账户的应借应贷关系。存在对应关系的账户称为对应账户。

5. 借贷记账法的试算平衡

(1) 试算平衡的含义。试算平衡是指根据资产与权益的恒等关系以及借贷记账法的记账规则,通过对所有账户的记录进行汇总和计算,来检查各类账户的记录是否正确的一种方法。

(2) 试算平衡的分类。

① 发生额试算平衡:发生额试算平衡的理论依据是“有借必有贷,借贷必相等”这一借贷记账法的记账规则。

发生额试算平衡的公式为:

所有账户的本期借方发生额合计 = 所有账户的本期贷方发生额合计

以远亨阀门制造有限公司于 20××年 12 月发生的经济业务为例(表3-2-4)。

② 余额试算平衡:余额试算平衡的理论依据是“资产=负债+所有者权益”的恒等关系。

余额试算平衡根据余额的时间不同又分为期初余额平衡与期末余额平衡。

余额试算平衡的公式为:

所有账户的本期借方期初余额合计 = 所有账户的本期贷方期初余额合计

所有账户的本期借方期末余额合计 = 所有账户的本期贷方期末余额合计

表 3-2-4

**本期发生额试算平衡表**

20××年 12 月 单位:元

| 会 计 科 目 | 本 期 发 生 额 | |
|---|---|---|
| | 借方 | 贷方 |
| 库存现金 | 300 000 | |
| 银行存款 | 700 000 | 550 000 |
| 短期借款 | | 650 000 |
| 应付账款 | 500 000 | |
| 应付股利 | | 50 000 |
| 实收资本 | 100 000 | 500 000 |
| 盈余公积 | 100 000 | |
| 利润分配 | 50 000 | |
| 合 计 | 1 750 000 | 1 750 000 |

试算平衡表(表 3-2-5):期初借方余额合计($X$)=期初贷方余额合计($X$)

本期借方发生额合计($Y$)=本期贷方发生额合计($Y$)

期末借方余额合计($Z$)=期末贷方余额合计($Z$)

表 3-2-5

**试 算 平 衡 表**

年 月 单位:元

| 会计科目 | 期初余额 | | 本期发生额 | | 期末余额 | |
|---|---|---|---|---|---|---|
| | 借方 | 贷方 | 借方 | 贷方 | 借方 | 贷方 |
| 库存现金 | | | | | | |
| 银行存款 | | | | | | |
| 应收账款 | | | | | | |
| …… | | | | | | |
| 合 计 | $X$ | $X$ | $Y$ | $Y$ | $Z$ | $Z$ |

(3) 填制试算平衡表的注意事项。

① 试算平衡表中如果借贷不平衡,则可以肯定账户记录或计算有错误。

② 如果试算平衡,不能肯定记账没有错误。因为有些记账错误并不影响借贷方的平衡。表现为:

a. 某项经济业务漏记(借贷方都漏记)。若只漏记借方或只漏记贷方,试算平衡是可以发现的。

b. 某项经济业务重记(借贷方都重记)。若只重记借方或只重记贷方,试算平衡是可以发现的。

c. 借贷方向颠倒。

d. 记错有关账户。借贷方向没错,但账户名称写错,如应记入“银行存款”账户的借方却记入“应收账款”账户的借方。

## 三、会计分录的编制

### (一) 会计分录的概念

会计分录是指对某项经济业务标明其应借应贷的会计科目及其金额的记录，简称分录。实际工作中，会计分录填制在记账凭证上。

### (二) 会计分录的三要素

借贷方向、借贷科目和借贷金额。

### (三) 会计分录的分类

会计分录按照所涉及账户的多少，分为简单会计分录和复合会计分录。

1. 简单会计分录

指只涉及一个账户借方和另一个账户贷方的会计分录，即一借一贷的会计分录。如：

借：银行存款　　200 000

　　贷：实收资本——海城市工业局　　200 000

2. 复合会计分录

指由两个以上(不含两个)对应账户所组成的会计分录，即一借多贷、一贷多借或多借多贷的会计分录。如：

借：原材料——甲材料　　5 000

　　应交税费——应交增值税(进项税额)　　850

　　贷：银行存款　　5 850

**注意：**

多借多贷的会计分录只有在某项经济业务比较繁杂，确实需要编制时才可以编制，一般不允许将不同的经济业务合并编制多借多贷会计分录。

### (四) 编制会计分录的步骤

(1) 确定所涉及的会计要素。

(2) 确定所涉及的会计科目。

(3) 确定会计要素的增减。

(4) 确定借贷方向。

(5) 编制会计分录(包含三要素)。

现举例说明：

本企业到银行提取现金 10 000 元。

| | | |
|---|---|---|
| ① 确定所涉及的会计要素： | 资产 | 资产 |
| ② 确定所涉及的会计科目： | 库存现金 | 银行存款 |
| ③ 确定会计要素的增减： | 增加 | 减少 |
| ④ 确定借贷方向： | 借方 | 贷方 |

⑤ 编制会计分录：

借：库存现金　　10 000

　　贷：银行存款　　10 000

## 四、记账凭证的填制要求

### （一）基本要求

1. 内容完整

记账凭证的各项内容必须填写完整。

2. 编号要连续

记账凭证的编号要根据不同情况采纳不同的方法。如果企业采用通用记账凭证，记账凭证的编号可以采取顺序编号法，即每一会计期间，都必须按月填制序号。不得采用按年或按季连续编号方法。如果是采取收款凭证、付款凭证和转账凭证的专用记账凭证形式，则记账凭证应该按照字号编号法，即把不同类型的记账凭证用“字”加以区别，再把同类的记账凭证按照顺序加以连续编号。如“收字第××号”“付字第××号”“转字第××号”等。如果一项经济业务需要填制一张以上的记账凭证时，记账凭证的编号可以采取分数编号法。例如，一笔转账业务需要填制两张凭证，凭证的连续编号为 8，则可编号“转字 8 1/2 号”“转字 8 2/2 号”。前面的整数表示业务顺序，分子表示两张中的第一张和第二张。每月末最后一张记账凭证的编号旁应加注“全”字。

3. 书写应清楚、规范

相关要求同原始凭证。

4. 根据审核无误的原始凭证或汇总原始凭证为依据填制

记账凭证可以根据每一张原始凭证填制，或根据若干张同类原始凭证汇总填制，也可以根据原始凭证汇总表填制；但不得将不同内容和类别的原始凭证汇总填制在一张记账凭证上。除了更正错账和期末结账可以不附原始凭证，其他所有记账凭证必须附有原始凭证。

5. 按规范更正错误的记账凭证

记账凭证填制时，如果发生错误，应该重新填制，不得在记账凭证上做任何修改。已登记入账的记账凭证在当年内发现填写错误时，可以用红字填写一张与原内容相同的记账凭证，在摘要栏注明“注销某月某日某号凭证”字样，同时再用蓝字重新填制一张正确的记账凭证，注明“订正某月某日某号凭证”字样。如果会计科目没有错误，只是金额错误，也可将正确数字与错误数字之间的差额另编一张调整的记账凭证，调增金额用蓝字，调减金额用红字。发现以前年度记账凭证有错误的，应当用蓝字填制一张更正的记账凭证。

6. 空行注销

记账凭证填制后如果还有空行，应该自最后一笔金额的空行处至合计数上的空行处划斜线注销，以堵塞漏洞，严格会计核算手续。

### （二）收款凭证的填制要求

收款凭证表体上的“借方科目”按收款的性质填写“库存现金”或“银行存款”；日期填写的是填制本凭证的日期；右上角填写填制收款凭证的顺序号；“摘要”填写对所记录的经济业务的简要说明；“贷方科目”填写与收入现金或银行存款相对应的会计科目；“记账”是指该凭证已登记账簿的标记，防止经济业务事项重记或漏记；“金额”是指该项经济业务事项的发生额；该凭证“附件张数”是指本记账凭证所附原始凭证的张数；最下边分别由有关人员签章，以明确经济责任。收款凭证的会计分录只能是“一借一贷”和“一借多贷”（即借方为一个科目)。

如:2013 年 2 月 5 日接受海城市工业局投资的货币资金 20 万元,存入银行(凭证号:收字第 1 号)(图 3-2-19)。

**收　款　凭　证**　　　　收字 第 1 号

借方科目:银行存款　　　　2013年2月5日

| 摘要 | 贷方科目 | | 金额 | | | | | | | | | | | ✓ |
|---|---|---|---|---|---|---|---|---|---|---|---|---|---|---|
| | 总账科目 | 明细科目 | 亿 | 千 | 百 | 十 | 万 | 千 | 百 | 十 | 元 | 角 | 分 | |
| 接受投资 | 实收资本 | 海城市工业局 | | | | 2 | 0 | 0 | 0 | 0 | 0 | 0 | 0 | |
| | | | | | | | | | | | | | | |
| | | | | | | | | | | | | | | |
| | | | | | | | | | | | | | | |
| | | | | | | | | | | | | | | |
| | | | | | | | | | | | | | | |
| 合　　计 | | | | | ¥ | 2 | 0 | 0 | 0 | 0 | 0 | 0 | 0 | |

附单据 2 张

财会主管:　　记账:　　出纳:　　复核:　　制单:×××

图 3-2-19　收款凭证

## (三)付款凭证的填制要求

付款凭证的填制方法与收款凭证基本相同,只是左上角由"借方科目"换为"贷方科目",凭证中间的"贷方科目"换为"借方科目"。付款凭证的会计分录只能是"多借一贷"的复合分录和"一借一贷"的简单分录。

如:2013 年 2 月 10 日偿还前欠 A 公司的货款 15 万元,已用银行存款支付(凭证号:付字第 1 号)(图 3-2-20)。

**付　款　凭　证**　　　　付字 第 1 号

贷方科目:银行存款　　　　2013年2月10日

| 摘要 | 借方科目 | | 金额 | | | | | | | | | | | ✓ |
|---|---|---|---|---|---|---|---|---|---|---|---|---|---|---|
| | 总账科目 | 明细科目 | 亿 | 千 | 百 | 十 | 万 | 千 | 百 | 十 | 元 | 角 | 分 | |
| 偿还前欠货款 | 应付账款 | A公司 | | | | 1 | 5 | 0 | 0 | 0 | 0 | 0 | 0 | |
| | | | | | | | | | | | | | | |
| | | | | | | | | | | | | | | |
| | | | | | | | | | | | | | | |
| | | | | | | | | | | | | | | |
| | | | | | | | | | | | | | | |
| 合　　计 | | | | | ¥ | 1 | 5 | 0 | 0 | 0 | 0 | 0 | 0 | |

附单据 1 张

财会主管:　　记账:　　出纳:　　复核:　　制单:×××

图 3-2-20　付款凭证

对于涉及“库存现金”和“银行存款”之间的划转业务，一般只填制付款凭证，不填收款凭证。

如：2013年2月12日到银行提取现金2 000元(凭证号：付字第2号)(图3-2-21)。

借：库存现金　　2 000

　　贷：银行存款　　2 000

(填制银行存款的付款凭证)

付　款　凭　证　　付字 第2 号

贷方科目：银行存款　　2013年2月12日

| 摘要 | 借方科目 | | 金额 | | | | | | | | | | | ✓ |
|---|---|---|---|---|---|---|---|---|---|---|---|---|---|---|
| | 总账科目 | 明细科目 | 亿 | 千 | 百 | 十 | 万 | 千 | 百 | 十 | 元 | 角 | 分 | |
| 提取现金 | 库存现金 | | | | | | | 2 | 0 | 0 | 0 | 0 | 0 | |
| | | | | | | | | | | | | | | |
| | | | | | | | | | | | | | | |
| | | | | | | | | | | | | | | |
| | | | | | | | | | | | | | | |
| | | | | | | | | | | | | | | |
| 合　计 | | | | | | | ￥ | 2 | 0 | 0 | 0 | 0 | 0 | |

附单据1张

财会主管：　记账：　出纳：　复核：　制单：×××

图3-2-21　付款凭证

如：2013年2月15日将现金1 000元存入银行(凭证号：付字第3号)(图3-2-22)。

借：银行存款　　1 000

　　贷：库存现金　　1 000

(填制库存现金的付款凭证)

付　款　凭　证　　付字 第3 号

贷方科目：库存现金　　2013年2月15日

| 摘要 | 借方科目 | | 金额 | | | | | | | | | | | ✓ |
|---|---|---|---|---|---|---|---|---|---|---|---|---|---|---|
| | 总账科目 | 明细科目 | 亿 | 千 | 百 | 十 | 万 | 千 | 百 | 十 | 元 | 角 | 分 | |
| 将现金存入银行 | 银行存款 | | | | | | | 1 | 0 | 0 | 0 | 0 | 0 | |
| | | | | | | | | | | | | | | |
| | | | | | | | | | | | | | | |
| | | | | | | | | | | | | | | |
| | | | | | | | | | | | | | | |
| | | | | | | | | | | | | | | |
| 合　计 | | | | | | | ￥ | 1 | 0 | 0 | 0 | 0 | 0 | |

附单据1张

财会主管：　记账：　出纳：　复核：　制单：×××

图3-2-22　付款凭证

### （四）转账凭证的填制要求

转账凭证将经济业务事项中所涉及全部会计科目按照先借后贷的顺序记入“会计科目”栏中的“一级科目”和“二级及明细科目”，并按应借、应贷方向分别记入“借方金额”或“贷方金额”栏。其他项目的填列与收、付款凭证相同。转账凭证对会计分录没有要求。

如：2013 年 2 月 18 日，企业将盈余公积 10 万元转增资本（凭证号：转字第 1 号）（图 3-2-23）。

转　账　凭　证　　　　转字第1号

2013年2月18日

| 摘要 | 会计科目 | | 借方金额 | | | | | | | | | | | 借方金额 | | | | | | | | | | | ✓ |
|---|---|---|---|---|---|---|---|---|---|---|---|---|---|---|---|---|---|---|---|---|---|---|---|---|---|
| | 总账科目 | 明细科目 | 亿 | 千 | 百 | 十 | 万 | 千 | 百 | 十 | 元 | 角 | 分 | 亿 | 千 | 百 | 十 | 万 | 千 | 百 | 十 | 元 | 角 | 分 | |
| 将盈余公积转增资本 | 盈余公积 | | | | | 1 | 0 | 0 | 0 | 0 | 0 | 0 | 0 | | | | | | | | | | | | |
| | 实收资本 | | | | | | | | | | | | | | | | 1 | 0 | 0 | 0 | 0 | 0 | 0 | 0 | |
| | | | | | | | | | | | | | | | | | | | | | | | | | |
| | | | | | | | | | | | | | | | | | | | | | | | | | |
| | | | | | | | | | | | | | | | | | | | | | | | | | |
| | | | | | | | | | | | | | | | | | | | | | | | | | |
| 合计 | | | | | ¥ | 1 | 0 | 0 | 0 | 0 | 0 | 0 | 0 | | | ¥ | 1 | 0 | 0 | 0 | 0 | 0 | 0 | 0 | |

附单据1张

财会主管：　记账：　出纳：　复核：　制单：×××

图 3-2-23　转账凭证

### （五）通用记账凭证的填制要求

如果企业运用的是通用记账凭证，不分收、付、转业务，它的格式与转账凭证的格式是一样的。填制要求与转账凭证的填制要求也一样，对会计分录没有要求。

如：2013 年 2 月 20 日接受投资者投入的货币资金 3 万元，设备 5 万元（凭证号：记字第 6 号）（图 3-2-24）。

记　账　凭　证　　　　记字第6号

2013年2月18日

| 摘要 | 会计科目 | | 借方金额 | | | | | | | | | | | 借方金额 | | | | | | | | | | | ✓ |
|---|---|---|---|---|---|---|---|---|---|---|---|---|---|---|---|---|---|---|---|---|---|---|---|---|---|
| | 总账科目 | 明细科目 | 亿 | 千 | 百 | 十 | 万 | 千 | 百 | 十 | 元 | 角 | 分 | 亿 | 千 | 百 | 十 | 万 | 千 | 百 | 十 | 元 | 角 | 分 | |
| 接受投资 | 银行存款 | | | | | | 3 | 0 | 0 | 0 | 0 | 0 | 0 | | | | | | | | | | | | |
| | 固定资产 | | | | | | 5 | 0 | 0 | 0 | 0 | 0 | 0 | | | | | | | | | | | | |
| | 实收资本 | | | | | | | | | | | | | | | | | 8 | 0 | 0 | 0 | 0 | 0 | 0 | |
| | | | | | | | | | | | | | | | | | | | | | | | | | |
| | | | | | | | | | | | | | | | | | | | | | | | | | |
| | | | | | | | | | | | | | | | | | | | | | | | | | |
| 合计 | | | | | | ¥ | 8 | 0 | 0 | 0 | 0 | 0 | 0 | | | | ¥ | 8 | 0 | 0 | 0 | 0 | 0 | 0 | |

附单据4张

财会主管：　记账：　出纳：　复核：　制单：×××

图 3-2-24　记账凭证

# 任务三　填制制造企业记账凭证

**任务目标：** 会填制制造企业的记账凭证。

**任务引领：** 制造企业会发生哪些业务？这些业务发生后如何填制记账凭证？

**任务解析：**

## 一、填制筹资过程记账凭证

从资金运动过程来看，资金筹集是企业资金运动过程的起点。资金筹集的来源主要有两个：一是投资者投入；二是向债权人借入。

投资者的投资及其增值，形成投资者权益。投资者将资金投入企业，进而对企业资产的要求权形成企业的所有者权益。投资者的投资可以是货币资金，也可以是实物资产或无形资产等。投资者投入的资金不存在偿还的问题，但需要支付股利或利润（在盈利的情况下）。

债权人将资金借给企业，进而对企业资产的要求权形成企业的负债。借入的资金需要在规定的时间偿还，而且还要支付利息。

**（一）投资者投入资金（接受投资者的投资）**

1. 涉及的账户

（1）“库存现金”账户。

① 账户性质：资产类。

② 账户用途：用来核算企业的库存现金。

③ 账户结构：借方增加，贷方减少，余额在借方。

④ 明细账的设置：按币种分别设置“库存现金日记账”。

（2）“银行存款”账户。

① 账户性质：资产类。

② 账户用途：用来核算企业存入银行或其他金融机构的各种款项。

③ 账户结构：借方增加，贷方减少，余额在借方。

④ 明细账的设置：按开户银行和其他金融机构及存款种类，分别设置“银行存款日记账”。

（3）“固定资产”账户。

① 账户性质：资产类。

② 账户用途：用来核算固定资产原始价值增减变动和结存情况。外购固定资产的成本包括买价、相关税费，以及使固定资产达到预定可使用状态前所发生的可归属于固定资产的运输费、装卸费、安装费和专业人员的服务费等。

③ 账户结构：借方增加，贷方减少，余额在借方。

④ 明细账的设置：按固定资产类别和项目设置明细账。

（4）“无形资产”账户。

① 账户性质：资产类。

② 账户用途：用来核算企业持有的无形资产的成本，包括专利权、非专利技术、商标权、著作权、土地使用权和特许权等。

③ 账户结构：借方增加，贷方减少，余额在借方。

④ 明细账的设置：按无形资产项目（专利权、非专利技术、商标权、著作权、土地使用权和特许权等）设置明细账。

（5）"实收资本"账户。

① 账户性质：所有者权益类账户。

② 账户用途：用来核算投资者投入企业的资本。股份有限公司的投资者投入的资本称为"股本"。

③ 账户结构：贷方增加，借方减少，余额在贷方。

④ 明细账的设置：按投资者开设明细账。

---

**注意：**

投资者在投入资本和在工商部门进行注册登记时，两者金额可能不同。实收资本不能高于注册资本。

---

（6）"资本公积"账户。

① 账户性质：所有者权益类账户

② 账户用途：用来核算企业收到投资者出资额超出其在注册资本或股本中所占份额的部分（资本或股本溢价），以及直接记入所有者权益的利得和损失。

③ 账户结构：贷方增加，借方减少，余额在贷方。

④ 明细账的设置：资本公积开设明细账为资本溢价（股本溢价）、其他资本公积等。

2. 具体业务核算

接受投资（表 3-3-1～表 3-3-4）。

表 3-3-1

**进账单（收账通知）　4**

2014 年 1 月 1 日　　第 001 号

| | | | | | |
|---|---|---|---|---|---|
| 收款人 | 全　称 | 远亨阀门制造有限公司 | 付款人 | 全　称 | 鑫成环保热电公司 |
| | 账　号 | 132465009 | | 账　号 | 0032566441 |
| | 开户银行 | 工行南园分理处 | | 开户银行 | 工行中心营业部 |

| 人民币（大写）叁拾万元整 | 百 | 十 | 万 | 千 | 百 | 十 | 元 | 角 | 分 |
|---|---|---|---|---|---|---|---|---|---|
| | ¥ | 3 | 0 | 0 | 0 | 0 | 0 | 0 | 0 |

| 付款单位名称或账号 | 种　类 | 票据号码 | 百 | 十 | 万 | 千 | 百 | 十 | 元 | 角 | 分 | |
|---|---|---|---|---|---|---|---|---|---|---|---|---|
| 0032566441 | 转账支票 | 01735 | ¥ | 3 | 0 | 0 | 0 | 0 | 0 | 0 | 0 | 工商银行南园分理处 2014.01.01 业务专用章 收款人开户行盖章（盖章有效） |
| | | | | | | | | | | | | |
| | | | | | | | | | | | | |
| | | | | | | | | | | | | |

此联是收款人开户银行交给收款人的收账通知

单位主管：　　会计：　　复核：　　记账：

表 3-3-2

出资证明

远亨阀门制造有限公司因经营需要追加资本 80 万元，市工商行政管理局已于 2013 年 10 月 8 日核准（工商管字第 153 号）。

根据信达会计师事务所陈翔 2013 年 12 月 6 日签署的[信会所]字第 16 号验资报告，鑫成环保热电公司应依照合同一次缴付增加的注册资本人民币贰拾万元（￥300,000.00），截止至 2014 年 1 月 1 日已全部缴足，出资方式为货币资金。

特此证明

2014 年 1 月 1 日

投资方（盖章）　　受资方（盖章）

表 3-3-3

固定资产投资交接单

2014 年 1 月 1 日

| 名称 | 规格 | 单位 | 数量 | 预计使用年限 | 已使用年限 | 原值 | 已提折旧 | 评估价值 |
|---|---|---|---|---|---|---|---|---|
| 厂房 | 砖混结构 | 幢 | 1 | 30 | 5 | 600000.00 | 100000.00 | 500000.00 |
| 调出单位 | 财务主管：<br>经　　办： | | | 调入单位 | 财务主管：<br>经　　办： | | | |

表 3-3-4

出资证明

远亨阀门制造有限公司因经营需要追加资本 80 万元，市工商行政管理局已于 2013 年 10 月 8 日核准（工商管字第 153 号）。

根据信达会计师事务所陈翔 2013 年 12 月 6 日签署的[信会所]字第 16 号验资报告，宇通机电设备公司应依照合同一次缴付增加的注册资本人民币柒拾万元（￥500,000.00），截止至 2014 年 1 月 1 日已全部缴足，出资方式为固定资产。

特此证明

此致

2014 年 1 月 1 日

投资方（盖章）　　受资方（盖章）

任务要求：根据原始凭证填制记账凭证。

分析：接受投资一方面要增加投资者权益，另一方面会增加企业的资产。

① 接受投资者投资的会计分录：

借：银行存款/库存现金 （货币资金）

　　固定资产 （设备等固定资产）

　　无形资产 （专利等无形资产）等

　　贷：实收资本 （在被投资公司注册资本中所占份额部分）

　　　　资本公积 （超过注册资本中所占份额的部分，即资本金溢价部分）

下面举例说明：

2012年10月张三、李四、王五投入货币资金各100万，设立了金山服饰有限责任公司。经营一年后该公司效益很好，另一名投资者孙六欲加入该公司，并希望占有25%的股份。2013年10月经协商，公司将注册资本增加到400万，孙六投资了120万元，款项已收到并存入银行。请以金山服饰有限公司为会计主体编制会计分录。

2012年10月接受张三、李四、王五投资时的会计分录：

借：银行存款　　3 000 000

　　贷：实收资本——张三　　1 000 000

　　　　　　　　——李四　　1 000 000

　　　　　　　　——王五　　1 000 000

2013年10月接受孙六投资时的会计分录：

借：银行存款　　1 200 000

　　贷：实收资本——孙六　　1 000 000

　　　　资本公积——资本溢价　　200 000

② 减少实收资本的会计分录：

借：实收资本

　　贷：银行存款等

③ 转增资本的会计分录：

经过工商部门的批准，企业可以用资本公积或盈余公积金转增资本金。转增后企业注册资本增加，资本公积和盈余公积金减少。

借：资本公积 （用资本公积转增）

　　盈余公积 （用盈余公积转增）

　　贷：实收资本

**提示：**

用盈余公积转增资本金时，转增后的盈余公积不得低于注册资本的25%。

### （二）向银行等金融机构借入资金

1. 涉及的账户

（1）“银行存款”账户——资产类。

（2）“短期借款”账户。

① 账户性质：负债类账户。

② 账户用途：核算向银行或其他金融机构借入的，期限不超过 1 年(包括 1 年)的流动资金借款。

③ 账户结构：贷方增加，借方减少，余额在贷方；期末余额表示期末尚未偿还的短期借款本金。

④ 明细账的设置：按借款种类、贷款人和币种设明细账。

(3) “长期借款”账户。

① 账户性质：负债类账户。

② 账户用途：核算企业向银行或其他金融机构借入的期限超过 1 年(不包括 1 年)的非流动资金借款。

③ 账户结构：贷方增加，借方减少，余额在贷方；期末余额表示期末尚未偿还的长期借款的本息。

④ 明细账的设置：按贷款种类和贷款单位设明细账。

(4) “财务费用”账户。

① 账户性质：损益类账户(费用类)。

② 账户用途：核算企业为筹集生产经营所需资金而发生的费用，包括利息、手续费、现金折扣和汇兑损益。

③ 账户结构：借方增加，贷方减少，期末结转后无余额。(期末该账户金额要转入“本年利润”)。

④ 明细账的设置：按费用项目设明细账。

(5) “应付利息”账户。

① 账户性质：负债类账户。

② 账户用途：用来核算企业按照合同约定应支付的利息。

③ 账户结构：贷方增加，借方减少，余额在贷方。

④ 明细账的设置：按债权人设明细账，进行明细核算。

2. 具体业务核算

(1) 向银行等金融机构借入款项(表 3-3-5)。

表 3-3-5

中国工商银行 借款借据（入账通知）

2014 年 01 月 02 日

| 收款人 | 全称 | 远亨阀门制造有限公司 | 借款人 | 全称 | 远亨阀门制造有限公司 |
|---|---|---|---|---|---|
| | 账号 | 132465009 | | 账号 | 131062 |
| | 开户银行 | 工行南园分理处 | | 开户银行 | 工行南园分理处 |

| 借款金额 | 人民币（大写）贰拾万元整 | 千 | 百 | 十 | 万 | 千 | 百 | 十 | 元 | 角 | 分 |
|---|---|---|---|---|---|---|---|---|---|---|---|
| | | | ¥ | 2 | 0 | 0 | 0 | 0 | 0 | 0 | 0 |

| 借款原因及用途 | 流动资金借款 | 借款计划指标 | 1 500 000.00 |
|---|---|---|---|

| 借款期限 | | | | 你单位上列借款已转入你单位结算户内，借款到期时由我行按期自你单位结算账户转还。 |
|---|---|---|---|---|
| 期次 | 计划还款日期 | √ | 计划还款金额 | |
| 1 | 2014 -07-02 | | 200 000.00 | |
| 2 | | | | |
| 3 | | | | 工商银行南园分理处 2014.01.02 业务专用章 |
| 备注： 利率 6% | | | | 此致 |

此联由银行退借款单位作入账通知

任务要求：根据原始凭证填制记账凭证。

分析：向银行借入资金一方面负债会增加，同时资产也会增加。

向银行等金融机构借入款项时的会计分录：

借：银行存款等

　　贷：短期借款　（1 年或 1 年以内的借款）

　　　　长期借款　（超过 1 年的借款）

（2）偿还银行借款(表 3-3-6)。

**表 3-3-6**

中国工商银行　特种转账借方传票

2014 年 01 月 31 日

| | | | | | |
|---|---|---|---|---|---|
| 付款人 | 全　称 | 远亨阀门制造有限公司 | 收款人 | 全　称 | 工行南园分理处 |
| | 账　号 | 1132465009 | | 账　号 | 00110608 |
| | 开户银行 | 工行南园分理处 | | 开户银行 | |

| 金　额 | 人民币（大写）叁拾万元整 | 千 | 百 | 十 | 万 | 千 | 百 | 十 | 元 | 角 | 分 |
|---|---|---|---|---|---|---|---|---|---|---|---|
| | | | ¥ | 3 | 0 | 0 | 0 | 0 | 0 | 0 | 0 |

| | | | | |
|---|---|---|---|---|
| 原凭证金额 | | 赔偿金 | | 科　目（借）________ |
| 原凭证名称 | | 号　码 | | |
| 转账原因 | 偿还借款：<br>期限3个月<br>利率6%<br>工商银行南园分理处 2014.01.31 业务专用章<br>银行盖章 | | | 对方科目（贷）________<br>会计　复核<br>记账　制单 陈华为 |

单位主管　　会计　　复核　　记账

任务要求：根据原始凭证填制记账凭证。

分析：偿还借款一方面负债会减少，另一方面资产也会减少。

偿还银行借款时的会计分录：

借：短期借款　（1 年或 1 年以内的借款）

　　长期借款　（超过 1 年的借款）

　　贷：银行存款等

说明：偿还借款是资金退出企业。

（3）利息的计算和支付。

① 短期借款的利息可以分期支付，也可以随本金到期一起还本付息。但不管是分期付还是一次还本付，利息的期限是短期的，未付时记入“应付利息”，另一方面企业承担的短期借款利息记入“财务费用”。

a. 计提短期借款利息(表 3-3-7)。

任务要求：根据原始凭证填制记账凭证。

表 3-3-7

远亨阀门制造有限公司

利息费用计提表

2014 年 1 月 31 日

| 借款时间 | 借款本金 | 借款年利率 | 预提利息 |
|---|---|---|---|
| 2013-10-10 | 500 000 | 6% | 2 500.00 |
| 2014-01-02 | 200 000 | 6% | 1 000.00 |
| 合计 | / | / | 3 500.00 |

复核：李东升　　　　制表：刘海洋

分析：计提利息是指企业发生了一项应承担，但未实际支付的利息，所以一方面费用增加，另一方面负债增加。

计算（计提）短期借款的利息的会计分录如下：

借：财务费用

　　贷：应付利息

b. 支付短期借款利息（表 3-3-8）。

表 3-3-8

中国工商银行（市支行南园分理处）

经查阅原始凭证，前两个月已预提3000元。王鸿伟 2014.1.31

计收利息清单

| 借款单位 | 远亨阀门制造有限公司 | 原借款金额 | 300000 | 计息日期 | 2013-11-30 | 付出利息账号 | 132465009 |
|---|---|---|---|---|---|---|---|
| | | 已还款金额 | 300000 | 止息日期 | 2014-01-31 | | |

| 放款账户 | 计息总基数 | | | | | | | | | | | 利率 | 利息金额 | | | | | | | | |
|---|---|---|---|---|---|---|---|---|---|---|---|---|---|---|---|---|---|---|---|---|---|
| | 亿 | 千 | 百 | 十 | 万 | 千 | 百 | 十 | 元 | 角 | 分 | | 百 | 十 | 万 | 千 | 百 | 十 | 元 | 角 | 分 |
| 131062 | | | | 3 | 0 | 0 | 0 | 0 | 0 | 0 | 0 | 6% | | | | 4 | 5 | 0 | 0 | 0 | 0 |
| | | | | | | | | | | | | | | | | | | | | | |
| 合计 | 人民币（大写）叁仟捌佰柒拾伍元整 | | | | | | | | | | | | | | ¥ | 4 | 5 | 0 | 0 | 0 | 0 |
| 备注：借款期为三个月的借款利息 | | | | | | | | | | | | | | | | | | | | | |

工商银行南园分理处 2014.01.31 业务专用章

付款日期：2014 年 1 月 31 日

第四联 代付款通知单

任务要求：根据原始凭证填制记账凭证。

分析：支付短期借款利息，如果支付的是这个月承担的利息，一方面费用增加，另一方面资产减少；如果支付的是以前已经计提的利息，一方面负债减少，另一方面资产减少。

支付利息的会计分录如下：

借：财务费用 （当期承担的利息）

　　应付利息 （以前已经计提的利息）

　　贷：银行存款

思考：收到银行存款利息的会计分录如何编制(表3-3-9)？

**表3-3-9**

中国工商银行 （支行南园分理处）

利 息 回 单

2014年1月31日

| 付款人 | 账号 | 01220709 | 收款人 | 账号 | 132465009 |
|---|---|---|---|---|---|
| | 户名 | 工行南园分理处 | | 户名 | 远亨阀门制造有限公司 |
| | 开户银行 | | | 开户银行 | 工行南园分理处 |

| 存款账户 | 计息积数 | 利率 | 利息金额 | | | | | | | | | | |
|---|---|---|---|---|---|---|---|---|---|---|---|---|---|
| | | | 亿 | 千 | 百 | 十 | 万 | 千 | 百 | 十 | 元 | 角 | 分 |
| 12465009 8 | 12771818.18 | 2.2% | | | | | | | 7 | 8 | 0 | 5 | 0 |
| | | | | | | | | | | | | | |
| 合计 | 人民币(大写)柒佰捌拾元伍角整 | | | | | | | ¥ | 7 | 8 | 0 | 5 | 0 |
| 备注：1月份存款利息 | | | | | | | | | | | | | |

工商银行南园分理处 2014.01.31 业务专用章

第四联收款通知

② 长期借款的利息可以分期支付，也可以随本金到期一起还本付息。但分期支付的利息是短期性的，未支付时记入"应付利息"；而随本金一起支付的利息与借款本金的期限一样是长期性的，未支付时记入"长期借款——应计利息"。

a. 计算(计提)长期借款的利息。

借：管理费用 （筹建期间）

　　在建工程 （工程建造未达到可使用状态前）

　　财务费用 （生产经营期间）

　　贷：应付利息 （分期付息）

　　　　长期借款——应计利息 （一次还本付息）

b. 支付利息。

借：管理费用/在建工程/财务费用 （最后一期的利息）

　　应付利息/长期借款——应计利息 （已经计提的利息）

　　贷：银行存款

## 二、填制采购过程记账凭证

采购过程的核算内容包括采购员预借和报销差旅费、购入固定资产和购买材料等事项。

### （一）采购员预借和报销差旅费

1. 涉及的账户

（1）“其他应收款”账户。

① 账户性质：资产类账户。

② 账户用途：用来核算企业除应收票据、应收账款、预付账款、应收股利、应收利息、长期应收款等以外的其他各种应收及暂付的款项。

③ 账户结构：借方增加，贷方减少，余额在借方。

④ 明细账的设置：按对方单位（或个人）设明细账。

（2）“库存现金”账户——资产类。

（3）“管理费用”账户。

① 账户性质：损益类（费用类）账户。

② 账户用途：用来核算企业为组织和管理企业生产经营所发生的管理费用，包括企业的董事会和行政管理部门在企业的经营管理中发生的或者应由企业统一负担的公司经费（包括行政管理部门职工薪酬、修理费、物料消耗、低值易耗品摊销、办公费和差旅费等）、工会经费、董事会费（包括董事会成员津贴、会议费和差旅费等）、聘请中介机构费、咨询费（含顾问费）、诉讼费、业务招待费、房产税、车船使用税、土地使用税、印花税、技术转让费、矿产资源补偿费、研究费用、排污费等。企业生产车间（部门）和行政管理部门等发生的固定资产修理费等后续支出，一般也在本账户核算。

③ 账户结构：借方增加，贷方减少，期末结转后（转入“本年利润”）无余额。

④ 明细账的设置：按费用项目设明细账。

（4）“制造费用”账户——成本类。

（5）“销售费用”账户——损益类（费用类）。

2. 具体业务核算

（1）预借差旅费（表 3-3-10）。

表 3-3-10

借款凭证

2014 年 1 月 3 日　　№:001128

| 借款部门 | 采购部 | 借款人 | 张　庆 |
|---|---|---|---|
| 事　　由 | 去通州采购材料 | | |
| 借款金额 | 人民币（大写）：贰仟元整　　¥2 000.00 | | |
| 领导审批 | 同意暂借 王鸿伟 2014.1.3　　现金付讫 | | |

第二联 付款凭证

任务要求：根据原始凭证填制记账凭证。

预借差旅费的会计分录如下：

借：其他应收款——×××

　　贷：库存现金

（2）报销差旅费（表 3-3-11，表 3-3-12）。

**表 3-3-11**

远亨阀门制造有限公司

差旅费报销单

同意报销 王鸿伟 2014.1.10

2014 年 1 月 10 日

| 姓　名 | | | | 张庆 | | 事　由 | 出差采购材料 | | | | | 往返天数 | | 10 | |
|---|---|---|---|---|---|---|---|---|---|---|---|---|---|---|---|
| 起讫日期 | | | | 地　址 | | 车船费 | | 出差补助 | | | 住宿费 | | | 其他费用 | |
| 月 | 日 | 月 | 日 | 起 | 止 | 交通工具 | 金　额 | 天数 | 标准 | 金额 | 天数 | 标准 | 金额 | 项目 | 金额 |
| 1 | 4 | 1 | 4 | 亭湖 | 通州 | 汽车 | 40.00 | 7 | 30 | 210.00 | 6 | 210 | 1 260.00 | | |
| 1 | 10 | 1 | 10 | 通州 | 亭湖 | 汽车 | 40.00 | | | | | | | | |
| | | | | | | | | | | | | | | | |
| 合　计 | | | | | | | 80.00 | | | 210.00 | | | 1 260.00 | | |
| 合计人民币（大写） | | | | | | 壹仟伍佰伍拾元整　¥1 550.00 元 | | | | | | | 附件　3　张 | | |

出差人（签名）：张庆

**表 3-3-12**

收 款 收 据

2014 年 1 月 10 日

交款单位 张　庆　　　　收款方式 现　　金

人 民 币 肆佰伍拾元整　　　　¥ 450.00

收款事由 出差交回余款

单位盖章：　　记账：　　审核：　　经办：赵彩虹

第三联 会计记账

任务要求：根据原始凭证填制记账凭证。

报销差旅费的会计分录如下：

借：管理费用——差旅费　（采购员和行政管理部门的人员报销的差旅费）

　　制造费用——差旅费　（车间管理人员报销的差旅费）

　　销售费用——差旅费　（销售部门人员报销的差旅费）

　　库存现金　（所借金额大于报销金额）

　　贷：其他应收款——×××

　　　　库存现金　（所借金额小于报销金额）

### （二）购入固定资产

固定资产应当按照成本进行初始计量，不同来源的固定资产初始成本构成不一样。外购的固定资产初始成本包括买价、相关税费，以及使得该固定资产达到预定可使用状态前所发生的可归属于该项资产的运输费、安装费和专业人员服务费等，不包括专业人员的培训费。

1. 涉及的账户

（1）“固定资产”账户——资产类。

（2）“在建工程”账户。

① 账户性质：资产类账户。

② 账户用途：用来核算企业基本建设、技术改造等在建工程发生的价值。

③ 账户结构：借方增加，贷方减少，余额在借方，表示期末正在建造的工程的价值。

④ 明细账的设置：按照“建筑工程”“安装工程”“在安装设备”“待摊支出”“减值准备”，以及“单项工程”设明细账。

（3）“应交税费”账户。

① 账户性质：负债类账户。

账户用途：用来核算企业按照税法规定计算应交纳的各种税费，包括增值税、消费税、营业税、所得税、资源税等。

② 账户结构：借方减少，贷方增加，余额可能在贷方，表示企业期末尚未交纳的税费；也可能在借方，表示企业期末多交或未抵扣的税费。

③ 明细账的设置：按税种设明细账。

（4）“应交税费——应交增值税”账户。

① 账户性质：负债类账户。

② 账户用途：用来核算企业应交和实交增值税等结算情况。

③ 账户结构（图 3-3-1）。

应交税费——应交增值税

| 借方 | 贷方 |
|---|---|
| 增值税的进项税额<br>上交本期增值税 | 增值税的销项税额 |
| 余额：企业多交或尚未抵扣的增值税 | 余额：企业尚未交纳的增值税 |

**图 3-3-1**

④ 明细账的设置：按进项税额、销项税额等设明细账。

2. 具体业务核算

购买固定资产（表 3-3-13～表 3-3-16）。

表 3-3-13

## 江苏省增值税专用发票

全国统一发票监制章 江苏 国家税务总局监制

抵 扣 联

3204624140 №10000215

开票日期：2014年01月03日

税总函[2013]225号 南京造币有限公司

| 购货单位 | 名称：远亨阀门制造有限公司<br>纳税人识别号：320901650202669<br>地址、电话：盐渎路18号88587796<br>开户行及账号：市工行南园分理处132465009 | | | 密码区 | 4-659639*+6+/ 加密版本号：01<br>3-7+98>608-62+ 3220025114140<br>1096-50>82*44/0 0000113<br>6070/>222+45>7 | | |
|---|---|---|---|---|---|---|---|
| 货物或应税劳务名称 | 规格型号 | 单位 | 数量 | 单价 | 金额 | 税率 | 税额 |
| 数控车床 | CL-630B | 台 | 1 | 80 000.00 | 80 000.00 | 17% | 1 3600.00 |
| 合计 | | | | | ￥80 000.00 | | ￥13 600.00 |
| 价税合计（大写） | ⊗玖万叁仟陆百元整 | | | | （小写）￥93 600.00 | | |
| 销货单位 | 名称：金顺车床厂<br>纳税人识别号：322002511322124<br>地址、电话：城南新区南纬路10号<br>开户行及账号：市工行城南新区支行600432532 | | | 备注 | 金顺车床厂 322002511322124 发票专用章 | | |

收款人： 复核： 开票人：刘莉莉 销货单位（盖章）

第二联 抵扣联 购货方扣税凭证

表 3-3-14

## 江苏省增值税专用发票

全国统一发票监制章 江苏 国家税务总局监制

发 票 联

3204624140 №10000215

开票日期：2014年01月03日

税总函[2013]225号 南京造币有限公司

| 购货单位 | 名称：远亨阀门制造有限公司<br>纳税人识别号：320901650202669<br>地址、电话：盐渎路18号88587796<br>开户行及账号：工行南园分理处132465009 | | | 密码区 | 4-659639*+6+/ 加密版本号：01<br>3-7+98>608-62+ 3220025114140<br>1096-50>82*44/0 0000113<br>6070/>222+45>7 | | |
|---|---|---|---|---|---|---|---|
| 货物或应税劳务名称 | 规格型号 | 单位 | 数量 | 单价 | 金额 | 税率 | 税额 |
| 数控车床 | CL-630B | 台 | 1 | 80 000.00 | 80 000.00 | 17% | 13 600.00 |
| 合计 | | | | | ￥80 000.00 | | ￥13 600.00 |
| 价税合计（大写） | ⊗玖万叁仟陆佰元整 | | | | （小写）￥93 600.00 | | |
| 销货单位 | 名称：金顺车床厂<br>纳税人识别号：322002511322124<br>地址、电话：城南新区南纬路10号<br>开户行及账号：工行城南新区支行600432 | | | 备注 | 金顺车床厂 322002511322124 发票专用章 | | |

收款人： 复核： 开票人：刘莉莉 销货单位（盖章）

第三联 发票联 购货方记账

表 3-3-15

远亨阀门制造有限公司

**其他物资入库单**

2014 年 1 月 3 日

| 类别 | 机器设备 | | 编号 | 1403001 |
|---|---|---|---|---|
| 发票 | 10000215 | | 来源 | 金顺车床厂 |

| 名称 | 规格 | 单位 | 数量 | | 实际成本 | | | | 备注 | |
|---|---|---|---|---|---|---|---|---|---|---|
| | | | 应收数 | 实收数 | 单价 | 总价 | 运杂费 | 合计 | | 第三联 会计记账 |
| 数控车床 | CL-630B | 台 | 1 | 1 | 80 000.00 | 80 000.00 | | 80 000.00 | 车床只需进行简易安装。 | |
| | | | | | | | | | | |
| 合计 | | | | | | | | 80 000.00 | | |

供销主管： 采购： 验收保管： 吴宏鸣

表 3-3-16

中国工商银行 转账支票

存 根

支票号码 5800020

科 目 ____________

对方科目 ____________

签发日期 2014 年 1 月 3 日

8.5×25 公分工 4510

| 收款人：金顺车床厂 |
|---|
| 金 额：93 600.00 |
| 用 途：支付设备款 |
| 备 注： |

单位主管 会计

复核 记账

任务要求：根据原始凭证填制记账凭证。

购买固定资产（如设备等）会计分录如下：

借：固定资产 （不需要安装）

在建工程 （需要安装）

应交税费——应交增值税 （进项税额）

贷：银行存款

提示：企业购入需要安装的固定资产需先通过“在建工程”核算，安装完成再转入“固定资产”。即：

借：固定资产

贷：在建工程

### （三）采购材料

采购材料的成本包括：买价、运杂费（运输费、装卸费、保险费、包装费等，其中运输费中不包括允许抵扣的进项税额）、相关税费（不包括准予抵扣的进项税额）、运输途中合理损耗、入库挑选整理费用等。

1. 涉及的账户

（1）“在途物资”账户。

① 账户性质：资产类账户。

② 账户用途：核算企业材料已采购但未到达，或已到达但未验收入库的材料的实际成本，包括材料的买价和采购费用。

③ 账户结构：借方增加，贷方减少，余额在借方。期末余额表示期末企业已购买但尚未到达，或已到达但未验收入库的材料的实际成本。

④ 明细账的设置：按供应单位和物资品种设明细账。

（2）“原材料”账户。

① 账户性质：资产类账户。

② 账户用途：用来核算企业库存的各种材料，包括原料及主要材料、辅助材料、外购半成品（外购件）、修理用备件（备品备件）、包装材料、燃料等增减变动及其结存情况。

③ 账户结构：借方增加，贷方减少，余额在借方。

④ 明细账的设置：按材料类别、品种、规格分别设明细账。

（3）“应交税费——应交增值税（进项税额）”账户。

（4）“银行存款”账户——资产类。

（5）“应付账款”账户。

① 账户性质：负债类账户。

② 账户用途：用来核算企业因购买材料、商品和接受劳务等经营活动应支付给供应单位的款项。

③ 账户结构：贷方增加，借方减少，余额一般在贷方。贷方余额表示企业期末尚未偿还及暂估的款项。如有借方余额则表示企业期末预付的款项。

④ 明细账的设置：按供应单位设明细账。

（6）“应付票据”账户。

① 账户性质：负债类账户。

② 账户用途：用来核算企业因购买材料、商品和接受劳务等开出、承兑的商业汇票，包括商业承兑汇票和银行承兑汇票。

③ 账户结构：贷方增加，借方减少，余额一般在贷方，表示期末企业尚未偿还的应付票据款。

④ 明细账的设置：按债权人设明细账。

（7）“预付账款”账户。

① 账户性质：资产类账户。

② 账户用途：用来核算企业按照合同的规定预付给供应单位的款项。

③ 账户结构：借方增加，贷方减少，余额可能在借方也可能在贷方，借方余额表示企业期末尚未结算的预付款项；贷方余额表示企业期末尚未补付的款项。

④ 明细账的设置：按供应单位设明细账。

**注意：**

预付账款不多的企业，也可将“预付账款”记入“应付账款”的借方。

2. 具体业务核算

采购材料（表 3-3-17～表 3-3-20）。

**表 3-3-17**

## 江苏省增值税专用发票

江 苏

国家税务总局监制

抵 扣 联

3200123140 № 01053157

开票日期： 2014年01月05日

| 购货单位 | 名称 | 远亨阀门制造有限公司 | 密码区 | 4-659639*+6+/ 加密版本号：01 |
|---|---|---|---|---|
| | 纳税人识别号 | 320901650202669 | | 3-7+98>608-62+ 3220025114140 |
| | 地址、电话 | 盐渎路18号88587796 | | 1096-50>82*44/0 0103215 |
| | 开户行及账号 | 工行南园分理处132465009 | | 6070/>222+45>7 |

| 货物或应税劳务名称 | 规格型号 | 单位 | 数量 | 单价 | 金额 | 税率 | 税额 |
|---|---|---|---|---|---|---|---|
| 铸钢件 | | 吨 | 25 | 14 000.00 | 350 000.00 | 17% | 59 500.00 |
| 合 计 | | | | | ￥350 000.00 | | ￥59 500.00 |
| 价税合计（大写） | ⊗肆拾万玖仟伍佰元整 | | | | （小写） ￥409 500.00 | | |

| 销货单位 | 名称 | 恒盛铸造有限公司 | 备注 | 恒盛铸造有限公司 320010046321005 发票专用章 |
|---|---|---|---|---|
| | 纳税人识别号 | 320010046321005 | | |
| | 地址、电话 | 开发大道269号 | | |
| | 开户行及账号 | 工行新都支行1103065326 | | |

收款人： 复核： 开票人：陈玉祥 销货单位（盖章）

税总函[2013]316号 南京造币有限公司

第二联 抵扣联 购货方扣税凭证

**表 3-3-18**

## 江苏省增值税专用发票

江 苏

国家税务总局监制

发 票 联

3200123140 № 01053157

开票日期： 2014年01月05日

| 购货单位 | 名称 | 远亨阀门制造有限公司 | 密码区 | 4-659639*+6+/ 加密版本号：01 |
|---|---|---|---|---|
| | 纳税人识别号 | 320901650202669 | | 3-7+98>608-62+ 3220025114140 |
| | 地址、电话 | 盐渎路18号88587796 | | 1096-50>82*44/0 0103215 |
| | 开户行及账号 | 工行南园分理处132465009 | | 6070/>222+45>7 |

| 货物或应税劳务名称 | 规格型号 | 单位 | 数量 | 单价 | 金额 | 税率 | 税额 |
|---|---|---|---|---|---|---|---|
| 铸钢件 | | 吨 | 25 | 14 000.00 | 350 000.00 | 17% | 59 500.00 |
| 合 计 | | | | | ￥350 000.00 | | ￥59 500.00 |
| 价税合计（大写） | ⊗肆拾万玖仟伍佰元整 | | | | （小写） ￥409 500.00 | | |

| 销货单位 | 名称 | 恒盛铸造有限公司 | 备注 | 恒盛铸造有限公司 320010046321005 发票专用章 |
|---|---|---|---|---|
| | 纳税人识别号 | 320010046321005 | | |
| | 地址、电话 | 开发大道269号 | | |
| | 开户行及账号 | 工行新都支行1103065326 | | |

收款人： 复核： 开票人：陈玉祥 销货单位（盖章）

税总函[2013]316号 南京造币有限公司

第三联 发票联 购货方记账

表 3-3-19

远亨阀门制造有限公司

**收料单**

2014 年 1 月 5 日

| 类别 | 原材料 | 编号 | 1410001 |
|---|---|---|---|
| 发票 | 01053157 | 来源 | 恒盛铸造有限公司 |

| 名 称 | 规格 | 单位 | 数量 | | 实际成本 | | | | 备注 |
|---|---|---|---|---|---|---|---|---|---|
| | | | 应收 | 实收 | 单价 | 总价 | 运杂费 | 合计 | |
| 铸钢件 | | 吨 | 25 | 25 | 14 000.00 | 350 000.00 | | 350 000.00 | |
| | | | | | | | | | |
| 合 计 | | | | | | | | 350 000.00 | |

第三联 会计记账

供销主管： 采购： 验收保管：孙华良

表 3-3-20

中国工商银行 转账支票

存 根

支票号码 7700031

科 目

对方科目

签发日期 2014 年 1 月 5 日

| 收款人：恒盛铸造有限公司 |
|---|
| 金 额：409 500.00 |
| 用 途：支付材料款 |
| 备 注： |

8.5×25 公分 4510

单位主管 会计

复 核 记账

任务要求：根据原始凭证填制记账凭证。

采购材料的会计分录如下：

借：在途物资/原材料——××材料 （买价+采购费用）

应交税费——应交增值税(进项税额)

贷：银行存款

应付账款——××单位

应付票据——××单位

预付账款——××单位

**提示：**

采购材料业务中，如果采用计划成本核算时，可不设置“在途物资”，而设置“材料采购”和“材料成本差异”账户。

材料购入的特殊业务——先收料，但月末发票未到，无法确定其实际成本，月末可按暂估价先入账。

借：原材料——××材料

  贷：应付账款——暂估应付账款

到下月初做相反分录冲回：

借：应付账款——暂估应付账款

  贷：原材料——××材料

待收到发票账单后再按实际成本记账：

借：原材料——××材料

  应交税费——应交增值税(进项税额)

  贷：银行存款 等

3. 材料采购成本的计算

(1) 材料的采购成本包括买价(根据发票金额确定)和采购费用；其中，采购费用包括相关税费(不包括准予抵扣的进项税额)、运杂费(运输费、装卸费、保险费、包装费等)、入库前的整理挑选费、运输途中的合理损耗等其他采购费用。

**说明：**

运输费和运杂费不是一个概念。

相关税费：一般纳税人不包含可以抵扣的进项税额，小规模纳税人进项税额不予抵扣。

企业供应部门及仓库的经常性费用和采购员的差旅费一般作为“管理费用”处理，不记入采购成本。

(2) 材料采购过程中发生的采购费用，有的是为采购某种材料而发生的，有的是为采购几种材料发生的，对于不能直接归属于某一种材料的采购费用要按照一定的标准，在有关的几种材料之间进行分配。材料采购费用可以按购入材料的买价、材料重量或体积的比例进行分配。

分配的步骤如下：

① 确定共同发生的采购费用总额；

② 确定分配的标准(材料的买价、材料重量或材料的体积)；

③ 计算分配率：分配率＝共同发生的采购费用总额÷几种材料的分配标准之和；

④ 某种材料分配的采购费用＝该种材料的分配标准×分配率。

下面举例分析：

例 1：A 企业是一般纳税人，2013 年 5 月 2 日该企业购买了甲材料 3 000 公斤，买价 50 000 元，增值税专用发票注明增值税额 8 500 元，购买了乙材料 2 000 公斤，买价 30 000 元，增值税专用发票注明增值税额 5 100 元，货款已付，材料尚未到达。

会计分录：

| | | |
|---|---|---|
| 借：在途物资——甲材料 | 50 000 | |
| ——乙材料 | 30 000 | |
| 应交税费——应交增值税(进项税额) | 13 600 | |
| 贷：银行存款 | | 93 600 |

例 2：承前例：5 月 8 日上述两种材料共同发生运杂费 5 070 元，其中运费 1 000 元(按 7%抵扣进项税额)，以银行存款支付。(按材料的重量分配)

共同发生的费用总额：5 070－1 000×7%＝5 000 元

分配的标准：材料的重量（甲材料 3 000 公斤，乙材料 2 000 公斤）

计算分配率：

分配率 ＝ 5 000/(3 000 ＋ 2 000) ＝ 1

甲材料承担的运杂费 ＝ 3 000 × 1 ＝ 3 000

乙材料承担的运杂费 ＝ 2 000 × 1 ＝ 2 000

会计分录如下：

| |  |  |
|---|---|---|
| 借：在途物资——甲材料 | 3 000 | |
| ——乙材料 | 2 000 | |
| 应交税费——应交增值税（进项税额） | 70 | |
| 贷：银行存款 | | 5 070 |

例 3：上述材料到达企业并验收入库。（结转甲乙材料的采购成本）

甲材料的采购成本 ＝ 50 000 ＋ 3 000 ＝ 53 000 元

乙材料的采购成本 ＝ 30 000 ＋ 2 000 ＝ 32 000 元

会计分录如下：

| |  |  |
|---|---|---|
| 借：原材料——甲材料 | 53 000 | |
| ——乙材料 | 32 000 | |
| 贷：在途物资——甲材料 | | 53 000 |
| ——乙材料 | | 32 000 |

**任务训练：**

根据以下原始凭证填制记账凭证：

Ⅰ. 2014 年 1 月 6 日远亨阀门制造有限公司采购材料（表 3-3-21，表 3-3-22）。

**表 3-3-21**

江苏省增值税专用发票

（印章：全国统一发票监制章 江苏 国家税务总局监制）

抵扣联

3200021140 　　№ 0058765

开票日期：2014年01月06日

| 购货单位 | 名称 | 远亨阀门制造有限公司 | 密码区 | 4-659639*+6+/ 加密版本号：01<br>3-7+98>608-62+ 3228513000632<br>1096-50>82*44/0 0078663<br>6070/>222+45>7 |
|---|---|---|---|---|
| | 纳税人识别号 | 320901650202669 | | |
| | 地址、电话 | 盐渎路18号88587796 | | |
| | 开户行及账号 | 工行南园分理处132465009 | | |

| 货物或应税劳务名称 | 规格型号 | 单位 | 数量 | 单价 | 金额 | 税率 | 税额 |
|---|---|---|---|---|---|---|---|
| 钢材 | | 吨 | 40 | 4 000.00 | 160 000.00 | 17% | 27 200.00 |
| 合计 | | | | | ￥160 000.00 | | ￥27 200.00 |
| 价税合计（大写） | ⊗壹拾捌万柒仟贰佰元整 | | | | （小写） ￥187 200.00 | | |

| 销货单位 | 名称 | 辰星钢材有限公司 | 备注 | （印章：辰星钢材有限公司 322851300063112 发票专用章） |
|---|---|---|---|---|
| | 纳税人识别号 | 322851300063112 | | |
| | 地址、电话 | 前进路12号 | | |
| | 开户行及账号 | 建行城东支行2403781249 | | |

收款人： 　　复核： 　　开票人：陈琳琳 　　销货单位（盖章）

（左侧边注：税总函［2013］316号 南京造币有限公司）

（右侧边注：第二联 抵扣联 购货方扣税凭证）

表 3-3-22

# 江苏省增值税专用发票

（监制章：全国统一发票监制章 江苏 国家税务总局监制）

发 票 联

3200021140　　　　№ 0058765

开票日期：2014年01月06日

| 购货单位 | 名称 | 远亨阀门制造有限公司 | 密码区 | 4-659639*+6+/ 加密版本号：01 |
|---|---|---|---|---|
| | 纳税人识别号 | 320901650202669 | | 3-7+98>608-62+ 3228513000632 |
| | 地址、电话 | 盐渎路18号88587796 | | 1096-50>82*44/0 0078663 |
| | 开户行及账号 | 工行南园分理处132465009 | | 6070/>222+45>7 |

| 货物或应税劳务名称 | 规格型号 | 单位 | 数量 | 单价 | 金额 | 税率 | 税额 |
|---|---|---|---|---|---|---|---|
| 钢材 | | 吨 | 40 | 4 000.00 | 160 000.00 | 17% | 27 200.00 |
| 合计 | | | | | ￥160 000.00 | | ￥27 200.00 |
| 价税合计（大写） | ⊗壹拾捌万柒仟贰佰元整 | | | | （小写） ￥187 200.00 | | |

| 销货单位 | 名称 | 辰星钢材有限公司 | 备注 | （印章：辰星钢材有限公司 322851300063112 发票专用章） |
|---|---|---|---|---|
| | 纳税人识别号 | 322851300063112 | | |
| | 地址、电话 | 前进路12号 | | |
| | 开户行及账号 | 建行城东支行2403781249 | | |

收款人：　　复核：　　开票人：陈琳琳　　销货单位（盖章）

税总函[2013]316号 南京造币有限公司

第三联 发票联 购货方记账

Ⅱ. 远亨阀门制造有限公司 2014 年 1 月 7 日支付前欠货款(表 3-3-23,表 3-3-24)。

表 3-3-23

中国工商银行 转账支票

存 根

支票号码 7700032

科 目 ____________

对方科目 ____________

签发日期 2014 年 1 月 7 日

| 收款人：富盛钢材厂 |
|---|
| 金 额：143 000.00 |
| 用 途：支付前欠货款 |
| 备 注： |

单位主管　　会计

复 核　　记账

8.5×25 公分工 4510

表 3-3-24

收款收据

2014年1月7日

交款单位 远亨阀门制造有限公司 收款方式 转 账

人 民 币（大写）壹拾肆万叁仟元整 ￥143 000.00

收款事由 2013年12月12日销货款

（印章：鑫盛钢材厂 财务专用章）

单位盖章： 记账： 出纳： 审核： 经办： 吕兴国

第二联 交付款单位

Ⅲ．远亨阀门制造有限公司 2014 年 1 月 8 日原材料入库(表 3-3-25)。

表 3-3-25

远亨阀门制造有限公司

收料单

2014年1月8日

| 类别 | 原材料 | 编号 | 1410002 |
|---|---|---|---|
| 发票 | 0058765 | 来源 | 辰星钢材厂 |

| 名 称 | 规格 | 单位 | 数量 | | 实际成本 | | | | 备注 |
|---|---|---|---|---|---|---|---|---|---|
| | | | 应收 | 实收 | 单价 | 总价 | 杂费 | 合计 | |
| 钢材 | | 吨 | 40 | 40 | 4 000.00 | 160 000.00 | | 160 000.00 | |
| | | | | | | | | | |
| 合 计 | | | | | | | | 160 000.00 | |

供销主管： 采购： 验收保管： 孙华良

第三联 会计记账

Ⅳ．远亨阀门制造有限公司 2014 年 1 月 9 日采购原材料(表 3-3-26～表 3-3-28)。

表 3-3-26

## 江苏省增值税专用发票

抵 扣 联

3220025114140 　　　　№ 0201258

开票日期： 2014年01月09日

| 购货单位 | 名称 | 远亨阀门制造有限公司 | 密码区 | 4-659639*+6+/ 加密版本号：01 |
|---|---|---|---|---|
| | 纳税人识别号 | 320901650202669 | | 3-7+98>608-62+ 3220025114140 |
| | 地址、电话 | 盐渎路18号88587796 | | 1096-50>82*44/0 0201258 |
| | 开户行及账号 | 工行南园分理处132465009 | | 6070/>222+45>7 |

| 货物或应税劳务名称 | 规格型号 | 单位 | 数量 | 单价 | 金额 | 税率 | 税额 |
|---|---|---|---|---|---|---|---|
| 五金配件 | | 个 | 10 000 | 20.00 | 20 0000.00 | 17% | 34 000.00 |
| 合计 | | | | | ¥200 000.00 | | ¥34 000.00 |
| 价税合计（大写） | ⊗贰拾叁万肆仟元整 | | | | （小写） ¥234 000.00 | | |

| 销货单位 | 名称 | 万达金属材料公司 | 备注 | |
|---|---|---|---|---|
| | 纳税人识别号 | 322011400512231 | | |
| | 地址、电话 | 鹿鸣路68号 | | |
| | 开户行及账号 | 工行城南分理处32-0005684 | | |

收款人： 复核： 开票人：肖林浩 销货单位（盖章）

第二联 抵扣联 购货方扣税凭证

税总函[2013]246号 南京造币有限公司

表 3-3-27

## 江苏省增值税专用发票

发 票 联

3220025114140 　　　　№ 0201258

开票日期： 2014年01月09日

| 购货单位 | 名称 | 远亨阀门制造有限公司 | 密码区 | 4-659639*+6+/ 加密版本号：01 |
|---|---|---|---|---|
| | 纳税人识别号 | 320901650202669 | | 3-7+98>608-62+ 3220025114140 |
| | 地址、电话 | 盐渎路18号88587796 | | 1096-50>82*44/0 0201258 |
| | 开户行及账号 | 市工行南园分理处132465009 | | 6070/>222+45>7 |

| 货物或应税劳务名称 | 规格型号 | 单位 | 数量 | 单价 | 金额 | 税率 | 税额 |
|---|---|---|---|---|---|---|---|
| 五金配件 | | 个 | 10 000 | 20.00 | 200 000.00 | 17% | 34 000.00 |
| 合计 | | | | | ¥200 000.00 | | ¥34 000.00 |
| 价税合计（大写） | ⊗贰拾叁万肆仟元整 | | | | （小写） ¥234 000.00 | | |

| 销货单位 | 名称 | 万达金属材料公司 | 备注 | |
|---|---|---|---|---|
| | 纳税人识别号 | 322011400512231 | | |
| | 地址、电话 | 鹿鸣路68号 | | |
| | 开户行及账号 | 工行城南分理处32-0005684 | | |

收款人： 复核： 开票人：肖林浩 销货单位（盖章）

第三联 发票联 购货方记账

税总函[2013]246号 南京造币有限公司

表 3-3-28

远亨阀门制造有限公司

收 料 单

| 类别 | 原材料 |
|---|---|
| 发票 | 0201258 |

2014 年 1 月 9 日

| 编号 | 1410003 |
|---|---|
| 来源 | 万达金属材料公司 |

| 名 称 | 规格 | 单位 | 数量 | | 实际成本 | | | | 备注 |
|---|---|---|---|---|---|---|---|---|---|
| | | | 应收数 | 实收数 | 单价 | 总价 | 运杂费 | 合计 | |
| 五金配件 | | 个 | 10 000 | 10 000 | 20.00 | 200 000.00 | | 200 000.00 | |
| | | | | | | | | | |
| 合 计 | | | | | | | | 200 000.00 | |

第三联 会计记账

供销主管： 采购： 验收保管： 孙华良

## 三、填制生产过程记账凭证

制造企业从材料投入生产起，到产品完工入库为止的过程，称为生产过程。生产过程中将发生各种耗费，包括直接材料、支付给直接参加产品生产的工人工资，以及按生产工人工资总额规定的比例计算提取的各种保险费用（直接人工）、企业生产车间等生产单位为组织和管理生产而发生的各项间接费用，即制造费用。为生产一定种类、一定数量的产品所发生的直接材料，直接人工费和制造费用的总和就是这些产品的成本，称之为生产成本。直接材料、直接人工和制造费用常称之为成本项目。生产过程核算就是要计算所生产的产品成本。企业在生产过程中，除了发生构成产品生产成本的费用外，因管理和保证生产的需要，还会发生期间费用，即不能直接归属于某个特定产品成本的费用，包括管理费用、财务费用和销售费用。

### （一）领用材料

1. 涉及的账户

（1）“原材料”账户——资产类。

（2）“生产成本”账户。

① 账户性质：成本类。

② 账户用途：该账户用来归集在生产过程中为了生产一定产品而发生的各种费用，包括直接费用和间接费用，以及完工产品的成本。

③ 账户结构：增加记入借方，减少记入贷方，余额在借方，表示尚未完成的产品（在产品）的实际生产成本。

④ 明细账的设置：可按产品的品种设明细账。

（3）“制造费用”账户。

① 账户性质：成本类。

② 账户用途：用来归集在生产过程当中所发生的各种间接性的耗费。制造费用的项目包括：车间管理人员的薪酬、车间的办公费用、水电费用、车间的物料消耗、低值易耗品的摊销、生产用的固定的折旧费用等。

③ 账户结构：增加(发生制造费用)记借方，减少(分配后转入生产成本)记贷方。该账户期末结转后一般无余额。

④ 明细账的设置：应按不同车间、部门和费用项目设明细账。

(4)“管理费用”账户——损益类(费用类)。

(5)“销售费用”账户——损益类(费用类)。

2. 具体业务核算

领用材料(表 3-3-29)。

表 3-3-29

远亨阀门制造有限公司

原材料领用汇总表

2014 年 1 月 10 日

原始凭证编号自 1401001 至 1401004 共 4 张

| 用途 | 铸钢件 | | | 钢材 | | | 五金配件 | | | 合计 |
|---|---|---|---|---|---|---|---|---|---|---|
| | 数量 | 单价 | 金额 | 数量 | 单价 | 金额 | 数量 | 单价 | 金额 | |
| 生产成本 | 5 | 14 000.00 | 70 000.00 | 6 | 4 000.00 | 24 000.00 | 3 000 | 20.00 | 60 000.00 | 154 000.00 |
| 闸阀A耗用 | 10 | 14 000.00 | 140 000.00 | 20 | 4 000.00 | 80 000.00 | 5 000 | 20.00 | 100 000.00 | 320 000.00 |
| 闸阀B耗用 | | | | | | | | | | |
| 制造费用 | | | | | | | | | | |
| 车间一般耗用 | | | | 2 | 4 000.00 | 8 000.00 | | | | 8 000.00 |
| 管理费用 | | | | | | | | | | |
| 厂部一般耗用 | | | | | | | 100 | 20.00 | 2 000.00 | 2 000.00 |
| | | | | | | | | | | |
| 合计 | 15 | 14 000.00 | 210 000.00 | 28 | 4 000.00 | 112 000.00 | 8 100 | 20.00 | 162 000.00 | 484 000.00 |

记账：刘海洋 复核：李东升 制单：王萍萍

任务要求：根据材料领用汇总表填制记账凭证。

领用材料的会计分录如下：

借：生产成本——××产品 (生产产品耗用)

制造费用——机物料消耗 (车间耗用)

管理费用——机物料消耗(管理部门耗用)

销售费用——机物料消耗 (销售部门耗用)

贷：原材料——××材料

## (二) 结算(计算)职工薪酬

1. 涉及的账户

(1)“应付职工薪酬”账户。

① 账户性质：负债类。

② 账户用途：该账户用来核算支付给职工的各种薪酬，包括工资、奖金、津贴和补贴、职工福利、社会保险、住房公积金、工会经费、职工教育经费等货币性职工薪酬，以及非货币职工薪酬等。

③ 账户结构：应付职工薪酬的贷方核算应当支付给职工的薪酬，借方核算实际支付的职工薪酬。贷方余额表示应付而未付的职工薪酬，借方余额表示多付的职工薪酬。

④ 明细账的设置:可按“工资”“职工福利”“社会保险”“住房公积金”“工会经费”“职工教育经费”等设明细账。

(2) “生产成本”账户——成本类。

(3) “制造费用”账户——成本类。

(4) “管理费用”账户——损益类(费用类)。

(5) “销售费用”账户——损益类(费用类)。

2. 具体业务核算

(1) 结算职工薪酬(表 3-3-30)。

表 3-3-30

远亨阀门制造有限公司

职工薪酬分配表

2014 年 1 月

| 分配对象 | | 成本项目 | 直接计入 | 分配计入 | | 工 资 | 福利费 | 合计 |
|---|---|---|---|---|---|---|---|---|
| | | | | 生产工时 | 分配金额 | | | |
| 生产成本 | 闸阀A | 直接工资 | 33 400.00 | 5 400 | 21 600.00 | 55 000.00 | 7 700.00 | 62 700.00 |
| | 闸阀B | 直接工资 | 42 000.00 | 4 600 | 18 400.00 | 60 400.00 | 8 456.00 | 68 856.00 |
| | 小 计 | | 75 400.00 | 10 000 | 40 000.00 | 115 400.00 | 16 156.00 | 131 556.00 |
| 制造费用 | | | 14 300.00 | | | 14 300.00 | 2 002.00 | 16 302.00 |
| 管理费用 | | | 12 200.00 | | | 12 200.00 | 1 708.00 | 13 908.00 |
| 合 计 | | | 101 900.00 | | 40 000.00 | 141 900.00 | 19 866.00 | 161 766.00 |

记账: 复核: 李东升 制单: 赵彩虹

任务要求:根据原始凭证填制记账凭证。

结算(计算)职工薪酬的会计分录如下:

借:生产成本——××产品 (生产产品的工人薪酬)

　　制造费用——职工薪酬 (车间人员的薪酬)

　　管理费用——职工薪酬 (行政管理部门人员的薪酬)

　　销售费用——职工薪酬 (销售人员的薪酬)

　　贷:应付职工薪酬——工资等

(2) 发放(支付)职工薪酬(表 3-3-31)。

任务要求:根据原始凭证填制记账凭证。

发放(支付)职工薪酬的会计分录如下:

借:应付职工薪酬——工资等

　　贷:银行存款/库存现金

思考:

提取现金准备发工资的会计分录是什么(表 3-3-32)?

表 3-3-31

远亨阀门制造有限公司

职工薪酬结算明细表

2013 年 12 月份　　　　第 6 页

| 工号 | 姓　名 | 应付职工薪酬 | | | 代扣款项 | | | 实发薪酬 | 签　名 |
|---|---|---|---|---|---|---|---|---|---|
| | | 标准工资 | 津贴及奖金 | 小　计 | 水电费 | 保险 | 小计 | | |
| 06080 | 王鸿伟 | 2 800.00 | 3 205.00 | 6 005.00 | | 320.00 | 320.00 | 5 685.00 | 王鸿伟 |
| 06081 | 俞春明 | 1 752.00 | 2 462.00 | 4 214.00 | 85.00 | 253.00 | 338.00 | 3 876.00 | 俞春明 |
| 06082 | 李东升 | 1 752.00 | 1 903.00 | 3 655.00 | 120.00 | 253.00 | 373.00 | 3 282.00 | 李东升 |
| 06083 | 刘力祥 | 1 648.00 | 1 692.00 | 3 340.00 | | 220.00 | 220.00 | 3 120.00 | 刘力祥 |
| 06084 | 王萍萍 | 1 524.00 | 1 665.00 | 3 189.00 | | 205.00 | 205.00 | 2 984.00 | 王萍萍 |
| 06085 | 赵彩虹 | 1 524.00 | 1 693.00 | 3 217.00 | 63.00 | 198.00 | 261.00 | 2 956.00 | 赵彩虹 |
| 06086 | 刘海洋 | 1 524.00 | 1 665.00 | 3 189.00 | | 184.00 | 184.00 | 3 005.00 | 刘海洋 |
| 06087 | 丁　伟 | 1 486.00 | 1 567.00 | 3 053.00 | | 163.00 | 163.00 | 2 890.00 | 丁　伟 |
| 06088 | 孙华良 | 1 388.00 | 1 559.00 | 2 947.00 | 85.00 | 152.00 | 237.00 | 2 710.00 | 孙华良 |
| 06089 | 张小霞 | 1 388.00 | 1 545.00 | 2 933.00 | 78.00 | 152.00 | 230.00 | 2 703.00 | 张小霞 |
| | | | | | | | | | |
| | 合　计 | 16 786.00 | 18 956.00 | 35 742.00 | 431.00 | 2 100.00 | 2531.00 | 33 211.00 | |
| | 总　计 | 86 945.00 | 80 652.00 | 167 597.00 | 6 352.00 | 9 562.00 | 15 914.00 | 151 683.00 | |

第二联　会计联

记账：　　　　复核：李东升　　　　制单：赵彩虹

表 3-3-32

中国工商银行　现金支票

存　根

支票号码　5500015

科　　目 ______________

对方科目 ______________

签发日期　2014 年 1 月 10 日

8.5×25 公分 工 451

| | |
|---|---|
| 收款人： | 远亨阀门制造有限公司 |
| 金　额： | 151 683.00 |
| 用　途： | 准备发工资 |
| 备　注： | |

单位主管　　会计

复　　核　　记账

任务要求：根据原始凭证填制记账凭证。

## （三）计提固定资产折旧

固定资产折旧的方法，从实际工作当中来讲有两大类方法：一类是直线折旧法（年限平均法和工作量法）；另一类是加速折旧法（双倍余额递减法和年数总和法）

在此仅介绍年限平均法，年限平均法的计算如下：

年折旧额 =(固定资产原值 − 预计残值 + 预计清理费用)/ 预计使用年限

月折旧额 = 年折旧额 /12

年折旧率 = 年折旧额 / 固定资产原值

月折旧率 = 年折旧率 /12

年(月)折旧额 = 固定资产原值 × 年(月)折旧率

1. 涉及的账户

(1)“累计折旧”账户。

① 账户性质:资产类,它是固定资产的调整账户。

② 账户用途:用来核算企业固定资产在使用过程当中发生的价值损耗。

③ 账户结构:增加(计提折旧)记贷方,减少记借方,余额一般在贷方。

④ 明细账的设置:可按固定资产的类别或项目设明细账。

(2)“制造费用”账户——成本类。

(3)“管理费用”账户——损益类(费用类)。

(4)“销售费用”账户——损益类(费用类)。

2. 具体业务核算

计提折旧(表 3-3-33)。

**表 3-3-33**

远亨阀门制造有限公司

固定资产折旧提取计算表

2014 年 1 月 15 日

| 固定资产用途 | 计提基数 | 月折旧率 | 金 额 |
|---|---|---|---|
| 生产用固定资产 | 1 000 000.00 | 1.2% | 12 000.00 |
| 管理用固定资产 | 152 000.00 | 1% | 1 520.00 |
| 合 计 | 1 152 000.00 | | 13 520.00 |

复核: 李东升 制表: 刘海洋

任务要求:根据原始凭证填制记账凭证。

计提折旧的会计分录如下:

借:制造费用——折旧费 (生产或车间用)

　　管理费用——折旧费 (行政管理部门用)

　　销售费用——折旧费 (销售部门用)

　　贷:累计折旧

## （四）支付(发生)其他各项费用(如水电费、办公费、差旅费、动力费等)

1. 支付办公用品费(表 3-3-34,表 3-3-35)

表 3-3-34

**江苏省国家税务局通用机打发票**

**发票联**

发票代码 1310010103216
发票号码 21206515

开票日期：2014-01-12　　行业分类：工商业

付款方名称：远亨阀门制造有限公司

付款方识别号：320901650202669

| 项　目 | 规格 | 单位 | 数量 | 单价 | 金额（人民币） | 附注 |
|---|---|---|---|---|---|---|
| 办公用品 | | | 1 | 500.00 | 500.00 | |

金额合计（大写）：人民币伍佰元整　　（小写）：￥500.00

备注：　　开户银行：
　　开户账号：

（印章：晨光文具公司 320101031655436 发票专用章）

开票人：许华　　收款方名称：晨光文具公司　　收款方识别码：320101031655436

第一联发票联付款方付款凭证（手写无效）

表 3-3-35

中国工商银行 转账支票
存　根

支票号码 7700033
科　目 ________
对方科目 ________
签发日期 2014 年 1 月 12 日

| 收款人：晨光文具公司 |
|---|
| 金　额：500.00 |
| 用　途：支付办公用品费 |
| 备　注： |

单位主管　　会计
复　核　　记账

8.5×25 公分工 4510

2. 支付电费（表 3-3-36～表 3-3-39）

表 3-3-36

## 江苏省增值税专用发票

（全国统一发票监制章 江苏 国家税务总局监制）

### 抵 扣 联

3200022114140　　　　开票日期：　2014年01月18日　　　　№ 0231352

| 购货单位 | | | 密码区 |
|---|---|---|---|
| 名　　称 | 远亨阀门制造有限公司 | | 4-659639*+6+/38+46800 |
| 纳税人识别号 | 320901650202669 | | 3-7+98>608-62+ 8+13489/5 |
| 地　址、电　话 | 盐渎路18号88587796 | | 1096-50>82*44/0 986453+1 |
| 开户行及账号 | 工行南园分理处132465009 | | 6070/>222+45>7**1-+-*《00- |

| 货物或应税劳务名称 | 规格型号 | 单位 | 数量 | 单　价 | 金　额 | 税率 | 税　额 |
|---|---|---|---|---|---|---|---|
| 电费 | | 千瓦时 | 5 000 | 0.80 | 4 000.00 | 17% | 680.00 |
| 合　计 | | | | | ￥4 000.00 | | ￥680.00 |
| 价税合计（大写） | ⊗肆仟陆佰捌拾元整 | | | | （小写） | | ￥4 680.00 |

| 销货单位 | | 备注 |
|---|---|---|
| 名　　称 | 江苏省电力公司 | （江苏省电力公司 320901400514239 发票专用章） |
| 纳税人识别号 | 320901400514239 | |
| 地　址、电　话 | 建军路38号88229216 | |
| 开户行及账号 | 工行供电分理处110966251929 | |

收款人：　　　复核：　　　开票人：孙伟　　　销货单位（盖章）

第二联 抵扣联 购货方扣税凭证

税总函[2013]246号 南京造币有限公司

表 3-3-37

## 江苏省增值税专用发票

（全国统一发票监制章 江苏 国家税务总局监制）

### 发 票 联

3200022114140　　　　开票日期：　2014年01月18日　　　　№ 0231352

| 购货单位 | | | 密码区 |
|---|---|---|---|
| 名　　称 | 远亨阀门制造有限公司 | | 4-659639*+6+/38+46800 |
| 纳税人识别号 | 320901650202669 | | 3-7+98>608-62+ 8+13489/5 |
| 地　址、电　话 | 盐渎路18号88587796 | | 1096-50>82*44/0 986453+1 |
| 开户行及账号 | 市工行南园分理处132465009 | | 6070/>222+45>7**1-+-*《00- |

| 货物或应税劳务名称 | 规格型号 | 单位 | 数量 | 单　价 | 金　额 | 税率 | 税　额 |
|---|---|---|---|---|---|---|---|
| 电费 | | 千瓦时 | 5 000 | 0.80 | 4 000.00 | 17% | 680.00 |
| 合　计 | | | | | ￥4 000.00 | | ￥680.00 |
| 价税合计（大写） | ⊗肆仟陆佰捌拾元整 | | | | （小写） | | ￥4 680.00 |

| 销货单位 | | 备注 |
|---|---|---|
| 名　　称 | 江苏省电力公司 | （江苏省电力公司 320901400514239 发票专用章） |
| 纳税人识别号 | 320901400514239 | |
| 地　址、电　话 | 建军路38号88229216 | |
| 开户行及账号 | 工行供电分理处110966251929 | |

收款人：　　　复核：　　　开票人：孙伟　　　销货单位（盖章）

第三联 发票联 购货方记账

税总函[2013]246号 南京造币有限公司

表 3-3-38

中国工商银行 转账支票
存 根
支票号码 7700034
科 目 ____________
对方科目 ____________
签发日期 2014 年 1 月 18 日

| 收款人： | 江苏省电力公司 |
|---|---|
| 金 额： | 4 680.00 |
| 用 途： | 支付电费 |
| 备 注： | |

8.5×25 公分工 4510

单位主管 会计
复 核 记账

表 3-3-39

远亨阀门制造有限公司

费用分割单

2014 年 1 月 18 日

| 费用项目 | 应借科目 | 金 额 |
|---|---|---|
| 电费： | | 4 000.00 |
| 其中：生产车间用 | 制造费用 | 3 500.00 |
| 行政办公用 | 管理费用 | 500.00 |

复核：李东升　　　　制表：刘海洋

任务要求：根据原始凭证填制记账凭证。

支付(发生)其他各项费用的会计分录如下：

借：制造费用——××费 （车间发生的）

　　管理费用——××费 （行政管理部门发生的）

　　销售费用——××费 （销售部门发生的）

　　贷：银行存款/库存现金等

**(五) 分配制造费用**

制造费用是产品生产成本的重要构成内容，但制造费用一般是生产车间发生的间接生产费用，在其发生时，一般不能分清应由哪一种产品来承担，因而不便于直接归属于某一种产品，而应先行归集，即通过"制造费用"账户先行归集，期末按一定标准分配计入各种产品成本。

制造费用的分配方法，一般有下列几种：按生产工人工资比例分配，按生产工人工时比例分配，按机器工时比例分配，按耗用原材料的数量或成本比例分配，按直接成本（直接材料费用与直接人工费用之和）比例分配，按产品产量比例分配，等等。

制造费用分配的计算如下：

① 确定多种产品共同发生的制造费用总额；

② 确定分配的标准（生产工人工资、生产工人工时等）；

③ 计算分配率：分配率＝共同发生的制造费用总额÷多种产品的分配标准之和；

④ 某种产品分配的制造费用＝该种产品的分配标准×分配率。

分配制造费用的会计分录如下：

借：生产成本——××产品

　　贷：制造费用

下面举例说明：

某公司20××年6月份生产甲、乙两种产品共同发生的制造费用总额为693 000元。其中生产A产品的生产工人的工资为300 000元，生产B产品的生产工人的工资为400 000元。请以生产工人的工资为标准分配制造费用并编制会计分录。

制造费用分配率＝应分配的制造费用÷生产甲、乙产品生产工人工资之和

＝693 000÷(300 000＋400 000)＝0.99

A产品应分摊的制造费用＝制造费用分配率×生产甲产品工人工资

＝0.99×300 000＝297 000(元)

B产品应分摊的制造费用＝制造费用分配率×生产乙产品工人工资

＝0.99×400 000＝396 000(元)

实际工作中，上述制造费用分配的计算过程及结果一般通过填制制造费用分配表进行，制造费用分配表如表3-3-40所示。

**表3-3-40** **制造费用分配表**

××年6月　　单位：元

| 产品名称 | 分配标准(生产工人工资) | 分配率 | 分配金额 |
|---|---|---|---|
| A产品 | 300 000 | 0.99 | 297 000 |
| B产品 | 400 000 | | 396 000 |
| 合计 | 700 000 | | 693 000 |

复核(签章)×××　　制表(签章)×××

该项经济业务的会计分录如下：

借：生产成本——甲产品　　297 000

　　　　　　——乙产品　　396 000

　　贷：制造费用　　693 000

任务要求：根据原始凭证填制记账凭证（表 3-3-41）。

表 3-3-41

远亨阀门制造有限公司

制造费用分配表

2014 年 1 月 20 日

| 产品名称 | 分配标准（生产工时） | 分配率 | 分配金额 |
|---|---|---|---|
| 闸阀A | 5 400 | 3.9802 | 21 493.08 |
| 闸阀B | 4 600 | | 18 308.92 |
| 合 计 | 10 000 | | 39 802.00 |

复核：李东升　　　　制表：刘海洋

**（六）产品完工入库，结转完工产品成本**

企业在产品生产过程中发生了各种耗费，期末如果产品已经全部完工，产品成本明细账中归集的月初在产品成本与本月生产费用之和，就是该种完工产品的成本；如果产品全部没有完工，产品成本明细账中归集的月初在产品成本与本月生产费用之和，就是该种产品月末在产品的成本；如果月末既有完工产品又有在产品，则产品成本明细账中归集的月初在产品成本与本月生产费用之和，应在本月完工产品和月末在产品之间采用适当的方法进行分配。

本月完工产品成本 = 月初在产品成本 + 本月生产费用 − 月末在产品成本

1. 涉及账户

(1)“库存商品”账户。

① 账户性质：资产类。

② 账户用途：用来核算企业生产完工并验收入库的产品的实际成本。

③ 账户结构：增加（验收入库的产品的实际生产成本）记借方，减少（出库的产品的实际生产成本）记贷方，余额在借方。

④ 明细账的设置：按库存商品的品名、种类和规格设明细账。

(2)“生产成本”账户——成本类账户。

2. 具体业务核算

结转完工产品成本（表 3-3-42）。

表 3-3-42

远亨阀门制造有限公司

**库存商品入库单**

2014 年 1 月 22 日

| 类别 | 产成品 |
|---|---|
| 单据 | |

| 编号 | 1402101 |
|---|---|
| 来源 | 生产车间 |

| 名　称 | 计量单位 | 单位成本 | 数　量 | 实际成本 | 备　注 |
|---|---|---|---|---|---|
| 闸阀 A | 台 | 320 | 600 | 192 000.00 | |
| 闸阀 B | 台 | 210 | 1600 | 336 000.00 | |
| 合　计 | | | | | |

第三联会计记账

仓库主管：丁伟　　验收保管：孙华良

说明：完工产品的成本构成如表 3-3-43 所示。

表 3-3-43　完工产品的构成　单位：元

| | | | | |
|---|---|---|---|---|
| 库存商品 | 闸阀 A | 直接材料 | 131 397.00 | 192 000.00 |
| | | 直接人工 | 48 408.00 | |
| | | 制造费用 | 12 195.00 | |
| | 闸阀 B | 直接材料 | 262 010.00 | 336 000.00 |
| | | 直接人工 | 60 005.00 | |
| | | 制造费用 | 13 985.00 | |

任务要求：根据原始凭证填制记账凭证。

产品完工入库，结转完工产品成本的会计分录如下：

借：库存商品——××产品

　　贷：生产成本——××产品

## 四、填制销售过程记账凭证

从产品验收入库开始到销售给购买方为止的过程称为销售过程，这一过程是产品价值和使用价值的实现过程，即企业通过交换将制造的产品及时地销售出去，按产品的销售价格向购买方办理结算，收回销售款，通常把销货款称为销售收入。在产品销售过程中，企业为取得一定数量的销售收入，必须付出相应数量的产品，为制造这些销售产品耗费的材料、人工等称为产品销售成本。此外，企业为了推销产品，还要发生包装费、运输费、广告费等费用。这些费用与销售产品有关，应当记入当期损益（销售费用）。企业在取得销售收入时，还要按国家规定计算和交纳税费。综上所述，制造企业销售过程核算的主要内容有：确认和核算销售收入，并办理货款结算；计算和交纳增值税等税费，并按配比原则结转销售成本；核算归集销售费用；等等。

### (一) 销售商品(材料),确认收入

1. 涉及的账户

(1)"主营业务收入"账户。

① 账户性质:损益类(收入类)。

② 账户用途:用来核算企业在销售商品、提供劳务,以及让渡资产使用权等日常活动中所产生的收入。

③ 账户结构:增加记入贷方,减少记入借方;期末转入"本年利润"后该账户无余额。

④ 明细账的设置:可按主营业务的种类设置明细账。

(2)"应交税费——应交增值税(销项税额)"账户。

(3)"应收账款"账户。

① 账户性质:资产类。

② 账户用途:用来核算企业销售商品、提供劳务等,应向购货单位或接受劳务单位收取的款项。

③ 账户结构:增加记入借方,减少记入贷方,余额一般在借方,表示尚未收回的应收款项。

④ 明细账的设置:可按债务人(购货单位)设置明细账。

(4)"应收票据"账户。

① 账户性质:资产类;

② 账户用途:用来核算企业销售商品、提供劳务等而收到的商业汇票,包括商业承兑汇票和银行承兑汇票。

③ 账户结构:增加记入借方,减少记入贷方,余额一般在借方,表示尚未到期的票据的应收款项。

④ 明细账的设置:可按债务人(购货单位)设置明细账。

(5)"预收账款"账户。

① 账户性质:负债类。

② 账户用途:用来核算企业按照合同规定向购货单位预收的款项。

③ 账户结构:增加记入贷方,减少记入借方。余额可能在借方,也可能在贷方。贷方余额表示企业向购货单位预收的款项,借方余额表示应由购货单位补付的款项。

④ 明细账的设置:应按购货单位设置明细账。

(6)"银行存款"账户——资产类。

(7)"其他业务收入"账户。

① 账户性质:损益类(收入类)。

② 账户用途:用来核算企业确认的除主营业务以外的其他经营活动实现的收入,包括:出租固定资产、出租无形资产、出租包装物、出租商品和出售材料等实现的收入。

③ 账户结构:增加记入贷方,减少记入借方,期末转入"本年利润"后该账户无余额。

④ 明细账的设置:可按其他业务的种类设明细账。

2. 具体业务核算

(1) 销售商品,确认收入(表 3-3-44,表 3-3-45)。

表 3-3-44

3200024140

# 江苏省增值税专用发票

№ 06232572

此联不作报销、扣税凭证使用

开票日期：2014年01月22日

| 购货单位 | 名称 | 新特能源设备公司 | 密码区 | 4-669639*+6+/ 加密版本号：01<br>3-7+98>608-62+ 3200024140<br>1096-50>82*44/0 06232572<br>6070/>222+45>7 |
|---|---|---|---|---|
| | 纳税人识别号 | 321284371368 | | |
| | 地址、电话 | 开放路23号86315439 | | |
| | 开户行及账号 | 建行城西支行010053780 | | |

| 货物或应税劳务名称 | 规格型号 | 单位 | 数量 | 单价 | 金额 | 税率 | 税额 |
|---|---|---|---|---|---|---|---|
| 闸阀 A | | 台 | 200 | 500.00 | 100 000.00 | 17% | 17 000.00 |
| 闸阀 B | | 台 | 200 | 400.00 | 80 000.00 | 17% | 13 600.00 |
| 合计 | | | | | ¥180 000.00 | | ¥30 600.00 |
| 价税合计（大写） | ⊗贰拾壹万零陆佰元整 | | | | （小写） ¥210 600.00 | | |

| 销货单位 | 名称 | 远亨阀门制造有限公司 | 备注 | |
|---|---|---|---|---|
| | 纳税人识别号 | 320901650202669 | | |
| | 地址、电话 | 盐渎路18号88587796 | | |
| | 开户行及账号 | 工行南园分理处132465009 | | |

收款人： 复核： 开票人：张小霞 销货单位：（盖章）

税总函［2013］256号 南京造币有限公司

第一联 记账联 销货方记账

表 3-3-45

# 进账单（收账通知） 4

2014年1月22日 第002号

| 收款人 | 全称 | 远亨阀门制造有限公司 | 付款人 | 全称 | 新特能源设备公司 |
|---|---|---|---|---|---|
| | 账号 | 132465009 | | 账号 | 010053780 |
| | 开户银行 | 工行南园分理处 | | 开户银行 | 工行城中分理处 |

| 人民币（大写）贰拾壹万零陆佰元整 | 百 | 十 | 万 | 千 | 百 | 十 | 元 | 角 | 分 |
|---|---|---|---|---|---|---|---|---|---|
| | ¥ | 2 | 1 | 0 | 6 | 0 | 0 | 0 | 0 |

| 付款单位名称或账号 | 种类 | 票据号码 | 百 | 十 | 万 | 千 | 百 | 十 | 元 | 角 | 分 | |
|---|---|---|---|---|---|---|---|---|---|---|---|---|
| 010053780 | 转账支票 | 10265 | ¥ | 2 | 1 | 0 | 6 | 0 | 0 | 0 | 0 | 工商银行南园分理处 2014.01.22 业务专用章<br>收款人开户行盖章<br>（盖章有效） |

单位主管： 会计： 复核： 记账：

此联是收款人开户银行交给收款人的收账通知

任务要求：根据原始凭证填制记账凭证。

销售商品的会计分录如下：

借：银行存款

　　应收账款——××单位

　　应收票据——××单位

　　预收账款——××单位

　　贷：主营业务收入

　　　　应交税费——应交增值税（销项税额）

**任务训练：**

根据销售业务的原始凭证填制记账凭证：

Ⅰ. 远亨阀门制造有限公司 2014 年 1 月 23 日销售产品（表 3-3-46）。

表 3-3-46

**3200024140**　　　江苏省增值税专用发票　　　№ **06232573**

此联不作报销、扣税凭证使用

开票日期：**2014** 年 **01** 月 **23**日

<table>
<tr><td>购货单位</td><td colspan="5">名　　称：吉利商贸有限公司<br>纳税人识别号：321284371368<br>地　址、电　话：开放路23号86315439<br>开户行及账号：建行城西支行010053780</td><td>密码区</td><td colspan="2">4-669639*+6+/　加密版本号：01<br>3-7+98>608-62+　3200024140<br>1096-50>82*44/0　06232573<br>6070/>222+45>7</td></tr>
<tr><td colspan="2">货物或应税劳务名称</td><td>规格型号</td><td>单位</td><td>数量</td><td>单　价</td><td>金　额</td><td>税率</td><td>税　额</td></tr>
<tr><td colspan="2">闸阀 A</td><td></td><td>台</td><td>200</td><td>500.00</td><td>100 000.00</td><td>17%</td><td>17 000.00</td></tr>
<tr><td colspan="2">闸阀 B</td><td></td><td>台</td><td>500</td><td>400.00</td><td>200 000.00</td><td>17%</td><td>34 000.00</td></tr>
<tr><td colspan="2">合　计</td><td></td><td></td><td></td><td></td><td>￥300 000.00</td><td></td><td>￥51 000.00</td></tr>
<tr><td colspan="2">价税合计（大写）</td><td colspan="7">⊗ 叁拾伍万壹仟元整　　（小写）　￥351 000.00</td></tr>
<tr><td>销货单位</td><td colspan="5">名　　称：远亨阀门制造有限公司<br>纳税人识别号：320901650202669<br>地　址、电　话：盐渎路18号88587796<br>开户行及账号：工行南园分理处132465009</td><td>备注</td><td colspan="2"></td></tr>
</table>

收款人：　　　复核：　　　开票人：张小霞　　　销货单位：（盖章）

第一联 记账联 销货方记账

税总函［2013］256号 南京造币有限公司

Ⅱ. 远亨阀门制造有限公司 2014 年 1 月 24 日销售产品(表 3-3-47,表3-3-48)。

表 3-3-47

3200024140　　　江苏省增值税专用发票　　　№ 06232574

此联不作报销、扣税凭证使用

开票日期：2014 年 01 月 24日

| 购货单位 | 名称：方圆五金商场<br>纳税人识别号：320236243272242<br>地址、电话：开发区正德路69号87652332<br>开户行及账号：建行城东支行101243632 | | | | | 密码区 | 4-669639*+6+/　加密版本号：01<br>3-7+98>608-62+　3200024140<br>1096-50>82*44/0　06232574<br>6070/>222+45>7 | | |
|---|---|---|---|---|---|---|---|---|---|
| 货物或应税劳务名称 | | 规格型号 | 单位 | 数量 | 单价 | | 金额 | 税率 | 税额 |
| 闸阀 A | | | 台 | 150 | 500.00 | | 75 000.00 | 17% | 12 750.00 |
| 闸阀 B | | | 台 | 800 | 400.00 | | 320 000.00 | 17% | 54 400.00 |
| 合计 | | | | | | | ¥395 000.00 | | ¥67 150.00 |
| 价税合计（大写） | | ⊗肆拾陆万贰仟壹佰伍拾元整 | | | | | （小写） ¥462 150.00 | | |
| 销货单位 | 名称：远亨阀门制造有限公司<br>纳税人识别号：320901650202669<br>地址、电话：盐渎路18号88587796<br>开户行及账号：工行南园分理处132465009 | | | | | 备注 | | | |

收款人：　　　复核：　　　开票人：张小霞　　　销货单位：（盖章）

第一联 记账联 销货方记账

税总函[2013]256号 南京造币有限公司

表 3-3-48

银行承兑汇票　　2　　10200061 23392757

出票日期（大写）贰零壹肆年零壹月贰拾肆日

| 出票人全称 | 方圆五金商场 | 收款人 | 全称 | 远亨阀门制造有限公司 |
|---|---|---|---|---|
| 出票人账号 | 101243632 | | 账号 | 132465009 |
| 付款行全称 | 建行城东支行 | | 开户银行 | 工商银行南园分理处 |
| 出票金额 | 人民币（大写）肆拾陆万贰仟壹佰伍拾元整 | | 亿千百十万千百十元角分 | ¥46215000 |
| 汇票到期日 | 贰零壹肆年零肆月贰拾肆日 | | 承兑协议编号 | 002 |
| 本汇票请你行承兑，到期无条件付款<br>出票人盖章<br>2014年1月24日 | 本汇票已经承兑，到期日由本行付款<br>承兑银行签章<br>承兑日期2014年1月24日 | | 科目(借)……<br>对方科目(贷)……<br>转账　年　月　日<br>复核　记账 | |
| | 备注： | | | |

此联收款人开户行随托收凭证寄付款人开户行作借方凭证附件

Ⅲ. 远亨阀门制造有限公司 2014 年 1 月 25 日收回前欠货款(表 3-3-49,表 3-3-50)。

**表 3-3-49**

进账单（收账通知） 4

2014 年 1 月 23 日　　　　第 003 号

| 收款人 | 全称 | 远亨阀门制造有限公司 | 付款人 | 全称 | 福泉机电公司 |
|---|---|---|---|---|---|
| | 账号 | 132465009 | | 账号 | 012445513 |
| | 开户银行 | 工行南园分理处 | | 开户银行 | 工行城西分理处 |

| 人民币（大写）壹拾伍万捌仟元整 | 百 | 十 | 万 | 千 | 百 | 十 | 元 | 角 | 分 |
|---|---|---|---|---|---|---|---|---|---|
| | ¥ | 1 | 5 | 8 | 0 | 0 | 0 | 0 | 0 |

| 付款单位名称或账号 | 种类 | 票据号码 | 百 | 十 | 万 | 千 | 百 | 十 | 元 | 角 | 分 | |
|---|---|---|---|---|---|---|---|---|---|---|---|---|
| 102546312 | 银行汇票 | 10375 | ¥ | 1 | 5 | 8 | 0 | 0 | 0 | 0 | 0 | 工商银行南园分理处 2014.01.23 业务专用章<br>收款人开户行盖章<br>（盖章有效） |
| | | | | | | | | | | | | |
| | | | | | | | | | | | | |
| | | | | | | | | | | | | |

此联是收款人开户银行交给收款人的收账通知

单位主管：　　会计：　　复核：　　记账：

**表 3-3-50**

收款收据

2014 年 1 月 25 日

交款单位　福泉机电公司　　　　收款方式　银行汇票

人 民 币　壹拾伍万捌仟元整　　　　¥ 158 000.00

收款事由　收回前欠货款

第三联会计记账

单位盖章：　　记账：　　审核：　　经办：赵彩虹

(2) 销售材料,确认收入(表 3-3-51,表 3-3-52)。

表 3-3-51

3200024140 **江苏省增值税专用发票** № 06232575

此联不作报销、扣税凭证使用

开票日期：2014 年 01 月 25 日

| 购货单位 | 名称<br>纳税人识别号<br>地址、电话<br>开户行及账号 | 鑫瑞机械设备有限公司<br>320216247231<br>世纪大道159号82654336<br>农行新都支行321245682 | | 密码区 | 4-669639*+6+/ 加密版本号：01<br>3-7+98>608-62+ 3200024140<br>1096-50>82*44/0 06232575<br>6070/>222+45>7 | |
|---|---|---|---|---|---|---|
| **货物或应税劳务名称** | **规格型号** | **单位** | **数量** | **单价** | **金额** | **税率** | **税额** |
| 钢材 | | 吨 | 20 | 45 00.00 | 90 000.00 | 17% | 15 300.00 |
| 合计 | | | | | ￥90 000.00 | | ￥15 300.00 |
| 价税合计（大写） | ⊗壹拾万伍仟叁佰元整 | | | | （小写） ￥105 300.00 | | |
| 销货单位 | 名称<br>纳税人识别号<br>地址、电话<br>开户行及账号 | 远亨阀门制造有限公司<br>320901650202669<br>盐渎路18号88587796<br>工行南园分理处132465009 | | 备注 | | |

收款人： 复核： 开票人：张小霞 销货单位：（盖章）

税总函[2013]256号 南京造币有限公司

第一联 记账联 销货方记账

表 3-3-52

**进账单**（收账通知） **4**

2014 年 1 月 25 日 第 006 号

| 收款人 | 全称 | 远亨阀门制造有限公司 | 付款人 | 全称 | 鑫瑞机械设备有限公司 |
|---|---|---|---|---|---|
| | 账号 | 132465009 | | 账号 | 321245682 |
| | 开户银行 | 工行南园分理处 | | 开户银行 | 农行新都支行 |

人民币（大写）壹拾万伍仟叁佰元整

| 百 | 十 | 万 | 千 | 百 | 十 | 元 | 角 | 分 |
|---|---|---|---|---|---|---|---|---|
| ￥ | 1 | 0 | 5 | 3 | 0 | 0 | 0 | 0 |

| 付款单位名称或账号 | 种类 | 票据号码 | 百 | 十 | 万 | 千 | 百 | 十 | 元 | 角 | 分 |
|---|---|---|---|---|---|---|---|---|---|---|---|
| 321245682 | 转账支票 | 74556 | ￥ | 1 | 0 | 5 | 3 | 0 | 0 | 0 | 0 |

工商银行南园分理处 2014.01.25

收款人开户行盖章（盖章有效）

单位主管： 会计： 复核： 记账：

此联是收款人开户银行交给收款人的收账通知

任务要求：根据原始凭证填制记账凭证。

销售材料的会计分录如下：

借：银行存款

　　应收账款——××单位

　　应收票据——××单位

　　预收账款——××单位

　　贷：其他业务收入

　　　　应交税费——应交增值税(销项税额)

### (二) 结转已销产品(材料)的成本

1. 涉及的账户

(1)“主营业务成本“账户。

① 账户性质：损益类(费用类)。

② 账户用途：用来核算企业确认销售商品、提供劳务或让渡资产使用权等主营业务收入时应结转的成本。

③ 账户结构：增加记入借方，减少记入贷方；期末转入“本年利润”后，该账户无余额。

④ 明细账的设置：可按主营业务的种类设置明细账。

(2)“库存商品”账户——资产类。

(3)“其他业务成本”账户。

① 账户性质：损益类(费用类)。

② 账户用途：用来核算企业确认的除主营业务活动以外的其他经营活动所发生的支出，包括：出售材料的成本、出租固定资产的折旧额、出租无形资产的摊销额、出租包装物的成本或摊销额。

③ 账户结构：增加记入借方，减少记入贷方；期末转入“本年利润”后，该账户无余额。

④ 明细账的设置：可按其他业务成本的种类设置明细账。

(4)“原材料”账户——资产类。

2. 具体业务核算

结转已销产品或材料的成本(表 3-3-53)。

**表 3-3-53**

远亨阀门制造有限公司

销售成本计算表

2014 年 1 月 25 日

| 名　称 | 销售数量 | 单位成本 | 销售成本 |
|---|---|---|---|
| 闸阀 A | 550 | 320.00 | 176 000.00 |
| 闸阀 B | 1 500 | 210.00 | 315 000.00 |
| 钢材 | 20 | 4 000.00 | 80 000.00 |
| 合　计 | / | / | 571 000.00 |

复核：李东升　　　　制表：刘海洋

任务要求：根据原始凭证填制记账凭证。

① 结转已销产品的成本的会计分录：

借：主营业务成本

　　贷：库存商品

② 结转已销材料的成本的会计分录：

借：其他业务成本

　　贷：原材料

**（三）发生销售费用**

1. 涉及的账户

（1）“销售费用”账户。

① 账户性质：损益类（费用类）。

② 账户用途：用来核算企业在销售过程（或销售环节）发生的各项费用，如保险费、包装费、展览费、广告费、商品维修费、预计产品质量保证损失等，以及专设销售机构发生的各项费用（如人员的薪酬、业务费、折旧费、固定资产修理费等）。

③ 账户结构：增加记入借方，减少记入贷方；期末转入“本年利润”后，该账户无余额。

④ 明细账的设置：可按费用项目设置明细账。

（2）“银行存款”账户——资产类。

2. 具体业务核算

发生销售费用（表 3-3-54，表 3-3-55）。

**表 3-3-54**

江苏省地方税务局通用机打发票

发票联

发票代码 1320000306120

发票号码 26608521

开票日期：2014-01-26　　　　行业分类：服务业

付款方名称：远亨阀门制造有限公司

付款方识别号：320901650202669

| 项　目 | 金额（人民币） | 附注 |
| --- | --- | --- |
| 广告费 | 5 000.00 | |

金额合计（大写）：人民币伍仟元整　　　　（小写）：￥5 000.00

备注：　　　　开户银行：

　　　　　　　开户账号：

开票人：陆伟　　收款方名称：飞跃广告有限公司　　收款方识别码：320307125563528

第一联发票联付款方付款凭证（手写无效）

表 3-3-55

中国工商银行 转账支票

存 根

8.5×25 公分工 4510

支票号码 7700035

科 目 ______

对方科目 ______

签发日期 2014 年 1 月 26 日

| 收款人：飞跃广告有限公司 |
|---|
| 金 额：5 000.00 |
| 用 途：支付广告费 |
| 备 注： |

单位主管 会计

复 核 记账

任务要求：根据原始凭证填制记账凭证。

发生销售费用的会计分录如下：

借：销售费用——××费用

  贷：银行存款等

## (四) 发生销售税金

1. 涉及的账户

(1) “营业税金及附加”账户。

① 账户性质：损益类(费用类)。

② 账户用途：用来核算企业经营活动发生的营业税、消费税、城市维护建设税、资源税和教育费附加等相关税费。

③ 账户结构：增加记入借方，减少记入贷方；期末转入“本年利润”后，该账户无余额。

(2) “应交税费”账户——负债类。

2. 具体业务核算

(1) 计算营业税金及附加(表 3-3-56)。

任务要求：根据原始凭证填制记账凭证。

计算营业税金及附加的会计分录：

借：营业税金及附加

  贷：应交税费——应交城建税

      ——应交消费税

      ——教育费附加

(2) 交纳税费(表 3-3-57，表 3-3-58)。

表 3-3-56

## 城市维护建设税及教育附加费申报表

所属期：2014 年 1 月 1 日至 1 月 31 日　　　　金额单位：元

| 申报单位（公章） | 远亨阀门制造有限公司 | 经济性质 | 有限责任公司 | 开户银行 | 工行南园支行 |
|---|---|---|---|---|---|
| 税务登记号码 | 320901650202669 | 预算级次 | | 账　号 | 132465009 |

| 计征依据 | | 计征标准 | 应纳税额 | 本期入库税额 | 欠缴税额 | 加收滞纳金 | 备注 |
|---|---|---|---|---|---|---|---|
| 名称 | 金额 | | | | | | |
| 增值税 | 29 070.00 | 7% | 2 034.90 | | | | |
| 增值税 | 29 070.00 | 4% | 1 162.80 | | | | |
| 合计 | | | 3 197.70 | | | | |

| 其他 | 项　目 | 计征依据 | 计征标准 | 应征金额 | 税务机关审核意见 |
|---|---|---|---|---|---|
| | | | | | 经审核，申报数字准确无误。<br>（地方税务局 116 征税专用章）<br>审核人：徐成海<br>2014 年 1 月 31 日 |
| | | | | | |
| | | | | | |

财务负责人：李东升　　办税员：侯　月　　申报日期：2014年 1 月 31日

表 3-3-57

## 中华人民共和国
## 税收通用缴款书

征收机关：国家税务局　　2014 年 1 月 28 日

| 缴款单位（人） | 代　码 | 5667845 | 预算科目 | 编号 | 13101106 |
|---|---|---|---|---|---|
| | 全　称 | 远亨阀门制造有限公司 | | 名称 | 增值税 |
| | 开户银行 | 工商行南园分理处 | | 级次 | 共享 |
| | 账　户 | 132465009 | 收款国库 | | |

| 税款所属时期 2013 年 12 月 | | | 税款限缴日期 2014 年 1 月 28 日 | | |
|---|---|---|---|---|---|
| 税种/税目 | 课税数量 | 计税金额或销售收入 | 税率或单位税额 | 已缴或扣除额 | 实缴税款 |
| 增值税 | | 1260 000 | 17% | 198 500 | ￥15700.00 |
| | | | | | |
| 合计金额（大写）壹万伍仟柒佰元整 | | | | | ￥15700.00 |

| 缴款单位（盖章） | 税务机关（盖章） | 上列款项已收妥并划转收款单位账户 | 备　注 |
|---|---|---|---|
| （远亨阀门制造有限公司）<br>经办人（章）侯　月 | （国家税务局 021 征税专用章） | （工商银行南园分理处 2014.01.28 业务专用章）<br>国库（银行）盖章<br>2014 年 1 月 28 日 | |

第一联（收据）国库（经收处）收款盖章后退缴款单位（人）作完税凭证是申报纳税留存依据

表 3-3-58

中华人民共和国
税收通用缴款书

征收机关：地方税务局　　2014 年 1 月 28 日

| 缴款单位（人） | | | 预算科目 | | |
|---|---|---|---|---|---|
| | 代码 | 5667845 | | 编号 | 13101106 |
| | 全称 | 远亨阀门制造有限公司 | | 名称 | 城市维护建设税等 |
| | 开户银行 | 工行南园分理处 | | 级次 | 地税 |
| | 账户 | 132465009 | 收款用库 | | |

税款所属时期 2013 年 12 月　　税款限缴日期 2014 年 1 月 28 日

| 品目名称 | 课税数量 | 计税金额或销售收入 | 税率或单位税额 | 已缴或扣除额 | 实缴税款 千 | 百 | 十 | 万 | 千 | 百 | 十 | 元 | 角 | 分 |
|---|---|---|---|---|---|---|---|---|---|---|---|---|---|---|
| 城市维护建设税 | | 15 700 | 7% | | | | | ¥ | 1 | 0 | 9 | 9 | 0 | 0 |
| 教育费附加 | | 15 700 | 4% | | | | | | ¥ | 6 | 2 | 8 | 0 | 0 |
| 合计金额（大写）壹仟柒佰贰拾柒元整 | | | | | | | | ¥ | 1 | 7 | 2 | 7 | 0 | 0 |

| 缴款单位（盖章） | 税务机关（盖章） | 上列款项已收妥并划转收款单位账户 | 备注 |
|---|---|---|---|
| 远亨阀门制造有限公司<br>经办人（章） 侯月 | 地方税务局 116 征税专用章 | 工商银行南园分理处 2014.01.28 业务专用章<br>国库（银行）盖章<br>2014 年 1 月 28 日 | |

第一联（收据）国库（经收处）收款盖章后退缴款单位（人）作完税凭证是申报纳税留存依据

任务要求：根据原始凭证填制记账凭证。

交纳税费的会计分录如下：

借：应交税费——应交营业税

——应交消费税

——应交城市维护建设税

——应交教育费附加

——应交增值税

贷：银行存款

## 五、填制利润形成及分配过程记账凭证

### （一）利润的形成

财务成果是企业在一定时间内全部经营活动取得的经营成果，包括营业利润、利润总额和净利润三部分。

营业利润＝营业收入－营业成本－营业税金及附加－销售费用－管理费用－财务费用－资产减值损失±公允价值变动损益±投资收益

其中：营业收入＝主营业务收入＋其他业务收入

营业成本=主营业务成本+其他业务成本

利润总额=营业利润+营业外收入营业外支出

净利润=利润总额-所得税费用

1. 涉及的账户

(1)“投资收益”账户。

① 账户性质:损益类(收入类)。

② 账户用途:用来核算企业确认的投资收益和投资损失。

③ 账户结构:增加记入贷方,减少记入借方;期末转入“本年利润”后,该账户无余额。

④ 明细账的设置:按债券投资、股票投资、基金投资等投资项目设置明细账。

(2)“营业外收入”账户。

① 账户性质:损益类(收入类)。

② 账户用途:用来核算企业发生的各项营业外收入,主要包括非流动资产处置利得、政府补助、盘盈利得、捐赠利得、罚没所得、无法支付的应付款等。

③ 账户结构:增加记入贷方,减少记入借方;期末转入“本年利润”后,该账户无余额。

④ 明细账的设置:按营业外收入项目设置明细账。

(3)“营业外支出”账户。

① 账户性质:损益类(费用类)。

② 账户用途:用来核算企业发生的各项营业外支出,主要包括非流动资产处置损失、非常损失、盘亏损失、公益性捐赠支出、罚款支出等。

③ 账户结构:增加记入借方,减少记入贷方;期末转入“本年利润”后,该账户无余额。

④ 明细账的设置:按营业外支出项目设置明细账。

(4)“所得税费用”账户。

① 账户性质:损益类(费用类)。

② 账户用途:用来核算企业按规定从当期利润总额中减去的所得税费用。

③ 账户结构:增加记入借方,减少记入贷方;期末转入“本年利润”后,该账户无余额。

(5)“公允价值变动损益”账户——损益类(收入类)。

(6)“资产减值损失”账户——损益类(费用类)。

(7)“本年利润”账户。

① 账户性质:所有者权益类。

② 账户用途:用来核算企业实现的净利润(或发生的净亏损)。

③ 账户结构:增加记入贷方,减少记入借方;期末余额可能在借方,也可能在贷方,借方余额表示累计发生的净亏损,贷方余额表示累计实现的净利润。年末,该账户要转入“利润分配——未分配利润”,结转后该账户无余额。

2. 业务核算

(1) 结转损益类账户(表 3-3-59)。

表 3-3-59

远亨阀门制造有限公司

**内部损益结转单**

2014 年 1 月 31 日

| 损益类账户名称 | 账户余额 | |
|---|---|---|
| | 借 方 | 贷 方 |
| 主营业务收入 | | 875 000.00 |
| 其他业务收入 | | 90 000.00 |
| 主营业务成本 | 491 000.00 | |
| 其他业务成本 | 80 000.00 | |
| 营业税金及附加 | 3 197.70 | |
| 销售费用 | 5 000.00 | |
| 管理费用 | 19 778.00 | |
| 财务费用 | 4 219.5 | |
| 营业外支出 | 2 000.00 | |
| 合 计 | 605 195.20 | 965 000.00 |

复核：李东升 制表：刘海洋

任务要求：根据原始凭证填制记账凭证。

结转损益类账户的会计分录如下：

① 结转收入类账户(将“收入类”账户转入“本年利润”)：

借：主营业务收入

　　其他业务收入

　　投资收益

　　营业外收入

　　贷：本年利润

② 结转费用类账户(将“费用类”账户转入“本年利润”)：

借：本年利润

　　贷：主营业务成本

　　　　其他业务成本

　　　　营业税金及附加

　　　　销售费用

　　　　管理费用

　　　　财务费用

　　　　营业外支出

(2) 计算并结转所得税(表 3-3-60)。

企业应交纳的所得税 = 应纳税所得额 × 所得税税率

在不存在纳税调整事项的情况下，应纳税所得额等于税前会计利润。

表 3-3-60

远亨阀门制造有限公司

应交所得税计算表

2014年1月31日

| 项　　目 | 金　　额 |
|---|---|
| 利润总额 | 359 804.80 |
| 应纳税所得额 | 359 804.80 |
| 所得税税率 | 25% |
| 应纳所得税额 | 89 951.20 |

复核：李东升　　　制表：刘海洋

任务要求：根据原始凭证填制记账凭证。

① 计算所得税费用的会计分录：

借：所得税费用

　　贷：应交税费——应交所得税

② 结转所得税的会计分录：

借：本年利润

　　贷：所得税费用

下面举例说明：

某公司20××年12月末结账前有关损益类账户余额如表3-3-61所示。

表 3-3-61　　损益类账户结转前余额

20××年12月　　单位：元

| 账户名称 | 结账前余额 | 余额方向 |
|---|---|---|
| 主营业务收入 | 5 890 000 | 贷方 |
| 主营业务成本 | 3 389 000 | 借方 |
| 营业税金及附加 | 435 000 | 借方 |
| 其他业务收入 | 260 000 | 贷方 |
| 其他业务成本 | 201 000 | 借方 |
| 销售费用 | 110 000 | 借方 |
| 管理费用 | 444 000 | 借方 |
| 财务费用 | 1 000 | 借方 |
| 投资收益 | 50 000 | 贷方 |
| 营业外收入 | 10 000 | 贷方 |
| 营业外支出 | 30 000 | 借方 |

要求：结转本月各项收入和费用。

此项经济业务应编制如下会计分录：

借：主营业务收入　　5 890 000
　　其他业务收入　　260 000
　　投资收益　　50 000
　　营业外收入　　10 000
　　贷：本年利润　　6 210 000

借：本年利润　　4 610 000
　　贷：主营业务成本　　3 389 000
　　　　营业税金及附加　　435 000
　　　　其他业务成本　　201 000
　　　　销售费用　　110 000
　　　　管理费用　　444 000
　　　　财务费用　　1 000
　　　　营业外支出　　30 000

经过上述收入、费用结转后，“本年利润”账户的贷方发生额减去其借方发生额等于1 600 000(6 210 000－4 610 000)元，即为本月(12月份)实现的利润总额或称税前利润。

假设不存在纳税调整事项，利润总额即为应纳税所得额，则该企业应交的企业所得税为400 000(1 600 000×25%)元。

计算企业所得税的会计分录为：

借：所得税费用　　400 000
　　贷：应交税费——应交所得税　　400 000

结转所得税费用的会计分录：

借：本年利润　　400 000
　　贷：所得税费用　　400 000

通过以上分析：该企业实现的净利润为1 200 000(1 600 000－400 000)元。

### (二) 利润的分配

企业实现的(净)利润应根据国家有关规定和投资者的决议，对企业当年可供分配的利润进行分配。一般而言，企业本年实现的净利润加上年初未分配利润(或减去年初未弥补亏损)为可供分配的利润。可供分配的利润按以下顺序分配：

提取法定盈余公积金：按净利润10%提取法定盈余公积金。

提取任意盈余公积金：提取法定盈余公积金后，还可以根据股东会或股东大会决议，从净利润中提取任意盈余公积金。

向投资者分配利润：按协议或章程或股东大会决议分配。

1. 涉及的账户

(1) “利润分配”账户。

① 账户性质：所有者权益类。

② 账户用途：用来核算企业利润的分配(或亏损的弥补)和历年分配(或弥补)后的余额。

③ 账户结构：增加(净利润转入)记入贷方，减少(净亏损转入和对净利润的分配)记入借方；期末余额可能在借方，也可能在贷方，借方余额表示历年累计未弥补的亏损，贷方余

额表示历年累计未分配的利润。

④ 明细账的设置：设置“提取法定盈余公积”“提取任意盈余公积”“应付现金股利或利润”“转作股本的股利”“盈余公积补亏”“未分配利润”等明细账。期末将“利润分配”账户下的其他明细科目的余额转入本账户的“未分配利润”明细账。结转后，除“未分配利润”明细账外，该账户的其他明细账应无余额。

(2) “盈余公积”账户。

① 账户性质：所有者权益类。

② 账户用途：用来核算企业从净利润中提取的盈余公积。

③ 账户结构：增加记入贷方，减少记入借方；期末余额一般在贷方。

④ 明细账的设置：设置“法定盈余公积”和“任意盈余公积”等明细账。

(3) “应付股利”账户。

① 账户性质：负债类。

② 账户用途：用来核算企业经董事会或股东大会，或类似机构决议确定分配的现金股利或利润。企业分配的股票股利，不通过本账户核算。

③ 账户结构：增加记入贷方，减少记入借方，期末余额一般在贷方，表示已经分配给投资者但尚未实际支付的股利。

④ 明细账的设置：可按投资者进行明细核算。

2. 具体业务核算

(1) 结转本期净利润(将净利润转入“利润分配——未分配利润”)。

① 若为盈利，则会计分录为：

借：本年利润

　　贷：利润分配——未分配利润

② 若为亏损，则会计分录为：

借：利润分配——未分配利润

　　贷：本年利润

(2) 提取盈余公积(表 3-3-62)。

**表 3-3-62**

远亨阀门制造有限公司

盈余公积计算表

2014 年 1 月 31 日

| 项　　目 | 金　　额 |
|---|---|
| 计提依据（净利润） | 269 853.60 |
| 法定盈余公积提取(10%) | 26 985.36 |
| 任意盈余公积提取(5%) | 13 492.68 |
| 应提盈余公积 | 40 478.04 |

复核：李东升　　　　制表：刘海洋

任务要求：根据原始凭证填制记账凭证。

提取盈余公积的会计分录如下：

借：利润分配——提取法定盈余公积

——提取任意盈余公积

贷：盈余公积——法定盈余公积

——任意盈余公积

(3) 向投资者分配股利(表 3-3-63)。

**表 3-3-63**

远亨阀门制造有限公司

应付股利计算表

2014 年 1 月 31 日

| 项　目 | 金　额 |
|---|---|
| 计提依据（净利润） | 269 853.60 |
| 向投资者分配比例 | 40% |
| 应付股利 | 107 941.44 |

复核：李东升　　　　制表：刘海洋

任务要求：根据原始凭证填制记账凭证。

向投资者分配股利的会计分录如下：

借：利润分配——应付现金股利

贷：应付股利

思考：

向投资者支付股利会计分录是什么？

(4) 结转利润分配明细账户。

借：利润分配——未分配利润

贷：利润分配——提取法定盈余公积

——提取任意盈余公积

——应付现金股利

# 任务四　审核记账凭证

**任务目标：** 会审核记账凭证，并能根据审核结果正确处理记账凭证。

**任务引领：** 记账凭证(表 3-4-1)填好后要进行审核，如何审核记账凭证？审核后的结果如何处理？

表 3-4-1

## 记　账　凭　证

20×× 年 1 月 23 日　　　　第23号

| 摘　要 | 总账科目 | 明细账科目 | 借方金额 | | | | | | | | | 贷方金额 | | | | | | | | | 记账 |
|---|---|---|---|---|---|---|---|---|---|---|---|---|---|---|---|---|---|---|---|---|---|
| | | | 百 | 十 | 万 | 千 | 百 | 十 | 元 | 角 | 分 | 百 | 十 | 万 | 千 | 百 | 十 | 元 | 角 | 分 | |
| 收回前欠货款 | 银行存款 | | | | 5 | 8 | 0 | 0 | 0 | 0 | 0 | | | | | | | | | | |
| 存入银行 | 应收账款 | 鑫源五金商场 | | | | | | | | | | | | 5 | 8 | 0 | 0 | 0 | 0 | 0 | |
| | | | | | | | | | | | | | | | | | | | | | |
| | | | | | | | | | | | | | | | | | | | | | |
| | | | | | | | | | | | | | | | | | | | | | |
| | | | | | | | | | | | | | | | | | | | | | |
| 合　计 | | | | ¥ | 5 | 8 | 0 | 0 | 0 | 0 | 0 | | ¥ | 5 | 8 | 0 | 0 | 0 | 0 | 0 | |

附件2张

会计主管：　　记账：　　出纳：　　审核：　　制单：王晓艳

**任务解析：**

### 一、记账凭证的审核内容

（1）内容是否真实。审核记账凭证是否附有经过审核的原始凭证。

（2）会计科目是否正确。会计科目是否规范，需要写明细科目的是否写明细科目。

（3）项目填写是否齐全。有关人员是否签章，记账凭证的日期、编号、附件张数等是否齐全等。

（4）金额是否正确。是否与原始凭证上的金额相符等。

（5）书写是否正确。是否用规定的笔墨、是否按规定进行更正等。

### 二、记账凭证审核结果的处理

1. 符合要求

登记入账。

2. 不符合要求

（1）未入账，重填。

（2）已入账，按错账更正的方法更正。

**任务训练：**

让学生互换角色，对已填制的记账凭证进行审核。

## 习题训练

### 一、单项选择题

1. 下列会计科目中，属于企业损益类的是（　　）。

A. 盈余公积 B. 固定资产 C. 制造费用 D. 财务费用

2. 下列说法正确的是( )。

A. 收入是指企业销售商品、提供劳务及让渡资产使用权等活动中形成的经济利益的总流入

B. 所有者权益增加一定表明企业获得了收入

C. 狭义的收入包括营业外收入

D. 收入按照性质不同,分为销售商品收入、提供劳务收入和让渡资产使用权收入

3. “资产减值损失”科目按其所归属的会计要素不同,属于( )类科目。

A. 资产 B. 成本 C. 负债 D. 损益

4. 根据我国会计准则的规定,企业在对会计要素进行计量时,一般采用( ),采用其他计量属性的,应当保证所确定的会计要素的金额能够取得并可靠地计量。

A. 历史成本 B. 重置成本 C. 公允价值 D. 现值

5. ( )是对会计要素的具体内容进行分类核算的项目。

A. 会计对象 B. 会计科目 C. 会计账户 D. 明细分类账

6. 每个单位设置会计科目都应当遵循相关性原则,相关性原则是指( )。

A. 所设置的会计科目应当符合国家统一的会计制度的规定

B. 所设置的会计科目应当符合单位自身特点,满足单位实际需要

C. 所设置的会计科目应当为提供有关各方所需要的会计信息服务,满足对外报告和对内管理的要求

D. 所设置的会计科目应当满足编制财务会计报表的需要

7. ( )是复式记账的理论基础,也是设置账户、试算平衡和编制资产负债表的理论依据。

A. 会计科目 B. 账户

C. 资产=负债+所有者权益 D. 收入-费用=利润

8. 下列等式不正确的是( )。

A. 资产=负债+所有者权益=权益

B. 期末资产=期末负债+期初所有者权益

C. 期末资产=期末负债+期初所有者权益+本期增加所有者权益-本期减少所有者权益

D. 债权人权益+所有者权益=负债+所有者权益

9. 某公司资产总额为25万元,所有者权益总额为20万元,以银行存款4万元支付现金股利,并以银行存款2万元购买设备(不考虑增值税)。则上述业务入账后该公司的负债总额为( )万元。

A. 23 B. 1 C. 13 D. 2

10. 下列经济业务会导致资产和负债同时增加的是( )。

A. 以银行存款偿还欠款 B. 结算职工工资

C. 从银行取得借款 D. 生产车间领用材料

11. 某公司2010年1月初资产总额为500 000元,负债总额为219 000元,当月从银行取得借款30 000元,支付广告费5 000元,月末该公司所有者权益总额为( )元。

A. 306 000　B. 281 000　C. 246 000　D. 276 000

12. 某公司 2007 年 1 月初"应付账款"科目余额 30 000 元,当月预收购货单位订金 1 000 元,欠供货商货款 23 400 元(含增值税 3 400 元),已归还原欠货款 20 000 元,当月"应付账款"科目期末余额为(　)元。

A. 33 400　B. 29 000　C. 31 000　D. 34 400

13. 在借贷记账法下,科目的贷方用来登记(　　)。

A. 大部分收入类科目的减少　B. 大部分所有者权益类科目的增加

C. 大部分负债类科目的减少　D. 大部分成本类科目的增加

14. 借贷记账法的记账规则是(　　)。

A. 资产=负债+所有者权益　B. 以"借""贷"为记账符号

C. 借方记增加,贷方记减少　D. 有借必有贷,借贷必相等

15. 下列会计科目中,如月末有余额,一般在贷方的是(　　)。

A. 银行存款　B. 长期借款　C. 材料采购　D. 应收利息

16. 下列关于试算平衡法的说法,正确的是(　　)。

A. 漏记某项经济业务影响试算平衡

B. 包括发生额试算平衡法和余额试算平衡法

C. 试算平衡了,账户记录一定正确

D. 发生额试算平衡法理论的依据是会计等式

17. 下列记账错误中,不能通过试算平衡检查发现的是(　　)。

A. 将某一分录的借方发生额 600 元,误写成 6 000 元

B. 某一分录的借贷方向写反

C. 借方的金额误记到贷方

D. 漏记了借方的发生额

18. 甲公司月末编制的试算平衡表中,全部科目的本月贷方发生额合计为 120 万元,除银行存款外的本月借方发生额合计 104 万元,则银行存款科目(　　)。

A. 本月借方余额为 16 万元　B. 本月贷方余额为 16 万元

C. 本月贷方发生额为 16 万元　D. 本月借方发生额为 16 万元

19. 某企业原材料总分类科目的本期借方发生额为 25 000 元,贷方发生额为24 000元,其所属的三个明细分类账中;甲材料本期借方发生额为 8 000 元,贷方发生额为 6 000;乙材料借方发生额为 13 000 元,贷方发生额为 16 000 元;则丙材料的本期借、贷方发生额分别为(　　)。

A. 借方发生额为 12 000 元,贷方发生额为 2 000 元

B. 借方发生额为 4 000 元,贷方发生额为 2 000 元

C. 借方发生额为 4 000 元,贷方发生额为 10 000 元

D. 借方发生额为 6 000 元,贷方发生额为 8 000 元

20. 总分类账户与明细分类账户平行登记四要点中的"依据相同"是指(　　)。

A. 总分类账要根据明细分类账进行登记

B. 明细分类账要根据总分类账进行登记

C. 根据同一会计凭证登记

D. 由同一人员进行登记

21. 下列关于专用记账凭证的说法中错误的是(　　)。
A. 专用记账凭证可以分为收款凭证、付款凭证和转账凭证
B. 若该凭证已登记账簿,应在“记账”栏内标记如“√”,以防止经济业务重记或漏记
C. 借贷记账法下,收款凭证的设证科目是借方科目
D. 付款凭证在凭证内反映的是贷方科目,应填列与“库存现金”或“银行存款”相对应的科目

22. 下列业务中应该编制收款凭证的是(　　)。
A. 购买原材料用银行存款支付　　B. 收到销售商品的款项
C. 购买固定资产,款项尚未支付　　D. 销售商品,收到商业汇票一张

23. 可以不附原始凭证的记账凭证是(　　)。
A. 更正错误的记账凭证　　B. 从银行提取现金的记账凭证
C. 以现金发放工资的记账凭证　　D. 职工临时性借款的记账凭证

24. 现金收款凭证的填制日期应当是(　　)。
A. 原始凭证注明的日期　　B. 编制收款凭证的日期
C. 收取现金的日期　　D. 登记现金总账的日期

25. 关于记账凭证的审核,下列表述不正确的是(　　)。
A. 如果在填制记账凭证时发生错误,应当重新填制
B. 发现以前年度记账凭证有错误的,应当用红字填制一张更正的记账凭证
C. 必须审核会计科目是否正确
D. 必须审核记账凭证项目是否齐全

26. 某企业对发出的存货采用全月一次加权平均法计价,本月初乙材料的数量为 40 吨,单价为 3 100 元/吨,本月一次购入乙材料 60 吨,单价为 3 000 元/吨,则本月发出存货的单价为(　　)元/吨。
A. 3 060　　B. 3 040　　C. 3 100　　D. 3 050

27. 5 月 12 日,A 企业验收入库甲产品 65 台,实际单位成本 2 000 元,该企业的会计处理正确的是(　　)。
A. 借:主营业务成本　　130 000
　　贷:库存商品——甲产品　　130 000
B. 借:生产成本　　130 000
　　贷:制造费用　　130 000
C. 借:生产成本　　130 000
　　贷:库存商品　　130 000
D. 借:库存商品　　130 000
　　贷:生产成本　　130 000

28. 下列各项中不属于存货的是(　　)。
A. 低值易耗品　　B. 包装物
C. 原材料　　D. 工程物资

29. 下列各项中,不属于增值税一般纳税人存货成本的是(　　)。

A. 商品的买价　　B. 商品的增值税(取得专用发票)
C. 商品的消费税　　D. 商品的运输费

30. 某企业向甲公司销售一批产品，按照价目表上标明的价格计算，其售价金额为20 000元，由于是批量销售，企业给予10%的商业折扣，适用的增值税税率为17%。为了鼓励购货方提前付款，给予一定的现金折扣，折扣条件为：2/10、1/20、n/30。则该企业应收账款的入账金额为(　　)元。

A. 23 400　　B. 21 060　　C. 18 000　　D. 21 400

31. 企业收到上月销售产品的货款8 000元。这笔经济业务应编制的会计分录为(　　)。

A. 借：银行存款　　8 000
　　贷：主营业务收入　　8 000
B. 借：银行存款　　8 000
　　贷：预收账款　　8 000
C. 借：银行存款　　8 000
　　贷：其他应收款　　8 000
D. 借：银行存款　　8 000
　　贷：应收账款　　8 000

32. 2011年11月1日，甲公司用转账支票支付上月水费9 000元。则正确的会计分录是(　　)。

A. 借：其他应付款　　9 000
　　贷：银行存款　　9 000
B. 借：应付账款　　9 000
　　贷：库存现金　　9 000
C. 借：应付账款　　9 000
　　贷：银行存款　　9 000
D. 借：其他应付款　　9 000
　　贷：库存现金　　9 000

33. 某日，希望公司分配结转本月应付职工工资740 000元，其中：生产K产品的工人工资400 000元，生产N产品的工人工资260 000元，车间管理人员的工资45 000元，公司总部管理人员的工资35 000元。则希望公司应当编制的会计分录是(　　)。

A. 借：生产成本——K产品　　400 000
　　　　　　——N产品　　260 000
　　制造费用　　45 000
　　管理费用　　35 000
　　贷：应付职工薪酬　　740 000
B. 借：应付职工薪酬　　740 000
　　贷：生产成本——K产品　　400 000
　　　　　　——N产品　　260 000
　　　　制造费用　　45 000
　　　　管理费用　　35 000

C. 借：生产成本——K产品 400 000
——N产品 260 000
制造费用 80 000
贷：应付职工薪酬 740 000

D. 借：应付职工薪酬 740 000
贷：生产成本——K产品 400 000
——N产品 260 000
制造费用 80 000

34. 某工业企业为增值税小规模纳税人，2011年10月9日购入材料一批，取得的增值税专用发票上注明的不含税价款为21 200元，增值税额为3 604元。该企业适用的增值税税率为3%，材料入库前的挑选整理费为200元，材料已验收入库。则该企业取得的材料的入账价值应为(　　)元。

A. 20 200　B. 21 400　C. 23 804　D. 25 004

35. 某小规模纳税企业销售产品一批，所开出的普通发票中注明的价款为6 180元(含税)，增值税征收率为3%，则该企业此项业务应交的增值税为(　　)元。

A. 6 000　B. 180　C. 181.4　D. 101

36. 企业收到投资者追加投资300 000元，款项存入银行。关于这笔经济业务，以下说法正确的是(　　)。

A. 导致资产内部增减变动，总额不变
B. 导致资产增加，负债增加
C. 导致资产增加，所有者权益增加
D. 导致所有者权益内部增减变动，总额不变

37. 2011年12月1日，某企业取得期限为3个月的短期借款50 000元，利率6%，借款到期归还时应该借记“短期借款”金额是(　　)元。

A. 50 750　B. 50 000　C. 50 500　D. 50 250

38. 实际成本法下，付款在先，收料在后的业务，应该通过(　　)账户进行核算。

A. 材料采购　B. 原材料　C. 工程物资　D. 在途物资

39. 下列项目中，影响营业利润的因素是(　　)。

A. 营业外收入　B. 所得税费用　C. 管理费用　D. 营业外支出

40. 经计算，红光公司本年的应纳税所得额为5 000 000元，适用的所得税率为25%。则红光公司年末结转所得税费用时编制的会计分录应当是(　　)。

A. 借：应交税费——应交所得税 1 250 000
贷：所得税费用 1 250 000

B. 借：所得税费用 1 250 000
贷：银行存款 1 250 000

C. 借：本年利润 1 250 000
贷：所得税费用 1 250 000

D. 借：所得税费用 1 250 000
贷：应交税费——应交所得税 1 250 000

## 二、多项选择题

1. 下列关于会计科目的表述中,正确的是(  )。
   A. 会计科目是对会计要素的具体内容进行分类核算的项目
   B. 会计科目按照其所属会计要素不同,可分为七大类科目
   C. 会计科目按其所提供的详细程度及其统驭关系不同,可分为总账科目和明细科目
   D. 设置会计科目应努力做到科学、合理、实用
2. 下列会计科目中,属于资产类科目的有(  )。
   A. 存货跌价准备　　B. 营业外收入
   C. 预收账款　　D. 长期应收款
3. 下列属于负债类科目的是(  )。
   A. 应付票据　　B. 应交税费
   C. 材料成本差异　　D. 其他应付款
4. 下列属于成本类科目的是(  )。
   A. 生产成本　　B. 主营业务成本　　C. 制造费用　　D. 销售费用
5. 下列属于总分类科目的有(  )。
   A. 其他货币资金　　B. 主营业务成本
   C. 其他应收款　　D. 银行本票存款
6. 总分类账户与明细分类账户的关系说法正确的有(  )。
   A. 总分类账户对明细分类账户具有统驭控制作用
   B. 明细分类账户所提供的明细核算资料是对其总分类账户资料的具体化
   C. 明细分类账户对总分类账户具有补充说明作用
   D. 总分类账户与其所属明细分类账户在总金额上应当相等
7. 下列会计科目中,属于损益类科目的有(  )。
   A. 生产成本　　B. 主营业务成本
   C. 制造费用　　D. 销售费用
8. 企业在设置会计科目时,应遵循的原则有(  )。
   A. 合法性原则　　B. 相关性原则
   C. 实用性原则　　D. 合理性原则
9. 以下有关明细分类科目的表述中,正确的有(  )。
   A. 能提供更加详细更加具体会计信息的科目
   B. 除国家统一会计制度规定设置的以外,各单位可以根据实际需要自行设置
   C. 也称一级会计科目
   D. 是对总分类科目作进一步分类的科目
10. 下列属于会计等式的有(  )。
   A. 资产＝权益　　B. 资产＝负债＋所有者权益
   C. 收入－费用＝利润　　D. 资产＋所有者权益＝负债
11. 企业经济业务的发生,对“资产＝权益”等式的影响,表述正确的有(  )。
   A. 资产与权益同时等额增加　　B. 资产方等额有增有减,权益不变
   C. 资产与权益同时等额减少　　D. 权益方等额有增有减,资产不变

12. 下列有关复式记账法的表述中，正确的有（　　）。
    A. 复式记账法应在两个或两个以上会计科目中登记，但有时也在一个会计科目中登记
    B. 复式记账法能如实反映资金运动的来龙去脉
    C. 复式记账法便于检查会计科目的记录是否正确
    D. 我国所有企事业单位都必须统一采用复式记账法中的借贷记账法进行会计核算
13. 下列各项中，符合借贷记账法记账规则的有（　　）。
    A. 资产类账户增加记贷方，减少记借方
    B. 负债类账户增加记贷方，减少记借方
    C. 收入类账户增加记贷方，减少记借方
    D. 费用类账户增加记贷方，减少记借方
14. 会计分录的基本要素包括（　　）。
    A. 记账符号　　B. 记账时间　　C. 记账金额　　D. 科目名称
15. 下列会计分录属于复合会计分录的有（　　）。
    A. 一借一贷　　B. 一借多贷　　C. 一贷多借　　D. 多借多贷
16. 某企业月末编制试算平衡表时，因“原材料”账户的余额计算不正确，导致试算平衡中月末借方余额合计为 65 000 元，而全部账户月末贷方余额合计为60 000元，则“原材料”账户（　　）。
    A. 余额多记 5 000 元　　B. 余额少记 5 000 元
    C. 为贷方余额　　D. 为借方余额
17. 记账凭证按照填列方式不同，可以分为（　　）。
    A. 专用记账凭证　　B. 通用记账凭证
    C. 复式记账凭证　　D. 单式记账凭证
18. 下列人员中，应在记账凭证上签章的有（　　）。
    A. 单位负责人　　B. 会计主管　　C. 记账人员　　D. 制单人员
19. 下列经济业务中，应填制付款凭证的有（　　）。
    A. 提现金备用　　B. 购买材料预付订金
    C. 购买材料未付款　　D. 以银行存款支付前欠单位货款
20. 下列说法正确的是（　　）。
    A. 记账凭证上的日期指的是经济业务发生的日期
    B. 对于涉及“库存现金”和“银行存款”之间的经济业务，一般只编制收款凭证
    C. 出纳人员不能直接依据有关收、付款业务的原始凭证办理收、付款业务
    D. 出纳人员必须根据经会计主管或指定人员审核无误的收、付款凭证办理收、付款业务
21. 收款凭证的借方科目可能有（　　）。
    A. 应收账款　　B. 库存现金　　C. 银行存款　　D. 应付账款
22. 关于记账凭证下列说法正确的是（　　）。
    A. 收款凭证是指用于记录现金和银行存款收款业务的会计凭证
    B. 收款凭证分为现金收款凭证和银行存款收款凭证两种

C. 从银行提取库存现金的业务应该编制现金收款凭证
D. 从银行提取库存现金的业务应该编制银行存款付款凭证

23. 记账凭证的填制必须做到记录真实、内容完整、填制及时、书写清楚外，还必须符合(　　)要求。
A. 如有空行，应当在空行处划线注销
B. 发生错误应该按规定的方法更正
C. 必须连续编号
D. 除另有规定外，应该有附件并注明附件张数

24. 王明出差回来，报销差旅费 1 000 元，原预借 1 500 元，交回剩余现金 500 元，这笔业务应该编制的记账凭证有(　　)。
A. 付款凭证　　B. 收款凭证　　C. 转账凭证　　D. 原始凭证

25. 以下有关会计凭证的表述中正确的有(　　)。
A. 会计凭证是记录经济业务的书面证明
B. 会计凭证可以明确经济责任
C. 会计凭证是编制报表的依据
D. 会计凭证是登记账簿的依据

26. 下列各项中，属于记账凭证的基本内容有(　　)。
A. 填制凭证的日期和凭证的编号
B. 会计科目的名称、记账方向和金额
C. 所附原始凭证的张数
D. 制单、复核、会计主管等有关人员的签章

27. 下列关于会计凭证传递和保管的说法中正确的有(　　)。
A. 原始凭证较多时可以单独装订
B. 装订成册的会计凭证要加具封面，并逐项填写封面内容
C. 通过会计凭证的传递可以加强会计监督
D. 单位应根据具体情况制定每一种凭证的传递程序和方法

28. 制造业的原材料按其生产经营过程中的不同作用，一般可分为(　　)。
A. 原材料及主要材料　　B. 外购半成品及辅助材料
C. 燃料及修理用备件　　D. 包装材料

29. 企业对存货采用计划成本法核算时，需要设置的科目有(　　)。
A. 原材料　　B. 材料成本差异
C. 材料采购　　D. 在途物资

30. 分配车间直接参加产品生产工人的职工薪酬时，涉及到的账户是(　　)。
A. 管理费用　　B. 制造费用　　C. 生产成本　　D. 应付职工薪酬

31. 某公司 1 月 2 日从银行借入期限为半年，年利率为 6%的借款 1 000 000 元，每月月末计提当月应负担的借款利息；假定：合同约定为到期还本付息；7 月 1 日期满，如期归还。编制的以下相关会计分录中，正确的有(　　)。
A. 借：短期借款　　1 000 000
　　贷：银行存款　　1 000 000

B. 借：应付利息 30 000
　　贷：银行存款 30 000
C. 借：财务费用 5 000
　　贷：应付利息 5 000
D. 借：银行存款 1 000 000
　　贷：短期借款 1 000 000

32. 下列关于“实收资本”账户的说法正确的有（　　）。
A. 实收资本属于所有者权益类账户
B. 该账户的贷方登记投资者对企业投资的增加额
C. 期末借方余额表示投资者对企业投资的实有数
D. 该账户应该按照投资者设明细

33. 下列业务中会导致实收资本增加的有（　　）。
A. 资本公积转增资本
B. 盈余公积转增资本
C. 计提盈余公积
D. 企业按照法定程序减少注册资本

34. 企业确认应交的营业税，可能借记的会计科目是（　　）。
A. 营业税金及附加　　B. 其他业务成本
C. 应交税费　　D. 固定资产清理

35. 下列各项收到的款项中，属于“收入”的有（　　）。
A. 出租固定资产收到的租金　　B. 销售商品收取的增值税
C. 出售原材料收到的价款　　D. 出售无形资产收到的价款

36. 下列各项不能作为企业收入处理的有（　　）。
A. 企业代收的增值税　　B. 企业代收的消费税
C. 旅行社代客户购买机票收取的票款　　D. 提供安装劳务收入

37. 甲公司销售商品一批，产品售价 200 万元，该批产品成本为 150 万元，货款已经收到，不考虑相关税费。以下会计分录正确的有（　　）。
A. 借：银行存款 2 000 000
　　贷：主营业务收入 2 000 000
B. 借：应收账款 2 000 000
　　贷：主营业务收入 2 000 000
C. 借：主营业务成本 1 500 000
　　贷：库存商品 1 500 000
D. 借：库存商品 1 500 000
　　贷：主营业务成本 1 500 000

38. 在实际工作中，确认费用的方法主要包括（　　）。
A. 按其与营业收入的直接联系确认　　B. 按一定的分配方式确认
C. 在支出发生时直接确认　　D. 在资产寿命周期结束前确认

39. 下列项目属于营业外收入的有（　　）。

A. 存货因收发计量产生盘盈　　B. 收到的捐赠款
C. 处置非流动资产的净收益　　D. 罚款收入

40. 某企业 2010 年损益类账户期末结账的余额如下：主营业务收入 50 000 元(贷)、主营业务成本 50 000 元(借)、营业税金及附加 3 000 元(借)、销售费用2 000元(借)、其他业务收入 10 000 元(贷)、其他业务成本 5 000 元(借)、所得税费用 5 000 元(借)。年末结转各损益类账户应编制的分录有(　　)。

A. 借：主营业务收入　50 000
　　　其他业务收入　10 000
　　贷：本年利润　25 000
　　　　主营业务成本　20 000
　　　　营业税金及附加　3 000
　　　　销售费用　2 000
　　　　其他业务成本　5 000
　　　　所得税费用　5 000

B. 借：主营业务收入　50 000
　　　其他业务收入　10 000
　　贷：本年利润　60 000

C. 借：本年利润　65 000
　　贷：主营业务成本　50 000
　　　　营业税金及附加　3 000
　　　　销售费用　2 000
　　　　其他业务成本　5 000
　　　　所得税费用　5 000

D. 借：本年利润　60 000
　　贷：主营业务收入　50 000
　　　　其他业务收入　10 000

## 三、判断题

1. 对会计科目的具体内容进行分类核算的项目，称为会计要素。(　　)
2. 成本类科目是用于核算成本的发生和归集情况，提供成本相关会计信息的会计科目。(　　)
3. “坏账准备”“长期投资减值准备”“累计折旧”“无形资产减值准备”科目均属于资产类科目。(　　)
4. 总分类科目与其所属的明细分类科目的核算内容相同，所不同的是前者提供的信息比后者更加详细。(　　)
5. 科目一般分到三级，不是越多越好。(　　)
6. “资产＝负债＋所有者权益”体现了企业资金运动过程中某一特定时期的资产分布和权益构成。(　　)
7. “收入－费用＝利润”反映的是资金运动的动态方面，反映的是某一会计期间的经营成

果,反映一个过程,是编制利润表的依据。 ( )

8. 复式记账法是以资产与权益平衡关系作为记账基础,对于每一笔经济业务,都要在两个或两个以上的会计科目中进行登记,系统地反映资金运动变化结果的一种记账方法。 ( )
9. 损益类账户的期末余额=期初余额+本期贷方发生额-本期借方发生额。 ( )
10. 在会计处理中,企业可以将不同类型的交易或事项合并编制多借多贷的会计分录。 ( )
11. 发生额试算平衡是根据资产与权益的恒等关系,检验本期发生额记录是否正确的方法。 ( )
12. 在实际工作中发生账户借贷方向颠倒的记账错误,不能通过试算平衡的方法来发现。 ( )
13. 对于一项经济业务,总分类账户登记在借方,其所属明细分类账户可以登记在贷方。 ( )
14. 在借贷记账法下,成本类账户的借方登记增加数,贷方登记减少数,期末无余额。 ( )
15. “应收账款”账户的余额必须在借方,表示尚未收回的应收账款数。 ( )
16. 支付工会经费和职工教育经费用于工会活动和职工培训,借记“其他应付款”科目,贷记“银行存款”等科目。 ( )
17. 营业税金及附加是指企业经营活动应负担的相关税费,包括增值税、营业税、消费税、城市维护建设税、资源税和教育费附加等。 ( )
18. 委托其他单位或个人代销的商品仍属于本企业的存货。 ( )
19. 接受股东投入设备一台,会使资产、负债同时增加。 ( )
20. 投资者投入固定资产的入账价值,应当按照投资合同或协议约定的价值确定,但合同或协议约定价值不公允的除外。 ( )
21. 企业取得收入,会表现为资产的增加或负债的减少,或者两者兼而有之。 ( )
22. 成本是企业为生产产品、提供劳务而发生的各种耗费,因而企业发生的各项费用都是成本。 ( )
23. 管理费用是企业行政管理部门为组织和管理生产经营活动而发生的各项费用,包括行政人员的工资和福利费、办公费、折旧费、广告宣传费、借款利息等。 ( )
24. 利润总额是指主营业务利润加上营业外收入,减去营业外支出后的金额。 ( )
25. 年末所得税费账户的余额一般在借方,表示当年计算的所得税费用。 ( )

## 四、计算分析题

1. A有限责任公司为扩大经营规模,吸引另一投资者加入,经批准公司将注册资本金增加到40 000 000元。按照投资协议,新投资者投入公允价值6 000 000元的专有技术一项,享有公司10%的股份。

(1) 吸收了新的投资后,A有限责任公司的“实收资本”科目的余额为( )元。

A. 40 000 000　　B. 6 000 000

C. 46 000 000　　D. 无法确定

(2) 新投资者投入资本超出注册资本份额的部分，形成资本溢价(　　)元。

A. 0　　B. 1 000 000

C. 2 000 000　　D. 3 000 000

2. 2009 年 11 月 1 日向银行借入一笔临时周转借款 6 000 000 元，期限为 3 个月，年利率为 5%，利息按月预提。根据与银行签署的贷款协议，该项借款的本金和利息到期一次归还。

(1) 预先计提利息费用是权责发生制的要求，确保能够真实反映各期经营成果。(　　)

(2) 计提 12 月利息费用时，应编制的会计分录(　　)。

A. 借：财务费用　25 000
　　贷：应付利息　25 000

B. 借：应付利息　25 000
　　贷：财务费用　25 000

C. 借：财务费用　50 000
　　贷：应付利息　50 000

D. 借：应付利息　50 000
　　贷：财务费用　50 000

(3) 2010 年 1 月 31 日到期还本付息时，编制的会计分录有(　　)。

A. 借：短期借款　6 000 000
　　贷：银行存款　6 000 000

B. 借：应付利息　75 000
　　贷：银行存款　75 000

C. 借：财务费用　75 000
　　贷：银行存款　75 000

D. 借：应付利息　50 000
　　财务费用　25 000
　　贷：银行存款　75 000

3. A 公司为增值税一般纳税人。20×9 年 10 月 10 日，A 公司购进甲材料一批 500 件，取得的增值税专用发票上注明的价款为 60 000 元，增值税率为 17%，款项尚未支付，材料已经验收入库。

(1) 该批材料的入账价值为(　　)元。

A. 59 800　　B. 60 000　　C. 69 800　　D. 70 200

(2) 该批材料的实际单位成本为(　　)元/件。

A. 119.6　　B. 120　　C. 139.6　　D. 140.4

(3) 该项采购发生的可抵扣进项税额为(　　)元。

A. 0　　B. 10 200　　C. 13 400　　D. 17 000

4. 某公司生产 A、B 两种产品，12 月份发生下列经济业务：

(1) 从仓库领用 M 材料 1 020 千克，其中：生产 A 产品领用 600 千克，生产 B 产品领用 400 千克，车间一般耗用 20 千克，该材料的单价为 100 元。

(2) 本月应付职工工资 40 000 元，其中：A 产品生产工人工时 1 500 小时，B 产品生产工人工时 1 000 小时,每工时标准工资 10 元。

(3) 生产车间发生的管理人员工资、折旧费、水电费等 3 000 元。

(4) 月初投产的 1 000 件 A 产品和 500 件 B 产品月末全部完工,月初无在产品。

(5) 制造费用按生产工人工时比例进行分配。

① A 产品应当分配的制造费用为(　　)元。

A. 1 000　　B. 1 800　　C. 3 000　　D. 3 600

② A 产品的生产成本为(　　)元。

A. 60 000　　B. 75 000　　C. 76 800　　D. 78 000

③ B 产品的单位生产成本为(　　)元。

A. 104　　B. 100　　C. 80　　D. 78

④ 计算产品成本时,编制的会计分录有(　　)。

A. 借:生产成本——A 产品　　60 000
　　　　　　——B 产品　　40 000
　　贷:原材料——M 材料　　100 000

B. 借:生产成本——A 产品　　15 000
　　　　　　——B 产品　　10 000
　　贷:应付职工薪酬　　25 000

C. 借:生产成本——A 产品　　1 800
　　　　　　——B 产品　　1 200
　　贷:制造费用　　3 000

D. 借:制造费用　　3 000
　　贷:生产成本——A 产品　　1 800
　　　　　　——B 产品　　1 200

⑤ 月末产品完工入库(　　)。

A. 借:库存商品——A 产品　　78 000
　　贷:生产成本——A 产品　　78 000

B. 借:库存商品——B 产品　　52 000
　　贷:生产成本——B 产品　　52 000

C. 借:生产成本——A 产品　　78 000
　　贷:库存商品——A 产品　　78 000

D. 借:生产成本——B 产品　　52 000
　　贷:库存商品——B 产品　　52 000

5. 甲公司本期发生下列经济业务:

(1) 销售商品一批,价款 400 万元,增值税税率 17%,货款及增值税均存入银行。该批产品成本 200 万元。

(2) 销售材料一批,价款 48 万元,增值税税率 17%。款项尚未收到。该批材料的成本 24 万元。

(3) 收到罚款没收收入 14 万元,存入银行;用银行存款支付罚金 8 万元。

(4) 本期应交的营业税 2 万元。

（5）用银行存款支付广告费用 8 万元。

（6）用银行存款支付办公楼维修费用 20 万元。

（7）用银行存款支付本月短期借款利息 16 万元。

（8）企业提取坏账准备 4 万元。

（9）假定本期无纳税调整事项，按利润总额的 25%计算应交纳的所得税。

（10）按净利润 10%提取盈余公积金。

（11）按净利润 20%向投资者分配利润。

① 甲公司分配给股东的股利是(　　)万元。

A. 27　　B. 13.5　　C. 45　　D. 135

② 甲公司应交的所得税是(　　)万元。

A. 27　　B. 13.5　　C. 45　　D. 135

③ 甲公司计提的盈余公积是(　　)万元。

A. 27　　B. 13.5　　C. 45　　D. 135

# 项目四 会计账簿

Project 4

**教学内容**

**任务一** 认识会计账簿
**任务二** 登记会计账簿
**任务三** 对账和财产清查
**任务四** 更正错账
**任务五** 结账

**教学目标**

**能力目标：**会建账、登账、对账、更正错账和结账
**知识目标：**了解会计账簿含义，理解会计账簿作用，掌握会计账簿分类
**素质目标：**培养学生不做假账的职业道德，培养学生认真、细心的职业习惯，培养学生爱岗敬业、团队协作的职业理念

## 任务一 认识会计账簿

**任务目标：** 认识会计账簿。

**任务引领：** 账簿(图 4-1-1)有哪些？账簿的作用是什么？

图 4-1-1 账簿

**任务解析：**

## 一、会计账簿的概念

会计账簿是指由一定格式账页组成的，以经过审核的会计凭证为依据，全面、系统、连续地记录各项经济业务的簿籍。

根据《会计法》的规定，各单位应当按照国家统一的会计制度的规定和会计业务的需要设置会计账簿。

## 二、账簿的内容

### （一）封面

封面主要用来写明账簿名称和记账单位名称（图 4-1-2）。

图 4-1-2 账簿的封面

### （二）扉页

扉页用来登载账簿的基本信息、经管人员和交接记录（图 4-1-3）。

账簿启用及接交表

<table>
<tr><td colspan="2">单位名称</td><td colspan="7"></td><td colspan="2">公 章</td></tr>
<tr><td colspan="2">账簿名称</td><td colspan="7">（第 册）</td><td colspan="2" rowspan="4"></td></tr>
<tr><td colspan="2">账簿编号</td><td colspan="7"></td></tr>
<tr><td colspan="2">账簿页数</td><td colspan="7"></td></tr>
<tr><td colspan="2">启用日期</td><td colspan="7"></td></tr>
<tr><td rowspan="3">经管人员</td><td colspan="2">单位主管</td><td colspan="3">财务主管</td><td colspan="2">复 核</td><td colspan="3">记 账</td></tr>
<tr><td>姓名</td><td>盖章</td><td>姓名</td><td colspan="2">盖章</td><td>姓名</td><td>盖章</td><td colspan="2">姓名</td><td>盖章</td></tr>
<tr><td></td><td></td><td></td><td colspan="2"></td><td></td><td></td><td colspan="2"></td><td></td></tr>
<tr><td rowspan="4">接交记录</td><td colspan="2">经管人员</td><td colspan="4">接 管</td><td colspan="4">交 出</td></tr>
<tr><td>职别</td><td>姓名</td><td>年</td><td>月</td><td>日</td><td>盖章</td><td>年</td><td>月</td><td>日</td><td>盖章</td></tr>
<tr><td></td><td></td><td></td><td></td><td></td><td></td><td></td><td></td><td></td><td></td></tr>
<tr><td></td><td></td><td></td><td></td><td></td><td></td><td></td><td></td><td></td><td></td></tr>
<tr><td>备注</td><td colspan="10"></td></tr>
</table>

图 4-1-3 账簿的扉页

### （三）账页

账页是账簿的主体，是账簿中用来具体记录经济业务的部分，其格式因反映经济业务内容的不同而有所不同（图 4-1-4）。

会计账簿与账户的关系：账户存在于账簿之中，账簿中的每一账页就是账户的存在形式和载体，没有账簿，账户就无法存在；账簿序时、分类地记载经济业务，是在个别账户中完成的。因此，账簿只是一个外在形式，账户才是它的真实内容。账簿与账户的关系是形式和内容的关系。

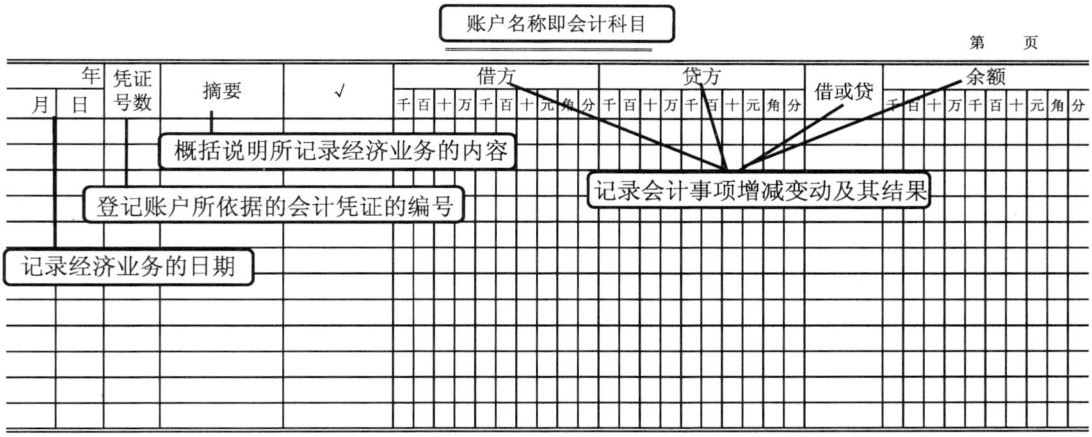


图 4-1-4　账簿的账页

## 三、会计账簿的意义

设置和登记账簿是填制会计报表的基础，是连接会计凭证与会计报表的中间环节，在会计核算中具有重要意义，包括：

① 记载、储存会计信息；

② 分类、汇总会计信息；

③ 检查、校正会计信息；

④ 编报、输出会计信息。

## 四、会计账簿的分类

### （一）按用途分类

1. 序时账簿

序时账簿又称日记账，是按照经济业务发生或完成时间的先后顺序，逐日、逐笔进行登记的账簿。在我国，大多数单位一般只设库存现金日记账（图 4-1-5）和银行存款日记账（图 4-1-6）。

图 4-1-5　库存现金日记账

图 4-1-6　银行存款日记账

2. 分类账簿

分类账簿是对全部经济业务事项按照会计要素的具体类别而设置的分类账户进行登记的账簿。按照总分类账户分类登记经济业务事项的是总分类账簿，简称总账(图 4-1-7)；按照明细分类账户分类登记经济业务事项的是明细分类账簿，简称明细账(图 4-1-8)。分类账簿提供的核算信息是填制会计报表的主要依据。

**图 4-1-7 总分类账**

**图 4-1-8 明细分类账**

3. 备查账簿

备查账簿简称备查簿，是对某些在序时账簿和分类账簿等主要账簿中都不予登记或登记不够详细的经济业务事项进行补充登记时使用的账簿，如应收应付票据备查簿(图 4-1-9)、租入固定资产登记簿(图 4-1-10)、委托加工材料登记簿等。

**应收票据备查簿**

| 种类 | 号数 | 出票日期 | 出票人 | 票面金额 | 到期日期 | 利率 | 付款人 | 承兑人 | 贴现 | | | 收回 | | 注销 | 备注 |
|---|---|---|---|---|---|---|---|---|---|---|---|---|---|---|---|
| | | | | | | | | | 日期 | 贴现率 | 贴现额 | 日期 | 金额 | | |
| | | | | | | | | | | | | | | | |
| | | | | | | | | | | | | | | | |
| | | | | | | | | | | | | | | | |

**图 4-1-9 应收票据备查簿**

**租入固定资产登记簿**

| 种类 | 号数 | 出票日期 | 出票人 | 票面金额 | 到期日期 | 利率 | 付款人 | 承兑人 | 贴现 | | | 收回 | | 注销 | 备注 |
|---|---|---|---|---|---|---|---|---|---|---|---|---|---|---|---|
| | | | | | | | | | 日期 | 贴现率 | 贴现额 | 日期 | 金额 | | |
| | | | | | | | | | | | | | | | |
| | | | | | | | | | | | | | | | |
| | | | | | | | | | | | | | | | |

**图 4-1-10 租入固定资产登记簿**

备查账不是每个单位都要设置，各单位可以根据实际需要自行设置和登记。备查账与会计报表填制无关，是一种表外账簿。

### （二）按账页格式分类

1．两栏式账簿

两栏式账簿是指只有借方和贷方两个基本金额栏目的账簿(图 4-1-11)。

第　　页

| 年 | | 凭证号数 | 会计科目 | 摘要 | 借方 | | | | | | | | | | 贷方 | | | | | | | | | | 过账 |
|---|---|---|---|---|---|---|---|---|---|---|---|---|---|---|---|---|---|---|---|---|---|---|---|---|---|
| 月 | 日 | | | | 千 | 百 | 十 | 万 | 千 | 百 | 十 | 元 | 角 | 分 | 千 | 百 | 十 | 万 | 千 | 百 | 十 | 元 | 角 | 分 | |
| | | | | | | | | | | | | | | | | | | | | | | | | | |
| | | | | | | | | | | | | | | | | | | | | | | | | | |
| | | | | | | | | | | | | | | | | | | | | | | | | | |
| | | | | | | | | | | | | | | | | | | | | | | | | | |
| | | | | | | | | | | | | | | | | | | | | | | | | | |
| | | | | | | | | | | | | | | | | | | | | | | | | | |
| | | | | | | | | | | | | | | | | | | | | | | | | | |
| | | | | | | | | | | | | | | | | | | | | | | | | | |
| | | | | | | | | | | | | | | | | | | | | | | | | | |
| | | | | | | | | | | | | | | | | | | | | | | | | | |
| | | | | | | | | | | | | | | | | | | | | | | | | | |
| | | | | | | | | | | | | | | | | | | | | | | | | | |

**图 4-1-11　两栏式账页**

2．三栏式账簿

三栏式账簿是设有借方、贷方和余额三个基本栏目的账簿(图 4-1-12)。

第　　页

| 年 | | 凭证号数 | 摘要 | √ | 借方 | | | | | | | | | | 贷方 | | | | | | | | | | 借或贷 | 余额 | | | | | | | | | |
|---|---|---|---|---|---|---|---|---|---|---|---|---|---|---|---|---|---|---|---|---|---|---|---|---|---|---|---|---|---|---|---|---|---|---|---|
| 月 | 日 | | | | 千 | 百 | 十 | 万 | 千 | 百 | 十 | 元 | 角 | 分 | 千 | 百 | 十 | 万 | 千 | 百 | 十 | 元 | 角 | 分 | | 千 | 百 | 十 | 万 | 千 | 百 | 十 | 元 | 角 | 分 |
| | | | | | | | | | | | | | | | | | | | | | | | | | | | | | | | | | | | |
| | | | | | | | | | | | | | | | | | | | | | | | | | | | | | | | | | | | |
| | | | | | | | | | | | | | | | | | | | | | | | | | | | | | | | | | | | |
| | | | | | | | | | | | | | | | | | | | | | | | | | | | | | | | | | | | |
| | | | | | | | | | | | | | | | | | | | | | | | | | | | | | | | | | | | |
| | | | | | | | | | | | | | | | | | | | | | | | | | | | | | | | | | | | |
| | | | | | | | | | | | | | | | | | | | | | | | | | | | | | | | | | | | |
| | | | | | | | | | | | | | | | | | | | | | | | | | | | | | | | | | | | |
| | | | | | | | | | | | | | | | | | | | | | | | | | | | | | | | | | | | |
| | | | | | | | | | | | | | | | | | | | | | | | | | | | | | | | | | | | |
| | | | | | | | | | | | | | | | | | | | | | | | | | | | | | | | | | | | |
| | | | | | | | | | | | | | | | | | | | | | | | | | | | | | | | | | | | |

**图 4-1-12　三栏式账页**

各种日记账、总分类账，以及资本、债权、债务明细账都可采用三栏式账簿。三栏式账簿又分为设对方科目和不设对方科目两种，区别是在摘要栏和借方科目栏之间是否有一栏"对方科目"。有"对方科目"栏的，称为设对方科目的三栏式账簿(图 4-1-13)；不设"对方科目"栏的，称为不设对方科目的三栏式账簿(图 4-1-12)。

3．多栏式账簿

多栏式账簿是在账簿的两个基本栏目借方和贷方按需要分设若干专栏的账簿。收入、

第　页

| 年 | | 凭证号数 | 摘要 | 对方科目 | 页数 | 借方 | | | | | | | | | | 贷方 | | | | | | | | | | 借或贷 | 余额 | | | | | | | | | |
|---|---|---|---|---|---|---|---|---|---|---|---|---|---|---|---|---|---|---|---|---|---|---|---|---|---|---|---|---|---|---|---|---|---|---|---|---|
| 月 | 日 | | | | | 千 | 百 | 十 | 万 | 千 | 百 | 十 | 元 | 角 | 分 | 千 | 百 | 十 | 万 | 千 | 百 | 十 | 元 | 角 | 分 | | 千 | 百 | 十 | 万 | 千 | 百 | 十 | 元 | 角 | 分 |
| | | | | | | | | | | | | | | | | | | | | | | | | | | | | | | | | | | | | |
| | | | | | | | | | | | | | | | | | | | | | | | | | | | | | | | | | | | | |
| | | | | | | | | | | | | | | | | | | | | | | | | | | | | | | | | | | | | |
| | | | | | | | | | | | | | | | | | | | | | | | | | | | | | | | | | | | | |
| | | | | | | | | | | | | | | | | | | | | | | | | | | | | | | | | | | | | |
| | | | | | | | | | | | | | | | | | | | | | | | | | | | | | | | | | | | | |
| | | | | | | | | | | | | | | | | | | | | | | | | | | | | | | | | | | | | |
| | | | | | | | | | | | | | | | | | | | | | | | | | | | | | | | | | | | | |
| | | | | | | | | | | | | | | | | | | | | | | | | | | | | | | | | | | | | |
| | | | | | | | | | | | | | | | | | | | | | | | | | | | | | | | | | | | | |
| | | | | | | | | | | | | | | | | | | | | | | | | | | | | | | | | | | | | |
| | | | | | | | | | | | | | | | | | | | | | | | | | | | | | | | | | | | | |

图 4-1-13　三栏式账页(有对方科目)

费用、成本明细账一般均采用这种格式的账簿,收入类明细账一般为贷方多栏账页,成本和费用类明细账一般为借方多栏账页(图 4-1-14);应交增值税——应交增值税和本年利润明细账一般采用借方和贷方都是多栏的账页(图 4-1-15)。

生产成本明细分类账

上月投产:　　本月入库:

本月投产:　　单位成本:

产品名称:　　规格:　　数量:

| 年 | | 凭证号数 | 摘要 | 成本项目 | | | | |
|---|---|---|---|---|---|---|---|---|
| 月 | 日 | | | 直接材料 | 直接人工 | 制造费用 | | |
| | | | | | | | | |
| | | | | | | | | |
| | | | | | | | | |
| | | | | | | | | |
| | | | | | | | | |
| | | | | | | | | |
| | | | | | | | | |
| | | | | | | | | |
| | | | | | | | | |

图 4-1-14　多栏式账页(借方多栏)

应交税费——应交增值税 明细分类账

| 年 | | 凭证号数 | 摘要 | 借　方 | | | | 贷　方 | | | | 借或贷 | 余额 |
|---|---|---|---|---|---|---|---|---|---|---|---|---|---|
| 月 | 日 | | | 进项税额 | 已交税费 | …… | 合计 | 销项税额 | 进项税额转出 | …… | 合计 | | |
| | | | | | | | | | | | | | |
| | | | | | | | | | | | | | |
| | | | | | | | | | | | | | |
| | | | | | | | | | | | | | |
| | | | | | | | | | | | | | |
| | | | | | | | | | | | | | |
| | | | | | | | | | | | | | |
| | | | | | | | | | | | | | |
| | | | | | | | | | | | | | |
| | | | | | | | | | | | | | |
| | | | | | | | | | | | | | |
| | | | | | | | | | | | | | |
| | | | | | | | | | | | | | |

图 4-1-15　多栏式账页(借贷多栏)

4. 数量金额式账簿

数量金额式账簿的借方、贷方和余额三个栏目内，都分设数量、单价和金额三小栏，借以反映财产物资的实物数量和价值量。原材料、库存商品等明细账一般采用数量金额式账簿(图 4-1-16)。

材料类别：　　　　　　　　　　　　　　计量单位：
材料名称：　　　　明细账　　　　　　　储备定额：
材料规格：　　　　　　　　　　　　　　存储地点：

第　页

| 年 | | 凭证号数 | 摘要 | 收入 | | | | | | | | | | | | 发出 | | | | | | | | | | | | 结存 | | | | | | | | | | | |
|---|---|---|---|---|---|---|---|---|---|---|---|---|---|---|---|---|---|---|---|---|---|---|---|---|---|---|---|---|---|---|---|---|---|---|---|---|---|---|---|
| 月 | 日 | | | 数量 | 单价 | 金额 | | | | | | | | | | 数量 | 单价 | 金额 | | | | | | | | | | 数量 | 单价 | 金额 | | | | | | | | | |
| | | | | | | 千 | 百 | 十 | 万 | 千 | 百 | 十 | 元 | 角 | 分 | | | 千 | 百 | 十 | 万 | 千 | 百 | 十 | 元 | 角 | 分 | | | 千 | 百 | 十 | 万 | 千 | 百 | 十 | 元 | 角 | 分 |
| | | | | | | | | | | | | | | | | | | | | | | | | | | | | | | | | | | | | | | | |
| | | | | | | | | | | | | | | | | | | | | | | | | | | | | | | | | | | | | | | | |
| | | | | | | | | | | | | | | | | | | | | | | | | | | | | | | | | | | | | | | | |
| | | | | | | | | | | | | | | | | | | | | | | | | | | | | | | | | | | | | | | | |
| | | | | | | | | | | | | | | | | | | | | | | | | | | | | | | | | | | | | | | | |
| | | | | | | | | | | | | | | | | | | | | | | | | | | | | | | | | | | | | | | | |
| | | | | | | | | | | | | | | | | | | | | | | | | | | | | | | | | | | | | | | | |
| | | | | | | | | | | | | | | | | | | | | | | | | | | | | | | | | | | | | | | | |
| | | | | | | | | | | | | | | | | | | | | | | | | | | | | | | | | | | | | | | | |
| | | | | | | | | | | | | | | | | | | | | | | | | | | | | | | | | | | | | | | | |
| | | | | | | | | | | | | | | | | | | | | | | | | | | | | | | | | | | | | | | | |
| | | | | | | | | | | | | | | | | | | | | | | | | | | | | | | | | | | | | | | | |

**图 4-1-16　数量金额式账页**

5. 横线登记式账簿

横线登记式明细账是采用横线登记，即将每一相关的业务登记在一行，从而可依据每一行的登记是否齐全来判断该项业务的进展情况。该明细分类账适用于材料采购业务、应收票据和一次性备用金业务(图4-1-17)。

明细分类账

| 年 | | 凭证号数 | 摘要 | 借方 | | | 年 | | 凭证号数 | 摘要 | 贷方 | | | 余额 |
|---|---|---|---|---|---|---|---|---|---|---|---|---|---|---|
| 月 | 日 | | | | | | 月 | 日 | | | | | | |
| | | | | | | | | | | | | | | |
| | | | | | | | | | | | | | | |
| | | | | | | | | | | | | | | |
| | | | | | | | | | | | | | | |
| | | | | | | | | | | | | | | |
| | | | | | | | | | | | | | | |
| | | | | | | | | | | | | | | |
| | | | | | | | | | | | | | | |
| | | | | | | | | | | | | | | |
| | | | | | | | | | | | | | | |
| | | | | | | | | | | | | | | |
| | | | | | | | | | | | | | | |

**图 4-1-17　横线登记式账页**

## (三) 按外形特征分类

1. 订本账

订本账是启用之前就已将账页装订在一起，并对账页进行连续编号的账簿。这种账簿一般适用于总分类账、库存现金日记账、银行存款日记账(图 4-1-18)。

图 4-1-18 订本账

2. 活页账

活页账是在账簿登记完毕之前并不固定装订在一起,而是装在活页账夹中。当账簿登记完毕之后(通常是一个会计年度结束之后),才将账页予以装订,加具封面,并给各账页连续编号。各种明细分类账一般采用活页账形式(图 4-1-19)。

图 4-1-19 活页账

3. 卡片账

卡片账是将账户所需格式印刷在硬卡上。严格来说,卡片账也是一种活页账,只不过它不是装在活页账夹中,而是装在卡片箱内(图 4-1-20)。在我国,单位一般只对固定资产的核算采用卡片账形式。

图 4-1-20 卡片账

固定资产卡片一般一式两份，一份由使用部门登记保管，另一份由财会部分保管(图 4-1-21)。为防止固定资产卡片丢失，固定资产管理部门还应设立“固定资产卡片登记簿”，逐一登记卡片开设和注销情况(图 4-1-22)。

**固定资产卡片**

<table>
<tr><td colspan="6">单位名称：</td></tr>
<tr><td colspan="6">卡片编号：</td></tr>
<tr><td colspan="6">资产类别：□房屋建筑　□机械设备　□办公设备　□车辆　□仪器　□家具　□其他</td></tr>
<tr><td colspan="5">资产编号：</td><td>资产名称：</td></tr>
<tr><td colspan="5">品牌型号：</td><td>生产厂商：</td></tr>
<tr><td colspan="5">购入日期：</td><td>启用日期：</td></tr>
<tr><td colspan="5">采购人员：</td><td>采购金额：</td></tr>
<tr><td colspan="5">使用状态：</td><td>存放地点：</td></tr>
<tr><td colspan="5">使用记录</td><td rowspan="7">(粘贴资产正面及侧面照片两张)</td></tr>
<tr><td>使用部门</td><td>使用人员</td><td>保管人员</td><td>领用日期</td><td>移交日期</td></tr>
<tr><td></td><td></td><td></td><td></td><td></td></tr>
<tr><td></td><td></td><td></td><td></td><td></td></tr>
<tr><td></td><td></td><td></td><td></td><td></td></tr>
<tr><td></td><td></td><td></td><td></td><td></td></tr>
<tr><td></td><td></td><td></td><td></td><td></td></tr>
<tr><td colspan="6">备注：</td></tr>
</table>

复核人：　　　　　　　　　　　　　　　　制表人：

图 4-1-21　固定资产卡片账

**固定资产卡片登记簿**

<table>
<tr><td rowspan="2">卡片编号</td><td colspan="2">固定资产项目</td><td colspan="2">开　　设</td><td rowspan="2">卡片所在部门</td><td colspan="2">注　　销</td></tr>
<tr><td>编号</td><td>名称</td><td>日期</td><td>凭证名称及编号</td><td>日期</td><td>凭证名称及编号</td></tr>
<tr><td></td><td></td><td></td><td></td><td></td><td></td><td></td><td></td></tr>
<tr><td></td><td></td><td></td><td></td><td></td><td></td><td></td><td></td></tr>
<tr><td></td><td></td><td></td><td></td><td></td><td></td><td></td><td></td></tr>
</table>

图 4-1-22　固定资产卡片登记簿

# 任务二　登记会计账簿

**任务目标：** 会登记日记账、明细账和总账。

**任务引领：** 如何启用并登记账簿？

**任务解析:**

## 一、启用会计账簿

启用会计账簿时,应当在账簿封面上写明单位名称和账簿名称,并在账簿扉页上附启用表(图 4-2-1)。启用订本式账簿应当从第一页到最后一页顺序编定页数,不得跳页、缺号。使用活页式账页应当按账户顺序编号,并须定期装订成册;装订后再按实际使用的账页顺序编定页码,另加目录,记明每个账户的名称和页次。对于所开账户,将上年该账户的余额,直接抄入新账户所开第一页的首行,也就是直接“过账”。同时,在摘要栏内注明“上年结转”或“期初余额”字样,不必填制记账凭证(图 4-2-2)。

账 簿 启 用 及 接 交 表

| 单位名称 | 远亨阀门制造有限公司 | 公　章 |
|---|---|---|
| 账簿名称 | 总分类账　（第 1 册） | 远亨阀门制造有限公司 ★ |
| 账簿编号 | 201401 | |
| 账簿页数 | 100 | |
| 启用日期 | 二〇一四年一月一日 | |

| 经管人员 | 单位主管 | | 财务主管 | | 复　核 | | 记　账 | |
|---|---|---|---|---|---|---|---|---|
| | 姓 名 | 盖 章 | 姓 名 | 盖 章 | 姓 名 | 盖 章 | 姓 名 | 盖 章 |
| | 孙 威 | 孙 威 | 李东升 | 李东升 | 李东升 | 李东升 | 刘海洋 | 刘海洋 |

| 接交记录 | 经管人员 | | 接　管 | | | | 交　出 | | | |
|---|---|---|---|---|---|---|---|---|---|---|
| | 职 别 | 姓 名 | 年 | 月 | 日 | 盖章 | 年 | 月 | 日 | 盖章 |
| | | | | | | | | | | |
| | | | | | | | | | | |
| 备注 | | | | | | | | | | |

图 4-2-1　账簿的启用及接交表

企业开设新账或新年度开始时将前期的金额过到新账簿中，在摘要栏标明“期初余额”或“上年结转”

应收账款总账　　第　页

| 20××年 | | 凭证号数 | 摘要 | √ | 借方 | | | | | | | | | | 贷方 | | | | | | | | | | 借或贷 | 余额 | | | | | | | | | |
|---|---|---|---|---|---|---|---|---|---|---|---|---|---|---|---|---|---|---|---|---|---|---|---|---|---|---|---|---|---|---|---|---|---|---|---|
| 月 | 日 | | | | 千 | 百 | 十 | 万 | 千 | 百 | 十 | 元 | 角 | 分 | 千 | 百 | 十 | 万 | 千 | 百 | 十 | 元 | 角 | 分 | | 千 | 百 | 十 | 万 | 千 | 百 | 十 | 元 | 角 | 分 |
| 1 | 1 | | 期初余额 | | | | | | | | | | | | | | | | | | | | | | 借 | | | 1 | 6 | 6 | 7 | 5 | 0 | 0 | 0 |
| | | | | | | | | | | | | | | | | | | | | | | | | | | | | | | | | | | | |
| | | | | | | | | | | | | | | | | | | | | | | | | | | | | | | | | | | | |
| | | | | | | | | | | | | | | | | | | | | | | | | | | | | | | | | | | | |
| | | | | | | | | | | | | | | | | | | | | | | | | | | | | | | | | | | | |
| | | | | | | | | | | | | | | | | | | | | | | | | | | | | | | | | | | | |
| | | | | | | | | | | | | | | | | | | | | | | | | | | | | | | | | | | | |
| | | | | | | | | | | | | | | | | | | | | | | | | | | | | | | | | | | | |
| | | | | | | | | | | | | | | | | | | | | | | | | | | | | | | | | | | | |
| | | | | | | | | | | | | | | | | | | | | | | | | | | | | | | | | | | | |
| | | | | | | | | | | | | | | | | | | | | | | | | | | | | | | | | | | | |
| | | | | | | | | | | | | | | | | | | | | | | | | | | | | | | | | | | | |
| | | | | | | | | | | | | | | | | | | | | | | | | | | | | | | | | | | | |

图 4-2-2　账簿的启用

**任务训练：**

根据以下资料建账：

（1）总账。

（2）日记账（库存现金日记账、银行存款日记账）。

（3）明细账（应收账款明细账、预付账款明细账、应付账款明细账、预收账款明细账、原材料明细账、库存商品明细账、生产成本明细账）。

远亨阀门制造有限公司2013年12月31日有关账户的期末余额资料如下：

Ⅰ. 总分类账户余额资料

表4-2-1 总账账户余额表 单位：元

| 账户名称 | 借方余额 | 贷方余额 |
| --- | --- | --- |
| 库存现金 | 3 500.00 | |
| 银行存款 | 886 650.00 | |
| 应收票据 | 72 500.00 | |
| 应收账款 | 363 000.00 | |
| 预付账款 | 3 000.00 | |
| 其他应收款 | 500.00 | |
| 原材料 | 860 000.00 | |
| 生产成本 | 47 980.00 | |
| 库存商品 | 360 000.00 | |
| 固定资产 | 1 152 000.00 | |
| 累计折旧 | | 270 400.00 |
| 短期借款 | | 1 000 000.00 |
| 应付票据 | | 46 800.00 |
| 应付账款 | | 330 200.00 |
| 预收账款 | | 5 000.00 |
| 应付职工薪酬 | | 167 597.00 |
| 应交税费 | | 17 427.00 |
| 应付利息 | | 14 000.00 |
| 其他应付款 | | 13 600.00 |
| 实收资本 | | 1 500 000.00 |
| 资本公积 | | 95 706.00 |
| 盈余公积 | | 132 000.00 |
| 利润分配 | | 156 400.00 |
| 合　计 | 3 749 130.00 | 3 749 130.00 |

Ⅱ. 部分明细分类账户余额资料

① 应收账款明细账：

福泉机电公司　158 000元，借方

吉利商贸有限公司　125 000 元，借方

新特能源设备公司　80 000 元，借方

② 预付账款明细账：

瑞和铸钢厂　3 000 元，借方

③ 应付账款明细账：

富盛钢材厂　143 000 元，贷方

辰星钢材有限公司　70 200 元，贷方

万达金属材料公司　117 000 元，贷方

④ 预收账款明细账：

德胜机电设备公司　5 000 元，贷方

⑤ 原材料明细账：

铸钢件　50 吨，单位进价 14 000 元，金额 700 000 元

钢材　15 吨，单位进价 4 000 元，金额 60 000 元

五金配件　5 000 个，单位进价 20 元，金额 100 000 元

⑥ 库存商品明细账：

闸阀 A　600 台，单位成本 320 元，金额 192 000 元

闸阀 B　800 台，单位成本 210 元，金额 168 000 元

⑦ 生产成本明细账：

闸阀 A　35 145 元，借方，其中：

直接材料　21 420 元；直接人工 10 310 元；制造费用 3 415 元

闸阀 B　12 835 元，借方，其中：

直接材料　8 510 元；直接人工 3 150 元；制造费用 1 175 元

## 二、登记会计账簿

### （一）记账规则

1. 登记及时，内容完整

登记会计账簿时，应当将会计凭证日期、编号、业务内容摘要、金额和其他有关资料逐项记入账内，做到数字准确、摘要清楚、登记及时、字迹工整。

2. 做出记账标记

登记完毕后，要在记账凭证上签名或者盖章，并注明已经登账的符号，表示已经记账。

3. 书写规范

账簿中书写的文字和数字上面要留有适当空格，不要写满格，一般应占格距的 1/2（图 4-2-3）。

4. 使用规定的笔墨

登记账簿要用蓝黑墨水笔或者炭素墨水笔书写，不得使用圆珠笔（银行的复写账簿除外）或者铅笔书写。

5. 按规定使用红色墨水

下列情况可以用红色墨水笔记账：

（1）按照红字冲账的记账凭证，冲销错误记录。

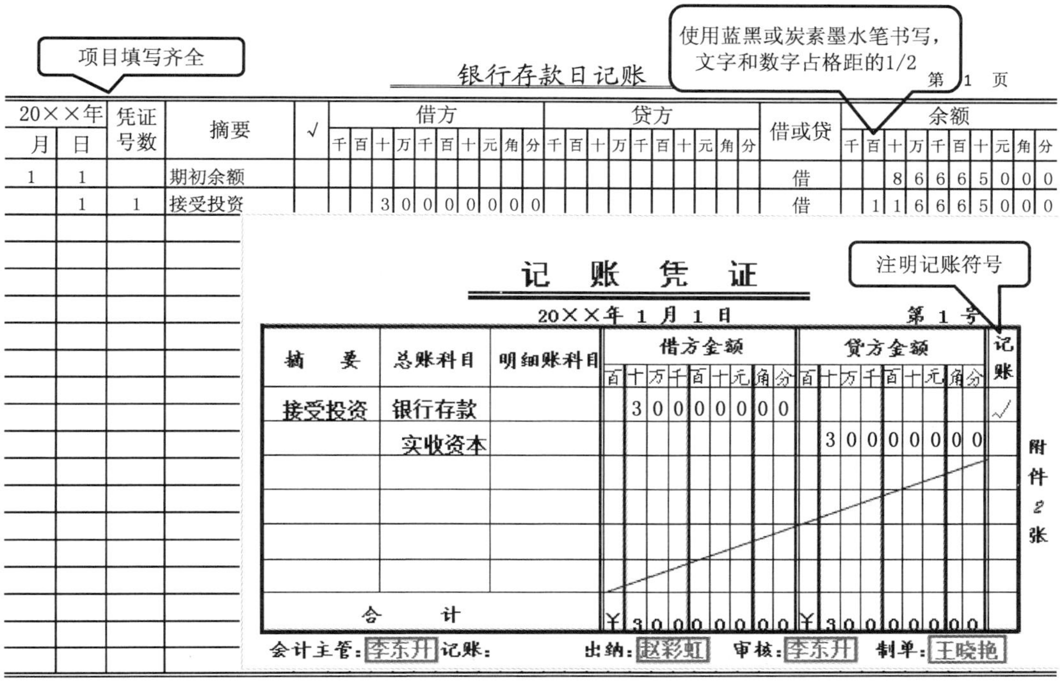


图 4-2-3 账簿的登记一

（2）在不设借贷等栏的多栏式账页中，登记减少数（图 4-2-4）。

生产成本明细账

上月投产：310 件

本月投产：1 000 件 本月入库：1 000 件

产品名称：A 产品 单位成本：320 元

| 20××年 | | 凭 证 | | 摘 要 | 合 计 | 成 本 项 目 | | | |
|---|---|---|---|---|---|---|---|---|---|
| 月 | 日 | 种类 | 号数 | | | 直接材料 | 直接工资 | 其他直接支出 | 制造费用 |
| 1 | 1 | | | 期初余额 | 81 434.00 | 59 168.00 | 13 300.00 | 1 862.00 | 7 104.00 |
| | 10 | | 12 | 领用材料 | 234 000.00 | 234 000.00 | | | |
| | 10 | | 14 | 分配工资 | 52 600.00 | | 52 600.00 | | |
| | 10 | | 15 | 计提福利费 | 7 364.00 | | | 7 364.00 | |
| | 20 | | 20 | 分配制造费用 | 28 080.00 | | | | 28 080.00 |
| | 20 | | | 生产费用合计 | 403 478.00 | 293 168.00 | 65 900.00 | 9 226.00 | 35 184.00 |
| | 22 | | 21 | 转出完工产品成本 | 320 000.00 | 232 514.00 | 52 265.00 | 7 317.00 | 27 904.00 |
| | 31 | | | 期末余额 | 83 478.00 | 60 654.00 | 13 635.00 | 1 909.00 | 7 280.00 |

红笔登记减少数

图 4-2-4 账簿的登记二

（3）在三栏式账户的余额栏前，如未印明余额方向的，在余额栏内登记负数余额。

（4）根据国家统一的会计制度的规定可以用红字登记的其他会计记录。

6. 结出余额

凡需要结出余额的账户，结出余额后，应当在“借或贷”等栏内写明“借”或者“贷”等字样。没有余额的账户，应在“借或贷”栏内写“平”字，并在“余额”栏用“0”或“Q”表示(图 4-2-5)。

制造费用总账　　写明“借”或“贷”　　第 57 页

| 20××年 |  | 凭证号数 | 摘要 | √ | 借方 |  |  |  |  |  |  |  |  |  | 贷方 |  |  |  |  |  |  |  |  |  | 借或贷 | 余额 |  |  |  |  |  |  |  |  |  |
|---|---|---|---|---|---|---|---|---|---|---|---|---|---|---|---|---|---|---|---|---|---|---|---|---|---|---|---|---|---|---|---|---|---|---|---|
| 月 | 日 |  |  |  | 千 | 百 | 十 | 万 | 千 | 百 | 十 | 元 | 角 | 分 | 千 | 百 | 十 | 万 | 千 | 百 | 十 | 元 | 角 | 分 |  | 千 | 百 | 十 | 万 | 千 | 百 | 十 | 元 | 角 | 分 |
| 1 | 6 | 8 | 车间领用材料 |  |  |  |  | 2 | 4 | 0 | 0 | 0 | 0 | 0 |  |  |  |  |  |  |  |  |  |  | 借 |  |  |  | 2 | 4 | 0 | 0 | 0 | 0 | 0 |
|  | 10 | 12 | 分配职工薪酬 |  |  |  |  | 1 | 2 | 9 | 5 | 0 | 4 | 0 |  |  |  |  |  |  |  |  |  |  | 借 |  |  |  | 3 | 6 | 9 | 5 | 0 | 4 | 0 |
|  | 15 | 17 | 计提折旧 |  |  |  |  |  | 8 | 0 | 0 | 0 | 0 | 0 |  |  |  |  |  |  |  |  |  |  | 借 |  |  |  | 4 | 4 | 9 | 5 | 0 | 4 | 0 |
|  | 16 | 18 | 支付水费 |  |  |  |  |  | 2 | 3 | 0 | 0 | 0 | 0 |  |  |  |  |  |  |  |  |  |  | 借 |  |  |  | 4 | 7 | 2 | 5 | 0 | 4 | 0 |
|  | 25 | 27 | 分配制造费用 |  |  |  |  |  |  |  |  |  |  |  |  |  |  | 4 | 7 | 2 | 5 | 0 | 4 | 0 | 平 |  |  |  |  |  |  |  | 0 |  |  |
|  | 31 |  | 本月合计 |  |  |  |  | 4 | 7 | 2 | 5 | 0 | 4 | 0 |  |  |  | 4 | 7 | 2 | 5 | 0 | 4 | 0 | 平 |  |  |  |  |  |  |  | 0 |  |  |
|  |  |  |  |  |  |  |  |  |  |  |  |  |  |  |  |  |  |  |  |  |  |  |  |  |  |  |  |  |  |  |  |  |  |  |  |
|  |  |  |  |  |  |  |  |  |  |  |  |  |  |  |  |  |  |  |  |  |  |  |  |  |  |  |  |  |  |  |  |  |  |  |  |
|  |  |  |  |  |  |  |  |  |  |  |  |  |  |  |  |  |  |  |  |  |  |  |  |  |  |  |  |  |  |  |  |  |  |  |  |
|  |  |  |  |  |  |  |  |  |  |  |  |  |  |  |  |  |  |  |  |  |  |  |  |  |  |  |  |  |  |  |  |  |  |  |  |
|  |  |  |  |  |  |  |  |  |  |  |  |  |  |  |  |  |  |  |  |  |  |  |  |  |  |  |  |  |  |  |  |  |  |  |  |
|  |  |  |  |  |  |  |  |  |  |  |  |  |  |  |  |  |  |  |  |  |  |  |  |  |  |  |  |  |  |  |  |  |  |  |  |

没有余额的账户，在借或贷栏写“平”，余额栏写“0”或“Q”

图 4-2-5　账簿的登记三

7. 连续登记

各种账簿应按页次顺序连续登记，不得跳行、隔页。如果发生跳行、隔页，应当将空行、空页划线注销，或者注明“此行空白”“此页空白”字样，并由记账人员签名或者盖章。

8. 正确办理转页手续

每一账页登记完毕结转下页时，应当结出本页合计数及余额，写在本页最后一行和下页第一行有关栏内，并在摘要栏内注明“过次页”和“承前页”字样；也可以将本页合计数及金额只写在下页第一行有关栏内，并在摘要栏内注明“承前页”字样(图 4-2-6)。

库存现金日记账　　第 1 页

| 20××年 |  | 凭证号数 | 摘要 | √ | 收入（借方） |  |  |  |  |  |  |  |  |  | 支出（贷方） |  |  |  |  |  |  |  |  |  | 借或贷 | 结余（余额） |  |  |  |  |  |  |  |  |  |
|---|---|---|---|---|---|---|---|---|---|---|---|---|---|---|---|---|---|---|---|---|---|---|---|---|---|---|---|---|---|---|---|---|---|---|---|
| 月 | 日 |  |  |  | 千 | 百 | 十 | 万 | 千 | 百 | 十 | 元 | 角 | 分 | 千 | 百 | 十 | 万 | 千 | 百 | 十 | 元 | 角 | 分 |  | 千 | 百 | 十 | 万 | 千 | 百 | 十 | 元 | 角 | 分 |
| 1 | 1 |  | 期初余额 |  |  |  |  |  |  |  |  |  |  |  |  |  |  |  |  |  |  |  |  |  | 借 |  |  |  |  | 3 | 0 | 0 | 0 | 0 | 0 |
|  | 4 | 现付1 | 预借差旅费 |  |  |  |  |  |  |  |  |  |  |  |  |  |  |  | 2 | 5 | 0 | 0 | 0 | 0 | 借 |  |  |  |  |  | 5 | 0 | 0 | 0 | 0 |
|  | 4 |  | 本日合计 |  |  |  |  |  |  |  |  |  |  |  |  |  |  |  | 2 | 5 | 0 | 0 | 0 | 0 | 借 |  |  |  |  |  | 5 | 0 | 0 | 0 | 0 |
|  | 10 | 现收1 | 收回出差多余借款 |  |  |  |  |  |  | 5 | 0 | 0 | 0 | 0 |  |  |  |  |  |  |  |  |  |  | 借 |  |  |  |  | 1 | 0 | 0 | 0 | 0 | 0 |
|  | 10 | 银付4 | 提现备发工资 |  |  |  | 1 | 0 | 0 | 0 | 0 | 0 | 0 | 0 |  |  |  |  |  |  |  |  |  |  | 借 |  |  | 1 | 0 | 1 | 0 | 0 | 0 | 0 | 0 |
|  | 10 | 现付2 | 发放工资 |  |  |  |  |  |  |  |  |  |  |  |  |  | 1 | 0 | 0 | 0 | 0 | 0 | 0 | 0 | 借 |  |  |  |  | 1 | 0 | 0 | 0 | 0 | 0 |
|  | 10 |  | 本日合计 |  |  |  | 1 | 0 | 0 | 5 | 0 | 0 | 0 | 0 |  |  | 1 | 0 | 0 | 0 | 0 | 0 | 0 | 0 | 借 |  |  |  |  | 1 | 0 | 0 | 0 | 0 | 0 |
|  | 25 | 现付3 | 支付费用 |  |  |  |  |  |  |  |  |  |  |  |  |  |  |  |  | 5 | 0 | 0 | 0 | 0 | 借 |  |  |  |  |  | 5 | 0 | 0 | 0 | 0 |
|  | 25 |  | 本日合计 |  |  |  |  |  |  |  |  |  |  |  |  |  |  |  |  | 5 | 0 | 0 | 0 | 0 | 借 |  |  |  |  |  | 5 | 0 | 0 | 0 | 0 |
|  | 28 | 银付12 | 提取现金备用 |  |  |  |  |  | 5 | 0 | 0 | 0 | 0 | 0 |  |  |  |  |  |  |  |  |  |  | 借 |  |  |  |  | 5 | 5 | 0 | 0 | 0 | 0 |
|  | 28 |  | 本日合计 |  |  |  |  |  | 5 | 0 | 0 | 0 | 0 | 0 |  |  |  |  |  |  |  |  |  |  | 借 |  |  |  |  | 5 | 5 | 0 | 0 | 0 | 0 |
|  | 28 |  | 转次页 |  |  |  | 1 | 0 | 5 | 5 | 0 | 0 | 0 | 0 |  |  | 1 | 0 | 3 | 0 | 0 | 0 | 0 | 0 | 借 |  |  |  |  | 5 | 5 | 0 | 0 | 0 | 0 |

办理转页手续

库存现金日记账

第 2 页

| 20××年 | | 凭证号数 | 摘要 | √ | 收入（借方） | | | | | | | | | | 支出（贷方） | | | | | | | | | | 借或贷 | 结余（余额） | | | | | | | | | |
|---|---|---|---|---|---|---|---|---|---|---|---|---|---|---|---|---|---|---|---|---|---|---|---|---|---|---|---|---|---|---|---|---|---|---|---|
| 月 | 日 | | | | 千 | 百 | 十 | 万 | 千 | 百 | 十 | 元 | 角 | 分 | 千 | 百 | 十 | 万 | 千 | 百 | 十 | 元 | 角 | 分 | | 千 | 百 | 十 | 万 | 千 | 百 | 十 | 元 | 角 | 分 |
| 1 | 28 | | 承前页 | | | | 1 | 0 | 5 | 5 | 0 | 0 | 0 | 0 | | | 1 | 0 | 3 | 0 | 0 | 0 | 0 | 0 | 借 | | | | | 5 | 5 | 0 | 0 | 0 | 0 |
| | 29 | 现付4 | 购买办公用品 | | | | | | | | | | | | | | | | | 5 | 0 | 0 | 0 | 0 | 借 | | | | | 5 | 0 | 0 | 0 | 0 | 0 |
| | 29 | | 本日合计 | | | | | | | | | | | | | | | | | 5 | 0 | 0 | 0 | 0 | 借 | | | | | 5 | 0 | 0 | 0 | 0 | 0 |
| | 31 | | 本月合计 | | | | 1 | 0 | 5 | 5 | 0 | 0 | 0 | 0 | | | 1 | 0 | 3 | 5 | 0 | 0 | 0 | 0 | 借 | | | | | 5 | 0 | 0 | 0 | 0 | 0 |
| | | | | | | | | | | | | | | | | | | | | | | | | | | | | | | | | | | | |
| | | | | | | | | | | | | | | | | | | | | | | | | | | | | | | | | | | | |
| | | | | | | | | | | | | | | | | | | | | | | | | | | | | | | | | | | | |
| | | | | | | | | | | | | | | | | | | | | | | | | | | | | | | | | | | | |
| | | | | | | | | | | | | | | | | | | | | | | | | | | | | | | | | | | | |
| | | | | | | | | | | | | | | | | | | | | | | | | | | | | | | | | | | | |
| | | | | | | | | | | | | | | | | | | | | | | | | | | | | | | | | | | | |
| | | | | | | | | | | | | | | | | | | | | | | | | | | | | | | | | | | | |

图 4-2-6 账簿的登记四

对需要结计本月发生额的账户，结计“过次页”的本页合计数应当为自本月初起至本页末止的发生额合计数；对需要结计本年累计发生额的账户，结计“过次页”的本页合计数应当为自年初起至本页末止的累计数；对既不需要结计本月发生额，也不需要结计本年累计发生额的账户，可以只将每页末的余额结转次页。

### （二）会计账簿登记

1. 日记账的登记

库存现金日记账是用来核算和监督库存现金每天的收入、支出和结存情况的账簿。

（1）库存现金日记账的登记。

① 库存现金日记账的格式：三栏式（图 4-2-7）和多栏式（图 4-2-8）。

库存现金 日记账

第 1 页

| 年 | | 凭证号数 | 摘要 | 对方科目 | 收入(借方) | | | | | | | | | | 支出(贷方) | | | | | | | | | | 结余 | | | | | | | | | |
|---|---|---|---|---|---|---|---|---|---|---|---|---|---|---|---|---|---|---|---|---|---|---|---|---|---|---|---|---|---|---|---|---|---|---|
| 月 | 日 | | | | 千 | 百 | 十 | 万 | 千 | 百 | 十 | 元 | 角 | 分 | 千 | 百 | 十 | 万 | 千 | 百 | 十 | 元 | 角 | 分 | 千 | 百 | 十 | 万 | 千 | 百 | 十 | 元 | 角 | 分 |
| | | | | | | | | | | | | | | | | | | | | | | | | | | | | | | | | | | |
| | | | | | | | | | | | | | | | | | | | | | | | | | | | | | | | | | | |
| | | | | | | | | | | | | | | | | | | | | | | | | | | | | | | | | | | |
| | | | | | | | | | | | | | | | | | | | | | | | | | | | | | | | | | | |
| | | | | | | | | | | | | | | | | | | | | | | | | | | | | | | | | | | |
| | | | | | | | | | | | | | | | | | | | | | | | | | | | | | | | | | | |
| | | | | | | | | | | | | | | | | | | | | | | | | | | | | | | | | | | |
| | | | | | | | | | | | | | | | | | | | | | | | | | | | | | | | | | | |
| | | | | | | | | | | | | | | | | | | | | | | | | | | | | | | | | | | |
| | | | | | | | | | | | | | | | | | | | | | | | | | | | | | | | | | | |
| | | | | | | | | | | | | | | | | | | | | | | | | | | | | | | | | | | |

图 4-2-7 三栏式现金日记账

**库存现金收入日记账** 第 页

| 年 | | 凭证号数 | 摘　　要 | 贷方科目 | | | | | 支出合计 | 结余 |
|---|---|---|---|---|---|---|---|---|---|---|
| 月 | 日 | | | | | | | 收入合计 | | |
| | | | | | | | | | | |
| | | | | | | | | | | |
| | | | | | | | | | | |

**库存现金支出日记账** 第 页

| 年 | | 凭证号数 | 摘　　要 | 借方科目 | | | | |
|---|---|---|---|---|---|---|---|---|
| 月 | 日 | | | | | | | 支出合计 |
| | | | | | | | | |
| | | | | | | | | |
| | | | | | | | | |

图 4-2-8　多栏式现金日记账

② 库存现金日记账的外表形式：订本账（必须采用）。

③ 库存现金日记账的登记依据：

a. 库存现金收款凭证（库存现金收款业务——借方为库存现金）。

b. 库存现金付款凭证（库存现金付款业务——贷方为库存现金）。

c. 银行存款付款凭证（库存现金收款业务和银行存款付款业务——借方为库存现金，贷方为银行存款，只填银行存款的付款凭证）。

④ 库存现金日记账的登记方法：库存现金日记账由出纳人员根据同库存现金收付有关的记账凭证，按时间顺序逐日逐笔进行登记，并根据"上日余额＋本日收入－本日支出＝本日余额"的公式，逐日结出库存现金余额，与库存现金实存数核对，以检查每日库存现金收付是否有误（图 4-2-9）。

库存现金日记账的依据

结余可以到本日结束后结出余额，也可以在每笔业务登账后直接结出余额

库存现金日记账需逐日结出余额，做到日清日结

**库存现金日记账** 第 1 页

| 20××年 | | 凭证号数 | 摘要 | √ | 收入（借方）千百十万千百十元角分 | 支出（贷方）千百十万千百十元角分 | 借或贷 | 结余（余额）千百十万千百十元角分 |
|---|---|---|---|---|---|---|---|---|
| 月 | 日 | | | | | | | |
| 1 | 1 | | 期初余额 | | | | 借 | 300000 |
| | 4 | 现付1 | 预借差旅费 | | | 250000 | 借 | 50000 |
| | 4 | | 本日合计 | | | 250000 | 借 | 50000 |
| | 10 | 现收1 | 收回出差多余借款 | | 50000 | | 借 | 100000 |
| | 10 | 银付4 | 提现备发工资 | | 10000000 | | 借 | 10100000 |
| | 10 | 现付2 | 发放工资 | | | 10000000 | 借 | 100000 |
| | 10 | | 本日合计 | | 10050000 | 10000000 | 借 | 100000 |
| | 25 | 现付3 | 支付费用 | | | 50000 | 借 | 50000 |
| | 25 | | 本日合计 | | | 50000 | 借 | 50000 |
| | 31 | | 本月合计 | | 10050000 | 10300000 | 借 | 50000 |
| | | | | | | | | |
| | | | 转次页 | | | | | |

图 4-2-9　库存现金日记账的登记

借、贷方分设的多栏式库存现金日记账的登记方法是：先根据有关库存现金收入业务的记账凭证登记库存现金收入日记账，根据有关库存现金支出业务的记账凭证登记库存现金支出日记账，每日营业结束，根据库存现金支出日记账结计的支出合计数，一笔转入库存现金收入日记账的"支出合计"栏中，并结出当日余额。

(2) 银行存款日记账的登记。

银行存款日记账是用来核算和监督银行存款每日的收入、支出和结余情况的账簿。银行存款日记账应按企业在银行开立的账户和币种分别设置，每个银行账户设置一本日记账。

① 银行存款日记账的格式：三栏式(图 4-2-10)和多栏式(图 4-2-11)。

银行存款日记账　　　　第　页

| 年 | | 凭证号数 | 摘要 | 结算凭证 | | 对方科目 | 收入(借方) | | | | | | | | | | 支出(贷方) | | | | | | | | | | 结余 | | | | | | | | | |
|---|---|---|---|---|---|---|---|---|---|---|---|---|---|---|---|---|---|---|---|---|---|---|---|---|---|---|---|---|---|---|---|---|---|---|---|---|
| 月 | 日 | | | 种类 | 号数 | | 千 | 百 | 十 | 万 | 千 | 百 | 十 | 元 | 角 | 分 | 千 | 百 | 十 | 万 | 千 | 百 | 十 | 元 | 角 | 分 | 千 | 百 | 十 | 万 | 千 | 百 | 十 | 元 | 角 | 分 |
| | | | | | | | | | | | | | | | | | | | | | | | | | | | | | | | | | | | | |
| | | | | | | | | | | | | | | | | | | | | | | | | | | | | | | | | | | | | |
| | | | | | | | | | | | | | | | | | | | | | | | | | | | | | | | | | | | | |
| | | | | | | | | | | | | | | | | | | | | | | | | | | | | | | | | | | | | |
| | | | | | | | | | | | | | | | | | | | | | | | | | | | | | | | | | | | | |
| | | | | | | | | | | | | | | | | | | | | | | | | | | | | | | | | | | | | |
| | | | | | | | | | | | | | | | | | | | | | | | | | | | | | | | | | | | | |
| | | | | | | | | | | | | | | | | | | | | | | | | | | | | | | | | | | | | |
| | | | | | | | | | | | | | | | | | | | | | | | | | | | | | | | | | | | | |
| | | | | | | | | | | | | | | | | | | | | | | | | | | | | | | | | | | | | |
| | | | | | | | | | | | | | | | | | | | | | | | | | | | | | | | | | | | | |
| | | | | | | | | | | | | | | | | | | | | | | | | | | | | | | | | | | | | |
| | | | | | | | | | | | | | | | | | | | | | | | | | | | | | | | | | | | | |
| | | | | | | | | | | | | | | | | | | | | | | | | | | | | | | | | | | | | |
| | | | | | | | | | | | | | | | | | | | | | | | | | | | | | | | | | | | | |
| | | | | | | | | | | | | | | | | | | | | | | | | | | | | | | | | | | | | |

图 4-2-10　三栏式银行存款日记账

银行存款收入日记账　　　　第　页

| 年 | | 凭证号数 | 摘要 | 结算凭证 | | 贷方科目 | | | | | 支出合计 | 结余 |
|---|---|---|---|---|---|---|---|---|---|---|---|---|
| 月 | 日 | | | 种类 | 号数 | | | | | 收入合计 | | |
| | | | | | | | | | | | | |
| | | | | | | | | | | | | |
| | | | | | | | | | | | | |

银行存款支出日记账　　　第　页

| 年 | | 凭证号数 | 摘　要 | 结算凭证 | | 借方科目 | | | | | 收入合计 | 结余 |
|---|---|---|---|---|---|---|---|---|---|---|---|---|
| 月 | 日 | | | 种类 | 号数 | | | | | 支出合计 | | |
| | | | | | | | | | | | | |
| | | | | | | | | | | | | |
| | | | | | | | | | | | | |

图 4-2-11　多栏式银行存款日记账

② 银行存款日记账的外表形式：订本账（必须采用）。

③ 银行存款日记账的登记依据：

a. 银行存款收款凭证（银行存款收款业务——借方为银行存款）。

b. 银行存款付款凭证（银行存款付款业务——贷方为银行存款）。

c. 库存现金付款凭证（银行存款收款业务和库存现金付款业务——借方为银行存款，贷方为库存现金，只填库存现金的付款凭证）。

④ 银行存款日记账的登记方法：登记方法与库存现金日记账相同（图4-2-12）。

银行存款日记账　　　第 1 页

| 20××年 | | 凭证号数 | 摘要 | 结算凭证 | | 对方科目 | 收入（借方） | | | | | | | | | | 支出（贷方） | | | | | | | | | | 结余（余额） | | | | | | | | | |
|---|---|---|---|---|---|---|---|---|---|---|---|---|---|---|---|---|---|---|---|---|---|---|---|---|---|---|---|---|---|---|---|---|---|---|---|---|
| 月 | 日 | | | 种类 | 号数 | | 千 | 百 | 十 | 万 | 千 | 百 | 十 | 元 | 角 | 分 | 千 | 百 | 十 | 万 | 千 | 百 | 十 | 元 | 角 | 分 | 千 | 百 | 十 | 万 | 千 | 百 | 十 | 元 | 角 | 分 |
| 1 | 1 | | 期初余额 | | | | | | | | | | | | | | | | | | | | | | | | | | 8 | 8 | 6 | 6 | 5 | 0 | 0 | 0 |
| | 1 | 银收1 | 接受投资 | 进账 | 1 | 实收资本 | | | 3 | 0 | 0 | 0 | 0 | 0 | 0 | 0 | | | | | | | | | | | | 1 | 1 | 8 | 6 | 6 | 5 | 0 | 0 | 0 |
| | 2 | 银收2 | 借入款项 | 借据 | | 短期借款 | | | 2 | 5 | 0 | 0 | 0 | 0 | 0 | 0 | | | | | | | | | | | | 1 | 4 | 3 | 6 | 6 | 5 | 0 | 0 | 0 |
| | 3 | 银付1 | 购买材料 | 支票 | 00231 | 原材料 | | | | | | | | | | | | | | 2 | 3 | 4 | 0 | 0 | 0 | 0 | | 1 | 4 | 1 | 3 | 2 | 5 | 0 | 0 | 0 |
| | 4 | 银付2 | 购买设备 | 支票 | 00232 | 固定资产 | | | | | | | | | | | | | | 5 | 8 | 5 | 0 | 0 | 0 | 0 | | 1 | 3 | 5 | 4 | 7 | 5 | 0 | 0 | 0 |
| | | | …… | | | | | | | | | | | | | | | | | | | | | | | | | | | | | | | | | |
| | | | | | | | | | | | | | | | | | | | | | | | | | | | | | | | | | | | | |
| | | | | | | | | | | | | | | | | | | | | | | | | | | | | | | | | | | | | |
| | | | | | | | | | | | | | | | | | | | | | | | | | | | | | | | | | | | | |
| | | | 过次页 | | | | | | | | | | | | | | | | | | | | | | | | | | | | | | | | | |

图 4-2-12　银行存款日记账的登记

**任务训练：**

根据项目三中填好的记账凭证登记库存现金和银行存款日记账。

2. 明细分类账的登记

明细分类账是根据二级账户或明细账户开设账页，分类、连续地登记经济业务以提供明细核算资料的账簿。

（1）明细账的格式。两栏式、三栏式、多栏式、数量金额式和横线登记式（或称平行式）等。

（2）明细账的外表形式。一般采用活页式。

（3）明细账的登记依据。原始凭证或原始凭证汇总表和记账凭证。

（4）明细账的登记方法。

① 三栏式明细分类账的登记：三栏式明细分类账是设有借方、贷方和余额三个栏目，用以分类核算各项经济业务，提供详细核算资料的账簿，适用于只进行金额核算的债权、债务和资本类明细账。具体见“应收账款明细账”的登记（图4-2-13）。

总第　页 分第　页

二 级科目编号及名称 福泉机电商场

＿＿级科目编号及名称

应收账款明细账

| 20××年 | | 凭证号数 | 摘要 | √ | 借方 | | | | | | | | | | 贷方 | | | | | | | | | | 借或贷 | 余额 | | | | | | | | | |
|---|---|---|---|---|---|---|---|---|---|---|---|---|---|---|---|---|---|---|---|---|---|---|---|---|---|---|---|---|---|---|---|---|---|---|---|
| 月 | 日 | | | | 千 | 百 | 十 | 万 | 千 | 百 | 十 | 元 | 角 | 分 | 千 | 百 | 十 | 万 | 千 | 百 | 十 | 元 | 角 | 分 | | 千 | 百 | 十 | 万 | 千 | 百 | 十 | 元 | 角 | 分 |
| 1 | 1 | | 期初余额 | | | | | | | | | | | | | | | | | | | | | | 借 | | | 1 | 5 | 8 | 0 | 0 | 0 | 0 | 0 |
| | 23 | 25 | 收回前欠货款 | | | | | | | | | | | | | | 1 | 5 | 8 | 0 | 0 | 0 | 0 | 0 | 平 | | | | | | | | 0 | | |
| | 25 | 29 | 销售货物，款未收 | | | | | 8 | 0 | 0 | 0 | 0 | 0 | 0 | | | | | | | | | | | 借 | | | | 8 | 0 | 0 | 0 | 0 | 0 | 0 |
| | | | | | | | | | | | | | | | | | | | | | | | | | | | | | | | | | | | |
| | | | | | | | | | | | | | | | | | | | | | | | | | | | | | | | | | | | |
| | | | | | | | | | | | | | | | | | | | | | | | | | | | | | | | | | | | |
| | | | | | | | | | | | | | | | | | | | | | | | | | | | | | | | | | | | |
| | | | | | | | | | | | | | | | | | | | | | | | | | | | | | | | | | | | |

图 4-2-13　三栏式明细账的登记

② 多栏式明细分类账的登记。多栏式明细分类账是将属于同一个总账科目的各个明细科目合并在一张账页上进行登记，适用于成本类、费用类和收入类明细账的登记，如生产成本、制造费用、管理费用、财务费用和主营业务收入等账户的明细账的登记。具体见“财务费用明细账”的登记（图 4-2-14）。

按费用项目设多栏

总第　页 分第　页

一 级科目 财务费用

＿＿级科目

财务费用明细账

| 20××年 | | 凭证号数 | 摘要 | 手续费 | | | | | | | | | | 利息 | | | | | | | | | | | | | | | | | | | |
|---|---|---|---|---|---|---|---|---|---|---|---|---|---|---|---|---|---|---|---|---|---|---|---|---|---|---|---|---|---|---|---|---|---|
| 月 | 日 | | | 千 | 百 | 十 | 万 | 千 | 百 | 十 | 元 | 角 | 分 | 千 | 百 | 十 | 万 | 千 | 百 | 十 | 元 | 角 | 分 | 千 | 百 | 十 | 万 | 千 | 百 | 十 | 元 | 角 | 分 |
| 12 | 15 | | 付电汇手续费 | | | | | | | 8 | 5 | 0 | 0 | | | | | | | | | | | | | | | | | | | | |
| | 20 | 25 | 付电汇手续费 | | | | | | | 1 | 5 | 0 | 0 | | | | | | | | | | | | | | | | | | | | |
| | 31 | 27 | 计提借款利息 | | | | | | | | | | | | | | | 3 | 7 | 5 | 0 | 0 | 0 | | | | | | | | | | |
| | 31 | 28 | 利息收入 | | | | | | | | | | | | | | | | 8 | 2 | 5 | 0 | 0 | | | | | | | | | | |
| | | | | | | | | | | | | | | | | | | | | | | | | | | | | | | | | | |
| | | | | | | | | | | | | | | | | | | | | | | | | | | | | | | | | | |
| | | | | | | | | | | | | | | | | | | | | | | | | | | | | | | | | | |
| | | | | | | | | | | | | | | | | | | | | | | | | | | | | | | | | | |

黑字表示增加数（借方）

红字表示减少数（贷方）

图 4-2-14　多栏式明细账的登记

③ 数量金额式明细分类账的登记。数量金额式明细分类账其借方（收入）、贷方（发出）和余额（结存）都分别设有数量、单价和金额三个专栏，适用于既要进行金额核算又要进行数量核算的账户，如原材料、库存商品等明细账。具体见“原材料——乙材料明细账”的登记（图 4-2-15）。

④ 横线登记式明细分类账：横线登记式明细分类账是采用横线登记，即将每一相关的业务登记在一行，从而可依据每一行各个栏目的登记是否齐全来判断该项业务的进展情况。该明细分类账适用于登记材料采购业务、应收票据和一次性备用金业务（图 4-2-16）。

**知识点**：固定资产、债权、债务等明细账，应逐日、逐笔登记；库存商品、原材料等存货的收发明细账，以及收入、费用明细账，可以逐笔登记，也可以定期汇总登记。

材料类别：主要材料　　　　　　　　　　　　　　　计量单位：吨
材料名称：钢材　　　　　**原材料 明细账**　　　　　储备定额：
材料规格：　　　　　　　　　　　　　　　　　　　存储地点：2#库

第 1 页

| 20×× | | 凭证号数 | 摘要 | 收入 | | | | | | | | | | | | | | 发出 | | | | | | | | | | | | | | 结存 | | | | | | | | | | | | | |
|---|---|---|---|---|---|---|---|---|---|---|---|---|---|---|---|---|---|---|---|---|---|---|---|---|---|---|---|---|---|---|---|---|---|---|---|---|---|---|---|---|---|
| 月 | 日 | | | 数量 | 单价 | 金额 | | | | | | | | | | 数量 | 单价 | 金额 | | | | | | | | | | 数量 | 单价 | 金额 | | | | | | | | | |
| | | | | | | 千 | 百 | 十 | 万 | 千 | 百 | 十 | 元 | 角 | 分 | | | 千 | 百 | 十 | 万 | 千 | 百 | 十 | 元 | 角 | 分 | | | 千 | 百 | 十 | 万 | 千 | 百 | 十 | 元 | 角 | 分 |
| 1 | 1 | | 期初余额 | | | | | | | | | | | | | | | | | | | | | | | | | 15 | 4000.00 | | | | 6 | 0 | 0 | 0 | 0 | 0 | 0 |
| | 8 | 10 | 材料入库 | 40 | 4000.00 | | | 1 | 6 | 0 | 0 | 0 | 0 | 0 | 0 | | | | | | | | | | | | | 55 | 4000.00 | | | 2 | 2 | 0 | 0 | 0 | 0 | 0 | 0 |
| | 18 | 21 | 领用材料 | | | | | | | | | | | | | 6 | 4000.00 | | | | 2 | 4 | 0 | 0 | 0 | 0 | 0 | 49 | 4000.00 | | | 1 | 9 | 6 | 0 | 0 | 0 | 0 | 0 |
| | 31 | | 本月合计 | 40 | 4000.00 | | | 1 | 6 | 0 | 0 | 0 | 0 | 0 | 0 | 6 | 4000.00 | | | | 2 | 4 | 0 | 0 | 0 | 0 | 0 | 49 | 4000.00 | | | 1 | 9 | 6 | 0 | 0 | 0 | 0 | 0 |

图 4-2-15　数量金额式明细账的登记

**其他应收款——备用金明细账**

| ×× 年 | | 凭证号 | 摘要 | 借方 | | | ×× 年 | | 凭证号 | 摘要 | 贷方 | | | 余额 |
|---|---|---|---|---|---|---|---|---|---|---|---|---|---|---|
| 月 | 日 | | | 原借 | 补付 | 合计 | 月 | 日 | | | 报销 | 退回 | 合计 | |
| 3 | 5 | 3 | 李明预借款 | 800 | | 800 | 3 | 10 | 18 | 报销 | 750 | 50 | 800 | 0 |
| 3 | 7 | 10 | 张俊预借款 | 900 | | | | | | | | | | |
| | | | | | | | | | | | | | | |
| | | | | | | | | | | | | | | |

图 4-2-16　横线登记式明细账的登记

**任务训练：**

登记应收账款、预付账款、应付账款、预收账款、原材料、库存商品、生产成本、制造费用的明细账。

3．总分类账的登记

总分类账是按照总分类账户分类登记以提供总括会计信息的账簿。

（1）总分类账的格式。三栏式最常用。

（2）总分类账的外表形式。订本账(必须采用)。

（3）总分类账的登记依据。记账凭证、汇总记账凭证和科目汇总表等。

（4）总分类账的登记方法。总分类账的登记方法同三栏式明细账的登记方法。具体见“应收账款总账”的登记(图 4-2-17)。

应收账款总账

第7页

| 20××年 | | 凭证号数 | 摘要 | √ | 借方 | | | | | | | | | | 贷方 | | | | | | | | | | 借或贷 | 余额 | | | | | | | | | |
|---|---|---|---|---|---|---|---|---|---|---|---|---|---|---|---|---|---|---|---|---|---|---|---|---|---|---|---|---|---|---|---|---|---|---|---|
| 月 | 日 | | | | 千 | 百 | 十 | 万 | 千 | 百 | 十 | 元 | 角 | 分 | 千 | 百 | 十 | 万 | 千 | 百 | 十 | 元 | 角 | 分 | | 千 | 百 | 十 | 万 | 千 | 百 | 十 | 元 | 角 | 分 |
| 1 | 1 | | 期初余额 | | | | | | | | | | | | | | | | | | | | | | 借 | | | 3 | 6 | 3 | 0 | 0 | 0 | 0 | 0 |
| | 23 | 25 | 收回前欠货款 | | | | | | | | | | | | | | 1 | 5 | 8 | 0 | 0 | 0 | 0 | 0 | 借 | | | 2 | 0 | 5 | 0 | 0 | 0 | 0 | 0 |
| | 25 | 29 | 销售货物，款未收 | | | | | 8 | 0 | 0 | 0 | 0 | 0 | 0 | | | | | | | | | | | 借 | | | 2 | 8 | 5 | 0 | 0 | 0 | 0 | 0 |
| | 31 | | 本月合计 | | | | | 8 | 0 | 0 | 0 | 0 | 0 | 0 | | | 1 | 5 | 8 | 0 | 0 | 0 | 0 | 0 | 借 | | | 2 | 8 | 5 | 0 | 0 | 0 | 0 | 0 |
| | | | | | | | | | | | | | | | | | | | | | | | | | | | | | | | | | | | |
| | | | | | | | | | | | | | | | | | | | | | | | | | | | | | | | | | | | |
| | | | | | | | | | | | | | | | | | | | | | | | | | | | | | | | | | | | |
| | | | | | | | | | | | | | | | | | | | | | | | | | | | | | | | | | | | |
| | | | | | | | | | | | | | | | | | | | | | | | | | | | | | | | | | | | |
| | | | | | | | | | | | | | | | | | | | | | | | | | | | | | | | | | | | |
| | | | | | | | | | | | | | | | | | | | | | | | | | | | | | | | | | | | |
| | | | | | | | | | | | | | | | | | | | | | | | | | | | | | | | | | | | |

图 4-2-17　总账的登记

**任务训练：**

根据项目三中填好的记账凭证登记总分类账。

# 任务三　对账和财产清查

**任务目标：** 会账证、账账、账实的核对。

**任务引领：** 账簿登记完成，如何保证账簿记录的正确性呢？

**任务解析：**

## 一、对账

### （一）账证核对

账证核对是指核对会计账簿记录与原始凭证、记账凭证的时间、凭证字号、内容、金额是否一致，记账方向是否相符，这种对账工作在平时记账的过程中完成。

### （二）账账核对

账账核对是指核对不同会计账簿之间的账簿记录是否相符。包括：

1. 总分类账簿自身的核对

（1）所有总账账户借方发生额合计与贷方发生额合计是否相符。

（2）所有总账账户借方余额合计与贷方余额合计是否相符。

2. 总分类账簿与所属明细分类账簿核对

总分类账的余额与所属明细账的余额之和是否相符。

3. 总分类账簿与序时账簿核对

（1）库存现金日记账的余额与库存现金总账的余额是否相符。

（2）银行存款日记账的余额与银行存款总账的余额是否相符。

4. 明细分类账簿之间的核对

会计部门有关财产物资明细账的余额与财产物资保管、使用部门有关明细账的余额是否相符。

**任务训练:**

对前面已经完成的业务进行对账(账证核对、账账核对)。

**(三)账实核对**

账实核对是指货币资金、各项财产物资、债权债务等账面余额与实有数额之间的核对。包括:

(1)库存现金日记账账面余额与库存现金数额是否相符。

(2)银行存款日记账账面余额与银行对账单的余额是否相符。

(3)各项财产物资明细账账面余额与财产物资的实有数额是否相符。

(4)有关债权债务明细账账面余额与对方单位的账面记录是否相符。

造成账实不符的原因是多方面的,如:保管过程中的自然损耗;财产收发过程中的计量差错;管理不善等造成的损坏、丢失、被盗;记账过程中出现的错账;未达账项;意外灾害;等等。因此,各单位一般需要通过定期或不定期的财产清查来弥补这方面的漏洞,保证会计信息的真实、可靠,提高企业的管理水平。

## 二、财产清查

**(一)财产清查概述**

1. 财产清查的意义

财产清查是指通过对货币资金、实物资产和往来款项的盘点或核对,确定其实存数,查明账存数与实存数是否相符的一种专门方法。加强财产清查工作,对于加强企业管理、充分发挥会计的监督作用具有重要意义。

(1)保证会计核算资料的真实可靠。通过财产清查,确定各项财产物资的实存数,并与其账存数进行核对,揭示账存数与实存数之间的差异。查明原因,并根据不同情况及时调整账簿记录,做到账实相符,以保证账簿记录的真实、可靠,正确地反映企业各项财产物资的实际情况,为填制财务报表和经济管理提供可靠的数据资料,提高会计信息质量。

(2)保护财产的安全完整。通过财产清查,及时发现财产物资是否安全和完整,查明账实是否相符,发现问题及时采取相应措施,堵塞漏洞。财产清查既是会计核算的一项专门方法,又是一项行之有效的会计监督活动。对于管理方面存在的问题,应建立、健全财产物资保管的经济责任制等各项规章制度;对于因管理人员失职而造成的损失,应追究经济责任,给予一定的处罚;对于贪污盗窃、违法乱纪的行为,应给予法律制裁;在制度上、管理上切实保护各项财产物资的安全与完整。

(3)促进财产有效使用。通过财产清查,不仅要对财产物资进行账实核对,查明各项财产盘盈、盘亏的原因和责任,还要查明各项财产物资的储存和使用情况,根据实际情况,建立合理的储备定额制度,对于超储积压、闲置不用或不合理应用的财产物资及时处理,从而促进财产物资的有效使用,加速资金周转,提高资金使用效果。

2. 财产清查的种类

(1)按财产清查的范围,分为全面清查和局部清查。

① 全面清查:全面清查是对单位的所有的财产物资、货币资金和各种债权债务进行全面盘点和核对。主要包括现金、银行存款等货币资金;房屋建筑物、机器设备等所有固定资产;原材料、燃料、低值易耗品等各种储备物资;各种在产品、半成品、各项未完工工程和产成品;各种在途材料、在途商品及其他在途物资;委托外单位加工、保管的材料、物资和出租的固定资产、包装物;受托加工的材料、物资和租入的固定资产、包装物;应收、应付款,以及预收、预付款等各种往来结算款项和预算缴拨款等。

全面清查涉及的范围大、内容多、时间长,参与人员广。一般在下列情况下,才需要进行全面清查:

a. 年终决算之前,为保证年度会计资料的真实可靠,应进行一次全面清查。

b. 单位撤销、合并或改变隶属关系前,应进行全面清查。

c. 中外合资、国内联营以及股份制改制前,应进行全面清查。

d. 开展全面的资产评估、清产核资前,应进行全面清查。

e. 单位主要负责人调离工作岗位,应进行全面清查。

② 局部清查:局部清查是根据需要,对部分财产物资、货币资金和债权债务进行盘点和核对。其清查的对象主要是流动性较大的财产物资,如库存现金、材料、在产品、产成品等。

局部清查范围小、内容少、时间短,参与人员少,但专业性强。一般在下列情况下实施局部清查:

a. 对于现金应由出纳员人每日清点、核对,做到日清日结。

b. 银行存款和银行贷款,每月至少同银行核对一次。

c. 对于债权债务等往来款项,依据客户情况和金额的大小进行清查,在年度内至少核对一至两次,有问题的应及时核对,及时解决。

d. 对于各项存货除年度清查外,应有计划、有重点地进行抽查,贵重物品应至少每月清查一次;在财产物资遭受自然灾害或意外损失、或对某项核算指标发生疑问时,应对相应部分的财产物资进行清查。

(2) 按财产清查的时间,分为定期清查和不定期清查。

① 定期清查:定期清查就是根据管理制度的规定或计划安排的时间,对财产物资、债权债务进行的清查。定期清查的目的在于保证会计核算资料的真实正确,一般是在年末、季末或月末结账时进行。定期清查的对象,可以是局部清查,也可以是全面清查。

通常情况下,年终决算前进行的是全面清查,季末和月末进行的清查是局部清查。

② 不定期清查:不定期清查是指事先并不规定清查时间,而是根据实际需要对各项财产进行的临时性清查。不定期清查的目的是查明情况,分清责任。不定期清查的范围,可以是全面清查,也可以是局部清查。一般在下列情况下才需要进行不定期清查:

a. 更换财产物资保管员、现金出纳员时,对其所保管的财产物资和现金进行清查。

b. 发生非常灾害和意外损失时,对受损的有关财产物资进行清查,确定损失金额大小,以便索赔。

c. 企业撤销、合并或改变隶属关系等需要进行的清查。

d. 上级、审计、财政等部门不定期进行的临时性会计检查时,需要进行财产清查。

3. 财产清查的一般程序

(1) 建立财产清查组织。

(2) 组织清查人员学习有关政策规定,掌握有关法律、法规和相关业务知识,以提高财产清查工作的质量。

(3) 确定清查对象、范围,明确清查任务。

(4) 制定清查方案,具体安排清查内容、时间、步骤、方法,以及必要的清查前准备。

(5) 清查时本着先清查数量、核对有关账簿记录等,后认定质量的原则进行。

(6) 填制盘存清单。

(7) 根据盘存清单填制实物、往来账项清查结果报告表。

**(二) 财产盘存制度**

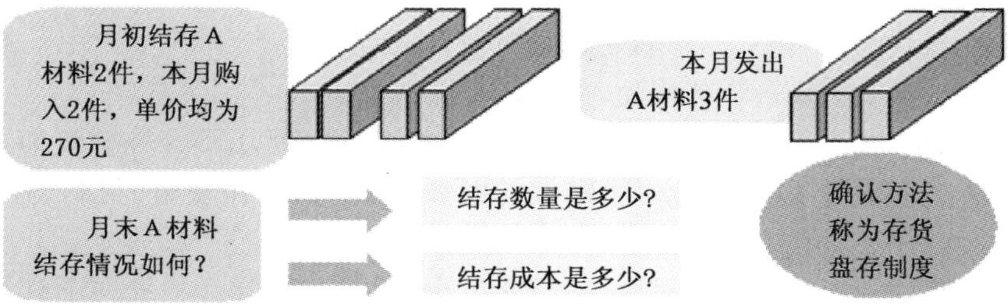


图 4-3-1 盘存制度

1. 实地盘存制

(1) 实地盘存制的含义。实地盘存制亦称定期盘存制。是指会计期末通过对全部财产物资进行实地盘点,以确定期末财产物资的实存数,从而计算出发出数量和金额以及结存金额的一种方法(图 4-3-2)。

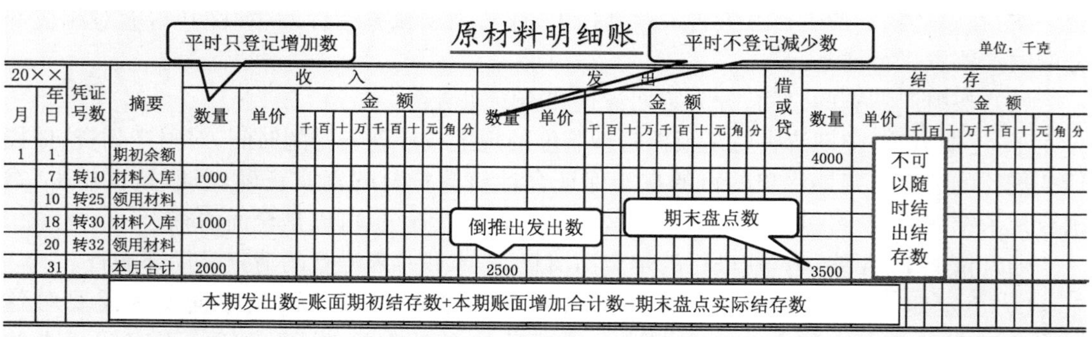


图 4-3-2 实地盘存制

(2) 实地盘存制的特点。对于某项存货产生的增减变动,平时只依据会计凭证将增加数量和金额登记在相应账簿的收入栏内,至于该项存货的减少数,在期末结账时,通过对各项存货的实地盘点,确定其结存数量和金额,倒挤出本期各项财产物资的减少数,再登记有关账簿。

(3) 实地盘存制下有关计算公式。

本期减少数量 = 账面期初结存数量 + 本期增加数量 − 期末实际盘存数量

本期减少金额 = 账面期初结存金额 + 本期增加金额 − 期末实际盘存金额

在实地盘存制下，对各项财产物资进行盘点的结果，只是作为登记本期财产减少的依据，而不能用来核对账实是否相符。

（4）实地盘存制的优缺点和适用范围。

① 优点：简化了存货明细分类账的登记工作，工作量小。

② 缺点：不能及时反映和监督各项财产物资的收入、发出和结存的情况；加大了期末的工作量；由于缺乏严密的领发料手续，不便于施行会计监督。倒挤出的各项财产物资的减少数中成份复杂，除了正常耗用的外，可能还有物资管理中的自然和人为的损失。因此，实地盘存制是一种不完善的物资管理办法。

③ 适用范围：这种方法只适用于自然损耗大、数量不稳定的鲜活商品。

2. 永续盘存制

（1）永续盘存制的含义。永续盘存制亦称账面盘存制。即在存货总分类账下，按物资的具体品种、规格设置明细分类账，在明细分类账中根据会计凭证逐日逐笔登记增加数和减少数，并随时结出账面结存数量和金额（图 4-3-3）。

**原材料明细账**

单位：千克

（登记增加数）（登记减少数）

| 20××年 | | 凭证号数 | 摘要 | 收入 | | | 发出 | | | 借或贷 | 结存 | | |
|---|---|---|---|---|---|---|---|---|---|---|---|---|---|
| 月 | 日 | | | 数量 | 单价 | 金额（千百十万千百十元角分） | 数量 | 单价 | 金额（千百十万千百十元角分） | | 数量 | 单价 | 金额（千百十万千百十元角分） |
| 1 | 1 | | 期初余额 | | | | | | | 借 | 4000 | 可随时结出结存数 | |
| | 7 | 转10 | 材料入库 | 1000 | | | | | | 借 | 5000 | | |
| | 10 | 转25 | 领用材料 | | | | 2000 | | | 借 | 3000 | | |
| | 18 | 转30 | 材料入库 | 1000 | | | | | | 借 | 4000 | | |
| | 20 | 转32 | 领用材料 | | | | 500 | | | 借 | 3500 | | |
| | 31 | | 本月合计 | 2000 | | | 2500 | | | 借 | 3500 | | |

期末结存数量=账面期初结存数+本期增加数-本期减少数

图 4-3-3 永续盘存制

（2）永续盘存制的特点。采用这种方法，要求财产物资的进出都有严密的手续，便于加强会计监督。财产物资明细账按品种规格设置，在明细账中，除平时对财产物资的收、发情况进行连续登记外，通常还要登记金额，并随时结出账面结存数。这种方法可以从数量和金额两方面对财产物资进行控制管理，随时掌握动态资料。

**注意：**

在永续盘存制下，尽管能在账簿中及时反映各项财产物资的结存数额，但因为是依据有关会计凭证登记的，有可能发生账实不符的情况，如在记账和物资收发过程中人为或非人为的因素造成的短缺和溢余。因此，采用"永续盘存制"的企业，仍需要对各项财产物资进行清查盘点，及时发现账实不符的情况，并查明原因。

（3）永续盘存制下有关计算公式。

期末结存余额 = 期初结存余额 + 本期增加金额 − 本期减少金额

期末结存数量 = 期初结存数量 + 本期增加数量 − 本期减少数量

(4) 优缺点和适用范围。

① 优点:核算手续严密,可以随时通过账面反映和掌握各项财产物资的收入、发出和结存情况,为加强财产物资的计划、管理和控制提供及时准确的信息,保证财产物资的安全与完整。

② 缺点:财产物资的明细分类核算工作量大,特别是对财产物资品种复杂繁多的企业需要投入大量的人力、物力。

和实地盘存制相比,此法在控制和保护财产物资安全完整方面具有明显的优越性,所以,在实际工作中为多数企业采用。

**知识点:**

实地盘存制和永续盘存制都需要进行实地盘点,但实地盘点的目的不同:实地盘存制下实地盘点是为了确定期末数,倒算出发出数;永续盘存制下实地盘点是为了达到账实一致。

永续盘存制下可能存在账实不符的现象;实地盘存制下不存在账实不符的现象,实际数就是账面数。

### (三) 财产清查的方法

1. 货币资金的清查方法

(1) 库存现金的清查。库存现金的清查方法为实地盘点法。

盘点现金时,出纳人员将截止清查时止的全部现金收付款凭证登记入账,结出现金日记账余额。清查时出纳人员必须在场,以明确经济责任。在清查过程中不能用白条抵库,即不能用不具有法律效力的借条、收据等抵充库存现金。现金盘点后,盘点人员应做好盘点记录。并根据盘点记录及与现金日记账核对的情况,填制“现金盘点报告表”,由盘点人员、出纳人员及有关负责人共同签名盖章方能生效,现金盘点报告表是重要的原始凭证,它既起“盘存表”的作用,又起“账存实存对比表”的作用,是调整账簿记录的原始凭证,也是分析盈亏原因明确经济责任的依据。

(2) 银行存款的清查。银行存款的清查方法:对账单法(将银行存款日记账与开户银行转来的对账单逐日逐笔进行核对)。

企业银行存款日记账的余额与银行对账单的余额往往不一致。造成这种不一致的原因主要有两个方面:一是由于企业或银行的记账错误;二是由于未达账项。

未达账项,是指企业与银行之间对于同一项业务,由于凭证传递上的时间差而导致记账时间不一致,发生了一方已取得结算凭证并登记入账,而另一方因未取得结算凭证而未入账的事项。

未达账项主要有以下四种情况:

① 企业已收,而银行未收的款项。如企业销售产品收到本票,直接送存银行后即可根据银行盖章的“进账单”登记入账,而银行尚未登记入账;

② 企业已付,而银行未付的款项。如企业开出支票付款时,企业已经根据支票存根、发票登记付款,而银行尚未登记付款;

③ 银行已收，而企业未收的款项。如外地购货单位给企业的汇款，银行已经登记入账，而企业由于未收到汇款凭证尚未登记入账；

④ 银行已付，而企业未付的款项。如银行代企业支付款项的情况。

上述任何一种未达账项的存在，都会导致企业银行存款日记账与银行对账单的余额不一致。因此，企业在与银行对账时，应先查明有无未达账项。在有未达账项的情况下，企业应填制银行存款余额调节表，对未达账项进行调整。调整后，再对双方的余额进行核对，看是否相符。

银行存款余额调节表简称“调节表”，填制余额调节表时，在企业和开户行各自银行存款余额的基础上，加减未达账项进行调节。银行存款余额调节表的一般格式(表 4-3-1)。

**表 4-3-1** 银行存款余额调节表

年 月 日 单位：元

| 项 目 | 金 额 | 项 目 | 金 额 |
|---|---|---|---|
| 银行存款日记账余额 | | 银行对账单余额 | |
| 加：银行已收，企业未收 | | 加：企业已收，银行未收 | |
| 减：银行已付，企业未付 | | 减：企业已付，银行未付 | |
| 调节后的余额 | | 调节后的余额 | |

**注意：**

经过银行存款余额调节表调节后，如果双方的余额不相等，则表明双方或其中一方存在错账；若相符，则记账基本正确；而这个相等的金额是企业实际可动用的存款余额。但调节后的余额仅仅是为了检查账簿记录的正确性，而不能将调节表作为调节账面余额的依据。银行存款日记账的登记，还应等收到原始凭证后才能进行。

下面举例分析：

东方公司 20××年 12 月末银行存款日记账账面余额为 47 600 元，银行送来对账单的余额为 48 350 元，经逐笔核对后，发现双方存在以下未达账项：

(1) 银行已将一笔委托收款 2 900 元收到入账，而企业收到收款通知。

(2) 银行已支付购货款 200 元，而企业尚未收到付款通知。

(3) 企业送存银行的销货款 2 750 元，银行尚未入账。

(4) 企业签发转账支票一张，金额为 800 元，对方尚未到银行办理转账手续。

根据以上资料填制银行存款余额调节表如表 4-3-2 所示。

**表 4-3-2** 银行存款余额调节表

20××年 12 月 31 日 单位：元

| 项 目 | 金 额 | 项 目 | 金 额 |
|---|---|---|---|
| 银行存款日记账余额 | 47 600 | 银行对账单余额 | 48 350 |
| 加：银行已收，企业未收 | 2 900 | 加：企业已收，银行未收 | 2 750 |
| 减：银行已付，企业未付 | 200 | 减：企业已付，银行未付 | 800 |
| 调节后的余额 | 50 300 | 调节后的余额 | 50 300 |

2. 实物的清查方法

(1) 实地盘点法。实地盘点法是指在财产物资存放现场通过逐一清点数量，或用计量器具确定其实存数量的一种方法。这种方法适应于固定资产、原材料、在产品、产成品、商品等体积大或包装完整的实物财产清查。这种方法要求严格，数字准确可靠，清查质量高，企业大多数存货的清查都采用此方法，但工作量大。

(2) 技术推算法。技术推算法是一种利用技术方法对存货的实存数量进行推算的方法。这种方法适用于大量散装、成堆，难以逐一清点的存货，如煤炭、矿石、黄沙等。

3. 往来款项的清查方法

各种往来款项，如应收账款、预付货款的清查，一般采用发函询证法(函证核对法)进行，即通过电函、信函或面询的方式进行查对。实际工作中，企业一般填制"往来款项对账单"通过邮寄或其他方法传送对方单位，予以核对。如果对方核对相符，则可在回联单注明"核对无误"并加盖公章退回；如对方核对有误，则需注明不符情况，或另附对账单退回清查单位，双方进一步查明原因，直至相符为止。

**(四) 财产清查结果的处理**

1. 财产清查结果处理的要求

(1) 分析产生差异的原因和性质，提出处理建议。企业进行财产清查后，要认真审查"账存实存对比表"和"现金盘点报告表"等凭证，如果账存数与实存数一致，且不存在毁损，则不需进行账务处理；如果存在毁损或账存数与实存数有差异，则应认真核准数字，研究分析发生差异的性质和原因，明确经济责任，并依据有关政策、法令和制度提出处理意见，按照审批权限和程序，报经有关部门批准后，进行必要处理。

(2) 积极处理多余积压财产，清理往来款项。财产清查的任务不仅是核对账实，而且要通过清查，揭露经营管理中存在的问题。如果发现企业多余积压的呆滞物资及长期不清或有争执的债权、债务，应当按规定程序报请批准后积极处理。积压的物资除在企业内部尽量利用外，应积极组织调拨或销售；债权、债务方面存在的问题，应指定专人负责，查明原因，限期清理。

(3)总结经验教训，建立健全财产物资管理制度。为了有利于发现工作中存在的问题，有利于堵塞漏洞，保护财产物资的安全完整，更好地发挥财产清查的作用。在财产清查后，要针对清查中发现的各种问题，认真总结经验教训，改进工作措施，建立健全规章制度，加强岗位责任制。

(4) 及时调整账簿记录，保证账实相符。财产清查的目的，是保证会计资料的真实和准确，做到账实相符。由于清查结果的处理，一般均应报经有关部门及领导批准，因此，在账务处理上要分两步进行。审批前，应根据"账实存对照表"的数额，填制记账凭证，并据以登记账簿，主要是调整账簿记录，使各项财产物资的账面数和实存数相符，以保证会计记录能够及时反映实际情况。但对于应收而收不回的坏账损失，在批准前不做账务调整。审批后，应依据处理意见，登记相关账簿，统一完成财产清查的账务处理工作。

2. 财产清查结果处理的步骤

(1) 审批之前的处理。根据"账存实存对比表""盘盈盘亏报告表"等已经查实的数据资料，填制记账凭证，记入有关账簿，使账簿记录与实际盘存数相符，同时根据企业的管理权限，将处理建议报股东大会或董事会，或经理(厂长)会议或类似机构批准。

(2) 审批之后的处理。根据审批的意见,进行差异处理,调整账项。

3. 财产清查结果的账务处理

财产清查的结果包括两种情况:一是实际数与账面数相等,不需要进行账务处理;二是实际数与账面数不等,可能实际数大于账面数(盘盈),也可能出现实际数小于账面数(盘亏),无论是盘盈还是盘亏,都需要进行账务处理。为了反映盘盈和盘亏的情况,应设置"待处理财产损溢"账户。该账户下设置"待处理流动资产损溢"和"待处理固定资产损溢"两个明细账户。"待处理财产损溢"账户属于双重性质的账户。具体结构见图 4-3-4。对于等待处理的盘盈和盘亏,会计年终前应处理完毕。年末,该账户无余额。

| 借方 | 待处理财产损溢 贷方 |
|---|---|
| 审批前:盘亏<br>审批后:盘盈 | 审批前:盘盈<br>审批后:盘亏 |
| 余额:尚待处理的净损失 | 余额:尚待处理的净溢余 |

图 4-3-4 待处理财产损溢账户结构

(1) 现金清查结果的处理。

① 现金盘盈的账务处理:现金的盘盈,通过"待处理财产损溢——待处理流动资产损溢"账户进行核算。对财产清查中有待查明原因的现金溢余数,借记"库存现金"账户,贷记"待处理财产损溢——待处理流动资产损溢"账户;待查明原因后,根据实际溢余的原因进行处理,属于应支付给个人或单位的,借记"待处理财产损溢——待处理流动资产损溢"账户,贷记"其他应付款"账户;属于无法查明原因的现金溢余,借记"待处理财产损溢——待处理流动资产损溢"账户,贷记"营业外收入"账户。

下面举例分析:

某企业 2013 年 8 月 25 日进行现金清查,经清点发现库存现金 3 200 元,而库存现金日记账上的余额是 3 000 元。

在批准前,根据"现金盘点报告表",编制会计分录如下:

借:库存现金 200

　　贷:待处理财产损溢——待处理流动资产损溢 200

假设,经反复核查,未查明原因,报经批准后,编制会计分录如下:

借:待处理财产损溢——待处理流动资产损溢 200

　　贷:营业外收入 200

② 现金盘亏的账务处理:现金的盘亏,通过"待处理财产损溢——待处理流动资产损溢"账户进行核算。对财产清查中有待查明原因的现金盘亏数,借记"待处理财产损溢——待处理流动资产损溢"账户,贷记"库存现金"账户;待查明原因后,根据实际短缺的原因进行处理,属于应由责任者个人赔偿的部分,借记"其他应收款"账户,贷记"待处理财产损溢——待处理流动资产损溢"账户;属于应由保险公司赔偿的部分,借记"其他应收款"账户,贷记"待处理财产损溢——待处理流动资产损溢"账户;属于无法查明原因的现金短缺,借记"管理费用"账户,贷记"待处理财产损溢——待处理流动资产损溢"账户。

下面举例分析:

某企业 2013 年 10 月 5 日进行现金清查,经清点发现库存现金 4 600 元,而现金日记账上的余额是 4 750 元。

在批准前，根据“现金盘点报告表”，编制会计分录如下：

借：待处理财产损溢——待处理流动资产损溢　　150

　　贷：库存现金　　150

假设，经批准盘亏的现金由出纳赔偿，编制会计分录如下：

借：其他应收款　　150

　　贷：待处理财产损溢——待处理流动资产损溢　　150

(2) 存货清查结果的处理。

① 存货盘盈的账务处理：原材料、在产品和库存商品等存货的盘盈，经查明是由于收发计量或核算上的误差等原因造成的，应及时办理存货入账的手续，调整存货的账面实存数，按盘盈的计划成本或估计成本记入“待处理财产损溢”账户，经有关部门批准后，再冲减管理费用。账务处理如下：

审批前：

借：原材料等

　　贷：待处理财产损溢——待处理流动资产损溢

经批准后，冲减管理费用：

借：待处理财产损溢——待处理流动资产损溢

　　贷：管理费用

**任务训练：**

根据原始凭证填制记账凭证（表 4-3-3，表 4-3-4）。

**表 4-3-3**

远亨阀门制造有限公司

**账存实存对比表**

2014 年 1 月 31 日　　编 号： 14110101

| 类 别 | 名 称 | 计量单位 | 单 价 | 账存数量 | 实存数量 | 对比结果 | | | |
|---|---|---|---|---|---|---|---|---|---|
| | | | | | | 盘 盈 | | 盘 亏 | |
| | | | | | | 数量 | 金额 | 数量 | 金额 |
| 原材料 | 五金配件 | 个 | 20.00 | 3 000 | 3 010 | 10 | 200.00 | | |
| | | | | | | | | | |
| | | | | | | | | | |
| 原因以及处理意见 | | | | | | 审批意见 | | | |

第二联 会计记账

仓库主管：　　制表：刘海洋

② 存货盘亏的账务处理：原材料、在产品和库存商品等存货的盘亏，应根据盘亏数借记“待处理财产损溢——待处理流动资产损溢”账户，贷记“原材料”“生产成本”“库存商品”等流动资产账户；待批准处理后，由“待处理财产损溢——待处理流动资产损溢”贷方转记各

表 4-3-4

远亨阀门制造有限公司

## 账存实存对比表

2014 年 1 月 31 日　　编　号：　14110101

<table>
<tr><th rowspan="3">类　别</th><th rowspan="3">名　称</th><th rowspan="3">计量单位</th><th rowspan="3">单　价</th><th rowspan="3">账存数量</th><th rowspan="3">实存数量</th><th colspan="4">对比结果</th><th rowspan="6">第三联　审批凭证</th></tr>
<tr><th colspan="2">盘　盈</th><th colspan="2">盘　亏</th></tr>
<tr><th>数量</th><th>金额</th><th>数量</th><th>金额</th></tr>
<tr><td>原材料</td><td>五金配件</td><td>个</td><td>20.00</td><td>3 000</td><td>3 010</td><td>10</td><td>200.00</td><td></td><td></td></tr>
<tr><td></td><td></td><td></td><td></td><td></td><td></td><td></td><td></td><td></td><td></td></tr>
<tr><td></td><td></td><td></td><td></td><td></td><td></td><td></td><td></td><td></td><td></td></tr>
<tr><td>原因以及处理意见</td><td colspan="6">原材料属收发过程中计量误差，作自然溢余处理。</td><td>审批意见</td><td colspan="3">同意处理意见<br>王鸿伟<br>2014.1.31</td></tr>
</table>

仓库主管：丁伟　　制表：刘海洋

相关账户借方。其中，属于自然损耗产生的亏损，记入“管理费用”“制造费用”（在产品盘亏时）账户借方；属于由过失人赔偿的部分或保险责任范围的，借记“其他应收款”账户；其减去过失人或者保险公司赔偿和残料价值后，记入“管理费用”或“制造费用”账户借方；属于非常损失的，扣除保险赔款和残值后，借记“营业外支出”账户。

下面举例分析：

某企业在财产清查中发现 B 材料实存 3 450 千克，账存 3 600 千克，其单位成本为 40 元/千克。

批准前，根据“实存账存对比表”，编制会计分录如下：

借：待处理财产损溢——待处理流动资产损溢　　6 000

　　贷：原材料——B 材料　　6 000

假设，上述盘亏材料中，自然损耗 60 千克，意外灾害造成损失 80 千克，过失人造成的毁损 10 千克。根据批准处理意见，编制会计分录如下：

借：管理费用　　2 400

　　营业外支出　　3 200

　　其他应收款　　400

　　贷：待处理财产损溢——待处理流动资产损溢　　6 000

（3）固定资产清查结果的处理。

① 固定资产盘盈的账务处理：固定资产盘盈属于会计差错。对财产清查中固定资产的盘盈净值，借记“固定资产”账户，贷记“以前年度损益调整”账户。企业应根据“实存账存对比表”所确定的固定资产的盘盈金额，账务处理如下：

借：固定资产

　　贷：以前年度损益调整

下面举例分析：

某企业在财产清查中，发现账外八成新机器一台，估计其原值为 10 000 元。

批准前，根据“账存实存对比表”，编制会计分录如下：

借：固定资产　　8 000

　　贷：以前年度损益调整　　8 000

② 固定资产盘亏的账务处理：固定资产出现盘亏的原因主要有自然灾害、责任事故、失窃等。对不同情况造成的固定资产盘亏，应进行不同的账务处理。

进行固定资产盘亏的账务处理时，在批准前，根据“实存账存对比表”，账务处理如下：

借：待处理财产损溢——待处理固定资产损溢

　　累计折旧

　　贷：固定资产

报经批准后，账务处理如下：

借：营业外支出(或其他应收款)

　　贷：待处理财产损溢——待处理固定资产损溢

下面举例分析：

某企业在财产清查中，发现盘亏设备一台，其原价为 30 000 元，已计提折旧28 000元。

批准前，根据“账存实存对比表”，编制会计分录如下：

借：待处理财产损溢——待处理固定资产损溢　　2 000

　　累计折旧　　28 000

　　贷：固定资产　　30 000

报经批准后，进行账务处理如下：

借：营业外支出　　2 000

　　贷：待处理财产损溢——待处理固定资产损溢　　2 000

**任务训练：**

根据原始凭证填制记账凭证(表 4-3-5，表 4-3-6)。

**表 4-3-5**

远亨阀门制造有限公司

**账存实存对比表**

2014 年 1 月 31 日　　编 号： 14110201

| 类别 | 名称 | 计量单位 | 单价 | 账存数量 | 实存数量 | 对比结果 | | | |
|---|---|---|---|---|---|---|---|---|---|
| | | | | | | 盘盈 | | 盘亏 | |
| | | | | | | 数量 | 金额 | 数量 | 金额 |
| 固定资产 | 磨床 | 台 | 5 000.00 | 6 | 5 | | | 1 | 5 000.00 |
| | | | | | | | | | |
| | | | | | | | | | |
| 原因以及处理意见 | 经查对账面记录，已提折旧3 000元。 | | | | | 审批意见 | | | |

仓库主管：　　制表： 刘海洋

第二联 会计记账

表 4-3-6

远亨阀门制造有限公司

账存实存对比表

2014 年 1 月 31 日　　编 号： 14110201

| 类别 | 名称 | 计量单位 | 单价 | 账存数量 | 实存数量 | 对比结果 | | | |
|---|---|---|---|---|---|---|---|---|---|
| | | | | | | 盘盈 | | 盘亏 | |
| | | | | | | 数量 | 金额 | 数量 | 金额 |
| 固定资产 | 磨床 | 台 | 5 000.00 | 6 | 5 | | | 1 | 5 000.00 |
| | | | | | | | | | |
| | | | | | | | | | |
| 原因以及处理意见 | 经查对账面记录，已提折旧3 000元。磨床已废弃不能使用，净值作营业外支出。 | | | | | 审批意见 | 同意处理意见 王鸿伟 2014.1.31 | | |

仓库主管：丁伟　　制表：刘海洋

第三联 审批凭证

## 任务四 更 正 错 账

**任务目标：** 会采用错账更正的方法更正错账。

**任务引领：** 在记账过程中，不可避免地会发生错账。对于出现的错账，如何更正呢？

**任务解析：**

### 一、错账查找的方法

#### （一）全面检查

1. 顺查法

按照记账的顺序，从原始凭证到记账凭证，再到账簿顺次查找的方法。

2. 逆查法

与记账顺序相反，从错账的位置开始，逆向查找错误原因的方法。实际工作中该方法使用较多。

#### 部抽查

法

明是否有重记或漏记。

法

找“角”“分”的差错。

2 法

找因数字记反方向而发生的错误。

4. 除9法

用于三种情况：一是将数字写小；二是将数字写大；三是数字颠倒。

账簿记录发生错误，不准涂改、挖补、刮擦或者用药水消除字迹，不准重新抄写，必须按正确的方法更正。

## 二、错账更正的方法

### （一）划线更正法

1. 适用范围

在结账前发现账簿记录有文字或数字错误，而记账凭证没有错误，采用划线更正法。

2. 更正步骤

（1）可在错误的文字或数字上划一条红线。

（2）在红线的上方用蓝色笔（或黑色笔）填写正确的文字或数字。

（3）并由记账及相关人员在更正处盖章。

**注意：**

对于错误的数字，应全部划红线更正，不得只更正其中的错误数字。对于文字错误，可只划去错误的部分。

**下面举例分析：**

20××年1月23日，远亨阀门制造有限公司收回鑫源五金商城前欠货款58 000元，存入银行。

凭证记录见图4-4-1。

记账凭证正确

**记　账　凭　证**

20×× 年 1 月 23 日　　　　第23号

| 摘要 | 总账科目 | 明细账科目 | 借方金额 | | | | | | | | | 贷方金额 | | | | | | | | | 记账 |
|---|---|---|---|---|---|---|---|---|---|---|---|---|---|---|---|---|---|---|---|---|---|
| | | | 百 | 十 | 万 | 千 | 百 | 十 | 元 | 角 | 分 | 百 | 十 | 万 | 千 | 百 | 十 | 元 | 角 | 分 | |
| 收回前欠货款 | 银行存款 | | | | 5 | 8 | 0 | 0 | 0 | 0 | 0 | | | | | | | | | | √ |
| 存入银行 | 应收账款 | 鑫源五金商场 | | | | | | | | | | | | 5 | 8 | 0 | 0 | 0 | 0 | 0 | √ |
| 合计 | | | | ¥ | 5 | 8 | 0 | 0 | 0 | 0 | 0 | | ¥ | 5 | 8 | 0 | 0 | 0 | 0 | 0 | |

附件2张

会计主管：李东升　记账：许勤　出纳：赵彩虹　审核：李东升　制单：王晓艳

图4-4-1　凭证记录

账簿记录见图 4-4-2。

银行存款总账　　　　第 4 页

| 20×× 月 | 日 | 凭证号数 | 摘要 | √ | 借方（千百十万千百十元角分） | 贷方（千百十万千百十元角分） | 借或贷 | 余额（千百十万千百十元角分） |
|---|---|---|---|---|---|---|---|---|
| 1 | 1 | | 期初余额 | | | | 借 | 88665000 |
| | 23 | 23 | 收回前欠货款 | | 5800000 | | 借 | 94465000 |

记账正确

应收账款总账　　　　第 11 页

| 20×× 月 | 日 | 凭证号数 | 摘要 | √ | 借方（千百十万千百十元角分） | 贷方（千百十万千百十元角分） | 借或贷 | 余额（千百十万千百十元角分） |
|---|---|---|---|---|---|---|---|---|
| 1 | 1 | | 期初余额 | | | | 借 | 36300000 |
| | 23 | 23 | 收回前欠货款 | | | 580000 | 借 | 35720000 |
| | | | | | | | | |
| | | | | | | | | |

凭证正确，账簿有误

采用划线更正法更正

图 4-4-2　账簿记录

分析：记账凭证无误，登账时，账簿（应收账款）出错，应采用划线更正法更正。

更正：先用红线将错误的数据全额划去，在上方用蓝色笔（黑色笔）写上正确的数据，并在更正处盖章（图 4-4-3）。

应收账款总账　　　　第 11 页

| 20×× 月 | 日 | 凭证号数 | 摘要 | √ | 借方（千百十万千百十元角分） | 贷方（千百十万千百十元角分） | 借或贷 | 余额（千百十万千百十元角分） |
|---|---|---|---|---|---|---|---|---|
| 1 | 1 | | 期初余额 | | | | 借 | 36300000 |
| | 23 | 23 | 收回前欠货款 | | | 许勤 5800000 ~~580000~~ | 借 | 许勤 30500000 ~~35720000~~ |
| | | | | | | | | |
| | | | | | | | | |

图 4-4-3　更正账簿记录

### （二）红字更正法

1. 适用范围

记账后在当年内发现：

(1) 记账凭证中所记的会计科目或借贷方向错误，从而引起记账错误。

(2) 记账凭证中会计科目、借贷方向无误，而所记金额大于应记金额，从而引起记账错误。

2. 更正步骤

情形一：记账凭证中所记的会计科目或借贷方向错误，从而引起记账错误。

更正步骤：用红字填写一张与原记账凭证完全相同的记账凭证，以示注销原记账凭证，并用红字记账；再用蓝（黑）字填写一张正确的记账凭证，并据以蓝（黑）字记账。

下面举例分析：

20××年 1 月 23 日，远亨阀门制造有限公司收回鑫源五金商城前欠货款58 000元，存入银行。

凭证记录见图 4-4-4。

凭证有误，科目有误

## 记 账 凭 证

20×× 年 1 月 23 日　　　　第23号

| 摘要 | 总账科目 | 明细账科目 | 借方金额（百十万千百十元角分） | 贷方金额（百十万千百十元角分） | 记账 |
|---|---|---|---|---|---|
| 收回前欠货款 | 银行存款 | | 5800000 | | √ |
| 存入银行 | 其他应收款 | 鑫源五金商场 | | 5800000 | √ |
| | | | | | |
| | | | | | |
| | | | | | |
| | | | | | |
| 合计 | | | ¥5800000 | ¥5800000 | |

附件2张

会计主管：李东升　记账：许勤　出纳：赵彩虹　审核：李东升　制单：王晓艳

图 4-4-4　凭证记录

账簿记录见图 4-4-5。

### 银行存款总账

第 4 页

| 20×× 月 | 日 | 凭证号数 | 摘要 | √ | 借方（千百十万千百十元角分） | 贷方（千百十万千百十元角分） | 借或贷 | 余额（千百十万千百十元角分） |
|---|---|---|---|---|---|---|---|---|
| 1 | 1 | | 期初余额 | | | | 借 | 88665000 |
| | 23 | 23 | 收回前欠货款 | | 5800000 | | 借 | 94465000 |

### 其他应收款总账

第 13 页

| 20×× 月 | 日 | 凭证号数 | 摘要 | √ | 借方（千百十万千百十元角分） | 贷方（千百十万千百十元角分） | 借或贷 | 余额（千百十万千百十元角分） |
|---|---|---|---|---|---|---|---|---|
| 1 | 1 | | 期初余额 | | | | 借 | 6050000 |
| | 23 | 23 | 收回前欠货款 | | | 5800000 | 借 | 250000 |
| | | | | | | | | |
| | | | | | | | | |
| | | | | | | | | |

采用红字更正法更正

凭证有误，账簿有误

图 4-4-5　账簿记录

分析：记账凭证中科目有误，导致账簿出错，应采用红字更正法更正错账。

更正：先用红字填制一张与原记账凭证一样的记账凭证，并用红字登记入账（图 4-4-6，图 4-4-7）。

用红字填写一张与原凭证一样的记账凭证

摘要栏写：冲销某月某日某号凭证

按已有的凭证顺序编号

**记 账 凭 证**

20×× 年 1 月 31 日　　　　第42号

| 摘 要 | 总账科目 | 明细账科目 | 借方金额 | | | | | | | | | 贷方金额 | | | | | | | | | 记账 |
|---|---|---|---|---|---|---|---|---|---|---|---|---|---|---|---|---|---|---|---|---|---|
| | | | 百 | 十 | 万 | 千 | 百 | 十 | 元 | 角 | 分 | 百 | 十 | 万 | 千 | 百 | 十 | 元 | 角 | 分 | 账 |
| 冲销1月23日 | 银行存款 | | | | 5 | 8 | 0 | 0 | 0 | 0 | 0 | | | | | | | | | | √ |
| 第23号凭证 | 其他应收款 | 鑫源五金商场 | | | | | | | | | | | | 5 | 8 | 0 | 0 | 0 | 0 | 0 | √ |
| | | | | | | | | | | | | | | | | | | | | | |
| | | | | | | | | | | | | | | | | | | | | | |
| | | | | | | | | | | | | | | | | | | | | | |
| | | | | | | | | | | | | | | | | | | | | | |
| 合 计 | | | | ￥ | 5 | 8 | 0 | 0 | 0 | 0 | 0 | | ￥ | 5 | 8 | 0 | 0 | 0 | 0 | 0 | |

附件×张

会计主管：李东升　记账：许勤　出纳：赵彩虹　审核：李东升　制单：王晓艳

图 4-4-6　冲销凭证记录

**银行存款总账**　　　　第 4 页

用红笔登记入账

| 20×× 月 | 日 | 凭证号数 | 摘要 | √ | 借方 | | | | | | | | | | 贷方 | | | | | | | | | | 借或贷 | 余额 | | | | | | | | | |
|---|---|---|---|---|---|---|---|---|---|---|---|---|---|---|---|---|---|---|---|---|---|---|---|---|---|---|---|---|---|---|---|---|---|---|---|
| | | | | | 千 | 百 | 十 | 万 | 千 | 百 | 十 | 元 | 角 | 分 | 千 | 百 | 十 | 万 | 千 | 百 | 十 | 元 | 角 | 分 | | 千 | 百 | 十 | 万 | 千 | 百 | 十 | 元 | 角 | 分 |
| 1 | 1 | | 期初余额 | | | | | | | | | | | | | | | | | | | | | | 借 | | | 8 | 8 | 6 | 6 | 5 | 0 | 0 | 0 |
| | 23 | 23 | 收回前欠货款 | | | | | 5 | 8 | 0 | 0 | 0 | 0 | 0 | | | | | | | | | | | 借 | | | 9 | 4 | 4 | 6 | 5 | 0 | 0 | 0 |
| | 31 | 42 | 冲销23号凭证 | | | | | 5 | 8 | 0 | 0 | 0 | 0 | 0 | | | | | | | | | | | | | | | | | | | | | |
| | | | | | | | | | | | | | | | | | | | | | | | | | | | | | | | | | | | |

**其他应收款总账**　　　　第 13 页

用红笔登记入账

| 20×× 月 | 日 | 凭证号数 | 摘要 | √ | 借方 | | | | | | | | | | 贷方 | | | | | | | | | | 借或贷 | 余额 | | | | | | | | | |
|---|---|---|---|---|---|---|---|---|---|---|---|---|---|---|---|---|---|---|---|---|---|---|---|---|---|---|---|---|---|---|---|---|---|---|---|
| | | | | | 千 | 百 | 十 | 万 | 千 | 百 | 十 | 元 | 角 | 分 | 千 | 百 | 十 | 万 | 千 | 百 | 十 | 元 | 角 | 分 | | 千 | 百 | 十 | 万 | 千 | 百 | 十 | 元 | 角 | 分 |
| 1 | 1 | | 期初余额 | | | | | | | | | | | | | | | | | | | | | | 借 | | | | 6 | 0 | 5 | 0 | 0 | 0 | 0 |
| | 23 | 23 | 收回前欠货款 | | | | | | | | | | | | | | | 5 | 8 | 0 | 0 | 0 | 0 | 0 | 借 | | | | | 2 | 5 | 0 | 0 | 0 | 0 |
| | 31 | 42 | 冲销23号凭证 | | | | | | | | | | | | | | | 5 | 8 | 0 | 0 | 0 | 0 | 0 | | | | | | | | | | | |
| | | | | | | | | | | | | | | | | | | | | | | | | | | | | | | | | | | | |
| | | | | | | | | | | | | | | | | | | | | | | | | | | | | | | | | | | | |
| | | | | | | | | | | | | | | | | | | | | | | | | | | | | | | | | | | | |

图 4-4-7　冲销账簿记录

再用蓝(黑)字填制一张正确的记账凭证,并用蓝(黑)字登记入账(图 4-4-8,图 4-4-9)。

用蓝(黑)字填写正确的记账凭证

摘要栏写:订正某月某日某号凭证

按已有的凭证顺序编号

**记 账 凭 证**

20×× 年 1 月 31 日　　　　第43号

| 摘要 | 总账科目 | 明细账科目 | 借方金额 | | | | | | | | | 贷方金额 | | | | | | | | | 记账 |
|---|---|---|---|---|---|---|---|---|---|---|---|---|---|---|---|---|---|---|---|---|---|
| | | | 百 | 十 | 万 | 千 | 百 | 十 | 元 | 角 | 分 | 百 | 十 | 万 | 千 | 百 | 十 | 元 | 角 | 分 | |
| 订正1月23日 | 银行存款 | | | | 5 | 8 | 0 | 0 | 0 | 0 | 0 | | | | | | | | | | √ |
| 第23号凭证 | 应收账款 | 鑫源五金商场 | | | | | | | | | | | | 5 | 8 | 0 | 0 | 0 | 0 | 0 | √ |
| | | | | | | | | | | | | | | | | | | | | | |
| | | | | | | | | | | | | | | | | | | | | | |
| | | | | | | | | | | | | | | | | | | | | | |
| | | | | | | | | | | | | | | | | | | | | | |
| 合计 | | | | ¥ | 5 | 8 | 0 | 0 | 0 | 0 | 0 | | ¥ | 5 | 8 | 0 | 0 | 0 | 0 | 0 | |

附件×张

会计主管:李东升　记账:许勤　出纳:赵彩虹　审核:李东升　制单:王晓艳

图 4-4-8　订正凭证记录

**银行存款总账**　　　　第 4 页

用红字登记入账

| 20××月 | 日 | 凭证号数 | 摘要 | √ | 借方千 | 百 | 十 | 万 | 千 | 百 | 十 | 元 | 角 | 分 | 贷方千 | 百 | 十 | 万 | 千 | 百 | 十 | 元 | 角 | 分 | 借或贷 | 余额千 | 百 | 十 | 万 | 千 | 百 | 十 | 元 | 角 | 分 |
|---|---|---|---|---|---|---|---|---|---|---|---|---|---|---|---|---|---|---|---|---|---|---|---|---|---|---|---|---|---|---|---|---|---|---|---|
| 1 | 1 | | 期初余额 | | | | | | | | | | | | | | | | | | | | | | 借 | | | 8 | 8 | 6 | 6 | 5 | 0 | 0 | 0 |
| | 23 | 23 | 收回前欠货款 | | | | | 5 | 8 | 0 | 0 | 0 | 0 | 0 | | | | | | | | | | | 借 | | | 9 | 4 | 4 | 6 | 5 | 0 | 0 | 0 |
| | 31 | 42 | 冲销23号凭证 | | | | | 5 | 8 | 0 | 0 | 0 | 0 | 0 | | | | | | | | | | | | | | | | | | | | | |
| | 31 | 43 | 订正23号凭证 | | | | | 5 | 8 | 0 | 0 | 0 | 0 | 0 | | | | | | | | | | | | | | | | | | | | | |

用蓝(黑)字登记入账

**其他应收款总账**　　　　第 11 页

| 20××月 | 日 | 凭证号数 | 摘要 | √ | 借方千 | 百 | 十 | 万 | 千 | 百 | 十 | 元 | 角 | 分 | 贷方千 | 百 | 十 | 万 | 千 | 百 | 十 | 元 | 角 | 分 | 借或贷 | 余额千 | 百 | 十 | 万 | 千 | 百 | 十 | 元 | 角 | 分 |
|---|---|---|---|---|---|---|---|---|---|---|---|---|---|---|---|---|---|---|---|---|---|---|---|---|---|---|---|---|---|---|---|---|---|---|---|
| 1 | 1 | | 期初余额 | | | | | | | | | | | | | | | | | | | | | | 借 | | | | 6 | 0 | 5 | 0 | 0 | 0 | 0 |
| | 23 | 23 | 收回前欠货款 | | | | | | | | | | | | | | | 5 | 8 | 0 | 0 | 0 | 0 | 0 | 借 | | | | | 2 | 5 | 0 | 0 | 0 | 0 |
| | 31 | 42 | 冲销23号凭证 | | | | | | | | | | | | | | | 5 | 8 | 0 | 0 | 0 | 0 | 0 | | | | | | | | | | | |
| | | | | | | | | | | | | | | | | | | | | | | | | | | | | | | | | | | | |

用红字登记入账

**应收账款总账**　　　　第 13 页

用蓝(黑)字登记入账

| 20××月 | 日 | 凭证号数 | 摘要 | √ | 借方千 | 百 | 十 | 万 | 千 | 百 | 十 | 元 | 角 | 分 | 贷方千 | 百 | 十 | 万 | 千 | 百 | 十 | 元 | 角 | 分 | 借或贷 | 余额千 | 百 | 十 | 万 | 千 | 百 | 十 | 元 | 角 | 分 |
|---|---|---|---|---|---|---|---|---|---|---|---|---|---|---|---|---|---|---|---|---|---|---|---|---|---|---|---|---|---|---|---|---|---|---|---|
| 1 | 1 | | 期初余额 | | | | | | | | | | | | | | | | | | | | | | 借 | | | 3 | 6 | 3 | 0 | 0 | 0 | 0 | 0 |
| | 31 | 43 | 订正23号凭证 | | | | | | | | | | | | | | | 5 | 8 | 0 | 0 | 0 | 0 | 0 | 借 | | | 3 | 0 | 5 | 0 | 0 | 0 | 0 | 0 |
| | | | | | | | | | | | | | | | | | | | | | | | | | | | | | | | | | | | |

图 4-4-9　订正账簿记录

情形二：记账凭证中会计科目、借贷方向无误，而所记金额大于应记金额，从而引起记账错误。

更正步骤：用红字编制一张与原记账凭证应借、应贷科目相同，金额为所记金额与应记金额之间的差额的记账凭证，以冲销多记的金额，并据以用红字记账。

下面举例分析：

20××年1月23日，远亨阀门制造有限公司收回鑫源五金商城前欠货款58 000元，存入银行。

凭证记录见图4-4-10。

凭证有误，金额写大

**记 账 凭 证**

20×× 年 1 月 23 日　　第23号

| 摘要 | 总账科目 | 明细账科目 | 借方金额 | | | | | | | | | 贷方金额 | | | | | | | | | 记账 |
|---|---|---|---|---|---|---|---|---|---|---|---|---|---|---|---|---|---|---|---|---|---|
| | | | 百 | 十 | 万 | 千 | 百 | 十 | 元 | 角 | 分 | 百 | 十 | 万 | 千 | 百 | 十 | 元 | 角 | 分 | |
| 收回前欠货款 | 银行存款 | | | | 8 | 5 | 0 | 0 | 0 | 0 | 0 | | | | | | | | | | √ |
| 存入银行 | 应收账款 | 鑫源五金商场 | | | | | | | | | | | | 8 | 5 | 0 | 0 | 0 | 0 | 0 | √ |
| | | | | | | | | | | | | | | | | | | | | | |
| | | | | | | | | | | | | | | | | | | | | | |
| | | | | | | | | | | | | | | | | | | | | | |
| | | | | | | | | | | | | | | | | | | | | | |
| 合计 | | | | ¥ | 8 | 5 | 0 | 0 | 0 | 0 | 0 | | ¥ | 8 | 5 | 0 | 0 | 0 | 0 | 0 | |

附件 2 张

会计主管：李东升　记账：许勤　出纳：赵彩虹　审核：李东升　制单：王晓艳

图4-4-10　凭证记录

账簿记录见图4-4-11。

凭证金额写大，账簿金额写大

**银行存款总账**

第 4 页

| 20××月 | 日 | 凭证号数 | 摘要 | √ | 借方千 | 百 | 十 | 万 | 千 | 百 | 十 | 元 | 角 | 分 | 贷方千 | 百 | 十 | 万 | 千 | 百 | 十 | 元 | 角 | 分 | 借或贷 | 余额千 | 百 | 十 | 万 | 千 | 百 | 十 | 元 | 角 | 分 |
|---|---|---|---|---|---|---|---|---|---|---|---|---|---|---|---|---|---|---|---|---|---|---|---|---|---|---|---|---|---|---|---|---|---|---|---|
| 1 | 1 | | 期初余额 | | | | | | | | | | | | | | | | | | | | | | 借 | | | 8 | 8 | 6 | 6 | 5 | 0 | 0 | 0 |
| | 23 | 23 | 收回前欠货款 | | | | | 8 | 5 | 0 | 0 | 0 | 0 | 0 | | | | | | | | | | | 借 | | | 9 | 7 | 1 | 6 | 5 | 0 | 0 | 0 |
| | | | | | | | | | | | | | | | | | | | | | | | | | | | | | | | | | | | |

凭证金额写大，账簿金额写大

**应收账款总账**

第 11 页

| 20××月 | 日 | 凭证号数 | 摘要 | √ | 借方千 | 百 | 十 | 万 | 千 | 百 | 十 | 元 | 角 | 分 | 贷方千 | 百 | 十 | 万 | 千 | 百 | 十 | 元 | 角 | 分 | 借或贷 | 余额千 | 百 | 十 | 万 | 千 | 百 | 十 | 元 | 角 | 分 |
|---|---|---|---|---|---|---|---|---|---|---|---|---|---|---|---|---|---|---|---|---|---|---|---|---|---|---|---|---|---|---|---|---|---|---|---|
| 1 | 1 | | 期初余额 | | | | | | | | | | | | | | | | | | | | | | 借 | | | 3 | 6 | 3 | 0 | 0 | 0 | 0 | 0 |
| | 23 | 23 | 收回前欠货款 | | | | | | | | | | | | | | | 8 | 5 | 0 | 0 | 0 | 0 | 0 | 借 | | | 4 | 4 | 8 | 0 | 0 | 0 | 0 | 0 |
| | | | | | | | | | | | | | | | | | | | | | | | | | | | | | | | | | | | |

图4-4-11　账簿记录

分析：记账凭证中科目、方向正确，金额写大，导致账簿记录的金额也写大。应采用红字更正法更正。

更正：用红字填写一张与原始凭证科目、方向一样，金额为所记金额与应记金额之间的差额的记账凭证，并用红字登记入账(图 4-4-12，图 4-4-13)。

用红字填写一张与原始凭证科目、方向一样，金额为所记金额与应记金额之间差额的记账凭证

**记　账　凭　证**

20×× 年 1 月 31 日　　　　第42号

| 摘要 | 总账科目 | 明细账科目 | 借方金额 | | | | | | | | | 贷方金额 | | | | | | | | | 记账 |
|---|---|---|---|---|---|---|---|---|---|---|---|---|---|---|---|---|---|---|---|---|---|
| | | | 百 | 十 | 万 | 千 | 百 | 十 | 元 | 角 | 分 | 百 | 十 | 万 | 千 | 百 | 十 | 元 | 角 | 分 | |
| 冲销1月23日 | 银行存款 | | | | 2 | 7 | 0 | 0 | 0 | 0 | 0 | | | | | | | | | | √ |
| 第23号凭证 | 应收账款 | 鑫源五金商场 | | | | | | | | | | | | 2 | 7 | 0 | 0 | 0 | 0 | 0 | √ |
| 多记金额 | | | | | | | | | | | | | | | | | | | | | |
| | | | | | | | | | | | | | | | | | | | | | |
| | | | | | | | | | | | | | | | | | | | | | |
| | | | | | | | | | | | | | | | | | | | | | |
| 合　计 | | | | ¥ | 2 | 7 | 0 | 0 | 0 | 0 | 0 | | ¥ | 2 | 7 | 0 | 0 | 0 | 0 | 0 | |

附件×张

会计主管：李东升　记账：许勤　出纳：赵彩虹　审核：李东升　制单：王晓艳

图 4-4-12　冲销凭证记录

用红字登记入账

**银行存款总账**

第 4 页

| 20×× 月 | 日 | 凭证号数 | 摘要 | √ | 借方 | | | | | | | | | | 贷方 | | | | | | | | | | 借或贷 | 余额 | | | | | | | | | |
|---|---|---|---|---|---|---|---|---|---|---|---|---|---|---|---|---|---|---|---|---|---|---|---|---|---|---|---|---|---|---|---|---|---|---|---|
| | | | | | 千 | 百 | 十 | 万 | 千 | 百 | 十 | 元 | 角 | 分 | 千 | 百 | 十 | 万 | 千 | 百 | 十 | 元 | 角 | 分 | | 千 | 百 | 十 | 万 | 千 | 百 | 十 | 元 | 角 | 分 |
| 1 | 1 | | 期初余额 | | | | | | | | | | | | | | | | | | | | | | 借 | | | 8 | 8 | 6 | 6 | 5 | 0 | 0 | 0 |
| | 23 | 23 | 收回前欠货款 | | | | | 8 | 5 | 0 | 0 | 0 | 0 | 0 | | | | | | | | | | | 借 | | | 9 | 7 | 1 | 6 | 5 | 0 | 0 | 0 |
| | 31 | 42 | 冲销多记金额 | | | | | 2 | 7 | 0 | 0 | 0 | 0 | 0 | | | | | | | | | | | | | | | | | | | | | |
| | | | | | | | | | | | | | | | | | | | | | | | | | | | | | | | | | | | |

用红字登记入账

**应收账款总账**

第 11 页

| 20×× 月 | 日 | 凭证号数 | 摘要 | √ | 借方 | | | | | | | | | | 贷方 | | | | | | | | | | 借或贷 | 余额 | | | | | | | | | |
|---|---|---|---|---|---|---|---|---|---|---|---|---|---|---|---|---|---|---|---|---|---|---|---|---|---|---|---|---|---|---|---|---|---|---|---|
| | | | | | 千 | 百 | 十 | 万 | 千 | 百 | 十 | 元 | 角 | 分 | 千 | 百 | 十 | 万 | 千 | 百 | 十 | 元 | 角 | 分 | | 千 | 百 | 十 | 万 | 千 | 百 | 十 | 元 | 角 | 分 |
| 1 | 1 | | 期初余额 | | | | | | | | | | | | | | | | | | | | | | 借 | | | 3 | 6 | 3 | 0 | 0 | 0 | 0 | 0 |
| | 23 | 23 | 收回前欠货款 | | | | | | | | | | | | | | | 8 | 5 | 0 | 0 | 0 | 0 | 0 | 借 | | | 4 | 4 | 8 | 0 | 0 | 0 | 0 | 0 |
| | 31 | 42 | 冲销多记金额 | | | | | | | | | | | | | | | 2 | 7 | 0 | 0 | 0 | 0 | 0 | | | | | | | | | | | |
| | | | | | | | | | | | | | | | | | | | | | | | | | | | | | | | | | | | |

图 4-4-13　冲销账簿记录

### (三) 补充登记法

1. 适用范围

记账凭证中会计科目和借贷方向无误，只是所记金额小于应记金额，导致记账错误。

2. 更正步骤

用蓝(黑)字编制一张与原记账凭证应借、应贷科目相同，金额为所记金额与应记金额之间的差额的记账凭证，以补充少记的金额，并据以蓝(黑)字记账。

下面举例分析：

20××年 1 月 23 日，远亨阀门制造有限公司收回鑫源五金商城前欠货款58 000元，存入银行。

凭证记录见图 4-4-14。

凭证有误，金额写小

**记 账 凭 证**

20×× 年 1 月 23 日　　第23号

| 摘要 | 总账科目 | 明细账科目 | 借方金额 | | | | | | | | | 贷方金额 | | | | | | | | | 记账 |
|---|---|---|---|---|---|---|---|---|---|---|---|---|---|---|---|---|---|---|---|---|---|
| | | | 百 | 十 | 万 | 千 | 百 | 十 | 元 | 角 | 分 | 百 | 十 | 万 | 千 | 百 | 十 | 元 | 角 | 分 | |
| 收回前欠货款 | 银行存款 | | | | 5 | 0 | 0 | 0 | 0 | 0 | 0 | | | | | | | | | | √ |
| 存入银行 | 应收账款 | 鑫源五金商场 | | | | | | | | | | | | 5 | 0 | 0 | 0 | 0 | 0 | 0 | √ |
| | | | | | | | | | | | | | | | | | | | | | |
| | | | | | | | | | | | | | | | | | | | | | |
| | | | | | | | | | | | | | | | | | | | | | |
| | | | | | | | | | | | | | | | | | | | | | |
| 合计 | | | | ¥ | 5 | 0 | 0 | 0 | 0 | 0 | 0 | | ¥ | 5 | 0 | 0 | 0 | 0 | 0 | 0 | |

附件 2 张

会计主管：李东升　记账：许勤　出纳：赵彩虹　审核：李东升　制单：王晓艳

图 4-4-14 凭证记录

账簿记录见图 4-4-15。

凭证金额写小，账簿金额写小

**银行存款总账**　　第 4 页

| 20×× 月 | 日 | 凭证号数 | 摘要 | √ | 借方 千 | 百 | 十 | 万 | 千 | 百 | 十 | 元 | 角 | 分 | 贷方 千 | 百 | 十 | 万 | 千 | 百 | 十 | 元 | 角 | 分 | 借或贷 | 余额 千 | 百 | 十 | 万 | 千 | 百 | 十 | 元 | 角 | 分 |
|---|---|---|---|---|---|---|---|---|---|---|---|---|---|---|---|---|---|---|---|---|---|---|---|---|---|---|---|---|---|---|---|---|---|---|---|
| 1 | 1 | | 期初余额 | | | | | | | | | | | | | | | | | | | | | | 借 | | | 8 | 8 | 6 | 6 | 5 | 0 | 0 | 0 |
| | 23 | 23 | 收回前欠货款 | | | | | 5 | 0 | 0 | 0 | 0 | 0 | 0 | | | | | | | | | | | 借 | | | 9 | 3 | 6 | 6 | 5 | 0 | 0 | 0 |

凭证金额写小，账簿金额写小

**应收账款总账**　　第 11 页

| 20×× 月 | 日 | 凭证号数 | 摘要 | √ | 借方 千 | 百 | 十 | 万 | 千 | 百 | 十 | 元 | 角 | 分 | 贷方 千 | 百 | 十 | 万 | 千 | 百 | 十 | 元 | 角 | 分 | 借或贷 | 余额 千 | 百 | 十 | 万 | 千 | 百 | 十 | 元 | 角 | 分 |
|---|---|---|---|---|---|---|---|---|---|---|---|---|---|---|---|---|---|---|---|---|---|---|---|---|---|---|---|---|---|---|---|---|---|---|---|
| 1 | 1 | | 期初余额 | | | | | | | | | | | | | | | | | | | | | | 借 | | | 3 | 6 | 3 | 0 | 0 | 0 | 0 | 0 |
| | 23 | 23 | 收回前欠货款 | | | | | | | | | | | | | | | 5 | 0 | 0 | 0 | 0 | 0 | 0 | 借 | | | 4 | 1 | 3 | 0 | 0 | 0 | 0 | 0 |

采用补充登记法更正

图 4-4-15 账簿记录

分析：记账凭证中科目、方向正确，金额写小，导致账簿记录的金额也写小。应采用补充登记法。

更正：先用蓝(黑)字填写一张与原始凭证的科目、方向一样的记账凭证，金额为所记金额与应记金额之间的差额，并用蓝字登记入账(图 4-4-16，表 4-4-17)。

用蓝（黑）字填写一张与原始凭证的科目、方向一样，金额为所记金额与应记金额之间差额的记账凭证

摘要栏写：补充某月某日某号凭证少记金额

按已有的凭证顺序编号

**记　账　凭　证**

20×× 年 1 月 31 日　　　第44号

| 摘要 | 总账科目 | 明细账科目 | 借方金额 | 贷方金额 | 记账 |
|---|---|---|---|---|---|
| 补充1月23日 | 银行存款 | | 8000.00 | | √ |
| 第23号凭证 | 应收账款 | 鑫源五金商场 | | 8000.00 | √ |
| 少记金额 | | | | | |
| 合计 | | | ¥8000.00 | ¥8000.00 | |

附件×张

会计主管：李东升　记账：许勤　出纳：赵彩虹　审核：李东升　制单：王晓艳

图 4-4-16　订正凭证记录

用蓝（黑）字登记入账

**银行存款总账**　　第 4 页

| 20×× 月 | 日 | 凭证号数 | 摘要 | 借方 | 贷方 | 借或贷 | 余额 |
|---|---|---|---|---|---|---|---|
| 1 | 1 | | 期初余额 | | | 借 | 886650.00 |
| | 23 | 23 | 收回前欠货款 | 50000.00 | | 借 | 936650.00 |
| | 31 | 44 | 补充少记金额 | 8000.00 | | 借 | 944650.00 |

用蓝（黑）字登记入账

**应收账款总账**　　第 11 页

| 20×× 月 | 日 | 凭证号数 | 摘要 | 借方 | 贷方 | 借或贷 | 余额 |
|---|---|---|---|---|---|---|---|
| 1 | 1 | | 期初余额 | | | 借 | 363000.00 |
| | 23 | 23 | 收回前欠货款 | | 50000.00 | 借 | 413000.00 |
| | 31 | 44 | 补充少记金额 | | 8000.00 | 借 | 421000.00 |

图 4-4-17　订正账簿记录

# 任务五 结　　账

**任务目标：** 会结出期末每个账户的本期发生额及余额。

**任务引领：** 月末结出每个账户本期的发生额及余额。

**任务解析：**

## 一、结账的概念

结账就是把一定会计期间内全部经济业务登记入账以后，计算出本期发生额及期末余额。

## 二、结账的程序

（1）将本期发生的经济业务事项全部登记入账，并保证其正确性。

（2）根据权责发生制的要求，调整有关账项，合理确定本期应计的收入和应计的费用。

（3）将损益类科目转入“本年利润”科目，结平所有损益类科目。

（4）结算出资产、负债和所有者权益科目的本期发生额和余额，并结转下期。

## 三、结账的方法

（1）对不需按月结计本期发生额的账户，每次记账以后，都要随时结出余额，每月最后一笔余额即为月末余额。月末结账时，只需要在最后一笔经济业务事项记录之下通栏划单红线，不需要再结计一次余额（图 4-5-1）。

账户名称（应收账款、财物明细账等）　　第 6 页

| 20××月 | 20××日 | 凭证号数 | 摘要 | √ | 借方（千百十万千百十元角分） | 贷方（千百十万千百十元角分） | 借或贷 | 余额（千百十万千百十元角分） |
|---|---|---|---|---|---|---|---|---|
| 11 | 6 | | 承前页 | | 35320000 | 15230000 | 借 | 36300000 |
| | 23 | 23 | 收回前欠货款 | | | 6500000 | 借 | 29800000 |
| | 23 | 34 | 销售产品款未收 | | 20000000 | | 借 | 49800000 |

结账方法：在最后一笔业务下划通栏单红线，表示本月业务到此结束

不需按月结计本期发生额的账户，每次记账后，都要随时结出余额

图 4-5-1　结转方法一

（2）库存现金、银行存款日记账和需要按月结计发生额的收入、费用等明细账，每月结账时，要结出本月发生额和余额，在摘要栏内注明“本月合计”字样，并在下面通栏划单红线。

（3）总账账户平时只需结出月末余额。年终结账时，将所有总账账户结出全年发生额和年末余额，在摘要栏内注明“本年合计”字样，并在合计数下通栏划双红线（图 4-5-2）。

总账、库存现金、银行存款日记账和需要按月结计发生额的各明细账

账户名称

第 1 页

| 20××年 月 | 日 | 凭证号数 | 摘要 | √ | 收入（借方） | 支出（贷方） | 借或贷 | 结余（余额） |
|---|---|---|---|---|---|---|---|---|
| 11 | 12 | | 承前页 | | 5200.00 | 3650.00 | 借 | 4250.00 |
| | 12 | 现付2 | 购买办公用品 | | | 850.00 | 借 | 3450.00 |
| | 16 | 现付3 | 预借差旅费 | | | 2500.00 | 借 | 950.00 |
| | 17 | 现收5 | 收回出差多余借款 | | 1500.00 | | 借 | 2450.00 |
| | 19 | 银付9 | 提现备发工资 | | 120000.00 | | 借 | 122450.00 |
| | 21 | 现付4 | 发放工资 | | | 120000.00 | 借 | 2450.00 |
| | 30 | | 本月合计 | | 126700.00 | 127000.00 | 借 | 2450.00 |
| 12 | 1 | 现付1 | 预借差旅费 | | | 800.00 | 借 | 1650.00 |
| | 12 | 现付2 | 支付电费 | | | 1500.00 | 借 | 150.00 |
| | 20 | 银付8 | 提现备用 | | 100000.00 | | 借 | 100150.00 |
| | 21 | 现付4 | 发放工资 | | | 100000.00 | 借 | 150.00 |
| | 31 | | 本月合计 | | 100000.00 | 102300.00 | 借 | 150.00 |
| | 31 | | 本年合计 | | 1328600.00 | 1256300.00 | 借 | 150.00 |
| | 31 | | 结转下年 | | | | 借 | 150.00 |

结账方法：总账账户平时只需结出月末余额在摘要栏注明“本月合计”字样，并在下面划通栏单红线。年终结账时，将所有总账账户结出本年发生额和年末余额，在摘要栏内注明“本年合计”字样，并在合计数下划通栏的双红线

年度终了，有余额的账户要结转下年，在摘要栏注明“结转下年”，下年在新账本中登记“上年结转”

图 4-5-2 结转方法二

（4）需要结计本年累计发生额的某些明细账户，每月结账时，应在“本月合计”行下结出自年初起至本月末止的累计发生额，登记在月份发生额下面，在摘要栏内注明“本年累计”字样，并在下面通栏划单红线。12 月末的“本年累计”就是全年累计发生额，全年累计发生额下通栏划双红线(图 4-5-3)。

需要结计本年累计发生额的明细账，如收入、费用、成本明细账

账户名称

第 6 页

| 20×× 月 | 日 | 凭证号数 | 摘要 | √ | 借方 | 贷方 | 借或贷 | 余额 |
|---|---|---|---|---|---|---|---|---|
| 11 | 20 | | 承前页 | | | 150000.00 | 贷 | 150000.00 |
| | 23 | 23 | 销售产品 | | | 300000.00 | 贷 | 450000.00 |
| | 25 | 34 | 销售产品 | | | 395000.00 | 贷 | 845000.00 |
| | 30 | 35 | 转入本年利润 | | 845000.00 | | 平 | 0 |
| | 30 | | 本月合计 | | 845000.00 | 845000.00 | 平 | 0 |
| | 30 | | 本年累计 | | 7665000.00 | 7665000.00 | 平 | 0 |
| 12 | 3 | 5 | 销售产品 | | | 200000.00 | 贷 | 200000.00 |
| | 18 | 2 | 销售产品 | | | 350000.00 | 贷 | 550000.00 |
| | 31 | | 转入本年利润 | | 550000.00 | 550000.00 | 平 | 0 |
| | 31 | | 本月合计 | | 550000.00 | 550000.00 | 平 | 0 |
| | 31 | | 本年累计 | | 8215000.00 | 8215000.00 | 平 | 0 |

结账方法：在“本月合计”行下结出“本年累计”，下面划通栏单红线。如为12月月末，则在下面划通栏双红线

图 4-5-3 结转方法三

(5) 年度终了结账时，有余额的账户，要将其余额结转下年，并在摘要栏注明“结转下年”字样；在下一会计年度新建有关会计账户的第一行余额栏内填写上年结转的余额，并在摘要栏注明“上年结转”或“期初余额”字样。

**知识归纳：**

结账时，单红线表示当期与下期的界限；而双红线表示年末封账。

**知识拓展：**

### 会计账簿的更换与保管

会计账簿的更换通常在新会计年度建账时进行。总账、日记账和多数明细账应每年更换一次。备查账簿可以连续使用。

年度终了，各种账户在结转下年、建立新账后，一般都要把旧账送交总账会计集中统一管理。会计账簿暂由本单位财务会计部门保管1年，期满之后，由财务会计部门编造清册移交本单位的档案部门保管。

## 习题训练

### 一、单项选择题

1. 不需要在会计账簿扉页上的启用表中填列的内容是(　　)。

A. 账簿页数　　B. 记账人员　　C. 科目名称　　D. 启用日期

2. 关于会计账簿的记账规则，下列表述不正确的是(　　)。

A. 记账时应使用蓝黑墨水或碳素墨水的钢笔书写，不得使用圆珠笔(银行的复写账簿除外)或铅笔

B. 账页登记满时，应办理转页手续

C. 使用活页式账簿时，应先将其装订成册，以防止散失

D. 在不设借贷等栏的多栏式账页中，登记减少数时，可以使用红色墨水笔记账

3. 下列做法不正确的是(　　)。

A. 现金日记账采用三栏式账簿

B. 产成品明细账采用数量金额式账簿

C. 生产成本明细账采用三栏式账簿

D. 制造费用明细账采用多栏式账簿

4. 下列关于会计账簿记账规则的表述中，不正确的是(　　)。

A. 对订本式账簿，不得任意撕毁账页，但是对活页式账簿，如在装订后发现空页，应该按照相应的方法将此页注销

B. 根据审核无误的会计凭证登记账簿时，应按照凭证上的日期来填写账簿上的日期栏

C. 凡需结出余额的账户，结出余额后，应在“借或贷”栏内写明“借”或“贷”字样。没有余额的账户，应在“借或贷”栏内写“平”字，并在余额栏内用“0”表示

D. 账页记满时，直接在下页登记下一笔经济业务

5. “应交税费——应交增值税”科目的明细分类核算，其明细账的账页格式主要采

用(　　)。

A. 多栏式　　B. 两栏式　　C. 三栏式　　D. 数量金额式

6. 下列账簿中,一般采用活页账形式的是(　　)。

A. 日记账　　B. 总分类账　　C. 明细分类账　　D. 备查账

7. 下列各项中,应使用数量金额式账簿的是(　　)。

A. 主营业务收入明细账　　B. 管理费用明细账

C. 生产成本明细账　　D. 原材料明细账

8. 登记账簿时,正确的做法是(　　)。

A. 文字或数字的书写必须占满格

B. 书写可以使用蓝黑墨水、圆珠笔或铅笔

C. 用红字冲消错误记录

D. 发生的空行、空页一定要补充书写

9. 按照(　　)可以把账簿分为序时账簿、分类账簿和备查账簿。

A. 账户用途　　B. 账页格式　　C. 外形特征　　D. 账簿的性质

10. 下列不采用订本式账簿的是(　　)。

A. 总分类账　　B. 现金日记账

C. 银行存款日记账　　D. 固定资产明细账

11. 下列不适于建立备查账的是(　　)。

A. 租入的固定资产　　B. 应收票据

C. 受托加工材料　　D. 购入的固定资产

12. 下列应该使用多栏式账簿的是(　　)。

A. 应收账款明细账　　B. 管理费用明细账

C. 库存商品明细账　　D. 原材料明细账

13. 按经济业务发生时间的先后顺序,逐日逐笔进行登记的账簿是(　　)。

A. 明细分类账　　B. 总分类账　　C. 序时账　　D. 备查账

14. 期末,企业将有关债权债务明细账账面余额与对方单位的账面记录进行核对,这种对账属于(　　)的内容。

A. 账证核对　　B. 账账核对　　C. 账实核对　　D. 账表核对

15. 下列不属于对账的是(　　)。

A. 账簿记录与原始凭证之间的核对

B. 总分类账簿与其所属明细分类账簿之间的核对

C. 现金日记账的期末余额合计与现金总账期末余额的核对

D. 财产物资明细账账面余额与财产物资实存数额的核对

16. 关于现金的清查,下列说法不正确的是(　　)。

A. 在清查小组盘点现金时,出纳人员必须在场

B. 现金盘点报告表需要清查人员和出纳人员共同签字盖章

C. 要根据现金盘点报告表进行账务处理

D. 不必根据现金盘点报告表进行账务处理

17. 对库存现金的清查应采用的方法是(　　)。

A. 实地盘点法　　B. 检查现金日记账

C. 倒挤法　　D. 抽查现金

18. 对银行存款进行清查，应该采用的方法是(　　)。

A. 定期盘点法　　B. 与银行核对账目法

C. 实地盘存法　　D. 和往来单位核对账目法

## 二、多项选择题

1. 造成账实不符的原因主要有(　　)。

A. 财产物资的自然损耗　　B. 财产物资收发计量错误

C. 财产物资的毁损、被盗　　D. 会计账簿漏记、重记、错记

2. 下列(　　)明细账既可逐日、逐笔登记，也可定期汇总登记。

A. 固定资产　　B. 库存商品　　C. 应收账款　　D. 管理费用

3. 现金日记账属于(　　)。

A. 特种日记账　　B. 普通日记账　　C. 订本账　　D. 活页账

4. 下列可以作为现金日记账借方登记的依据的有(　　)。

A. 现金收款凭证　　B. 现金付款凭证

C. 银行存款收款凭证　　D. 银行存款付款凭证

5. 可采用三栏式明细分类账核算的有(　　)。

A. 库存商品　　B. 应收账款　　C. 管理费用　　D. 实收资本

6. 下列属于账实核对的有(　　)。

A. 现金日记账账面余额与现金实际库存数的核对

B. 银行存款日记账账面余额与银行对账单的的余额核对

C. 财产物资明细账账面余额与财产物资实存数额的核对

D. 应收、应付款明细账账面余额与债务、债权单位核对

7. 不同类型经济业务的明细分类账可根据管理需要，依据(　　)逐日逐笔登记或定期登记。

A. 记账凭证　　B. 科目汇总表　　C. 原始凭证　　D. 汇总原始凭证

8. 下列属于序时账的有(　　)。

A. 现金日记账　　B. 银行存款日记账

C. 应收账款明细账　　D. 主营业务收入明细账

9. 产生未达账项的情况有(　　)。

A. 企业已收款入账，而银行尚未收款入账

B. 企业已付款入账，而银行尚未付款入账

C. 银行已收款入账，而企业尚未收款入账

D. 银行已付款入账，而企业尚未付款入账

10. 某机械制造企业在财产清查中，发现账外原材料一批，估计价值为 80 000 元，并按规定报经批准。会计机构对此应作的会计分录有(　　)。

A. 借：待处理财产损溢　　80 000

　　贷：原材料　　80 000

B. 借：待处理财产损溢 80 000
　　贷：营业外收入 80 000
C. 借：原材料 80 000
　　贷：待处理财产损溢 80 000
D. 借：待处理财产损溢 80 000
　　贷：管理费用 80 000

11. 财产清查中查明的各种财产物资的盘亏，根据不同的原因，报经审批后可能列入的账户有(　　)。
A. 营业外支出　　B. 其他应收款
C. 管理费用　　D. 营业外收入

12. 关于银行存款的清查，下列说法正确的是(　　)。
A. 不需要根据银行存款余额调节表做任何账务处理
B. 对于未达账项，等以后有关原始凭证到达后再做账务处理
C. 如果调整之后双方的余额不相等，则说明银行或企业记账有误
D. 对于未达账项，需要根据银行存款余额调节表做账务处理

13. 下列关于全面清查的说法中，正确的有(　　)。
A. 年终决算前，为了确保年终决算会计资料真实、正确，需进行一次全面清查
B. 单位成立、撤销、分立、合并或改变隶属关系，需进行全面清查
C. 开展清查核资，需要进行全面清查
D. 单位财务负责人调离工作，需要进行全面清查

14. 库存现金盘亏的账务处理中可能涉及到的科目有(　　)。
A. 库存现金　　B. 管理费用
C. 其他应收款　　D. 营业外支出

15. 某企业进行固定资产清查时盘亏设备一台，原值 9 000 元，已经计提折旧 4 000 元，保险公司赔偿 2 000 元(款项尚未收到)。按照规定，其账务处理正确的有(　　)。
A. 借：待处理财产损溢 5 000
　　累计折旧 4 000
　　贷：固定资产 9 000
B. 借：其他应收款 2 000
　　营业外支出 3 000
　　贷：待处理财产损溢 5 000
C. 借：其他应收款 3 000
　　贷：待处理财产损溢 3 000
D. 借：营业外支出 5 000
　　贷：待处理财产损溢 5 000

## 三、判断题

1. 明细账一般使用活页式账簿，以便于根据实际需要，随时添加账页。(　　)

2. 账簿中书写的文字和数字上面要留有适当空间，不要写满格，一般应占格距的 1/3。 (　　)

3. 由于编制的记账凭证会计科目错误，导致账簿记录错误，更正时，可以将错误的会计科目划红线注销，然后，在划线上方填写正确的会计科目。 (　　)

4. 登记账簿时，发生的空行、空页一定要补充书写，不得注销。 (　　)

5. 新旧账有关账户之间转记余额，不必编制记账凭证。 (　　)

6. 企业的序时账簿和分类账簿必须采用订本式账簿。 (　　)

7. 库存现金的清查包括出纳人员每日的清点核对和清查小组定期和不定期的清查。 (　　)

8. 财产清查中发现的盘盈、盘亏，在报经有关领导审批之前，会计无需编制分录，等相关管理机构批准后，再根据财产盘盈、盘亏的数字，编制会计分录。 (　　)

9. 存货发生盘亏时，应根据不同的原因做出不同的处理，若属于一般经营性损失或定额内损失，记入管理费用科目。 (　　)

10. 定期清查和不定期清查对象的范围均既可以是全面清查，也可以是局部清查。 (　　)

# 项目五 Project 5 会计报表

**教学内容**

**任务一** 认识会计报表
**任务二** 编制资产负债表
**任务三** 编制利润表

**教学目标**

**能力目标：**会编制资产负债表和利润表
**知识目标：**了解会计报表含义，理解会计报表作用，掌握会计报表分类
**素质目标：**培养学生认真、细心的职业习惯；培养学生爱岗敬业、团队协作的职业理念

## 任务一 认识会计报表

**任务目标：** 会认识会计报表。

**任务引领：** 一般企业要编制哪些会计报表？会计报表的使用者有哪些？编制会计报表有什么要求？

**任务解析：**

### 一、财务会计报告

#### (一) 财务会计报告的概念

(1) 财务会计报告的编制依据：经过审核的会计账簿记录和有关资料。

(2) 财务会计报告反映的信息：反映单位某一特定日期财务状况和某一会计期间经营成果、现金流量。

(3) 财务会计报告对象：主要对外报告（债权人、投资者、政府有关部门、社会公众等），也包括内部的管理人员。

(4) 财务会计报告编制的主要目的：就是为投资者、债权人、政府及相关机构、单位管理人员、社会公众等财务会计报告的使用者进行决策提供会计信息。

**（二）财务会计报告的构成**

（1）财务会计报告包括：财务会计报表和其他应当在财务报告中披露的相关信息和资料。

（2）财务会计报表至少应当包括下列组成部分：资产负债表、利润表、现金流量表、所有者权益（或股东权益）变动表、附注。

## 二、财务会计报表的分类

**（一）按反映的经济内容不同分为静态报表和动态报表**

静态报表是指综合反映企业某一特定日期资产、负债和所有者权益状况的报表，动态报表是指综合反映企业在一定期间的经营成果或现金流量情况的报表。

**（二）按编报时间不同分为中期财务报表和年度财务报表**

中期财务会计报表是指以短于一个完整会计年度的报告期间为基础填制的财务会计报表，包括月报、季报、半年报。中期财务会计报表至少包括资产负债表和利润表、现金流量表和附注。

**（三）按报送对象不同分为对外会计报表和对内会计报表**

对外会计报表是向单位外部使用者报送的报表，包括资产负债表、利润表、现金流量表；对内会计报表是为了满足内部管理需要而填制的报表，如各种成本报表。

**（四）按编报主体分为个别会计报表和合并会计报表**

个别报表是指由企业在自身会计核算基础上对账簿记录进行加工而编制的会计报表。合并报表是以母公司和子公司组成的企业集团为会计主体而编制的会计报表。

## 三、财务会计报告的填制要求

**（一）真实可靠**

真实性是会计的生命所在，会计核算应当以实际发生的经济业务为依据，如实反映财务状况和经营成果。如果会计报表所提供的会计信息不真实可靠，甚至提供虚假的信息资料，这样的会计报表不仅不能发挥其应有的作用，反而会由于错误的信息，导致报表的使用者对企业的财务状况做出相反的结论，使其决策失误。因此，在填制会计报表时，数字必须是实际数，不能是预计数、估计数，更不能伪造，编造数字。为此，在填制会计报表以前，对本期发生的各项经济业务，要及时入账，不得提前结账，也不得漏账、压账；要定期做好财产清查工作和对账工作，保证账证相符、账账相符、账实相符；在对账和财产清查的基础上，根据总分类账的记录，填制总分类账户发生额和余额平衡表，将所有分散在各个账户的日常核算资料加以综合，并借以检查核算资料的正确性和完整性。只有经过核对无误的账簿记录，才能据以填制会计报表。在编报以后，还必须认真复核，做到账表相符，报表与报表之间有关数字衔接一致。

**（二）全面完整**

会计报表应当全面反映企业的财务状况和经营成果，反映企业经营活动的全貌。会计报表只有全面反映企业的财务状况，提供完整的会计信息资料，才能满足报表使用者对会计信息资料的需要。为了保证会计报表的全面完整，填制会计报表时，必须按国家统一规定的报表种类、格式、内容填报，不得漏编、漏报报表，也不得漏填、漏列报表项目。在不同的报告期应当编报的各种会计报表及应填列的各项指标，不论是表内项目，还是补充资料，都必须填列齐全。如果有的项目无数字填列，应在金额栏用一横线划去，以表示该项目无数字填报。企业某些重要的会计事项，应当在会计报表的附注中进行说明。

**（三）编报及时**

会计报表只有及时填制和报送，才能充分发挥会计报表的时效作用。否则，即使最真实、可靠、完整的会计报表，由于填制、报送不及时，对于报表使用者来说，也是没有任何价值的。所以，会计报表必须按规定的报送期限和程序，及时填制，按期报送。为了及时编报，企业应当加强日常会计核算工作，认真做好记账、算账、对账、结账和财产清查等工作；同时，会计人员要合理分工，密切配合，在保证报表质量的前提下，及时编报。

**（四）便于理解**

企业对外提供的财务会计报表是为广大报表使用者提供企业过去、现在和未来的有关会计资料，为企业目前或潜在的投资者和债权人提供决策所需的信息。

# 任务二 编制资产负债表

**任务目标：** 会填制资产负债表中的各个项目。

**任务引领：** 如何编制资产负债表？

**任务解析：**

## 一、资产负债表的概述

**（一）资产负债表的概念**

资产负债表是反映企业某一特定日期（如月末、季末、年末等）财务状况的会计报表。

（1）资产负债表反映企业的财务状况，即企业全部资产、负债和所有者权益的情况。

（2）资产负债表反映的财务状况是企业某一特定日期的。某一特定日期如月末、季末、年末等。

（3）资产负债表是静态报表，因为某一特定日期的财务状况是静态的。

（4）资产负债表的编制依据是“资产＝负债＋所有者权益”这一会计等式。

**（二）资产负债表的意义**

（1）通过填制资产负债表，可以反映企业资产的构成及其状况，分析企业在某一日期所拥有的经济资源及其分布情况。

（2）通过填制资产负债表，可以反映企业某一日期的负债总额及其结构，分析企业目前与未来需要支付的债务数额。

（3）通过填制资产负债表，可以反映企业所有者权益的情况，了解企业现有的投资者在企业资产总额中所占的份额。

（4）通过资产负债表，可以帮助报表使用者全面了解企业的财务状况，分析企业的债务偿还能力，从而为未来的经济决策提供参考信息。

## 二、资产负债表的格式

资产负债表的格式主要有账户式和报告式两种。我国企业的资产负债表采用账户式结构。

账户式资产负债表分左右两方：左方为资产项目，按资产的流动性大小排列；右方为负债及所有者权益项目，一般按求偿权先后顺序排列（表 5-2-1）。

**表 5-2-1　　资 产 负 债 表**

会企 01 表

编制单位：　　　　年　　月　　日　　　　单位：元

| 资 产 | 期末余额 | 年初余额 | 负债和所有者权益（或股东权益） | 期末余额 | 年初余额 |
|---|---|---|---|---|---|
| 流动资产： | | | 流动负债： | | |
| 货币资金 | | | 短期借款 | | |
| 交易性金融资产 | | | 交易性金融负债 | | |
| 应收票据 | | | 应付票据 | | |
| 应收账款 | | | 应付账款 | | |
| 预付款项 | | | 预收款项 | | |
| 应收利息 | | | 应付职工薪酬 | | |
| 应收股利 | | | 应交税费 | | |
| 其他应收款 | | | 应付利息 | | |
| 存货 | | | 应付股利 | | |
| 一年内到期的非流动资产 | | | 其他应付款 | | |
| 其他流动资产 | | | 一年内到期的非流动负债 | | |
| 流动资产合计 | | | 其他流动负债 | | |
| 非流动资产： | | | 流动负债合计 | | |
| 可供出售金融资产 | | | 非流动负债： | | |
| 持有至到期投资 | | | 长期借款 | | |
| 长期应收款 | | | 应付债券 | | |
| 长期股权投资 | | | 长期应付款 | | |
| 投资性房地产 | | | 专项应付款 | | |
| 固定资产 | | | 预计负债 | | |
| 在建工程 | | | 递延所得税负债 | | |
| 工程物资 | | | 其他非流动负债 | | |
| 固定资产清理 | | | 非流动负债合计 | | |
| 生产性生物资产 | | | 负债合计 | | |
| 油气资产 | | | 所有者权益（或股东权益）： | | |
| 无形资产 | | | 实收资本（或股本） | | |
| 开发支出 | | | 资本公积 | | |
| 商誉 | | | 减：库存股 | | |
| 长期待摊费用 | | | 盈余公积 | | |
| 递延所得税资产 | | | 未分配利润 | | |
| 其他非流动资产 | | | 所有者权益合计 | | |
| 非流动资产合计 | | | | | |
| 资产总计 | | | 负债和所有者权益总计 | | |

## 三、资产负债表的填制方法

会计报表的填制，主要通过对日常会计核算记录的数据加以归集、整理，使之成为有用的财务信息。

（1）资产负债表中的“年初数”栏内各项数字，是根据上年末资产负债表“期末数”填列的。如果本年度资产负债表规定的各项目的名称同上年不相一致，应对上年末资产负债表各项目的名称和数字按照本年度的规定进行调整，填入资产负债表中的“年初数”栏内。

（2）资产负债表中的“期末数”栏内各项目数据的来源，主要通过以下几种方式取得：

① 根据总账账户余额直接填列：资产负债表大多数项目的数据来源主要是根据总账账户期末余额直接填列。

a. 资产：如“交易性金融资产”“固定资产清理”“递延所得税资产”等。

b. 负债：流动负债（不包括“应付账款”和“预收账款”），如“短期借款”“应付票据”“应付职工薪酬”“应交税费”“其他应付款”等。

**提示：**

“应付职工薪酬”“应交税费”“其他应付款”这几个科目，期末为借方余额时，以“－”填列。

c. 所有者权益：如“实收资本”“资本公积”“盈余公积”等。

下面举例分析：

短期借款总账　　　　第 25 页

| 2012年 | | 凭证号数 | 摘要 | √ | 借方 | | | | | | | | | | 贷方 | | | | | | | | | | 借或贷 | 余额 | | | | | | | | | |
|---|---|---|---|---|---|---|---|---|---|---|---|---|---|---|---|---|---|---|---|---|---|---|---|---|---|---|---|---|---|---|---|---|---|---|---|
| 月 | 日 | | | | 千 | 百 | 十 | 万 | 千 | 百 | 十 | 元 | 角 | 分 | 千 | 百 | 十 | 万 | 千 | 百 | 十 | 元 | 角 | 分 | | 千 | 百 | 十 | 万 | 千 | 百 | 十 | 元 | 角 | 分 |
| 1 | 1 | | 期初余额 | | | | | | | | | | | | | | | | | | | | | | 贷 | | | 8 | 5 | 0 | 0 | 0 | 0 | 0 | 0 |
| | 2 | 2 | 借入款项 | | | | | | | | | | | | | | 1 | 5 | 0 | 0 | 0 | 0 | 0 | 0 | 贷 | | 1 | 0 | 0 | 0 | 0 | 0 | 0 | 0 | 0 |
| | 25 | 19 | 偿还借款 | | | | 2 | 5 | 0 | 0 | 0 | 0 | 0 | 0 | | | | | | | | | | | 贷 | | | 7 | 5 | 0 | 0 | 0 | 0 | 0 | 0 |
| | 31 | | 本月合计 | | | | 2 | 5 | 0 | 0 | 0 | 0 | 0 | 0 | | | 1 | 5 | 0 | 0 | 0 | 0 | 0 | 0 | 贷 | | | 7 | 5 | 0 | 0 | 0 | 0 | 0 | 0 |
| | | | | | | | | | | | | | | | | | | | | | | | | | | | | | | | | | | | |
| | | | | | | | | | | | | | | | | | | | | | | | | | | | | | | | | | | | |

图 5-2-1　短期借款总账

实收资本总账　　　　第 45 页

| 2012年 | | 凭证号数 | 摘要 | √ | 借方 | | | | | | | | | | 贷方 | | | | | | | | | | 借或贷 | 余额 | | | | | | | | | |
|---|---|---|---|---|---|---|---|---|---|---|---|---|---|---|---|---|---|---|---|---|---|---|---|---|---|---|---|---|---|---|---|---|---|---|---|
| 月 | 日 | | | | 千 | 百 | 十 | 万 | 千 | 百 | 十 | 元 | 角 | 分 | 千 | 百 | 十 | 万 | 千 | 百 | 十 | 元 | 角 | 分 | | 千 | 百 | 十 | 万 | 千 | 百 | 十 | 元 | 角 | 分 |
| 1 | 1 | | 期初余额 | | | | | | | | | | | | | | | | | | | | | | 贷 | | 1 | 6 | 0 | 0 | 0 | 0 | 0 | 0 | 0 |
| | 1 | 2 | 接受投资 | | | | | | | | | | | | | | 9 | 0 | 0 | 0 | 0 | 0 | 0 | 0 | 贷 | | 2 | 5 | 0 | 0 | 0 | 0 | 0 | 0 | 0 |
| | 31 | | 本年利润 | | | | | | | | | | | | | | 9 | 0 | 0 | 0 | 0 | 0 | 0 | 0 | 贷 | | 2 | 5 | 0 | 0 | 0 | 0 | 0 | 0 | 0 |
| | | | | | | | | | | | | | | | | | | | | | | | | | | | | | | | | | | | |
| | | | | | | | | | | | | | | | | | | | | | | | | | | | | | | | | | | | |

图 5-2-2　实收资本总账

要求：根据“短期借款总账”（图 5-2-1）和“实收资本总账”（图 5-2-2）的账簿资料，填写 2012 年 1 月份资产负债表中“短期借款”和“实收资本”项目的金额。

“短期借款”项目的金额 = 750 000(元)

“实收资本”项目的金额 = 2 500 000(元)

② 根据总账账户余额分析计算填列:资产负债表某些项目需要根据若干个总账账户的期末余额分析计算填列。

a. “货币资金”项目:根据“库存现金”“银行存款”“其他货币资金”总账账户的期末余额(借方)的合计数填列。

下面举例分析:

库存现金总分类账　　　　第 1 页

| 20××年 | | 凭证号数 | 摘要 | √ | 收入（借方） | | | | | | | | | | 支出（贷方） | | | | | | | | | | 借或贷 | 结余（余额） | | | | | | | | | |
|---|---|---|---|---|---|---|---|---|---|---|---|---|---|---|---|---|---|---|---|---|---|---|---|---|---|---|---|---|---|---|---|---|---|---|---|
| 月 | 日 | | | | 千 | 百 | 十 | 万 | 千 | 百 | 十 | 元 | 角 | 分 | 千 | 百 | 十 | 万 | 千 | 百 | 十 | 元 | 角 | 分 | | 千 | 百 | 十 | 万 | 千 | 百 | 十 | 元 | 角 | 分 |
| 1 | 1 | | 期初余额 | | | | | | | | | | | | | | | | | | | | | | 借 | | | | | 2 | 1 | 7 | 0 | 0 | 0 |
| | 4 | 现付1 | 预借差旅费 | | | | | | | | | | | | | | | | 1 | 2 | 0 | 0 | 0 | 0 | 借 | | | | | | 9 | 7 | 0 | 0 | 0 |
| | 10 | 现收1 | 收回出差多余借款 | | | | | | | | 4 | 0 | 0 | 0 | | | | | | | | | | | 借 | | | | | 1 | 0 | 1 | 0 | 0 | 0 |
| | 10 | 银付4 | 提现备发工资 | | | | 1 | 0 | 0 | 3 | 2 | 9 | 0 | 0 | | | | | | | | | | | 借 | | | 1 | 0 | 1 | 3 | 3 | 9 | 0 | 0 |
| | 10 | 现付2 | 发放工资 | | | | | | | | | | | | | | 1 | 0 | 0 | 3 | 2 | 9 | 0 | 0 | 借 | | | | | 1 | 0 | 1 | 0 | 0 | 0 |
| | 25 | 现付3 | 支付费用 | | | | | | | | | | | | | | | | | 4 | 0 | 0 | 0 | 0 | 借 | | | | | | 6 | 1 | 0 | 0 | 0 |
| | 31 | | 本月合计 | | | | 1 | 0 | 0 | 3 | 6 | 9 | 0 | 0 | | | 1 | 0 | 1 | 9 | 2 | 9 | 0 | 0 | 借 | | | | | | 5 | 0 | 0 | 0 | 0 |
| | | | | | | | | | | | | | | | | | | | | | | | | | | | | | | | | | | | |

图 5-2-3　库存现金总账

银行存款总账　　　　第 4 页

| 2012年 | | 凭证号数 | 摘要 | √ | 借方 | | | | | | | | | | 贷方 | | | | | | | | | | 借或贷 | 余额 | | | | | | | | | |
|---|---|---|---|---|---|---|---|---|---|---|---|---|---|---|---|---|---|---|---|---|---|---|---|---|---|---|---|---|---|---|---|---|---|---|---|
| 月 | 日 | | | | 千 | 百 | 十 | 万 | 千 | 百 | 十 | 元 | 角 | 分 | 千 | 百 | 十 | 万 | 千 | 百 | 十 | 元 | 角 | 分 | | 千 | 百 | 十 | 万 | 千 | 百 | 十 | 元 | 角 | 分 |
| 1 | 24 | | 承前页 | | | 1 | 0 | 1 | 5 | 3 | 0 | 0 | 0 | 0 | | 1 | 0 | 6 | 7 | 1 | 5 | 3 | 6 | 0 | 借 | | | 7 | 8 | 2 | 5 | 9 | 6 | 4 | 0 |
| | 26 | 29 | 支付广告费 | | | | | | | | | | | | | | | | 5 | 0 | 0 | 0 | 0 | 0 | 借 | | | 7 | 7 | 7 | 5 | 9 | 6 | 4 | 0 |
| | 28 | 30 | 上交税费 | | | | | | | | | | | | | | 2 | 0 | 7 | 9 | 0 | 0 | 0 | 0 | 借 | | | 5 | 6 | 9 | 6 | 9 | 6 | 4 | 0 |
| | 31 | 34 | 支付借款利息 | | | | | | | | | | | | | | | | 3 | 8 | 7 | 5 | 0 | 0 | 借 | | | 5 | 6 | 5 | 8 | 2 | 1 | 4 | 0 |
| | 31 | 36 | 收到存款利息 | | | | | | | 7 | 8 | 0 | 5 | 0 | | | | | | | | | | | 借 | | | 5 | 6 | 6 | 6 | 0 | 1 | 9 | 0 |
| | 31 | | 本月合计 | | | 1 | 0 | 1 | 6 | 0 | 8 | 0 | 5 | 0 | | 1 | 2 | 8 | 3 | 9 | 2 | 8 | 6 | 0 | 借 | | | 5 | 6 | 6 | 6 | 0 | 1 | 9 | 0 |
| | | | | | | | | | | | | | | | | | | | | | | | | | | | | | | | | | | | |

图 5-2-4　银行存款总账

其他货币资金总账　　　　第 5 页

| 2012年 | | 凭证号数 | 摘要 | √ | 借方 | | | | | | | | | | 贷方 | | | | | | | | | | 借或贷 | 余额 | | | | | | | | | |
|---|---|---|---|---|---|---|---|---|---|---|---|---|---|---|---|---|---|---|---|---|---|---|---|---|---|---|---|---|---|---|---|---|---|---|---|
| 月 | 日 | | | | 千 | 百 | 十 | 万 | 千 | 百 | 十 | 元 | 角 | 分 | 千 | 百 | 十 | 万 | 千 | 百 | 十 | 元 | 角 | 分 | | 千 | 百 | 十 | 万 | 千 | 百 | 十 | 元 | 角 | 分 |
| 1 | 1 | | 期初余额 | | | | | | | | | | | | | | | | | | | | | | 借 | | | | | 2 | 5 | 0 | 0 | 0 | 0 |
| | 24 | 25 | 申请取得银行汇票 | | | | | 2 | 5 | 4 | 0 | 0 | 0 | 0 | | | | | | | | | | | 借 | | | | 2 | 7 | 9 | 0 | 0 | 0 | 0 |
| | 31 | | 本月合计 | | | | | 2 | 5 | 4 | 0 | 0 | 0 | 0 | | | | | | | | | | | 借 | | | | 2 | 7 | 9 | 0 | 0 | 0 | 0 |
| | | | | | | | | | | | | | | | | | | | | | | | | | | | | | | | | | | | |
| | | | | | | | | | | | | | | | | | | | | | | | | | | | | | | | | | | | |
| | | | | | | | | | | | | | | | | | | | | | | | | | | | | | | | | | | | |
| | | | | | | | | | | | | | | | | | | | | | | | | | | | | | | | | | | | |

图 5-2-5　其他货币资金总账

要求:根据以上“库存现金”“银行存款”“其他货币资金”总分类账户的资料(图 5-2-3～

图 5-2-5)，填写 2012 年 1 月份资产负债表中“货币资金”项目的金额。

“货币资金”项目的金额 = 610.00 + 566 601.90 + 27 900.00 = 595 111.90(元)

b. “存货”项目：根据“在途物资”(或“材料采购”)，以及“材料成本差异”“原材料”“周转材料”“委托加工物资”“生产成本”“库存商品”“发出商品”等总账账户的期末余额(借方)合计数，扣除“存货跌价准备”总账账户的余额(一般在贷方)后填列。

c. “未分配利润”项目：1—11 月份根据“利润分配”“本年利润”总账账户的期末余额分析计算填列(若为借方余额以“－”填列)；12 月份根据“利润分配”总账账户的期末余额直接填列(若为借方余额以“－”填列)。

③ 根据明细账余额计算填列：

a. “应收账款”项目：根据“应收账款”和“预收账款”所属明细账的借方余额合计数扣除“坏账准备”后的金额填列。

b. “预付款项”项目：根据“预付账款”和“应付账款”所属明细账的借方余额合计数填列。

c. “应付账款”项目：根据“应付账款”和“预付账款”所属明细账的贷方余额合计数填列。

d. “预收款项”项目：根据“预收账款”和“应收账款”所属明细账的贷方余额合计数填列。

下面举例分析：

×公司 2012 年 1 月份有关账户资料如下：

表 5-2-2　×公司账户余额表

2012 年 1 月 31 日　(单位：元)

| 总账 | 借方金额 | 贷方金额 | 明细账 | 借方金额 | 贷方金额 |
|---|---|---|---|---|---|
| 应收账款 | 3 000.00 | | A 公司 | 3 500.00 | |
| | | | B 公司 | | 500.00 |
| 预付账款 | 5 000.00 | | C 公司 | 5 200.00 | |
| | | | D 公司 | | 200.00 |
| 应付账款 | | 2 300.00 | 甲公司 | 500.00 | |
| | | | 乙公司 | | 2 800.00 |
| 预收账款 | | 1 200.00 | 丙公司 | | 1 500.00 |
| | | | 丁公司 | 300.00 | |

要求：根据以上资料填写 2012 年 1 月 31 日资产负债表中“应收账款”“预付款项”“应付账款”“预收款项”项目的金额。

“应收账款”项目的金额 = 3 500 + 300 = 3 800(元)
“预付款项”项目的金额 = 5 200 + 500 = 5 700(元)
“应付账款”项目的金额 = 2 800 + 200 = 3 000(元)
“预收款项”项目的金额 = 1 500 + 500 = 2 000(元)

说明：如果“坏账准备”账户有余额，“应收账款”项目的填列还要考虑扣除“坏账准备”账户的贷方余额。

④ 根据总账账户和明细账户余额计算分析填列：长期资产和长期负债会随着时间的推移，期限会由长期（一年以上）变为短期（一年或一年以内），一年或一年以内的到期的长期资产和长期负债要从长期资产和长期负债中扣除，分别计入“一年内到期的非流动资产”和“一年内到期的非流动负债”项目。

a. 长期资产：如“长期应收款”“长期待摊费用”项目等。

“长期应收款”项目：根据“长期应收款”总账账户的期末余额扣除一年内（含一年）到期的长期应收款。其中，一年内到期的长期应收款的数据来源于“长期应收款”的明细账，该部分扣除后计入报表项目“一年内到期的非流动资产”。

“长期待摊费用”项目：根据“长期待摊费用”总账账户的期末余额扣除一年内（含一年）到期的长期待摊费用。其中，一年内到期的长期待摊费用的数据来源于“长期待摊费用”的明细账，该部分扣除后也计入报表项目“一年内到期的非流动资产”。

b. 长期负债：如“长期借款”“应付债券”“长期应付款”项目等。

“长期借款”项目：根据“长期借款”总账账户的期末余额扣除一年内（含一年）到期的长期借款。其中，一年内到期的长期借款的数据来源于“长期借款”的明细账，该部分扣除后计入报表项目“一年内到期的非流动负债”。

“应付债券”项目：根据“应付债券”总账账户的期末余额扣除一年内（含一年）到期的应付债券。其中，一年内到期的应付债券的数据来源于“应付债券”的明细账，该部分扣除后计入报表项目“一年内到期的非流动负债”。

“长期应付款”项目：根据“长期应付款”总账账户的期末余额扣除一年内（含一年）到期的长期应付款。其中，一年内到期的长期应付款的数据来源于“长期应付款”的明细账，该部分扣除后计入报表项目“一年内到期的非流动负债”。

下面举例分析：

**表 5-2-3** ×企业长期借款情况

| 借款起始日期 | 借款期限（年） | 借款金额（元） |
|---|---|---|
| 2012 年 1 月 1 日 | 5 | 1 500 000 |
| 2011 年 3 月 1 日 | 4 | 1 800 000 |
| 2010 年 8 月 1 日 | 2 | 1 000 000 |
| 合计 | | 4 300 000 |

要求：根据以上资料填写 2012 年 1 月 31 日资产负债表中“长期借款”项目的金额。

“长期借款”项目的金额 ＝ 1 500 000 ＋ 1 800 000 ＝ 3 300 000（元）

说明：2010 年 8 月 1 日借入的期限为 2 年的借款 1 000 000 元在 2012 年 1 月 31 日时还有 6 个月到期，所以应将 1 000 000 元填在流动负债下的“一年内到期的非流动负债”项目中。

⑤ 根据有关资产类账户的余额减去其备抵账户后的净额填列：如“固定资产”“在建工程”“无形资产”“可供出售金融资产”“持有至到期投资”“长期股权投资”“应收账款”“其他

应收款”“存货”等项目。

“固定资产”项目：根据“固定资产”总账账户的期末余额减去“累计折旧”“固定资产资产减值准备”总账账户的余额填列。

“在建工程”项目：根据“在建工程”总账账户的期末余额减去“在建工程减值准备”总账账户的余额填列。

“无形资产”项目：根据“无形资产”总账账户的期末余额减去“累计摊销”“无形资产减值准备”总账账户的余额填列。

“长期股权投资”项目：根据“长期股权投资”总账账户的期末余额减去“长期股权投资减值准备”总账账户的余额填列。

“持有至到期投资”项目：根据“持有至到期投资”总账账户的期末余额减去“持有至到期投资减值准备”总账账户的余额填列。

“可供出售金融资产”项目：根据“可供出售金融资产”总账账户的期末余额减去“可供出售金融资产减值准备”总账账户的余额填列。

下面举例分析：

要求：根据图 5-2-6 和图 5-2-7 填写 2012 年 1 月 31 日资产负债表中“固定资产”项目的金额。

“固定资产”项目的金额＝2 114 500 －286 472 ＝1 828 028（元）

固定资产总账　　第 19 页

| 2012年 月 | 日 | 凭证号数 | 摘要 | √ | 借方（千百十万千百十元角分） | 贷方（千百十万千百十元角分） | 借或贷 | 余额（千百十万千百十元角分） |
|---|---|---|---|---|---|---|---|---|
| 1 | 1 | | 期初余额 | | | | 借 | 135900000 |
| | 1 | 1 | 接受投资 | | 70000000 | | 借 | 205900000 |
| | 3 | 4 | 购置设备 | | 5850000 | | 借 | 211750000 |
| | 31 | 33 | 设备盘亏 | | | 300000 | 借 | 211450000 |
| | 31 | | 本月合计 | | 75850000 | 300000 | 借 | 211450000 |
| | | | | | | | | |
| | | | | | | | | |

图 5-2-6　固定资产总账

累计折旧总账　　第 20 页

| 2012年 月 | 日 | 凭证号数 | 摘要 | √ | 借方（千百十万千百十元角分） | 贷方（千百十万千百十元角分） | 借或贷 | 余额（千百十万千百十元角分） |
|---|---|---|---|---|---|---|---|---|
| 1 | 1 | | 期初余额 | | | | 贷 | 27800000 |
| | 15 | 17 | 计提固定资产折旧 | | | 1087200 | 贷 | 28887200 |
| | 21 | 23 | 固定资产盘亏 | | 240000 | | 贷 | 28647200 |
| | 31 | | 本月合计 | | 240000 | 1087200 | 贷 | 28647200 |
| | | | | | | | | |
| | | | | | | | | |

图 5-2-7　累计折旧总账

**任务训练：**

根据海华设备制造有限公司 6 月 30 日的账户资料，填制资产负债表各项目的期末余额。

表 5-2-4 海华设备制造有限公司账户余额

××年 6 月 30 日 单位:元

| 资产账户 | 借或贷 | 余额 | 负债和所有者权益账户 | 借或贷 | 余额 |
|---|---|---|---|---|---|
| 库存现金 | 借 | 2 100 | 短期借款 | 贷 | 249 800 |
| 银行存款 | 借 | 803 770 | 应付票据 | 贷 | 19 600 |
| 其他货币资金 | 借 | 91 560 | 应付账款 | 贷 | 71 400 |
| 交易性金融资产 | 借 | 114 140 | ——丙公司 | 贷 | 73 000 |
| 应收票据 | 借 | 20 000 | ——丁公司 | 借 | 1 600 |
| 应收账款 | 借 | 77 000 | 预收账款 | 贷 | 14 700 |
| ——甲公司 | 借 | 80 000 | ——C 公司 | 贷 | 16 900 |
| ——乙公司 | 贷 | 3 000 | ——D 公司 | 借 | 2 200 |
| 坏账准备 | 贷 | 2 000 | 其他应付款 | 贷 | 5 000 |
| 预付账款 | 借 | 36 160 | 应付职工薪酬 | 贷 | 7 000 |
| ——A 公司 | 借 | 36 500 | 应交税费 | 贷 | 6 580 |
| ——B 公司 | 贷 | 340 | 应付股利 | 贷 | 22 434 |
| 其他应收款 | 借 | 5 510 | 长期借款 | 贷 | 340 000 |
| 应收股利 | 借 | 3 000 | 应付债券 | 贷 | 86 700 |
| 材料采购 | 借 | 3 500 | 其中一年内到期的应付债券 | 贷 | 23 000 |
| 原材料 | 借 | 813 127 | | | |
| 周转材料 | 借 | 117 600 | 长期应付款 | 贷 | 165 900 |
| 材料成本差异 | 贷 | 32 277 | 实收资本 | 贷 | 3 518 830 |
| 生产成本 | 借 | 265 485 | 资本公积 | 贷 | 110 000 |
| 库存商品 | 借 | 75 600 | 盈余公积 | 贷 | 48 100 |
| 存货跌价准备 | 贷 | 10 000 | 利润分配 | 贷 | 2 961 |
| 持有至到期投资 | 借 | 174 200 | ——未分配利润 | 贷 | 2 961 |
| 固定资产 | 借 | 2 887 800 | 本年利润 | 贷 | 30 000 |
| 累计折旧 | 贷 | 1 034 920 | | | |
| 在建工程 | 借 | 256 760 | | | |
| 固定资产清理 | 借 | 6 875 | | | |
| 无形资产 | 借 | 24 015 | | | |
| 资产合计 | | 4 699 005 | 负债和所有者权益合计 | | 4 699 005 |

# 任务三 编制利润表

**任务目标:** 会编制利润表。

**任务引领:** 如何编制利润表?

**任务解析：**

## 一、利润表的概述

### （一）利润表的概念

利润表是反映企业在一定会计期间经营成果的报表。

（1）利润表反映企业的经营成果，即企业的收入、费用、利润的情况。

（2）利润表反映的经营成果是企业某一会计期间的。

（3）利润表是动态报表，因为某一会计期间的经营成果是动态的。

（4）利润表的编制依据是“收入－费用＝利润”这一会计等式。

### （二）利润表的意义

（1）通过利润表可以从总体上了解企业收入、成本费用、利润（或亏损）的实现及构成情况。

（2）通过利润表提供的不同时期的比较数字（本月数、本年累计数、上年数），可以分析企业的获利能力及利润的未来发展趋势，了解投资者投入资本的保值增值情况。

## 二、利润表的格式

利润表的格式主要有多步式利润表和单步式利润表两种。

### （一）单步式利润表

单步式利润表是将当期所有的收入列在一起，然后将所有的费用列在一起，两者相减得出净利润（表 5-3-1）。

**表 5-3-1　　利　润　表**

会企 02 表

编制单位：　　　　年　　月　　　　单位：元

| 项　　目 | 本月数 | 本年累计数 |
|---|---|---|
| 一、收入 | | |
| 主营业务收入 | | |
| 其他业务收入 | | |
| 投资收益 | | |
| 营业外收入 | | |
| 收入合计 | | |
| 二、费用 | | |
| 主营业务成本 | | |
| 其他业务成本 | | |
| 营业税金及附加 | | |
| 销售费用 | | |
| 管理费用 | | |
| 财务费用 | | |

续 表

| 项　　目 | 本月数 | 本年累计数 |
|---|---|---|
| 资产减值损失 | | |
| 营业外支出 | | |
| 所得税费用 | | |
| 费用合计 | | |
| 三、净利润 | | |

### （二）多步式利润表

多步式利润表是通过对当期的收入、费用、支出项目，按性质加以归类，按利润形成的主要环节列示一些中间性利润指标，如营业利润、利润总额、净利润，分步计算当期净损益。

在我国，利润表采用多步式。每个项目通常又分为“本月数”和“本年累计数”两栏分别填列（表5-3-2）。

**表5-3-2　　　　利　润　表**

会企02表

编制单位：　　　　年　　月　　　　单位：元

| 项　　目 | 本月数 | 本年累计数 |
|---|---|---|
| 一、营业收入 | | |
| 减：营业成本 | | |
| 营业税金及附加 | | |
| 销售费用 | | |
| 管理费用 | | |
| 财务费用 | | |
| 资产减值损失 | | |
| 加：公允价值变动收益（损失以“－”号填列） | | |
| 投资收益（损失以“－”号填列） | | |
| 其中：对联营企业和合营企业的投资收益 | | |
| 二、营业利润（亏损以“－”号填列） | | |
| 加：营业外收入 | | |
| 减：营业外支出 | | |
| 其中：非流动资产处置损失 | | |
| 三、利润总额（亏损总额以“－”号填列） | | |
| 减：所得税费用 | | |
| 四、净利润（净亏损以“－”号填列） | | |
| 五、每股收益： | | |
| （一）基本每股收益 | | |
| （二）稀释每股收益 | | |

由于多步式利润表中利润形成的排列格式，注意了收入与费用支出配比的层次性，这

样便于对企业生产经营情况进行分析，有利于不同企业之间进行比较，更重要的是利用多步式利润表有利于预测企业今后的盈利能力。

## 三、利润表的填制方法

利润表中的“本月数”栏反映各项目的本月实际发生数，在填制年报时，填列上年全年累计实际发生数，并将“本月数”栏改为“上年数”栏。表中的“本年累计数”栏各项目，反映自年初起至本月末止的累计实际发生数。

报表中各项目数据的来源，主要通过以下几种方式取得：

### （一）根据损益类账户发生额分析填列

利润表中大多数项目都是根据损益类科目发生额直接填列。如“投资收益”“营业外收入”等项目，是根据这些相关账户的贷方发生额填列；“营业税金及附加”“销售费用”“管理费用”“财务费用”“营业外支出”“所得税费用”等项目，是根据这些相关科目借方发生额填列。

### （二）表外计算后填列

“营业收入”项目，它是在表外将“主营业务收入”账户的贷方发生额加上“其他业务收入”账户的贷方发生额合计后填列的；“营业成本”项目，它是在表外将“主营业务成本”账户的借方发生额加上“其他业务成本”账户的借方发生额合计后填列的。

### （三）表上直接计算后填列

“营业利润”“利润总额”“净利润”等项目，是在表上直接计算后填列的。

（1）营业利润＝营业收入－营业成本－营业税金及附加－管理费用－销售费用－财务费用－资产减值损失±公允价值变动损益±投资收益。

（2）利润总额＝营业利润＋营业外收入－营业外支出。

（3）净利润＝利润总额－所得税费用。

### （四）特殊项目的填列

“基本每股收益”“稀释每股收益”项目。企业应当按照归属于普通股股东的当期净利润，除以发行在外普通股的加权平均数计算基本每股收益。企业存在稀释性潜在普通股的，应当分别调整归属于普通股股东的当期净利润和发行在外普通股的加权平均数，并据以计算稀释每股收益。

**任务训练：**

资料：假设某企业为增值税一般纳税企业，20××年12月份发生下列经济业务：

（1）企业销售材料一批，价款10 000元，增值税销项税额1 700元，货款及税金采用商业汇票结算，收到面额11 700的商业承兑汇票一张。

（2）企业按合同发出商品一批，价款130 000元，增值税销项税额22 100元，该货款已于上月预收，金额为100 000元。

（3）企业用银行存款支付专设的销售部门销售产品的运杂费5 000元，向慈善机构支付捐款5 000元。

（4）企业以银行存款支付本季度的短期借款利息1 300元（未采用预提方式）。

（5）月末，结算本月应付行政管理部门人员的工资及福利 11 400 元。

（6）月末，按规定计算本月的销售产品的消费税等销售税金 2 500 元。

（7）月末，结转已售产品的生产成本 85 500 元，已售材料的成本 5 000 元。

（8）月末，经批准盘盈存货的价值 200 元。

（9）假设企业按月计算所得税费用，本月没有任何调整事项，企业根据利润总额计算企业本期应交纳的所得税（所得税率为 25%）。

要求：

（1）根据上述材料填制记账凭证（编制会计分录）。

（2）编制该企业 20××年 12 月份利润表。

## 习题训练

### 一、单项选择题

1. 下列不属于财务会计报告基本要求的是（　　）。

A. 真实可靠　　B. 合法实用　　C. 编报及时　　D. 便于理解

2. 可以反映企业某一特定日期财务状况的报表是（　　）。

A. 利润表　　B. 利润分配表

C. 资产负债表　　D. 现金流量表

3. 资产负债表中负债项目的顺序是按（　　）排列。

A. 项目的重要性程度　　B. 项目的金额大小

C. 项目的支付性大小　　D. 清偿债务的先后

4. 关于资产负债表的格式，下列说法不正确的是（　　）。

A. 资产负债表主要有账户式和报告式

B. 我国的资产负债表采用报告式

C. 账户式资产负债表分为左右两方，左方为资产，右方为负债和所有者权益

D. 负债和所有者权益按照求偿权的先后顺序排列

5. 资产负债表中资产的排列顺序是按（　　）。

A. 项目收益性　　B. 项目重要性

C. 项目流动性　　D. 项目时间性

6. 某企业“应付账款”明细账期末余额情况如下：应付甲企业贷方余额为 200 000 元，应付乙企业借方余额为 180 000 元，应付丙企业贷方余额为 300 000 元，假如该企业“预付账款”明细账均为借方余额，则根据以上数据计算的反映在资产负债表上“应付账款”项目的金额为（　　）元。

A. 680 000　　B. 320 000　　C. 500 000　　D. 80 000

7. 资产负债表的下列项目中，需要根据几个总账科目的期末余额进行汇总填列的是（　　）。

A. 应付职工薪酬　　B. 短期借款　　C. 货币资金　　D. 资本公积

8. 企业持有一年内到期的持有至到期投资应在资产负债表的（　　）项目列示。

A. 其他非流动资产

B. 持有至到期投资

C. 流动资产类下单设“一年内到期的非流动资产”

D. 交易性金融资产

9. 资产负债表中的“存货”项目，应根据(　　)。

A. “存货”科目的期末借方余额直接填列

B. “原材料”科目的期末借方余额直接填列

C. “原材料”“生产成本”“库存商品”等科目的期末借方余额之和减去“存货跌价准备”等账户期末余额后的金额填列

D. “原材料”“工程物资”“库存商品”等科目的期末借方余额之和填列

10. 利润表中的利润总额是以(　　)为基础来计算的。

A. 营业收入　　B. 营业成本　　C. 投资收益　　D. 营业利润

11. 我国的利润表采用(　　)。

A. 单步式　　B. 多步式　　C. 账户式　　D. 报告式

12. (　　)是反映企业经营成果的会计报表。

A. 资产负债表　　B. 利润表

C. 现金流量表　　D. 会计报表附注

13. 编制利润表所依据的会计等式是(　　)。

A. 收入－费用＝利润

B. 资产＝负债＋所有者权益

C. 借方发生额＝贷方发生额

D. 期初余额＋本期借方发生额－本期贷方发生额＝期末余额

14. 某企业本月主营业务收入为 1 000 000 元，其他业务收入为 80 000 元，营业外收入为 90 000元，主营业务成本为 760 000 元，其他业务成本为 50 000 元，营业税金及附加为 30 000 元，营业外支出为 75 000 元，管理费用为 40 000 元，销售费用为 30 000 元，财务费用为 15 000 元，所得税费用为 75 000 元。则该企业本月营业利润为(　　)元。

A. 170 000　　B. 155 000　　C. 25 000　　D. 80 000

15. 某公司本会计期间的主营业务收入为 1 700 万元，主营业务成本为 1 190 万元，营业税金及附加为 170 万元，销售费用为 110 万元，管理费用为 100 万元，财务费用为 19 万元，营业外收入为 16 万元，营业外支出为 25 万元，其它业务收入为 200 万元，其他业务成本 100 万元，应交所得税按利润总额 25％计算，其营业利润，利润总额、企业净利润分别为(　　)万元。

A. 111，232，174　　B. 211，202，151.5

C. 356，232，74　　D. 111，202，151.5

## 二、多项选择题

1. 借助于资产负债表提供的会计信息，可以帮助管理者(　　)。

A. 分析企业资产的结构及其状况

B. 分析企业目前与未来需要支付的债务数额

C. 分析企业的债务偿还能力

D. 分析企业的现金流量情况

2. 财务会计报告包括(　　)。

A. 会计报表　　B. 财务分析

C. 会计报表附注　　D. 财务情况说明书

3. 企业提供的财务会计报告的使用者有(　　)。

A. 投资者

B. 债权人

C. 政府及相关机构

D. 企业管理人员、职工和社会公众等

4. 下列有关财务会计报告的表述中,正确的是(　　)。

A. 财务会计报告是指企业对外提供的反映企业某一特定日期财务状况和某一会计期间经营成果、现金流量等会计信息的文件

B. 企业财务会计报告分为年度、半年度、季度和月度财务会计报告

C. 会计报表附注是财务会计报告的重要组成部分

D. 财务会计报告就是指会计报表

5. 下列属于非流动负债的是(　　)。

A. 长期借款　　B. 应付债券

C. 应交税费　　D. 长期应付款

6. 编制资产负债表时,需根据有关总账科目期末余额分析、计算填列的项目有(　　)。

A. 货币资金　　B. 预付款项　　C. 存货　　D. 短期借款

7. 资产负债表中的“货币资金”项目,应根据(　　)科目期末余额的合计数填列。

A. 备用金　　B. 其他货币资金

C. 银行存款　　D. 库存现金

8. 下列等式正确的有(　　)。

A. 营业利润＝营业收入－营业成本－营业税金及附加－期间费用－资产减值损失＋公允价值变动收益(－公允价值变动损失)＋投资收益(－投资损失)

B. 期间费用＝管理费用＋销售费用＋财务费用

C. 利润总额＝营业利润＋营业外收入－营业外支出

D. 净利润＝利润总额－所得税费用

9. 利润表的特点是(　　)。

A. 根据相关账户的本期发生额编制　　B. 根据相关账户的期末余额编制

C. 属于静态报表　　D. 属于动态报表

10. 下列属于报表中所有者权益项目的是(　　)。

A. 实收资本　　B. 资本公积　　C. 未分配利润　　D. 留存收益

## 三、判断题

1. 资产负债表的格式主要有账户式和报告式两种,我国采用的是报告式,因此才出现财务会计报告这个名词。(　　)

2. 资产负债表是反映企业某一特定时期财务状况的会计报表。(　　)

3. 账户式资产负债表分左右两方：左方为资产项目，一般按照流动性大小排列；右方为负债及所有者权益项目，一般按要求偿还时间的先后顺序排列。（　　）
4. 资产负债表中“固定资产”项目应根据“固定资产”账户余额直接填列。（　　）
5. 资产负债表中资产类至少包括流动资产项目、长期投资项目和固定资产项目。（　　）
6. 利润表是反映企业在一定会计期间经营成果的报表，属于静态报表。（　　）
7. 净利润是指营业利润减去所得税费用后的金额。（　　）
8. 营业利润是以主营业务利润为基础，加上其他业务利润，减去销售费用、管理费用和财务费用，再加上营业外收入减去营业外支出计算出来的。（　　）
9. 资产负债表中“应收账款”项目，应根据“应收账款”账户所属各明细账户的期末借方余额合计填列。如“预付账款”账户所属有关明细账户有借方余额的，也应包括在本项目内。（　　）
10. 资产负债表是总括反映企业特定日期资产、负债和所有者权益情况的动态报表，通过它可以了解企业的资产构成、资金的来源构成和企业债务的偿还能力。（　　）

# 项目六 Project 6 账务处理程序

教学内容

**任务一** 记账凭证账务处理程序
**任务二** 汇总记账凭证账务处理程序
**任务三** 科目汇总表账务处理程序

教学目标

**能力目标:**能根据企业的特点选择并运用账务处理程序

**知识目标:**了解账务处理程序的种类,知道账务处理程序的特点,理解并掌握常用账务处理程序的优缺点和适用范围

**素质目标:**培养学生遵纪守法的职业道德;认真、耐心、谨慎的职业习惯;爱岗敬业、团队协作、终身学习的职业理念

## 任务一 记账凭证账务处理程序

**任务目标:** 会根据记账凭证登记总账。

**任务引领:** 什么是账务处理程序?常用的账务处理程序有哪些?如何区分不同的账务处理程序?

**任务解析:**

### 一、账务处理程序概述

#### (一) 账务处理程序的概念

账务处理程序也称会计核算组织程序或会计核算形式,是指会计凭证、会计账簿、会计报表相结合的方式,包括会计凭证和账簿的种类、格式,会计凭证与账簿之间的联系方法,由原始凭证到填制记账凭证、登记明细分类账和总分类账、填制会计报表的工作程序和方法等。

#### (二) 账务处理程序的内容

账务处理程序主要包括两部分内容:一是建立凭证、账簿和报表组织体系;二是记账步骤。

### （三）账务处理程序的意义

科学合理地选择适用于本单位的账务处理程序，对于有效地组织会计核算具有重要意义：

（1）有利于会计工作程序的规范化，确定合理的凭证、账簿及报表之间的联系方式，保证会计信息加工过程的严密性，提高会计信息质量。

（2）有利于保证会计记录的完整性、正确性，通过凭证、账簿及报表之间的牵制作用，增强会计信息的可靠性。

（3）有利于减少不必要的会计核算环节，提高会计工作效率，保证会计信息的及时性。

### （四）账务处理程序的种类

常用的账务处理程序主要有记账凭证账务处理程序、汇总记账凭证账务处理程序和科目汇总表账务处理程序。

---

**提示：**

各种不同账务处理程序的区别，主要表现在登记总账的依据和方法不同。

---

## 二、记账凭证账务处理程序

### （一）记账凭证账务处理程序概念

经济业务发生后，根据原始凭证或原始凭证汇总表填制记账凭证，根据记账凭证直接逐笔登记总账的一种账务处理程序。

### （二）记账凭证账务处理程序特点

直接根据记账凭证逐笔登记总账，即登记总账的依据是记账凭证。

记账凭证账务处理程序是最基本的账务处理程序，其他会计核算程序都是在它的基础上发展而来的。

### （三）记账凭证账务处理程序下的凭证与账簿的设置

1. 记账凭证

通用记账凭证，也可采用专用记账凭证（收款凭证、付款凭证、转账凭证）。

2. 日记账

三栏式库存现金日记账和银行存款日记账。

3. 分类账

三栏式总账，以及三栏式、数量金额式和多栏式等明细账。

### （四）记账凭证账务处理程序的记账步骤

（1）根据原始凭证填制汇总原始凭证。

（2）根据原始凭证或汇总原始凭证，填制记账凭证。

（3）根据收款凭证、付款凭证逐笔登记现金日记账和银行存款日记账。

（4）根据原始凭证、汇总原始凭证和记账凭证，登记各种明细分类账。

（5）根据记账凭证逐笔登记总分类账。

（6）期末，现金日记账、银行存款日记账和明细分类账的余额同有关总分类账的余额核对相符。

（7）期末，根据总分类账和明细分类账的记录，填制会计报表。

记账凭证账务处理程序的步骤，可用图 6-1-1 表示。

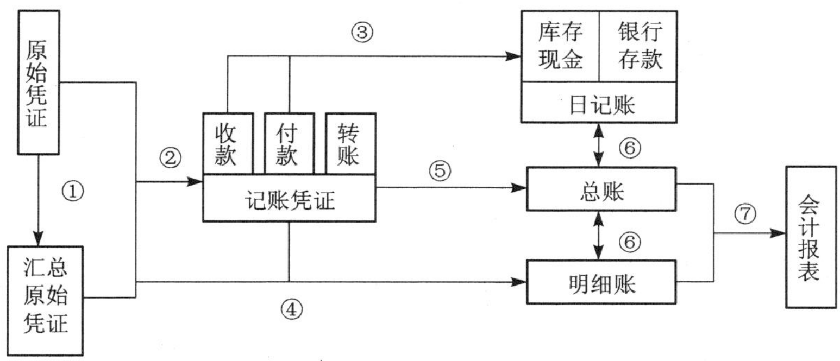


图 6-1-1 记账凭证账务处理程序

### (五) 记账凭证账务处理程序的优缺点和适用范围

1. 优点

简单明了，易于理解；总分类账可以详细地反映经济业务的发生情况。

2. 缺点

登记总分类账的工作量较大。

3. 适用范围

适用于规模较小、经济业务量较少的单位。

# 任务二 汇总记账凭证账务处理程序

**任务目标：** 会根据记账凭证填制汇总记账凭证，会根据汇总记账凭证登记总账。

**任务引领：** 根据记账凭证登记总账，如果企业业务量较多，登记总账的工作量会很大，如何减轻会计人员登记总账的工作量？

**任务解析：**

## 一、汇总记账凭证账务处理程序的含义

经济业务发生后，根据原始凭证或原始凭证汇总表填制记账凭证（收款凭证、付款凭证、转账凭证），根据记账凭证编制汇总记账凭证（汇总收款凭证、汇总付款凭证、汇总转账凭证），然后根据汇总记账凭证登记总账。

## 二、汇总记账凭证账务处理程序的特点

根据汇总记账凭证登记总分类账，即登记总账的依据是汇总记账凭证。

## 三、汇总记账凭证核算程序下凭证与账簿的设置

1. 记账凭证

通用记账凭证，也可采用专用记账凭证（收款凭证、付款凭证、转账凭证）。

2. 汇总记账凭证

汇总收款凭证、汇总付款凭证、汇总转账凭证。

3. 日记账

三栏式库存现金日记账和银行存款日记账。

4. 分类账

三栏式总分类账和三栏式、多栏式、数量金额式明细分类账等。

## 四、汇总记账凭证的填制

### (一) 汇总收款凭证

汇总收款凭证是按库存现金或银行存款账户的借方分别设置，按贷方科目归类，定期(5天或10天)汇总填列一次，每月填制一张库存现金或银行存款汇总收款凭证，月末结出汇总收款凭证合计数，并据以登记有关总分类账户(图6-2-1)。

汇总收款凭证

借方科目：库存现金　　　　2012年1月　　　　现汇收第1号

| 贷方科目 | 金额 | | | | 总账页数 | |
|---|---|---|---|---|---|---|
| | 1-10日现收字<br>第1号至第1号 | 11-20日现收字<br>第2号至第2号 | 21-31日现收字<br>第 号至第 号 | 合计 | 借方 | 贷方 |
| 其他应收款 | 40.00 | | | 40.00 | | |
| 银行存款 | | 1 000.00 | | 1 000.00 | | |
| | | | | | | |
| | | | | | | |
| 合　　计 | 40.00 | | | 1 040.00 | | |

登记在“库存现金”总账的借方

登记在相关总账的贷方

**图6-2-1　汇总收款凭证**

### (二) 汇总付款凭证

汇总付款凭证按库存现金或银行存款账户的贷方分别设置，根据借方科目归类，定期(5天或10天)汇总填列一次，每月填制一张库存现金或银行存款汇总付款凭证，月末结出汇总付款凭证合计数，并据以登记有关总分类账户(图6-2-2)。

汇总付款凭证

贷方科目：库存现金　　　　2012年1月　　　　现汇付第1号

| 借方科目 | 金额 | | | | 总账页数 | |
|---|---|---|---|---|---|---|
| | 1-10日现付字<br>第1号至第2号 | 11-20日现付字<br>第 号至第 号 | 21-31日现付字<br>第3号至第3号 | 合计 | 借方 | 贷方 |
| 其他应收款 | 1 200.00 | | | 1 200.00 | | |
| 应付职工薪酬 | 100 329.00 | | | 100 329.00 | | |
| 销售费用 | | | 400.00 | 400.00 | | |
| | | | | | | |
| 合　　计 | 101 529.00 | | 400.00 | 101 929.00 | | |

登记在相关总账的借方

登记在“库存现金”总账的贷方

**图6-2-2　汇总付款凭证**

### （三）汇总转账凭证

汇总转账凭证通常是分别按每一转账凭证的贷方设置，根据借方科目归类，定期（5 天或 10 天）汇总填列一次，每月填制一张汇总转账凭证，月末结出汇总转账凭证合计数，并据以登记有关总分类账户（图 6-2-3）。

汇总转账凭证

贷方科目：原材料　　　　2012 年 1 月　　　　转汇第 1 号

| 借方科目 | 金额 | | | | 总账页数 | |
|---|---|---|---|---|---|---|
| | 1-10 日转字<br>第 1 号至第 10 号 | 11-20 日转字<br>第 11 号至第 13 号 | 21-31 日转字<br>第 14 号至第 31 号 | 合计 | 借方 | 贷方 |
| 生产成本 | 406 000.00 | | | 406 000.00 | | |
| 制造费用 | 24 000.00 | | | 24 000.00 | | |
| 管理费用 | 12 000.00 | | | 12 000.00 | | |
| 其他业务成本 | | | 100 000.00 | 100 000.00 | | |
| 合　计 | 442 000.00 | | 100 000.00 | 542 000.00 | | |

登记在原材料总账的贷方

登记在相关总账的借方

**图 6-2-3　汇总转款凭证**

为便于填制汇总转账凭证，平时填制转账凭证时，应填制“一借一贷”的简单分录，或“多借一贷”的复合分录，不得填制“一借多贷”或“多借多贷”的复合分录。

## 五、汇总记账凭证账务处理程序记账步骤

（1）根据原始凭证填制汇总原始凭证。

（2）根据原始凭证或汇总原始凭证，填制记账凭证。

（3）根据收款凭证、付款凭证逐笔登记现金日记账和银行存款日记账。

（4）根据原始凭证、汇总原始凭证和记账凭证，登记各种明细分类账。

（5）根据各种记账凭证填制有关汇总记账凭证。

（6）根据各种汇总记账凭证登记总分类账。

（7）期末，现金日记账、银行存款日记账和明细分类账的余额同有关总分类账的余额核对相符。

（8）期末，根据总分类账和明细分类账的记录，填制会计报表。

汇总记账凭证账务处理程序的步骤，可用图 6-2-4 表示。

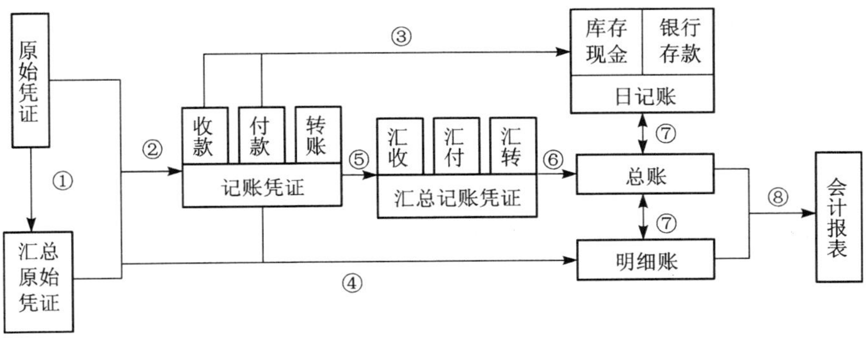


**图 6-2-4　汇总记账凭证账务处理程序**

## 六、汇总记账凭证账务处理程序的优缺点及适用范围

**（一）优点**

（1）减轻了登记总分类账的工作量。

（2）按科目对应关系汇总，便于了解账户之间的对应关系，了解经济业务的来龙去脉。

**（二）缺点**

（1）按每一贷方科目编制汇总转账凭证，不利于会计核算的日常分工。

（2）当转账凭证较多时，编制汇总转账凭证的工作量较大。

（3）不能进行试算平衡。

**（三）适用范围**

汇总记账凭证账务处理程序通常适用于规模较大、经济业务较多的单位。

# 任务三 科目汇总表账务处理程序

**任务目标：** 能根据记账凭证编制科目汇总表，能根据科目汇总表登记总账。

**任务引领：** 如何填制科目汇总表？

**任务解析：**

## 一、科目汇总表账务处理程序的概念

经济业务发生后，根据原始凭证或原始凭证汇总表填制记账凭证，根据记账凭证编制科目汇总表，然后根据科目汇总表登记总账。

## 二、科目汇总表账务处理程序的特点

根据科目汇总表登记总账，即登记总账的依据是科目汇总表。

## 三、科目汇总表核算程序下凭证与账簿的设置

**（一）记账凭证**

收款凭证、付款凭证、转账凭证，也可以采用通用的记账凭证。

**（二）科目汇总表**

**（三）日记账**

三栏式库存现金日记账和银行存款日记账。

**（四）分类账**

三栏式总分类账和三栏式、数量金额式、多栏式明细分类账。

## 四、科目汇总表账务处理程序的记账步骤

（1）根据原始凭证填制汇总原始凭证。

（2）根据原始凭证或汇总原始凭证填制记账凭证。

(3) 根据收款凭证、付款凭证逐笔登记现金日记账和银行存款日记账。

(4) 根据原始凭证、汇总原始凭证和记账凭证登记各种明细分类账。

(5) 根据各种记账凭证填制科目汇总表。

(6) 根据科目汇总表登记总分类账。

(7) 期末，现金日记账、银行存款日记账和明细分类账的余额同有关总分类账的余额核对相符。

(8) 期末，根据总分类账和明细分类账的记录，填制会计报表。

科目汇总表账务处理程序的步骤，可用图 6-3-1 表示。

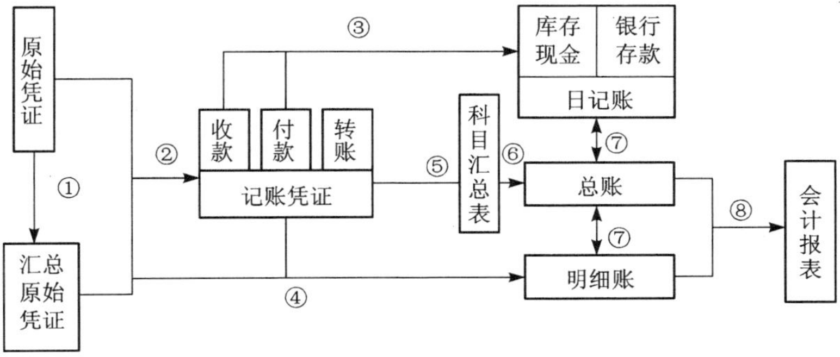


图 6-3-1 科目汇总表账务处理程序

## 五、科目汇总表的填制

### (一) 科目汇总表的概念

科目汇总表是指根据一定时期内的全部记账凭证，按照相同科目进行归类，并计算出每一总账科目本期借方、贷方发生额所编制的汇总表。

### (二) 科目汇总表的格式

科目汇总表一般是每月汇总一次(表 6-3-1)，业务量大的单位也可以按旬汇总，每月编制一张科目汇总表(表 6-3-2)。

表 6-3-1 科目汇总表(格式一)

年 月 日至 年 月 日 第 号

| 会计科目 | 本期发生额 | | 总账页数 | 记账凭证起讫号数 |
|---|---|---|---|---|
| | 借方 | 贷方 | | |
| | | | | |
| | | | | |
| | | | | |
| | | | | |
| | | | | |
| | | | | |
| | | | | |
| 合 计 | | | | |

### （三）科目汇总表的填制

（1）根据一定时期全部收款凭证、付款凭证和转账凭证（或通用记账凭证），按照相同的账户归类，将借方、贷方发生额分别汇总，计算出每个账户的借方本期发生额、贷方本期发生额（用“T”型账户汇总每个账户一定时期的本期借方发生额和贷方发生额）。

表 6-3-2　　科目汇总表（格式二）

年　　月　　　　第　　号

| 会计科目 | 1—10 日 | | 11—20 日 | | 21—31 日 | | 合计 | | 总账页数 |
|---|---|---|---|---|---|---|---|---|---|
| | 借方 | 贷方 | 借方 | 贷方 | 借方 | 贷方 | 借方 | 贷方 | |
| | | | | | | | | | |
| | | | | | | | | | |
| | | | | | | | | | |
| | | | | | | | | | |
| | | | | | | | | | |
| | | | | | | | | | |
| | | | | | | | | | |
| 合　计 | | | | | | | | | |

（2）将“T”型账户汇总的每个账户的本期借方发生额和贷方发生额填列在科目汇总表的相关栏内。按会计科目汇总完毕以后，再将全部会计科目的借方发生额、贷方发生额分别汇总，进行借贷试算平衡（表 6-3-3）。

表 6-3-3　　科目汇总表

20××年 1 月 1 日 至 1 月 31 日　科汇 1 号

| 会计科目 | 本期发生额 | | 总账页数 |
|---|---|---|---|
| | 借方 | 贷方 | |
| 库存现金 | 3 000.00 | 500.00 | |
| 银行存款 | 150 000.00 | 26 400.00 | |
| 其他应收款 | 500.00 | | |
| 在途物资 | 25 000.00 | 25 000.00 | |
| 原材料 | 20 000.00 | 8 000.00 | |
| 固定资产 | 20 000.00 | | |
| 短期借款 | | 100 000.00 | |
| 应付账款 | | 23 400.00 | |
| 应交税费 | 6 800.00 | | |
| 应付职工薪酬 | | 5 000.00 | |
| 生产成本 | 13 000.00 | | |
| 实收资本 | | 50 000.00 | |
| 合计 | 238 300.00 | 238 300.00 | |

借方　　库存现金　　贷方

| 借方 | 贷方 |
|---|---|
| （3）3 000.00 | （5）500.00 |
| 3 000.00 | 500.00 |

借方　　银行存款　　贷方

| 借方 | 贷方 |
|---|---|
| （12）100 000.00 | （3）3 000.00 |
| （16）50 000.00 | （5）23 400.00 |
| 150 000.00 | 26 400.00 |

**注意：**

为便于科目汇总表的填制，使得在分别汇总计算其借方和贷方金额时不易发生差错，平时填制记账凭证时，应尽可能使账户之间的对应关系保持“一借一贷”，避免“一借多贷”“多借一贷”和“多借多贷”。

## 六、科目汇总表账务处理程序的优缺点及适用范围

### （一）优点

（1）减轻了登记总分类账的工作量。

（2）可以做到试算平衡。

（3）简明易懂、方便易学。

### （二）缺点

（1）不能反映各科目的对应关系。

（2）不便于查对账目。

### （三）适用范围

一般适用于经济业务量较多的单位。（没有规模大小规定）

**任务训练：**

根据前述业务为远亨阀门制造有限公司编制科目汇总表。

## 习题训练

### 一、单项选择题

1. 在科目汇总表核算形式下，记账凭证不可以用来（　　）。

   A. 登记库存现金日记账　　B. 登记总分类账

   C. 登记明细分类账　　D. 编制科目汇总表

2. 科目汇总表账务处理程序一般适用于（　　）。

   A. 业务量较大，记账凭证较多的单位

   B. 规模不大，但经济业务比较复杂的企业

   C. 规模不大，经济业务比较简单的企业

   D. 商品零售企业

3. 采用科目汇总表账务处理程序时，月末不应将（　　）余额与有关总分类账的余额进行核对。

   A. 现金日记账　　B. 银行存款日记账

   C. 汇总记账凭证　　D. 明细分类账

4. 科目汇总表的汇总范围是（　　）。

   A. 全部科目的借、贷方发生额和余额

   B. 全部科目的借、贷方余额

   C. 全部科目的借、贷方发生额

   D. 汇总收款凭证、汇总付款凭证、汇总转账凭证的合计数

5. 下列属于记账凭证账务处理程序优点的是(　　)。
A. 总分类账反映经济业务较详细　　B. 减轻了登记总分类账的工作量
C. 有利于会计核算的日常分工　　D. 便于核对账目和进行试算平衡
6. 下列不属于科目汇总表账务处理程序优点的是(　　)。
A. 科目汇总表的编制和使用较为简便,易学易做
B. 可以清晰地反映科目之间的对应关系
C. 可以大大减少登记总分类账的工作量
D. 科目汇总表可以起到试算平衡的作用,保证总账登记的正确性
7. 各种账务处理程序之间的区别在于(　　)。
A. 总账的格式不同　　B. 编制会计报表的依据不同
C. 登记总账的程序和方法不同　　D. 会计凭证的种类不同
8. 以下属于汇总记账凭证账务处理程序主要缺点的是(　　)。
A. 登记总账的工作量较大
B. 当转账凭证较多时,编制汇总转账凭证的工作量较大
C. 不便于体现账户间的对应关系
D. 不便于进行账目的核对
9. 在科目汇总表账务处理程序下,(　　)是其登记总账的直接依据。
A. 汇总记账凭证　　B. 科目汇总表　　C. 记账凭证　　D. 原始凭证
10. 以下项目中,属于科目汇总表账务处理程序缺点的是(　　)。
A. 增加了会计核算的账务处理程序　　B. 增加了登记总分类账的工作量
C. 不便于检查核对账目　　D. 不便于进行试算平衡

## 二、多项选择题

1. 账务处理程序也叫会计核算程序,它是指(　　)相结合的方式。
A. 会计凭证　　B. 会计账簿　　C. 会计报表　　D. 会计科目
2. 各种会计账务处理程序下,登记明细账的依据可能有(　　)。
A. 原始凭证　　B. 汇总原始凭证
C. 记账凭证　　D. 汇总记账凭证
3. 关于记账凭证账务处理程序,下列说法正确的是(　　)。
A. 根据记账凭证逐笔登记总分类账,是最基本的账务处理程序
B. 简单明了,易于理解,总分类账可以较详细地反映经济业务的发生情况
C. 登记总分类账的工作量较大
D. 适用于规模较大、经济业务量较多的单位
4. 下列不属于科目汇总表账务处理程序优点的有(　　)。
A. 便于反映各账户间的对应关系　　B. 便于进行试算平衡
C. 便于检查核对账目　　D. 简化登记总账的工作量
5. 下列项目中,属于科学、合理地选择适用于本单位的账务处理程序的意义有(　　)。
A. 有利于会计工作程序的规范化　　B. 有利于增强会计信息可靠性
C. 有利于提高会计信息的质量　　D. 有利于保证会计信息的及时性

6. 各种账务处理程序的相同之处是(　　)。
   A. 根据原始凭证编制汇总原始凭证
   B. 根据原始凭证、汇总原始凭证和记账凭证，登记各种明细分类账
   C. 根据收款凭证和付款凭证登记现金、银行存款日记账
   D. 根据总账和明细账编制会计报表
7. 以记账凭证为依据，按有关账户的贷方设置，按借方账户归类的有(　　)。
   A. 汇总收款凭证　　B. 汇总转账凭证
   C. 汇总付款凭证　　D. 科目汇总表
8. 以下属于记账凭证账务处理程序优点的有(　　)。
   A. 简单明了、易于理解
   B. 总分类账可较详细地记录经济业务发生情况
   C. 便于进行会计科目的试算平衡
   D. 减轻了登记总分类账的工作量
9. 对于汇总记账凭证账务处理程序，下列说法错误的有(　　)。
   A. 登记总账的工作量大
   B. 不能体现账户之间的对应关系
   C. 明细账与总账无法核对
   D. 当转账凭证较多时，汇总转账凭证的编制工作量较大
10. 在我国，常用的账务处理程序主要有(　　)。
   A. 记账凭证账务处理程序　　B. 汇总记账凭证账务处理程序
   C. 多栏式日记账账务处理程序　　D. 科目汇总表账务处理程序

## 三、判断题

1. 汇总记账凭证账务处理程序既能保持账户的对应关系，又能减轻登记总分类账的工作量。(　　)
2. 在不同的账务处理程序下，会计报表的编制依据不同。(　　)
3. 汇总记账凭证账务处理程序的缺点在于保持账户之间的对应关系。(　　)
4. 记账凭证账务处理程序的特点是直接根据记账凭证逐笔登记总分类账，是最基本的账务处理程序。(　　)
5. 采用汇总记账凭证账务处理程序增加了一道填制汇总记账凭证的工作程序，增加了总分类账的登记工作量。(　　)
6. 在记账凭证账务处理程序下，其记账凭证必须采用收款凭证、付款凭证和转账凭证三种格式。(　　)
7. 科目汇总表可以每汇总一次编制一张，也可以按旬汇总一次，每月编制一张。(　　)
8. 采用记账凭证账务处理程序时，总分类账是根据记账凭证逐笔登记的。(　　)
9. 在不同的账务处理程序中，登记总账的依据相同。(　　)
10. 汇总记账凭证账务处理程序和科目汇总表账务处理程序都适用于经济业务较多的单位。(　　)

# 项目七 会计档案

Project 7

**教学内容**

任务一　会计资料的整理装订
任务二　会计档案的保管

**教学目标**

**能力目标：**会整理和装订会计资料，并能按规定归档保管
**知识目标：**了解会计档案的含义，理解会计档案的作用，掌握会计档案的内容和保管
**素质目标：**培养学生遵纪守法的职业道德，认真、谨慎的职业习惯，以及团结协作、爱岗敬业的职业理念

## 任务一　会计资料的整理与归档

**任务目标：** 会整理和装订会计资料。

**任务引领：** 如何装订已完成的会计资料？

**任务解析：**

### 一、会计凭证的整理和装订

会计凭证(图 7-1-1)一般每月装订一次。装订好的凭证一般按月保管归档。

**(一) 会计凭证装订前的整理工作**

(1) 分类整理，按顺序排列，检查日数、编号是否齐全。

(2) 按凭证汇总日期归集(如按上、中、下旬汇总归集)确定装订成册的本数。

(3) 摘除凭证内的金属物(如订书钉、大头针、回形针)。

(4) 原始凭证是否粘贴在记账凭证的后面，若原始凭证及其附件的面积大于记账凭证，应以记账凭证为标准进行折叠，便于翻阅。

**说明：**

原始凭证的数量过多时，可单独装订，不附在记账凭证后面，但在记账凭证上注明“附件另订”。

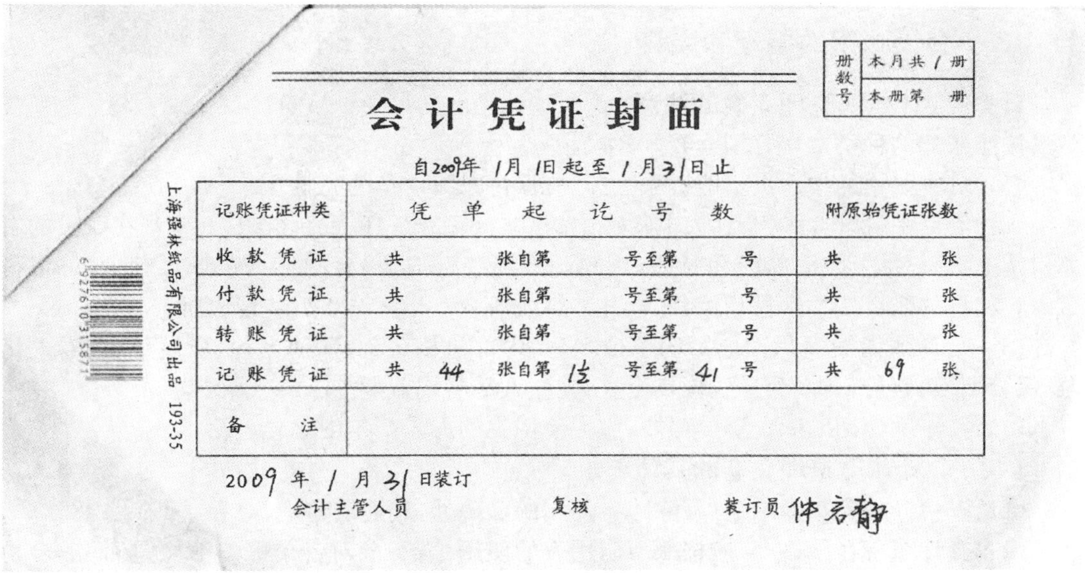

册数号 本月共 1 册 本册第 册

会计凭证封面

自2009年 1月 1日起至 1月31日止

| 记账凭证种类 | 凭单起讫号数 | 附原始凭证张数 |
|---|---|---|
| 收款凭证 | 共 张自第 号至第 号 | 共 张 |
| 付款凭证 | 共 张自第 号至第 号 | 共 张 |
| 转账凭证 | 共 张自第 号至第 号 | 共 张 |
| 记账凭证 | 共 44 张自第 1号 号至第 41 号 | 共 69 张 |
| 备注 | | |

2009 年 1 月 31 日装订

会计主管人员 复核 装订员 仲君静

上海强林纸品有限公司出品 193-35

图 7-1-1 会计凭证

(5) 整理检查凭证顺序号,如有颠倒要重新排列,发现缺号要查明原因,再检查附件有否漏缺。

(6) 记账凭证上有关人员(如财务主管、复核、记账、制单等)的印章是否齐全。

### (二) 会计凭证装订的顺序

(1) 包角。

(2) 记账凭证封面。

(3) 记账凭证(按顺序由小到大排列好),如果编制汇总凭证,将汇总凭证放在记账凭证前面。

(4) 记账凭证封底。

### (三) 会计凭证装订时的要求

(1) 用"三针引线法"装订。会计凭证以上边和左边整齐为准,右边和下边要求折叠整齐,使用棉线,在左上角部位打上三个针跟,实行三眼一线打结,结扣应是活的。并放在凭证封皮的里面,装订时尽可能缩小所占部位。使记账凭证及其附件保持尽可能大的显露面,以便于事后查阅。

(2) 凭证外面要加封面,封面规格略大于所附记账凭证。

(3) 装订凭证厚度一般以 1.5～2 厘米为宜。过薄,不利于竖立放置;过厚,不便于翻阅核查。凭证装订的各册,一般以月份为单位,每月订成一册或若干册。凭证少的单位,可以将若干个月份的凭证合并订成一册,在封皮注明本册所含的凭证月份。

---

**注意:**

会计凭证装订后每本封面上填写好凭证种类、起止号码、凭证张数、会计主管人员和装订人员签章;在封面上编好卷号,按编号顺序入柜,并要在显露处标明凭证种类编号,以便于调阅。

---

## 二、会计账簿的整理和装订

### （一）会计账簿整理立卷的注意点

按照账簿的种类按年分别立卷，一本为一卷。

（1）订本账中的空白页不能拆账去掉，应保持账簿本身的完整性。

（2）活页账可以拆账，会计人员将账中的空白账去掉后可重新组织，并应当在账页的右上角编上页码，加上账簿封面和封底，用脱脂线绳装订成册；有的活页账账页较少，可将科目内容相近的账页按类别排列编号，合并装订成册——年终结账后装订成册。

（3）会计账簿案卷封面应写明单位名称、内部机构名称、账簿名称、所属年度、卷内张数、保管期限、档号，并由会计机构负责人、立卷人签名或盖章。

（4）跨年度使用的固定资产账簿，应在使用完的那一个年度立卷。

### （二）会计账簿整理立卷的具体要求

会计账簿办理完年度结账后，除跨年使用的账簿外，其他需整理、立卷。

（1）会计账簿在装订前，应按账簿启用表的使用页数，核对各个账户账页是否齐全，是否按顺序排列。

（2）会计账簿装订顺序（图 7-1-2）。

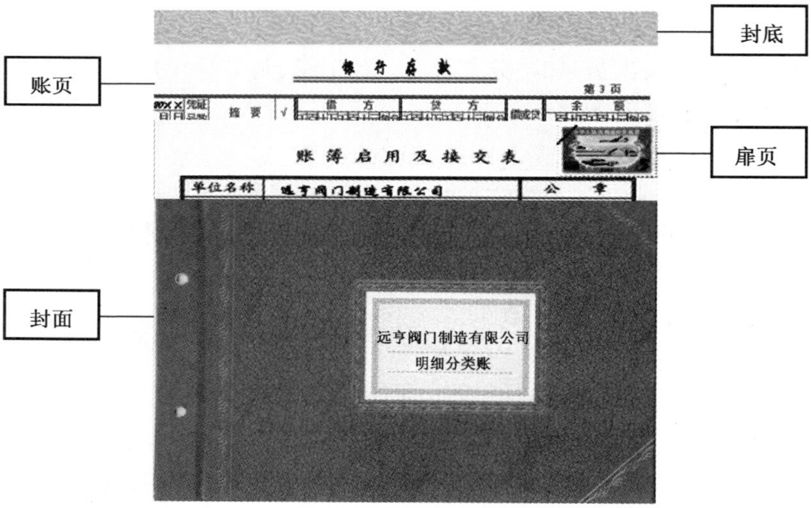


图 7-1-2 活页账装订示意图

① 会计账簿装订封面；

② 账簿启用表；

③ 账户目录；

④ 会计账簿装订账页；

⑤ 会计账簿装订封底。

（3）活页账簿去空白页后，将本账页数项填写齐全，撤去账夹，加上封面、封底，装订成册。不同规格的活页账不得装订在一起。

(4) 装订后的会计账簿应牢固、平整、不得有折角、掉页现象。

(5) 会计账簿的封口处,应加盖装订印章。

(6) 装订后,会计账簿的脊背应平整,并注明所属年度及账簿名称和编号。

(7) 会计账簿的编号为一年一编,编号顺序为总账、库存现金日记账、银行存款日记账、分户明细账。

## 三、会计报告的整理和装订

### (一) 会计报告整理立卷的注意点

(1) 月度、季度、年度财务报告应分别装订立卷,一本为一卷。

(2) 决算审核意见书、审计报告等应分别附在该期财务报告后一起装订,卷内须逐页顺序编写页码。

(3) 财务报告案卷封面应写明单位名称、内部机构名称、报表名称、所属年度、卷内张数、保管期限、档号,并由会计机构负责人、立卷人分别签名或盖章。

### (二) 会计报告整理立卷的具体要求

(1) 会计报表编制完成并按时报送后,留存报表均应按月装订成册。

(2) 会计报表应整理平整,防止折角。

(3) 会计报表在装订前,应按编报目录核对是否齐全。

(4) 会计报表的装订顺序(图 7-1-3):

① 会计报表封面;

② 会计报表编制说明;

③ 各种会计报表(按会计报表的编号顺序排列);

④ 会计报表封底。

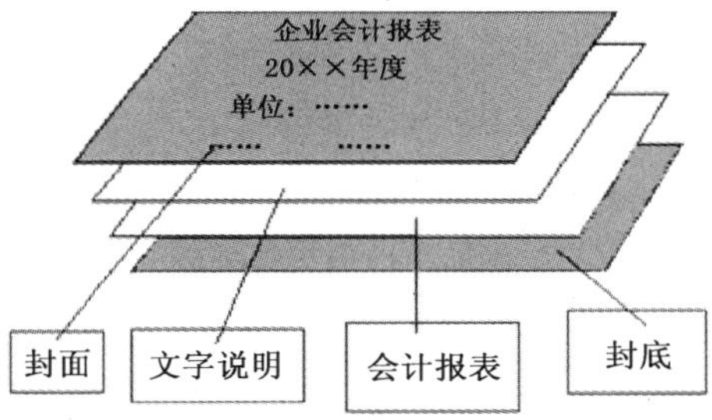


图 7-1-3 会计报表装订示意图

**任务训练:**

整理并装订远亨阀门制造有限公司的会计凭证、会计账簿等会计资料。

# 任务二 会计档案的保管

**任务目标:** 会按照规范保管会计档案。

**任务引领:** 企业的会计档案有哪些?不同的会计档案需要保管多长时间?

**任务解析:**

## 一、会计档案的概念和内容

### (一) 会计档案的概念

会计档案是指会计凭证、会计账簿和财务会计报告等会计核算专业材料,它是记录和反映单位经济业务的重要史料和证据。

### (二) 会计档案包括的内容

(1) 会计凭证。

(2) 会计账簿。

(3) 财务会计报告。

(4) 其他会计资料。具体包括银行存款余额调节表、银行对账单、其他应当保存的会计核算专业资料、会计档案移交清册、会计档案保管清册、会计档案销毁清册等。

## 二、会计档案的归档

各单位每年形成的会计档案,都应由会计机构按照归档的要求,负责整理立卷,装订成册,填制会计档案保管清册。

当年形成的会计档案,在会计年度终了后,可暂由本单位会计机构保管 1 年。期满之后,应由会计机构填制移交清册,移交本单位的档案机构统一保管;未设立档案机构的,应当在会计机构内部指定专人保管。

移交本单位档案机构保管的会计档案,原则上应当保持原卷册的封装。个别需要拆封重新整理的,档案机构应当会同会计机构和经办人员共同拆封整理,以分清责任。

## 三、会计档案的保管期限

会计档案的保管期限分为永久和定期两类。

定期保管期限分为 3 年、5 年、10 年、15 年、25 年五类。会计档案的保管期限,从会计年度终了后的第一天算起。各类会计档案的具体保管期限按照《会计档案管理办法》的规定执行。

企业和其他组织会计档案保管年限总结如下:

永久保管的有:年度财务会计报告、会计档案保管清册、会计档案销毁清册。

定期保管期限:3 年、5 年、10 年、15 年、25 年。

保管 3 年的有:月度、季度财务会计报告。

保管 5 年的有:固定资产卡片(固定资产报废清理后)、银行余额调节表、银行对账单。

保管 15 年的有:会计凭证、会计账簿(总账、明细账、辅助账)、会计移交清册。

保管 25 年的有:库存现金、银行存款日记账。

## 四、会计档案的查阅和复制

各单位保存的会计档案不得借出。如有特殊需要,经本单位负责人批准,可以提供查阅或者复制,并办理登记手续。查阅或者复制会计档案的人员,严禁在会计档案上涂画、拆散和抽换。

## 五、会计档案的销毁

会计档案保管期满需要销毁的,由本单位档案机构提出销毁意见,填制会计档案销毁清册。单位负责人应当在会计档案销毁清册上签署意见。销毁会计档案时,应由单位档案机构和会计机构共同派员监销。监销人在销毁会计档案前,应当按照会计档案销毁清册所列内容清点核对所要销毁的会计档案;销毁后,应当在销毁清册上签名盖章,并将监销情况报告本单位负责人。

对于保管期满但未结清的债权债务原始凭证和涉及到其他未了事项的原始凭证，不得销毁，应单独抽出立卷，由档案部门保管到未了事项完结时为止。单独抽出立卷的会计档案应当在会计档案销毁清册和会计档案保管清册中列明。

正在建设期间的建设单位的会计档案，不论是否已满保管期限，一律不得销毁，必须妥善保管，待项目办理竣工决算后，按规定的交接手续交给接收单位。

会计档案销毁清册，应由单位档案部门永久保存。

## 习题训练

### 一、单项选择题

1. 下列资料中，属于会计档案的是（ ）。

A. 企业财务计划　　B. 企业生产经营报告

C. 企业财务会计报告　　D. 企业的生产、经营、劳动合同

2. 一般企事业单位会计档案保管期满需要销毁时应由（ ）监销。

A. 档案部门派员　　B. 会计机构派员

C. 审计机构派员　　D. 单位档案机构和会计机构共同派员

3. 下列会计档案中，不需要永久保存的是（ ）。

A. 会计档案销毁清册　　B. 辅助账簿

C. 年度财务报告　　D. 会计档案保管清册

4. 下列会计档案中需要保管 15 年的是（ ）。

A. 月、季度财务报告　　B. 明细账

C. 会计档案保管清册　　D. 银行对账单

5. 各单位每年形成的会计档案，都应由本单位（ ）负责整理立卷，装订成册，编制会计档案保管清册。

A. 档案部门　　B. 财务会计部门

C. 人事部门　　D. 指定专人

6. 下列说法正确的是（ ）。

A. 会计档案销毁清册需要保管 15 年

B. 银行存款余额调节表需要保管 5 年

C. 固定资产卡片账应保管 15 年

D. 现金日记账需要保管 15 年

7. 保管期限为 25 年的会计档案是（ ）。

A. 各类会计凭证和会计账簿　　B. 银行存款余额调节表和银行对账单

C. 现金、银行存款及税收日记账　　D. 月度和季度财务会计报告

8. 需要永久保存的会计档案是（ ）。

A. 现金日记账　　B. 原始凭证

C. 会计档案保管清册　　D. 银行对账单

9. 当年形成的会计档案在会计年度结束以后，可暂由会计机构保管（ ）。

A. 半年　　B. 1年　　C. 2年　　D. 5年

10. 国家机关销毁会计档案时，应由(　　)派员参加监销。

A. 同级财政部门　　B. 同级财政部门和审计部门

C. 同级审计部门　　D. 上级财政部门和审计部门

## 二、多项选择题

1. 《会计档案管理办法》规定我国(　　)等的会计档案的保管期限。

A. 企业　　B. 其他组织

C. 行政、事业单位　　D. 家庭

2. 企业的下列会计档案中，保管期限为15年的应有(　　)。

A. 固定资产总账　　B. 库存商品明细账

C. 现金日记账　　D. 长期股权投资总账

3. 会计档案中的定期档案的保管期限有(　　)。

A. 5年　　B. 10年　　C. 15年　　D. 20年

4. 下列有关会计档案查阅的表述中，正确的有(　　)。

A. 会计档案可以借出

B. 外部人员查阅会计档案需持有单位正式介绍信

C. 单位内部人员查阅会计档案，应经会计主管人员或单位负责人批准

D. 查阅人员可以自行拆散原卷册

5. 下列属于会计档案内容的有(　　)。

A. 记账凭证　　B. 明细分类账

C. 会计报表　　D. 银行存款余额调节表

6. 下列关于会计档案管理的说法中正确的有(　　)。

A. 出纳人员不得兼管会计档案

B. 会计档案的保管期限，从会计档案形成后的第一天算起

C. 单位负责人应在会计档案销毁清册上签署意见

D. 采用电子计算机进行会计核算的单位，应保存打印出的纸质会计档案

7. 按照《会计档案管理办法》的规定，下列说法中正确的有(　　)。

A. 会计档案的保管期限分为3年、5年、10年、15年、25年五类

B. 正在建设期间的建设单位，其会计档案不论是否已满保管期限，一律不得销毁

C. 固定资产卡片于固定资产报废清理后保管5年

D. 会计档案为本单位提供查阅利用，不得借出，如有特殊需要，经本单位负责人批准，可以提供查阅或复制

8. 保管期满，不得销毁的会计档案有(　　)。

A. 未结清的债权债务原始凭证

B. 正在建设期间的建设单位的有关会计档案

C. 超过保管期限但尚未报废的固定资产购买凭证

D. 银行存款余额调节表

9. 对移交本单位档案机构保管的会计档案，需要拆封重新整理的，应由(　　)同时参与，

以分清责任。

A. 单位负责人　　B. 经办人

C. 原会计机构　　D. 本单位档案机构

10. 会计档案销毁清册中应包括所销毁会计档案的(　　)。

A. 起止年度和档案编号　　B. 已保管期限

C. 销毁时间　　D. 应保管期限

**三、判断题**

1. 当年形成的会计档案,在会计年度终了后,可暂由本单位会计机构保管 1 年。(　　)
2. 各单位保存的会计档案原则上不得借出,但如有特殊需要,经本单位负责人批准,可以借出。(　　)
3. 会计账簿类会计档案的保管期限均为 15 年。(　　)
4. 企业和其他组织的银行存款余额调节表、银行对账单和固定资产报废清理后的固定资产卡片等会计档案保管期限应当为 5 年。(　　)
5. 对于保管期满但未结清的债权债务原始凭证和涉及到其他未了事项的原始凭证,不得销毁,应单独抽出立卷,由档案部门保管到未了事项完结时为止。(　　)
6. 对于保管期满的会计档案可以直接销毁。(　　)
7. 会计档案保管清册要保管 15 年。(　　)
8. 本单位的会计档案机构为方便保管会计档案,可以根据需要对其拆封重新整理。(　　)
9. 各单位对会计凭证、会计账簿、财务会计报告和其他会计资料应当建立档案,妥善保管。(　　)
10. 单位负责人应在审核无误后的会计档案销毁清册上签署意见。(　　)

# 习题训练参考答案

## 项目一　初识会计

### 一、单项选择题

1. C **【答案解析】**会计的本质是管理活动，而不仅仅是记账、算账和报账。
2. B **【答案解析】**会计的本质是人们为了适应生产管理、企业管理和经济管理的需要而产生和发展起来的，是一种经济管理活动。
3. C **【答案解析】**会计的基本职能包括会计核算和会计监督。除这两个基本职能以外，会计还具有预测经济前景、参与经济决策、评价经营业绩等功能。
4. A **【答案解析】**本题考核会计核算职能的定义。
5. C **【答案解析】**会计是以货币为主要计量单位；会计拥有一系列专门方法，包括会计核算方法、会计分析方法和会计检查方法；会计的本质是管理活动。
6. C **【答案解析】**企业能以货币表现的经济活动才能确认为会计对象。
7. B **【答案解析】**支付职工工资属于资金的循环与周转过程。
8. C **【答案解析】**本题考核会计核算的具体内容。
9. C **【答案解析】**会计监督职能是指会计人员在进行会计核算的同时，对特定主体经济活动的合法性、合理性进行审查。
10. B **【答案解析】**本题考核会计主体假设的内容。会计主体与法律主体（法人）并非是对等的概念，法人可作为会计主体。但会计主体不一定是法人，如独资企业、合伙企业和企业集团等。

### 二、多项选择题

1. ABC **【答案解析】**会计方法是反映和监督会计对象，完成会计凭证的手段，是从事会计工作所使用的各种技术方法，一般包括会计核算方法、会计分析方法、会计检查方法。
2. ABCD **【答案解析】**本题考核会计职能的内容。会计的基本职能包括会计核算和会计监督，除基本职能外会计还具有预测经济前景、参与经济决策、评价经营业绩等职能。
3. AB **【答案解析】**事中监督是指对正在发生的经济活动过程及其核算资料进行审查。选项C属于事后监督，选项D属于事前监督。
4. BD **【答案解析】**会计监督职能是指会计人员在进行会计核算的同时，对特定主体经济活动的合法性、合理性进行审查。会计监督对企业的经济活动的全过程进行监督，包括事前、事中和事后的监督。
5. ABD **【答案解析】**企业的资金运动包括资金的投入、资金的循环与周转（即资金的运用）和资金的退出三个基本环节。
6. ABD **【答案解析】**企业能以货币表现的经济活动才能确认为会计对象。
7. ABCD **【答案解析】**会计核算方法包括设置账户、复式记账、填制和审核凭证、登记会计账簿、成本核算、财产清查、编制会计报表。
8. ABCD **【答案解析】**会计基本假设包括会计主体、持续经营、会计分期和货币计量。
9. ABCD **【答案解析】**会计核算的环节是确认、计量、记录和报告。

10. BD 【答案解析】持续经营可使会计原则建立在非清算基础之上;会计主体界定了提供会计信息的空间范围。

三、判断题

1. 错 【答案解析】会计核算指会计以货币为主要计量单位,通过确认、计量、记录和报告等环节,反映特定会计主体的经济活动,向有关各方提供会计信息。会计核算是会计的首要职能。
2. 错 【答案解析】本题考核会计监督职能的定义。会计的监督职能是会计人员在进行会计核算的同时,对特定会计主体经济活动的合法性、合理性等进行审查。
3. 对 【答案解析】凡是特定主体能够以货币表现的经济活动都是会计的对象,企业会计的对象就是企业的资金运动。
4. 对 【答案解析】本题考核会计核算的一般要求。
5. 错 【答案解析】会计中期,是指短于一个完整的会计年度的报告期间,一般指月底、季度、半年度等。
6. 对 【答案解析】会计主体指会计所核算和监督的特定单位或者组织,所以,会计主体前提为会计核算确定了空间范围。会计分期是指将一个会计主体持续的生产经营活动划分为若干相等的会计期间。因此,会计分期前提为会计核算确定了时间范围。

## 项目二 原始凭证

一、单项选择题

1. B 【答案解析】本题考核会计凭证的作用。填制和审核会计凭证是会计核算方法之一,是会计核算的初始阶段和基本环节,是一项重要的基础性会计工作。
2. C 【答案解析】本题考核会计凭证的作用。会计凭证是记录经济业务事项发生或完成情况的书面证明,也是登记账簿的依据,通过填制或取得会计凭证,可以明确经济责任。
3. A 【答案解析】本题考核原始凭证的定义。原始凭证又称单据,是在经济业务发生或完成时取得或填制的,用于记录或者证明经济业务的发生或完成情况的文字凭据。
4. C 【答案解析】本题考核原始凭证的分类。通用凭证指的是由有关部门统一印制、在一定范围内使用的具有统一格式和使用方法的原始凭证。如由国家税务局统一印制的全国通用的增值税专用发票、某省(市)印制的在该省(市)使用的发货票、由人民银行制作的在全国通用的银行转账结算凭证等。ABD 都属于专用凭证。
5. B 【答案解析】本题考核原始凭证的分类。
6. D 【答案解析】本题考核原始凭证的分类。根据填制手续和内容的不同,原始凭证可以分为一次凭证,累计凭证和汇总凭证。
7. D 【答案解析】火车票属于外来原始凭证。自制原始凭证简称自制凭证,是指由本单位内部经办业务的部门和人员,在执行或完成某项经济业务时填制的、仅供单位内部使用的原始凭证。如收料单、领料单、开工单、成本计算单、出库单、入库单、借款单、工资发放明细表、折旧计算表、限额领料单、本单位开具的销售发票等。
8. B 【答案解析】累计凭证是指在一定时期内多次记录发生的同类型经济业务的原始凭证。它是多次有效的原始凭证,即可多次填写使用的凭证。最常见的累计原始凭证是企业为了控制生产成本,在领用材料时填写的限额领料单。
9. D 【答案解析】本题考核原始凭证的基本内容。应记会计科目名称和记账方向是记账凭证的基本内容。
10. C 【答案解析】上级批准的经济合同,其并不证明经济业务已完成的情况,所以不能作为会计凭证。
11. A 【答案解析】按照规定,人民币符号"¥"与阿拉伯数字之间不得留有空白,所以,B 的写法不正确;大写金额数字有分的,分字后面不写"整"或"正"字,所以,C 的写法不正确;"人民币"字样和大写金额之间不得留有空白,所以,D 的写法不正确。

12. D 【答案解析】在审核原始凭证时，对于内容不完整、填制有错误或手续不完备的原始凭证，应予以退回，要求更正、补充，或者重新填制。

13. B 【答案解析】本题考核原始凭证的审核。原始凭证金额有错误的，应当由出具单位重开，不得在原始凭证上更正。

14. D 【答案解析】本题考核会计要素的定义和分类。收入、费用和利润构成利润表的基本框架。

15. C 【答案解析】资产、负债和所有者权益三项会计要素表现资金运动的相对静止状态，反映企业的财务状况。

## 二、多项选择题

1. ABD 【答案解析】原始凭证的基本内容包括(1)原始凭证名称；(2)填制原始凭证的日期；(3)接受原始凭证的单位名称；(4)经济业务内容（含数量、单价和金额等）；(5)填制单位签章；(6)有关人员签章；(7)凭证附件。

2. ABCD 【答案解析】本题考核原始凭证的内容。选项 A、B、C、D 均属于原始凭证。

3. BD 【答案解析】本题考核原始凭证的分类。汇总收款凭证属于记账凭证；限额领料单属于累计原始凭证。

4. ABC 【答案解析】一次凭证是指一次填制完成、只记录一项经济业务的原始凭证。它是一次有效的凭证，即一经填写完毕就不能再次填写使用的凭证。如：收据、发货票、收料单、领料单、工资结算单、借款单、银行结算凭证等。工资汇总表属于汇总凭证。

5. BCD 【答案解析】外来原始凭证指的是在经济业务发生或者完成时，从其它单位或个人直接取得的原始凭证。选项 A 属于自制原始凭证。

6. ABCD 【答案解析】本题考核自制原始凭证的内容。自制原始凭证是指由本单位内部经办业务的部门或个人，在执行或完成某项经济业务时自行填制的，仅供本单位内部使用的原始凭证，如收料单、领料单、限额领料单、产品入库单、产品出库单、借款单、工资发放明细表、折旧计算表等。

7. ABC 【答案解析】本题考核原始凭证的填制要求。

8. AD 【答案解析】原始凭证有错误的，应当由出具原始凭证的单位重开或更正，更正处应当加盖出具原始凭证单位的印章。原始凭证金额有错误的不得更正，只能由出具原始凭证的单位重开。

9. ABCD 【答案解析】本题考核遗失原始凭证的处理。从外单位取得的原始凭证如有遗失，应当取得原开出单位盖有公章的证明，并注明原来凭证的号码、金额和内容等，由经办单位会计机构负责人、会计主管人员和单位领导人批准后，才能代作原始凭证。如果确实无法取得证明的，如火车、轮船、飞机票等凭证，由当事人写出详细情况，由经办单位会计机构负责人、会计主管人员和单位领导人批准后，代作原始凭证。

10. ABC 【答案解析】所有者权益是反映企业财务状况的要素。

## 三、判断题

1. 错 【答案解析】本题考核原始凭证的分类。限额领料单属于累计凭证。

2. 错 【答案解析】外来原始凭证都是一次凭证，自制原始凭证绝大多数是一次凭证。

3. 错 【答案解析】原始凭证有错误的，应当由出具原始凭证的单位重开或更正，更正处应当加盖出具原始凭证单位的印章。

4. 错 【答案解析】本题考核记账凭证的填制。记账凭证可以根据每一张原始凭证填制或根据若干张同类原始凭证汇总编制，也可以根据原始凭证汇总表填制，但是不得将不同内容和类别的原始凭证汇总填制在一张记账凭证上。

5. 错 【答案解析】本题考核大写金额的书写规则。5200.05 元的汉字大写金额应写成“伍仟贰佰元零伍分”。

6. 错 【答案解析】对于真实、合法、合理但内容不够完善、填写有错误的原始凭证，应退回给有关经办人员，由其负责将有关凭证补充完整、更正错误或重开后，再办理正式会计手续。

7. 错 【答案解析】资产、负债和所有者权益三项会计要素是资金运动的静态表现，反映企业的财务状况，是资产负债表的基本要素。

8. 错 【答案解析】所有者权益是指企业资产扣除负债后,由所有者享有的剩余权益,代表企业投资人对企业净资产的所有权。
9. 对 【答案解析】利润是指企业在一定会计期间的经营成果。它是企业在一定会计期间内生产经营活动的最终结果,即收入与费用配比相抵后的差额,记入当期利润的利得和损失等。
10. 错 【答案解析】费用按照其功能可以分为营业成本和期间费用两大类。

## 项目三　记账凭证

### 一、单项选择题

1. D 【答案解析】盈余公积是所有者权益类科目,固定资产是资产类科目,制造费用是成本类科目。
2. D 【答案解析】收入是指企业在销售商品、提供劳务及让渡资产使用权等日常活动中形成的经济利益的总流入;所有者权益增加不一定表明企业获得了收入;狭义的收入指的是企业的营业收入,不包括营业外收入。
3. D
4. A 【答案解析】企业在对会计要素进行计量时,一般应当采用历史成本,历史成本是我国会计核算的一个基本计量属性。
5. B 【答案解析】会计要素是对会计对象的基本分类,会计科目是对会计要素的再分类。
6. C 【答案解析】相关性原则指所设置的会计科目应当为提供有关各方所需要的会计信息服务,满足对外报告和对内管理的要求。
7. C 【答案解析】资产=负债+所有者权益,是最基本的会计等式,是复式记账、试算平衡法和编制资产负债表的理论基础,在会计核算中占有极其重要的地位。
8. B 【答案解析】期末资产=期末负债+期末所有者权益
9. B 【答案解析】由资产=负债+所有者权益,可知负债总额是 5 万元。以银行存款 4 万元支付现金股利,使得资产和负债同时减少 4 万元,银行存款 2 万元购买设备(不考虑增值税),不会影响负债总额,因此上述业务入账后该公司的负债总额为 5−4=1 万元。
10. C 【答案解析】选项 A 和选项 B 会引起资产和负债同时减少;选项 D 会使一项资产减少,另一项成本费用增加。
11. D 【答案解析】月初所有者权益总额=50 000−219 000=281 000(元),从银行取得借款会使资产和负债同时增加,所有者权益不变,支付广告费会使资产和所有者权益同时减少。所以月末所有者权益总额=281 000−5 000=276 000(元)。
12. A 【答案解析】"应付账款"期末余额="应付账款"期初余额+"应付账款"贷方发生额−"应付账款"借方发生额=30 000+23 400—20 000=33 400(元)。
13. B 【答案解析】贷方记:资产类、费用类账户的减少;负债类、所有者权益类、收入类账户的增加。
14. D
15. B 【答案解析】本题考核借贷记账法下账户的结构。选项 A、C、D 均为资产类科目,期末余额一般在借方。
16. B 【答案解析】本题考核试算平衡的定义和特征。试算平衡了,不一定说明账户记录绝对正确,因为有些错误不会影响借贷双方的平衡关系。如:漏记某项经济业务;重记某项经济业务;对相互对应的账户都以大于或小于正确金额的数字进行记账(借贷错误巧合,正好抵销);对应账户的同方向串户(同方向记错账户);借贷方向记反等。发生额试算平衡法理论的依据是"有借必有贷、借贷必相等"。
17. B 【答案解析】本题考核试算平衡的特点。某一分录的借贷方向写反,通过试算平衡是无法发现的,因为此时借贷双方的金额仍然相等。
18. D 【答案解析】本题考核试算平衡的应用。所有科目借方发生额合计等于所有科目贷方发生额合计,据此推算银行存款科目必须有借方发生额 16 万元。

19. B 【答案解析】总账借、贷方发生额等于所属明细账借、贷方发生额之和，据此计算：丙材料借方发生额＝25 000－8 000－13 000＝4 000(元)，贷方发生额＝24 000－6 000－16 000＝2 000(元)。
20. C 【答案解析】对每一项经济业务，一方面要记入有关总账账户，另一方面要在所属的明细账账户中进行明细分类核算。由于是同一项业务，所以登记时依据的是同一会计凭证。
21. D 【答案解析】本题考核专用记账凭证的特点。付款凭证在凭证内反映的是借方科目，应填列与“库存现金”或“银行存款”相对应的科目。
22. B 【答案解析】本题考核记账凭证的分类。选项 A 应编制付款凭证，选项 C、D 应编制转账凭证。
23. A 【答案解析】本题考核记账凭证的填制要求。根据规定，除结账和更正错误的记账凭证可以不附原始凭证外，其他记账凭证必须附有原始凭证。选项 B“从银行提取现金的记账凭证”后面应该附上相关的原始凭证；选项 C“以现金发放工资的记账凭证”后面应该附上工资表；选项 D“职工临时性借款的记账凭证”后面应该附上职工的借款收据。
24. B 【答案解析】本题考核记账凭证的填列。现金收款凭证上的日期填写的是编制本凭证的日期。
25. B 【答案解析】本题考核记账凭证审核的内容和处理。发现以前年度记账凭证有错误的，应当用蓝字填制一张更正的记账凭证。
26. B 【答案解析】本月发出存货的单价＝(3 100×40＋3 000×60)/(40＋60)＝3 040(元/吨)。
27. D 【答案解析】本题考核商品入库的会计处理。
28. D 【答案解析】工程物资是指用于固定资产建造的材料，是非流动资产，不属于存货。
29. B 【答案解析】增值税一般纳税人购进货物支付的增值税符合条件的可以抵扣，不记入存货成本。企业购货时所支付的运杂费等应记入存货的成本。
30. B 【答案解析】应收账款的入账金额＝20 000×(1－10%)×(1＋17%)＝21 060(元)。现金折扣应该作为财务费用，不从应收账款的入账金额中扣除。
31. D 【答案解析】本题考核销售产品收回货款的核算。企业收回前欠货款，银行存款增加，记入银行存款账户借方，应收账款减少，记入应收账款账户贷方。
32. C 【答案解析】本题考核应付账款的偿还。
33. A 【答案解析】本题考核应付职工薪酬的确认。
34. D 【答案解析】本题考核外购材料入账价值的确定。该企业取得的材料的入账价值＝21 200＋3 604＋200＝25 004(元)。
35. B 【答案解析】不含税销售额＝6 180÷(1＋3%)＝6 000(元)，所以应交增值税＝6 000×3%＝180(元)。
36. C 【答案解析】本题考核实收资本。
37. B 【答案解析】短期借款科目核算的就是借款本金，所以在归还的时候借记的金额为 50 000 元。
38. D 【答案解析】实际成本法下，款项已经支付，但材料尚未收到时应该通过“在途物资”核算，在计划成本法下，应该通过“材料采购”来核算。
39. C 【答案解析】营业利润＝营业收入－营业成本－营业税金及附加－销售费用－管理费用－财务费用－资产减值损失＋公允价值变动收益(－公允价值变动损失)＋投资收益(－投资损失)

    其中，营业收入＝主营业务收入＋其他业务收入

    　　　营业成本＝主营业务成本＋其他业务成本

    因此本题答案是 C。
40. C 【答案解析】所得税费用＝5 000 000×25%＝1 250 000(元)。

    确认所得税的分录为：

    借：所得税费用　　1 250 000

    　　贷：应交税费——应交所得税　　1 250 000

    结转所得税费用的分录为：

借:本年利润　　1 250 000

　贷:所得税费用　　1 250 000

二、多项选择题

1. ACD 【答案解析】七大类不太准确。对于未执行新会计准则的企业来说,只有五大类。只有执行了新会计准则的企业,才分为六大类。
2. AD 【答案解析】本题考核会计科目的分类。选项B属于损益类科目,选项C属于负债类科目。
3. ABD 【答案解析】材料成本差异是资产类科目。
4. AC 【答案解析】选项BD属于损益类科目。
5. ABC 【答案解析】本题考核会计科目的分类。银行本票存款属于其他货币资金的明细科目。
6. ABCD 【答案解析】本题考核总分类账户与明细分类账户的关系。
7. BD 【答案解析】选项AC属于成本类科目。
8. ABC 【答案解析】本题考核会计科目设置原则。企业在设置会计科目时,应遵循以下原则:合法性原则、相关性原则和实用性原则。
9. ABD 【答案解析】本题考核明细分类科目的内容。
10. ABC
11. ABCD
12. BCD 【答案解析】复式记账法要在两个或两个以上相互联系的账户中进行登记,系统地反映资金运动变化及其结果的一种记账方法。
13. BC 【答案解析】本题考核借贷记账法的记账规则。借贷记账法的记账规则是资产类账户借方表示增加、贷方表示减少;负债类账户贷方表示增加、借方表示减少;收入类账户贷方表示增加、借方表示减少;费用类账户借方表示增加,贷方表示减少。
14. ACD 【答案解析】会计分录的基本要素包括记账符号、记账金额和科目名称。
15. BCD 【答案解析】一借一贷是简单会计分录。
16. AD 【答案解析】试算平衡中借方余额笔贷方余额多记5 000元,"原材料"科目为资产类科目,余额在借方。
17. CD 【答案解析】本题考核记账凭证的分类。
18. BCD 【答案解析】本题考核记账凭证的内容。会计主管、记账、审核、出纳、制单等有关人员应在记账凭证上签章,单位负责人无需签章。
19. ABD 【答案解析】本题考核付款凭证反映的业务。购买材料未付款不涉及现金或银行存款的付出,应该编制转账凭证。
20. CD 【答案解析】记账凭证上的日期是编制凭证的日期;对于涉及"现金"和"银行存款"之间的经济业务,一般只编制付款凭证。
21. BC 【答案解析】本题考核收款凭证的内容。收款凭证左上角"借方科目"按收款的性质填写"库存现金"或"银行存款"。
22. ABD 【答案解析】对于涉及"库存现金"和"银行存款"之间的经济业务,一般只编制付款凭证。所以从银行提取库存现金的业务应该编制银行存款付款凭证。
23. ABCD 【答案解析】本题考核记账凭证的填制。记账凭证的编制要求:①记账凭证的内容必须完整;②记账凭证应连续编号;③记账凭证的书写应清楚、规范;④记账凭证可以根据每一张原始凭证填制或根据若干张同类原始凭证汇总编制,也可以根据原始凭证汇总表填制,但是不得将不同内容和类别的原始凭证汇总填制在一张记账凭证上;⑤除结账和更正错误的记账凭证可以不附原始凭证外,其他的记账凭证必须附有原始凭证,应该注明所附原始凭证的张数;⑥填制记账凭证时发生错误应当重新填制;⑦记账凭证填制完经济业务事项后,如有空行,应当在空行处划线注销。
24. BC 【答案解析】本题考核报销差旅费业务凭证的编制。报销差旅费时,填制转账凭证,交回剩余现金时需要填制收款凭证。

25. ABD 【答案解析】本题考核会计凭证的概念和作用。会计凭证是记录经济业务事项发生或完成情况的书面证明，也是登记账簿的依据，通过填制或取得会计凭证，可以明确经济责任。

26. ABCD 【答案解析】本题考核记账凭证的内容。记账凭证的基本内容包括：(1)记账凭证的名称；(2)填制记账凭证的日期；(3)记账凭证的编号；(4)经济业务事项的内容摘要；(5)经济业务事项所涉及的会计科目及其记账方向；(6)经济业务事项的金额；(7)记账标记；(8)所附原始凭证张数；(9)会计主管、记账、审核、出纳、制单等有关人员签章。

27. ABCD

28. ABCD 【答案解析】以上内容均属于原材料的分类。

29. ABC 【答案解析】在途物资是实际成本法下设置的科目。

30. CD 【答案解析】分配车间直接参加产品生产工人的职工薪酬时会计分录是：

借：生产成本

贷：应付职工薪酬

31. ABCD 【答案解析】本题考核短期借款的相关处理。

借入借款时：

| | 借方 | 贷方 |
|---|---|---|
| 借：银行存款 | 1 000 000 | |
| 贷：短期借款 | | 1 000 000 |

每月月末计提利息时：

| | 借方 | 贷方 |
|---|---|---|
| 借：财务费用(1 000 000×6%×1/12) | 5 000 | |
| 贷：应付利息 | | 5 000 |

归还本金和利息的时候：

| | 借方 | 贷方 |
|---|---|---|
| 借：短期借款 | 1 000 000 | |
| 贷：银行存款 | | 1 000 000 |
| 借：应付利息 | 30 000 | |
| 贷：银行存款 | | 30 000 |

32. ABD 【答案解析】实收资本的余额在贷方，表示投资者对企业投资的实有数。

33. AB 【答案解析】企业计提盈余公积，盈余公积会增加，但是企业的实收资本不变。企业按照法定程序减少注册资本，实收资本会减少。

34. AD 【答案解析】企业日常活动中发生的营业税记入营业税金及附加科目的借方；出售固定资产发生的营业税记入固定资产清理的借方。

35. AC 【答案解析】本题考核收入核算的内容。出租固定资产收到的租金属于让渡资产使用权取得的收入；收取的增值税属于代收的款项不属于企业经济利益的流入；出售原材料收到的价款等同于销售商品取得的价款；企业出售无形资产、出售固定资产并非企业的日常活动，这种偶发性的收入不应该确认为收入，所以其收到的价款不属于日常活动的经济利益的总流入，所以不是收入。

36. ABC 【答案解析】本题考核收入包括的内容。收入是指企业在销售商品、提供劳务及让渡资产使用权等日常活动中所形成的经济利益的总流入。所以，D属于收入；其他几项均属于为第三方或客户代收的款项，不属于收入。

37. AC 【答案解析】本题考核销售商品的核算。企业销售商品取得的销售收入应该确认为主营业务收入，本题中已经收到销售货款所以应该直接借记银行存款；结转产品成本时是企业产品成本的减少，所以应该贷记库存商品科目，同时借记主营业务成本。

38. ABC 【答案解析】本题考核费用的确认方法。

39. BCD 【答案解析】A选项冲减管理费用。

40. BC 【答案解析】本题考核期末结转的会计处理。收入转入本年利润会导致本年利润增加记入本年利润的贷方，同时记入有关收入的借方，费用转入本年利润会导致本年利润减少记入本年利润的借方，同时记入有关费用的贷方。

三、判断题

1. 错 【答案解析】对会计要素的具体内容进行分类核算的项目,称为会计科目。
2. 对 【答案解析】本题考核成本类科目的定义。
3. 对 【答案解析】"坏账准备""长期投资减值准备""累计折旧""无形资产减值准备"都属于资产类科目的备抵科目,贷方登记增加,借方登记减少。
4. 错 【答案解析】明细科目是对其所属的总分类科目的补充和说明。
5. 对
6. 错 【答案解析】"资产=负债+所有者权益"体现了企业资金运动过程中某一时点的资产分布和权益构成。
7. 对
8. 错 【答案解析】本题考核复式记账法的定义。复式记账法是以资产与权益平衡关系作为记账基础,对于每一笔经济业务,都要在两个或两个以上相互联系的会计科目中进行登记,系统地反映资金运动变化结果的一种记账方法。
9. 错 【答案解析】本题考核损益类账户的结构。损益类账户期末都要结转到"本年利润",无余额。
10. 错 【答案解析】在会计处理中,企业不可以将不同类型的交易或事项合并编制多借多贷的会计分录。应该是相同类型的交易或事项。
11. 错 【答案解析】本题考核发生额试算平衡的内容。发生额试算平衡是根据本期所有账户的借方发生额合计等于贷方发生额合计的关系,检验本期发生额记录是否正确的方法。
12. 对 【答案解析】本题考核试算平衡的应用。借贷方颠倒并不影响试算平衡,所以无法通过试算平衡来发现。
13. 错 【答案解析】本题考核平行登记的内容。总分类账和明细分类账平行登记时,借贷方向应相同。
14. 错 【答案解析】本题考核借贷记账法下会计账户的结构。成本类账户期末可能有余额。
15. 错 【答案解析】应收账款的余额可以在借方,表示尚未收回的应收账款数,但应收账款的余额也可以在贷方,表示多收了货款,相当于预收账款。
16. 错 【答案解析】支付工会经费和职工教育经费用于工会活动和职工培训,借记"应付职工薪酬"科目,贷记"银行存款"等科目。
17. 错 【答案解析】增值税不通过营业税金及附加核算。
18. 对 【答案解析】如果商品的所有权还没有转让,即使商品已经离开企业,仍属于企业的存货。
19. 错 【答案解析】本题考核实收资本。接受股东投入设备一台,会使资产和所有者权益同时增加。
20. 对
21. 对
22. 错 【答案解析】本题考核成本的定义。成本是按一定的产品或劳务对象所归集的费用,它是广义的费用中的一部分,但是不是所有的费用都是成本,费用还包括期间费用等。
23. 错 【答案解析】本题考核管理费用的核算内容。广告宣传费应该通过销售费用核算。借款利息应该通过财务费用核算。
24. 错 【答案解析】利润总额是指营业利润加上营业外收入,减去营业外支出后的金额。
25. 错 【答案解析】所得税费用是损益类账户,期末结转到本年利润后,是没有余额的。

四、计算分析题

(一)

1. A 【答案解析】实收资本就是企业的注册资本 40 000 000
2. C 【答案解析】6 000 000−40 000 000×10%=2 000 000

(二)

1. √

2. A
3. AD

（三）

1. B 【答案解析】该批材料的入账价值不包括增值税。
2. B 【答案解析】单位成本＝60 000÷500＝120(元/件)。
3. B 【答案解析】该项采购发生的可抵扣进项税额＝60 000×17％＝10 200(元)。

（四）

1. C 【答案解析】本月制造费用总额＝材料车间一般耗用 20×100＋生产车间发生的管理人员工资、折旧费、水电费等 3 000＝5 000(元)；A 产品应当分配的制造费用＝5 000/(1 500＋1 000)×1 500＝3 000(元)。
2. D 【答案解析】A 产品的成本＝直接材料 600×100＋直接人工 1500×10＋制造费用分配转入 3 000＝78 000(元)。
3. A 【答案解析】B 产品成本＝直接材料 400×100＋直接人工 1 000×10＋制造费用转入 2 000＝52 000(元)；B 产品单位成本＝52 000/500＝104(元)。
4. ABC
5. AB

（五）

1. A 【答案解析】甲公司本期利润总额＝[(400－200)＋(48－24)＋14－8－2－8－20－16－4]
＝180(万元)
甲公司本期净利润＝180×(1－25％)＝135(万元)
甲公司分配给股东的股利＝135×20％＝27(万元)。
2. C 【答案解析】甲公司应交的所得税＝180×25％＝45(万元)
3. B 【答案解析】甲公司计提的盈余公积＝135×10％＝13.5(万元)。

## 项目四　会计账簿

### 一、单项选择题

1. C 【答案解析】本题考核会计账簿的启用。
2. C 【答案解析】本题考核会计账簿的记账规则。
3. C 【答案解析】本题考核各种账簿的适用情况。生产成本明细账应该采用多栏式账簿。
4. D 【答案解析】本题考核会计账簿的记账规则。账页记满时，应办理转页手续。
5. A
6. C 【答案解析】本题考核活页账的适用范围。活页式账簿主要适用于各种明细分类账。
7. D 【答案解析】本题考核数量金额式账簿的适用范围。数量金额式明细账适用于既要进行金额核算，又要进行实物数量核算的各种财产物资账户。收入、费用和生产成本明细账一般采用多栏式账簿，原材料明细账应该使用数量金额式账簿。
8. C 【答案解析】按照规定，文字和数字的书写不要占满格，一般应占格距的 1/2；登记账簿要用蓝黑墨水或者碳素墨水书写，不得使用圆珠笔(银行的复写账簿除外)或者铅笔书写；可以按照红字冲账的记账凭证冲消错误记录；发生的空行、空页应划线注销或者注明“此行空白”“此页空白”字样。
9. A 【答案解析】按照用途的不同，会计账簿分为序时账簿、分类账簿和备查账簿。
10. D 【答案解析】总分类账和现金、银行存款日记账都要采用订本账，选项 D 固定资产明细账一般采用卡片账。
11. D 【答案解析】备查账簿也称辅助账簿，是指对某些在序时账簿和分类账簿等主要账簿中都不予登记或登记不够详细的经济业务事项进行补充登记时使用的账簿。选项 D 已经在分类账中记录充分反映了，不需要建立备查账。

12. B 【答案解析】收入、费用明细账一般均采用多栏式账簿。选项A应该采用三栏式账簿。选项C、D应该使用数量金额式账簿。
13. C 【答案解析】本题考核序时账簿的概念。
14. C 【答案解析】本题考核对账的内容。
15. C 【答案解析】选项A属于账证核对，选项B属于账账核对，选项D属于账实核对。选项C的说法不正确，现金日记账只有一个余额，不需要合计。
16. D 【答案解析】"现金盘点报告表"是调整账簿记录的原始凭证，要根据"现金盘点报告表"进行账务处理。
17. A 【答案解析】为了确定现金实际的结存数量，所以对库存现金的清查应采用实地盘点法。
18. B 【答案解析】对银行存款的清查，主要是与银行核对账目。

**二、多项选择题**

1. ABCD 【答案解析】本题考核账实不符的原因。造成账实不符的原因是多方面的：如财产物资保管过程中发生的自然损耗；财产物资收发过程中由于计量或检验不准，造成多收或少收的差错；由于管理不善、制度不严造成的财产损坏、丢失、被盗；在账簿记录中发生的重记、漏记、错记等。
2. BD 【答案解析】本题考核账簿的登记。固定资产、债权、债务等明细账应逐日逐笔登记，库存商品、原材料、产成品收发明细账以及收入、费用明细账可以逐日逐笔登记，也可以定期汇总登记。
3. AC 【答案解析】现金日记账是比较重要的账簿，属于特种日记账，应该采用订本账，以避免账页的散失和抽换。
4. AD 【答案解析】选项A显然应该是答案。对于从银行提取现金的业务，按照规定只能编制银行存款付款凭证，此时应该根据银行存款付款凭证登记现金日记账的借方。所以，D也是答案。选项BC可以作为银行存款日记账借方登记的依据。
5. BD 【答案解析】选项A应采用数量金额式明细账核算，选项C应采用多栏式明细账核算。
6. ABCD 【答案解析】本题考核账实核对的内容。
7. ACD 【答案解析】不同类型经济业务的明细分类账可根据管理需要，依据记账凭证、原始凭证或汇总原始凭证逐日逐笔登记或定期登记。选项B属于总分类账的登记依据。
8. AB 【答案解析】序时账簿也称为日记账，是按照经济业务发生或完成时间的先后顺序逐日逐笔登记的账簿，现金日记账和银行存款日记账是典型的序时账簿。选项C、D属于分类账，分类账按照反映指标的详细程度分为总分类账簿（简称总账）和明细分类账簿（简称明细账）。
9. ABCD 【答案解析】所谓未达账项是指由于结算凭证在双方之间传递需要一定时间，而造成一方已经入账，而另一方尚未收到结算凭证从而尚未入账的款项。有四种情况：银收企未收；银付企未付；企收银未收；企付银未付。
10. CD 【答案解析】本题考核财产盘盈的账务处理。
11. ABC 【答案解析】财产物资发生盘盈时涉及"营业外收入"账户。
12. ABC 【答案解析】对于未达账项，不能根据"银行存款余额调节表"作账务处理，要等以后有关原始凭证到达后再作账务处理。
13. AC 【答案解析】选项B，单位撤销、分立、合并或改变隶属关系，需进行全面清查，单位刚成立不需要进行全面清查；选项D，单位主要负责人调离工作，需要进行全面清查，不是财务负责人。
14. ABC 【答案解析】库存现金盘亏的账务处理为：

借：待处理财产损溢

　　贷：库存现金

经批准后的账务处理为：

借：其他应收款（应由责任人或保险公司赔偿的）

　　管理费用（无法查明原因的）

　　贷：待处理财产损溢

15. AB 【答案解析】"待处理财产损溢"账户其实是个损益类科目。但它对应的资产类科目肯定符合"借方记增加,贷方记减少"。固定资产盘亏计入营业外支出。

三、判断题

1. 对 【答案解析】本题考核活页账的优点
2. 错 【答案解析】本题考核会计账簿的记账规则。一般应占格距的1/2。
3. 错 【答案解析】本题适用的方法应该是红字更正法而不是划线更正法。
4. 错 【答案解析】如果发生跳行、隔页,应当将空行、空页划线注销或者注明"此行空白","此页空白"字样,并由记账人员签名或者盖章。
5. 对 【答案解析】年度终了结账时,有余额的账户,要将其余额结转下年,并在摘要栏注明"结转下年"字样;在下一会计年度新建有关会计账户的第一行余额栏内填写上年结转的余额,并在摘要栏注明"上年结转"字样。(注意:此时不必编制会计凭证)。
6. 错 【答案解析】按照规定,总分类账、现金日记账和银行存款日记账采用订本账。
7. 对 【答案解析】本题考核库存现金的清查方法。
8. 错 【答案解析】财产清查中发现的盘盈、盘亏,在报经有关领导审批之前,根据财产盘盈、盘亏的数字,编制会计分录,同时根据企业的管理权限,将处理建议报股东大会或董事会,或经理(厂长)会议或类似机构批准。
9. 对
10. 对

## 项目五 会计报表

一、单项选择题

1. B 【答案解析】本题考核财务会计报告的编制要求。合法实用不属于财务会计报告的编制要求。
2. C 【答案解析】资产负债表是反映企业某一特定日期财务状况的会计报表。
3. D 【答案解析】本题考核资产负债表的格式。资产负债表右方为负债和所有者权益项目,一般按照求偿权先后顺序排列。
4. B 【答案解析】我国的资产负债表采用账户式。
5. C 【答案解析】资产是按照流动性或变现能力来排列的,流动性大的排在前面,流动性小的排在后面。
6. C 【答案解析】本题考核资产负债表项目的填列。应付账款和预付账款的明细账余额决定资产负债表中"应付账款"和"预付款项"的金额,两个科目明细账贷方余额合计为"应付账款"项目金额,两个科目明细账借方余额合计减去"坏账准备"中预付账款计提的坏账准备为"预付款项"项目金额。则该题中"应付账款"项目的金额=200 000+300 000=500 000(元)。
7. C 【答案解析】资产负债表中的"货币资金"项目,需要根据"库存现金""银行存款""其他货币资金"三个总账科目的期末余额的合计数填列。
8. C 【答案解析】本题考核资产负债表项目的填列。
9. C 【答案解析】本题考核资产负债表项目的填列。没有"存货"科目,故选项A不对;"原材料"不全面,故选项B不对;"工程物资"科目在资产负债表中单独列示,故选项D不对。
10. D 【答案解析】以营业利润为基础,加上营业外收入,减去营业外支出,计算得出利润总额。
11. B 【答案解析】利润表的格式主要有多步式和单步式两种,我国采用多步式。
12. B 【答案解析】利润表(又称损益表)是反映企业在一定会计期间经营成果的报表。
13. A 【答案解析】编制利润表所依据的会计等式是"收入-费用=利润"。编制资产负债表的依据是"资产=负债+所有者权益"。
14. B 【答案解析】本题考核营业利润的计算。营业利润=1 000 000+80 000-760 000-50 000-30 000-40 000-30 000-15 000=155 000(元)。

15. B 【答案解析】本题考核利润的计算。

营业利润＝1 700－1 190－170－110－100－19＋200－100＝211(万元)；

利润总额＝211＋16－25＝202(万元)；

净利润＝202－202×25％＝151.5(万元)。

二、多项选择题

1. ABC 【答案解析】本题考核资产负债表的意义。
2. ACD 【答案解析】本题考核财务会计报告的构成。财务会计报告包括会计报表及其附注和其他应当在财务会计报告中披露的相关信息和资料。
3. ABCD 【答案解析】
4. ABC 【答案解析】本题考核财务会计报告的定义及内容。财务会计报告包括会计报表及附注和其他应当在财务会计报告中披露的相关信息和资料。
5. ABD 【答案解析】应交税费属于流动负债。
6. AC 【答案解析】选项A“货币资金”项目需根据“库存现金”“银行存款”“其他货币资金”三个总账科目的期末余额的合计数填列；选项B是根据明细科目余额计算填列，不符合题意；选项C“存货”项目，应根据“材料采购”“原材料”“周转材料”“委托加工物资”“在途物资”“发出商品”“生产成本”等科目的期末余额合计，减去“存货跌价准备”科目期末余额后的金额填列。材料采用计划成本核算，以及库存商品采用计划成本核算或售价核算的企业，还应按加或减“材料成本差异”、“商品进销差价”的金额填列；选项D可直接根据总账科目的期末余额填列，不符合题意。
7. BCD
8. ABCD
9. AD 【答案解析】利润表中的数据是根据相关账户的本期发生额编制的，它反映的是企业一定期间内的经营成果，属于动态报表。
10. ABC 【答案解析】留存收益是盈余公积和未分配利润的总称，不是报表中的项目。

三、判断题

1. 错 【答案解析】资产负债表的格式主要有账户式和报告式两种，我国采用的是账户式。财务会计报告和资产负债表不是同一个概念，后者只是前者的一部分。
2. 错 【答案解析】资产负债表是反映企业某一特定日期财务状况的会计报表。
3. 对
4. 错 【答案解析】资产负债表中“固定资产”项目应根据“固定资产”账户余额减去“累计折旧”、“固定资产减值准备”等账户的期末余额后的金额填列。
5. 错 【答案解析】资产负债表中资产类至少包括流动资产项目、长期投资项目、固定资产项目和无形资产及其他资产项目。
6. 错 【答案解析】由于收入和费用是企业在一定期间内发生的，因此，利润表属于动态报表。
7. 错 【答案解析】本题考核净利润的计算。净利润是指利润总额减去所得税费用后的金额。
8. 错 【答案解析】本题考核营业利润的计算。营业利润是以营业收入为基础的，减去营业成本、营业税金及附加、销售费用、管理费用、财务费用、资产减值损失，加上公允价值变动收益(或减去公允价值变动损失)，加上投资收益(或减去投资损失)计算出来的。
9. 错 【答案解析】“预收账款”账户所属有关明细账户有借方余额的，应记入“应收账款”。
10. 错 【答案解析】资产负债表是静态报表。

## 项目六 账务处理程序

一、单项选择题

1. B 【答案解析】本题考核科目汇总表账务处理程序的特点。在科目汇总表核算形式下，可以根据记账凭证登记库存现金日记账，登记明细分类账，编制科目汇总表。
2. A 【答案解析】本题考核科目汇总表账务处理程序的适用范围。

3. C 【答案解析】本题考核在科目汇总表账务处理程序的一般程序。科目汇总表账务处理程序下,期末现金日记账、银行存款日记账和明细分类账的余额同有关的总分类账进行核对。
4. C 【答案解析】本题考核科目汇总表的特征。
5. A 【答案解析】记账凭证账务处理程序的优点:直接根据记账凭证登记总账,简单明了,易于理解,总分类账可以较详细地反映经济业务的发生情况。
6. B 【答案解析】科目汇总表账务处理程序不能清晰地反映各科目的对应关系,这是它的缺点。
7. C 【答案解析】一种账务处理程序区别于另一种账务处理程序,主要在于登记总分类账的程序和方法不同。
8. B 【答案解析】汇总记账凭证处理程序的缺点是:按每一贷方科目编制汇总转账凭证,不利于会计核算的日常分工,当转账凭证较多时,编制汇总转账凭证的工作量较大。
9. B 【答案解析】科目汇总表账务处理程序又称记账凭证汇总表账务处理程序,科目汇总表是登记总账的直接依据。
10. C 【答案解析】科目汇总表账务处理程序的缺点:科目汇总表不能反映账户对应关系,不便于查对账目。

二、多项选择题

1. ABC 【答案解析】本题考核账务处理程序的定义。
2. ABC 【答案解析】三种账务处理程序均可以根据原始凭证、汇总原始凭证和记账凭证,登记各种明细分类账。
3. ABC 【答案解析】记账凭证账务处理程序适用于规模较小、经济业务量较少的单位。
4. AC 【答案解析】科目汇总表账务处理程序的优点:可以简化总分类账的登记工作,减轻了登记总分类账的工作量,并可以做到试算平衡,简明易懂,方便易学。从上面的优点中可以看出可以起到发生额试算平衡的作用。缺点:不能反应账户对应关系,不便于查对账目。
5. ABCD 【答案解析】科学、合理地选择适用于本单位的账务处理程序的意义是:(1)有利于会计工作程序的规范化,确定合理的凭证、账簿与报表之间的联系方式,保证会计信息加工过程的严密性,提高会计信息的质量;(2)有利于保证会计记录的完整性、正确性,通过凭证,账簿及报表之间的牵制作用,增强会计信息的可靠性;(3)有利于减少不必要的会计核算环节,通过井然有序的账务处理程序,提高会计工作效率,保证会计信息的及时性。
6. ABCD
7. BC 【答案解析】编制汇总记账凭证时,汇总收款凭证应该按照按有关账户的借方设置,按照账户贷方归类;汇总付款凭证和汇总转账凭证应该按照有关账户的贷方设置,按照借方账户归类。
8. AB 【答案解析】记账凭证账务处理程序的优点:直接根据记账凭证登记总账,简单明了、易于理解,总分类账可以较详细地反映经济业务的发生情况。
9. ABC 【答案解析】汇总记账凭证账务处理程序的优点:减轻了登记总分类账的工作量,便于了解账户之间的对应关系。缺点:按每一贷方科目编制汇总转账凭证,不利于会计核算的日常分工,当转账凭证较多时,编制汇总转账凭证的工作量较大。
10. ABD 【答案解析】在我国,常用的账务处理程序主要有三种:(1)记账凭证账务处理程序;(2)汇总记账凭证账务处理程序;(3)科目汇总表账务处理程序。

三、判断题

1. 对 【答案解析】汇总记账凭证账务处理程序的优点:减轻了登记总分类账的工作量,便于了解账户之间的对应关系。
2. 错 【答案解析】本题考核各种账务处理程序的区别。在不同的账务处理程序下,会计报表的编制依据相同。
3. 错 【答案解析】汇总记账凭证账务处理程序的缺点是:按每一贷方科目编制汇总转账凭证,不利于会计核算的日常分工,当转账凭证较多时,编制汇总转账凭证的工作量较大。
4. 对 【答案解析】记账凭证账务处理程序的特点是直接根据记账凭证逐笔登记总分类账,是最基本的账务处理程序。

5. 错 【答案解析】本题考核汇总记账凭证账务处理程序的优缺点。总分类账根据汇总记账凭证于期末一次登记入账，减少了登记总分类账的工作量。
6. 错 【答案解析】本题考核记账凭证账务处理程序的要求。记账凭证账务处理程序下使用的记账凭证可以是专用凭证也可以是通用凭证。
7. 对
8. 对
9. 错 【答案解析】在不同的账务处理程序下，登记总账的依据不同。记账凭证账务处理程序下，登记总账的依据是记账凭证；科目汇总表账务处理程序下，登记总账的依据是科目汇总表。
10. 对 【答案解析】汇总记账凭证账务处理程序和科目汇总表账务处理程序大大简化了登记总分类账的工作量，因此适用于经济业务较多的单位。

## 项目七　会计档案

### 一、单项选择题

1. C 【答案解析】本题考核会计档案的内容。会计档案包括会计凭证、会计账簿、财务会计报告和其他会计核算资料。其他会计资料包括银行存款余额调节表、银行对账单、其他应当保存的会计核算专业资料、会计档案移交清册、会计档案保管清册、会计档案销毁清册。
2. D 【答案解析】销毁会计档案时，应当由单位档案机构和会计机构共同派员监销。
3. B 【答案解析】辅助账簿的保管期限是 15 年。
4. B 【答案解析】月、季度财务报告应当保存 3 年，会计档案保管清册应当永久保存，银行对账单应当保存 5 年。
5. B
6. B 【答案解析】会计档案销毁清册应该永久保存；固定资产卡片账应该在固定资产报废清理后继续保存 5 年，现金日记账需要保管 25 年。
7. C 【答案解析】本题考核会计档案的保管期限。
8. C 【答案解析】本题考核会计档案的保管期限。现金日记账应该保管 25 年；原始凭证应该保管 15 年；银行对账单应该保管 5 年。
9. B 【答案解析】当年形成的会计档案在会计年度结束以后，可暂由会计机构保管 1 年。
10. B 【答案解析】本题考核会计档案的销毁。国家机关销毁会计档案时，应由同级财政部门、审计部门派员参加监销。

### 二、多项选择题

1. ABC 【答案解析】本题考核会计档案的相关内容。
2. ABD 【答案解析】现金日记账的保管期限为 25 年。
3. ABC 【答案解析】定期档案的保管期限分为 3 年、5 年、10 年、15 年、25 年五类。
4. BC 【答案解析】本题考核会计档案的查阅和复制。各单位保存的会计档案不得借出，如有特殊需要，经本单位负责人批准，可以提供查阅或者复制，并办理登记手续。查阅或者复制会计档案的人员，严谨在会计档案上涂画、拆封和抽换。
5. ABCD 【答案解析】会计档案包括会计凭证、会计账簿、财务会计报告和其他会计资料。其中，会计凭证包括记账凭证和原始凭证；会计账簿包括日记账、总分类账和明细分类账等；财务会计报告包括会计报表、报表附注和财务情况说明书；其他会计资料包括银行存款余额调节表、银行对账单、其他应当保存的会计核算专业资料、会计档案移交清册、会计档案保管清册、会计档案销毁清册。
6. ACD 【答案解析】本题考核会计档案的保管。会计档案的保管期限，从会计年度终了后的第 1 天算起。
7. BCD 【答案解析】本题考核会计档案的保管、查阅和销毁。会计档案的保管期限根据其特点分为永久和定期两种。会计档案的定期保管期限分为3年、5年、10年、15年、25年五种。

8. ABC **【答案解析】**未结清的债权债务原始凭证，正在建设期间的建设单位的有关会计档案，超过保管期限但尚未报废的固定资产购买凭证，保管期满后，不得销毁，应当单独抽出立卷，保管到未了事项完结时为止。
9. BCD **【答案解析】**移交本单位档案机构保管的会计档案，原则上应当保持原卷册封装，个别需要拆封重新整理的，档案机构应会同会计机构有关人员和经办人员共同拆封整理，以分清责任。
10. ABCD **【答案解析】**本题考核会计档案销毁清册的内容。企业会计档案销毁清册中应包括所销毁会计档案的名称、卷号、册数、起止年度和档案编号、应保管年限、已保管年限、销毁日期等内容。

三、判断题

1. 对
2. 错 **【答案解析】**各单位保存的会计档案不得借出。如有特殊需要，经本单位负责人批准，可以提供查阅或复制，并办理登记手续。
3. 错 **【答案解析】**本题考核会计档案的保管期限。现金日记账和银行存款日记账的保管期限为25年。
4. 对
5. 对
6. 错 **【答案解析】**对于保管期满但未结清的债权债务原始凭证和涉及到其他未了事项的原始凭证，不得销毁，应单独抽出立卷，由档案部门保管到未了事项完结时为止。
7. 错 **【答案解析】**会计档案保管清册要永久保管。
8. 错 **【答案解析】**移交本单位档案机构保管的会计档案，原则上应当保持原卷册的封装，个别需要拆封重新整理的，档案机构应当会同原财务会计部门和经办人员共同拆封整理，以分清责任。
9. 对
10. 对

# 主要参考文献


[1] 江苏省会计从业资格考试教材研究编审组. 会计基础[M]. 北京:经济科学出版社,2013.

[2] 吕学典,董红. 基础会计学[M]. 北京:高等教育出版社,2006.

[3] 腾晓梅. 基础会计学模拟实训教程[M]. 镇江:江苏大学出版社,2009.

[4] 单志国. 基础会计实训指导[M]. 北京:中国出版集团现代教育出版社,2012.

[5] 中华人民共和国财政部. 企业会计准则[M]. 北京:经济科学出版社,2006.

[6] 中华人民共和国财政部. 企业会计准则:应用指南[M]. 北京:中国财政经济出版社,2006.

# 2011：

# 国际军备控制与裁军

黎　弘　主编

世界知识出版社

图书在版编目(CIP)数据

2011:国际军备控制与裁军/黎弘主编.—北京:世界知识出版社,2011.4

ISBN 978-7-5012-4061-6

Ⅰ.①2… Ⅱ.①黎… Ⅲ.①军备控制-世界-文集 ②裁军问题-世界-文集 Ⅳ①D815.1-53

中国版权图书馆CIP数据核字(2011)第052426号

责任编辑 罗养毅
责任出版 刘 喆
责任校对 马莉娜
封面设计 嘉 维

书 名 **2011:国际军备控制与裁军**

2011:**Guoji Junbei Kongzhi Yu Caijun**

作 者 黎 弘 主编
出版发行 世界知识出版社
地址邮编 北京市东城区干面胡同51号(100010)
网 址 www.wap1934.com
印 刷 北京京晟纪元印刷有限公司
经 销 新华书店
开本印张 787×1092毫米 1/16 26印张
字 数 300千字
版次印次 2011年5月第一版 2011年5月第一次印刷
标准书号 ISBN 978-7-5012-4061-6
定 价 38.00元

# 出版说明

中国军控与裁军协会的《2011年国际军备控制与裁军》年度报告业已交付世界知识出版社出版发行。报告集中收录了反映过去一年国际军控与裁军领域重大事件和进展的论文和述评18篇，并将过去一年国际军控与裁军大事记和中国政府的重要军控讲话和发言作为附件一并发表。尽管报告难以全面反映国内所有军控方面的研究成果，但我们从中不难看出中国学者对军控问题的主流看法和声音。

在过去一年中，国际格局在后危机时期继续深刻演变，国际安全威胁更加复杂多元，不稳定不确定因素增多。金融危机不但未降低各国对军事安全的投入，反而使地区热点、局部冲突、领土领海争端等传统安全威胁更趋突出。各大国纷纷出台新的国家安全战略和政策，加强国防军事建设，主要国家均表现出更加重视通过增强军事实力提高对国际安全关系塑造能力的倾向。与此同时，军事战略的变革和新军事技术的发展，也带动各国军事装备和部队建设发展方向的加速调整。在此背景下，国际军备控制与裁军进程面临机遇与挑战并存的局面。军事变革和军事技术的发展一方面使得一些传统的军事装备的裁减和控制成为可能，同时也势必带来对新军事高地的竞争与抢夺，这给军控提出了新的任务，即如何避免人类在新的领域重复竞赛—增长—裁减的老路。去年的国际军控进程正是围绕着上述国际安全格局的演变中发展。核安全和防范核恐怖主义成为优先军控议程，核裁军得以推进，生化武器军控进程进展顺利，常规武器和小武器控制也有所进展，而网络、外空和反导领域竞争激烈，军控进程举步维艰，地区热点核问题更趋复杂。

如何看待一年来的军控形势发展，可能仁者见仁，智者见智。为力争给出去年国际军控进程完整的画面，我们在本书报告选题时力求在宽泛和细微之间寻找平衡，并注重尊重和保留专家的独特视角。我们真诚期待该报告的出版能为长期从事研究和实践的军控工作者所走过的路提供一段印记。从报告出版发行的连续性看，我们相信它一定会对我国军控与裁军理论的研究产生积极的推动作用。

衷心感谢参与撰稿的所有作者，他们的辛勤与严谨为本书的质量提供了保障。协会李长和副会长认真审阅了全书所有文稿，并对全书的结构和选题提出了指导性意见和建议，秘书处的徐蓉同志承担了具体组稿和编校工作，世界知识出版社的领导和有关编辑人员为本报告的文字把关和编辑付出了辛勤努力，在此一并致谢。

由于课题组水平所限，书中错误与谬误在所难免，恳请国内外专家和读者批评指正。

《国际军备控制与裁军》课题组

2011年1月28日于北京

# 目 录

## 【综述】

# 2010 年国际军控与裁军形势综述

☞黎　弘

# 2010 年国际军控与裁军形势综述

黎　弘

**内容提要**：2010 年，国际军备控制与裁军进程在曲折中前行：美俄达成新的战略核裁减条约，首次全球核安全峰会顺利召开，第八次《不扩散核武器条约》（NPT）审议大会取得有限成功，俄罗斯同意与北约开展反导合作等。这些积极事态给多边核裁军和核不扩散进程注入新的动力。另一方面，美国大幅增加今后十年核武库更新与现代化的预算拨款，声称将不受限制的继续发展和部署反导系统，核武器用裂变材料禁产条约（FMCT）谈判仍未能启动，朝核和伊（朗）核问题依然僵局，有关制裁进一步收紧，朝鲜半岛形势一度空前紧张和对立。非传统安全继续困扰国际社会，传统军事竞争转趋活跃，全球安全威胁更加复杂多元。但和平、发展与合作的潮流不容阻挡，军备控制与裁军机遇与挑战并存，机遇大于挑战。中国参与国际军控防扩散姿态更加积极主动，日益显现出承担更多国际责任的政治意愿和行动。

**主 题 词**：军控与裁军　防扩散　国际形势

**作者单位**：北京　中国军控与裁军协会

2010 年是世界形势继续经历复杂、深刻变化的一年。国际金融危机的深层次影响继续显现，国际经济、金融体系的变革进程持续推进，新兴大国群体性崛起的势头更趋强劲，国际格局向更平衡的方向发展。美高调重返亚洲，加强军事存在，巩固和拓展地区同盟，亚太地区传统军事竞争更趋激烈，安全威胁更趋多样复杂。伴随着国际格局的变迁，军控与裁军在塑造国际安全规则和秩序方面的作用受到关注和重视。上半年军控形势保持去年回暖的势头并进一步发展达到“波峰”，期间的标志性事件包括：美国出台新的《核态势评估报告》，核武器作用及使用核武器的门槛至少从表述上有所调整；华盛顿核安全峰会就强化核材料的安全保证达成一定共识；美俄两国达成新的核裁军条约；NPT第八次审议大会达成最后成果文件。下半年军控“盘整”特点明显：美俄新核裁减条约在美国国会被反复推迟审议，虽然在年终最后一刻得以通过，但美国保守势力对核裁军进程的消极影响呈明显上升势头；美国还在9月进行了一次亚临界核试验；英法也就共享核试验设施达成协议；部分欧洲国家推动北约调整核战略、撤出部分在欧核武器的努力也以失败告终。这些事态增加了人们对新一轮核裁军国际努力前景的悲观情绪。此外，核裂变材料“禁产条约”谈判未能启动，伊朗核、朝鲜核问题毫无进展，甚至出现了新的复杂事件。可以说，全年军控与裁军国际努力在曲折与起伏中跋涉，步履维艰，但国际社会通过军控与裁军促进国际和平、实现共同安全的努力依然顽强向前推进。全年形势特点如下：

## 一、核裁军有所进展，但推进阻力重重

核裁军取得进展的第一个标志性事件是美俄达成

《进一步削减和限制进攻性战略武器条约》。2010年4月签署的这一条约规定，两国自条约生效之日起的7年内将把各自部署的战略核弹头数量上限从2200枚裁减至1550枚，部署的运载工具裁减至不超过700件，另外允许保留100件非部署状态的战略运载工具。双方有权自行确定本国进攻性核力量的结构。条约将运载工具纳入裁减范围，恢复了被莫斯科条约摈弃的条约核查机制。美国国会和俄罗斯议会已分别于2010年12月23日和2011年1月25日批准该条约。新的战略核裁减条约的签署和生效标志着冷战结束以来两国核武器持续裁减的势头得以维持，同时，此举也标志着两国的双边关系“重启”进程得以继续推进。美俄两国目前拥有全球95%以上的核武器，两国继续大幅度消减核武库，对增进全球和平与安全，进一步降低核战争威胁，具有积极意义。

2010年核领域另一标志性事件是《不扩散核武器条约》（NPT）第八次审议会在纽约联合国总部召开，并达成了会议最后成果文件。虽然其中实质成果有限，但毕竟形成了共同文件，避免了2005年类似的不欢而散，表明各方对条约的政治共识和信心得以恢复和增强。对核裁军方面，成果文件呼吁核武器国家做出具体核裁军努力，迅速削减全球所有类型核武器，进一步降低核武器在军事和安全概念、战略和政策中的作用和重要性，呼吁核武器国家向2014年NPT筹委会报告履行核裁军措施的情况。文件还提及注意到联合国秘书长关于谈判一项禁止核武器公约的建议，尽管措辞还比较弱，但各方能够同意将这一内容写入最后文件，应该可以视作往正确方向迈出的积极步伐。会议还决定在2012年召开一次有关“建立中东无核武器和其他大规模杀伤性武器区”的会议，推进和落实1995年NPT审议大会关于中东无核区决议所确立的目标，这一内容使多年来被抛在一边的中东无核区问题再度得以激活。NPT审议会的成功对核裁军和无核世界努力无疑是一个鼓舞信号。

2010年核领域另一个值得一提的事件，美国发布新的《核态势审议报告》（NPR）。根据该报告，美对核威胁的看法发生了值得关注的变化。报告提出，“国际安全环境已发生深刻变化，全球核战争的威胁日益降低”，“最突出的威胁是核恐怖主义和核扩散”，“冷战继承下来的庞大核武库很难解决自杀性恐怖主义和核武器扩散问题”。报告宣称美国“将继续降低核武器在阻止非核进攻方面的作用”，“只会在极端情况下考虑使用核武器以维护美国或其盟友和伙伴的核心利益”，承诺不对遵守NPT义务的国家使用或威胁使用核武器。报告虽未接受把“阻止核进攻作为核武器的唯一作用”，但却表示将“努力营造条件”使美核政策朝这方面发展[①]。美国对核威胁提法的变化，以及对核武器使用限制条件的增多和使用门槛的提高，对国际安全具有潜在影响，从长远看对核裁军具有一定积极意义。

此外，2010年，美、英两国还采取了一些核武库透明的措施。美国在NPT审议会前宣布，截至2009年9月30日，美共拥有已经部署及储备的“非作战”核弹头在内的核弹头5113枚，较1967年消减了84%，较1989年消减了75%。1994年—2009年，美共销毁核弹头8748枚，还有数千枚待销毁。1991—2009年期间，美战术核

① Line 6 – 7, Para. 6, Page viii,《Nuclear Posture Review Report》Executive Summary.

武器减少了90%。英国外交大臣也在NPT审议会上宣布了拥有核弹头的数目，其核武库共有225枚核弹头，其中160枚为可部署的核弹头。

上述事件或举措总体可视作2010年核裁军进展或往积极方向发展的标志。但伴随上述过程，也发生了大量不利于核裁军或与核裁军目标相背离的举动或舆论争论，从中我们可以感受到“无核世界”构想所面临的艰难和曲折。这方面的事例主要有：

第一，美国新战略削减条约在美国会遭遇空前阻力，对核裁军可能产生长远消极影响。奥巴马行政当局出于内政外交的考虑，积极推动条约生效，先后10多次派高官接受参议院的质询，回答了据称有900多个问题，但仍有共和党人主张，将条约审议推迟至2011年1月开始的新一届国会进行。共和党阻止条约批准的技术理由主要有四：一是认为条约可能对美国发展反导系统形成限制，要求删除条约序言段中关于“认识到进攻性战略武器与防御性战略武器之间存在相互关系，且此种关系将随着核武器数量的减少而变得越来越重要”的内容。二是认为核查数量过少。新条约每年的核查次数为18次，少于此前的START I的每年28次，保守派要求增加至每年54次。三是认为条约未涉及俄罗斯占有绝对优势的战术核武器问题，要求行政当局承诺在条约生效一年内即开始与俄谈判裁减战术核武器问题。四是要求增加核弹头和核设施的维护经费，确保裁减不降低美核威慑能力。奥巴马总统最终不得不动用各种资源，并在核武器维护经费等方面做出妥协，才在2010年12月23日—国会休会前的最后一天通过了条约。美保守势力在批约过程中公开表现或流露出的重重阻力表明，新核裁减条约的履行很可能不会一帆风顺，有关言论甚至可能对今后美俄谈判新的双边核裁军条约产生长远的消极影响。

第二，美国大幅增加预算用于今后十年核武库维护和现代化，与“无核世界”理念相背离。未来10年美将投资850亿美元用于核武器的延寿、替代更新和现代化相关项目。如此庞大的经费投入，必将引起其他国家，特别是核武器国家，对美是否诚心推进核裁减和“无核世界”目标的怀疑。另外，美国9月15日在内华达州进行了一次代号为“巴克斯”的没有核爆炸的亚临界核试验，在未来一年内，这种试验还将进行两次。美国核态势审议报告也强调，“核威慑并未过时，只要核武器存在，美就要维持安全、可靠、有效的核力量”，“将继续向盟友提供延伸威慑”。美还在北约内否决了欧洲五国（德国、挪威、荷兰、比利时、卢森堡）要求撤走美部署在欧洲的战略核武器的要求，北约战略新概念文件仍强调“核共享对北约至关重要”。

第三，美国大力发展导弹防御系统和战略核打击替代手段，不利于核裁军目标的推进。美今年进行了X-37B空天飞机首次飞行试验，其核态势审议报告进一步明确将发展“全球即时打击系统”。俄罗斯已在多个场合公开宣称，如美反导系统对俄战略核威慑能力构成实质威胁，俄有权退出美俄新战略核裁减条约。另外一方面，美发展等常规战略攻击手段，也不利于维护全球战略平衡和稳定。其后果可能是其他国家或者跟进进行军备竞赛，或者开发新的非对称打击手段与之抗衡，这对大国战略互信会产生严重冲击，对防扩散努力也会产生负面效应。

此外，2010年11月，英国和法国签署了《防务与安全合作宣言》，宣布两国将进行为期50年的核武器试验领域合作，包括共享核试验设施，开展共同研究以维护两国核武器的安全性和可靠性。考虑到英法与美国的军事同盟关系，此种合作可能对未来美俄继续深度核裁减会产生一定影响。目前各方尚未对英法相关合作作出正式反应，但这一问题值得关注。

## 二、核安全成为核领域新的关注点

核不扩散是冷战结束以来西方关注的重点核问题，一直处于国际军控议程的优先位置。自2007年美国四位前政要提出“无核世界”构想后，核裁军问题重新进入国际军控议程。而2010年国际军控议程的重点则转向了核安全和防范核恐怖主义。4月13日，首届全球核安全峰会在华盛顿召开。47个国家的领导人或代表，以及联合国、国际原子能机构和欧盟等国际和地区组织负责人出席。会议发表公报指出，核恐怖主义是当前对国际安全最具挑战性的威胁之一，强有力的核安全措施是防止恐怖分子、犯罪分子及其他非授权行为者获取核材料的最有效途径。公报称，各国对维护各自控制的所有核材料及核设施的有效安全以及对防止非国家行为者获取并恶意使用此类材料所需的信息或技术负有根本责任，呼吁与会各国及国际或地区性组织为增进核安全共同努力，力争在4年内确保所有易流失核材料安全。公报重申国际原子能机构在国际核安全框架中的至关重要的作用；确认联合国的作用和贡献；支持将经修订的《核材料实物保护公约》和《制止核恐怖主义行为国际公约》等国际文书的目标作为全球核安全体系的实质要素。会议还通过一项落实公报的工作计划，包括在核材料的储存、使用、运输和处理的各个方面以及防止非国家行为者获取、恶意使用核材料所需的信息共享，强化核安全合作，加强对核材料和核设施的管理，强化核安全文化和能力建设，开展核探测和分析鉴定等新技术合作等。美国总统奥巴马会后对媒体称，峰会是加强世界核安全的具体步骤，称会议“为建设更安全的世界取得了真正的进步”。

核安全峰会是在国际形势和国际格局发生深刻变化，核问题日益受到国际社会关注的大背景下举行的一次重要会议，是历史上首次由主要发达国家和发展中国家共同参加的讨论核安全问题的多边高峰会。会议就全球核材料和核设施面临的恐怖主义威胁达成的政治共识和行动纲领，乌克兰、加拿大、智利等国承诺将运出国内的高浓铀交由国际机制监管或处置，更多国家承诺加强对核恐怖主义的防范，减少高浓铀的使用，这些共识和举措对增进全球核材料和核设施的安全，对维护核能复兴的健康发展，都具有积极现实意义和深远的历史意义。另一方面，美国通过多边方式寻求国际社会共同应对核恐怖主义威胁，这也是值得国际社会予以充分肯定和积极回应的。下一次峰会将于2012年在韩国首都首尔召开，相信国际社会将以积极的姿态在增进全球核材料安全、防范核恐怖主义方面做出更加有实质成效的努力与合作。

## 三、核燃料循环多边安排取得进展

建立多边核燃料供应机制以满足全球日益增长的核电需求，同时避免敏感核技术进一步扩散，是近年来国际社会十分关注的一个问题。2009年，国际原子能机构（IAEA）理事会曾通过决议，决定在俄罗斯建立低浓铀储备—俗称多边核燃料银行，面向所有IAEA成员国开放。成立核燃料银行的目的是向那些同意不开发可能生产武器级核材料能力的国家提供可靠的民用核电反应堆的燃料，这种银行成立能确保核燃料的供应，防止因政治原因而供应中断。

2010年12月1日，俄罗斯宣布，全球首家用于储备低纯度浓缩铀的核燃料银行正式落成。该银行位于西伯利亚东南部安加尔斯克市的一处铀浓缩中心内，已有库存120吨纯度从2%至4.95%不等的浓缩铀，其中纯度为4.95%的浓缩铀占了总量的至少三分之一。该核燃料银行由俄罗斯与IAEA共同建立和监管，有报道称，越南、印度尼西亚、阿拉伯联合酋长国等正计划发展核电的国家都可能成为核燃料银行的供货对象。

12月3日，IAEA理事会再次通过建立核燃料银行的决议，决定在奥地利维也纳建立一个由IAEA控制的民用级铀燃料银行，该方案由美国倡议，一亿五千万美元已经到位，IAEA将用该笔基金在合适地点（很可能是哈萨克斯坦）购买60至80吨的低浓缩铀，作为库存，以满足IAEA成员国的需要。

上述两个核燃料银行的建成，使多年来一直处于争论中的多边核燃料供应机制迈出了实质步伐，对规范未来铀浓缩和后处理等敏感技术的全球秩序可能产生重大影响。但目前关于核燃料银行的争论并未平息，巴西、埃及、南非等较有影响的发展中国家对多边核燃料银行的发展可能影响到自身从事核燃料生产权利表示担心，它们认为这方面的安排应与NPT条约义务一致，应避免在NPT条约之外再增加对缔约国核活动的限制。第八次NPT审议大会也未能在该问题上取得更多共识，成果文件仅提及“继续以公开透明方式”对该问题进行讨论的重要性，指出“需要综合处理核燃料多边核安排的技术、法律和经济等方面复杂问题”。

## 四、地区核问题延宕难决，前景更复杂

朝核和伊朗核问题远远超出核扩散的范畴，是有关国家进行地缘政治博弈和战略安全利益较量的重要着力点。两个核问题越来越与地区局势交织，都较前一年有新的发展，解决难度进一步增加。

### （一）伊朗核问题

2010年，伊朗核问题继续在制裁和伊强化核活动之间交替升级。年初，伊朗拒绝了西方于2009年10月提出的核燃料交换协议，并于2月宣布，伊朗已成功生产出浓度为19.8%的高浓铀。美欧随即着手在联合国推动对伊朗新一轮制裁。5月中，巴西、土耳其宣布与伊朗达成核燃料置换协议，但被西方拒绝。6月10日，联合国安理会表决通过了关于伊朗核问题的第1929号决议。这也是自2006年12月以来，联合国安理会通过的第4份含有制裁伊朗内容的决议，也是目前通过的最为严厉的制裁决议，制裁涉及金融投资等。之后，美国和英国又颁布了各自的单边制裁措施，涵盖了能源、贸易、运输、银行、保险等行业。西方和以色列还以非常规手段打击伊朗核计划：2010年，伊朗有2名核科学家遇刺身亡，伊朗布舍尔核电站数十台电脑遭受蠕虫病毒攻击，

外界普遍认为系西方及以色列所为。尽管制裁和西方干扰给伊核计划增加了阻力，但伊朗毫不退让，并不断公布和展示其核计划取得的新进展：如宣称伊实现自主生产核燃料棒，布舍尔核电站即将发电，已生产出40公斤浓度为20%的高浓铀等。到目前为止，西方并没有达到通过制裁和施压让伊朗屈服的目的，但伊经济面临的困难日益显现，有消息称伊核活动也受到严重打击，进度大大滞后。以色列情报机构摩萨德前局长梅尔·达甘不久前说，伊朗无法于2015年前制造出核武器。美及西方称，制裁的效果将会在今后进一步显现。

在强硬无法令对方退让的情况下，西方和伊朗均表现出对话的意愿。12月初，安理会五常加德国与伊朗在日内瓦进行了对话，这是2010年伊朗核问题进行的唯一一次P5+1与伊朗的对话。虽然没有达成明显成果，但双方商定2011年1月下旬继续下一轮对话。不少西方外交官和学者对目前的制裁与对话双轨战略提出不同看法，认为需要加大对话力度，需要新思路对待伊铀浓缩活动问题，但西方内部要在此问题上做出妥协恐怕一时难以形成一致。伊朗方面，伊国内政治已经使伊很难在铀浓缩问题上做出大的退让，但制裁和僵持的代价也越来越高，伊政府在下半年表现出了越来越强烈的解困核僵局的渴望。内贾德多次提出以“合作共赢”的方式与西方打交道。可以预见，2011年伊核问题的对话可能会更趋活跃，但该问题症结在于伊与西方的长期互不信任和对中东地缘战略利益的根本冲突，双方在实质问题上退让的空间都很小。

### （二）朝鲜核问题

2011年，朝鲜半岛经历了自半岛停战以来最紧张、最激烈的对峙，半岛和平与稳定遭受了最严重的冲击和威胁。核问题依然僵局，六方会谈未能恢复，朝向美方展示铀浓缩设施引起外界对朝核能力更严重担心，各方对朝核问题的前景态度更加悲观。

年初，朝鲜提出愿意在六方会谈框架内与《朝鲜停战协定》当事国举行会谈，讨论签订和平协定问题。此后，朝鲜外交官在多种场合表示，只有与美缔结和平协定之后，朝才会弃核。朝还要求取消安理会对朝制裁，为恢复六方会谈创造条件。美、韩一方面拒绝朝为会谈设置前提条件，同时也提出一揽子“大交易”的设想实现无核化。正当中方积极做朝美及其他各方工作，推动通过三步走方式重启六方会谈时，3月26日“天安”舰事件爆发，国际社会的注意力迅速由六方会谈转向对该事件的处理，核问题被暂时搁置一边。7月9日，联合国安理会以协商一致方式通过了关于“天安”号事件的主席声明。该声明强烈谴责导致“天安”号沉没的攻击行为，强调鼓励以和平手段解决朝鲜半岛未决问题。韩国对声明未公开谴责朝鲜严重不满，随后单独与美联合在朝鲜半岛举行了密集的军演，韩美两国还提出朝方对天安号事件道歉作为重返六方会谈的条件。11月23日，朝鲜炮击延坪岛造成2名韩国军人和2名平民死亡，半岛局势陷入最低点，半岛危机面临升级为全面军事冲突的巨大危险。中方提出召开六方会谈团长紧急会议讨论半岛危机的建议被美、日、韩三国拒绝。中方在此情况下仍坚定地承担起维护半岛和平与稳定的国际责任，派高级别外交代表赴朝韩做工作，并对美日等也晓以利害，呼吁各方保持冷静，避免擦枪走火。在中方及其他各方共同努力下，进入岁尾，情况终于有所好转，相关各方又纷纷表达对话的意愿。

在核问题上，今年美朝之间互动虽然不多，但彼此也都有新招。5月12日，朝鲜《劳动新闻》报道说，朝鲜科研人员在开发核聚变反应技术方面取得了“值得自豪的成果”。有舆论分析认为，朝此举可能意味朝在氢弹开发方面可能取得进展，但更多人认为朝是在吹牛。7月21日，美国宣布了对朝鲜实施包括冻结资产在内的新制裁措施，以阻止朝鲜从事“核扩散等不法活动”。7月26日，朝鲜回应称将“以新的先进方法进一步加强核遏制力”。8月30日，美国再次宣布了对朝鲜多家实体和个人实施制裁。11月上旬，朝鲜邀请美国核专家赫尔访朝，向他展示了朝浓缩铀设施，据称有2000台新安装的离心机正在运转。朝邀请赫尔和美国前朝鲜半岛和平特使普里查德参观了朝正在建设的轻水反应堆。

总体看，一年来朝鲜出于各种考虑和需要，多次展示其增强的核能力，同时也不时释放出愿意弃核和重返六方会谈的声音。但朝招无定式，举措极端，令国际社会很难相信其对话和弃核诚意。美韩方面，似乎也不急于谋求核问题的解决，更多表现出对朝鲜内部正在进行的权利交接感兴趣，总体采取以拖待变和以压促变的应对策略。中国虽积极推动恢复六方会谈，但中方并不掌握解决朝核问题的钥匙。可以说，目前半岛核问题复杂程度和解决难度都在进一步增加，半岛局势的变数也在增加，无核化进程将更加艰难。

## 五、反导和外空领域分歧依旧，但合作对话势头上升

2010年2月，美国国防部首次颁布《导弹防御审议报告》，全面阐述美反导政策和发展战略，主要内容包括：继续防御美本土免遭有限导弹威胁，保持在阿拉斯加和加利福尼亚部署的陆基中段反导系统，并继续研发工作；分阶段适应性地加速在欧洲部署战区反导系统；就反导部署和研发开展广泛国际合作；改变边发展、边部署的反导发展策略，新系统部署前必须进行实战试验，以确保有效性和可靠性。美在2010年1月、6月和12月共进行3次陆基中段拦截试验，其中两次失败。以海基标准-3上升段拦截成为美重点发展的反导技术途径。

俄美在反导问题上的分歧依然存在，但争吵的调门有所降低。在俄美新战略裁减条约谈判和审批过程中，美保守派坚持反导系统的发展不能受任何限制；俄则强调反导系统和战略进攻性武器的关系，甚至声称如美反导系统威胁到俄战略威慑能力，将保留退出条约的权利。这方面的分歧短期内不可能根本消除，将长期存在下去。另一方面，双方就反导展开对话甚至合作的势头有所发展。在11月北约峰会上，北约与俄罗斯同意就欧洲导弹防御系统和其他安全议题展开合作。俄总统梅德韦杰夫会后说，俄方同意与北约一道，研究如何将俄罗斯本国导弹防御系统与北约反导系统相连。“一段非常困难的关系紧张期已经结束。会谈在十分富有建设性的氛围下展开，”他说，“双方有雄心勃勃的打算，将就包括欧洲导弹防御系统在内的诸多议题展开全方位合作。”北约秘书

长拉斯穆森说，北约与俄罗斯的会谈代表着双方增进信任、加强合作的“崭新开始”，“我们各自的安全不可分割”。但他承认：“从现实上讲，双方合作不能以把各自导弹防御系统合并成一个共同的反导系统为开始”。总体看，双方目前只是就合作达成政治声明，下一步会如何发展，能否开展真正平等合作，对双方都将是一个漫长的考验。

各国继续致力于发展空间技术能力，抢占外空战略优势，空间竞争更加激烈，国际社会对外空军备竞赛的关注和担心进一步上升。外空安全规则制定主导权争夺激烈，外空透明和建立信任措施问题的讨论热度有所上升。美国于6月发布了新版《国家空间政策》，支持外空建立信任措施和减少空间碎片等倡议，同时愿有条件考虑外空相关军控倡议；欧盟及加拿大继续推外空行为准则，并正在酝酿新的外交行动；中俄则继续推外空非武器化条约。从美发布的新空间政策文件看，美国政府对外空军控议程态度出现了微妙变化，至少表示愿意就外空军控问题开展磋商，这在一定程度上改善了外空军控谈判的国际环境。但美关注的仍是其自身太空资产的绝对安全，美态度变化更多出于策略性调整，以美当前在外空一超独霸的能力，美远没有谈判新外空条约的动力和意愿。下一步美可能在继续大力发展X-37B“空天飞机”等外空攻击性武器的同时，适当呼应欧盟和加拿大的主张，通过对空间行为规则的讨论来限制和削弱对手的外空反制能力。值得注意的是，今年联大一委通过了外空透明与建立信任措施（TCBM）决议，决定于2012年成立政府专家组就TCBM问题专题讨论，并向第68届联大提交报告。可以预见，外空领域的安全对话和TCBM

问题将会成为更受瞩目的多边军控议程。

## 六、生化武器公约履约进展顺利，常规武器贸易条约谈判前期工作业已启动

在生物武器领域，各方今年工作重点是筹备明年生物武器公约2011年第七次审议大会。8月，在日内瓦召开了《生物武器公约》专家组会议，12月召开了公约缔约国大会。这些会议都对如何开好七审会进行了充分讨论，沟通了意见，积累了共识。各方关注的另一个问题是指称使用生物或毒素武器情况下的国际协作与援助问题，即一旦有缔约国遭受违反公约行为的威胁，国际社会应立即应请求提供援助。应对突发事件和情况的能力建设继续受到关注，发展中国家继续呼吁加强国际合作，促进新的知识、技术、材料及设备的生产、转让与获取。

化武领域，2010年公约履约基本平稳。根据禁化武组织（OPCW）的报告，截至2010年底，缔约国申报的一类化武有63%已经销毁，约43619吨。二类化武已销毁52%，约920吨。阿尔巴尼亚、印度、俄罗斯和美国已经完成所有二类化武的销毁，利比亚完成了约40%二类化武销毁。所有申报的三类化武都已完成销毁。俄罗斯目前已完成19423吨一类化武的销毁，占其申报量的48.6%。美国已完成22526吨一类化武的销毁，占其申报总量的81.12%。美俄两国均已明确表示无法在公约规定的2012年4月完成全部化武库存的销毁，但两国反复重申将全面履行彻底销毁所有化武库存的义务。如何处理销毁逾期问题成为本年度OPCW各方关注的重点问题之一。多数国家对销毁工作的困难表示理解，但也都从

维护公约严肃性出发要求对美俄保持压力，敦促两国从政治上更加重视、从资源上确保投入。也有个别国家提出逾期销毁应视为违约，须交联合国安理会处理。目前OPCW执理会已成立工作组磋商该问题，各方均同意将“寻求平衡和建设性的解决办法”以维护公约的“长期有效性”。

今年禁化武领域的另一项热点议题是关于禁化武组织的转型。随着化武销毁进程的推进，化武销毁核查的任务呈下降的趋势，OPCW面临未来工作方向如何定位问题。西方主张将防止化武扩散作为未来工作重点，强化OPCW的化工核查职能，发展中国家希望强化OPCW国际合作职能。也有国家认为，目前仍有大量化武库存有待销毁，当前阶段转型问题并非十分突出。总干事已指定成立专家组研究转型问题，专家的有关建议对未来事态发展将具有十分重要的影响，有关专家组的工作和执理会审议情况值得来年进一步关注。

从表面上看，小武器及常规军品控制问题今年相较于前两年似有所降温，但从今年多边对该领域问题的讨论看，可以说有关进程已经从表面热闹走向实质工作。今年6月召开了联合国第四届轻小武器问题双年度会议，会议协商一致通过成果文件，强化了国际社会在打击轻小武器非法跨境贸易、加强国际合作与援助等重要议题上的共识。今年7月，武器贸易条约大会首次筹委会于在纽约举行，筹委会就规范规模庞大的全球武器交易市场，防止枪械流入冲突交战地区等问题初步进行了交流。按计划，未来一年内还将再召开两次预备会议，2012年将召开外交大会，以最终达成这项武器贸易条约。从今年首次筹备会报道看，大国对谈判条约的顾虑较多，一些过去积极推动条约谈判的国家态度也有所缓和，但由于目标已经确定，谈判条约的势头难以终止，下一步筹备工作必将更加实质和深化。

## 七、中国继续深化对多边军控进程的参与，积极展示承担更多国际责任的意愿和努力

2010年4月，中国国家主席胡锦涛出席华盛顿核安全峰会，与全球46国领导人及国际组织负责人共同探讨全球核安全问题，胡主席在会上作重要发言，阐述中国的核政策及反对核扩散和核恐怖主义的立场，介绍了中国在加强核安全、防范核恐怖主义方面的政策实践，并宣布将在中国建立地区核安全示范中心，为周边国家提供专业技能和人才培训。胡主席出席上述会议是在年初中美双边关系出现严重障碍的情况下，从维护多边核不扩散和反对核恐怖主义进程的全球利益出发，采取的重大外交行动，体现了中国作为一个日益强盛的大国对国际社会共同关心问题的所持积极姿态和贡献。访问也推动了中美关系走出低谷，维护了中美关系的健康与稳定，对国际社会和对中美双边都具有非常重要的积极意义。

中国积极参与了第八届NPT审议会，向会议提交了关于核裁军、防扩散、和平利用核能等6份工作文件，阐述中方立场和主张；中国积极参与无核国协调，支持发展中国家和平利用核能的合理要求，倡导平衡处理核裁军、防扩散及和平利用核能三者之间的关系，中国的积极参与为会议的成功做出了重要贡献。中国的非政府组织中国军控协会和中国人民促进和平与裁军协会也派代表参加了审议大会，它们还联合向会议提交了《不首

先使用核武器——一个走向无核世界的重要步骤》，建议将“不首先使用核武器”作为走向无核世界目标的重要中间步骤予以推动。这是中国非政府组织首次参加NPT审议会，引起了外界的注意和兴趣。

11月，中国和加拿大在北京联合举办了“加强国际努力防止生物武器扩散：公约的作用”国际研讨会，推动各方加强生物武器公约履约，帮助缔约国构建对2011年公约七审会的共识。

在中方密切配合下，日本遗弃在华化武销毁工作今年取得了积极进展。2010年9月2日销毁日本遗弃在华化学武器启动仪式在南京郊外举行，这标志着危害和威胁我国人民生命和环境安全的日遗化武的销毁工作终于进入新阶段。日本在侵华战争中遗弃在中国的化学武器据估计约有200万枚，根据化武公约，日本最迟应于2012年4月29日前全部销毁。从目前的进度看，日本很难按时完成公约规定的这一目标。

在反导问题上，中国于2010年1月11日用自己的技术成功进行了一次陆基中段反导拦截试验，中国外交部主动对外发布消息，称试验不会对在轨航天飞行器构成任何威胁，试验是防御性的，试验不针对任何特定国家，中方将继续奉行防御性的国防政策。与此同时，中国继续坚持其反对部署破坏全球战略稳定的反导系统的一贯立场。

在日内瓦裁军谈判会议，中国继续与俄罗斯一道推动谈判一项“禁止在外空部署武器和对外空物体使用或威胁使用武力条约”。中国支持国际社会就建立多边核燃料供应机制开展积极磋商，并强调应认真听取广大发展中国家的意见，积极维护发展中国家和平利用核能的合法权益。中国今年多次努力推动朝核问题六方会谈的复谈。在“天安舰”事件和“延平岛”炮击事件后，中国从维护半岛的和平与稳定的大局出发，做了大量外交斡旋，对避免半岛发生更大动荡发挥了重要作用。在伊朗核问题上，中国今年先后两次派外交部高官赴伊朗访问，推动伊朗与六国对话协商解决核问题；中国多次参加处理伊核问题的六国会议，深刻参与了联合国安理会对伊第1929号决议的磋商，为维护决议的平衡发挥了建设性作用。中国不断强化出口管制制度的实施，严格执行安理会第1540号、第1874号、第1929号等安理会决议，中国还加大了在出口管制方面与美欧等国家的对话与合作。

## 【核武器】

美国核态势审议报告评述

☞孙向丽

国际核态势走向初步分析

☞段占元　吴昌莉

# 美国核态势审议报告评述

孙向丽

**内容提要**：本文在回顾美国前两次核态势审议基础上，对2010年新的核态势审议报告进行了对比分析，对其继承与变革要素进行了评估。文章认为，新报告在不少方面有新面貌，比如：对美国面临的最紧迫的核威胁定位进行了调整，第一次将核恐怖主义明确定位为美国核议程的头等要事；明确放弃在防扩散、反核恐等核军控问题上的单边主义，提倡与中俄开展战略稳定性对话，在消极安全保证、核武器使用问题上展现积极姿态等；与此同时，报告在核政策、核态势主要原则与特点方面基本保持了原有实质，因此，美国将继续维持核优势政策，坚持长期执行的以赢得核战争为目标的核战略，继续支持战略导弹防御计划的发展。可以说，新的核态势审议在美国核政策、核态势方面的实际变化并不多，更多的只是策略性的调整和实质性继承。

**主 题 词**：核态势审议　核政策　核战略　核军控

**作者单位**：中物院战略研究中心

## 一、引言

小布什执政八年以后，美国在政治、外交、经济等领域面临诸多困境。打着变革旗帜进行竞选并因此入主白宫的奥巴马，背负着众多期许。奥巴马上台以后，在核领域，高调提出“无核世界”倡议，重启美俄双边核裁军，召开核安全峰会，大力推动多边军控进程。在此情况下，人们普遍对美新政府在核政策上的改革充满期待。2010年4月，新的《核态势审议》报告出台了，这被认为是新政府在核政策方面的纲领性文件。那么，这份报告是否像人们所期待得那样拥有新变化呢？透过此份文件，我们能否对美国新政府的核政策实质有一个基本把握呢？下面，在对比1994年和2001年核态势审议基础上，就新的《核态势审议》报告的变革与继承要素进行分析，以此探讨美国核态势变化实质。

## 二、1994年与2001年的核态势审议

美国1994年的核态势审议是冷战结束后不久的一份文件，当时的克林顿政府面临冷战后的新格局，苏联解体后的俄罗斯虽然实力衰弱，但仍拥有庞大的核武库，且其保安状况越来越糟糕。为了适应新形势需要，当时的防长阿斯平带领国防部对核态势现状进行了8个月的分析评估，制定了新的核力量发展与部署政策。虽然当时没有出台公开的《核态势审议》报告，但通过媒体透露、官员讲话以及日后的政策执行情况，人们对核态势审议的内容有了一个大致了解。

总起来讲，受来自战略司令部冷战思维的影响和制约，1994年的核态势审议没有对核力量构成、部署态势等进行大的变动，老的三位一体继续保留，核力量规模的规划按照当时签订的START－2条约与俄罗斯维持高位对等。不过，这次审议诞生了一个新概念，即“领导

并防范”（lead but hedge），其含义是：为了适应新的安全形势，有必要带头对冷战遗留下来的过于庞大的核武库进行进一步的削减，以引导俄罗斯参加裁减行动并提高其核武库的保安状况；与此同时，建立一个非部署的备用核库存，以备未来需要时尽快增加部署规模。[①] 在这种战略思想指导下，克林顿与叶利钦于 1997 年在赫尔辛基签署联合声明，约定在 START－2 条约生效后立即开始 START－3 条约的谈判，使双方部署的战略核力量在 2007 年前能够削减到 2000—2500 枚以下，同时还要对库存进行透明，并对削减的核弹头进行销毁。后来，俄罗斯杜马因为对 START－2 条约不满，一直推迟批约进程。不过，克林顿在 1997 年发布了新的“总统指令”（presidential decision directive），抛弃了冷战时期里根制定的“准备打赢一场持久的核战争”的战略指导方针，显示了美国政府在核力量规模与态势方面进行收缩的决心。但是，由于受当时的核态势审议思想的制约和指导，美国在收缩部署核力量同时，其非部署的备用库存开始建立并逐步扩大。

2001 年小布什政府的核态势审议反映了新保守主义派控制下的共和党政府在核政策上的理念。这次核态势审议，出台了一个崭新概念——“新三位一体”，即在老的三位一体核力量之外，增加常规战略打击力量和导弹防御体系，并增加核基础设施的灵活反应能力。借助“新三位一体”，核武器的作用和任务范围被扩大了，核武器不仅用于威慑核攻击、常规侵略，还用于对付所谓

① Hans M. Kristensen, “The Unruly Hedge: Cold War Thinking at the Crawford Summit,” *Arms Control Today*, December, 2001; Bill Gertz, “The New Nuclear Policy: Lead but Hedge,” *Air Force Magazine*, January 1995.

的“流氓”国家的大规模杀伤性武器威胁，并作为劝阻其他国家进行核军备竞赛的手段。在核力量体系建设方面，这次核态势审议还建立了“以能力为基础”的发展理念，提出“先进概念倡议”，由此，核实验室可以研发核钻地弹、除剂武器、当量可调弹头、减少附带损伤弹头等新型弹头。[①] 这次核态势审议充分反映了处于单极巅峰上的美国“肆意挥洒”的心理，它抛弃了传统的建立在限制弹道导弹防御前提下的战略稳定概念和多边军控合作精神，走上了不受传统的核军控与核裁军机制限制的单边主义发展之路。

## 三、2010 年核态势审议中的变革与继承

相对于 1994 年和 2001 年的两次核态势审议，2010 年的核态势审议有变革也有继承。粗粗看去，新提法不少，但实质变动的地方有限。下面分别就其中值得关注的重点内容作出分析。

### （一）变革

#### 1. 核威胁重点的新定位

2010 年的《核态势审议》报告在开篇之初就明确指出：美国面临的最紧迫和极端的危险是核恐怖主义。[②] 这样的威胁定位在美国政府文件中还是第一次。过去，最重要的核威胁曾经是苏联阵营的核战争威胁，后来，又有来自所谓“流氓”国家核威胁的说法，以及来自崛起国家的

① Nuclear Posrure Review [Excerpts], 2002. http://www.globalsecurity.org/wmd/library/policy/dod/npr.htm

② US Department of Defense: *Nuclear Posture Review Report*, April 2010, p. iv.

不确定的核威胁等提法。尽管在小布什政府后期，恐怖主义的大规模杀伤性武器袭击被认为是一种最大的威胁，但突出地将核恐怖主义威胁提到核议程首位，这在美国还是第一次。

奥巴马政府对核恐怖主义威胁如此定位是有原因的。冷战后国际政治的一个主要特点就是核扩散问题日益突出。两极格局的解体以及军事干涉主义的扩张，导致不少国家发展自身核力量的动机增加。本来，以《不扩散核武器条约》为核心的全球核不扩散机制在防止核扩散方面有相当的制约力，但遗憾的是，在过去的十年里，这个机制受到严重腐蚀。由于美国小布什政府在外交以及核军备控制领域奉行单边主义和先发制人的政策，使得全球核不扩散机制的政治、法理、道义基础受到严重破坏，防扩散机制越来越薄弱，核扩散形势趋于严峻。另外，伴随着核扩散以及全球核能复兴，可用于核装置或放射性“脏弹”的核材料遍布全球，恐怖主义分子获取这些材料进行核恐怖袭击的风险日益增大。面对分散在世界各地的核材料以及日益增加的仇视美国的恐怖主义分子，越来越多的美国人意识到，美国恐怕难以避免核版本的“9·11”恐怖袭击，核武器、核材料失控的后果已经成为许多美国人的梦魇。这就是为什么连基辛格这样的保守政治家也在呼吁“无核世界”倡议，因为他们也意识到这种后果的可怕。然而，具有讽刺意味的是，美国庞大的核武库、核优势对核恐怖主义几乎没有任何作用，相反，以维护核优势为重点、忽视多边核军控合作的核政策却破坏了反核恐合作的基础。因此，改革核政策的呼声日益高涨。这就是为什么 2010 年的核态势审议报告明确宣称:“美国的政策重点必须转移。”①

应该说,奥巴马政府对核威胁重点的重新定位是基于对美国安全状况的一种现实认识。安全议程中最首要的任务往往决定着一个国家政治、外交努力的主方向,将反核恐摆在美国当前首要安全目标之列,有利于美国集中政治、外交力量对付核恐和扩散问题。从现实角度看,这不失为一种现实、明智之举。

2. 恢复多边合作精神和核裁军进程

2010年的《核态势审议》报告第二个比较明显的变化就是对单边主义的放弃和对传统核军控、核裁军机制的恢复努力。小布什政府时期,美国在军控和安全领域执行单边主义,基本抛弃了传统的核裁军、核军控机制,这给全球安全带来很多负面影响,对美国的领导声誉造成巨大破坏,全球核裁军、核军控处于停滞状态,核扩散、核恐怖主义形势日益严峻。以奥巴马为代表的民主党人士和很多开明人士已经清楚地认识到:避免美国遭受核恐怖袭击、扭转核扩散局面唯一有效的途径就是全球的多边合作,在这方面仅依靠美国单打独斗根本行不通,而为赢得广泛支持与合作需要美国良好的领导信誉和权威;因此,美国必须在核政策、核裁军方面率先垂范,重塑美国在核裁军、防扩散领域的领导地位,以此形成全球号召力。正因为如此,奥巴马政府的《核态势审议》报告多次强调了动员广泛国际力量支持核不扩散机制和保护全球核材料安全的重要性,并且为此明确了走向“无核世界”的目标,承诺积极努力以降低核武器在国家安全中的作用,承诺不断削减核武器,而且在恢

① US Department of Defense: *Nuclear Posture Review Report*, April 2010, p. 8.

复 START 双边核裁军谈判机制基础上，准备继续深入核裁军；与此同时，新的审议报告还肯定了传统军控所注重的战略稳定性以及核查措施等，提出通过战略对话等渠道与中俄进行战略稳定性对话。这反映了奥巴马政府力图恢复传统军控机制，并使深入核裁军机制化的一种积极努力。

### （二）继承

1. 核武器基本作用未变

人们曾期待奥巴马能像他曾许诺得那样，通过新的核态势审议实质降低核武器在国家安全中的作用，将核武器定位在仅仅威慑核攻击，即采取不首先使用核武器的原则。关于这一点，美国内部有严重分歧，在经历了激烈争论以后，新的《核态势审议》报告对此采取了这样的提法：美国核武器的基本作用是威慑针对美国、盟国及伙伴的核攻击；美国只有在保卫极其重要的利益的极端情况下，才会考虑使用核武器；美国将不对 NPT 成员国且遵守核不扩散义务的无核国家使用或威胁使用核武器。[①]

相对于小布什政府时期的政策，上述提法缩小了核武器的作用范围，这应该说是向前迈了一步，至少明确消除了原来过于负面的一些作用和任务：针对“流氓”国家地下设施的核打击，作为劝阻其他国家核军备竞赛的手段等。在消极安全保证方面，新审议还消除了过去坚持的两个前提条件。过去美国的消极安全保证含有两个条件：如果无核国家对美国使用生化武器，或与核国

① US Department of Defense: *Nuclear Posture Review Report*, April 2010, pp. 4 - 5.

家有联盟关系，则美国保留对这种无核国家进行核打击选择。[1] 显然，新审议中去除了这两条。尽管这些新提法有降低核武器作用之意，但应该看到，新审议去掉的只是一些不现实的边缘性的核武器任务，而核武器的主要作用，即对核武器攻击以及大规模常规攻击的威慑作用仍然保留，尽管对此增加了“基本作用”、“极端情况”等限制词，但主要作用的实质未变，这与不首先使用核武器的政策仍然有根本不同。

新的核态势审议强化了消极安全保证并收缩了核武器作用范围，这有利于加强美国在防扩散、反核恐问题上的道义基础；不过，美国依然保留对常规威胁的首先使用核武器权利，令很多人失望。其实，想让美国内部在这个问题上取得共识并非易事。目前的这点变动已经是内部几经论战后妥协的结果了。

分析目前美国内部反对采取不首先使用核武器政策的原因，可以归纳为以下几条：（一）出于对盟国提供延伸威慑的需要。尤其是在欧洲的情况，由于许多北约国家战略纵深小，在可能的俄方常规攻击面前的常规抵御能力较弱，因此仍然需要核威慑；尽管目前北约对俄拥有常规优势，但从长远看，在欧洲的担忧很难根除；（二）出于本土安全需要。不久前国会两党委员会所做的《美国战略态势》审议就指出，长远看，美国的常规优势地位不一定能确保，针对大规模常规冲突，核威慑难以放弃，所以，在首先使用核武器方面有必要继续保持刻

① Annex to the Letter to the Secretary-General of the United States, A/50/153 – S/1995/263; Arms Control Association, “U. S. ‘Negative Security Assurances’ At a Glance,” http://www.armscontrol.org/factsheets/negsec

意模糊；[①]（三）核战略的需要。保持首先使用的核态势是坚持了数十年的军事现实，有一系列的军事要求和部署安排，涉及整个核战略计划和部署过程，不是一下子可以改变的。因此，在核武器作用定位问题上，奥巴马所能做的也只能是在微调基础上继承传统了。

2. 继续发展战略导弹防御

在历史上，限制战略导弹防御体系的发展是整个核军控的基石。发展战略导弹防御不仅容易引发核军备竞赛、毒化核国家关系、破坏战略稳定，而且使得深度核裁军难以实现。美国军控派人士一直反对导弹防御体系，民主党也反对或主张限制导弹防御发展。多年以来，是否反对战略导弹防御已经成为划分民主、共和两党阵营的标尺。本来人们期待奥巴马政府能在这方面做出新主张，然而，从新的审议报告可以看出，在这个问题上，民主党已经默认了共和党的一贯立场。报告虽然强调说要加强与俄在这个问题上的战略对话与合作，但事实上谁都明白，在导弹防御方面进行实质合作的可能性是极小的，因为战略导弹防御对彼此核威慑有直接威胁。

其实奥巴马很清楚发展导弹防御的危害，本想抑制其发展势头，但却遭遇共和党强烈反弹，结果只好做出妥协。究其实质，原因是很多美国人骨子里历来追求绝对安全，对于美苏（俄）相互确保摧毁的对等威慑现实一直难以接受，总是梦想有一天能消除他国的核威慑，独享绝对安全。冷战后单极独大的局面让这种想法更加膨胀，加上共和党“导弹防御是保卫美国人民安全的防

① The Strategic Posture Review Commission, *AMERICA'S STRATEGIC POSTURE: The Final Report of the Congressional Commission on the Strategic Posture of the United States*, Washington D. C.: United States Institute of Peace Press, 2009, pp. 36 – 37.

御手段”的宣传，导弹防御赢得了普通美国民众的支持。目前，发展导弹防御在美国已经成为理所当然。当年，当“新三位一体”说法刚刚出台、小布什政府退出《反导条约》之时，不少民主党人士还对导弹防御大加批评，人们还希望有一天民主党上台后能逆转发展势头，现在看来是大势已去，奥巴马只能妥协并接受共和党在这方面的基本政策了。

3. 坚持核战型核战略

新的《核态势审议》对美国核力量结构与核态势调整做了较为详细的描述。整体看，新、老三位一体构成全部保留，预警状态维持现状。与新的《核态势审议》同时出炉的新STRAT条约对此有所体现。新STRAT条约出台时，美国宣称其部署的战略核弹头将削减到1550枚以下，比2002年签署的《莫斯科条约》下降30%。其实，新STRAT条约对计数规则进行了新“设计”，使得实际裁减数量仅在10%左右；而且新条约的一些条款设计，还使美国得以保留未来根据需要在短时间内迅速恢复上载核弹头的能力。据推算，在新条约规定和美国现有备用武库条件下，美国可以短时间内将部署核力量恢复到3000多枚以上的规模；新条约对备用核武库及核弹头销毁等问题也没有涉及，目前美国部署及非部署的核武器总数还在5000多枚水平上。由此看出，在核力量规模、结构、部署态势、防范准备方面，新的审议报告继承了美国原有政策。尽管新审议提到要继续双边核裁军，未来要涉及非部署、非战略核武器问题，但目前看，近期实现大幅度裁减可能性不大。

奥巴马竞选期间，曾誓言要进行深度核裁军，降低核力量预警状态，并积极推动“无核世界”进程，他的很多智囊甚至声称要将核武库裁减到总数1000以下。之前呼声如此之高，现今结果不免令人失望。究其原因，不是仅仅因为反对派政治上的较劲或讨价还价，根本障碍在于美国固有的核战型（warfighting）核战略限定。在这种战略指导下，核力量必然要有规模和种类优势，而且要有很强的第一次打击能力。第一次打击能力旨在尽可能消灭敌国有生的战略核力量，以消除敌国核报复打击能力（第二次打击能力）；第一次打击的主要目标是敌国（国防）工业力量、军事力量和指挥控制体系的骨干。因此，核战型核战略下的核武库很难降到数百枚以下的低规模。美国核战型核战略已经持续了半个世纪，在军方作战理念和计划体系中已是根深蒂固，它从武器设计到作战训练、作战部署、指挥控制系统，涉及整个军事战略和战争计划体系，企图撼动核战略类型绝非易事。

美国核力量规模与核态势的具体划定由战略司令部负责，它最终取决于"总统指令"。在规划核力量规模时，战略司令部首先要确定敌国的战略目标，再根据总统指令原则和核武器摧毁目标的能力指标确定打击原则、核力量结构和数量需求。而总统指令体现了美国主要的核战略原则。除非奥巴马从根本上改变现行的总统指令，从核战型战略变为最低核威慑（像英法两国那样），否则，美国不可能将核武库裁减到数百枚的规模。而要改变总统指令，美国总统需要有勇气对核战型核战略做彻底改革并从根本上说服整个军方。这谈何容易！在可预见未来，做这种改变的可能性不高。因此，在现行总统指令未变的前提下，预期美国核力量规模因为核态势审议而做实质性削减是不现实的。新审议和新START条约只做局部调整而不做大的变动应是预料之中。当然，这不是说美俄不可能继续进行核裁军。事实上，双方仍然有进一步核削减的可能。因为，美国目前备用核武库的战略核武器数量在2500枚左右，在不损害现有核战略打击原则情况下，美国仍然存在进一步裁减的余地。

4. 保留核弹头设计能力

新《核态势审议》报告中有一个值得关注的新提法，即声称美国不再研发新的核弹头，不支持新的军事任务或提供新的军事能力。应该说，这是明确终止了小布什政府时期的新核武器研发政策，是一个明显的进步。不过，也应注意到，在谈到核武库管理计划时，报告一方面提出不进行核试验，核武库延寿计划将只使用核试验验证过的核部件，但另一方面，却提出要“具体问题具体对待”，即可根据需要进行“翻新”（refurbishment）、“再利用”（reuse）或“替代”（replacement）核部件。[①] 而报告并没有对“新的核弹头”和“替代”等概念加以明确定义，从而形成一个模糊地带。在核武器实验室的用语中，“替代”就是对核部件、核物理包进行重新设计，当年美国核武器实验室“可靠替代核弹头”计划之所以饱受批评并最终搁浅，其中一个重要原因就是要重新设计弹头而引发可靠性质疑。而根据2003年国会有关法案的定义，如果引入了2002年以前核武库不存在的核部件，就算是新弹头。[②] 因此，按照这个法案理解，“替代”行动就算是设计新弹头。不过，由于新的《核态势审议》报告回避了定义，因此，这样的模糊处理可以为核武器实验室设计新弹头保留空间。难怪美国核安全局

---

① US Department of Defense: *Nuclear Posture Review Report*, April 2010, p. 39.

② Tom Z. Collina, “News Analysis: What Is a ‘New’ Nuclear Weapon?”, *Arms Control Today*, April 2010.

领导人 Thomas D'Agostino 在4月14日众议院武装力量委员会上做听证时讲到:"核态势审议将允许实验室在具体问题具体对待基础上研究所有的方案以提高核弹头的安全、保安和有效性。"①

认为新的《核态势审议》报告关闭了新设计大门是对该报告的误解,不过,据此判断美国要发展新的核武器却也是不对的。从军事能力看,当今的美国确实没有多大必要发展新式核弹头,发展新弹头在政治上还会遭受无核国的广泛批评。但维持核设计能力对核武库的长期维护却是非常必要。在没有核试验的条件下,要想长期维持一支有活力的技术队伍实属不易。因为没有新设计任务和活动,仅靠‘看管仓库”式的维护活动,技术队伍必然萎缩。在核武库可靠性出现技术问题或因为未来地缘政治格局发生变化需要迅速扩大核武库和发展新弹头时,就有可能缺乏必要的技术力量。对美国而言,随时维持最先进的技术力量也是维持优势和威慑的必要元素。因此,设法维护核设计队伍是美国核力量建设的长久之计,这不仅是核武器实验室领导人的意见,也得到了共和党的支持,有着现实的技术需要。其实,这也是核武器实验室过去十余年来提出发展核钻地弹、"可靠替代核弹头"等新计划的真正用意。

显然,奥巴马政府最终认可了核武器实验室的需要,通过《核态势审议》报告语言的模糊处理,为核武器实验室预留了设计活动空间。从最近奥巴马政府2011年预算案中也可看出,奥巴马为了争取在反核恐、防扩散、

① Daryl G. Kimball and Greg Thielmann, "Obama's NPR: Transitional, Not Transformational," *Arms Control Today*, May 2010.

裁军行动以及批准 CTBT 等军控进程方面争取到共和党的更多支持，愿意在核武库维护计划以及核综合体建设方面作出让步，给予美国核武器实验室更多的经费和研发空间。

## 四、结论

纵观 2010 年《核态势审议》报告可以得出结论，美国奥巴马政府在核政策、核态势方面的实际变化并不多，更多的只是策略性的调整和实质继承。

奥巴马政府抓住美国的现实安全需要，果断而又明确地对安全目标作出重新定位，大力推行“无核世界”倡议，恢复 START 双边核裁军进程，恢复多边主义合作，这些政策调整，对恢复美国在防扩散、反核恐和军控合作方面的领导信誉有积极作用，对全球核安全合作和核裁军进程有积极影响。但与此同时，其坚持核战型核战略、坚持不受限制地发展战略导弹防御的做法却根本地阻碍了核裁军的深度发展，使得“无核世界”目标不可能实现；另外，奥巴马政府在解决地区安全问题、消除核扩散动机方面缺乏实质性措施，而且依然保留对常规威胁首先使用核武器的权利，仍坚持拥有核优势，这样的核武器政策与核不扩散及核裁军目标相违背、相矛盾，无法真正解决核扩散问题，也无法真正凝聚防扩散、反核恐国际共识。总之，仅靠目前美国的核政策和行动调整是不足以根本抑制核扩散和核恐怖主义危险的。要想凝聚全球力量抑制核扩散、核恐怖主义，实质性地减小核威胁，美国必须带头对其核态势、核政策做彻底改变，必须对其根深蒂固的核战略文化进行改造。

# 国际核态势走向初步分析

段占元　吴昌莉

**内容提要：** 本文探讨了核武器作为大规模杀伤性武器在国家安全战略中作用的未来走向，分析了核国家核力量现代化的主要特征以及核扩散问题存在的长期性，认为美俄双边核裁军的进一步推进面临重重困难，但核领域建立透明与信任措施的进程会加快。在未来很长一个时期内，推动核裁军的努力将与核武器现代化以及核武器扩散交织在一起，成为国际核安全领域的一个突出的现象。

**主 题 词：** 核态势　走向　核武器　核裁军　现代化

**作者单位：** 北京　中国军控与裁军协会

核武器是人类迄今制造的威力最大、破坏性最强的武器，在与核武器朝夕相伴60多年以后，国际社会已经确立了以此为基础的国际政治与安全秩序。尽管目前国际核安全态势已发生了巨大变化，但一些核武器国家认为要准确预测20年至50年后的全球安全环境是不可能的，不能排除未来其关键利益受到重大的直接核威胁的情况重新出现，也不能排除出现新的核武器国家，并对其关键利益构成严重威胁。因此这些核武器国家主张只有继续拥有核武器才能吓阻这些未来的威胁。与此同时，这种态势也造成核武器扩散的诱因难以消除，使得核武器扩散可能也难以避免。特别是由于核武器制造的技术门槛越来越低，未来进一步出现新的拥有核武器国家的可能性不能排除。另一方面，随着人们对核武器本质特性认识的不断深入与理性化，消除核武器日益成为人们追求的目标。特别是2007年以来，美国四位前政要提出的推动建立“无核世界”倡议受到国际社会的积极呼应，2008年底出现的“全球零核”运动甚至提出了在2030年前分步骤消除所有核武器的主张，特别是2009年美国总统奥巴马发表了关于支持建立无核武器世界的布拉格讲话，这似乎预示着新一轮核裁军高潮的到来。但实际上，国际社会消除核武器的努力虽然由来已久，但进展甚微，因为这不仅仅涉及复杂的国际政治、军事与安全问题，甚至需要国际政治格局发生根本性改变。因此，“全球零核”运动设想的在2030年前消除核武器、建立“无核世界”目标几乎是不可能实现的，消除核武器仍将只是一个美好的愿景。

## 一、核武器将继续在核国家的安全政策中居于核心地位，这在可预见的未来难以发生实质性改变

核武器不仅是一种威力巨大的大规模杀伤性武器，更是一种政治性武器。由于核武器的这种特殊性，它不仅在维护核国家根本利益方面发挥着不可替代的重要作用，而且它的存在与目前的国际政治与安全秩序密切相关，在维持国际战略格局稳定方面的作用也不可或缺。除非国际战略格局发生根本性的改变，否则核武器的这种作用就将继续受到重视。

对美俄两个核大国而言，核武器仍然在其间扮演着重要“平衡器”的角色。冷战结束后的今天，俄罗斯与以美国为首的西方国家在北约东扩、导弹防御等地缘政治上的矛盾突出，俄罗斯的战略空间受到严重挤压，二者之间这种根本利益的冲突在可预见的未来仍难以实质性地加以解决。俄罗斯常规军力衰弱，核力量似乎成为其与美国保持对等大国地位，弥补常规军力不足的几乎不可或缺的手段。因此核武器被视为是“俄罗斯保持政治影响的中坚力量”，“是防止侵略战争的必要手段”。对美国而言，“拥有一种可靠的核威慑力量仍然是美国国家安全的重要组成部分，而核力量也依然是迎接潜在安全挑战的关键”，核力量继续代表着支持美国国家安全的最根本威慑能力。由于俄罗斯仍是世界上能毁灭美国的唯一核国家，因此与俄罗斯保持基本对等和战略稳定是美国确定其核力量规模的压倒性因素。尽管美俄不再相互视为敌人，但就核问题而言，俄美仍是彼此防范的重点与主要对象。与此同时，美还要为其盟国提供核安全保证与承诺，又要劝阻任何潜在对手在核领域与美开展竞争的企图与做法。因此，美俄不仅继续致力于保持相互之间的核均势，同时还要确保对其他核武器国家的核优势地位。

英法两国则将继续致力于长期保持一支规模有限但威慑可靠、有效的核力量。从 1956 年起，核威慑力量就成为英国在最具挑战性的环境中也能实现上述目标的能力基础。面对不可能准确预测的未来安全环境与可能面临的安全挑战，英国认为只有继续拥有核武器才能吓阻未来的威胁，而常规能力没有相同的威慑效果。因此，核武器作为英国国防能力的基本组成部分，在吓阻讹诈和吓阻核对手针对其重大利益的侵略行为方面，作用将是持久的。法国被认为是西方三个核大国中在核政策上最保守的国家，1958 年，戴高乐将军就认为原子弹是"能使其坐在大国圆桌前的政治手段"，"核武器使一个国家保持自由与独立"的想法仍在其国家战略文化中发挥重要作用。同时，法国大多数领导人与分析家都认为未来出现对欧洲的重大前威胁并非不可能，因此"核威慑仍是国家安全的根本保证"。"核武器是一国生存的保障。保持必要的威慑能力是我国安全政策的基本目标。任何想要损害我国核心利益的图谋都将遭到法国强硬反击"。不难看出，法国仍然坚持核威慑战略，并将核威慑力量建设作为确保法国安全的重要手段。

因此，主要核武器国家认为未来的国际战略环境充满不确定性，走向难以准确预测，虽然目前大国关系缓和，但不能排除未来国家系统发生逆转的可能性，因此核力量在其国家安全战略中仍将发挥核心作用，这一点在可预见的未来不会发生实质性的改变。

## 二、以长期维持核力量有效性为目标的核武器质量与灵活反应能力上的竞争，成为核国家核力量现代化的主要特征

冷战结束后，主要核大国之间的关系也相对缓和，世界爆发核战争的危险大为降低。这使核国家对其核力量的规模、组成进行了大幅度的削减与调整成为可能，核大国从过去冷战时期以谋取数量上的优势为主要标志的军备竞赛，逐步变为"以能力为基础"的核武器质量上的竞争：即如何长期维持核武库的安全性、可靠性与

有效性，以及如何在无核试验条件下进行核武器改进与新型核武器研发，以确保核力量的长期有效。英国在2006年12月发表的“英国核威慑的未来”中，公开声称各核武器国家都在对其核力量进行现代化改造，认为这是在最终完全消除核武器之前，维持各自核力量有效性的必然步骤。

目前，虽然“库存管理计划”和“延寿计划”取得了显著成就，但从长期保留核武器这一点出发，美国仍认为这些计划仍不足以有效满足未来的要求。美国对其库存核武器的整修与现代化，目的是使库存核武器在安全性、保安性和可靠性方面满足最高标准。美国仍保持着一个较大的储备武器库存，以防止出现地缘政治方面或技术之类意外情况。美国核武器试验室主管最重要的工作就是对核武器的安全性、保安性与可靠性年度认证。俄罗斯确定了研制新型导弹与延长现有导弹服役期并举的发展方针，以保持足够的核弹头部署数量。

除了在运载工具、核弹头质量方面的竞争外，以所谓“国防基础设施”为支撑的灵活反应能力也至关重要。目前美国正在现有核弹头延寿战略之外寻求其他的方法，其长远目标是更多的依靠一个重新振兴的国防基础设施，而较少地依赖非部署的库存，以应对未来难以预见的事态发展。这个设施的规模以每年它能生产或整修的核弹头的数量为标志。除非一个真正意义上的灵活反应的基础设施已经运行起来，否则美国就将保持一个适当规模的非部署核武库以应对地缘政治、技术以及军事方面的风险。这种能力的影响是非常深远的，因为它既是核大国核力量现代化的一个重要内容，使核大国在面临地缘政治或技术意外的情况下快速增加其核力量规模的能力，同时未来又可以使核大国不必保持庞大的核弹头库存，从而对核裁军进程产生直接影响。

## 三、核武器扩散的诱因难以消除，核武器扩散的势头难以得到有效的遏制

核武器将继续在核国家的安全政策与全球政治格局中发挥特殊作用，从长远来看，这似乎既不可替代，又难以避免。因此，核武器本身的这种作用与大规模杀伤性武器的特性使得其在一些国家追求其政治与安全利益方面作用非常具有吸引力，并客观上造成核扩散的趋势在可预见的未来仍难以根本逆转。主要核武器国家继续奉行核威慑政策、长期保持核武器的做法，与防止核扩散的目标存在很大冲突，这个内在矛盾也将长期存在，且难以有效解决。特别是美还坚持奉行延伸威慑政策，一方面刺激了一些地区内的某些国家，同时，也难以完全消除受其核保护伞保护的国家发展核武器的野心与企图。实际上，美国也认为东北亚和中东地区许多潜在的扩散国家中包括其许多盟友。1996 年禁核试条约缔结以后，1998 年 5 月印度、巴基斯坦先后进行核试验后成为事实上的核武器国家，2006 年与 2009 年，朝鲜又两度进行核试验，目前国际社会对印、巴事实上核武器国家地位只能接受，以及国际社会对朝鲜核计划几乎束手无策的现实，在核不扩散方面起到了负面作用。

不能忽视的是，在 21 世纪的今天，核武器技术门槛的降低使制造一些初级的原子弹变得相对容易，同时由于核技术的军民两用特性，民用核能技术的快速发展与应用客观上又增加了一些国家秘密发展核武器的可能性。

随着能源问题与气候变化带来的问题日益突出，核能作为一种清洁、安全与可持续的能源，将日益受到越来越多国家的重视，核能的广泛应用将成为可能与现实，这对防扩散将带来更多的挑战。应该说，防止核扩散问题非常棘手，因为这背后是复杂的、难以解决的政治、安全问题，而不仅仅是一个军事问题。

## 四、美俄双边核裁军的进一步推进面临重重困难，多边实质性核裁军更是一个难以企及的目标，但核领域建立透明与信任措施的进程会加快

2010年9月15日，美国进行了自1997年以来的第24次临界实验，国际社会的普遍反应是这一做法与奥巴马总统2009年在布拉格演讲中标榜的建立无核武器世界倡议的精神背道而驰。实际上，美俄4月份达成的新START条约仍然只是对双方作战部署的核弹头数量的限制，正如其名称所显示的那样，并没有超越美苏冷战时期所确立的START－Ⅰ条约的基本框架，甚至还不及1997年时任俄罗斯总统叶利钦与美国总统克林顿达成的关于START－Ⅲ条约框架广泛与深入。按照当时达成的共识，美俄两国将在START－Ⅲ条约考虑核弹头不可逆销毁的问题。从美苏（俄）核裁军的历史，特别是2000年以来核裁军态势的发展情况来看，可以说，“一波三折”是美俄双边核裁军进程的显著特点。新START条约之后美俄双边核裁军困难重重，未来走向充满很大不确定性。

一是条约达成将各自部署的核弹头削减到1550枚，在双方核政策不发生根本性的调整的情况下，这可能已

接近双方的“底线”。只要不放弃首先使用核武器的核威慑政策，不放弃继续确保对其他核国家核优势地位的做法，美俄两国就难以将其作战部署的核弹头数量继续进行实质性地削减。在未来美俄新条约10年有效期内，甚至更长的时期内，美俄双边在核裁军问题上很可能将维持这种态势。

二是反导问题没有有效地解决，战术核武器问题又已经凸现，使得美俄下一步的核裁军面临更多不确定因素。目前，发展反导系统已成为美国的国策，虽然美在东欧反导问题上的妥协暂时缓和了美俄关系，但根本性的问题并没有解决，北约建立欧洲反导系统的影响尚待观察。可以说，反导问题已成为进一步推进美俄双边核裁军难以回避的重大影响因素。与此同时，美方对俄罗斯在战术核武器方面的优势表现出强烈的关切。目前战术核武器已成为俄罗斯弥补其常规力量不足的一种重要手段，未来将战略核武器的削减与战术核武器问题完全脱钩会变得越来越困难，这又进一步使美俄核裁军问题复杂化。借用《美国战略态势最终报告》中的一句话，“这些问题中的大多数都不存在简单的答案”。

三是美俄在核裁军问题上与其他核武器国家的分歧会加大。最近有专家称，如果没有其他核武器国家的参与，那么美俄将核弹头数量削减到500枚是不可能的。在1995年《不扩散核武器条约》审议及延长会议上，当时的英国外交国务秘书D. Hurd宣布，当美俄的核力量是以几百计，而不是以几千计的时候，英国就会参加多边核裁军。即使作为美国的最亲密盟友，英国也认为美俄两个核大国对其核武库的大幅度削减是启动多边核裁军为基础和前提。这就出现了这样一个问题：即到底美俄双边深度、实质性核裁军是未来启动多边核裁军的前提，还是其他核武器国家的参与是推动美俄双边核裁军进程的条件与动力？可以预料，由于美俄两国可能会在这一问题上与其他核武器国家产生很大分歧，未来双边核裁军将会充满更大不确定性。

尽管如此，未来的核裁军进程将会与以往不同。奥巴马表示“将寻求真实的、可核查的方法去缩减美俄的核武器（不论是部署还是非部署的，战略还是非战略的），并与其他核大国一起，到我任期结束时能明显缩减全球的库存”，同时还“将倡议已公认的核武器国家举行高级会谈，探讨如何使核能力更加透明，建立更大的信任度，走向更有意义的削减并最终消灭所有的核武器”，特别是奥巴马提到“将敦促中国增加其核武器政策和计划的透明度”。因此，虽然多边实质性的核裁军仍是一个复杂、长远的过程，但与此同时，核国家之间以透明与建立信任名义而开展的对话、交流活动将会受到重视，并得到实质性的推进。但是，未来10—20年，美俄双边的核裁军仍是国际核裁军进程的最主要的内容和关注点。

## 五、主要结论

在核武器诞生半个多世纪后，人们对核武器作为破坏力最大的大规模杀伤性武器的特性有了更加深入与理性的认识。尽管“一个没有核武器的世界，就不存在使用它的可能性”，建立无核武器的世界引起国际社会的广泛关注，但实际上这只是强调了核武器的大规模杀伤性，而忽视了其作为政治性、威慑性武器的特点。国际社会并没有为一个无核武器世界的到来做好准备，对一个没有核武器的世界是否就是更为安全的世界也没有取得共识。相反，主要核大国依旧重视核武器在其国家安全战略中的核心作用，依旧强调未来国际战略走向与战略环境的不可预测性，并以此为由，为长期保持核威慑能力的安全、保安、可靠而对各自的核武器进行现代化，并谋求建立灵活反应的国防基础设施，以便具备在发生所谓地缘政治意外或技术意外的情况下能够快速生产所需核弹头的能力。与此同时，美俄双边核裁军进程取得了一定进展，但这是以不影响双方核威慑能力，并要确保对其他核武器的国家的巨大核优势地位为前提的。另一方面，多边实质性的核裁军仍是一个复杂、长远的过程，但核国家之间以透明与建立信任名义而开展的对话、交流活动将会受到重视，并得到实质性的推进。核武器还将继续在核国家的安全政策与全球政治格局中发挥特殊作用，从长远来看，这既难以替代，也难以避免。核武器本身的这种作用与大规模杀伤性武器的特性使得其在一些国家追求其政治与安全利益方面作用非常具有吸引力，加上一些核武器国家继续奉行核威慑政策、长期保持核武器的做法，这在客观上造成核扩散的趋势在可预见的未来仍难以根本逆转。值得注意的是，由于核武器技术门槛的降低以及核能的广泛应用，将使防止核扩散越来越成为一个复杂、棘手的问题。在未来很长一个时期内，国际核裁军进程无疑将与核国家核武器现代化的努力以及国际社会对核武器扩散的关注与担忧交织在一起，成为国际核安全领域的一个突出的现象。

## 【核裁军】

# 评析美俄核裁军新条约

蒋振西

**内容提要：** 2010年美俄达成的新核裁军条约是美俄核裁军进程中的一座新的里程碑。它对美俄削减与限制核武器以及促进国际核裁军、防止核武器扩散具有积极作用。但是这一条约对美俄核实力的削减力度不大，两国在进一步削减战略核武器及战术核武器方面仍负有重大责任，国际核裁军将继续前行，但也任重道远。

**主 题 词：** 美国、俄罗斯、核裁军　新条约　国际军备控制

**作者单位：** 中国国际战略学会

2010年4月，美国总统奥巴马与俄罗斯总统梅德韦杰夫签署了《关于削减与限制进攻性战略武器新条约》（简称美俄新核裁军条约，New START Treaty）。此后，两国政府积极推动各自国会进入批准的立法程序，并为此展开广泛深入的公关活动。美俄两国议会为此进行了长期紧张的激烈辩论，终于在2010年12月和2011年1月先后通过了批准决议，条约由两国总统正式批准。2011年2月5日，美国与俄罗斯外长正式交换批准文本。自此，《美俄新核裁军条约》开始正式生效。这一条约的达成与生效是国际政治中的一个重要事件。它不仅对美俄两国关系，而且对国际核裁军活动也有着重要影响与

作用，引起了国际社会的广泛关注。

美国总统奥巴马称新核裁军条约的达成是“一个具有历史意义的事件”，俄罗斯总统梅德韦杰夫称“它是未来几十年世界及欧洲安全的基石”。

国际社会对此表示热烈欢迎，给予积极评价。联合国秘书长潘基文欢迎美国批准核裁军新条约，称这一条约在支持国际核不扩散与核裁军方面发出了“坚定而明确的信息”。[①] 北约秘书长拉斯穆森指出，北约成员国对此一致表示欢迎和支持，共同认为“新的核裁军条约有助于加强跨大西洋地区的安全”。[②]

## 一、新核裁军条约的主要内容

美俄新核裁军条约的正式名称为《美利坚合众国与俄罗斯联邦关于进一步削减和限制进攻性战略武器措施的条约》（THE TREATY BETWEEN THE UNITED STATES OF AMERICA AND THE RUSSIAN FEDERATION ON MEASURES FOR THE FURTHER REDUCTION AND LIMITATION OF STRATEGIC OFFENSIVE ARMS）。新条约由正式案文、议定书和技术附件三部分组成。条约案文包括序言与15条正式条款，议定书有10项内容，包括有关条约术语的定义、双方核武器的核查程序、磋商机制等具体安排。根据新条约，俄美双方需在条约正式生效7年后将各自的战略核弹头裁减到1550枚，核导弹、核潜艇、运载核武器的轰炸机等运载工具减至800枚，其中

① 新华网，2010年12月24日。

② 中国军网，2010年12月25日。

部署的运载工具不得超过700枚。新条约有效期为10年，经双方同意可延长5年。[①]

美俄新核裁军条约于2010年4月8日由俄罗斯总统梅德韦杰夫与美国总统奥巴马在捷克首都布拉格正式签署。美俄之所以选择在布拉格签署新条约，是因为奥巴马总统于2009年在这里向全球宣告了他的“无核世界”构想。[②] 美俄新核裁军条约是两国核裁军进程中“具有里程碑意义的事件”，它对推进国际军备控制与裁军具有重要意义。美国将其作为实现“无核世界”的一个重要起点。

这一条约之所以被称之为美俄“新”削减战略武器条约，是因为在此之前美国与前苏联和俄罗斯曾达成过三个削减战略武器条约。一是美苏1991年达成的《第一阶段削减战略武器条约》（START 1），规定双方将各自拥有的核弹头削减至6000枚、运载工具减至1600件。该条约于1994年12月5日生效，有效期为15年。这一条约已于2009年12月5日期满后失效；二是美国总统乔治·布什与俄罗斯总统叶利钦于1993年1月3日在莫斯科正式签署的《俄美第二阶段削减战略武器条约》（START II）。条约规定，俄美在2003年1月1日前将其部署在进攻性战略武器上的核弹头数量削减至3000—3500枚。三是美国总统乔治·沃克·布什和俄罗斯总统普京于2002年5月24日在莫斯科签署的《俄美削减进攻性战略武器条约》（莫斯科条约），条约规定在2012年12月31日前，美俄双方将各自的进攻性战略核弹头削减

---

① http：//www. whitehouse. gov

② 中国新闻网，2010年4月8日。

至2300枚。然而，《第二阶段削减战略武器条约》由于未能获得两国议会批准而没有生效，《莫斯科条约》由于缺乏核查措施而无法有效实施。为此，美、俄于2009年加紧磋商，试图在2009年年底《第一阶段削减战略武器条约》期满前达成一个新的削减与限制 战略核武器条约进行接替。

## 二、新核裁军条约达成的时代背景

军备控制，特别是核军备控制一直是美国与前苏联、俄罗斯关系中一个重要议题。早在冷战时期，美国与苏联就限制与减少核武器进行过多次长期持久谈判，先后达成了多项军控协议。20世纪80年代，美国总统里根与苏联总统戈尔巴乔夫曾提出了“核战争打不赢，也打不得”的著名论断。冷战后，美俄仍将核裁军作为两国进行军备控制的优先项目。

### （一）美国与俄罗斯保持战略稳定的需要

进入21世纪以来，在美国总统布什执政期间，由于北约东扩，将东欧以及波罗的海三个前苏联共和国纳入北约，挤压了俄罗斯的战略空间，导致美国与俄罗斯关系的持续紧张。此后，美又决定在波兰和捷克部署反导系统，俄罗斯认为这是对俄战略进攻性武器的一个重要威胁，遂作出了强烈反应，甚至表示要在加里宁格勒部署“伊斯坎德尔”导弹予以反击。2008年俄罗斯与格鲁吉亚发生武装冲突后，俄罗斯与美国、北约关系出现全面紧张，一度剑拔弩张。

奥巴马总统2009年初上任伊始就面临着严重的全球

金融危机，此时美国陷入伊拉克战争与阿富汗两场战争，困难重重。美在阿富汗战争中急需俄罗斯的帮助，特别是要借用中亚地区的军事基地与俄的空中通道为阿战场运送战争物资。为此，奥巴马将改善对俄罗斯关系列入其议事日程，决定“重启”美俄关系。俄罗斯也想借美国新总统上台之机与美改善关系，借以缓解国内外压力。为此，美俄双方都将达成新战略武器条约作为缓解双边关系的关键，准备在2009年年底达成新的条约，以接替到期的《第一阶段削减战略武器条约》。

2009年3月，美、俄首脑在20国峰会上表示将开始新的削减战略武器条约谈判。同年5月4日，美俄专家开始新条约的谈判。7月6日，奥巴马总统访俄，与梅德韦杰夫总统在莫斯科达成条约的框架协议，准备将双方战略核弹头减至1500—1675枚，运载工具减至500—1100枚。后来，经过10轮艰苦谈判，美俄双方终于达成了美俄新核裁军条约。条约签署后，美国总统奥巴马明确强调，该条约是“重启”美俄关系的重要一步，它“有助于两国建立互信，并为美俄进一步削减核武器奠定了基础”。[①]

### （二）核武器在国家安全中的作用出现变化？

冷战期间，美国和苏联展开核军备竞赛，发展核武器、扩张核武库、增强核打击能力。高峰时期，两国拥有核武器高达5万多枚，足以把人类摧毁多次，为世界安全带来了严重威胁。冷战结束后，国际形势发生了重大变化。尽管到目前为止尚无一种武器可以替代核武器

① http：//www. washingtonpost. com. 2010/4/8

的战略价值，但核武器很难作为军事手段使用，其局限性也越来越为政治家和军事家所共识。首先，由于世界局势相对稳定，大国之间发生核战争的危险几乎不会存在。此外，核武器在对待恐怖主义，地区冲突中更无用武之地。在对付像“基地”这样的恐怖组织中，核武器的威慑力不起作用。恐怖主义者居无定所，无法对其使用核武器进行攻击，因而核武器很难对他们形成威胁。因此，在核武器无法发挥作用，核战争不大可能爆发的情况下，核武器在国家安全中的作用相对下降。目前，美俄仍拥有世界上90%以上的核武器。维持一个庞大的核武器库对美俄双方来说不仅是一个沉重的经济负担，而且存在着巨大的安全风险。在此形势下，美俄大幅度减少核武器的数目不但是可能的，也是必要的。

### （三）国际核裁军运动的推动？

近年来，虽然世界总体形势处于稳定，和平与发展成为世界的主流。但天下仍不太平，国际军备控制领域出现了许多挑战，面临复杂困难局面；国际核不扩散机制遭到冲击，朝鲜核危机与伊朗核谈判久拖不决，恐怖分子获取核技术甚至制造核武器的风险加大；日内瓦裁军谈判会议长期处于停滞状态，多数议题谈判停滞。与此同时，国际社会要求实施核裁军、防止核扩散的呼声日益高涨。2005年5月，以前国际原子能机构干事长布利克斯为主席的“防止大规模杀伤性武器扩散委员会”发表了《恐怖武器》报告，就进一步加强核裁军，减少核战争威胁提出了60条建议，其中强调要减少核武器在国家安全中的作用，防止核武器的扩散，特别要防止被恐怖分子获得，逐步销毁核武器。

2007 年，美国前政要舒尔茨、基辛格、佩里和纳恩四人在《华尔街日报》发表“建立一个无核武器世界”文章。他们认为在新形势下核武器的作用大大降低，呼吁美俄大幅度削减核武器，以有效防止核扩散，最终实现无核世界的目标。2008 年，他们再次在《华尔街日报》重申自己的“无核武器的世界”主张。这四位政治人物为美国前政府具有影响力的决策者，他们的意见与建议得到了国际社会的强烈反响。

2009 年，以澳大利亚前外长埃文思为首的“核不扩散与裁军国际委员会”也发表了《削除核威胁》的专题报告，强调要抓住机遇，在全球削除核武器威胁，并为世界各国政府决策者提出了行动计划。[①]

2009 年，奥巴马总统上台后不久就提出了“无核武器世界”构想。2009 年 4 月，奥巴马总统在布拉格宣布，美国愿意建立一个“无核武器世界”，并确保核安全。为此，他提出了五项具体措施：尽快与俄达成新的《削减战略武器条约》；力争国会批准《全面禁止核试验条约》；强化《不扩散核武器条约》机制；防止裂变材料的扩散和召开核安全首脑会议等。

2010 年 4 月召开的核安全峰会上，与会国家首脑就保证核材料与核设施安全达了共识。同年 5 月召开的《不扩散核武器条约》缔约国审议会上，许多缔约国要求加强《不扩散核武器条约》的普遍性、权威性和有效性，呼吁美、俄这两个最大的核武器国家采取切实行动削减核武库。

---

① Eliminating Nuclear Treats, A Practical Agenda for Global Policymakers, 2009 International Commission on Nuclear Non-Proliferation and Disarmament.

在国际无核运动的强大压力下，美俄感到有必要采取削减核武器的实际行动，达成并批准一项新的核裁军条约是其当务之急。此外，美俄有意借新的核裁军条约推动核不扩散，为制止伊朗获取核武器，推动朝鲜放弃核武器施加国际压力。

## 三、评析美俄新核裁军条约

美俄达成新的《削减与限制进攻性战略武器条约》表明双方愿意承担进一步限制和削减核武器的义务。这从减少核战争威胁，推动国际核裁军进程来看，美俄签署核裁军新条约无疑具有积极意义，[①] 集中表现在以下两个方面：

### （一）美俄核裁军新条约有助于美俄保持核战略稳定

一是美俄新核裁军条约有助于改善两国关系，保持战略关系的稳定。许多国际军控专家认为，新核裁军条约的真正价值在于促进美俄关系的稳定。美国政府反复强调，新核裁军条约是“重启”与俄罗斯的关系的基石。俄罗斯对此也深以为然。近一、二年来，美俄在谈判新条约的同时两国系得到了明显改善。俄为支持美国阿富汗战争提供了后勤支援，在制裁伊朗方面给予了合作。因此，在一定程度上说，新核裁军条约的政治意义大于核武器数量的削减。

二是美俄新核裁军条约明显减少美俄核武器部署的数量。新条约规定，美俄各自部署的核弹头数量不超过

① “美俄核裁军：新条约 新动向”，新华网，2010年4月11日。

1550枚，其运载工具总数不超过800件，其中部署的战略核导弹运载工具数量不超过700件。与《第一阶段削减战略武器条约》相比，美俄双方部署的核弹头数量将减少约三分之一，运载工具数量将减少近一半。

从防止核战争，制止核武器及核技术扩散的角度看，世界上核武器数目的减少无疑有助于减少核武器的直接威胁，并能够为今后的进一步核裁军创造有利条件，无疑有利于世界的和平与稳定。这也正是新的核裁军条约受到国际社会热烈欢迎的主要原因。

三是新核裁军条约规定了较为严格的核查措施。新条约在《第一阶段削减战略核武器条约》的基础上，建有比较严格与成熟的核查制度。条约规定，美俄双方将对对方的核设施进行现场核查。除可利用各自国家技术手段外，还要建立相互通报信息、实施现场核查、共同磋商等核查机制。按照规定，条约生效十年内缔约方每年可对对方进行18次现场核查，为此双方还专门成立了联合协商委员会处理与核查有关事务。

### （二）新条约对国际核不扩散运动将会有所推动

多年来，防止核武器及其技术的扩散一直是国际社会关注的焦点。尽管1968年达成的《不扩散核武器条约》规定世界上只有五个国际公认的核国家，但是一些无核武器国家将核武器看做保障其安全的重要手段和成为政治大国的筹码。他们努力发展核武器，为此世界上不但出现了一些实际“拥有核武器”的国家，而且还存在着一些非国家实体，特别是恐怖主义组织获取核技术的风险。为此，国际社会普遍要求加强国际核不扩散机制，防止核武器与核技术的扩散。在此形势下，美俄达成新削减战略核武器条约对加强国际核不扩散机制具有积极意义和推动作用。

### （三）新条约对美俄军事实力削减力度不大

美俄新条约虽然对双方核武器的数目进行了削减，但对他们的核力量，特别是总体军事实力影响不大。美国主管政策的国防部官员吉姆·米勒明确指出，新条约不限制美国部署最有效反导系统核武器的能力，不限制美国发展全球快速打击能力，不限制美国对核武器设施进行投资。[①] 由此看来，新条约具有明显的不足之处，主要有以下三个方面：

一是新条约只对美俄进攻性战略武器部署的“总量”进行限制，没有对双方核武库的“结构”作出明确限定，而是由双方自行决定各类战略核武器的构成。这为各自发挥其战略核武器组成的优势，减少对其核实力的影响留下了缺口。比如，美方可最大限度地保留和改进战略核潜艇，进一步突出其海基战略武器隐蔽性和机动性较强的优势；而俄方则可更多地保留和发展陆基发射的“白杨-M”、RS-24等陆基进攻性战略核导弹的优势。不仅如此，新核裁军条约还允许双方对各自现有核武库进行“现代化”改造，继续更新或发展新的战略导弹，这就为美俄保留和发展各自核军备提供了足够的发展空间。新条约还允许双方把削减的战略核武器运载工具改装常规武器运载工具。这样，美俄新核裁军条约对其削减核军备实力的影响相当有限。

① Remarks at New START Treaty Discussion at the Brookings Institution, December 7, 2010.

此外，新条约只是削减已经部署的核武器数目，没有明确规定对削减下来的核弹头的彻底销毁。当前，美俄都存有大量的已经退役和等待销毁的核武器。美俄《第一阶段核储裁军条约》的执行情况表明，销毁核武器是一项技术复杂而耗资巨大的工作，也是保证核武器彻底销毁的关键所在，不然裁减下来的核武器仍有可能被重新使用。据 2010 年 5 月美国政府宣布，截至 2009 年年底，其拥有的战略与短程核弹头为 5113 枚，这大大超过了新条约所要削减与限制的范围。一些研究机构认为美国实际拥有的核武器远不止这些。据估计，俄罗斯拥有的核武器数量比美国还要多。如果这些核武器不进行销毁，美俄新裁军条约的作用是相当有限的。

二是新条约没有限制双方核武器的现代化。美国总统奥巴马一再强调，美将维持“一个安全、可靠和有效的核武库”。“新条约使美国仍然拥有绝对强大的核武库，足以威胁俄罗斯、或其他核武装国家的进攻。”[①]2010 年 11 月 15 日，美国国务卿希拉里·克林顿与国防部长罗伯特·盖茨在《华盛顿邮报》撰文指出，新条约不会限制美国的核武器的现代化与保持现有核武器库存有效性的努力，政府将“为维护美国核威慑的可靠性和有效性进行持续投资”。美政府建议今后 10 年共投资 1800 亿美元，分别用于现有核武器的维护与改造，以及核武器与核设施系统的现代化发展。[②]

2010 年年初，俄罗斯总统梅德韦杰夫就明确表示：“俄罗斯将发展进攻性核武器，没有它们就无法保卫我们

---

① Twelve Reasons to Support New START, Arms Control Association, USA, 2010 年 9 月 13 日。网址：http：// www. armscontrol. org

② Why the Senate Should Ratify New START? , Washingtonpost, Nov. 15, 2010.

的国家”。①

三是新条约未涉及美俄所拥有的战术核武器。1987年达成的《美苏中程导弹条约》对射程在500—5500公里的中程导弹进行了限制，但对其他类型的战术核武器则没有涉及。据报道，美国在德国、英国、比利时、意大利、土耳其等国领土部署有240件战术核武器。2010年年初，德国、荷兰、卢森堡、挪威等国要求美国从欧洲全部撤出核武器。但美国未予置理。据估计，俄罗斯拥有数千枚战术核武器。今后，战术核武器将是国际关注的一个重点。

四是美俄新核裁军条约不会影响美俄的常规军事打击能力。近年来，美俄在减少核武器的同时，仍在大力发展常规力量应对多种武装冲突。近年来，美国建立“全球快速打击”系统，准备用常规武器对全球任何目标实施快速、精确、决定性的打击。发展“全球快速打击”能力是美国提高军事威慑能力，实施军事干预的重要举措。近年来，俄罗斯也在积极发展常规军事力量，用于对付地区军事冲突。因此，新条约不会影响美俄的整体军事实力，也不会影响其军事行动及其威胁能力。

## 四、今后国际军备控制的可能走向

《美俄新核裁军条约》的达成与生效将对今后国际军备控制与裁军带来积极影响，促进国际军备控制与裁军进一步向多领域深入发展。然而，实现国际军备控制与裁军的目标将是一个十分复杂漫长的过程，需要国际社

① *Nuclear Posture Review Report*, *2010*, Department of Defense, USA.

会进行长期不懈的努力。

**（一）美俄新核裁军条约的批准与执行将是一个复杂的过程**

虽然美俄新核裁军条约已经生效，但目前看来，新核裁军条约在实施过程中将会面临以下挑战：

一是如何妥善处理条约与反导系统的关系。2002年，美国单方面退出了《反导条约》，俄罗斯对此一直耿耿于怀。近年来美在东欧国家部署反导系统成为美俄争斗的焦点。为此，双方进行了长期而紧张的斗争。因此如何处理美国在东欧部署的反导系统是美俄新条约的关键所在。

新条约在前言部分强调："双方认识到进攻性战略武器与防御性战略武器存有内在联系，而且将随着战略核武器的削减而变得更为突出。现有防御性战略武器不会危及进攻性战略武器的可靠性和有效性。"

美国参议院在辩论中要求条约不得妨碍美国发展与部署反导系统，并试图修改案文。后来，美国参议院在批准新条约时通过了一项声明，强调"条约序言中关于进攻性战略武器和防御性战略武器存在必然联系的规定对美方没有法律约束效力"。

俄议会对此表示不可接受。2011年1月25日，俄罗斯联邦院通过附加修正案，强调"如果美方违反条约规定，单方面部署威胁到俄国安全能力的反导系统或其他常规武器，俄将退出新核裁军条约"。[①] 看来，俄罗斯对在东欧的反导系统显然不会轻易让步。这为以后条约的

① 新华网，2011年1月26日。

执行留下了隐患。俄罗斯外长拉夫罗夫对俄国家杜马表示，新的核裁军条约为俄确定了这样的权利，即一旦美国的反导计划对俄战略力量构成威胁，俄将退出条约。

二是如何确保核查的有效实施。“信任但要核查”是美国前总统里根的一句名言，也是国际核裁军条约的一条重要法则。新条约虽然借用了《第一阶段削减战略武器条约》的部分核查规则，但由于核武器计算规则的改变，核查程序也将有大的修改，有可能导致双方出现新的争执。事实证明，有效的核查有助于实现核裁军的可信度和不可逆性，可以增进缔约国家相互信任，这是保证核武器削减条约顺利实施的重要手段，与此同时，核查手段也必须在核查过程中得到不断完善。

### （二）美俄应考虑进一步削减其核武库

目前，美俄仍拥有世界90%以上的核武器。2010年，美国宣布其拥有5113枚核武器。[①] 据美国科学家联合会的核武器专家汉斯·克里斯滕森估计，美国目前拥有战略核弹头为1950枚，俄罗斯为2500枚。双方都拥有进一步削减的巨大空间。[②]

美俄新核裁军条约只涉及它们正在部署的战略核武器，尚未涉及两国拥有的战术核武器。此外据报道，美国还有500枚战术核武器，俄罗斯拥有2000枚战术核武器。在美国参议院辩论新条约时，一些参议员强调俄罗斯在战术核武器有明显优势。要求美与俄就削减战术核武器进行谈判。美国政府表示将会考虑在下一阶段进行

---

① Department of Defense, USA , May 3, 2010.

② Nuclear Weaponss, Who has what? Arms Control Association, 2010.

谈判。但是否能够开始以及何时才开始，仍然无法预测。

此外，国际社会对美国国会能否批准《全面禁止核武器试验条约》也极为关注，对日内瓦裁军谈判会议就“禁止核武器材料生产”开始谈判充满期待。

### （三）欧洲常规裁军条约命运未卜

目前，欧洲常规武装力量条约已被俄罗斯“中止”。虽然各方仍在遵守条约，但其前途未卜。因此，加强欧洲常规武装力量的控制机制也需提到议事日程。今后，是使欧洲常规力量条约恢复活力，还是另起炉灶，值得国际社会关注。随着美俄新核裁军条约的实施及俄美关系的改善，俄罗斯与欧洲国家有可能为恢复实施或达成新的常规裁军条约作出努力。此前，俄罗斯已提出了“欧洲安全条约”的设想，并要其作为欧洲新常规力量条约谈判的基础。

美俄新核裁军条约是核裁军领域的一项重大事件，也是奥巴马总统推动“无核世界”的一项具体成果。虽然实现无核世界的目标非常遥远，而且难以实现。但在目前形势下，为维护世界和平与安全，逐步减少核武器数量，防止核武器的大量扩散，进而防止核战争既是必要的，也是有可能的。

# 美俄“新START”条约的核查体制分析

陈旭舟　姜　猛

**内容提要**：本文介绍了“新START”主要的削减和限制规定及其核查体制；总结了条约中规定的两种类型的核查活动及涉及的12种核查场景；论述了现场视察的程序及其使用的技术手段，分析了新条约与“START-I”区别与联系。

**主题词**：新START　核查　体制

**作者单位**：北京　中国军控与裁军协会

2010年4月，美俄在经历10个月的谈判后，达成了新的双边核裁军条约——《美俄关于进一步削减和限制进攻性战略武器措施条约》，外界通常称之为“新START”条约。与2002年美俄签署的《莫斯科条约》不同，“新START”条约建立了与“START-I”条约相类似的核查体制。尽管对条约的意义有不同的看法，但客观地讲，相对于条约的目标而言，美俄双方为“新START”条约设置的核查体制应该说是比较完善，而且在某些方面比“START-I”更加灵活，反映了双方在双边核裁军问题上有了更多的互信。

## 一、条约的主要削减与限制规定

“新 START” 条约第二条规定，在条约生效 7 年后，各缔约方核武器总数不得超过：

（1）部署的洲际弹道导弹（ICBM）、部署的潜射弹道导弹（SLBM），及部署的重型轰炸机共计 700 件；

（2）部署的 ICBM、部署的 SLBM 和部署的重型轰炸机携载的弹头计数总数共计 1550 枚；

（3）部署的和非部署的 ICBM 发射器、部署的和非部署的 SLBM 发射器，及部署的和非部署的重型轰炸机共计 800 件。

其中：部署的 ICBM 是指装载于发射架上（发射井内或发射车上）的导弹；部署的 SLBM 是指装载于潜艇导弹发射筒内的导弹；部署的 ICBM 发射架是指装载有导弹的发射架，不包括用于试验、训练，或位于航天发射设施中的发射架；非部署的 ICBM 发射架是指用于试验、训练以及位于航天发射设施内的发射架，或未装载导弹的发射架（场坪发射架除外）；部署的 SLBM 发射架是指潜艇上装有导弹的发射架，不包括用于试验、训练的发射架；非部署的 SLBM 发射架是指用于试验、训练或未装载导弹的发射架（场坪发射架除外）；部署的重型轰炸机是指担负核作战任务的重型轰炸机，不包括维修设施、生产设施内的重型轰炸机或试验用重型轰炸机；非部署的重型轰炸机是指试验用重型轰炸机，或维修设施、生产设施内的核作战用重型轰炸机。

确保上述这三个方面目标的实现构成了条约履约核查问题的核心，是建立条约核查体制的着眼点、着力点和最根本的要求。

## 二、“新 START”条约的核查体制

“新 START”条约中，为了确保每一个削减步骤的落实，双方借鉴 START－Ⅰ条约的做法，建立了以“术语定义”、“计数规则”为基础，以“透明/通报”为依据，以“核查/监视”为核心，通过双边磋商解决履约核查中遇到的相关问题这样一种核查体制。

### （一）术语定义

为了保证在条约履行过程中各方对裁减对象、限制行动，以及各阶段削减与限制的目标达成共识，在条约正文及条约议定书中对相关问题做出定义。这些术语定义与我们通常所熟悉的导弹核武器的定义有相似之处，但又不完全相同，有些是为了履约的需要而专门设立的。如条约所定义的“部署的 ICBM”指装载在或被认为是装载在一部已部署发射架上的 ICBM，与我们通常理解的一枚实体导弹的概念有所不同；又如条约对分导式多弹头不是直接采用“核弹头”这样的定义，而是采用“再入体”的概念（指导弹头部能够成功再入地球大气层，设计用于将武器投送到目标上或用于投送试验的部分）来进行定义。

### （二）计数规则

计数规则是针对条约的削减目标，结合削减对象或视察对象的定义，将视察监视活动中所观察到的实体物项转换为条约定义的削减对象的一套规则，其作用是在

两者间建立数量上的对应关系。

值得注意的是，这样定义的计数规则只能反映双方当时的现实状态，没有反映其背后的真实能力。如按条约计数规则，一架重型战略轰炸机只算作一枚核弹头，而实际上其运载与投送能力远不止一枚。类似的，具有多弹头运载能力的弹道导弹在条约中也只按当时实际装载的弹头数量计算。因此，按照这样的规则计算出来的双方核武器部署数量与双方实际拥有的真正能力有较大的差距。

### （三）透明/通报

“新 START”条约规定双方应透明一系列与履约有关的武器系统数量、部署地域以及受限制的信息，以常态化、规范化的方式通过各自的“核风险降低中心”通报给对方。

条约所规定的透明和通报的内容范围十分广泛，层次很深，包括五大方面：（1）与条约的削减和限制目标有关的核武器系统型号、数量、外形参数；（2）武器系统的部署基地、阵地；（3）生产、试验、维护、储存设施、部队训练设施等多种设施的名称、功用、地理位置；（4）飞行试验、改装销毁等行动的时间、地点和性质；（5）导弹飞行试验的遥测数据等。这些信息涉及许多战略核武器部署、维护和作战使用，以及部队日常训练等重要方面。

在条约核查体制中，核查监视活动是围绕证实被核查方透明/通报信息的准确性来安排和展开的，从这一意义上讲，信息的透明/通报是条约核查体制的基本依据，它不仅规定了核查监视的目的和要求，而且也限定了核查的范畴。

### （四）核查/监视

核查/监视是履约核查的信息收集与比对环节。“新START”条约规定双方有权通过“国家技术手段监视”和“现场视察”两种基本途径，获取验证对方透明/通报数据准确性所必需的信息。

国家技术手段是指由各国自己掌握和控制的用于监视其他国家且符合国际法一般原则的技术和方法。从对条约正文与议定书的分析看，“新START”条约中的国家技术手段主要是指高分辨率遥感卫星成像技术，可能同时还包括导弹飞行试验遥测信号侦收技术。高分辨率遥感卫星成像技术主要用于对发射井、导弹发射车专用库房、重型轰炸机的部署、数量的监视，并作为从条约签署到正式生效期间对改装和销毁活动的临时性监测手段。导弹飞行试验遥测信号侦收技术曾经是“START－Ⅰ”核查体制中的国家技术手段，其作用是对遥测数据通报的一种补充。

### （五）现场视察

现场视察，顾名思义是允许一方人员到另一方的基地、阵地及生产及保障设施，以现场直接察看、测量等方式收集有关信息。

条约正文的第十一条根据核查的需要规定了三类现场视察类型。在陆基ICBM基地、潜艇基地及空军机场等核武器作战部署场地开展的现场视察称为“类型一”视察，其目的以确定上述基地内“部署的”导弹、导弹发射架、重型轰炸的数量与型号以及核弹头数量为主，同时包括确认基地内的条约允许的“非部署的”导弹、导弹发射架的数量、型号，以及确认弹道导弹潜艇上已改装用于发射巡航导弹或除发射 SLBM 外的其他用途的单个发射架改装后（注：不是整艘艇的所有发射架都改造，而是只改造部分发射架。）的状态。“类型二”的视察场地类型较多，既包括导弹的装载、存储、维修设施、试验设施、部队训练设施等勤务保障设施，也包括改装和销毁设施，以及弹道导弹潜艇基地和已经宣布不再担负核作战任务的重型轰炸机基地。核查的目的以确认勤务保障设施内非部署的导弹（ICBM、SLBM）、导弹的第一级发动机、导弹的发射架的数量、型号及有关技术参数，包括确认固体导弹、机动导弹发射架的销毁、重型轰炸机的改造或销毁、经改造后（注：改造成用于发射其他型号的 SLBM 或改造后不再用于发射 SLBM，不包括改造用于发射巡航导弹）的弹道导弹潜艇 SLBM 发射架状态，以及确认已宣布不再执行核作战任务的设施的状态（如部署了不再担负核作战任务的重型轰炸机机场）。此外确认重型轰炸机储存设施（美国 Davis-Monthan 空军基地①）内等待改装或销毁的重型轰炸机数量也属于“类型二”视察的范畴。另外，条约将武器系统展示活动单独作为一类现场视察。展示活动由被核查方主动发起、组织，其目的是向核查方展示其新型号武器及武器改装后的识别特征。

条约在规定各类视察目的和基本框架的同时，还规定双方各自每年开展现场视察的次数不超过 18 次，其中

① 议定书第九部分“一致声明四”规定该基地作为美国待改造或销毁的重型轰炸机的临时存储地。此地的重型轰炸机在完成改造或销毁前，仍按部署的重型轰炸机计算，但不能装载核武器，而且只接受“类型二”视察。

“类型一”视察次数最多10次，“类型二”视察次数最多8次，并且还规定不能对正在开展“类型一”视察的基地要求再同时开展其他类型的视察；一年内接受两次视察（包括“类型一”和“类型二”）的基地数不能超过2个。对于展示次数不作硬性规定，由被核查方根据需要确定。

### （六）双边磋商

条约第十二条规定，为保证履约缔约双方应成立双边磋商委员会（BCC），并在条约议定书的第六部分对该委员会的运作权限及程序做出具体规定。从该委员会所具有的权限及其工作程序看，这是一个双方共同解决履约核查中遇到的问题的工作平台。通过为该委员会所设置的质疑、澄清、磋商程序，可以在双边磋商的框架内来解决相关问题。

## 三、核查活动

条约所规定的“类型一”、“类型二”视察，根据视察的目的和地点的不同又可以细分为多种视察场景。

### （一）“类型一”视察的场景

“类型一”视察可能出现的场景按视察地点和目的可以分为五种。

场景一：在ICBM基地开展以确认被核查方提供的有关该基地部署的和非部署的ICBM、导弹发射架（发射井/发射车）类型、数量，及部署核弹头数量等数据准确性为目的的现场视察。

场景二：在战略导弹潜艇基地开展以确认被核查方提供的有关该基地部署的和非部署的SLBM、导弹发射架类型、数量，及部署核弹头数量等数据准确性为目的的现场视察。

场景三：在战略轰炸机基地开展以确认被核查方提供的有关战略轰炸机核武器实际装载数量数据的准确性为目的的现场视察。

场景四：在战略导弹潜艇基地开展以确认战略导弹潜艇上某些导弹发射架已经按条约规定进行改装并不再具备潜射导弹发射能力为目的的现场视察。

场景五：在战略轰炸机基地开展以确认部分战略轰炸机已经改作非核用途并不再具备核作战能力为目的的现场视察。

### （二）"类型二"视察的场景

"类型二"视察可能出现的场景按视察地点和目的可以分为以下七种。

场景一：在ICBM、SLBM相关勤务保障（注：装载设施、维修设施、试验场）和训练设施开展以确认非部署的ICBM与SLBM、ICBM与SLBM的第一级、非部署的ICBM发射架等的型号、数量，以及所申报的技术参数的准确性为目的的现场视察。

场景二：在原已申报设施（即已公开申报不再担负与核作战相关任务的设施）开展以确认该设施没有再被用于不符合条约规定的目的。

场景三：在井基ICBM基地开展以确认其中的部分发射井已按条约规定完成销毁为目的的现场视察。

场景四：在战略导弹潜艇基地针对部分弹道导弹潜

艇开展以确认其部分发射架已完成改装并不能再用于发射导弹为目的的现场视察。

场景五：在改装或销毁设施开展以确认固体 ICBM、固体 SLBM，及机动 ICBM 发射车等已按条约要求销毁为目的的视察。

场景六：在改装或销毁设施开展以确认战略轰炸机已按要求完成改装并不再具备运载核武器能力为目的的现场视察。

场景七：在战略轰炸机储存设施开展以确认被核查方提供的有关该设施内部署的和非部署的战略轰炸机型号、数量，及其装载核武器数量等数据准确性为目的的现场视察。

## 四、现场视察基本程序

虽然条约的核查体制中设置的现场视察有三种类型和十余种不同场景，但这些现场视察的基本程序可以概括为七个阶段。

（1）视察通报。视察方在进入被视察方国境前，一般提前 32 小时向被视察方发出将开展现场视察的通报。通报内容：入境点、预计入境日期和时间、视察人员和机组人员名单、预计指定视察场地及确定视察类型的时间等。技术展示活动的通报由被核查方在展示活动开始前 72 小时向核查方发出。

（2）视察准备。视察人员入境后，程序进入“视察准备”。这一阶段主要包括两个方面的工作，一是由视察方在入境后的 4 小时内，指定将要视察的场地，确定视察类型，并以书面形式提交给被核查方。二是双方共同对视察活动中可能需要使用的技术设备，主要是GPS和辐射测量设备，进行使用前的性能检测。在核查方指定核查场地后，被核查方要对该场地启动视察前限制程序，限制装备和车辆移动。

（3）前往指定接受视察的场地。条约规定，在视察方指定视察场地、确定视察类型后，被视察方应在24小时内将视察人员送抵视察场地。

（4）视察前程序。到达接受视察场地，如导弹基地后，由该场地的负责人介绍该场地及场地内核武器系统型号、数量等相关情况，双方人员在这一阶段还会就有关问题进行沟通。此外，从这一阶段开始，视察方会派出人员在设施的出入口设置检查哨，对整个视察期间出入的车辆，主要是体积较大足以容纳视察对象的车辆进行检查。这一阶段的持续时间一般不超过1个小时。

（5）对象视察阶段。在完成“视察前程序”后，整个程序便进入针对视察对象开展视察活动的阶段。前文所述的12种现场视察场景都将在这一阶段展开，这一阶段的持续时间将因核查类型、场景的不同而有所不同。对于在ICBM基地、SLBM潜艇基地开展的核弹头数量核查，以及技术特征展示，条约没有对此做出硬性的时间限制，而只是说视完成任务的需要而定；对于在战略轰炸机基地进行的“类型一”核查，条约规定的时间是不超过30小时；对于除确认改装或销毁结果以外的“类型二”视察，条约规定的允许时间为24小时；对于确认改装或销毁结果的视察，条约规定的允许时间为12小时，在特殊情况下经与被核查方协商可延长8小时。

（6）视察后程序阶段。在完成对象视察工作后，视察方会起草一份视察报告。条约规定视察方应在完成对象视察工作的2小时内完成报告起草，然后提交被视察方做出反馈。在此后的另外2个小时双方将共同讨论并签署《视察报告》这一阶段整个过程的时间限制为4小时。

（7）返回入境点和离境阶段。在“视察后程序”之后，视察人员返回入境点，并在24小时内离境。整个视察程序全部结束。

## 五、现场视察方法与技术手段的运用

“新START”条约大量采用目视观察、几何尺寸测量等方法。这既是因为作为条约视察对象的导弹、发射架、再入体等具有明显的外部特征，包括几何特征，这些特征能够较好地满足视察人员区分、识别视察对象的需要，同时也是因为双方在视察方法和技术手段选择上强调“简单实用”原则，避免因技术选择不当而带来入侵性。

根据条约规定，在现场视察活动中可使用的技术设备有数码相机（包括打印机）、用于地理坐标测量的卫星接收设备和放射性测量设备三种。

数码相机用于在现场视察过程中对其性质存在争议的物体或建筑物进行照相，作为此后在双边磋商委员会讨论解决这一问题的依据。现场视察过程中使用的数码相机及打印设备由被视察方提供，并由被核查方人员，即国内陪同队员进行操作使用。

条约中规定用于地理坐标测量的卫星接收设备即通常所说的GPS接收机，其用途是在视察井基导弹基地时测量发射井地理坐标。这种测量的目的是为了帮助视察人员判断其所到达的发射井确实是此前所指定要开展视察的发射井。视察过程中使用的GPS接收机由被视察方提供。视察方在首次开展现场视察时也需自带GPS接收机，但这些设备只用于在入境点附近校验由被核查方提供的GPS接收机。条约规定双方可以选择接受美国NAVSTAR的信号或俄罗斯GLONASS的信号。坐标测量工作由被视察方人员在有视察方人员在场的情况下测量完成。

根据条约规定，放射性测量只在涉及核弹头数量核查时才需要使用，其作用是帮助被核查方向核查方证实其所声称的非核弹头的物体确实不是一枚核弹头。当核查方怀疑导弹分导平台或战略轰炸机上的某一物体是核弹头，而被核查方又有声称这不是一枚核弹头时，被核查方可以通过使用放射性测量设备来测量该物体的放射性来证实这不是一枚核弹头，因为核弹头的放射性水平（中子计数）会高于环境本底的放射性水平。测量时所使用的是由核查方提供的经被核查方详细检查的设备。如果经过双边磋商委员会讨论同意，也可采用由被核查方提供的设备。测量时被核查方人员按照核查方人员的要求摆放展开测量设备，在核查方人员的监督下进行测量。

条约对技术手段的运用有比较多的限制，包括使用场合的限制，使用设备的限制，即由哪一方提供技术设备，以及使用程序。这样的严格规定，避免了核查技术手段使用过程中可能导致的不必要的信息泄露和技术入侵性问题。

## 六、“新START”条约与“START－Ⅰ”核查体制的比较

总体上讲，“新START”条约基本继承了“START－Ⅰ”的核查体制，这也是双方能够在较短时间内签署新条约的重要原因之一。

新条约在核查体制上对“START－Ⅰ”的继承主要体现在三个方面。一是核查体制的框架和要素相同，都是以“术语定义”、“计数规则”为基础，以“透明/通报”为依据，以“核查/监视”为核心，并包含了磋商机制。二是核查方式和手段基本相似，两者都主要采用目视观察、简单的几何尺寸测量来确定导弹、发射架、重型轰炸机的型号与数量，在需要对发射井进行确认和证实某一物体不是一枚核弹头时，也同样都会采用GPS坐标测量和简单的辐射测量技术。三是两者的现场视察流程基本相同，都大致包括本文所述的七个阶段。

当然，新旧条约的核查体制在某些方面也有所不同。一是增加了核查对象并直接核查实际部署的核弹头数量，增加了对非部署的ICBM/SLBM的发射架，以及实际部署在导弹上的核弹头的核查。其中最大的不同是，新条约不再制定弹头的计数规则，而是通过实际“点数”来确定导弹携带的核弹头数量。二是取消、调整部分现场视察项目，按视察场地性质划分两类视察。新条约删除了“START－Ⅰ”十二类现场视察中的基线数据视察、可疑场地视察、陆基机动导弹疏散后视察、机动导弹生产设施连续监视。将对作战基地部署的导弹、导弹发射架、重型轰炸及条约允许的非部署的导弹、导弹发射架的数

量型号等的核查称为“类型一”视察，其余涉及勤务保障设施内非部署导弹（ICBM、SLBM）、第一级发动机、发射架的数量、型号及有关技术参数的核查，以及改装和销毁设施内固体导弹、机动导弹发射架的销毁、重型轰炸机的改造或销毁核查统称为“类型二”视察。三是现场视察次数限额减少，新条约规定双方每年开展现场视察的次数不超过18次，其中“类型一”视察次数最多10次，“类型二”视察次数最多8次。比“START－Ⅰ”的视察次数限额减少将近一半，体现了节省费用、减少负担的原则。四是不再限制遥测加密，每年只要求相互提供遥测数据记录的次数不少于5次。

## 七、结束语

“新START”条约履约核查体制的构建，以透明为基础，充分发挥国家技术手段监视和现场视察的各自优势，综合运用两种方式形成相互补充、相互印证的机制；在现场视察活动的安排上，为保证视察的效果而突出了视察的深度；同时，为避免不必要的入侵性，对视察中采用的技术手段在坚持“简单实用”的前提下做出较多限制。

“新START”条约核查体制涵盖了核裁军核查从定义、透明到核查监督等基本环节，体现核裁军核查的基本要求。这样一种结构完整、环节相互衔接的核查体制框架对于研究、构建未来核裁军条约核查机制有重要的借鉴价值，尤其是其中关于运载工具及发射架的削减核查的措施、方法，意义可能更为直接。当然，相对于未来更加深度的核裁军的要求而言，“新START”条约所建立的核查体制还远不是一种成熟的核裁军核查体制。由于政治和技术等方面的复杂原因，新条约如同"START－Ⅰ"条约一样回避了核弹头销毁及相关核查问题，在核查体制构建方面留下了一个巨大的"缺憾"，而这又是未来更加深度核裁军无法回避的问题。解决这一难题是当前和今后核裁军核查技术研究面临的最主要挑战。

## 【地区核问题】

六方会谈为何难以举行

☞吴晶晶

2010 年“伊核问题”的博弈

☞李国富

# 六方会谈为何难以举行

吴晶晶

**内容提要：** 2010 年东北亚局势错综复杂。尽管朝鲜对重启六方会谈的态度趋于积极，中国多次努力推动六方会谈重启，但由于韩美对重启六方会谈的态度转向消极，并提出一些前提条件，六方会谈进程难以推动。影响六方会谈召开的根本原因在于朝鲜与韩美之间缺乏互信，深层原因还有美战略调整和韩朝关系恶化等。今后重启六方会谈，恐无法绕开朝研发浓缩铀、实现半岛无核化与建立半岛和平机制的先后顺序等问题。半岛无核化应该通过和平方式实现，为此需要改善美朝、韩朝关系，同步推进半岛无核化与和平机制谈判。

**主 题 词：** 六方会谈　核问题

**作者单位：** 中国国际问题研究所

六方会谈自 2008 年 12 月六方团长会后已停滞了近两年时间。尽管 2009 年 10 月温家宝总理访朝后，中国等一些国家努力推动六方会谈重启，但由于朝鲜与美韩之间互不信任严重，天安舰及延坪岛事件使朝韩关系恶化，以及美韩对朝战略发生调整等原因，有关矛盾方紧张与对抗加剧，使六方会谈进程难以推动。

## 一、2010年以来有关方对六方会谈的态度

### （一）中国努力推动六方会谈重开

今年以来，中国积极致力于重启六方会谈。2月9日，六方会谈朝方团长金桂冠访华，中朝讨论了重启六方会谈的前提条件等问题。中方根据同朝鲜的会谈提出重启六方会谈的“三步骤方案”，即先举行朝美会谈，然后举行六方非正式预备会谈，最后举行六方正式会谈，但遭到韩美拒绝。美国3月初表示可以参加六方非正式预备会谈，但只有朝鲜无条件承诺回到六方会谈，才能进行朝美对话，而朝鲜将解除联合国对朝制裁、讨论签署和平协定问题列为重返会谈的条件，六方会谈重开问题陷入僵局。

天安舰事件后，为维护半岛和平稳定和重启六方会谈，中国政府朝鲜半岛事务特别代表武大伟8月16日—18日访问平壤，与朝鲜外务省副相金桂冠等举行会晤，双方达成了一致意见，决定全面履行2005年9月通过的《9·19共同文件》。8月26日—28日，武大伟访问韩国，同韩方商讨重启六方会谈问题。韩方就重启六方会谈列出先决条件，表示朝鲜必须以行动表示他们对《9·19共同声明》的履行意愿，在重启六方会谈之前，朝鲜须先重启核去功能化程序，并且迎回国际原子能机构（IAEA）监查团。之后，武大伟赴美国敦促重启六方会谈时，美方提出了重启会谈的三个前提条件：停止核试验和导弹发射等挑衅行为；履行《9·19共同声明》所做出的无核化承诺；以负责的姿态对待天安舰事件。由

于朝鲜并不承认天安舰事件是朝所为，朝鲜与美韩无法就重启六方会谈的前提条件达成一致，六方会谈进程无法启动。

在延坪岛事件发生后，为缓和半岛局势，为各方提供一个接触对话的平台，中国11月28日提议12月上旬在北京举行六方会谈团长紧急磋商，使半岛问题重新回到对话协商的轨道上来，希望有关各方共同努力，在六方会谈框架内通过对话协商妥善解决各自关切，切实维护半岛和平稳定。但韩美日三国反应冷淡。希拉里在12月6日韩美日外长会晤后举行的记者会上表示，为重开六方会谈需要适当的基础，为此朝首先要停止一切挑衅和好战行为。韩美日三国还提出改善与朝关系的先决条件：朝首先停止挑衅行为；完全遵守停战协定；履行有关无核化的双边或国际义务。如果要重启六方会谈，需要朝鲜认真努力改善与韩国的关系。

### （二）朝鲜对重启六方会谈的态度趋于积极

与往年相反，今年朝对重启六方会谈抱相对积极态度。去年4月14日，朝在联合国通过第1718号决议后宣布退出六方会谈，表示在“尊重自主权与主权平等”精神被否定的情况下，“绝不再参加六方会谈”，“不再受六方会谈达成协议的约束”。去年10月温家宝总理访朝后，朝方态度有所缓和。金正日委员长与温总理会谈时表示：实现半岛无核化是金日成主席的遗训，朝方致力于实现半岛无核化的目标没有改变；通过朝美双边会谈，朝美之间的敌对关系必须转变为和平关系。朝方愿视朝美会谈情况，进行包括六方会谈在内的多边会谈。今年2月7日，中联部部长王家瑞访朝，转达了胡锦涛总书记致金正日总书记的口信。金正日在会见王家瑞时表示，实现半岛无核化是朝方的一贯立场。有关各方为重启六方会谈倾注具有诚意的努力十分重要。金正日委员长5月3日至7日访华与胡锦涛主席举行会谈时表示，朝方愿同各方一道，为重启六方会谈创造有利条件。朝方对中方为六方会谈作出的积极努力和贡献表示赞赏。金正日8月26日至30日再次访华时表示，朝鲜坚持半岛无核化的立场没有改变，不愿看到半岛局势紧张，希望同中方保持密切沟通和协调，推动早日重启六方会谈，缓和朝鲜半岛紧张局势，维护朝鲜半岛和平稳定。韩媒体报道，在中国提议在北京举行六方会谈团长紧急磋商后，金正日12月9日对访朝的中国国务委员戴秉国表示若其他五国都出席，朝鲜也会出席六方会谈团长紧急磋商会议，而且朝可以考虑接受国际原子能机构（IAEA）核查。朝外务省发言人12月16日表示："支持包括六方会谈在内的一切对话建议，但我们不会乞求对话。"

**（三）韩美对重启六方会谈的态度趋于消极**

今年韩美对重启六方会谈的态度经历了三个阶段的变化。第一阶段是天安舰事件发生前，韩美主张制裁与对话并行，希望朝无条件重返六方会谈。2010年1月11日，朝鲜提议在朝鲜战争60周年之际尽早举行签订和平协定的会谈。美国国务院发言人克劳利当天表示，朝鲜先对美肯定地表示会重返六方会谈，着手履行《9·19共同声明》义务，对于无核化采取肯定措施，再在六方会谈等多边框架里讨论签订和平协定问题，美不会为朝鲜出席六方会谈支付任何代价。韩六方会谈团长魏圣洛1月20日表示，只有在六方会谈召开和无核化取得进展时，才可以讨论和平协定问题。1月18日，朝鲜外务省发言人发表谈话，主张若要重启六方会谈，首先要解除对朝制裁。对此，韩外交通商部发言人金英善当天表示，“联合国安理会决议明确规定，无核化取得进展后才能在安理会研究解除制裁问题”。美国国务院助理国务卿坎贝尔1月19日也表示，“现在解除对朝制裁或重新考虑安理会第1874号决议，并不很适当。下一个程序是重返六方会谈，在六方会谈的框架里进行双边与多边会谈”。2月8日，韩外长柳明桓表示，韩准备劝服朝鲜及早重返六方会谈。韩将以“大交易”构想为核心，通过外交努力促使朝鲜实现完全无核化。

第二阶段是天安舰事件后至延坪岛事件前。韩美先是表示要等“天安舰”事件调查结果出台后才考虑重启六方会谈，在韩美认为“天安舰”事件是朝鲜所为后，又将“天安舰”事件提交联合国安理会。联合国安理会通过有关的主席声明后，美提出在重启六方会谈前，朝必须中断地区内挑衅行为，改善朝韩关系，同时为无核化采取具体行动。美表示唯有在朝鲜停止挑衅行为并采取不可逆转的无核化措施之后，对朝制裁才能解除，然后朝才能获得能源和经济方面的援助，才能发展美朝关系并缔结和平协定。韩认为重启六方会谈并不是重点，六方会谈应以取得进展为前提，为此朝鲜须先表现出有诚意的态度：一是朝鲜应对“天安舰”事件做出负责任的表现，不能把夺走韩国46名官兵生命的“天安舰”事件当作没有发生而重返六方会谈。二是即使举行六方会谈，如果朝弃核态度没有根本变化，也不会取得成果，所以在朝鲜展示态度变化前，不能重启六方会谈。

第三阶段是延坪岛事件后。美韩不仅拒绝中方举行六方会谈团长紧急磋商提议，指责中国没有发挥“负责任的”作用，还拉拢日本举行美韩日外长会晤，以韩美、美日联合军演等方式给半岛紧张与对抗加码。美白宫发言人吉布斯11月29日表示，没有诚意的六方会谈只是朝鲜的“宣传行动”，包括美国在内的其他国家没有兴趣；朝鲜停止挑衅行为并对无核化目标拿出诚意是磋商的前提条件；呼吁联合国进一步严格实施对朝制裁。11月30日，韩美联合军演第三天，韩美两国军队首次在西海（黄海）进行了拦截并搜索疑似装载大规模杀伤性武器的朝鲜船舶的演习，这意味着韩美联合军演上升到防扩散安全倡议（PSI）演习的层次。希拉里12月2日表示，韩美日三国外长会谈将具体讨论如何改变“北韩政权形态”。12月3日美日在日本近海举行大规模军事演习。12月8日韩美在首尔举行“韩美联参主席会议”，商定全面完善由韩军主导、美军支援的“针对朝鲜局部挑衅的应对计划”。12月下旬，韩军方举行延坪岛实弹射击演习，并在半岛东、西、南部海域同步实施海上实弹射击演训。上述演习使半岛紧张气氛进一步加剧。

## 二、影响六方会谈召开的深层因素

六方会谈之所以难以举行，根本原因在于朝鲜与韩美之间缺乏互信。韩美在朝鲜第二次核试验后，认为朝不会弃核，而是会以“加强核遏制力”对内鼓舞民心，巩固政权稳定，对外试图获得国际社会对其拥核国地位的承认，通过打核牌达到既拥核又改善与美关系并获得国际社会经济援助的目的，因此韩美国内“六方会谈无用论”抬头，其强硬派认为六方会谈一直以来不过是被朝利用的工具，反而导致朝核问题更加严重，主张改弦更张，对朝用强，迫朝弃核。朝则认为韩美通过国际制裁扼杀朝经济，拒绝与朝对话，不时举行“意在侵朝”的联合军演，制定应对朝“突发事件”的“5029 作战计划”等，表明韩美目的不是要与朝和平共处，而是要颠覆朝鲜政权，因此认为为了威慑韩美发动侵朝战争，应“加强核遏制力”。此外，影响六方会谈召开的深层次因素还有美战略调整和韩朝关系恶化等。

奥巴马总统上台后，改变了布什政府通过积极推动六方会谈解决朝核问题的立场，未将朝核问题视为优先解决课题，对朝提出的朝美对话要求及重返六方会谈的前提条件等未予积极回应，而对朝实行“战略忍耐”并联合国际社会加强对朝制裁。2010 年 4 月，美发布《核态势评估报告》时，将朝鲜排除在不使用核武器的国家名单之外。在天安舰事件及延坪岛事件使朝鲜半岛紧张逐步升级后，尽管中国为重开六方会谈进行多方斡旋，美却无视缓和半岛紧张的紧迫性，反而视其为加强美韩、美日同盟及构筑美日韩三角同盟的机会，以警告和威慑朝为名，数次与韩、日举行联合军事演习，使地区局势进一步紧张。

李明博总统上台后，改变了金大中总统的“阳光政策”和卢武铉总统的“和解合作政策”，实行“无核、开放、3000”政策。这一政策将朝鲜采取弃核措施与发展南北关系挂钩，而朝鲜认为核问题是朝美之间的问题，与朝韩关系无关。随着推动半岛无核化进程的六方会谈停滞，朝韩政府间对话中断，韩对朝援助停止，金刚山旅游项目、南北铁路连接等合作项目中止，南北人员往来日益减少，南北关系逐步恶化。特别是天安舰事件及延坪岛事件更是伤害到国民情感，加剧了南北军事对抗。韩美日现把韩朝关系改善作为重启六方会谈的条件之一，在南北不信与对抗如此严重的情况下，如何改善南北关系进而启动六方会谈难度不小。

## 三、今后争议

今后重启六方会谈，恐怕不能忽视以下几个争议问题：

### （一）浓缩铀研发问题

2009年4月14日，朝鲜声称将重新启动去功能化后的核设施，强化核威慑力，来抗议对朝鲜“不公正”的联合国安理会主席声明。2009年6月朝鲜通过外务省声明宣布，针对安理会1874号决议，他们已着手进行了浓缩铀研发。三个月后朝致函联合国安理会，表示浓缩铀研发已进入收尾阶段。2010年11月30日，朝鲜《劳动新闻》报道，“目前轻水反应堆的建设正在积极进行中，用于为反应堆供应燃料、装备有数千台离心机的现代化铀浓缩厂也在运行中”。据报道，朝向11月访朝的美国斯坦福大学国际核安全合作中心所长西格弗里德·海克展示了拥有数百台离心分离机的铀浓缩设施，核专家海克表示，“对精密的设施感到震惊，这些离心机都由超现代化系统控制。朝鲜表示已安装并运行的分离机有2000多台。”12月16日，朝鲜外务省发言人发表谈话说，朝鲜自主建设轻水反应堆和生产浓缩铀，是以发电为目的的和平核活动。和平利用核能的权利是核不扩散条约（NPT）会员国都在行使的权利，《9·19共同声明》也注明了相关权利。而据韩媒体报道，朝对外公开铀浓缩设施后，美国对朝政策特别代表博思沃斯称之为“近20年来的最大挑衅行为”，因为用高浓缩铀制造的核弹不进行核试验也能投入实战。韩美日均谴责朝违反联合国安理会第1874号决议，并达成以下共识：要想重开六方会谈，朝必须立即停止浓缩铀；只要朝进行核开发，就不会与朝对话。

### （二）轻水反应堆问题

朝美于1994年10月签订日内瓦协议时，朝鲜承诺冻结其核设施，美国承诺牵头成立朝鲜半岛能源开发组织（KEDO）负责为朝鲜建造两个1000兆瓦的轻水反应堆，并提供重油，以弥补朝鲜停止核能计划造成的电力损失。2002年10月美国总统特使、助理国务卿凯利访问平壤后，美国宣布朝鲜“已承认”铀浓缩计划，指控朝鲜正在开发核武器。2002年12月起，美国中止向朝鲜提供重油，朝鲜半岛能源开发组织暂停轻水反应堆建设。2010年3月29日，朝鲜称将在二十一世纪第二个十年内用自主制备的核燃料启动轻水反应堆电站，以此来回应韩美等国对朝采取的“等待战略”。美国斯坦福大学核专家西格弗里德·海克2010年11月访朝后表示，朝鲜正在宁边建设一座发电容量达25—30兆瓦的实验轻水反应堆，由于朝鲜刚开始着手建设，因此到完工可能还需要几年时间。虽然朝表示《9·19共同声明》注明了朝拥有和平利用核能权利，但韩美对朝建设轻水反应堆还是不无担忧的，因为轻水堆也能生产出可制造核弹的钚。

### （三）半岛无核化与和平机制谈判的先后问题

2010年1月11日，朝鲜外务省表示向停战协定当事国郑重提出建议，今年尽早举行关于签订和平协定的会谈。2月26日朝鲜进一步主张，无核化与和平协定问题应同时成为六方会谈议题，并以50比50的比重进行讨论。朝主张必须首先签订朝鲜半岛和平协定，然后才能彻底放弃核武器。韩美则坚持，无核化谈判取得进展后，才能讨论签订和平协定问题。2009年2月13日，美国务卿希拉里在亚洲协会总部发表演讲阐述美新一届政府亚洲政策时表示，美国愿意与朝鲜签订和平协议，“如果朝鲜真诚打算完全而且可验证地放弃核武器计划，奥巴马政府将愿意使双边关系正常化，以永久和平协议替代朝鲜半岛存在多年的停战协定。”韩方表示，和平协定会谈只有在朝鲜无核化取得进展后，才能在六方会谈框架外的另一论坛予以讨论，并称无法接受朝方和平协定和无核化并行讨论的立场。因此，是先进行无核化谈判还是同时讨论无核化与和平协定问题将成为争议。

### （四）取消制裁问题

朝鲜2010年初曾将解除对朝制裁列为重返六方会谈前提条件之一，之后立场有所松动，决定在六方会谈重启后，在会谈中通过协商解决这一问题。而韩美主张加强对朝制裁并视其为有效施压手段。韩表示，“在朝鲜出席六方会谈之前，不可能解除或缓和对朝制裁”，“联合国安理会决议明确规定，无核化取得进展后才能在安理会研究解除制裁问题”。因此，取消对朝制裁问题也会是影响六方会谈进程的变数之一。

## 四、解决方式

对于如何实现半岛无核化目标，六方会谈有关国家曾有过不少提案。这些提案大致上可以分为两类：一类是战争与冲突方式，如发动“先发制人攻击”，应对“突发事件”实施“5029 作战计划”，通过经济制裁等手段动摇和颠覆政权等。另一种是和平与外交方式，如履行《9·19 共同声明》、“大交易方案”等。据《朝日新闻》2009 年 12 月 7 日报道，日美韩当时已着手制订朝鲜无核化路线图，希望用数年时间实现“拆除核设施”、“废弃核武器和核材料”及“无核化验证”三个目标，作为回报，朝将获得经济援助、美朝和日朝关系正常化及体制安全等。

显然战争与冲突方式存在很多危险性与不确定因素，将带来本地区长期紧张、动荡与不安，和平与外交方式无疑更符合本地区国家与人民的利益。不管以何种方式谈判，都需要有关国家相向而行，缓和紧张，改善关系，建立信任。解决朝鲜核问题首先必须解决朝美、朝韩关系问题。“等待战略”以及加剧紧张的军事演习不仅不会使朝鲜以美韩可接受的条件重返六方会谈，反而使问题更加复杂和恶化。美韩只有改善与朝关系，消除朝鲜的不安全感，才能重启朝弃核进程。为打破朝核僵局，可以做以下尝试：

一是改善美朝关系。朝曾多次表示，朝拥核是美对朝敌视政策的产物，只要美放弃敌视政策，朝可以“一件核武器都不要”。最近朝表示在朝美关系未取得新进展情况下，不会履行无核化义务。实际上，朝已频频向美发出对话信号。继多名美专家访朝后，朝又邀请美国新墨西哥州州长理查森12月16日访问平壤，并表示允许国际原子能机构核查人员重返朝核设施，同意将1.2万只核燃料棒出售并运到第三国。据报道，朝鲜最近向访朝的美国朝鲜半岛问题专家表示，如果美国尊重2000年发表的《朝美联合声明》，朝鲜有意放弃核武器开发。美国若是真心实意维护朝鲜半岛和平与稳定，就应该放弃敌视朝鲜政策，回应朝鲜对话要求，积极响应中方举行六方会谈团长紧急磋商的建议，尽早重启致力于半岛无核化目标的六方会谈。

二是改善韩朝关系。今年天安舰事件与延坪岛炮击事件后，南北关系达到冰点。韩多次与美举行联合军演，并不顾中俄劝告，在美支持下执意举行延坪岛实弹射击演习，摆足强硬架势试图“压服朝鲜”。其实如果朝鲜半岛发生流血冲突，首先遭殃的是半岛双方人民，也势必破坏地区和平稳定，殃及周边国家。南北关系恶化只会加深彼此不信，无益于问题解决。如果要想使半岛成为安全、稳定的无核地带，作为同一民族的朝韩应选择相向而行，减少军事演习，避免一切挑衅行为，建立军事互信机制，同时加强南北对话与互惠合作，因为要缓和、不要紧张，要对话、不要对抗，要和平、不要战争，是地区各国人民和国际社会的强烈愿望和呼声。在积极推动朝韩对话的同时，各方应为重启六方会谈、推进半岛无核化和实现半岛和平稳定共同努力。

三是同步推进半岛无核化与和平机制谈判。要想使朝鲜弃核，应该创造让朝鲜感到安全的国际环境。目前半岛还处于停战状态，朝不承认韩美设定的“北方限界线”，朝韩在有争议的海上分界线附近多次发生流血冲突，不能排除今后由于误判等原因而使南北擦枪走火演变为局部冲突甚至全面战争的可能性。以强硬对强硬，只会加剧紧张与对抗。因此有关方有必要放弃冷战思维，在推进半岛无核化的进程中，同时举行谈判将半岛停和机制转变为永久和平机制。

# 2010年"伊核问题"的博弈

李国富

**内容提要**:2010年是"国际六方"与伊朗在"伊核问题"斗争十分激烈的一年。美欧推动了国际社会对伊朗进行更为严厉的制裁措施,旨在以压促变;伊朗则继续扩大核研发规模,并取得了一定进展。双方虽在年底再次举行"核谈",但结果仍是无果而终,"伊核问题"仍处在僵持的局面。

**主 题 词**:制裁"核谈"　伊朗核问题

**作者单位**:中国国际问题研究所

2010年,奥巴马总统对伊朗的策略由"胡萝卜"改为"大棒",推动安理会通过了对伊朗严厉制裁的第1929号决议。之后,美欧等西方国家单方面对伊朗采取了更加严厉的制裁措施;但伊朗丝毫不为美欧巨大压力所动,坚持其"和平利用核能"的权利,并成功地自行生产出其医用核反应堆燃料所需的20%纯度的浓缩铀,使伊朗在核研发领域取得了重大进展。在2010年12月和今年1月,伊朗与国际六方就"伊核问题"举行了两轮谈判,但由于双方立场相差太大而无果而终,"伊核问题"又进入了新一轮僵持与博弈的阶段。

# 一

为了扭转美国在中东地区的被动局面，奥巴马总统执政后提出对美国中东政策进行调整，其中一个重要内容就是试图跳出美国长期对伊朗打压的传统做法。奥巴马对伊朗策略调整的具体做法简单地说就是先强调大萝卜，向伊朗示好，如不成再使用大棒的策略，试图以此诱逼伊朗改变在核问题上的立场。奥巴马对伊朗政策的“新思维”从一开始就遭到共和党保守势力、对伊朗强硬力量和犹太院外集团的强烈反对，认为其政策有损以（色列）利益，给伊朗发展“核武器”更多的空间，危及美国在中东战略利益。但奥巴马对伊朗新策略一直没有取得任何具体成果，使其面临着越来越大的压力。在伊拒绝接受“核交换”建议后，奥巴马认为，一年来的怀柔政策已为对伊朗采取更严厉制裁创造了必要的国际大环境。因此，从2010年初开始，奥巴马政府对伊朗的“接触政策”发生了明显的变化，美国开始转向大力推动安理会通过新一轮对伊制裁的决议的强硬政策。在年初，美国国务卿希拉里明确表示，美国正在与相关国家协商，准备对伊朗进行新的制裁。希拉里还特别强调，新的制裁是“长牙齿”的，不过美国寻求的制裁措施不是针对伊朗人民，其目标是伊朗政府，特别是伊朗伊斯兰革命卫队。

在奥巴马政府对伊朗政策趋强的同时，美国加大了在海湾地区防范伊朗的军事部署，密切了与地区国家，特别是以色列的军事合作。为此，美国对伊朗军事打击的报道也在增多。美国参谋长联席会议主席迈克一马伦表示，尽管外交手段仍是遏制伊朗核问题的最佳途径，但一旦“总统要求采取军事行动，我们必须作好准备”。4月18日，马伦进一步表示，“动用武力可能会对迫使伊朗搁置其核项目产生很大帮助”。马伦的讲话是奥巴马政府军方最高将领首次公开对武力攻击伊朗核设施表示支持，从而使美国可能对伊朗动武的舆论再次热炒起来。

针对美国的高压政策，伊朗毫不示弱，针锋相对地采取了一系列强硬措施：第一，提高提炼浓缩铀的纯度。伊朗在年初警告西方国家，如在一个月内不能达成“核交换”协议，伊朗将生产纯度为20%的浓缩铀，自行为其医用核反应堆生产核燃料。2月11日，伊朗总统内贾德宣布，伊朗已成功地生产出纯度为20%的浓缩铀。第二，扩大核研发规模。伊朗公开表示，为应对美国和以色列可能对伊朗核设施的军事打击，伊朗决定在2010年在其广袤山区建立两座秘密新的核设施。第三，频繁地在海湾地区举行有多兵种参加的军事演习，在演习中伊朗展示了多种自行研制的导弹系统，向美国和以色列传递伊朗有捍卫国家的决心和能力。

在“伊核问题”上表示出强硬的同时，伊朗并没有关闭谈判的大门，多次表示希望与西方能就“核交换”达成协议，如双方达成协议，伊朗愿意中止提炼20%纯度的浓缩铀。为了阻止安理会将要对伊朗进行第四轮制裁，伊朗在5月17日与巴西和土耳其达成“核交换”协议（德黑兰宣言）。（德黑兰宣言）虽其内容与之前西方提出的“核交换”条款基本相同，但西方以（德黑兰宣言）来的太迟了，伊朗此时已储存了更多的浓缩铀，原来的“核交换”条款已过时为由加以拒绝，继续推动安理会对伊朗进行制裁。

## 二

6月9日，经过有关各方几个月的博弈，安理会终于通过了对伊朗进行第四轮制裁的决议。决议的主要内容包括：禁止伊朗在国外参与核领域的投资活动；禁止各国向伊朗出口重型武器装备；禁止伊朗进行任何与可运载核武器弹道导弹有关的活动；加强在港口和公海对涉嫌运送违禁品货船的检查措施；禁止各国与伊朗进行与核活动有关的金融交易，同时禁止伊朗在国外开设可能会被用于资助其核活动的独资或合资金融机构。决议附件中还包括将受到资产冻结的40家伊朗实体，其中许多实体与伊朗伊斯兰革命卫队有关。

第1929号决议是“伊核问题”移交到安理会后，安理会通过的第四个对伊朗制裁的决议，同时也是最严厉的制裁决议。但美欧认为，该决议对伊朗制裁的力度还不够，还不能迫使伊朗改变其在核问题上的强硬立场。因此，在此后不久，美国参众两院又在6月24日通过了《2010年全面对伊朗制裁、追究责任和撤出投资法案》。该法案经奥巴马总统7月1日签署后成为了美国至今为止对伊朗采取的最严厉制裁法。随后，欧盟、加拿大、澳大利亚、日本和韩国等几乎所有“西方”国家都先后出台了对伊朗进行更严厉、更全面的制裁措施。

美欧等西方国家联手对伊朗进行的新一轮制裁来势凶猛，主要有以下几个特点：第一，对伊朗制裁无论是范围，还是力度都远远地超出了安理会第1292号决议的内容。制裁的目标几乎对准了伊朗所有重要的国民经济命脉，主要包括伊朗油气产业、炼油与石油产品、银行金融机构、保险信贷、航运以及相关的民用产品等。第二，与以往相比，欧盟等西方国家这次对伊朗制裁决心大，动真格的。一些欧盟国家政府不顾本国企业的反对，采取措施迫使包括石油公司在内相关公司或中止与伊合作，或从伊撤资。第三，美国新法案杀伤力更大。欧盟等西方国家对伊朗的制裁基本上是针对欧盟成员国的公司，而美国法案则设有实施、监督机构，并带有严厉的惩罚条款。除非得到美国总统豁免，该法案禁止美国资金企业（包括海外和子公司）与违反制裁内容的任何国家的公司进行业务往来，迫使各国在美伊间做出选择。第四，美国制裁的最终目标是要推翻伊朗现政权。新法案明确表示，其宗旨不仅要消除“伊核”威胁，还针对伊朗国内“民主”、“人权”状况，同时要求伊朗停止对黎巴嫩“真主党”、巴勒斯坦“哈马斯”等“恐怖组织”的支持。

防止中东地区核扩散，尤其是阻止伊朗拥有或掌握生产核武器能力对美国具有重大的安全战略利益，同时“伊核问题”也是美国遏制伊朗势力扩张，对伊朗进行围堵、打压的最有效手段。一年多来，奥巴马总统借中东国家对核扩散的担忧，利用“伊朗核威胁”密切了美国与中东盟国的军事合作，促进了以色列与阿拉伯盟国在防范伊朗威胁的接触，调动了大国关系。在安理会以及美欧西方国家先后对伊朗采取严厉制裁后，使奥巴马总统在“伊核问题”的博弈中占据了更加有利的地位。

## 三

对于国际社会的制裁措施，伊朗的反应是谴责安理会第1929号决议是非法的，称美欧等西方对其制裁措施如同“一堆废纸”，强调制裁决不会改变伊朗继续和平利用核能的决心。此外，伊朗还采取了一些反制裁的强硬措施：1. 指责国际原子能机构总干事天野之弥对伊朗核计划有失公正，拒绝2名国际“核查”人员入境；2. 将西方制裁伊朗的公司列入“黑名单”中；3. 决定对任何检查来往伊朗船只的行为进行报复；4. 宣布将启动研发“核聚变”工程，扩大核研究领域；5. 频繁举行军演，展示新武器等。但与此同时，伊朗表示将继续与国际原子能机构进行合作，但要求该机构能“更专业化”的运行；表示仍希望与西方就“核交换”问题达成协议，也没有关闭“伊核问题”谈判的大门。

美欧等西方国家集体采取制裁行动客观地说对伊朗产生了重大影响。第一，制裁使伊朗经济雪上加霜，包括石油出口在内的进出贸易遭受重大打击，使伊朗物价飞涨，通膨居高不下，经济形势进一步恶化。第二，石油生产是伊朗经济的生命线，也是西方制裁的重点。伊朗油气产业设备落后，需大量资金更新换代，制裁将严重制约伊朗油气领域和国民经济的发展。第三，恶劣的经济形势造成劳资矛盾频发、企业与政府关系紧张，失业人口快速增加，社会矛盾加剧，政局更加不稳。第四，加剧了伊朗统治集团内的斗争。自去年大选以来，伊朗统治集团各派别围绕着伊斯兰革命路线、方针的斗争呈越演越烈的趋势。内贾德总统僵硬的内外政策，口无遮拦的言论和经济政策失误等不断地遭到越来越多伊朗高官的抨击。

此外，制裁还给伊朗的外交活动空间带来了影响。首先，伊俄（罗斯）关系出现了紧张。伊朗将安理会通过第1929号决议归咎于俄罗斯屈服美国的压力。之后，俄罗斯总统梅德韦杰夫有关伊朗有生产核武器动机的言论刺痛了伊朗神经，内贾德谴责俄罗斯已加入了美国领导的反伊朗阵营，两国领导人的争吵使伊俄关系趋于紧张。其次，海湾国家尤其是阿联酋公开支持西方对伊朗进行严厉制裁。阿联酋曾是伊朗对外贸易的一个重要窗口，是从欧洲进口先进技术、设备和紧缺物资的一个重要渠道。阿联酋这次积极响应西方对伊朗制裁，关闭了伊朗在阿联酋所有与政府和军方联系的公司银行账户，几乎使伊朗与西方外贸联系受到重大损失。

任何事情都有其两面性，同样制裁在对伊朗产生负面影响的同时，在某种程度上也有其正面的效应。自伊斯兰革命胜利之后，伊朗受到西方不同形式的制裁，其结果反而是增加了伊朗“抗压生存”能力。这次也是如此，西方对伊朗石油，特别是成品油的严厉制裁，结果促使伊朗在能源领域加快了石油产业国有的步伐，提高了成品油的自给程度。伊朗官员9月份表示，伊朗成品油日产量已由原来的4400万升增加到了6650万升，基本上满足了国内消费的需要。另外，西方的严厉制裁还促使内贾德政府下决心对“补贴政策”的改革。伊朗政府每年要花费300亿—400亿美元用于国内的能源和食品补贴，已成为伊朗政府巨大的财政负担，同时也制约了伊朗经济正常发展。伊朗历届政府都曾计划进行改革，但由于担心可能引起国内动乱而屡屡放弃。在西方制裁的压力下，内加德政府经过精心准备终于在12月19日正式开始实施“补贴政策”的改革，改革进行的比人们预期的要顺利得多，基本上没有发生大的动乱。在某种程度上可以说是西方制裁帮助内贾德闯过了“补贴政策”

的难关。在国内经济努力自给的同时，伊朗还试图通过各种多边外交途径破除西方围堵。因此可以说，西方的制裁虽使伊朗处于非常困难的处境，但远未达到能迫使伊朗改变其核政策的程度。

## 四

美欧对伊朗采取的制裁虽使奥巴马总统在“伊核问题”上占了上风，但并未能扭转美国在中东地区的困境。伊朗并没有改变在核问题上的立场；巴以和谈因以色列坚持在被占领土建立犹太人定居点而再次陷入僵持；伊拉克3月大选后，政局动荡，安全环境持续恶化；阿富汗战争僵持局面没有得到改观，美国处境进退两难。伊朗作为地区大国，对伊拉克、阿富汗乃至地区稳定都具有重要的影响力，是美国摆脱地区困境无法绕开的障碍。为此，美国在大力督促各国对伊朗采取严厉制裁后不久，奥巴马再次向伊朗抛出了“橄榄枝”。奥巴马表示，伊朗如能充分证明其未制造核武器，美国可同意伊朗和平利用核能，并愿意就“伊核问题”和制裁等问题与伊朗进行双边和多边对话，甚至不排除与内贾德直接对话的可能。很显然，在对伊朗动武力不从心的情况下，奥巴马是想通过交替使用严厉制裁与接触对话的策略来达到两个目的：1. 寄希望通过严厉的制裁将使伊朗经济无法正常运用，导致伊朗广大民众日常生活状况日趋恶化，从而激化民众与政府的矛盾，造成伊朗社会动荡，最大限度地对内贾德政府施加政治和经济压力，迫使伊朗改变在“伊核问题”上的强硬立场。2. 通过不断提出“接触对话”向国际社会，特别是伊朗民众表明美国是真心实意地希望和平解决“伊核问题”的，美国和国际社会对伊朗进行严厉制裁是由于内贾德政府在核问题上的强硬立场与谈判中缺乏“诚意”，将国际社会的制裁原因归咎于内贾德政府，从而最大限度地对内贾德政府施加政治和经济压力，迫使伊朗改变在“伊核问题”上的强硬立场。

奥巴马执政后对伊朗政策的变化（表示要改变对伊朗敌对政策，到指定伊朗为美国核打击“潜在国家”，再到对伊朗实施最严厉的制裁措施），伊朗已确信，奥巴马的对伊朗政策与其前任布什的政策没有实质性的区别，其最终目的都是试图要更迭伊朗现政权。只不过受条件限制，小布什总统当年能凭借美国的强势对伊朗进行公开、直接的威胁；而奥巴马则由于受制于美国目前的困境，只能变化手段，采用“软刀子”。最大的特点是奥巴马的策略带有一定的欺骗性，因此，对伊朗的威胁更大。不过，伊朗认为，目前伊朗虽处境艰难，但美国的困难更大，美伊相交，美国更有求于伊朗。

鉴于上述判断，包括内贾德总统在内的伊朗领导人在制裁之后多次表示，愿意就“核交换”与“伊核问题”与西方继续会谈，但提出了三个先决条件：1. 有关国家必须明确表示恢复谈判的目标是接触与合作，而不是敌视与对抗；2. 承诺重开谈判不是出于恫吓或施压的目的；3. 有关各方需表明对以色列拥有核武器的态度。伊朗主动提出恢复核谈是出于两方面的考虑。第一，是实际需要。据报道，德黑兰医用核反应堆的核燃料正常运行到今年下半年，目前伊朗还没有能力自行生产，所以，伊朗需要通过谈判获取新的燃料；第二，是“和平”攻势。伊朗十分清楚，它与美欧在“伊核问题”上的斗争，除了政治、核技术的因素外，舆论也在其中发挥着重要的作用。因此，伊朗积极主动提出恢复和谈绝不是示弱，而是对西方的舆论攻势，借此将“伊核问题”谈判迟迟未有结果的责任归咎西方，同时也有利于争取更多国家对其和平利用核能的同情和支持。

## 五

伊朗核谈代表贾利利与欧盟外交和安全政策高级代表阿什顿经过几个月的讨价还价后，双方终于就恢复“核谈”的具体时间与地点达成一致。在中断了 14 个月后，12 月 6 日，“国际六方”与伊朗就“伊核问题”谈判再次在日内瓦举行。在这次会谈中，双方在“伊核问题”上没有取得任何具体进展，各方只是阐述了各自在“伊核问题”上的原则立场，会议取得的唯一成果就是双方同意将于 2011 年 1 月底在土耳其城市伊斯坦布尔举行第二次会谈。

目前，有关“伊核问题”的谈判主要涉及二个领域：第一是有关“核燃料交换”问题；第二是伊朗和平利用核能（浓缩铀加工）的权利问题。关于第一个问题，“国际六方”准备了一个主要是美国起草的“改版”“核燃料交换”建议。它原来的“核燃料建议”更加苛刻，其主要内容是要求伊朗运出 2800 公斤低纯度浓缩铀和 40 公斤纯度为 20% 的浓缩铀运往国外安全地点后（西方认为，过去一年多，伊朗浓缩铀存量已经上升至 3000 多公斤。另外，伊朗自去年 2 月起提炼纯度为 20% 的浓缩铀，迄今据信已生产大约 40 公斤这种纯度的浓缩铀），法国和俄罗斯将向伊朗提供伊朗医疗所需的核燃料棒。美国提出改版“核燃料交换”建议的主要目的是向伊朗传递一个明确的信息，时间越拖，形势将越发对伊朗不利。同时美国也想检验一下在西方对伊朗的严厉制裁到底对伊朗在核问题上的立场产生了多大的影响。耐人寻味的是即便当时有许多美国人都认为，伊斯坦布尔核谈不会有任何积极成果，因为，伊朗是不会接受改版的“核燃料交换”建议的，然而伊朗方面则意外地表示出了积极乐观的态度，将与西方核谈的定调为“合作共赢”，并对伊斯坦布尔会谈取得进展表示有信心，如西方能以平等、公正和理性的态度参加讨论的话。

2011 年 1 月 21 日，欧盟高级代表阿什顿为首的“国际六方”与伊朗代表团在伊斯坦布尔举行了第二次“核谈”。在谈判中，美欧表示，承认伊朗和平利用核能的权利，但需要伊朗证明其核计划只是用于和平目的。美欧强调“迄今为止，伊朗还没有证明这一点”。因此，伊朗为了增加国际社会对其核计划的“信任”，美欧向伊朗提出一些“明确、实际的提案”，其中包括让伊朗接受“改版”核燃料交换协议、加强联合国对伊核计划的监督等。而伊朗代表对美国“核燃料交换”新建议不感兴趣，同时态度坚决地表示，除非解除对伊朗的制裁和允许伊朗继续从事铀浓缩活动，否则，伊朗拒绝讨论“伊核问题”。与此同时，伊朗化了大量时间评论全球核裁军、以色列核武库以及美国在伊拉克设军事基地等问题。由于双方立场相差太大，使伊斯坦布尔“核谈”无果而终。

伊斯坦布尔“核谈”的结果表明，美欧对“伊核问题”的政策和制裁并没有达到预期的目标。谈判后，双方虽没有关闭继续谈判的大门，但在短期内还看不到任何一方会改变原有的政策，因此，可以说“伊核问题”又进入了一个紧张对峙与博弈的新阶段。

【生物武器】

## 2010 年国际生物安全形势综述

☞刘　术　楼铁柱　王　磊

## 2010 年国际生物履约多边进程回顾

☞王锦梅　金　军　滕光生

# 2010年国际生物安全形势综述

刘 术 楼铁柱 王 磊

**内容提要：** 当前世界面临着多元化的生物安全挑战，生物安全呈现异常复杂的局面：大国之间围绕生物威慑能力展开激烈竞争，国家生物武器研发禁而不止，生物恐怖袭击的阴影持续笼罩国际社会，实验室生物安全事故频频发生，突发传染病疫情严重威胁人类健康，全球跨国生物犯罪逐渐抬头。总体上是，老威胁尚未解除，新威胁不断涌现。与此同时，随着现代生物科技的飞速发展，生物技术的"两用性"困境愈加突出，国际生物军控面临越来越多的新情况、新问题，以合成生物学、基因组学、靶向给药技术等为代表的生物科技新进展，将继续对生物安全产生深刻影响。

**主 题 词：** 生物安全 生物武器 生物技术

**作者单位：** 北京 中国军控与裁军协会生物项目组

世界格局正发生深刻转换和体系重构，国际生物安全形势整体上变得更加复杂严峻。一方面，在传统生物安全领域，大国之间围绕发展生物技术、生物裁军与防扩散等问题展开激烈竞争；另一方面，非传统安全因素对国际关系的影响不断扩大，各国在生物安全方面的共同利益明显增加，相互依存性加大。

## 一、国际关系错综复杂，生物武器威胁仍有

21世纪是生命科学的世纪，各国围绕生物科学展开激烈竞争，抢占生物科技制高点，不除外一些国家和地区集团以生物医学和生物防护技术等研究为借口，发展新型生物武器的可能。

1. 生物科技已成为国家间竞争的重要内容

现代生物科技为人类打开了一个复杂而丰富的认知空间，人类对生命本质的探索已从细胞、亚细胞结构水平进入到核酸、蛋白质等分子水平。20世纪90年代以来，国际权威杂志每年评选的“年度科学进展”中，生命科学领域里的突破性进展与科研成果几乎占总数的一半以上。2010年12月16日，美国《科学》杂志评选出的“2010年十大科学进展”中，包括合成生物学在内的7项科技进展属于生命科学领域[①]。重要的是，现代生物科技在不断发展中逐渐显现出攻击的特征，有可能作为直接的攻防手段运用于未来军事斗争中。一旦将生物科技应用于军事斗争，那么谁对生命超微空间的认知越充分、越完善，谁就能在这一特定领域获有充分的行动自由，保障其在军事斗争中的主导权和控制权。因此，生物科技已成为国家间竞争与角逐的重要领域。

2. 发达国家积极支持尖端生物科技研究

西方发达国家一贯高度重视、积极支持尖端生物科学技术研究。2010年5月20日，美国克雷格·文特尔研

① The Runners-Up. Science, 2010, 330 (6601): 1605－1607.

究所的科学家宣布在实验室中制造出世界首个合成细胞[①]，这一重大科学进展一经披露，立即引起国际社会对其安全性的广泛关注。美国政府和国会在表示关注其安全性的同时，大力支持该领域的研究。2010 年 5 月 27 日，美国众议院能源和商务委员会就合成生物学举行听证会，结论认为，合成生物学将在开发清洁燃料、新疫苗及廉价药品等领域得到广泛应用，目前还不会引起环境、安全及伦理方面的担忧，但需要关注其发展[②]。2010 年 12 月 16 日，美国总统生物伦理委员会向奥巴马总统递交了名为《新方向：合成生物学与新兴技术的伦理学》的评估报告，报告积极支持开展合成生物学研究，为该领域的研究开绿灯，认为目前联邦政府没有必要暂停该领域的研究，或提出新的管理措施[③]。除美国之外，其他国家在该领域也纷纷加大研究投入，如欧盟在“第六框架计划”（FP6）中安排 3246 万欧元支持合成生物学研究，2007 年还启动了“合成生物学——新的及刚出现的科学技术引导”项目。

3. 国家发展生物武器的可能仍然存在

目前，没有任何国家承认其拥有生物武器或拥有研制此类武器的计划，但以美国为首的西方国家始终坚持，少数国家仍抱有侥幸心理继续保有生物武器或生物武器研发计划。2010 年 7 月 28 日，美国国务院发布《军控、

---

① Gibson DG, Glass JI, Lartigue C, et al. Creation of a Bacterial Cell Controlled by a Chemically Synthesized Genome. Science, 2010, 329 (5987): 52 – 56.

② http://republicans. energycommerce. house. gov/Media/file/Hearings/FullCmte/062710_ Synthetics/

③ New Directions: The Ethics of Synthetic Biology and Emerging Technologies. http://www. bioethics. gov/documents/synthetic-biology/PCSBI-Synthetic-Biology-Report-12. 16. 10. pdf

不扩散及裁军协议和承诺的遵约及履行情况》报告，在生物履约情况评估部分，共评估了12个国家或地区[①]。报告认为：①伊朗开展了与生物武器相关的、被《禁止生物武器公约》（以下简称“公约”）所禁止的活动；②朝鲜仍然将使用生物武器作为一种可能的军事手段，并继续寻求获得与生物武器研发相关的装备、材料和专业知识；③叙利亚可能获得生物威慑能力，美国对此表示高度关注，并敦促叙利亚早日加入《公约》。2010年4月，美国前参议院情报委员会主席、现任“防止大规模杀伤性武器扩散与反恐委员会”主席格雷厄姆在出席国会听证时说，印度、巴基斯坦、叙利亚和以色列等热点国家有制造生物武器的可能性[②]。2010年3月，美国著名智库史汀生中心发布一份研究报告，分析了来自伊朗的生物武器威胁情况，报告认为伊朗可能持续秘密地开展进攻性生物武器研发[③]。

## 二、恐怖主义甚嚣尘上，生物安保形势严峻

生物恐怖具有隐蔽性、欺骗性和恐怖性的特点，为了达到恐怖目的、增加恐怖程度，生物恐怖分子往往会选择死亡率高、致病性强、传播速度快、人群普遍易感的病原体实施恐怖行动。近年来，生物恐怖已经发展成

---

① Adherence to and Compliance with Arms Control, Nonproliferation, and Disarmament Agreements and Commitments. http://www.state.gov/documents/organization/145181.pdf

② http://blog.washingtonpost.com/spy-talk/2010/04/graham_serious_threat_of_bio-w.html

③ Finlay BD. Pharmaceutical Terror: Getting Health Care Reform Right. http://www.stimson.org/images/uploads/research-pdfs/Pharmaceutical_Terror_PRINT_FINAL.pdf

为全世界共同面对的严重威胁。

1. 生物恐怖正从可能变为现实

国际恐怖主义仍在继续发展。近年来，美国政府多次明确表示，将生物恐怖视为最大的生物威胁。美国在2009年底发布的《应对生物威胁国家战略》中指出，20世纪80年代前，生物威胁主要是国家主导的生物战计划，而20世纪90年代后，来自国家主体的生物威胁已经降低，而来自恐怖组织的生物威胁大大增加。2010年2月和5月，美国又相继发布了《四年防务评估报告》[①]和《国家安全战略》[②]，其中在阐述应对各类生物威胁的策略方面，重申了美国面临的生物威胁主体已经变为生物恐怖的主要观点。2010年1月26日，美国中央情报局前高级情报专家发表一份研究报告，详细列举了从1988年至2003年发生的恐怖组织试图获得核化生武器的重要事件。研究报告指出，一旦条件成熟，基地组织会毫不犹豫地针对美国发动生化袭击，造成大量人员伤亡[③]。2010年3月8日，英国《伦敦每日快报》报道，一位阿富汗塔利班地区指挥官宣称，该组织已经能够制造释放炭疽杆菌的炸弹[④]。

2. 生物恐怖袭击的不确定性增大

随着生命科学研究的深入和生物技术的发展，生物恐怖的方式方法更加多样化，袭击对象的范围越来越广。

---

① Quadrennial Defense Review Report. http://www.defense.gov/qdr/images/QDR_as_of_12Feb10_1000.pdf

② National Security Strategy. http://www.whitehouse.gov/sites/default/files/rss_viewer/national_security_strategy.pdf

③ Rolf Mowatt-Larssen. Al Qaeda Weapons of Mass Destruction Threat: Hype or Reality? Harvard Kennedy School Belfer Center for Science and International Affairs.

④ http://www.express.co.uk/posts/view/162872/Anthrax-threat-to-British-troops

2010年7月30日，美国媒体报道，美国最大的动物疾病研究机构——普拉姆岛动物疾病中心已成为恐怖分子袭击的重要目标之一，美国政府担心，恐怖分子可能从实验室偷取病原体，也可能利用肩扛式火箭筒从船上命中目标，甚至可能操纵飞机摧毁该实验室使病菌扩散[①]。2010年12月4日，维基解密网站公布了一份对美国国家安全至关重要的设施清单，清单包括全世界范围内的多个重要设施，许多生物制药企业和疫苗研制机构在清单中赫然在列[②]。在地域范围上，南亚依然是恐怖主义高危地带和国际反恐核心阵地，中东和非洲的恐怖主义威胁有所回升。2010年11月12日，美国媒体报道，东非正逐渐成为新的反生物恐怖前线[③]。这一方面是由于近年来东非地区烈性传染病频繁暴发，另一方面是因为东非地区国家某些从事致命传染病研究的实验室生物安全管理十分松散，存在巨大生物安全风险。

3. 西方各国纷纷加强生物反恐能力建设

鉴于日益严峻的生物恐怖形势，西方国家纷纷采取具体措施，准备应对随时可能发生的生物恐怖袭击。2009年12月30日，美国总统奥巴马专门针对生物恐怖签署了一份名为《建设联邦政府在生物袭击后及时提供医学救治的能力》的行政命令，以加强政府应对炭疽等生物恐怖袭击的医疗应急准备能力[④]。2010年6月23日，

① http://www.cattlenetwork.com/Plum-Island-Bio-Lab-An-Inviting-Target-For-Terrorists/

② http://www.bbc.co.uk/news/world-us-canada-11923766

③ http://homelandsecuritynewswire.com/sites/default/files/js/js_e23d59589ec7814fe35b16cda440cd99.js

④ http://www.whitehouse.gov/the-press-office/executive-order-medical-countermeasures-following-a-biological-attack

美国众议院国土安全委员会高票通过《2010年大规模杀伤性武器预防与准备法》提案，要求国家情报总监应协调各政府部门，制定并实施“反大规模杀伤性武器威胁国家情报战略”，卫生部应制定并实施“医疗应对措施分配国家战略”，以应对各类非传统武器袭击事件[①]。2010年1月13日—14日，以色列在大特拉维夫地区举行了该国有史以来最大规模的生物袭击模拟演习。2010年10月，欧盟对外宣布成功开展了生物反恐演习。

## 三、生存环境问题突出，生物安全隐患重重

人类文明的高速发展给生存环境也带来越来越多的生物安全问题。全球化进程的不断加深使发传染病防控的难度不断加大，实验室生物安全事件频频曝光引发社会高度关注，生防研究也可能对环境安全与生态安全造成严重危害。

### 1. 大规模传染病威胁有增无减

随着经济全球化步伐的加快，自然环境恶化、人类生活方式和社会行为的改变，突发、重大传染病的威胁与日俱增。2010年8月11日，英国《柳叶刀》杂志发表论文，对一新发现的耐药基因进行了分子生物学、生物学、流行病学等方面的研究。携带该基因的细菌由于对大多数抗生素耐药，成为临床上难以控制的“超级细菌”，可能形成全球性的健康威胁[②]。该文发表后很快引

① http://www.opencongress.org/bill/111-h5498/show

② Karthikeyan K Kumarasamy, Mark A Toleman, Timothy R Walsh, et al. Emergence of a new antibiotic resistance mechanism in India, Pakistan, and the UK: a molecular, biological, and epidemiological study. Lancet Infect Dis, 2010, 10: 597-602.

起各界的关注和强烈反响。除了新传染病的威胁不断出现之外，老传染病的威胁依然肆虐全球。从2010年10月下旬开始，刚刚遭受过强烈地震的海地暴发霍乱疫情。海地卫生部长2010年11月9日表示，该国的霍乱疫情已经上升为“国家安全问题”。根据2011年1月3日海地官方公布的统计数据显示，目前海地霍乱疫情已蔓延全国，感染人数逼近15万，有近3500人死亡[①]。本次疫情是海地历史上首次霍乱疫情，疫情的病原体是传统的霍乱弧菌O1群小川型。

2. 实验室生物安全问题十分突出

“9·11”事件以来，美国大幅增加生防研究经费，高等级生物安全实验室建设超速发展。2010年9月17日，美国国土安全部投入4000万美元启动资金，正式开始国家生物与农业防御设施（NBAF）的建设，用以取代现有的普拉姆岛动物疾病中心[②]。生防研究发展过热导致实验室生物安全隐患增加、实验室生物安全事件频发。据美国《今日国土安全》杂志2010年4月20日披露，位于迪特里克堡的“国家生物防御分析与应对措施中心”（NBACC）虽然已经建成1年，但仍因种种安全问题而无法投入使用[③]。2010年11月18日，美国国立卫生研究院（NIH）宣布，波士顿大学新建的“国家新发传染病实验室”的安全评估仍存疑点[④]。该实验室是目前全球唯一建设在城区的生物安全4级实验室，由美国国立卫生

① http：//new. paho. org/hq/images/Atlas_ IHR/CholeraOutbreak/atlas. html

② http：//homelandsecuritynewswire. com/work-begins-new-us-premier-biolab

③ http：//homelandsecuritynewswire. com/more-delays-opening-fort-detrick-biolab

④ http：//homelandsecuritynewswire. com/more-questions-raised-about-security-boston-biolab

研究院资助波士顿大学于2003年开始修建，目前已建设完毕，总耗资约1.78亿美元。2010年5月28日，美国媒体报道，美陆军传染病医学研究所在2009年共发生17起实验室生物安全事故，2006—2008年该所发生的实验室生物安全事故分别为8起、9起和20起[①]。为了更好地加强危险生物剂管理，美国政府和学术界积极探讨如何改进"管制生物剂和毒素清单"制度。2010年7月2日，美国总统奥巴马颁布行政命令，指示联邦机构和科研院所积极采取行动，对现有的管制生物剂计划（SAP）和条例（SAR）进行调整，以提高管制生物剂与毒素的安全[②]。2010年8月3日，美国国家科学院发布一份报告，提出应研究开发一种基于DNA序列的管制生物剂分类新办法，以鉴别危险病原体或毒素是否应属于管制生物剂[③]。

3. 生物危害后遗效应逐渐凸显

环境是人们赖以生存并作为维护世界和平、可持续发展的支柱。一些国家开展生物武器研究，造成了环境破坏"后遗症"已开始发作。2010年11月22日，美国马里兰州巴尔的摩市新闻网站WJZ报道，迪特里克堡附近地区居民声称，美军冷战时期在迪特里克堡开展的生物武器研究对附近地区的空气、土壤和饮水造成了严重污染[④]。报道称，附近社区已经有数百人死于癌症，当地的Kristin Renee基金会指控迪特里克堡对将近600例癌症病例需要承担责任。美国国立癌症研究所调查显示，

① http://www.globalsecuritynewswire.org/gsn/nw_20100528_5441.php

② http://www.whitehouse.gov/the-press-office/executive-order-optimizing-security-biological-select-agents-and-toxins-united-stat

③ Sequence-Based Classification of Select Agents: A Brighter Line. http://www.nap.edu/openbook.php?record_id=12970&page=1

④ http://wjz.com/seenon/fort.detrick.2.2019962.html

迪特里克县的癌症发病率全美最高。迪特里克堡是美国政府及军队的生物医学研究要地，在20世纪60年代之前也是美军生物武器的研发基地。

## 四、生物科学突飞猛进，两用技术暗藏隐忧

现代生物技术的发展在帮助人类战胜疾病和增进健康的同时，也可能用于行恶或被误用。这种生物技术的“两用性”使国际生物军控面临越来越多的新情况、新问题。

1. 合成生物学给国际生物军控带来新挑战

合成生物学的一些研究成果证实，科学家已具备生物病原体的合成和改造能力。合成生物学技术一方面可用于制造更好的药物、农产品、绿色燃料以及促进化学工业发展，另一方面也与生俱来地存在着危险性，给国际生物军控提出了新的挑战。

**一是催生新一代生物武器。**合成生物学技术的快速发展为新一代生物武器的研发提供了极大的可能性。从理论上讲，合成生物学技术可以创造出具有人们所希望的任何特征的微生物，可以制造出比目前人类已知的病毒和细菌更具毒性、更具传染性、更具耐药性的新品种。通过合成生物学技术，科学家完全有能力大大提高生物武器的威力，使传统的药物和疫苗失效。一旦少数国家在这一领域拥有技术优势，必将激发其他国家纷纷效仿，开展类似的研究，甚至可能引发新一轮生物武器军备竞赛。

**二是增加生物恐怖防范难度。**生物恐怖是合成生物学所造成的不可避免的难题之一。利用合成生物学技术，

可以根据公开的DNA序列快速合成已被消灭致病微生物（如天花病毒），或使现有的致病微生物具有新的致病特性。经典的DNA合成方法错误多、成本高、耗时较长，具有较高的技术门槛。但随着技术门槛大大降低，合成生物学技术日趋成熟推广，今后一些小规模研究组织、甚至个人都可能制造出埃博拉病毒、天花病毒这样的致命病毒，甚至一些目前所有药物均无法消灭的病毒，这必将极大地增加生物恐怖的防范难度。

**三是增大生物技术谬用风险。**合成生物学技术在实验室操作中的偶然失误也可能给人类造成巨大的威胁。目前合成生物学的知识和技术正在迅速普及，合成DNA技术已成为当前生物学研究中的基本工具，相关的试剂和设备也越来越易于获得。迄今为止，国际社会已经召开了三次合成生物学国际会议，从2004年开始还每年举办一次国际基因工程机器大赛（IGEM），用竞赛方式激励学生用工程方法去组织、模拟及组装复杂生物系统，合成生物学已成为吸引越来越多年青人参加并纷纷崭露头角的新领域。通过合成生物学技术所造出的新型病原体一旦泄漏，可能夺去千万人的生命，对人类造成毁灭性影响。

2. 基因组学可极大增加生物武器防控难度

现代基因组学技术可能被用于对传统生物战剂进行基因改造，实现高效生产、增加抗性、改变免疫原性、提高稳定性、增强毒力或致病性等目的。例如：微生物基因组学的研究成果可增强病原体的耐药性、修饰抗原特性、增强毒力或致病力，使疫苗或药物失去作用；基因测序的速度不断提升、费用持续下降，测序技术的商业应用已经出现，可能被用于合成病原体；DNA改组可以合成含有抗生素耐受功能的超级基因，使病原体获得高度耐药性，还可以研发拥有解毒基因的病原体，或者使病原体逃避免疫系统的识别攻击；通过基因治疗载体，外源基因或病毒可以无症状地转染目标人群，从而实现生物武器的隐蔽性攻击；通过 RNA 干扰技术，可以使人体的特定基因失活，阻抑人体重要蛋白的表达，扰乱生理功能，提高生物武器的攻击效力。2010 年基因组学较受关注的进展主要有以下三个方向①。

**一是下一代测序技术。**自从 1995 年完成第一个完整生物体——流感嗜血杆菌的基因组测序以来，截至 2009 年 8 月，人类已经完成了 1000 多种细菌、古细菌和真核生物的基因组测序，还有 4300 多物种正在进行测序（不包括更庞大的病毒基因组计划）。随着下一代测序平台的推出，将会产生海量的基因组序列数据，并且成本大幅降低，使基因组学不再是一门独立的学科，而成为实验室常规使用的工具。

**二是生物信息学分析技术。**基因组序列数据的日益增长，使得其分析越来越具有挑战性，迫切需要强大的生物信息学工具以及全新的电脑系统。目前正在开发云优化的生物信息学新工具，可以通过万维网实现本地服务器上无法进行的大规模生物信息学分析。对传染病病原体的快速基因组测序和生物信息学分析，可以实现全球实时监测、新病原体检测、新毒力因子检测、发现耐药性决定因素，甚至可能进行工程化改造。

**三是群体基因组学溯源技术。**由于高通量测序、数

---

① Fricke WF, Rasko DA, Ravel J. The Role of Genomics in the Identification, Prediction, and Prevention of Biological Threats. PLoS Biol 7 (10): e1000217. doi: 10.1371/journal. pbio. 1000217.

据处理与分析手段的进展，微生物群体基因组学和大规模宏基因组学研究应运而生。在美国炭疽邮件事件调查过程中，人类历史上首次将微生物基因组学作为法医调查的重要工具。在调查过程中，科学家们建立了美国科研用炭疽杆菌的培养菌株库，建立了所有炭疽杆菌菌株基因组序列数据库。

3. 靶向给药技术使施放生物武器更加容易

靶向给药技术最主要的两项进展分别是气溶胶技术和病毒载体技术，这两种技术都有可能被用来传播生物剂[①]。此外，当气溶胶给药技术与病毒载体的特异性靶向、基因转移和基因表达能力相结合，潜在的协同效应会大幅增加这类生物技术误用的危险。虽然目前这些技术的实现还需要经验丰富的专业人员、装备精良的实验室以及充裕的资金支持，但随着实验操作的不断简化，靶向给药技术的进步很可能在不久的将来，被某些国家或恐怖组织轻易用来施放生物剂或生物武器。

（1）气溶胶给药技术

**一是用于投放微生物。**气溶胶一直被认为是大范围投放传统生物剂的最主要手段。2003年，为研究使用苏云金芽孢杆菌气溶胶来控制欧洲舞毒蛾肆虐，英国科学家用一架飞机在3万英亩林地喷洒生物农药Foray 48B（苏云金芽孢杆菌溶液），导致了99%以上的舞毒蛾死亡。

**二是气溶胶可以有效接种疫苗。**当前，疫苗气溶胶给药技术的研究重点包括：改进抗原给药、增加吸收、

① Kathryn Nixdorff. Advances in targeted delivery and the future of bioweapons. *Bulletin of the Atomic Scientists*. January/February 2010.

DNA疫苗气溶胶给药等。在各种黏膜疫苗接种途径中，经鼻腔给药最有实用价值，因为其具有相对较高的渗透性、较低的酶破坏性以及较多的免疫反应细胞。

**三是治疗药物的气溶胶给药已取得进展。**目前已经有15种蛋白质和多肽可通过肺部给药。鼻腔给药还可以通过嗅神经细胞直接进入大脑，不过比较缓慢，尚未成为有效的给药途径。目前已经有一些物质能够透过血脑屏障进入大脑，如抗癌药阿霉素增加纳米粒子外层后就能够越过血脑屏障。此外，生物活性物质（生物调节剂）以气溶胶形式给药也是可行的。

（2）病毒载体技术

**一是新型病毒载体。**随着分子生物学、免疫学以及肿瘤遗传学的发展，疫苗与药物用新型病毒载体应运而生。这类载体如果与破坏性或致命性药物相结合，将造成严重威胁。目前，病毒载体研究热点包括牛痘病毒、腺病毒和腺相关病毒等，科学家们正积极研究使病毒逃避免疫反应的战略，包括开发"免疫隐形"蛋白质。此外，慢病毒（艾滋病病毒所属的逆转录病毒亚科）载体系统也在研究之中，这类病毒能够感染不分裂细胞，所诱发的免疫反应较弱。

**二是人工病毒。**用于癌症基因治疗的所谓人工病毒（或非病毒载体）是另一项发展迅速并需密切监测的领域。人工病毒是一种含有DNA、纳米尺寸、基于聚合物的复合物，试图克服利用病毒进行基因传递存在的负面问题（如安全性、生产问题、免疫原性、有限靶向能力、有限运输能力等）。研究人员已经发现，通过鼻腔给小鼠一种阳离子非病毒载体，其在气管细胞中的基因传递效率较高。

**三是病毒载体气溶胶给药。**病毒载体通常通过注射给药，不适合用于投放生物武器。但已有研究表明，病毒载体吸入给药是可行的。临床试验证明，腺病毒能有效地将基因转移到气道细胞。还有研究表明，慢病毒载体经过埃博拉病毒的糖蛋白假型化后，可实现对小鼠肺部的基因转移。另一项实验中，慢病毒载体通过小鼠鼻部吸入成功给药。

# 2010年国际生物履约多边进程回顾

王锦梅　金　军　滕光生

**内容提要：** 在过去的一年中，以《禁止生物武器公约》为核心的国际多边生物军控体制继续向前发展，年度专家组会和缔约国会议如期举行。由中国、加拿大和履约支持股共同举办的《禁止生物武器公约》国际研讨会在北京成功举行，各方在会上充分讨论了国际生物安全与生物军控问题，扩大了共识。对于即将到来的七审会，国际社会高度关注，会议讨论内容与焦点已趋明朗。

**主 题 词：** 生物安全　生物军控　禁止生物武器公约

**作者单位：** 北京　中国军控与裁军协会生物项目组

2010年，《禁止生物武器公约》（以下简称“公约”）年度专家组会和缔约国会议如期举行，与会人员围绕六审会确立的议题进行了讨论。对于《公约》的未来发展，国际社会就制度建设、建立信任措施、会间会进程、核查谈判、宣传教育等问题展开热烈讨论，七审会议题讨论内容与焦点正逐渐趋于明朗。

## 一、年度会议简况

1. 专家组会

2010年8月23—27日，年度《公约》缔约国专家组会在日内瓦如期举行[①]。本次会议的主题是：在任何缔约国的请求下，就指称使用生物或毒素武器的情况，提供协助与协调，包括提高国家的疾病监测、发现、诊断和公共卫生系统的能力。会议由智利大使佩德罗·奥亚尔塞（Pedro Oyarce）担任大会主席。

来自89个缔约国以及3个签约但尚未批约的国家（布隆迪、科特迪瓦、叙利亚）派代表参加了会议，2个非缔约国（安哥拉和以色列）作为观察员参会。参会的国际组织有：联合国裁军事务部、联合国裁军研究所、联合国区域间犯罪和司法研究所、欧盟、联合国粮农组织、国际红十字会、国际刑警组织、经济合作与发展组织、禁止化学武器组织、世界卫生组织、世界动物卫生组织等。此外，16个非政府组织和研究机构派代表参会。

会议期间，各缔约国就如下几个议题展开了一般性发言和辩论：①国家如何提供援助和协调；②国际组织（如世界卫生组织、联合国粮农组织和世界动物卫生组织等）如何在卫生方面提供国际援助和协调；③国际组织（如联合国裁军事务部、国际刑警组织和禁止化学武器组织等）如何在安全方面提供国际援助和协调；④如何提高疾病监测、检测和诊断的国家能力以及公共卫生系统的应急处置能力；⑤如何提高罪犯审讯和安全应急处置的国家能力。

中国代表团向会议提交了《中国在处理突发公共卫生事件方面的措施》、《中国关于指称使用生物武器情况下国际援助与协调的看法和主张》两份工作文件，全面

---

① http：//www.unog.ch/80256EE600585943/（httpPages）/F1CD974A1FDE4794C125731A0037D96D？OpenDocument

阐述了中国的有关做法和主张，并在“科学技术的发展与应对指称使用生物武器的关系”的专家讨论会上，表达了中国方面的立场和关切。

2. 缔约国会议

2010年12月6—10日，2010年度《公约》缔约国会议如期在瑞士日内瓦召开①。本次大会进一步推进并巩固了8月份专家组会的讨论结果。共有超过450名代表参加了本次大会的讨论，除了来自近100个缔约国的代表之外，与会人员还包括观察员国、国际组织和非政府组织的代表。

联合国秘书长潘基文出席大会开幕式并致辞指出，为保卫世界安全、防止生物武器扩散，国际社会应该付出更大的努力。潘基文说，《公约》在降低生物武器和生物恐怖威胁方面是成功的，为进一步更广泛的行动打下了坚实的基础，但是在寻求一种能被广泛接受的《公约》机制方面，做得还不够。此外，不仅要促进生命科学技术和平应用的援助与合作，还应该改进协作与沟通，各缔约国应建立一个体系，评估科学技术进展如何服务于根除生物武器的目标。关于《公约》的普遍性问题，潘基文指出，目前仍有13个国家虽然签约但未批约，还有19个国家根本没有签约，这些国家应毫不迟疑地加入《公约》。

关于在指称使用生物或毒素武器情况下，如何更好地提供援助、并与相关国际组织展开协作的问题，会议充分强调了建立有效的合作关系和可持续的伙伴关系的

---

① http：//www.unog.ch/80256EE600585943/（httpPages）/792FA92B5D9F75C6C12577C000514299？OpenDocument

重要性，特别是一旦有缔约国受到违反公约行为的威胁，在提出请求的情况下，应立即提供援助。鉴于国家的应对准备对于国际应对能力至关重要，会议呼吁各缔约国团结一道加强国家能力建设，特别是在疾病的监控与检测领域，包括促进新的知识技术、材料及设备的生产、转让与获取。大会讨论了紧急情况管理的政府间合作、建立明晰的交流与指挥渠道、专家建议评估、训练与演习、改进交流策略、跨领域合作等问题。大会还讨论了即将于2011年召开的第七次审议会议的安排。

## 二、国际研讨会概述

2010年11月4日至5日，由中国、加拿大和履约支持股（ISU）共同举办的“加强国际努力防止生物武器扩散：《禁止生物武器公约》的作用”国际研讨会在北京举行[①]。共有来自42个国家及相关国际组织、非政府组织、学术界的近百位代表参会。会上，中国外交部部长助理刘振民出席开幕式并讲话。刘振民说，《公约》自生效以来在消除生物武器威胁、防止生物武器扩散、促进生物技术和平利用等方面发挥了重要作用。新形势下，如何应对生物恐怖主义、防止生物技术滥用成为公约面临的新挑战。2011年公约第七次审议大会将审议5年来履约情况，探讨在新形势下公约如何发挥更大作用。本次研讨会旨在为七审会预作准备。

在为期两天的议程中，共有17位代表作了主旨发

① http://www.unog.ch/80256EE600585943/（httpPages）/B2986EAA391AB86FC12577D600441ED4？OpenDocument

言，内容涉及21世纪的生物威胁、生物威胁对国际安全的影响、生物科技发展对生物军控的影响、国家做法、公约框架内和框架外的合作与协调、六审会以来公约会间会回顾、七审会的目标与成果等。其中，各方主要讨论内容集中在以下三方面。

**一是多边生物军控现状及前景。**各方普遍认为，当前，公约履约情况总体较好，各国履约工作进一步深化，履约支持机构运行平稳，会间会进程进展顺利。继续推进多边生物军控进程，已成为国际社会的共识。履约支持机构的代表指出，以公约为核心的国际生物军控多边进程已取得积极的效果，但是，国际生物军控多边机制还存在一些不足之处，亟待进一步加强和改进，如：公约缺乏执行机构、缺乏违约的核查机制、对恐怖主义和非国家行为体没有约束力等。未来，必须进一步健全公约的信任机制，引入协会、科研机构等更广泛的参与，平衡安全和发展之间的关系，通过合作减少风险，反过来进一步促进更好的合作。威尔顿庄园会议的代表指出，当前，生物威胁正从“以技术为主的威胁”逐渐转变为“以知识为主的威胁”。公约目前面临一些问题，如：科技进步不断给公约带来新的挑战，建立信任措施亟待大幅度改进，围绕核查而出现的紧张对立情况时而出现等，对于国际生物军控多边进程的未来走向，各方在七审会上将有争论。

**二是应对生物威胁新挑战。**国际科学院组织的代表在发言中谈到，生物科技正深刻地改变世界，飞速发展的科技对生物军控提出了新的挑战。生物信息学、合成生物学等技术日趋成熟，生物技术的可获得性更高，这为个人使用提供可能；基因工程技术可用于制造种族基因武器；基因控制、克隆技术、基因工程等用于农业可能带来新的农业恐怖主义问题。此外，两用技术的管理、生物安全教育、学术界和政策制定者之间的有效沟通也越来越变得至关重要。加拿大代表指出，生物威胁除了可能来自国家项目之外，还可能来自地下室或车库中，而不论来自哪里，都可能带来巨大的人员伤亡和经济损失，甚至造成全国性或全球性的影响。

**三是"七审会"的目标与成果。**各方高度重视七审会。讨论反映出如下动向。一是国际合作与防扩散之争仍是发展中国家与发达国家的矛盾焦点。不结盟国家要求建立促进国际合作的专门机制。美、欧盟等西方国家强调裁军与防扩散是《公约》主要目标。二是各方支持加强《公约》权威性和有效性，但对如何促进遵约、加强《公约》有效性存在分歧。不结盟和俄罗斯认为建立具有法律约束力的核查机制是加强《公约》的最有效途径。美继续对核查机制持消极态度。英法等欧盟国家主张通过加强建立信任措施、建立履约问责体制解决遵约问题。三是各方普遍赞同加强现有会间会进程，赞赏履约支持机构在加强缔约国沟通、促进履约等方面所做的大量工作，建议适当扩大规模、延长授权。中国代表就"七审会目标与成果"作主旨发言，全面阐述中方对加强《公约》有效性的立场和观点。

## 三、七审会议题前瞻

将于2011年12月召开的七审会是国际生物军控多边进程的重大事件。近年来，围绕七审会的可能议题，国际社会各方在各种正式或非正式场合进行了广泛接触与讨论。

1. 制度建设

在2006年的六审会上，加拿大代表团首次提出了履约问责体制（accountability framework）的概念。近年来，许多专家支持将这一概念进一步推向实践，认为这对于公约在七审会至八审会期间的演进具有建设性的重要作用，可以极大地促进全体缔约国之间的履约互信。2010年6月，伦敦政经学院的学者发表文章，综述并探讨了建立履约问责体制的具体实施方案[①]。该方案提出，在2012—2015年四年间，即七审会至八审会期间，每年邀请一定数量（约四分之一）的缔约国在年度会议上就本国履约情况提交全面的报告，以证明其切实履行了《公约》所规定的各项义务，并接受其他缔约国的集体审议。现有的163个缔约国按照国家名称的英文字顺排列，平均分为4组。根据这一分组方案，中国将被分入第一组，应在2012年的《公约》年会上提交履约报告。

2. 建立信任措施

建立信任措施（CBM）是目前《公约》框架下重要的履约机制。各方普遍认为，在缺乏有效核查措施的情况下，建立信任措施已经成为缔约国之间增加透明度、建立信任的重要工具。当前，普遍性不足是建立信任措施所面临的最大挑战，包括不参与以及不能连续参与。自1987年以来，每年递交宣布资料的国家总数都低于缔约国数量的一半，有时低于三分之一。国际社会呼吁更多缔约国按时提交宣布资料，提高建立信任措施的普遍

① Nicholas Sims, Review Conference Paper No. 23. An Accountability Framework for the BTWC, June 2010. http://www.brad.ac.uk/acad/sbtwc/briefing/RCPapers.htm

性。就如何进一步改进建立信任措施宣布的具体措施来说，各国学者也进行了大量研究。2010 年 8 月，伦敦政经学院的一名高级研究员发表文章，回顾总结了近两年各方关于改进建立信任措施机制的具体建议，内容涉及建立信任措施宣布的各个表格①。

3. 会间会进程

现行的《公约》年度会议制度的未来走向也将成为七审会讨论的议题之一。有人认为，会间会的讨论议题范围较局限，且缺乏决策约束力。但从整体上看，会间会议所涉及的一些议题从客观上可以促使各国采取一些实质性的国家行动，会间会这一模式是成功的，应继续向前推进，但在会期、议题设置等方面可以提出更多的有建设性的方案。目前提得较多的是采用年度会议（annual meeting）制度取代现有的年度专家组会与缔约国会议。通过年度会议，缔约国可以就所关注的问题达成一致，而不必等到下一次审议大会，还可以每年决定下一年度的讨论范围，而不再拘泥于上次审议大会所决定的讨论议题。2010 年 6 月，伦敦政经学院的学者在一篇文章中详细列出了一个为期两周的年度会议议程②。

4. 核查谈判

虽然美国已经明确表示不支持《公约》核查机制谈判，但不结盟国家、俄罗斯、欧盟等各方仍然预期在“七审会”上继续讨论这一议题。在 2010 年 8 月举行的

① Filippa Lentzos, Review Conference Paper No. 24 Improving the BTWC Confidence-Building Measures Regime, October 2010. http://www.brad.ac.uk/acad/sbtwc/briefing/RCPapers.htm

② Nicholas Sims, Review Conference Paper No. 22. An Annual Meeting for the BTWC, June 2010. http://www.brad.ac.uk/acad/sbtwc/briefing/RCPapers.htm

《公约》专家组会上，比利时代表欧盟表示，要“寻求有效的机制以加强并确保对《公约》的履行”。加拿大提交的文案中也提到，应及早开始准备一种核查机制的“折中方案”，以便能“绕过各方的强硬立场”。2010年4月，美国学者发表文章，重申了《公约》当前面临的最大问题在于缺少核查机制，并呼吁奥巴马政府应充分认识到核查机制才是提高透明度的最佳工具[①]。文章指出，对美国来讲，应敞开大门，允许外界进来检查，而作为条件，他国也必须执行相同的政策。所有签署议定书的国家应同意对其用于防御目的或具有“两用性”的生物设施进行访查，在议定书框架下，各国必须申报这些设施。

5. 宣传教育

调查发现，学术界对于《公约》的责任意识还比较淡薄，对于生命科学的两用性本质的理解还不够深入。国外学者在2008年进行的一项调研结果显示，在受调查的29个国家的57所大学中，仅有3所大学提供生物安保（biosecurity）课程，且全部属于选修课程。提供生物安全（biosafety）课程的大学数量约占1/5，而生物伦理课程的普及程度相对较高[②]。对于企业界和政府机构，情况同样如此。2010年11月，英国布拉德福大学研究员发

---

① http：//www.huffingtonpost.com/dr-lynn-c-klotz/trust-but-verify-not-this_b_543520.html

② Mancini G，Revill J. Forstering the Biosecurity Norm：Biosecurity Education for the Next Generation of Life Scientists. http：//www.centrovolta.it/landau/2008/11/20/ForsteringTheBiosecurityNormBiosecurityEducationForTheNextGenerationOfLifeScientists.aspx

表文章提出[①]，必须深入开展与《公约》相关的教育与普及，像以往审议会议那样仅仅通过一个声明是远远不够的，缔约国应该采取实际的行动，在七审会上应形成一个决议，要求每个缔约国切实履行《公约》第四条，对本国学术界、企业界和政府部门所有与生命科学相关的人员开展广泛的安全教育与普及。作者表示，将促成在七审会上通过一个关于安全教育与意识提升的国家执行行动计划。

① Simon Whitby and Malcolm Dando, Review Conference Paper No. 26 Effective Implementation of the BTWC: The Key Role of Awareness Raising and Education, November 2010. http://www.brad.ac.uk/acad/sbtwc/briefing/RCPapers.htm

## 【外空问题】

### 当前外空安全与军备控制形势

☞闻　言

### 美俄弹道导弹防御系统发展及其战略博弈逻辑探析

☞谭洪波

# 当前外空安全与军备控制形势

闻　言

**内容提要：** 外空军事利用在加深，军事竞争在加剧，影响外空安全的危险因素在增加，但是外空军备控制步履维艰。面临外空安全的新形势，国际社会对外空军备控制的重要性和紧迫性有了新的认识，推动建立外空活动国际规范的呼声渐高在面临严重政治障碍的同时，推动外空军备控制的因素也在发展，并有可能在某些方面取得进展。

**主 题 词：** 外空　安全　军备控制

**作者单位：** 中国军控与裁军协会

外空具有重大的战略和军事价值，是当今各主要国家战略竞争和军事争夺的新高地。随着外空军事利用的逐步扩大，外空安全问题日趋突出，外空军备控制的紧迫性日益提高。但是，由于主要国家对于外空安全的认知的不同、关注重点的差异，以及在解决外空安全的途径和方法上的分歧，使得外空领域的军备控制步履维艰。近几年来，面临外空安全的新形势，国际社会对外空军备控制的重要性和紧迫性有了新的认识，推动建立外空活动国际规范的呼声渐高，一些国家的政策也在进行调整，相关建议纷纷出台，外空军备控制出现转机。

## 一、外空安全的总体形势

外空安全形势深受各国对外空利用的深度、广度和方式的影响。大致有两类活动对外空安全带来威胁。一是外空军事活动的扩大和加深和各主要国家军事竞争的加剧，以及由此给外空安全带来的挑战；另一类是外空和平利用活动的扩大对外空秩序和外空环境带来的影响，这类安全问题也在发展。

### （一）外空军事利用在加深

目前，对于外空军事利用的状态，有两个概念来进行描述，即外空军事化和外空武器化。所谓军事化，是指外空系统被应用于军事目的，如军事通信、指挥控制、情报侦察、监视预警、导航定位等。鉴于外空系统在军事领域的广泛应用，现在普遍认为外空已经军事化。所谓武器化，是指外空部署武器后的状态。由于武器一般是指经专门制造或改造，对目标实施消灭、损害或干扰的系统，从这一意义上说，外空目前还不存在武器，因此外空还没有被武器化。但是，外空没有武器，并不意味着外空安全可以高枕无忧。真正的危险在于外空的军事利用在不断加深，对空间的军事依赖不断加强。从1957年第一颗人造卫星上天开始，外空军事利用的步伐就没有停步。随着外空战略和军事价值的凸显，科学技术的进步，外空军事利用一直呈加速趋势。当前，外空军事利用已经不仅仅局限于平时的军事保障和支援活动，还在战时广泛深入地参与到作战的过程中，渗入到每一个作战单元上，发挥着对陆、海、空等传统作战力量的倍增作用，甚至成为武器系统的一个重要组成部分，如参与对目标的定位、对炸弹的精确制导、对武器系统之间的协调等，也模糊了外空支持系统和外空武器的界限。对外空的过度依赖，特别是将外空系统投入作战行动，将使战时外空资产成为具有吸引力的攻击的目标，也使外空环境面临战场化的危险，进而危及外空的稳定和可持续利用。这种状况，丝毫不亚于外空武器化的危险。

### （二）外空军事竞争在加剧

当前，主要国家之间的外空能力存在较大悬殊，因此不存在冷战时期美苏之间那样的外空军备竞赛。但主要国家围绕外空的军事竞争却在加剧。其中，美国外空能力遥遥领先，拥有无可匹敌的进入外空，空间监视，空间防护，对卫星实施硬摧毁和电子干扰软杀伤的能力。根据加拿大一家研究机构发布的一份研究报告称，2009年，在太空的175颗军用卫星中，美国就占了115颗。鉴于外空部署武器存在巨大的政治、技术、军事和资金的风险，美国目前还从外空作战的实际需要出发，着力加强空间态势感知能力，快速发射和卫星补充能力，发展全球快速打击系统。2010年12月5日，X37B在轨飞行270天后顺利返航，这被认为是美国全球快速打击系统的重要进展。

俄罗斯继承了冷战时期苏联的外空遗产，拥有外空武器的技术基础，在激光武器、粒子束武器、高能微波武器等方面曾经达到很高的成就，是唯一部署过具有实战能力外空武器（包含反卫星武器）系统的国家。随着经济状况的好转，俄罗斯对外空重视逐步加强，以期恢复昔日空间大国的地位。现正致力于巩固和整合其空间能力，努力修补空间预警、通信和观测网络，“以避免军事外空和导弹防御方面的潜在危机，制止俄罗斯在外空星座以及地面设施在数量和质量上的退化”。格拉纳斯导航系统已完成补网，现有卫星26颗，其中22颗处于工作，4颗处于调试阶段，即将提供全球覆盖。俄罗斯于2001年组建天军成为独立军种，担负航天发射、卫星测控、卫星攻击和导弹防御等使命。近年来，俄官员多次声称俄有能力在外空部署武器的能力，只是不选择这样做而已。

日本作为后起之秀，在卫星与火箭制造方面已达到和接近世界先进水平。早在2003年就成功发射所谓“信息收集卫星”；2007年月亮女神成功绕月，并计划于2025年实现登月。重要的是，日本还与美国联合开发导弹防御系统，而日本承担了研发导弹鼻锥和三级火箭中第二节火箭的发动机的核心工作。同时两国将共同参与系统设计和试射工作。这种实质性合作无疑将对日本的空间能力起到助推的作用。2010年，日本修订其《宇宙基本法》，取消对外空军事利用的限制，转而允许“非进攻性”军事利用，为其外空军事能力的提升扫清了法律障碍。

印度拥有完整的航天制造发射和控制体系。1999年即实现了一箭发射3星，2008年实现了一箭发射10星。印度的外空计划雄心勃勃，声称要在2015年实现载人航天。在外空军事能力方面，印度从2006年起开始进行大气层内外的反导试验，声称要在2012年建成反导系统。印度宇航局高层表示，“印度已经掌握了制造卫星攻击武器的关键技术，印度国防部已经在其规划中确立了2015年发展反卫星技术的目标”。

### （三）外空活动的安全隐患在增加

这些年来，随着科学技术的进步，外空活动已经不再为少数国家所垄断。目前，至少有10个国家具有进入外空的能力，它们是美国、俄罗斯、中国、法国、英国、乌克兰、日本、印度、以色列和伊朗等。特别需要指出的是，除了美国、俄罗斯和中国这些传统的具有完整独立的进入外空能力的国家外，日本和印度的外空能力迅速提升。加拿大、意大利、英国和挪威等其他先进工业国国家具有先进的设计、制造和操控先进卫星系统的能力。巴西、韩国、印尼、巴基斯坦和南非等拥有独立卫星系统。与此同时，外空资产也越来越多，超过50个国家拥有自己的卫星。而且卫星不仅仅由国家所垄断，越来越多的商业公司也拥有自己的卫星。外空活动主体和航天器数量的急剧增长引发一系列安全问题。静止轨道卫星位置和卫星频率的分配出现资源的短缺，2009年甚至出现了美俄卫星在外空相撞的事故。外空活动的频繁导致外空碎片大量的大量增长。目前美国空间监视网能够探测和跟踪到的外空碎片达到21000多个。空间环境的恶化和空间资源的紧张，将引发国与国之间的不信任和冲突，成为国家之间关系紧张的根源之一。

## 二、外空军备军控形势

外空军备控制的呼声在人类进入空间不久就有了。冷战期间，国际社会达成多个涉及空间活动的条约，直接或间接地对外空军事活动作了规范。但是，尽管外空安全形势发生了很大变化，外空领域的军备控制努力长期止步于冷战时期所取得的有限成就。多年来，有关推动外空军备控制的努力并没有终止，但迄今没有取得任何实质进展。目前处于这样的状态：一方面长期以来外空军备控制阻力重重，停滞不前；另一方面，外空议题却日渐升温，有关建议纷纷出台，规范外空活动的规则正酝酿新的发展。近几年来的外空军备控制形势表现在以下几个方面：

### （一）防止外空武器化谈判遭遇阻力

目前，规范外空活动最主要的国际条约是1967年的《外空条约》，该条约规定了各国平等利用外空的权利，确立了外空和平利用的基本宗旨。但是条约并没有具体的条文加以落实，仅规定不得在外空部署大规模杀伤性武器。换言之，在外空部署和实验其他武器，并不被法律所禁止。因此，长期以来各国为弥补这一缺陷提出了多种建议，有的建议修订《外空条约》，有的建议谈判新的《外空条约》，有的建议单独缔结禁止反卫星武器条约等。

鉴于外空武器化发展的势头和外空所面临的安全威胁，中俄两国从2002年起联合推动裁谈会就缔结防止外空武器化的条约进行谈判，2008年正式提出《防止在外空放置武器和对外空物体使用和威胁使用武力的条约》草案。这一草案考虑到外空军事利用和国际政治的现实，也考虑到有关国家的承受能力，关注点集中于处理外空军事安全问题，旨在防止外空出现武器化的前景。但是，由于裁谈会长期处于僵局状态，围绕外空议题的实质讨论也无法展开。更重要原因在于，主要国家就外空安全问题的实质、对防止外空武器化的紧迫性以及对当前国际社会应当关注的重点以及对“防止外空武器化条约”的可行性等存在不同认识。特别是个别空间大国无法摆脱绝对安全思维，不愿其外空能力的发展受到任何法律限制，成为防止外空武器化的谈判所面临的重大政治障碍。这种状态的长期持续，将可能导致外空安全的失控，并引发外空领域的军备竞赛。

### （二）推动透明信任措施和行为准则呼声渐高

与中俄推动防止外空武器化的努力并行，国际上一直存在着建立信任措施和行为规则的声音。提出这一建议的国家主要考虑是，谈判防止外空武器化的条约较难，可以通过确立外空活动的行为规则，建立信任措施，解决外空利用产生的一些现实问题，防止因外空不当利用引发事故和危险，影响外空的正常利用。其中，欧盟2008年提出的《外空活动行为准则》草案具有代表性。这些年在不断修订，征求各国意见。2010年9月27日，欧盟理事会又通过了新版的《外空活动行为准则》草案。这是一套以自愿为基础的外空活动行为规则，非条约，非强制，自愿加入。其核心内容包括：减少事故和碰撞、不摧毁外空物体、遵守国际电联规定、谨慎外空操作和机动、推动外空活动最佳实践指南、建立机动和事故通报制度等。

应当承认，包括透明和建立信任措施之类的行为准则具有一定的积极意义，对于确保外空秩序，防止事故发生，解决外空活动中的产生的问题，增强各国信任，具有积极意义。但是，这类规则的缺陷在于，它在形式上是以自愿为基础的，没有法律约束力；在内容上偏重于外空和平利用过程中产生的问题，并不能防止外空武器化的危险。如果片面强调这类行为准则，有可能转移国际社会对外空武器化危险的注意，从而使外空安全处于更大的不确定之中。就欧盟的《外空行为准则》草案而言，可能是出于平衡有关国家关切的需要，在内容上也存在一些漏洞。比如，它一方面强调参加国应避免直接或间接地摧毁外空物体，同时又留下活口，声称为了"减少碎片"或"行使固有的单独或集体自卫权利除外"。

### （三）联合国大会持续关注外空安全问题

联合国大会保持了对外空问题的持续关注。自1983年起，每年通过"防止外空军备竞赛的决议"。2010年10月27日，联大一委再次以170票对零票、2票弃权的压倒性优势通过了决议草案。该决议重申现有协定不足以防止外层空间的军备竞赛，认为需要加以巩固和加强并提高其效力，同时必须严格遵守现有的双边和多边协定；强调有必要采取包括适当有效核查规定的进一步措施；吁请所有国家，特别是拥有强大空间能力的国家，对和平利用外层空间和防止外层空间军备竞赛的目标做出积极贡献，并且为了维护国际和平与安全和促进国际合作，不要采取违背这一目标和现有有关条约的行动；决议还特别要求裁军谈判会议在缔结一项或多项全面防止外层外空军备竞赛的多边协定的谈判中应发挥主要作用。

此外，2010年10月15日联大一委还通过了"外空活动透明与建立信任措施"的决议。该决议强调增强透明度的必要性并肯定建立信任措施的重要性，认为以此为手段有助于确保实现防止外层外空军备竞赛的目标。决议要求在2012年建立政府专家组，在不妨碍在裁军谈判会议框架内就防止外层外空军备竞赛问题进行实质性讨论的情况下，自2012年起，对外空的透明度和建立信任措施进行研究。

虽然联大就外空问题的决议没有法律约束力，但反应了国际社会的普遍认知，可以为未来国际条约的达成提供基础。在日内瓦裁谈会瘫痪的情况下，联合国大会保持对空问题的持续关注，有利于促成国际共识的形成，保持国际社会对外空问题重视，对于促进外空的和平利用和防止外空武器化具有重要意义。

### （四）美国国家空间政策的调整

美国作为全球空间能力最强的国家，其外空政策走向影响外空军备控制的走向和前途。美国拥有最多的空间资产，对外空的依赖度最高。防止外空军备竞赛，维护和平、稳定和安全的外空环境，美国是最大受益者。但在小布什政府时期，美国奉行以实力求安全，不愿其外空军事活动受到任何法律限制，对涉及建立外空活动的规则以及防止外空武器化的讨论和谈判持抵制态度。虽然在小布什执政后期美国对在建立外空活动规则上有所松动，但仍坚决反对与防止外空武器化问题相联系。

奥巴马在竞选期间主张推动外空规则建立，声称寻求实现外空安全的新途径，并对外空政策进行全面评估，以寻求“保护美国资产免受包括自然环境、外空碎片以及国际威胁在内的各种途径”和“加大空间国际合作的具体方案”。2010年6月28日，美国新版《国家空间政策》出台。该政策一方面继承了历届美国政府《国家空间政策》的基本思路和框架，同时也反映了奥巴马的新主张，呈现出一些新的面貌，比如：

将“不负责任外空行为”视为对外空安全的最大威胁；将建立“外空秩序”作为实现其外空安全的手段，强调和平安全稳定和负责任地进行外空活动；承认所有国家和平探索和利用空间的权利；强调扩大外空领域的国际合作；弱化军事对抗色彩，更多地强调进入外空、导航定位、快速恢复、态势感知、威胁识别和空间系统生存等基础能力的建设。特别值得一提的是，该政策在推动外空规则建立问题上有所松动，声称美国将寻求单边或多边的透明和建立信任措施，鼓励在外空负责任的行为和和平利用外空活动；美国将在公平、有效、可核查、和加强美国及其盟国国家安全的前提下考虑军控措施的建议和构想。

当然，美国空间政策的调整仍然有限。新版《国家空间政策》虽然强调“外空秩序”，但必须是美国主导的秩序；虽然提出考虑军控建议，却设置了苛刻的条件。而且新版《国家空间政策》也没有像若干美国智库所建议的那样，表示支持禁止在外空部署武器，也没有承诺不在外空摧毁物体；更没有承诺不用导弹防御系统攻击卫星，也没有排除部署天基反导系统的选项。就在发布《国家空间政策》的新闻吹风会上，美高官明确表示，不会考虑中俄提交裁谈会的条约草案。虽然弱化军事对抗色彩，但仍然强调维持执行空间支援、力量增强，空间控制，空间力量应用的能力；遏制、防御和在必要的情况下击败对美国及其盟国外空系统的干扰和攻击。正如美防长盖茨所言，“该政策明确阐述了我们国家在空间领域的政策和优先事项，也明确承诺了美国将保持外空领导地位和国家安全所迫切需要的外空能力”。

## 三、外空军备控制的前景

目前，各主要国家在裁谈会上，对于讨论外空问题已经没有分歧，只要裁谈会工作计划达成，相关实质性的讨论即可展开。但是外空军控问题极其复杂，尽管不能排除会在个别方面取得进展，但目前尚看不到达成一个全面禁止空间武器研发、试验、生产、部署和使用条约的前景。

### （一）动力与障碍

外空军备控制障碍与动力并存。从历史上看，军备发展到哪里，军控措施就会延伸到哪里。外空作为军事竞争新领域，国际社会关注将持续升温。随着外空军事利用的扩大，外空武器化的发展，由此带来的外空安全威胁也将与日俱增，即便是推动外空武器化的国家，它所得到的军事和安全上的好处也将被由此带来的消极影响所抵消。有关各国终将认识到防止外空武器化条约谈判紧迫性和必要性。

不过，外空军备控制也面临许多现实障碍。鉴于外空所具有的极高战略和军事价值，以及外空系统对于陆、海、空传统战力的加强和倍增作用，一些国家在决策时，军事诱惑力有可能会压倒对外空武器化后果的担心。特别是，未来 10 到 20 年，各主要国家外空能力发展处于上升期，一些国家会担心过早达成条约会限制其未来的军事选择，可能更愿采取保守态度。

军备控制的顺利推展取决于对各相关国家安全利益的平衡处理。对外空日益加重的军事依赖，将使外空系统在战时成为高价值打击目标。反过来，这又将刺激外空打击手段的发展，诱发对外空物体的攻击。要避免这种情况发生，就必须对战时外空的军事利用加以限制，然而这一点在现实中却很难做到。

防止外空武器化还涉及许多技术问题。如对一些术语的界定；对外空系统存在大量军民两用性、平战两用性、天地两用性技术问题的处理；对外空行为的核查所面临技术、费用和政治因素的挑战等。尽管这些问题并非不可克服，但它却给某些国家有意阻挡防止外空武器化谈判提供了充足的借口。

**（二）可能的走向**

尽管外空军备控制存在困难，但也不排除在某些方面取得有限的进展，这些进展可能在裁谈会内，也可能在裁谈会之外；可能以条约的形式出现，也可能是自愿规则的形式出现；也可能是原则性的规定，也可能是针对某个具体问题。可能谈判，也可能讨论。某些禁止性措施可能无法达成，但由于其影响重大，有可能成为外空领域的“禁忌”，就像使用核武器那样，尽管没有法律的强行禁止，但一些国家在处理上述问题时也会极其克制和谨慎。

推动外空军备控制，以下几个方面有可能成为突破点：

1. 进一步规范和平利用的外空活动。此类规则大多包括减缓碎片、谨慎机动、避免碰撞、禁止摧毁空间物体、透明与通报等措施等内容。虽然属于和平利用方面的规范，但其中的一些限制性规定将会直接或间接地对外空军事活动产生影响。欧盟正在大力推动外空活动行为规则，而美国高官一再表示支持欧盟的倡议。欧美的合作，将使该倡议获得足够的动力。

2. 限制对空间环境造成持久影响的武器系统和活动。由于空间碎片的潜在危害，和民众对空间碎片的心理感受，可能造成空间碎片长期驻留的武器系统，特别是动能反卫星活动料将接受更多的国际审视，从当前的一些建议看，禁止摧毁空间物体往往是一个主要内容。虽然要在该问题上达成一致也非易事，但是有关各方在这一问题上将会表现出克制和谨慎。

3. 限制影响战略平衡的外空武器系统。在外空部署武器，是一种跨越门槛和推动军备竞赛的行动，将对国际力量对比外空安全带来无法预知的严重后果，应当成为推动外空军备控制的重点内容。同时，鉴于在外空部署武器的巨大政治代价和严重的后果，相关国家也会谨慎行事。跨界飞行器如空天飞机之类的作战平台最近引发广泛疑虑，其发展和应用不仅影响战略平衡和各国力量对比，也对现有的空间法律秩序构成挑战，将会成为防止外空武器化条约谈判新的关注内容。

# 美俄弹道导弹防御系统发展及其战略博弈逻辑探析

谭洪波

**内容提要：** 二战结束后，作为战胜法西斯的盟军主力的美国和苏联迅速展开了以争夺核优势为主轴的全球争霸，世界从此进入了持续近半个世纪的冷战时期。为应对日益增长的核导弹攻击威胁，双方在弹道导弹防御领域也展开了激烈的竞争。冷战结束后，双方的核战略对抗趋于缓和，但在弹道导弹防御领域里的较量并没有停止，反而在进入21世纪后趋于白热化。近一时期以来，双方在反导问题上既争执不断，又彼此一定程度的妥协。美俄反导博弈的起点在哪里，终点向何处去，值得认真分析和研究。

**主 题 词：** 弹道导弹防御　核武器　战略　发展　对抗

**作者单位：** 北京　中国军控与裁军协会

美苏弹道导弹防御的发展，源于防范对方核导弹攻击的威胁，根植于双方争夺战略优势的战略需求，大体经历了初步探索、逐步推进和全面部署三个阶段。目前，美俄围绕着反导系统的发展与部署正展开的新一轮较量，不仅关系到双方的战略稳定，而且影响着国际军控与裁军形势的走向。

## 一、美苏弹道导弹防御的初期探索

### （一）发展过程（20世纪40年代中期—70年代末期）

美国的弹道导弹防御计划早于前苏联。二战结束后，美国在缴获的文件中获悉德国用弹道导弹准备1946年攻击纽约的计划后，随即便开始着手弹道导弹防御系统的研究。然而，由于当时洲际弹道导弹尚处于研究发展阶段，美虽意识到了导弹防御问题的重要性，但未将其作为发展重点。

50年代中期，苏联相继成功地进行了洲际导弹试验和人造卫星发射，尤其是1958年部署了射程为8000千米的世界首枚洲际弹道导弹，使美领土首次面临苏联的战略核打击威胁，从而刺激了美国发展导弹防御的需求。

1956年底，美开始发展“奈基—宙斯”第一代导弹防御系统。1958年8月进入分系统试验阶段，1961年8月进入全系统综合拦截试验阶段，到1963年底共成功进行了13次拦截试验。1963年1月，肯尼迪政府决定对“奈基—宙斯”系统进行技术改进。1967年9月，约翰逊政府决定在全国25个主要城市周围部署“哨兵”反导系统。1969年3月，尼克松政府调整“哨兵”系统部署方案，并更名为“卫兵”系统，即第二代导弹防御系统。从1974年开始，“卫兵”系统进入正式部署阶段。然而，在1976年2月，“卫兵”系统便被拆除。

同一时期，苏联也在研制并率先部署了反导系统。1953年，正式提出研制反导武器。1959年，研制完成了反导试验靶场的弹道导弹防御试验系统——A系统。20

世纪60年代初，苏联着手研制第二代反导系统。1962年开始建设A-35莫斯科反导系统。1964年正式部署A-35反导系统。1973年，对A-35系统进行了技术改进。1977年5月后，改进型反导系统A-35M装备部队。这一时期，苏联还展开了战役战术反导系统的研制。60年代末，安泰科学生产联合体开始了多通道机动通用地空导弹系统C-300B的研制工作，以形成远程和近程相结合的拦截体系。

### （二）反导技术发展特点及局限性

这一时期，美苏反导系统均为陆基地下井核拦截系统。基于当时科技条件，双方反导系统的水平能力都十分有限，部署规模较小，特别是因此美国还暂时撤销了部署。

美国“奈基—宙斯”系统为防空导弹技术模式，其中A型导弹只能在大气层内拦截。该系统捕捉目标和识别真假目标的能力很低；采用机械扫描雷达；缺乏有效的防护措施；拦截精度较低，目标跟踪雷达和引导雷达不能同时跟踪多个目标和引导多枚拦截导弹等。从而造成该系统实战应用价值不大，因而没有部署。

“卫兵”系统采用分层拦截的新型导弹防御体制，同时还采用了性能比较先进的新型拦截导弹、相控阵雷达和数据处理能力更强的计算机数据处理系统。该系统与“奈基—宙斯”系统相比虽有重大改进，却无法有效拦截苏联当时正在部署的分导式多弹头洲际弹道导弹，结果在经历了短暂的部署之后即被拆除。

苏联A-35系统可同时拦截多枚弹道导弹，但其性能总体水平不如同一时期美国的“卫兵”系统。A-35

系统拦截弹只有120公里的单层作战高度，“卫兵”系统则具有320公里和30公里双层作战高度；A-35系统远程搜索雷达最大作用距离为3500公里，“卫兵”系统则为4300公里，并能同时跟踪上百个目标；A-35系统目标跟踪与引导雷达的作用距离为700公里，而“卫兵”系统则为1200公里左右，可同时引导20枚拦截导弹并具有有限的目标搜索和识别能力。

### （三）反导系统建立的逻辑起点

这一时期，美苏反导系统的发展尚处于起步阶段。除了受当时科技条件的制约外，由于战略对抗重心和经济实力等原因，双方对反导系统发展的重视程度和资金投入，都远不及战略核进攻领域。

1. 战略动因

美在20世纪50年代后期推行“大规模报复”核战略，企图依靠绝对核优势对苏联进行大规模报复，剥夺苏联的核打击能力，对导弹防御问题的认识还没有提高到战略高度。从1961年到1980年的近20年间，随着苏联核导弹的数量迅猛扩张，美国的绝对核优势地位不在，双方形成战略核均势。为此，美先后推出“限制损伤”、“相互确保摧毁”等一系列核战略，企图依靠核武器质量上的相对优势对苏联进行有限核打击，并没有打算真正部署反导系统，而只是将其作为技术发展计划加以推进。1964年苏联率先部署A-35反导系统后，美试图对其进行限制，但遭到了苏联的反对，于是作出了部署反导系统的决定。然而此后不久，苏联便表示愿意就限制部署导弹防御系统问题进行谈判。1972年双方签署了《反导条约》，使“卫兵”系统失去存在价值，美便拆除了其当时唯一部署的反导系统。

苏联对美一直奉行进攻性核战略。从1954年开始，苏联火箭核战略着眼与美国打一场火箭核大战，强调战略进攻，否定战略防御，企图通过积极主动的核进攻赢得对美核战争胜利。因此，尽管当时苏联已开始研制反导系统，但并未将其作为发展重点。勃列日涅夫上台后，苏联从1965年开始奉行核战争制胜核战略，着眼准备打核战争，也准备打常规战争。然而，古巴导弹危机使苏联深刻认识到其核力量和常规力量与美国的差距。为防范美国洲际弹道导弹的攻击，苏联开始重视反导系统的建设，以谋求攻防兼备的战略能力。在此期间，苏联尽管与美国签署了《反导条约》，但仍在极力摆脱《条约》的限制，在1973年就开始对第三代反导系统研制方案进行修订，为今后谋求对美国导弹防御的优势做准备。

2. 经济投入

在“大规模报复”核战略时期，全面部署反导系统需要庞大的经费支持，而当时美国正在进行大规模投资进攻性核武器的发展，如部署“宇宙神”、“大力神”洲际弹道导弹，建造“北极星”弹道导弹核潜艇，并开始“民兵”洲际弹道导弹的研制。在这种情况下再投资部署大规模的反导系统，对当时的美国经济来说是难以承受的。美苏出现战略核僵局后，美放弃了“大规模报复”核战略，转向准备进行各种类型的战争。在核战争领域，庞大的核力量发展计划使研制新式核武器和维持巨大核武器的费用居高不下，国防预算不堪重负。在常规局部战争领域，经过多年的侵越战争，美国的军费逐年猛增，加剧了美国的财政危机，经济失调、失业率上升，民众日益不满，影响着美国的社会稳定和政治稳定。从而迫使美国进行战略收缩，不得不放缓反导系统的发展步伐。

与美国比较，苏联在二战结束前注重优先发展重工业和国防工业，改善工业布局，增加战略物质储备。20世纪50年代初，经济发展速度已遥遥领先于西方帝国主义阵营。60年代初至70年代后期，苏联的钢产量、石油和煤等均超过美国，居世界首位。此外，在火箭技术、空间技术、原子能技术、超音速飞行制造技术等方面也接近美国的水平而居世界前列。苏联综合国力的增强，促使其加大反导系统建设的投入，为反导系统的发展提供了较雄厚的经济支撑。

3. 反导对抗发展的影响

由于上述原因，使得美苏这时期在反导领域的斗争要明显弱于核进攻领域的对抗，美国最终放弃部署“卫兵”系统，苏联则因《反导条约》的签署对A－35系统只进行了有限部署。但从总体看，美国获得的利益要大于苏联。一是“卫兵”系统的部署给美国带来了极大的政治利益，使美在与苏联的军备竞赛中保持了领先优势，特别是迫使苏联签署了《反导条约》，在与苏联的军控斗争中争得了主动。二是美国虽然中止部署“卫兵”反导系统，但对其以后的导弹防御技术发展产生了重要影响。通过探索与研制，美发现陆基核拦截技术存在难以克服的难题，最终促使其将解决导弹防御的难题寄托在空间技术方面，为导弹防御技术发展的重点转向天基拦截技术领域开辟了新的发展空间。

## 二、美苏弹道导弹防御的逐步推进

### （一）发展过程（20 世纪 70 年代末期—90 年代初期）

苏联在对第三代反导系统 A－135 方案进行修订后，于 1974 年开始建设多通道两梯次射击综合体的简易实验系统。1978 年正式建设大型雷达站，并开始反导靶场试验。美国“战略防御倡议”（SDI）出台后，苏联加快了该系统建设的步伐。1989 年正式建成了 A－135 导弹防御系统，发展了“女怪”高层拦截核导弹和“小羚羊”低层（大气层内）拦截核导弹；分别部署了 4 个拦截导弹发射井；建立了顿河－2H 射击雷达站和指挥计算机站 5K80 等。在此期间，其战役战术反导系统也得到了快速发展，研制并部署了 C－300ПМУ1 及其改进型 C－300ПМУ2 地空导弹武器系统。

20 世纪 70 年代末 80 年代初，美苏以战略进攻弹道导弹为主的军备竞赛达到了白热化程度，双方陷入了核对抗僵局。为打破这一战略僵局，1983 年 3 月 23 日，美国里根政府提出“战略防御倡议”（SDI），即“星球大战”计划，企图建立一个以太空定向能武器为主、以动能武器为辅、空间武器与地基武器相结合的多层次、多手段弹道导弹拦截系统，使美国国土免受苏联核导弹的袭击。随着冷战走向结束，1991 年布什政府对 SDI 计划进行调整，提出了发展以战区导弹防御系统为重点、规模相对较小的“防御有限打击的全球保护系统”（GPALS），构建由陆基战区导弹防御系统（TMD）、陆基国家导弹防御系统（NMD）和天基全球防御系统组成的防御体系。

### （二）反导技术发展特点

这一时期，美苏反导系统技术发展处于此消彼长的发展阶段。美国已由地基拦截技术开始向地基、海基、空基和天基综合拦截技术的方向发展，势头十分强劲。而苏联依然以地基核拦截技术为主，不仅技术水平有限，而且整体技术发展已经明显处于劣势。

美国大力推进反导关键技术的研发工作，并取得了重大进展。在探测技术领域，发展了可见光、红外、紫外等被动探测技术，微波、激光、相控成像雷达等主动探测技术，雷达识别、光学识别和相互作用识别等弹头探测技术；在动能武器技术领域，验证了火箭推进动能拦截技术可行性；在定向能武器技术领域研究了天基化学激光、陆基自由电子激光、X射线激光和中性粒子束，验证了兆瓦级化学激光的全功率发射，制造出加速负氢离子束的加速器等。此外，在系统分析和作战管理技术领域、生存力与杀伤力技术，也取得了一定突破。但这些技术都是相对于原有基础而言，在关键技术领域的进展并未达到预期目的，即使后来发展目标相对较低的GPALS时，还是遗留了许多重大技术问题。

苏联虽然在拦截弹技术具备了高层和低层的双层拦截能力，在数据传输系统技术、预警和目标指示雷达技术等取得了重要进展，但仍限于传统的反导技术领域，处于相对滞后状态。特别是在苏联解体和华约解散初期，反导技术的研发工作基本陷于停顿，使得反导技术水平与美国的差距拉大。

### （三）反导系统消长的逻辑根源

这一时期，美国和苏联的核战略对抗加剧，出于谋求打破双方核战略僵局的需要，双方开始全面推进弹道导弹防御系统建设。但在后期，随着双方核战略的调整，以及经济、科技特别是军事航天技术发展的不平衡，反导系统的发展呈现此消彼长的态势。

1. 战略动因

针对苏联核武器数量的优势，美国开始转变长期以来以核军备为主的军备竞赛模式，推出 SDI 计划，企图通过实施“高边疆”战略，凭借在空间技术领域对苏联的优势，发展新一代导弹防御系统，以有效防止苏联对美国可能发动的先发制人核打击，重新建立对苏联的全面战略优势。冷战结束后，美国开始推行全面威慑战略，以全方位应对来自全球威胁的挑战。美国认为遭受前苏联大规模核进攻的可能减小，但面临的核扩散形势和常规导弹的威胁日益严峻，于是庞大的 SDI 计划开始转向应对有限规模的导弹袭击。1990 年海湾战争后，美国更加重视地区冲突中对战术导弹的防御问题，以便在平时和地区冲突中保护美海外军队及盟友。但同时又认为，前苏联仍有庞大的核力量，不能排除遭到其偶然的、未授权的导弹袭击的可能性，因此，GPALS 发展计划除应对地区性弹道导弹的威胁外，重点仍是继续扩大对前苏联的战略优势，通过遏制苏联的崛起谋求单极主导世界。

苏联一直在寻求打破与美国核战略僵局的手段，推进第三代反导系统发展计划，同时加强战役战术反导系统建设，以拦截从美国本土发射的战略弹道导弹和从欧洲地区发射的中程弹道导弹。但到 20 世纪 80 年代末，戈尔巴乔夫推出“新政治思维”，提出“军事学说新原则”，对军事战略进行了重大调整，奉行以“纯防御”为重点的核战略，从而标志着苏联从与美国的全面对抗中开始战略退缩。苏联解体后，俄罗斯失去了800公里~1000公里雷达监测纵深的缓冲区，驻防于边界的各师遭到突然攻击的可能性大幅度提高，而当各加盟共和国领土上的俄罗斯雷达站撤离后这些问题则更加恶化，反导防御出现了巨大真空地带。为此，俄罗斯的战略重点随后又逐渐调整为抵御北约东扩和遏制北约威胁，在反导问题上试图重建对北约的反导体系。

2. 经济投入

美国越战后开始致力于本国的经济发展，到20世纪80年代初，国民经济得到恢复。SDI计划提出后，美国开始逐年增加导弹防御系统建设的物力与财力投入。从1984财年到1991财年，投资总额超过242亿美元，与国内外700多个单位签订了5000余项合同，进行各类重要试验400多次。

苏联由于经过多年的冷战和与美国的大规模军备竞赛，经济结构已严重失衡。为调整产业结构，尽快恢复经济的健康运行，苏联从1977年开始不断削减军费开支，到1983年，其军费开支平均增长率降到了2%。美SDI计划出笼后，苏联又被迫大幅度增加军费，1985年其国防预算增长竟高达12%。这场新的军备竞赛使苏联不堪重负，最终导致苏联的解体。

3. 反导对抗发展的影响

美国通过实施SDI计划，不仅重新夺回了对苏联的全面军事优势，而且迫使苏联由战略进攻转入战略防御，成为冷战后世界唯一的超级大国，对双方战略格局和反导对抗形势的变化产生了重大影响。首先，反导技术发展开始摆脱陆基防空导弹系统模式，推动了导弹防御技术的跨越发展；第二，成功地将苏联拖入耗资巨大的新一轮军备竞赛，迫使苏联大幅度增加军费开支，并最终导致苏联解体；第三，开创了新的国防与军备发展模式，将国防发展与国家高技术发展紧密联系在一起，形成双向牵引和相互推动；第四，促进了由此而产生的高技术成果在其他军事领域和非军事领域的广泛应用。

## 三、美俄弹道导弹防御的全面部署

冷战后美俄核战略对抗明显缓和，双方曾尝试在反导领域进行合作。但由于冷战思维的惯性，美国大力推进全面部署反导系统的进程，俄罗斯也逐渐开始构建新型的反导体系。进入2007年后，美国加速了在欧洲地区部署反导系统部署的步伐，导致与俄罗斯的矛盾加深，双方展开了新一轮的反导博弈。

### （一）反导系统发展过程（20世纪90年代中期至今）

1993年5月，美克林顿政府宣布用“弹道导弹防御”（BMD）计划取代SDI计划，重点发展TMD计划。1996年，美针对来自有关国家的弹道导弹威胁，对NMD的关注开始升温，提出了“3+3”计划，即用3年时间开发NMD系统所需技术，从1999年开始进行NMD系统综合试验到2000年决定部署NMD系统，再用3年时间完成部署。2002年3月，美决定将NMD和TMD合并为“导弹防御系统”（MD），着力发展一个陆、海、空、天基全方位、一体化，可在来袭导弹的助推段、飞行中段和末段实施全程拦截的多层防御系统。并以新的安全环境为由，把研制和部署 MD 作为美国国家安全战略的“最高重点”和“新三位一体”力量的重点组成部分。2002 年 6 月，美国正式单方面退出《反导条约》，为发展和部署反导系统扫除了法律障碍。2007 年 4 月，美国宣布为应对伊朗所谓的导弹威胁，将在波兰设立反导基地，部署 10 枚拦截弹；在捷克部署与之相关的雷达设备。与此同时，美国还把最大的海基雷达站系统调往靠近俄罗斯堪察加半岛的阿留申群岛海域，以保持对俄核战略优势。

俄罗斯尽管因苏联解体面临国内政治动荡、经济衰退以及北约东扩等困境，但从 20 世纪 90 年代中期后仍然发展和部署了国土防空、陆军防空和海上防空反导系统等第四代战役战术导弹防御系统。普京政府执政后，随着综合国力的回升，俄开始重振军力，加大与美反导对抗的力度。调整战略火箭军结构，将原战略火箭军的军事航天部队与原防空军的空间导弹防御部队合并，成立航天兵部队，履行弹道导弹防御职能。在美国宣布将在欧洲部署反导系统后，俄政府立即宣布将在短时间内提升反导防御能力，重建全空域防空反导体系。

### （二）反导系统发展现状

1. 美国导弹防御系统

目前，美国反导系统主要由陆基中段防御系统和防空与导弹防御系统组成。

陆基中段防御系统主要用于拦截大气层外中段飞行的战略弹道导弹，由陆基拦截弹（GBI）、X－波段雷达（XBR）、改进型预警雷达（UEWR）、天基探测系统和作战管理与指挥控制通信系统（BM/C3）五个部分组成。此外，计划发展的还有天基中段防御系统。

防空与导弹防御系统是一个分层拦截、逐级补防的一体化系统，主要用于拦截大气层内的中程弹道导弹，由高层拦截、助推段拦截、低层拦截和战斗管理/指挥、控制、通信、情报、侦察、监视（BM/C3ISR）四个部分组成。其中：

高层防御系统为面防御系统，主要有陆军的“战区高空区域防御”（THAAD）末段拦截系统和海军的“海军战区防御”（NTW）配“标准－3”型导弹的中段综合防空系统；

助推段防御系统，主要有空军的机载激光防御系统（ABL），此外，还有在研的天基激光拦截系统；

低层防御系统为末段点防御系统，主要有陆军的“爱国者－3”（PAC－3）、“中距增程防空”（MEADS）系统和“海军区域防御”（NAD）配“标准－2”4A型导弹的综合防空系统等。

2. 俄罗斯导弹防御系统

俄罗斯导弹防御系统由以莫斯科为中心的航天兵战略导弹防御系统、防空军防空导弹和陆、海军防空导弹组成。

战略防御系统目前只装备航天兵部队，包括3个系统：导弹袭击预警系统、导弹防御系统和太空监视与防御系统。导弹袭击预警系统由太空梯队和地面梯队组成。太空梯队拥有22颗卫星，其中用于探测洲际弹道导弹和潜射弹道导弹的卫星9颗，照相侦察卫星2颗、电子侦察卫星11颗。地面梯队包括3部可覆盖美国及北极地区的超视距向后散射雷达（OTH－B）、7部超视距远程早期预警雷达、11 部探测距离为 6000 公里的“鸡舍”系列预警雷达和 1 部跟踪、制导、作战管理雷达；导弹防御系统包括若干反弹道导弹发射基地，共装备 36 枚 A-135 和 64 枚反导导弹。

防空军防空导弹目前主要有 C-300ПМУ1、C-300ПМУ2 和C-400 地空导弹系统等。

陆、海军防空导弹主要有“C-300B1”、“安泰”-2500 地空导弹系统以及“要塞”C-300Ф 和 C-300ФM 舰空导弹系统等。

3. 美俄反导系统的差异

美俄根据本国国情发展了自己的导弹防御系统，两者尽管都是攻防兼备的，但侧重点有所不同。

在结构上，美国的导弹防御系统更注重于“全防”与“协防”，也就是有效应对来自敌国战略/战术导弹对本土和同盟国的威慑。无论是 NMD 系统，还是 TMD 系统，都强调整体的防御能力，特别是 NMD 系统，更是强调陆海空天一体的防御。俄罗斯的导弹防御系统则更注重于“区域防御”，无论是前苏联时期还是现在的俄罗斯时代，其部署的弹道导弹防御系统均没有实现对其全境的防御，尤其是后期的部署，则更多是针对首都莫斯科的防卫进行部署。

在技术上，美国的导弹防御系统在预警卫星和雷达技术上要优于俄罗斯，比如正在研制过程中的天基红外预警卫星系统无论是技术还是规模上都远远超过俄罗斯目前的天基预警系统；俄罗斯的导弹技术则更胜一筹，比如最先进的“白杨-M”导弹和 RS-24 分导式多弹头导弹。

在部署上，美国的导弹防御系统部署范围不仅仅限于美国本土，还包括其在欧洲和亚洲的盟国；俄罗斯的导弹防御系统主要立足于国土防空，尤其是保卫首都莫斯科的安全，规模上要比美国小得多。

### （三）反导系统部署的逻辑动因

表面上看，美目前大力推进反导系统建设和部署，是为了应对伊朗、朝鲜等对美海外驻军及其盟友的弹道导弹威胁，但实质上，主要是针对俄罗斯将在2016年前全部换装的突防能力极强的“白杨－M”核导弹，以及正在完善的“白杨－M”改进型RS－24分导式多弹头核导弹。其主要用意，一是挤压俄罗斯战略空间。美对外战略目标是维持一超独霸地位，因此美国历届政府都十分关注俄国内政局走势，并采取多种干预手段和影响俄内外政策的制定与实施，防范和遏制俄罗斯的复兴、崛起，加紧构筑防范和削弱俄罗斯的屏障；二是建立对俄罗斯的“导弹防御圈”。从地缘角度看，波兰和捷克的地理位置靠近俄罗斯，只需要对部署在波兰的导弹进行微小调整，几分钟内即可到达俄罗斯任何一个地方。从导弹预警角度看，美拟在捷克部署的X波段雷达，探测距离约2000公里，可对俄“白杨－M”导弹的发射场进行监控，获取该型导弹的试验信息和技术数据；三是不断强化对俄的全面战略优势。在与俄进行双边核裁军谈判中，美力避将弹道导弹防御问题与《削减进攻性战略武器条约》挂钩，以便与俄在核进攻力量保持低水平均势的情况上，扩大在反导及其他非核战略领域的优势，使美俄总体战略能力对比朝着有利于美的方向发展。

俄罗斯大力整合反导力量，重建全空域防空反导体系，一是重塑世界强国的地位和形象。通过反导系统的重建，遏制北约东扩的战略企图和美国中亚的军事渗透，重振民族自尊心，恢复并提升其强国地位和形象，维护国家安全利益；二是保持俄美战略稳定。通过加快完善莫斯科反导系统体系建设，缩小美俄战略能力对比的差距，扭转俄美双边核裁军与军控谈判中的被动地位，结合新型核导弹的研制与部署，抵消美全面战略优势；三是削弱美在俄周边地区的影响力。俄一方面在重建反导体系，另一方面提出与欧洲建立共同的反导系统，意在发展与欧洲国家安全合作，分化美欧同盟关系，阻止美在欧洲部署反导系统的企图，恢复曾失去的战略利益空间。

## 四、美俄弹道导弹防御的发展趋势

美俄反导系统经过60多年的建设发展，无论是反导技术、反导体系结构还是反导对抗理念、对抗样式等都发生了重大变化。未来一定时期，双方反导系统的发展将呈如下趋势。

### （一）美国反导计划

一是不断提高系统的可靠性。在未来相当长一段时间内，美国反导系统主要是作为一种威慑手段，重点将放在提高系统整体作战性能和可靠性上，而不会大幅度扩大部署规模。

二是积极发展机动反导系统。美国弹道导弹防御系统在完成初始系统的部署后，将积极推进机动系统的发展，包括发展机动部署的陆基、用于末段防御的THAAD系统，海基“动能拦截弹”系统等。

三是加强反导系统前沿部署。为尽可能拓展导弹防御系统的防御区域，美国将继续加强导弹防御系统的前置部署，包括雷达探测系统的前置部署和机动拦截武器系统的前置部署。

四是不断发展和探索新型拦截技术。在动能拦截技术方面，探索多色红外焦平面阵列，用于提高地基中段防御系统拦截弹“大气层外拦截器”（EKV）的性能；研究既可陆基也可海基部署的多用途动能拦截弹（KEI），承担助推段和弹道中段上升段拦截任务；探索“多拦截器”（MKV）技术，以应付中段防御系统实时识别真假目标的技术困难；研究发展天基助推段拦截弹（SBI），扩展防御武器的拦截范围。在激光拦截技术方面，重点发展机载激光武器，同时继续探索其他激光武器技术。

五是纳入“网络中心战”体系。美国计划在今后的导弹防御飞行试验中演示海上雷达的联网；将导弹防御系统中的相关通信交换节点联入国家信息传输基础设施；逐步实现地基、天基以及天基与地基探测器联网等。美国未来还有可能进一步建立一体化的导弹防御网络作战系统。

### （二）俄罗斯反导计划

为保持与美国的战略均势，俄罗斯将根据2006年通过的《国家空天防御构想》，继续推进防空、反导和空间防御“三位一体”的新型空天防御系统建设。

一是发展新型空天拦截武器。研制C－500地空弹道导弹系统，使其拦截高度达到200千米。拦截速度为7000千米/秒，并且能够打击低地球轨道航天器。在C－

500、C－400 等基础上，发展各军兵种通用的“第五代防空反导一体化地空导弹武器系统”。

二是建设一体化情报侦察预警系统。一方面，发展完善导弹预警、空间目标监视、防空雷达等现役系统和设备，提高可靠性和生存能力，以及在复杂干扰环境下对各种弹道目标和气动飞行器目标的探测跟踪能力；另一方面，建设一体化情报侦察网络，提高系统和装备的信息处理能力、协作能力，合理地配置各种导弹预警雷达、防空雷达、空基和天基探测设备，充分发挥航天兵、空军、海军、陆军及空中交通管理局等诸军兵种和部门的信息装备潜能。

三是建设空天防御统一自动化指挥控制系统。在原防空、空间监视和导弹空间防御系统已有的指挥自动化系统基础上，建设与空天防御指挥管理相适应的、功能上连为一体的跨军兵种、跨部门的空天防御统一自动化指挥控制系统，通过高速率、大容量的信息通道，在各级指挥所之间进行明确的任务分配，实现俄空天防御的作战指挥。

## 五、美俄弹道导弹防御发展及博弈的启示

### （一）导弹威胁环境变化和战略需求不同是造成美俄反导系统规模、结构差异的根本原因

在美俄弹道导弹防御系统发展过程中，美国先后经历了防范前苏联的核导弹攻击、地区性常规弹道导弹攻击两种威胁环境，导弹防御保护对象也由保卫少数城市、主要城市、关键军事目标、本土全境到包括本土、海外驻军及其盟国在内全球领域，俄罗斯（原苏联）则始终

面临着美国和北约的核导弹和常规导弹攻击的威胁，导弹防御保护对象始终集中在首都莫斯科及其周边，由此决定了美国反导系统的规模必然是全球性的、庞大的，而俄罗斯则是区域性的、有限的。正因如此，美国的反导系统结构，是建立一个从助推段、中段到再入段的多层次、全程拦截的体系，发展陆基、海基、空基和天基的多样化拦截手段，具有对近程、中程、中远程和洲际所有射程的弹道导弹进行拦截的能力。俄罗斯的反导系统结构，是建立一个由防空、反导和空间防御构成的要地或区域拦截体系，重点发展战略、战术两种基本拦截手段，具有对再入弹道导弹和飞机进行拦截的能力。

**（二）科技水平、经济实力等基本国情是影响美俄反导系统建设发展的关键因素**

受科技水平制约，美国和前苏联初期的反导系统均是基于陆基的战术防空导弹体制，技术性能差，实战应用价值低。为此，美国曾一度暂时停止了部署，虽然前苏联率先部署了反导系统，但部署规模十分有限。随着弹道导弹技术、军事航天技术等新技术的发展，美国推出了庞大的 SDI 计划，将反导系统发展拓展至海、空和空间领域，但由于一些关键技术长期未能取得突破，美被迫降低 SDI 计划发展要求，相继改为分阶段地发展和部署 BMD、MD。目前，虽然美已开始全面部署 MD，但仍在继续开发新型反导技术，完善反导体系。

另一方面，反导系统是一个庞大的系统工程，需要巨额的经济投入，经济实力的强弱也是影响美俄推进反导系统建设的重要因素。冷战期间，美国和前苏联庞大的核军备开支，都曾使双方不堪重负，导致反导系统发展暂停，或处于停滞。随着综合国力的恢复和增强，双方开始加大反导系统建设的投入。但即便是美国大力增加反导系统建设的投入，也在不断对一些研制项目进行反复论证、试验和评估，撤销或合并一些项目，尽量节省军费开支，用于新型反导技术和装备的研发等。

**（三）在对抗中寻求新的优势，在均衡中诱发新的对抗，是美俄反导博弈的不变规律**

冷战时期，美国和前苏联发展反导系统的根本目的是削弱对方的核进攻能力，以此谋求对对方的战略优势。同样，美俄目前大力推进各自的反导系统建设，依然是这种冷战思维的延续，其博弈形式与冷战时期双方核军备与控制领域中既斗争又合作的局面如出一辙。一方面，双方在反导领域的对抗开始升温。2007 年，美国宣布在东欧部署反导系统，意在防范俄罗斯“白杨－M”导弹的威胁，强化对俄的战略优势。此举遭到俄罗斯的强烈反对，俄随即便成功试射了突防能力更强的 RS－24 分导式多弹头导弹，并宣布暂停履行旨在维护欧洲常规力量平衡与稳定基石的《欧洲常规武装力量条约》，以促使欧洲国家阻止美国导弹的进入，同时为退出该条约做好准备。另一方面，双方在反导领域的合作略有进展。2010 年 4 月 8 日，美俄在捷克首都布拉格正式签署了新《削减战略武器条约》。按照新条约规定，双方将实战部署的战略核弹头各削减至 1550 枚，战略运载工具总数削减至各 800 枚，其中实战部署不超过 700 枚。新条约的签署，俄实现了与美保持核均势的战略目标，迫使美在反导武器的部署和非核战略进攻武器的发展等问题上作出了一定让步。而美则在与俄保持这种低水平核战略平衡的基础上，保留了继续部署导弹防御系统和发展非核战略进攻武器的权力，反映了美不再满足于追求对俄的单一核均势，而是极力谋求与扩大对俄的全面战略优势。一旦美重新宣布在东欧部署反导系统，双方战略能力的对比将有利于美而不利于俄，从而可能引发美俄之间新一轮的对抗。展望未来美俄反导博弈关系，双方将继续以保持彼此战略稳定为目标，在斗争中寻求新的平衡，在合作中寻求新的相对优势。双方的这种控制与反控制的战略博弈不会停止，双边的任何军控与裁军协议都仍将是限制对方的游戏规则和发展自己的一种政治手段。

## 【防扩散】

2010 年《不扩散核武器条约》审议大会评析

☞田景梅

国际核保安体系概述和我国的核保安实践

☞刘大鸣

论美国出口管制政策改革

☞刘　卿

# 2010年《不扩散核武器条约》审议大会评析

田景梅

**内容提要：**2010年《不扩散核武器条约》审议大会通过了《最后文件》，获得了成功。审议大会就涵盖核裁军、核不扩散与和平利用核能的64个行动计划以及执行1995年中东决议达成了一致。2010年审议大会所取得的成果，除了执行1995年中东决议的具体步骤，基本上都是建立在2000年审议大会的成果基础之上，缺少具有实质性和执行力度的新措施。

**主 题 词：**《不扩散核武器条约》　核裁军　核不扩散　和平利用核能

**作者单位：**中国工程物理研究院战略研究中心

2010年5月3—28日，第八次《不扩散核武器条约》（以下简称《条约》）[①] 审议大会在纽约联合国总部召开。[②] 在经过四周的磋商后，审议大会协商一致地通过了《最后文件》。这标志着2010年审议大会取得了成功。《最后文件》主要包括审议部分和结论与后续行动建议部

① 《不扩散核武器条约》（Treaty on the Non-Proliferation of Nuclear Weapons，NPT）在1968年7月1日签署，在1970年3月5日生效。

② 《不扩散核武器条约》第八条规定，自条约生效后，每隔5年，缔约国举行一次《条约》审议大会审查《条约》的执行情况，以确保《条约》序言的宗旨和各项条款得以实施。根据这项规定，《条约》缔约国在1975年、1980年、1985年、1990年、1995年、2000年、2005年先后举行七次《条约》审议大会。

分。在结论和后续行动建议部分，这次审议大会就涵盖核裁军、核不扩散与和平利用核能的64个行动计划以及执行1995年中东决议达成了一致。这在《条约》审议大会的历史上还是第一次。但是，审议部分由于各方分歧难以弥合未能达成一致。审议部分是以反映审议大会主席个人的观点的方式写入《最后文件》。不管怎样，《最后文件》的通过，特别是在核扩散形势日趋严峻的形势下，都是一个不小的胜利。上一次成功的审议大会是2000年审议大会。2000年审议大会通过了包含核裁军13个切实步骤的《最后文件》。[①] 然而，在2005年审议大会上，由于美国布什政府采取强硬的态度，拒绝接受美国先前做出的承诺（包括核裁军13个步骤和《全面禁止核试验条约》）而使审议大会的政治气氛更加紧张，与会缔约国未能就更有效地执行《条约》取得一致的意见。2005年审议大会以失败告终。因此，几乎所有缔约国都对2010年审议大会寄予厚望，想要这次审议大会取得成功。然而，2010年审议大会所取得的成果，除了执行1995年中东决议的具体步骤，基本上都是建立在2000年审议大会的成果基础之上，缺少具有实质性和执行力度的新措施。本文将从核裁军、核不扩散、和平利用核能和执行1995年中东决议四个方面入手，对2010年审议大会所取得的成果进行具体的分析，并作出初步的评价。

## 一

2010年审议大会的《最后文件》的结论和后续行动

① 2000 Review Conference of the Parties to the Treaty on the Non-Proliferation of Nuclear Weapons, Final Document, New York, 2000, NPT/CONF. 2000/28 (Parts I and II).

建议部分包括核裁军22个行动计划和16个序言段落。与2000年审议大会通过的包含核裁军13个步骤的《最后文件》[1] 相比，2010年审议大会在核裁军方面所取得的成果大体上是建立在13个步骤基础之上；虽有一些新的进展，但未超出太多，缺乏具有实质性和执行力度的措施。

22个行动计划或重复13个步骤或在13个步骤基础上进行新的补充和表述。例如，在削减核武器方面，22个行动计划基本上采用了13个步骤的内容，只是根据核裁军态势的变化作出了新的表述，并呼吁核武器国家在2014年向筹备委员会报告“行动5”所涉及的承诺的履行情况。在核试验方面，13个步骤强调毫不迟疑和无条件地签署和批准《全面禁止核试验条约》（CTBT）以便实现CTBT尽早生效的重要性和紧迫性和在CTBT生效前继续暂停试。美国奥巴马政府改变了布什政府所坚持的反对批准CTBT的态度，并表示尽早推动美国国会批准CTBT。22个行动计划在重复上述内容基础上直接点名要求核武器国家承诺迅速批准CTBT和鼓励《全面禁止核试验条约》组织筹委会全面建设条约核查体系。在裂变材料方面，13个步骤强调在裁谈会就“禁止生产核武器或其他核爆炸装置用裂变材料条约”进行谈判的必要性，敦促裁谈会就包括在5年内缔结条约立即开始谈判的工作计划达成一致意见；要求所有核武器国家做出安排尽快将每个核武器国家指定的不再需要用于军事用途的裂变材料置于国际原子能机构或其他相关国际核查和安排

① 2000 Review Conference of the Parties to the Treaty on the Non-Proliferation of Nuclear Weapons, Final Document, New York, 2000, NPT/CONF. 2000/28 (Parts I and II).

之下，以便为和平目的处理这些材料，确保这些材料永不用于军事项目。22个行动计划除了基本延用这些内容外提出了进一步的要求（增加了新的内容）：鼓励所有国家支持在国际原子能机构框架内制定适当的具有法律约束力的核查安排，以确保不再用于军事用途的裂变进行不可逆的清除；鼓励所有尚未把核武器或其他核爆炸装置用裂变材料的生产设施拆除或转为和平利用的国家启动这项进程。但需注意的是，新补充的内容用的是“鼓励”这一较为温和的词语，缺乏约束力和执行力。在建立附属机构方面，13个步骤强调在裁谈会建立一个附属机构处理核裁军问题的必要性，敦促裁谈会就包括立即建立这一机构的工作计划达成一致。22个行动计划大体上是对这些内容的重复。

22个行动计划唯有在无核武器世界和消极安全保证方面超出了13个步骤，但缺乏实质性措施。关于无核武器世界，由于近年来无核武器世界倡议的涌起和核武器国家对实现无核武器世界目标的支持，特别是美国总统奥巴马在2009年4月布拉格演讲中承诺“美国将致力于寻求没有核武器的和平与安全的世界”，[①] 实现无核武器世界的目标第一次被写进审议大会的《最后文件》，22个行动计划要求：“所有缔约国承诺奉行与条约和实现无核武器世界目标完全相符的政策”。尽管如此，但是美俄英法核武器国家对许多无核武器国家所推动的核武器公约和核裁军时间表却持反对态度。[②] 经过磋商和妥协，核

① “Remarks By President Barack Obama,” The White House, Office of the Press Secretary, April 5, 2009. http: // www. whitehouse, gov/the-press-office/remarks-president-barack-obama-prague-delivered

② 由于英国代表团等待新政府的指示，英国在最后一周才加入美俄法行列。

武器公约是以联合国秘书长建议的方式在《最后文件》的结论和后续行动建议部分的核裁军序言段中而非行动计划中提及。[①] 这显然缺乏强制性和执行力。但不管怎样，在《最后文件》中提及核武器公约还是审议大会历史上的第一次。[②] 关于消极安全保证，[③] 13 个步骤一点都没涉及，而 22 个行动计划中的 3 个行动都是关于这方面的内容。行动 7 写道："所有国家商定，裁谈会应根据达成一致、全面和平衡的工作计划，立即就确保不向无核武器国家使用或威胁使用核武器的有效国际安排开始讨论，……不排除达成具有法律约束力的国际法律文书。"这虽未达到无核武器国家提出的立即开始谈判和缔结国际法律文书的要求，但也是无核武器国家在多年奋争后所取得的一个重要进展。

## 二

2010 年审议大会就 24 个核不扩散行动计划达成一致，并写入《最后文件》的结论和后续行动建议部分。但是，这些行动计划基本上是重复，而没有超出过去审议大会所取得的成果。《最后文件》在加强保障监督、强化核出口控制、处理不遵守条约和解决退约等关键问题上没有取得实质性的进展。

核不扩散行动计划重申了对国际原子能机构的全面

---

① 《最后文件》写道："审议大会注意到联合国秘书长关于核裁军的五点建议，其中除其他外提议考虑谈判一项核武器公约……"

② William Potter, Patricia Lewis, Gaukhar Mukhatzhanova, and Miles Pomper, "The 2010 NPT Review Conference: Deconstructing Consensus," June 17, 2010.

③ 消极安全保证是指核武器国家所作的不向无核武器国家使用或威胁使用核武器的保证。

保障监督的支持，但在加强国际原子能机构的附加议定书方面未能取得新的进展。核武器国家和西方无核武器国家主张，附加议定书应成为核查标准和核供应的一个条件。与此相反，不结盟运动缔约国却反对任何使附加议定书具有强制性和命令性的做法。由于不结盟运动（NAM）缔约国的反对，2010年审议大会未能就提高附加议定书的普遍性，使附加议定书成为核查标准和核供应的一个条件等建议达成一致。甚至，2000年审议大会已一致通过的语言——附件议定书是国际原子能机构保障监督体系不可分割的一部分——都未被2010年审议大会所采纳。核不扩散行动计划只是“鼓励”尚未缔结附加议定书的所有缔约国尽快缔结附加议定书和使之生效，并在生效前临时执行附加议定书。核不扩散行动计划虽然强调应普遍应用全面保障监督协定和附加议定书，但这是有条件的，是在实现彻底消除核武器以后。上述行动计划没有任何实质性意义。如果不使附加议定书普遍化，国际原子能机构就不能确保不存在未申报的核活动，在执行其核查职能时将会受到限制。在不能确保不存在秘密的核活动的情况下，核武器国家很难消除其核武器。

许多西方国家呼吁核出口国在作出核出口决定时考虑国际原子能机构的附加议定书是否已在接受国生效。这项主张遭到了许多不结盟运动缔约国的反对，它们认为对核供应施加新的条件是对其和平利用核能权利的践踏。作为妥协，它在核不扩散行动计划中变为“鼓励”缔约国在作出核出口决定时考虑国际原子能机构的保障监督义务是否已在接受国生效。

在关于退出《条约》问题的争论中，美国和其他西方国家支持那些使退约付出更高代价的措施，例如把退约通知提交联合国安理会，退还通过欺骗获得的核材料和核设备。其他国家，诸如叙利亚、伊朗、埃及和利比亚，认为对退约增加新的规定同于对《条约》进行重新解释。由于一些无核武器国家特别是伊朗的反对，退约问题仅在《最后文件》的审议部分出现，而在行动计划部分没有提及。审议部分强调，许多国家强调根据国际法退约国仍要对退约前违反《条约》承担责任，这种退约不要影响退约国与其他各缔约国之间在退约前因执行《条约》而产生的任何权利、义务或法律情势，包括与国际原子能机构保障监督要求有关的权利、义务或法律情势。审议部分指出，许多缔约国重申联合国安理会在解决退约问题上的责任。审议部分还强调，许多缔约国承认核供应国可酌情根据国际法和国家法考虑把拆除和退还条款（如果发生退约）纳入与其他缔约国达成的安排或合同中。

## 三

2010年审议大会对促进和平利用核能的重视超过了以往审议大会。[①] 在2005年审议大会上，美国布什政府只重视防止核扩散而轻视促进和平利用核能和推动核裁军，遭到广大无核武器国家的批评和反对，致使2005年审议大会无果而终。在2010年审议大会上，为获得更多的国家对美国推行的核不扩散措施的支持和审议大会的成功，美国奥巴马政府改变前任布什政府的做法，表示

① Rebecca Johnson, "Assessing the 2010 NPT Review Conference," Bulletin of the Atomic Scientists, July/August 2010.

平行推进《条约》的三个支柱——核不扩散、核裁军与和平利用核能，并宣布在今后5年为国际原子能机构新的"和平利用倡议"追加5000万美元的捐款。①

2010年审议大会通过了18个和平利用核能行动计划，并写入《最后文件》的结论和后续行动建议部分。除了重申尊重缔约国和平利用核能的权利和促进和平利用核能的发展外，行动计划还增加了新的内容。行动计划"鼓励所有有能力的国家为旨在今后5年筹集1亿美元作为国际原子能机构活动的预算外捐款的倡议提供额外捐款"。行动计划还"呼吁各国遵守2009年9月18日国际原子能机构大会以协商一致的方式通过的关于禁止武力攻击或威胁攻击在运或在建的核设备的决定"。在和平利用核能方面，审议大会争论最激烈的问题可能是多边燃料安排和燃料供应保障问题。尽管不结盟运动缔约国不反对多边方法，但是它们声称它们不支持任何具体建议，它们试图阻止任何可能被解释为剥夺无核武器国家发展和获得核燃料循环权利的努力。审议大会在多边燃料安排问题上没有选择采用强硬的语言。行动计划强调，"继续在国际原子能机构或地区论坛主持下以非歧视性和透明的方式进一步商讨核燃料循环多边方法的制定"。

## 四

2010年审议大会的最大亮点无疑是就执行1995年中东决议达成了一致。这是审议大会的一个关键问题，也

① "Remarks at the Review Conference of the Nuclear Nonproliferation Treaty," Hillary Clinton, Secretary of State, May 3, 2010. http://www.state.gov/secretary/rm/2010/05/14142.htm

是《最后文件》能否获得通过的一个必要条件。在1995年审议和延期大会上，作为一揽子决议的一部分，建立中东无大规模杀伤性武器区的决议获得了通过。[①] 但自那以后，15年来，建立中东无大规模杀伤性武器区没有取得进展。2010年审议大会把执行1995年中东决议的具体步骤写入《最后文件》的结论和后续行动建议部分，这是一个重大的成就。

在这个问题上，美国、埃及、阿拉伯联盟以及其他相关国家进行了艰苦的谈判，直到审议大会的最后一天才达成妥协，也才使《最后文件》获得了通过。

除了重复1995年和2000年审议大会所通过的内容，《最后文件》制定了全面执行1995年中东决议的5个切实步骤：联合国秘书长和1995年中东决议共提国与该地区国家协商在2012年召开由中东地区所有国家参加的大会，在该地区国家自由作出安排的基础上和在核武器国家充分支持和参与下商讨建立中东无核武器和所有其他大规模杀伤性武器区的问题；任命一名调解人，其任务是支持1995年决议的执行工作，在这方面与该地区国家进行磋商和为召开2012年大会进行准备；指定2012年大会的东道国政府；开展支持1995年决议执行工作的其他步骤；审议旨在支持1995年决议执行工作的所有建议。

这些切实步骤是否能够得到执行和建立中东无大规模杀伤性武器区能否取得进展仍是一个疑问。一个关键原因是《最后文件》要求以色列加入《条约》，并接受

① "Resolution on the Middle East," 1995, NPT/CON. 1995/32 (Part I), Annex. http://www. un. org/disarmament/ WMD/ Nuclear/1995-NPT/pdf/Resolution _ Middle East. pdf

国际原子能机构的全面保障监督，这可能导致以色列拒绝参加2012年的大会。以色列政府在5月28日发表声明说，“鉴于这份决议歪曲事实，我们不会予以执行。”[①]另一个关键原因是美国政府是否积极推动执行中东决议。就在审议大会闭幕当天，美国国家安全事务助理詹姆斯·琼斯将军就发表声明，表示美国对执行1995年中东决议持有重大的保留。[②]

① “Israel Rejects Middle East Nuclear Talks Plan,” BBC News, May 29, 2010.

② “Statement by the National Security Adviser, General James L. Jones, on the Non-Proliferation Treaty Review Conference,” The White House, Office of the Press Secretary, May 28, 2010. http://www. whitehouse, gov/the- press-office/statement-national-security-adviser-general-james-l-jones-non-proliferation-treaty

# 国际核保安体系概述和我国的核保安实践

刘大鸣

**内容提要：** 如何有效地防范核恐怖主义活动的是当前国际核保安系统面临的最大挑战，保护核材料与核设施的安全成为了国际社会关切的问题。本文概述了当前国际社会在完善国际核保安法律框架方面的进展和国际原子能机构在加强国际核保安机制方面所做的努力。也简要介绍了我国在核保安技术和国际合作方面的实践。

**主 题 词：** 核保安　核材料与核设施实物保护　核保安文化

**作者单位：** 中国原子能科学研究院

核保安（Nuclear Security）是加强核材料管理和有效使用，防止核材料的非法转移与滥用、保护核材料与核设施安全和国家履行核不扩散国际义务的重要措施。

2010 年 4 月在华盛顿召开的核安全峰会取得了积极的成果。国家主席胡锦涛出席了峰会并发表了题为《携手应对核安全挑战，共同促进和平与发展》的讲话，指出应切实履行核保安的国家承诺和责任；巩固现有的核保安国际法框架，推动《核材料实物保护公约》修订案尽早生效，促进《制止核恐怖主义行为国际公约》的普遍性；加强核保安国际合作，充分利用现有多边和双边合作机制和渠道，分享核保安经验，加强信息交流和执法合作；帮助发展中国家提高核保安能力；处理好核保安与和平利用核能的关系。这五点主张概括了中国在核保安方面的立场。

核扩散和核恐怖主义的产生有其复杂的根源，与国际和地区安全环境密切相关。在核能广泛应用的今天，如果不能有效地遏制核恐怖主义，不仅会给和平利用核能事业的健康发展造成损害，还将对地区的安全和稳定构成极大的威胁。

1995 年以来，全世界已报告涉及非法贩卖核材料的案件不断增加。尽管大部分这类已报告的案件中所涉及的核材料并不能直接用于核武器目的，但也由此向国际社会发出了警告，应重视核材料和核设施的安全，对核材料，特别是对具有重要战略价值的材料需要加以充分的保护。

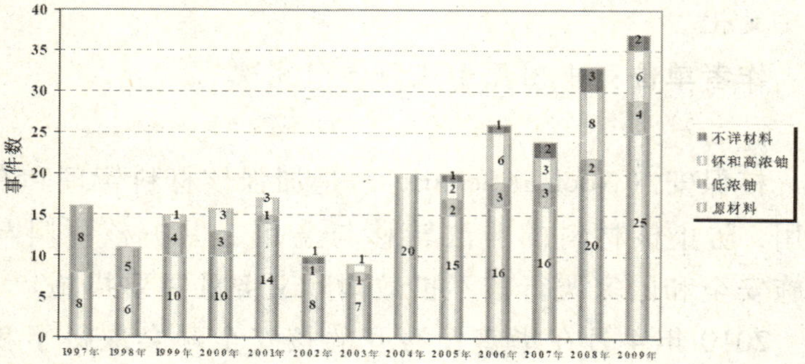


**1997 年—2009 年各国向 IAEA 确认的涉及核材料的事件**

**（引自 IAEA 2009 年保障执行报告）**

“9·11” 事件后，国际社会对涉及核与辐射的恐怖主义活动对国家安全构成的威胁日益关注。尤其是近年来核电产业的发展的快速复兴，核技术的应用日益广泛，使得人们对由于核材料流失、恐怖分子和犯罪组织意图获取核材料或放射性物质制造核恐怖事件的现实风险忧心忡忡。因此在当前恐怖主义活动猖獗泛滥的形势下所召开的全球核安全峰会对促进国际核保安机制的建立、加强核材料与核设施的安全管理和防止核扩散具有积极意义。

## 一、国际核保安体系的法律框架

《核材料实物保护公约》是目前支持国际核保安机制的最为重要的法律文书，其宗旨是保护核材料在国际运输中的安全，防止未经政府批准、授权的集团或者个人获取、使用或扩散核材料，并在追回和保护丢失或被窃的核材料，惩处或引渡被控罪犯方面加强国际合作，对公约范围内的犯罪建立普遍管辖权，防止核武器的扩散。

20 世纪 90 年代以来，恐怖主义活动逐渐成为威胁地区安全和稳定的重要因素。为了保护生产、使用、存储和运输过程中的核材料和核设施的安全，采取更加有力的措施来加强国际核材料和核设施实物保护机制，并在全球范围内预防和打击涉及核材料和核设施的犯罪，国际原子能机构（IAEA）于 1999 年启动了《核材料实物保护公约》的修订工作，于 2005 年 7 月完成并由公约成员国大会通过了修订案文的最后文件。修订案扩展了原《核材料实物保护公约》的范围，涵盖了国内使用、存储和运输过程中核材料的实物保护以及防范对核设施的蓄意破坏。修订案要求各缔约国建立、实施和保持与所确定的实物保护目标相适应的制度：对核材料和核设施采取适当的保护措施，并确保迅速采取措施查找和追回被盗或已丢失的核材料，保护核材料和核设施免遭蓄意破坏以及减轻或尽量减少破坏造成的放射性后果。缔约国有义务建立和维护核材料和核设施保护的国家立法和监管框架，指定相应的主管机关负责实施相关的行政措施。修正案明确了“一国建立、实施和维护实物保护制度的责任完全在于该国”，确定了应在合理和切实可行的范围内适用的12个实物保护基本原则，这些基本原则包括了国家的责任、国际运输中的责任、立法和监管框架、主管部门的职责、许可证持有者的责任、核保安文化、威胁的分析与评估；实物保护的分级方法、纵深防御措施、质量保证方案、应急响应计划和保密要求等主题。

修订案通过缔约国承诺实现和维护对用于和平目的的核材料和核设施的有效保护，在世界各地预防和打击涉及核材料和核设施的犯罪以及为实现上述目标开展的合作提供便利。要求各缔约国加强合作和协调，以保护核材料的安全并追回被盗窃或非法获取的核材料。修正案还对涉及核材料和核设施的刑事定罪的定义进行了修订，涵盖了走私核材料和蓄意破坏，为防止和惩处偷盗、非法贩卖、破坏、非法转移核材料以及破坏核设施的违法犯罪行为提供了重要的法律基础。

联合国安理会1373号决议（国际合作防止恐怖主义行为）和2004年通过的1540号决议（关于防止核生化武器扩散）也是构成国际核保安法律框架的重要文件。1373号决议对国际恐怖主义与核材料的非法转移之间的密切联系表示了关切，强调需要加强国际合作以应对这一严重威胁国际安全的挑战。该决议要求所有国家采取有效措施，防止和制止资助恐怖主义行为，并为调查和起诉恐怖主义行为相互给予最大程度的协助。1540号决议规定各国应不向企图开发、获取、制造、拥有、运输、转移或使用核生化武器及其运载工具的非国家行为者提供任何形式的支持。按照各国的程序，通过和实施适当、有效的法律，禁止任何非国家行为者，尤其是为恐怖主义目的而制造、获取、拥有、开发、运输、转移或使用核生化武器及其运载工具，以及禁止企图从事上述任何活动、作为共犯参与这些活动、协助或资助这些活动的图谋。要求各国采取和实施有效措施，建立国内管制，防止核生化武器及其运载工具的扩散。

《制止核恐怖活动国际公约》已于2007年7月7日生效。公约强调了核恐怖主义行为可能带来最严重的后果并可能对国际和平与安全构成威胁，迫切需要加强各国之间的国际合作，制定和采取切实有效的措施防止核恐怖主义行为。公约对放射性物质、核材料、核设施及装置进行了定义，规定了以任何方式利用放射性物质或装置，或以致使放射性物质外泄或有外泄危险的方式或破坏核设施，旨在造成人员伤亡或重大财产损失，或使财产或环境受到重大损害犯罪行为的范围。公约规定了缔约国应采取必要措施，包括在制定国内立法确保放射性材料受到保护。公约的内容还包括缔约国打击核恐怖主义、信息交流；发现、预防和应对核恐怖行为方面应履行的义务，要求缔约国参照IAEA保障措施和实物保护建议对核材料进行监管和保护。公约还对相关的司法管辖和程序进行了规定。

《放射源安全和保安行为准则》是IAEA关于放射源安全管理的一个指导性文件，于2003年9月8日经IAEA理事会核准。“准则”致力于各国建立有效的控制机制，加强放射源的安全管理，并确保当发生盗窃、丢失或未经授权使用或拆除放射源时能够被及时发现和实施保护。

“准则”的目标是鼓励各国制订和执行相关的政策法规并通过促进国际合作实现和保持高水平的放射源安全和保安措施，防止放射源丢失、被盗或被擅自转移，以减轻或尽量减少由此产生的放射性危害或恶意使用放射源对个人、社会或环境造成的放射性后果。

这些国际法律文书和文件为建立有效的国际核保安机制、防止和打击非法交易、转移、走私核材料以及破坏核设施的行为提供了重要的法律基础，也为各国建立有效的国家核保安系统，提高核材料和核设施实物保护有效性建立了基本准则。

## 二、国际核保安系统新的进展

1．实物保护建议与核保安丛书

IAEA 作为核领域唯一的政府间组织在促进核能的和平利用和防止核扩散方面发挥着重要的作用。INFCIRC/225 文件是 IAEA 制订关于核材料和核设施实物保护的建议性技术指导文件，该文件所阐述的核材料与核设施实物保护的目的、原则和建议的技术措施已为世界各国所广泛采纳，并在各国的法规中加以体现。INFCIRC/225/Rev. 4 是目前国际上普遍采用的核材料和核设施实物保护国际准则。

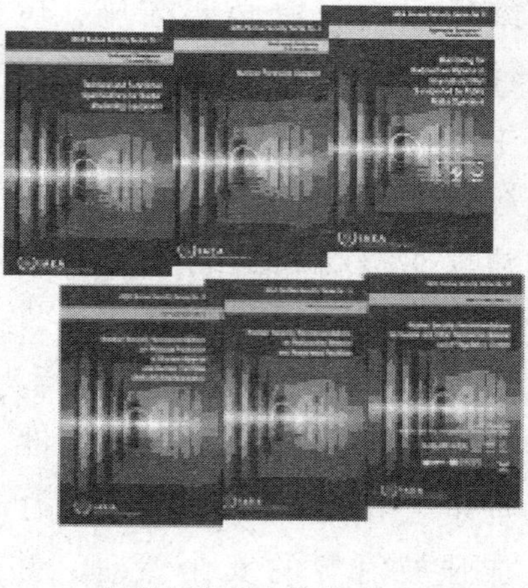

IAEA 核保安丛书

作为国际核保安系

统建设的重要组成部分，IAEA 近年来积极推动核保安国际准则的制订，包括重新审查和修订有关核保安建议性文件和技术指南，起草一系列核保安丛书为成员国提供有关核保安系统整体框架的指导，鼓励成员国在国内的实践中加以应用。目前 IAEA 已经出版了 15 种核保安丛书，并在 IAEA 的网站上公布。

2. *核材料和核设施的实物保护*

防范措施依然是目前抵御针对核材料和核设施的恶意行为和核恐怖主义活动的第一道防线，有效地防范个人或犯罪团伙盗窃、擅自转移核材料和破坏核设施是实物保护的目标，核材料和核设施实物保护是核保安技术研究和发展的重点。

从要求遵守规范向体现实物保护系统性能有效性的方向发展是一个重要的观念转变。现在国际上已经普遍接受了一个完整有效的实物保护系统应当基于设计基准威胁，并对安保设备（探测和延迟设备）的性能、防卫与响应力量的能力、设施的特点与布局情况和安全保卫计划等因素进行综合分析进行设计的理念。设计基准威胁是设计和评价一个实物保护系统的基础，是关于潜在敌手的动机、意图、特征和能力的全面描述，由国家主管部门和设施运营者根据安全形势发展和变化，对现实和潜在的威胁进行分析和评价后确定。一个性能好的实物保护系统要求探测、延迟和响应三个基本要素均能体现纵深防御的原则，并且根据核材料和其他放射性物质的性质和相对吸引力以及与擅自转移核材料和蓄意破坏核材料或核设施有关的潜在后果采取分级方案进行有效的保护，即敌手要想实现其目标必须战胜或绕过多重保护措施。

对核材料进行安全可靠控制是各国履行国际核不扩散义务的技术基础。核材料衡算与控制既是国际核保障系统的主要技术措施，也是国家对核材料进行有效监管的重要手段。核材料衡算是基于物质守恒的原理，在规定的结算周期内，对存于特定区域内的核材料存量进行平衡结算和实物核实，以防止核材料丢失和非法转移。有效的材料衡算和控制系统对于维护核材料的安全打击非法贩运核材料是非常重要的。

3. 核保安文化

核保安文化是近年来在核保安实践活动中提出的新概念。建立核保安文化是维护有效的国家和设施核保安系统有效的重要措施。核安全文化的意义是使人们能够充分地意识到核恐怖主义的威胁，从而认识到核保安工作对经济发展、国家安全、社会稳定的重要性。核保安文化的元素包括立法和监管制度、信息情报分析、对威胁的认识和评估、对维护核材料和核设施实物保护所投入的必要的人力和财政支持、相关的人员审查和保密制度、对人员的定期培训和制订相关质量控制计划等。国家主管部门和核设施管理者有责任推动和促进核保安文化的建设，通过制定相关的政策和法规和组织定期培训，使所有人员知道自己在保护核材料和核设施安全方面应担负的责任，以确保在整个组织和机构中有效地实施实物保护计划。

4. IAEA 国际核保安专家服务和教育培训

国际实物保护咨询服务（IPPAS）是由 IAEA 建立，协助成员国加强其国内核保安制度的一种机制，向成员国提供在执行有关国际法律文件和 IAEA 关于核材料与其他放射性物质以及相关设施的实物保护导则方面的同行咨询。

IPPAS 任务的执行是应成员国的请求，由 IAEA 组成国际专家小组对该国实物保护体系进行评议，并与有关准则（如 IAEA INFCIRC/225/Rev. 4 号文件）和国际公认的最佳实践进行比较。在评议的基础上，专家小组提出有关后续活动和援助的 T 建议。执行 IPPAS 任务的所有工作组都由经过挑选的国际公认的专家组成并进行工作，专家的挑选需要征得请求派遣工作组的成员国同意。目前，应越来越多成员国的要求，IAEA 正在安排对各国实物保护系统进行更多的国际评估和提供有关技术咨询。

核保安教育和培训是核保安领域人力资源发展和能力的提高的重要措施。通过对从事国家级和设施级核保安和实物保护工作的人员进行定期培训，有助于维护国家核保安系统改进任务的可持续性。IAEA 与一些国家（如俄罗斯、沙特阿拉伯、乌克兰等）的大学开展了有关核保安教育课程方面的合作。此外，IAEA 还发展了有关实物保护、设计基准威胁和核材料衡算与控制以及放射源保安方面的培训课程，以协助成员国加强核材料和放射源的监管。

5. 防止非法贩卖数据库

进入 20 世纪 90 年代以后，一些地区的政治格局发生了变化，由于使得一些国家管理体制混乱，涉及核材料丢失和非法交易的事件屡有发。IAEA 防止非法贩卖数据库（ITDB）于 1995 年建立，是 IAEA 关于涉及失控核材料和其他放射性物质非法贩卖事件和其他非法活动的信息系统，目的是促进对涉及核材料和其他放射性物质非法贩卖和其他非法活动的信息交流。ITDB 涉及的事件包括非法获取（如偷盗）、供应、占有、使用、转让或处置核材料和其他放射性材料的运动，无论是否越境。ITDB 可以提供有关的模式和趋势分析资料，帮助确定潜在的安全威胁和薄弱点（管理漏洞）。截至 2010 年 9 月 1 日，已有 111 个国家参加了“防止非法贩卖数据库计划”。

一些地区民族分裂势力、暴力恐怖主义和宗教极端主义组织制造的恐怖活动猖獗

6. 大型公共活动的核安保

与核材料相比，犯罪分子或团伙获得一般工业用途的放射性物质的可能性要大得多。由于大型公共活动参加人数众多，社会关注度高，犯罪分子或团伙一旦在公共场合使用放射性物质制造恐怖事件，将对人员和环境造成损害，在公众心理上产生严重恐慌情绪，影响到社会的稳定。IAEA 近年来已经协助多个国家完成制订了在大型公共活动中实施的核保安计划，并参与策划和实施了 2004 年雅典奥运会、2006 年世界杯足球赛、2007 年第 15 届泛美运动会的核安保计划以及与中国开展了 2008 年北京奥运安保的合作。

IAEA 在协助成员国开展大型公众活动安保计划的实施中发挥了其专长，开发了有关设计基准威胁确立、实物保护措施、探测技术与仪器、对涉及核与其他放射性物质突发事件的应急响应等方面的培训课程，并通过支持适当的设备提高成员国在预防、检测和应对大型公众活动中涉及核材料和其他放射性物质的恶意行为的能力。

## 三、国际核保安系统面临的挑战

如何有效地防范核恐怖主义活动的是当前国际核保安系统面临的最大挑战，国际社会也为此作出了努力。

尽管恐怖分子和犯罪组织直接得到核武器的机会不大，但恐怖组织试图采取各种非法手段获取核材料或其他放射性物质制造恐怖事件，或企图通过蓄意破坏核设施、袭击运输过程中的核材料，造成严重放射性辐射危害后果的威胁是现实存在的，人们的忧虑并不是“杞人忧天”。

任何一个国家为防止或挫败针对核设施和核材料的非法或恐怖活动的核保安系统的有效性都可能会受到其他国家所采取的核保安措施有效性的影响，因此加强核保安领域的国际合作尤为重要。

《核材料实物保护公约》仍然是维护国际核保安机制的重要法律基础，公约的修订案已于 2005 年 7 月通过，但目前只有包括俄罗斯、中国和英国在内的 45 个国家批准了该修订案，距离需要经全体《核材料实物保护公约》缔约国的 2/3 多数批准后生效尚需时日。

目前 IAEA 已经完成了对 INFCIRC/225/Rev. 4 文件的修订，形成了新的核材料和核设施实物保护建议性文件 INFCIRC/225/Rev. 5。INFCIRC/225/Rev. 5 文件反映了在《核材料实物保护公约》修订案中确定的 12 个基本原则，对防范蓄意破坏核材料和核设施以及保护运输中核材料的安全提出了新的要求。由于核材料和核设施的实物保护需要人力、物力和财力的持续投入，各国在应用 INFCIRC/225/Rev. 5 文件与国内法规接轨方面仍然需要有一定时间的磨合期。

核技术应用的日益广泛使得核材料扩散和放射性物质流失的风险不容忽视。培养公众的核保安意识，加强核保安文化的建设是当前一项紧迫的任务，需要政府和企业的共同参与。应当加强宣传和核能和核技术相关的知识和普及对放射性危害进行应急防护的知识，正确引导舆论，避免由于不恰当宣传引起的恐慌。

## 四、我国在核保安领域的实践

加强核保安有利于保障和平利用核能事业的顺利发展，也有利于保护公众利益和维护地区的安全稳定。保护核材料和核设施的安全，防止核扩散是中国的一贯政策。

为防止核材料被盗、破坏、丢失、非法转让与非法使用，中国政府于 1987 年和 1990 年先后颁布和实施了《中华人民共和国核材料管制条例》及《管制条例实施细则》，对核材料的使用、生产、贮存和运输实行许可制度、并对核材料的衡算与控制、实物保护等措施做出了明确的规定。近年来，政府有关部门又陆续颁布了《核材料国际运输实物保护规定》、《核材料管制视察规定》、《核电厂安全保卫规定》和《核材料实物保护导则》等相关法规和技术文件，将中国的核材料管制与核设施实物保护工作纳入了法制化和规范化的轨道。我国的核工业企业也按照国家法规的要求，逐步建立起了设施级的“核材料衡算和控制系统”和“核材料实物保护保护系统”，并参照国际通行的规则和做法，在新核设施的设计阶段就考虑落实核材料衡算控制和核设施的实物保护措施，并与设施的建设同步进行。

我国目前面临核电快速发展的阶段，按照国家《核电中长期发展规划》，到 2020 年，核电运行装机容量争取达到 4000 万千瓦，这意味着在今后 10 年内中国将陆续会有 40—50 座用于发电的核反应堆投入运营，因此保护核设施与核材料安全“任重而道远”。

目前我国的政府主管部门正在根据形势的发展和需要，加强相关的立法和监督管理机制，并加大了对核设施运营人员培训的支持力度，鼓励核工业企业建立和发展核保安文化。在确保大型核电站等新建核设施的实物保护标准与国际水平接轨的同时，对技术防范标准相对较低的老设施的实物保护系统进行了升级改造，提高核材料和核设施安全保卫的技术防范水平。

我国积极支持国际社会在加强核不扩散和核保安方面的努力。2008 年 10 月，我国人大常委会批准了《核材料实物保护公约》修订案，2010 年 8 月批准了《制止核恐怖主义行为国际公约》。2010 年 8 月，中国国家原子能机构与 IAEA 于签订了新的“核保安合作安排”，这对保护核材料与核设施安全，进一步深化中国与 IAEA 的核保安合作具有重要意义。

在不断完善国内监管体系的同时，我国也积极重视在核不扩散和核保安领域的国际合作与交流，支持 IAEA 在加强核不扩散和核保安方面的努力，与 IAEA 长期保持着卓有成效的合作关系，多次联合举办了核材料衡算与控制和核材料实物保护方面的地区培训班和研讨会。大型公众活动的核安保方面，与 IAEA 合作为 2008 年北京奥运会的成功举行做出了重要的贡献。我国自行研发的核探测设备为 2008 年北京奥运会和 2010 上海世博会提供了防范核与辐射突发事件的安全保障。

在双边合作领域，中美两国在核保障与核保安领域开展了广泛的交流，2005 年 10 月在中国成功举行了核材料综合管理技术的演示活动。2007 年 12 月合作在北京成功举办了作为“打击核恐怖主义全球倡议”下的“放射性物质探测与应急响应”研讨会。此外中美双方在核保障、核材料和核设施实物保护、放射源保安等领域的合作交流活动也取得了良好的效果。

2010 年 4 月华盛顿核安全峰会期间，胡锦涛主席宣布“中国正积极考虑同有关国家合作，在华建立核安保示范中心，在地区核保安合作方面进一步发挥作用”。2011 年 1 月，中国国家原子能机构与美国能源部就合作建立示范中心签署了政府间协议，为该中心的建设奠定了良好的合作基础。该示范中心将成为一个展示核材料衡算与控制、实物保护技术、分享最佳实践经验、开发设计培训课程、促进地区核安保技术合作的平台。

## 五、结语

近年来各种跨国、跨地区的国际恐怖主义活动愈演愈烈，我国周边的安全形势也不容乐观，境内外“三股势力”制造的恐怖主义活动对我国的安全环境已构成了不可忽视的危害。核材料与核设施的安全关系到国家安全和社会稳定，保护核材料与核设施的安全，防止核材料被盗和对核材料与核设施蓄意破坏，对维护我国的国家安全利益及负责任大国的影响力具有重要的现实意义。

# 论美国出口管制政策改革

刘　卿

**内容提要：** 美国出口管制政策已严重不符合当今世界技术发展潮流，对美国经济和安全都造成了损害。为促进出口、扩大就业和恢复经济增长，奥巴马政府上台后，启动了美国新一轮出口管制改革。此次改革的重点内容是调整管制物项清单，以集中精力加强对最关键技术和产品的出口管制。目前改革已经进入关键阶段。美国出口管制改革将直接或间接对中美贸易、中国安全环境等方面带来影响。

**主 题 词：** 出口管制　美国　贸易　安全

**作者单位：** 中国国际问题研究所

为平衡经济增长和国家安全利益，奥巴马政府启动了美国新一轮出口管制改革。此次改革重点是调整管制物项清单，目标是集中精力加强对最关键、最敏感的核心技术和产品的出口管制。实质性改革将围绕“四个统一”展开，具体分“三步走”。美国出口管制政策改革对提升中美贸易质量、减少贸易逆差有一定的积极意义，但也将对中国安全环境带来挑战。

## 一、改革的主要内容

2009 年 8 月，美国总统奥巴马提出对美出口管制政策改革，责成国务院、国防部和商务部等机构对现行出口管制法规、管理体系进行全面评估。2010 年 4 月，国防部长盖茨介绍了该项评估情况，提出改革方向，得到总统的认可。8 月 31 日，奥巴马签署行政令，正式启动改革程序。

改革主要包括四个方面内容，即“四个统一”，涉及控制的内容、控制的方式、控制的实施及对控制的管理，以便从根本上简化和优化出口控制。具体而言：

**一是统一出口管制清单**。美国现行管制清单有两个，即商业控制清单和军品控制清单。作为商业控制清单，其产品都有具体规格描述和相应参数，相对来说较容易界定；而军品清单中的物项描述宽泛，涵盖面很广，很难鉴定产品是否属于清单所列。由于两份清单采用不同的管制定义方法，导致同一产品可有不同的划分。比如，广泛用于消防车和其他大型车辆的制动踏板，仅仅因为可应用于 M1A1 坦克，就被列入军品出口控制清单。[①] 这次改革将根据技术敏感性、产品周期等属性设立一个三级分类标准，将两份清单的物项按高、中、低三个档次进行归类。最高管制类的产品及技术将受到严格管控，该类产品包括军事和情报领域的尖端技术及大规模杀伤性武器技术，几乎仅限于美国所有，如要出口，需申请

① “President Obama Lays the Foundation for a New Export Control System,” http://www.whitehouse.gov/the-press-office/2010/08/30/president-obama-lays-foundation-a-new-export-control-system-strengthen-n

出口许可证，并要求购买方出具“终端用户”担保书，以防技术流向第三方，同时，对其执行情况进行跟踪监控。中度管制类的技术和产品，对美国军事和情报优势有着重要影响，为美国及其盟国所拥有，多数可向美国伙伴及其盟国转让，无需出口许可证，但对再出口的目的地有限制。最低管制类产品和技术，对美国军事和情报有着重要影响、但已为全球许多国家所知，无需出口许可证。[①] 目前，技术专家小组正在按相应的参数指标对原来两份清单的产品逐一扫单，重点是对军品清单产品进行归类。筛选工作结束后，两个清单将以相同格式和层次结构列好，以便合成一个统一的清单。

**二是统一出口许可证发放**。目前，对许可证进行管理的部门有三家，商业出口许可由商务部产业安全局管理，军品出口许可由国务院国防贸易管制局管理，对禁运国家许可证发放权则归属于财政部外地资产管制办公室。不同部门使用不同的管理条例，不同的审批程序，没有协调机制，信息不共享。这种“碎片化管理”大大影响了行政效率。奥巴马政府正在筹建一个独立发证机构，将三个部门的发证活动统一起来。与此同时，成立一个董事会对其工作进行指导，董事会成员由相关部级领导组成。独立机构负责人经由参议院协商后由总统任命，并直接向总统汇报工作。商务部正在与国防部、国务院及能源部磋商，制定许可证颁发和豁免政策草案，使低级别管制的出口许可证发放更具弹性，某些产品出口无须许可证。商务部产业安全局正在推动两项免证政

① Suzanne Reifman and Erin Rankin, “U. S. Government Announces Major Steps Towards Implementation of Export Control Reform Initiative,” http: //www. velaw. com/resources/ExportControlReformInitiative. aspx

策：一个是高技术出口免证区，即美国公司在向北约和欧盟出口技术时无须许可证；另一个是企业内部转移例外政策，即允许美国企业对其海外子公司出口技术时免申许可证。商务部表示，将继续对个别国家实施出口许可特殊管理，如伊朗和古巴。

**三是统一执法调查。**目前，对出口管制进行执法调查的部门涉及多个，比如，国土安全部移民和海关执法局，司法部下面的联邦调查局，以及商务部产业安全局。这些机构都具有对违反管制条例进行调查执法权，造成机构重叠、协调不力，曾出现过一部门在调查案件时无意揭露了另一家调查的卧底。为改变执法调查中出现的各自为政现象，奥巴马政府决定成立一个执法协调中心。该中心隶属于国安部，职员来自于先前各调查和情报部门，负责协调国务院、财政部、国防部、司法部、商务部、国安部及国家情报部门等对案件的执法调查。中心将对颁发的许可证进行审查，协调不同部门的处罚政策。产业安全局表示，对于内部管理严格的公司，如并非故意违章，联邦政府将尽量减轻处罚；对内部制度松懈的公司，如蓄意违章，则严加处罚。

**四是统一电子系统。**政府筹建一个一体化信息技术系统，以管理出口许可证申批，通过搭建一个联网平台，将各部门相关信息联结起来。国务院与国防部正连至同一个系统，商务部计划2011年内接入，其他部门如有需要也可并入。通过统一的电子系统，加快审查评估效率。白宫举例称，借助“一次性在线程序”，网络加密产品如手机和网络储存器等的出口评估时间可从过去的30天缩短至30分钟。[①]

改革进程分为三个阶段，即所谓“三步走”：第一阶段为启动阶段，目标是使现行制度有显著改善和提高。该阶段主要工作包括：重新定义出口清单概念；设立分级标准；修改发证程序；统一发证标准；成立执法协调中心等。第二阶段为推进阶段，目标是建立全新的出口管制制度。主要任务包括：全面部署第一阶段改革成果；将梳理的出口清单分层级排列好；统一监督程序等。第三阶段为完成阶段，目标是推动国会最终批准修改的法律。这一阶段的任务远非行政机构单独能够完成，两个清单合而为一、建立统一的发证机构和执法协调中心，这些均需国会立法才算完成。[②]

目前，第一阶段目标近于完成，有关部门正在比对两个出口清单，将分类好的物项整理到统一的清单中，设置统一的许可证申请格式。值得一提的是，2010年11月10日，奥巴马总统颁布行政命令，批准筹建出口执行协调中心。12月9日，白宫出台有关标准与程序的规定草案，征求意见期为60天，之后，这些规定和控制清单将被正式确定。第二阶段仍在加紧进行，相关部门正在就建立统一发证机构的结构和统一发证形式协调意见。同时，政府还在加紧建设信息平台，使商务部和国务院发证官员都能看到所有申请资料。现在，该系统已开始

① “Remarks by the President at the Export-Import Bank's Annual Conference,” http://www.whitehouse.gov/the-press-office/remarks-president-export-import-banks-annual-conference

② “U.S. Defense Secretary Gates Unveils the Obama Administration's Plan for Fundamental Changes to the U.S. Export Control System,” http://www.kslaw.com/imageserver/KSPublic/Library/publication/ca042010.pdf

试运行，正在员工之间进行调试。[①]

## 二、改革原因

美国出口管制政策深深打下冷战时代的烙印，已严重不符当今世界技术发展潮流，对美国经济和安全都造成了损害。尤其是，在当前国际金融危机背景下，要促进出口、扩大就业和恢复经济增长，就必须改革出口管制政策。

**（一）冷战期间建立的出口管制体系已严重“过时”**。长期以来，出口管制一直是美国维护霸权、保障国家安全、推进外交政策常用手段之一。但随着全球化的纵深发展和科技信息流动性的加快，美国在冷战期间建立的出口管制体系越来越不适用，不仅损害美国的经济利益，也对其安全利益构成潜在威胁。一是管制过时。例如，军用列车是在1935年被列入军品控制清单，但至今仍保留其中。再如，控制政策规定，计算机每秒运算次数在400亿次就不许向中国出口，而中国现在的“天河一号”每秒4700万亿次。[②] 二是制度严重官僚化。管制政策“极度复杂”、“程序繁琐”，严重影响发证效率。国务院每年要处理6.5万多件许可证申请，这一数字正以每年约8%的速度增长，导致2009年积压的申请达1万件。[③] 三是管制政策已难以适用日益改变的经济和科技

---

① “President Obama Announces First Steps Toward Implementation of New U. S. Export Control System,” http://www.bis.doc.gov/news/2010/obama_implementation_ecr.htm

② 温庆生：《“4700万亿次”奇迹背后》，《光明日报》2010年10月29日。

③ Baker Spring, “A Step Forward in Reforming the U. S. Arms Export Control Process,” http://www.policyarchive.org/handle/10207/bitstreams/12218.pdf

环境。冷战时期，美国技术研发具有垄断优势，能对相关产品实行全面控制。但如今，不少国家已具备强大的技术研发和产品制造能力，许多尖端技术已不再是“军转民”，反而是“民转军”。四是现有体系存在将商业贸易推向国外的风险。由于受困于严格的管制，美国跨国公司将业务移至海外，从而危害美国防工业基础，从内部削弱国家的防御制度。针对上述情况，美国家科学院指出，现行技术出口政策已不适应当前科技经济形势，需对其做出重大调整，可根据实际情况变化进行动态管理，建议至少每 12 个月对出口清单梳理一次。[①]

**（二）促进出口与就业**。在当前金融危机冲击下，许多企业面临生存困境，出口萎缩，贸易逆差上升。据统计，2010 年 6 月，美国贸易逆差额扩大至 449 亿美元，增长 18.8%，达到自 2008 年 10 月以来的最高水平。[②] 技术出口管制直接导致出口贸易的下滑和贸易机会的减少。美国商务部数据显示，从 2001 年到 2006 年，美国对华高技术商品出口占中国高技术商品进口总额的比重由 18.3% 下降到 9.1%，按这个下降比例计算，美国对华出口至少损失了 700 多亿美元。[③] 为摆脱经济危机，2010 年初，奥巴马政府提出 5 年内实现出口翻一番的目标，并创造 200 万个就业机会。白宫称，执行新方案后，去年

---

① Brent Scowcroft, “The Impacts of U. S. Export Control Policies on Science and Technology Activities and Competitiveness,” Testimony Before the Committee on Science and Technology U. S. House Of Representatives, http: //www7. nationalacademies. org/ocga/testimony/Impacts_ of_ Export_ Control_ Policy_ on_ S_ andT. asp

② 帅扬:《美国出口管制调整 经济和政治因素双重推动》,《中国财经报》2010 年 9 月 8 日。

③ Wen Zhang, “ Causal Analysis of USA's Trade Deficit with China from the View of Globalization,” http: //www. ccsenet. org/journal/index. php/ijbm/article/viewFile/1760/1671

按“军品清单”发出的1.2万个许可中，约42%的物项将被纳入“商业清单”，32%的物项将被取消管制。[①] 全美制造商联合会估计，如出口管制改革取得成功，未来10年美国出口将增加1.9%，约560亿美元，创造34万个就业岗位。[②]

**（三）增强企业竞争力。**长期以来，美国企业界一直抱怨美国出口控制体系严重制约了美国出口竞争力。就武器出口来说，欧盟作为一个整体，2009年其武器出口贸易超过美国。就两用品出口而论，欧企在某些方面竞争优势明显强于美企。比如，中国希望从美购买商业卫星，但考虑到美国出口限制，不得不转向欧洲。美国航天工业协会称，如没有采取切实可行的措施使美国出口管制体系现代化，并且增强与盟国的航天贸易，美国很可能失去航天业领导地位和参与全球航天业竞争的能力。自1998年商业卫星出口管制条例实施以来，美国商业卫星市场份额从73%下降到了27%。[③] 在西方发达国家中，美国是唯一需对商业通信卫星及相关部件出口进行严格且耗时审批的国家。美国航天工业协会建议，政府应对所有航天技术进行评审，分清商业项目和军用项目。只有这样，才能帮助美国航天企业维持与海外同业公司之间的竞争力。

---

① “President Obama Lays the Foundation for a New Export Control System,” http://www.whitehouse.gov/the-press-office/2010/08/30/president-obama-lays-foundation-a-new-export-control-system-strengthen-n

② Ross DeVol and Perry Wong, “Jobs for America: Investments and Policies for Economic Growth and Competitiveness,” http://www.milkeninstitute.org/publications/publications.taf?function=detail&ID=38801227&cat=resrep

③ Aerospace Industries Association, “Satellite Export Control Rules are Damaging Space Industrial Base,” http://news.thomasnet.com/companystory/Satellite-Export-Control-Rules-must-be-updated-558690

**（四）面临外交压力**。欧洲盟国批评美国军品出口管制政策妨碍了跨大西洋国防与安全合作。由于管制严格，它们在购买美国武器系统备用零件时，常常需等待很长时间，有时甚至几年。在对华武器出口问题上，欧洲几次试图解除武器禁令，但均遭美施压。美国出口管制政策也遭到来自中国的批评，一直被认为是造成中美双边贸易不平衡的关键原因。另外，美国出台专门针对中国的出口管制政策明显带有歧视性，中国多次通过中美经济与战略对话等渠道表达了对这一问题的关切。

## 三、改革前景存在不确定性因素

目前，有利于改革深入的有利因素包括三个方面：一是出口管制改革已在国会形成了一定的政治氛围。民主党控制国会多数时，府院协调密切。当内阁工作组对管制体系进行审查评估时，众议院外委会主席伯曼主持修改《出口管理法》，起草新的法案。参议院银行、住房和城市事务委员会积极配合众议院外委会行动，推动早日递交改革法案。二是传统保守势力分化。在前几次改革中，军方是最顽固的堡垒，但现在表示支持改革。国防部在发布2010年《四年防务评估报告》时，公开承认当前的制度对国家安全构成潜在危险，导致核心技术竞争力下降。[①] 三是企业界持续对政府施压，游走于政府和国会各部门之间。2009年12月，航空行业率先在国会就

---

① Barry J. Hurewitz, Ronald I. Meltzer, "Emerging Consensus Favors Major U. S. Export Control Reform, But Odds for Legislation Remain Unclear," http://www.wilmerhale.com/emerging_consensus_favors_major_us_export_control_reform_but_odds_for_legislation_remain_unclear_02-22-2010/

出口控制改革进行申辩。2010年1月，机械制造等行业出口商也在国会佐证，要求国会对管制政策对美国商业造成的影响进行慎重评估。

但改革的阻力也非常大。此次改革尝试比先前任何一次力度都大，牵扯到各方利益关系和各种政治因素，还涉及对外关系，运作起来非常复杂。事实上，无论是商界还是政界，反对奥巴马政府改革的大有人在。比如，飞机和汽车制造等相关行业保护势力担心，放松管制将使新兴国家相关行业的竞争力加强，反过来冲击美国企业。美国工商理事会主席卡恩斯称，目前，已有大量先进美国技术转移至国外，出口管制改革方向应着眼于加紧而不是放松。[①]

中期选举后民主党在国会失势，奥巴马政府成了“跛脚鸭”，共和党誓言对奥巴马政府推动的系列改革反攻倒算。可以预见，在剩下的两年时间里，奥巴马政府在国会遇到的掣肘将增多。虽然一些共和党人认同政府改革，但共和党内部远未达成共识。新任众议院外委会主席鲁斯莱蒂南严厉批评奥巴马政府对控制政策的改革，对伯曼起草的两用物项控制法案泼冷水，认为两党尚未准备好就匆忙修改出口管制法是一种冒失。尽管民主党仍控制参议院，但其内部对如何改革争议也很大，新任参议院银行委员会主席约翰逊称，出口控制不在该委员会优先考虑的议程之列。

由于大多数程序性改革只需通过行政手段即可完成，无需国会授权或修订法律、法规，因此，随着改革草案

---

① Kearns, “Selling China the digital rope to hang us,” http://www.washingtontimes.com/news/2010/mar/01/selling-china-the-digital-rope-to-hang-us/

的公布，相关措施也会陆续出台。但是，改革最后一步必须经过国会，成立的出口审批机构和执法协调中心需国会批准，涉及刑事、民事处罚等方面的修订问题也需国会同意。可见，两党之间和府院之间的磨合仍将是一个艰难的讨价还价过程。

## 四、对中国影响评估

中国是美国最大的贸易伙伴，并被美国视为潜在的战略竞争对手，美国出口管制改革将直接或间接地对中美贸易、中国安全环境等方面带来影响。

**（一）美国对华两用技术出口可能有所放松，但对华敏感技术管制只会加强。**美国将某些产品从管制清单中分离出来，有利于改善中美贸易结构。美国宣传最多的是放松对现有“绿色技术”管制，设立“绿色用户终端”制度，开辟“绿色贸易通道”，另一个可能放松的领域是电子产品及技术，包括储存器、网络加密技术等。但是，中国对美国不宜有过高期待。出口管制改革只是美国“促进出口战略”的重要一环，其放松某些技术管制的动机是为了扩大对华出口，解决国内就业问题。鉴于美国对华日益加重的战略防范心理，美国对华敏感技术出口管制只会加强。2009 年美国国会通过对《国际关系授权法案》的初步审核，规定总统有权将卫星及相关部件从军品管制清单中挪出，但法案在最后特别注明，总统这一特权不适用于中国等“例外国家”。

**（二）对台军售限制可能减弱。**美国很可能以民用技术为名向台销售军品或零件，为台装备升级。2010 年 8 月，美国国务院称，已就三项小型对台军售通知国会，将为台IDF战机提供升级服务，同时向台提供防空雷达。美国放松管制后，在一些亲台议员的推动下，对台军售限制有可能变得更弱。中期选举后，亲台议员人数增多，众议院外委会主席鲁斯莱蒂南是亲台顽固分子，曾公开支持美国政府出售F－16C/D型战机给台湾。国会出口管制工作组负责人曼祖罗是反华强硬派代表之一，接任众议院外委会亚太小组主席。“台湾连线”共同主席夏伯特卷土重来，此人曾是台湾提案的主要推手。奥巴马已成“跛脚鸭”，正在寻求共和党在内政问题上的支持，很可能会以外交作筹码，而对台军售是其可向共和党让步的筹码之一。

**（三）美国可能对印度、越南等中国周边国家出口更多的敏感技术。**美国放松出口管制给印度深化与美国在国防和高技术领域的合作以更多想象空间。1998年印核试后，美国一直限制对印出口高技术，多年来印一直试图打破这一限制。现在，美国正欲提升印在其全球战略中的地位，很可能利用改革之机，放松对印出口管制。出口许可证改革方案已透露，美国将放松对“盟国”及“多边伙伴”的敏感技术及设备的许可证发放，向印发出明确的信息。另外，美国放松出口管制增加向越南转让敏感技术的可能性。近年来，越美国防和安全合作快速升温。2008年10月，两国首次就国防和安全议题举行战略对话，讨论军备合作问题，其中包括为越战时留下来的美制直升机提供升级服务。尽管美国放松出口管制并不等于美国马上对越售武，但随着美国将越提升为潜在的伙伴国，向越出售敏感技术已具备了政治基础。

**（四）美国政策调整在一定程度上增加欧盟解除对华军售禁令的可能性。**美国改革出口管制政策主要目的是为了促进出口，这势必使国际高技术领域竞争更加激烈。为应对形势变化和维持国际竞争力，欧盟亦需对其高技术出口管制政策进行调整。2010 年 1 月西班牙任欧盟轮值主席时，表示欧盟将积极考虑解除对华军售禁令。在美国释放要对华“出口”C－130 运输机的气球后，欧盟快速跟进，意大利芬梅卡尼卡公司宣布，鉴于美国考虑向中国出售 C－130 运输机，该公司也准备向中国销售 C－27J 运输机。[1]

① Bill Gertz, "Obama loosens sanctions on C－130s to China," *The Washington Times*, October 11.

## 【常规武器】

### 2010年国际常规武器军控态势综述

☞王　宸

### 联合国《武器贸易条约》的来源、现状和走向

☞龙　涛

# 2010年国际常规武器军控态势综述

王　宸

**内容提要**：常规武器军控领域的不同机制在促进国际人道主义事业发展，维护世界稳定方面发挥着独特作用。随着武装冲突形式的变化、武器装备技术的进展，通过增加新设议题，重启搁置议题，以及进一步完善现有军控措施，在扩大禁止或限制武器类型、军备透明、规范贸易管理等范围产生显著效果。本文旨在客观反映年度重要态势。

**主 题 词**：常规武器　军控　年度报告

**作者单位**：北京　工程装备系统工程研究所

2010年，世界局部性的动荡与紧张有所加剧，朝鲜半岛冲突、伊朗核问题等牵动世界的目光，军控问题始终是求解答案的途径。在核不扩散和外空问题相继取得进展中，常规武器军控依然是国际军控议题范畴最为活跃领域。《特定常规武器公约》（CCW）达成30周年，各方对公约及其议定书立场明确表态；美国的防车辆地雷替代武器取得重大进展，推动利用技术优势取得相应军事优势的军控进展；《奥斯陆集束弹药公约》通过行动计划，将同《渥太华禁止杀伤人员地雷公约》更加紧密协作，影响主要军事大国在CCW框架下就集束弹药议题务实讨论，并强化各议定书效力；《武器贸易条约》筹备迈出了重要步伐，联合国《常规武器登记册》面临类别扩展。

常规武器军控越来越成为各国维护安全，服务国家利益的重要途径。一方面军事利益超脱国家强烈关注集束弹药、地雷等武器装备控制，存在反恐需求国家大力推动轻小武器转让透明，强化非法武器贸易管制；另一方面在军事技术上形成相对优势的国家更加注重通过推动相关军控成果，限制别国武器装备的使用，从而将这种优势转化为军事上的相对优势。

## 一、《特定常规武器公约》结构合理，各项议定书效用显著

2010 年，《特定常规武器公约》诞生 30 周年。作为处理军控领域人道主义问题的主要法律框架，该公约地位进一步增强，作用不断提高，《修正的地雷议定书》履约工作稳步推进，《战争遗留爆炸物议定书》缔约国持续增加，公约设立的集束弹药问题政府专家组已经开始就集束弹药议定书的讨论持续了 3 年，并提出了有关草案。实践证明，公约在解决地雷等常规武器引发的国际人道主义问题方面，具有不可替代的重要作用。联合国秘书长在祝贺公约达成30 年的贺词中说，“《特定常规武器公约》及其议定书涉及与人道原则和战争法不相符的武器的使用问题，为考虑如何最好地保护平民和尽量减少某些非人道武器对战斗人员的影响提供了一个重要框架。缔约国的努力使该条约成为当今人道主义、裁军和军备控制机制的一个不可或缺的元素。”《特定常规武器公约》及其各项议定书在 2010 年呈现出一些新的变化和

热点。

### （一）原地雷议定书面临法律废止

《修正的地雷议定书》缔约国数目自1999年以来翻了一番，截至2010年11月共有66个国家和7个地区成为该议定书缔约国。2010年，围绕该议定书的热点是原地雷议定书的存留问题。冷战结束后，长期滥用杀伤人员地雷引发了国际社会人道主义关切。20世纪90年代初，为强化地雷议定书在防止大规模使用杀伤人员地雷的管制作用，全面修订了该议定书，但是由于当时议程等因素所限，该议定书与《修正的地雷议定书》在法律体系中客观形成了并存结构。虽然这一法理问题早已被质疑，但是实事上对各缔约国，尤其是非《公约》缔约国造成困惑。

《公约》专家小组讨论了两种终止原议定书的办法：一是由全体缔约国接受终止；二是《公约》适用有关国际约章框架法的条款，即《维也纳条约法公约》第五十九条第一款（乙），该条款规定条约因缔结后订条约而终止。该议定书协调员还联系了12个尚未声明打算加入《修正的地雷议定书》的地雷议定书缔约国，鼓励它们完成这一手续，从而促进集体废止原议定书。其中11个缔约国报告称，其有关部门正在审议加入《修正的地雷议定书》。

未来，《修正的地雷议定书》专家小组将继续审查议定书的实施情况和现况，并审议国家年度报告的有关问题，以及保护平民免受地雷滥杀滥伤影响的技术发展情况；促进普遍加入《特定常规武器公约》及其所附议定书的行动计划，以增强非缔约国兴趣的相关机制。在这种背景下，议定书将鼓励缔约国和《公约》秘书处加大努力，特别是通过举办更多旨在促进和解释《公约》及其议定书的国家和区域研讨会，以落实行动计划；《修正的地雷议定书》缔约国将继续与原地雷议定书缔约国接触，鼓励其加入新议定书，进而便利原议定书的终止。

**（二）《战争遗留爆炸物议定书》拟定重点关注议题**

《战争遗留爆炸物议定书》自2003年11月28日谈判达成后，于2006年11月12日生效。截至2010年5月，包括美、俄等主要军事大国的66个国家成为缔约国。2010年4月29日，中国第十一届全国人大常委会第十四次会议批准加入《战争遗留爆炸物议定书》，6月10日，向联合国秘书长交存批准书。该议定书于同年12月10日正式对中国生效。该议定书在本年度重点关注受害者援助问题，强调充分了解受害者需求的重要性。有关国家普遍认为，《战争遗留爆炸物议定书》缔约方应该关注所有需要援助的国家情况，并要求捐助国查明一切，支持与战争遗留爆炸物相关活动的可能资源，并充分利用议定书的执行机制，作为匹配需求和资源的工具，并加强合作和援助[①]。

缔约国将四个主要议题纳入今后重点关注：一是清除、排除或销毁战争遗留爆炸物：交流国家资料和经验；二是爆炸性弹药使用者的责任：向武装部队介绍和利用第4条通用电子模版或其他适当手段记录使用爆炸性弹药资料的国家经验，还应根据议定书第4条，向控制有

① http://documents-dds-ny.un.org/doc/UNDOC/GEN/G10/627/61/doc/G1062761.DOC.OpenElement

关领土的当事方提供资料；三是控制受战争遗留爆炸物污染领土的缔约方责任，尤其关注对受战争遗留爆炸物污染国家清除项目的评估，并取得成果；四是战争遗留爆炸物对环境的影响：制定、采用并推行国家程序以记录和保存有关使用爆炸性弹药的资料。

### （三）拟议中《集束弹药议定书》共识增强

2010年，有关各方应继续寻求在《特定常规武器公约》框架内达成一项平衡人道主义关切和各国正当军事安全需求的集束弹药议定书。最新一稿主席案文反映了谈判三年来的一些共识，[①] 较平衡地处理了军事安全需要与人道主义关切。2010年4月，在CCW框架下召开了两次有关集束弹药议题的军事和技术专家会议。会议讨论的问题中含有建议拟不列入议定书范畴或集束弹药定义范围的弹药，包括反舰弹药、反跑道弹药和直接瞄准发射弹药。此外还就保障机制（其中特别就自毁装置）、自推进弹药和防空等领域问题展开讨论。讨论大大增进了对观念不同的专家及各种不同军事文化和装备所用术语的理解。就诸如保障机制之类的关键问题展开的非正式磋商仍将继续进行。

### （四）防车辆地雷议题可能再度成为焦点

2010年8月3日，美国国务院颁布了“安全行走于地球2009年”报告，报告称美国已经停止使用所有的不可探测地雷，包括防车辆地雷和杀伤人员地雷，并将于年底停止使用所有长效地雷。在此之前的1月19日，在

① http://www.fmprc.gov.cn/chn/pds/wjb/zzjg/jks/fywj/t759453.htm

美国新墨西哥州白沙导弹靶场，名为“蝎子”的网络化智能地雷成功地进行了首轮全程实弹发射试验，三次试验均摧毁了目标。这标志着美军在杀伤人员地雷替代武器“蜘蛛”地雷研发成功之后，防坦克地雷替代武器也取得了重大进展。“蝎子”系统在控制方式和毁伤效能上既能够有效解决人道主义关切，又在军事效用上符合了信息化陆战场对障碍体系的要求。美军在防车辆地雷替代武器技术上的优势可能转化为美国在《特定常规武器公约》框架下推动停滞不前的《防车辆地雷议定书》起死回生的技术动力。2010 年以后，所有美军使用的地雷将在布设数小时或数天后自毁或自失能。①

此外，在年度的有关地雷问题会议上，一些国家表示《修正的地雷议定书》专家小组应继续审议装有敏感引信的防车辆地雷的问题。可以预见，集束弹药议题在公约框架下解决后，防车辆地雷议题仍将会成为谈判焦点。

## 二、《奥约》行动计划通过，携手《渥约》紧密协作

2010 年 2 月 16 日，非洲的布基纳法索成为第 30 个交存《奥斯陆集束弹药公约》批准文书的国家，意味着该公约生效所需批准国的数量已达到要求。已批准该公约的国家需要采取各种具体措施来履行公约规定的各项义务，包括通过国内法律法规来确保该公约在国家层面

① Merle David Kellerhals Jr.: U.S. Works to Eliminate Threats from Land Mines, Munitions, http://www.america.gov/st/peacesec-english/2010/August/20100803171625dmslah-rellek0.174679.html

上得到落实，清理受污染地区、销毁库存武器、援助受害者，提供国际合作所需的资源以实现公约目标。库存有《奥约》规定集束弹药的国家要制定在8年期限内全部销毁库存的时间表，并着手开始销毁工作。[①]

8月1日，共有107个国家签署的《奥斯陆集束弹药公约》正式生效。11月9日至12日，该公约首次缔约国大会在老挝首都万象举行，120个国家，联合国、国际红十字会的高级代表以及来自世界各地的非政府组织成员超过1000人出席本次会议。会议出台了《万象行动计划》，包括65项具体并有时间限制，且可量化，具有法律约束力的行动或承诺，涉及禁止集束弹药、清除遗留爆炸物、援助受害者、销毁库存集束弹药等内容，以此将公约的法律条文转化为具体行动计划。根据大会发布的《2010集束弹药监控》报告显示，还有73个国家有大量集束弹药库存，其中17个《奥约》缔约国提供的信息显示，他们拥有的集束炸弹达到110万枚。尽管近三分之二的特定常规武器公约缔约国已经成为集束弹药公约的缔约国或签约国，但包括库存集束弹药最多的国家在内的80多个国家仍未加入该公约。[②]

《奥约》通过的行动计划，将加强缔约国之间的协调并制定未来行动目标，年度出版监测报告，监督有关国家执行公约情况以及违约情况，这些都与《渥太华禁止杀伤人员地雷公约》如出一辙。借鉴《渥约》的成功经验，并与之进行互动，融合一体，无疑是《奥约》借《渥约》的影响力以推进自身普遍性的重要途径。而

① http://www.cnr.cn/allnews/201011/t20101101_507252560.html

② http://news.163.com/10/1109/18/6L2LLU4B00014JB5.html

《渥约》取得的经验和存在的挑战也将成为《奥约》未来行动的指南。

《渥约》在2009年至2010年取得了较大的进展，可记录布设地雷的国家政府行为只有缅甸，使用地雷的非政府武装集团有6个国家：阿富汗、哥伦比亚、印度、缅甸、巴基斯坦和也门。2009年因为地雷和战争遗留爆炸物而受伤的受害者共3956人，比2008年低了约28%。2008年的地雷行动项目共清除了198平方公里的雷患区域，是地雷监测组织开始记录以来最高的一年。在地雷行动中共销毁了255000枚杀伤人员地雷和37000枚防车辆地雷；2009年，至少359平方公里的战场区域得到清除，处理了220万枚战争遗留爆炸物。联合国地雷行动共接受到6.22亿美元的捐助基金。截至2010年11月，共有156个国家加入《渥太华禁止杀伤人员地雷公约》，芬兰和波兰承诺2012年加入《渥约》，但自从帕劳2007年11月加入《渥约》以后没有新的国家加入，尚有39个非缔约国还没有启动国内法律程序；共有86个国家已经完成销毁杀伤人员地雷，但是乌克兰没有在规定期限2010年6月前销毁全部储存。2010年6月，尼加拉瓜宣布已经完成清除雷区的任务，但很多国家申请了延期完成雷区清除，其中委内瑞拉自批约以来还没有开始清除。《渥约》组织机构强调了对违约缔约国施加压力并引导其履约的重要性，和重视对有限资源最佳利用并将其快速有效的投入到雷患国家。①

禁雷运动组织首次提出其行动目标是完全消除全世

① http：//www.icbl.org/index.php/icbl/Library/News-Articles/Work/EUbriefing-Sept2010/speaking-notes

界的地雷、集束弹药和战争遗留爆炸物，无疑相比以前仅仅关注“禁止”又迈出了一大步，也显示出未来《渥约》将同《奥约》更加协调一致行动。

## 三、武器贸易条约的达成迈出第一步，常规武器登记册有望扩大登记范围

根据国际组织“控制武器运动”（Control Arms Campaign）提供的数据，世界上每分钟就有一人死于武装暴力。自1989年冷战结束以来，全球共发生约128起武装冲突，导致每年至少25万人死亡。联合国大会于2006年投票通过一项决议，呼吁设立武器贸易条约，唯一投票反对这项决议的是世界最大武器出口国——美国。控制着全球三分之二武器销售的美国，虽然同意参与制定这项条约，但前提是条约必须建立在全部成员国同意的基础上，这相当于给予每一个国家否决权。奥巴马就任美国总统后改变了这一立场。美国国务卿希拉里·克林顿2009年10月谈到，美国决定转而支持一项严厉的条约，同时准备通过联合国会议推进条约谈判。联合国关于设立条约以监管国际武器贸易的首次筹备会议于2010年7月23日结束。尽管会议并未达成最终正式文件。但会议“主席草案”阐明了武器贸易条约可能包含的内容，以及条约的原则、目标等，与会各国就一项武器贸易条约的原则达成一致，为条约最终达成迈出了重要的第一步。与会各国代表一致同意设立一项旨在“设立尽可能高的标准规范常规武器的进出口和转让”的武器贸易条约，以“防止、打击和消除非法转让、常规武器生产以及居中促成相关交易的行为”。根据草案内容，各方承

认，"现阶段，国际上有关常规武器转让标准的缺失以及这些武器流入黑市是助长武装冲突、跨国有组织犯罪、恐怖主义和毒品走私等活动的因素之一"。[①] 根据联合国大会2009年10月通过的决议，除首次筹备会议外，今后两年将举行3次类似的筹备会议。联合国定于2012年举行为期4周的会议，正式谈判武器贸易条约[②]。

轻小武器在世界各地很多冲突中扮演了非常重要的角色，一些区域的国家特别是非洲及拉丁美洲和加勒比国家，强调现存联合国《常规武器登记册》登记册制度涵盖的七类武器不包括他们在安全上最为关切的类别，即小武器和轻武器。联大安排每隔4年举行政府专家组会议，审查该登记册制度的运作情况，包括考虑是否应进行调整，其中在登记册中增加轻小武器类别的问题一直是有关政府专家组议程上的未决问题。多年来政府专家组并没有取得任何结论性结果。2003年度政府专家组调整了登记册的内容，包括降低部分常规武器转让登记的阈值，在导弹类别中增加了便携式防空导弹，使各国有可能自愿提供轻小武器转让信息；2006年度政府专家组为此制定了标准报表，但迄今尚没有在登记册中列入轻小武器类别。

2010年，在联合国召开的《常规武器登记册》年度会议上，很多成员国提出，在《联合国常规武器登记册》中应该正式列入小武器和轻武器类别，认为是朝着增加武器转让透明度的重要步骤，有助于制止此类武器转入非法市场，防止不负责任地转让小武器和轻武器，也有

① http://www.sdgb.cn/273255.aspx

② http://cn.reuters.com/article/CNTopGenNews/idCNCHINA-2636420100713

助于建立国家间信任和安全。为确保《常规武器登记册》发挥作用，应以对会员国更具约束力的方式提出登记数据要求，以便能够获得足够的资料，提高透明度。目前登记册涵盖的武器种类可能未与时俱进，必须努力扩大会员国间建立信任措施，在技术上，应考虑修正《常规武器登记册》内容的制度化进程，以适应有关领域中的技术进步，确保提供足够的相关武器资料。一些国内存在反恐关切的国家提出，在轻小武器登记方面，应重点关注一些武器弹药的非法交易和贩运，例如便携式防空系统、短程火箭和简易爆炸装置，表示应立即采取切实有效措施，防止非法贩运发射系统、弹药和爆炸物的重要原料。也有国家提出，将小武器和轻武器变为一个主要报告类别可能极大增加该登记册制度成员国的负担，甚至可能使得非成员国对此望而生畏，对扩大登记册成员国产生消极影响。

联合国裁军事务部在2010年举办了2次旨在推动有关国家军备透明度讲习班。3月9日、10日在秘鲁利马举办了拉丁美洲国家讲习班，3月31日至4月1日在印度尼西亚巴厘岛举办了东南亚国家讲习班。通过讲习班提高这些区域国家代表对联合国《常规武器登记册》的认识，增强他们编写国家报告的实际技能，并鼓励这些区域更大程度地参与登记册的活动。

# 联合国《武器贸易条约》的来源、现状和走向

龙　涛

**内容提要**：常规武器贸易影响安全形势，贸易的泛滥影响地区的稳定。联合国范围启动谈判一项旨在在世界范围规范常规武器贸易规则的共识性条约，对维护全球化进程秩序具有积极意义，也引起有关利益方的强烈关注。本文旨在客观反映有关背景和进行情况。

**主 题 词**：常规武器　军控　年度报告

**作者单位**：北京　工程装备系统工程研究所

冷战结束后，国际地缘政治发生了根本性改变，主要武器大国对发展中国家热点地区的常规武器输出及小武器非法贸易逐年上升，客观造成轻小武器贸易的泛滥，一些地区国家的和平环境和安全稳定受到了威胁和挑战，需要规范和控制武器贸易的国际规范条约应运而生。先后产生了联合国《常规武器登记册》和以《瓦森纳安排》为代表的利益相关集团常规武器管制机制。联合国正在讨论的《武器贸易条约》旨在从更大的范围防止、打击和消除常规武器非法转让、常规武器生产以及居中促成相关交易的行为，避免这些武器流入非法黑市场，减少助长武装冲突、跨国有组织犯罪、恐怖主义和毒品走私等活动。2010 年，在联合国框架下，各国就该条约

的原则达成一致，为最终制定条约迈出了第一步，但是各国控制武器贸易能力和意愿差异并未消除，最终该条约走向和执行效力仍存变数。

## 一、武器贸易控制的历史

随着前苏联1991年解体，1994年4月1日，“巴黎统筹委员会”正式宣告解散。冷战结束后，前苏联遗留的大量武器装备贸易很难再受到统一国家法律和机制的管制，这引起了西方国家的担忧和不满。1991年12月9日，联合国第46届大会第46届联大通过了题为《军备透明》的第46/36L号决议，该决议认为增加军备透明可以加强信任，减缓紧张局势，加强地区及国际和平与安全，有助于制约军备生产和武器转让。会议；要求联合国秘书长制定并在纽约联合国总部设立常规武器登记册，以登记国际武器转让的数据以及成员国提供的军事资产、武器采购与生产及有关政策情况；吁请成员国每年向联合国秘书长提供上一年度列入登记范围的常规武器进出口情况，包括赠予、信贷、易货或现金支付等各种方式的武器转让。该决议在其附件中，将作战坦克、装甲战斗车、大口径火炮、作战飞机、攻击直升机、舰艇、导弹或导弹发射系统7类武器纳入登记范围，规定了每类武器登记的技术参数。1992年1月1日，联合国秘书长根据第46届联大的第46/36L号决议在纽约设立联合国《常规武器登记册》机制。[①] 该机制运行后常规武器登记册增强了世界主要常规武器的军备透明，增加了各国之

① http：//zhidao. baidu. com/question/42448950. html

间的信任，有助于减缓猜疑和紧张局势。“9·11”事件发生后，世界安全环境发生了深刻的变化，该机制登记范围的局限性使其越来越受到非传统安全威胁的挑战。

联合国《常规武器登记册》机制建立之初确定了协商一致的议事规则，固然具有平衡和协调各种利益的效果，但是也带来不同关切集团间关注方向的南辕北辙。一些发达国家组成的集团出于自身利益，包括原“巴统”17国在内的28个国家于1995年9月在荷兰瓦森纳召开高官会议，决定另起炉灶以加快建立常规武器和双用途物资及技术出口控制机制，避免其国内安全受到常规武器贸易泛滥的威胁。1996年7月，以西方国家为主的33个国家在奥地利维也纳签署了《瓦森纳安排》（Wassenaar Arrangement，WA，全称“关于常规武器和两用物项及技术出口控制的瓦森纳安排”），决定从1996年11月1日起实施新的控制清单和信息交换规则。该协定包含两份控制清单，一份是军民两用商品和技术清单，涵盖了先进材料、材料处理、电子器件、计算机、电信与信息安全、传感与激光、导航与航空电子仪器、船舶与海事设备、推进系统9大类；另一份是军品清单，涵盖了各类武器弹药、设备及作战平台等共22类。《瓦森纳安排》是一种建立在自愿基础上的集团性出口控制机制。其根本目的在于通过成员国间的信息报告制度，提高常规武器和双用途物品及技术转让的透明度，以达到对常规武器和双用途物品及相关技术转让的监督和控制。该协定声称不针对任何国家和国家集团，不妨碍正常的民间贸易，也不干涉通过合法方式获得自卫武器的权力，但无论从其成员国的组成还是该机制的现实运行情况看，具有明显的集团性质和特点。因此，该协定在参与国的范围和普遍性上有较大的局限性，而且也缺乏强有力的法律约束力。

有数据显示，2000 年至 2006 年，全球枪支贸易增长了 28%，从 23 亿美元增长至 30 亿美元，每年小武器造成了 375000 人的死亡，其他的武器贸易也不断在非法市场进行，全球武器贸易日益引起关注。联合国认识到，因为此类危险可能助长不稳定局势、跨国有组织犯罪和恐怖主义，有必要处理包括无管制的常规武器贸易及其流入非法市场等相关问题，应采取国际行动解决，并且在《瓦森纳安排》和《常规武器登记册》之外，还应该建立更加具有法律约束力、更具参与性的国际法律文书。

2006 年，阿根廷、澳大利亚、哥斯达黎加、芬兰、日本、肯尼亚和联合王国 7 国向联合国第一委员会提交了第 61/89 号决议，要求建立一个“武器贸易条约”。同年 12 月，153 个会员国对该决议投了赞成票，随后在 2008 年建立了一个政府专家小组研究条约的“可行性，范围和参数”。

## 二、武器贸易条约的进展和焦点议题

2006 年，联合国通过决议决定讨论起草规范常规武器贸易条约之后，美国小布什政府由于幕后集团利益始终持反对《武器贸易条约》的立场。奥巴马政府上台后，主张外交政策与小布什主义相对剥离，改变新保守主义主导的强硬单边军控，运用“巧实力”逐步改善美国的地位与影响，重新提升美国的软实力；重塑美国的安全观，回归多边主义，着力加强与传统盟友的关系，并在全球缔造伙伴关系来共同应对所面临的挑战，从而建立一个美国领导下的新时代。奥巴马政府更加重视多边合作特别是协调同盟立场，因此积极考虑在这一领域的立场调整，适应其外交政策的现实需求。经过新政府重新审视，《武器贸易条约》作为规范常规武器贸易，打击非法武器贸易的重要国际条约，恰好迎合了美国遏制武器扩散，维护其安全利益，打击恐怖主义的需要，并且这一条约对于美国的国家安全利益和军事利益影响甚微，而在外交和国内政治领域带来的益处是巨大的。奥巴马在接受美国《今日军控》访谈时表示："我们在避免小武器的非法贸易问题上具有强烈的国家安全利益，包括恐怖分子获得的火箭发射器。我们将通过同盟国家协商恢复在这些议题上的领导地位。"

在源自美国的最大阻力立场改变之后，尽管各方对武器贸易条约的目标、宗旨、适用范围、相关原则和要素等问题仍存在较大分歧，但是2009年推动《武器贸易条约》的进程取得了很大进展。2009年，联合国通过了题为"小武器和轻武器非法贸易的各方面问题"的第63/72号决议和题为"协助各国制止小武器和轻武器非法贩运并加以收集"的第63/66号决议。决议着重指出，要解决小武器和轻武器非法贸易的各方面问题，就要在国家、区域和国际各级共同努力，强调小武器和轻武器在世界许多地区的肆意扩散，产生各种人道主义和社会经济危害后果，对和平、和解、安全、安保、稳定和可持续发展构成严重威胁。2009年10月30日，联合国以153票支持19票弃权1票反对通过决议，同意就建立强有力的《武器贸易条约》设立时间表，对国际常规武器的转移进行控制，计划于2012年7月召开联合国《武器贸易条约》大会，以协商一致、公开和透明的方式，拟订出一项强有力和健全的条约。联合国为武器贸易条约大会成立的筹备委员会将在2010年和2011年举行4次会议，考虑会员国的回复所表明的意见和提出的建议，以及政府专家组的报告和有关工作组的报告所载述的意见和建议，向联合国武器贸易条约会议提出建议，说明为达成关于尽可能高的常规武器转让共同国际标准的有效、平衡、具有法律约束力的文书所需要的要点。政府专家组提出的报告表示，由于常规武器转让问题非常复杂，需要一步步地以公开和透明的方式，进一步考虑在联合国内作出努力，处理常规武器的国际贸易问题，以便在协商一致基础上做到兼顾各方，使所有国家都受益；这些努力要把《宪章》的原则摆在中心地位，强调必须确保2012年联合国武器贸易条约会议得到尽可能广泛和有效的参与。联合国有专门的工作组审议政府专家组的报告中可以形成协商一致意见的要点，供纳入最终会达成的关于常规武器进出口和转让的具有法律约束力、兼顾各方、使所有国家都受益的条约。

2010年5月12日，在尼日利亚外交部的支持和西非国家经济共同体（ECOWAS）的参与下，红十字国际委员会在阿布贾举办了论坛，旨在动员西非国家经济共同体成员国在2012年联合国谈判会议的准备阶段通过全面且具有强大约束力的武器贸易条约。来自西非国家经济共同体各国（贝宁、布基纳法索、科特迪瓦、冈比亚、加纳、几内亚、利比里亚、马里、尼日尔、尼日利亚、塞内加尔、塞拉利昂和多哥）以及加拿大、芬兰、墨西哥、挪威和瑞士等伙伴国和欧盟的外交使节均参加了论坛。红十字国际委员会尼日利亚代表处主任雅克·维莱特（Jacques Villettaz）表示："前几届论坛成功推动了西非国家签署《奥斯陆集束弹药公约》，促进了《西非国家经济共同体关于小武器和轻武器公约》的生效实施。我们希望本届论坛能够再次获得成功。”缺乏管制的武器贸易给西非招来了祸害，在以往的武装冲突中，它给数十万平民造成了巨大损失和无尽苦难。在尼日利亚，红十字国际委员会和尼日利亚红十字会共同为内乱和自然灾害受难者提供援助，红十字国际委员会与西非国家经济共同体委员会及政府各部门密切合作，支持并促进各国批准国际人道法条约并将规则纳入国家立法。

2010 年 7 月 23 日，联合国关于《武器贸易条约》的首次筹备会议结束。尽管会议并未达成最终正式文件。但莫里坦的“主席草案”阐明武器贸易条约可能包含的内容，以及条约的原则、目标等，各国就一项武器贸易条约的原则达成一致，为条约最终出台迈出第一步。与会各国代表一致同意设立一项旨在“设立尽可能高的标准规范常规武器的进出口和转让”的武器贸易条约，以“防止、打击和消除非法转让、常规武器生产以及居中促成相关交易的行为”。根据草案内容，各方承认，“现阶段，国际上有关常规武器转让标准的缺失以及这些武器流入黑市是助长武装冲突、跨国有组织犯罪、恐怖主义和毒品走私等活动的因素之一”。[①] 会议讨论了条约应该包括的武器种类、武器出口的标准，武器贸易信息共享、监控和核实的方式，但没有就这些方面达成决议。[②]

2008 年建立的政府专家小组研究一直在研究“可行性、范围和参数”，这三个议题也一直是条约专家组关注

① http：//www. sdgb. cn/273255. aspx

② http：//www. armscontrol. org/act/2010_ 09/ATT

的重点。[①] 可行性问题已经得到解决，而考虑参数的议题需要在范围确定之后，因此有关建立《武器贸易条约》讨论的焦点是常规武器贸易控制的范围。很多国家提出条约包括的武器范畴应该参考常规武器登记册的七类武器，部分国家要求将包括核潜艇在内的所有可转为常规武器的领域均纳入武器贸易条约的范围，而美国不同意范围无限的扩大，其主要关注将轻小武器纳入贸易管制的范围。[②]

## 三、对《武器贸易条约》的展望

在国际社会讨论武器贸易条约之前，曾经出现并仍在运行两种机制对常规武器贸易进行控制：包括《瓦森纳安排》和《常规武器登记册》。前者只是以美国为首的发达国家为了控制对发展中国家输出高技术武器装备的一个工具，后者则属于军备控制透明范围，没有涉及对于非法武器贸易也没有明确的预防和惩戒措施。在武器贸易条约进入国际社会讨论之前，没有正式的法律约束力对整类常规武器的贸易进行约束和规制。如果条约正式达成，无疑将在国际裁军历史上具有重要意义，特别是对于打击非法武器贸易具有重要作用。

从设想的《武器贸易条约》效力看，首先要处理的问题就是让所有的国家国家有控制武器交易的能力。武器贸易条约对国家管制和监督各国的常规武器贸易的能力必须限定最低标准，以避免客观约束能力过低或主观

① www. icrc. org/WEB/CHI/sitechi0. nsf/htmlall/nigeria-news - 120510

② http：//www. armscontrol. org/act/2010_ 09/ATT

约束意愿不足的国家重新造成武器贸易的非法贸易，这就需要条约具备完善的监督和惩罚机制，并建立足够强大的国际援助和合作的机制。同时，条约还必须具备完善的报告制度，通过公开透明的报告才能够最终形成对标准的统一解释。

专家们在讨论时，对条约的未来主要关注点包括：

1. 武器贸易条约包括的范围应该足够全面，包括常规武器及其弹药，零部件和所有其他国际转让和交易的武器；

2. 如果这些武器将被用于实施严重违反国际人权和人道主义法或破坏社会经济发展和减贫努力的行为，要按照一案一审的原则防止这类国际常规武器转让；

3. 条约的用词应该明确和强烈，因为即使范围足够全面，标准足够强大，但一旦使用“考虑”或“尽可能”这种字眼，条约将毫无意义。条约的规定应该是“如果有相当大的严重违反条约的风险，政府不得批准转让，”或类似的语言；

4. 条约应该更多的是预防性，而非惩罚性的手段。①

也有专家认为，即使条约制度建设足够完善，主权国家的政府仍然是负责武器装备贸易的最终决定者。武器贸易条约规定要避免将武器装备出口到武装冲突或敏感区域，但是地区经济和政治因素以及外交和安全政策重点与之发生冲突时，国家武器贸易的决策仍然会挑战条约的效力。也就是说在考虑是否进行武器贸易之前，出口国除了考虑违反有关武器贸易控制条约的风险成本之外，还会评估潜在的经济收益以及武器贸易会对其战

① http://www.armscontrol.org/act/2010_07-08/mack

略利益和外交政策的影响。武器贸易的数量和级别同爆发的冲突强度仍将存在直接的因果关系。例如，在斯里兰卡和格鲁吉亚在爆发冲突之前都是较小的武器进口国，但是在爆发冲突之后武器贸易大规模增加。两个国家的政府都认为是维护他们国家的领土完整，而反对势力正在寻求独立所造成的。格鲁吉亚的常规武器进口在2008年8月的南奥塞梯冲突之后显着大量增加。[1] 这些因素也迫使激进的观点需要冷静和全面的考虑条约的未来。

① http：//www. armscontrol. org/act/2010_ 07 -08/holtom-bromley

**【军事透明】**

# 美国军事透明度解析

☞鹿　音

# 美国军事透明度解析

鹿 音

**内容提要：**美国是世界重大军事透明事务的主要倡导者和参与者，有比较规范的制度和做法。但美国军事透明度实践有其局限性，主要表现在将军事透明度作为遏制对手或潜在对手的重要工具，为保护自身安全利益设定严格的透明标准等。从美国军事透明度实践看世界军事透明制度的发展规律，军事透明度要以国家利益为根本，以综合实力为内在支撑，以互信为前提和基础。同时，对军事透明度标准的相对性应予以尊重。

**主 题 词：**美国 军事透明度 实践

**作者单位：**国防大学战略研究所

军事透明是主权国家为了防止战争、控制战争或实现特殊的政治、军事目的，及时、连续对外公开有关军事意图、能力、活动的准确信息的过程与机制。它是国家间建立信任措施（CBMs）的基本原则和重要内容。作为形成于军备控制和裁军领域的一种机制化安排，军事透明度对加强国家间联系、防止军事误判和增进互信与国际安全合作具有重要作用①。但同时，军事透明度也是强国遏制弱国或潜在对手的重要工具。

虽然涉及军事透明的具体实践古来有之，但其作为制度安排主要形成于军备控制与裁军领域，包含国际条约所要求的军事透明做法和各国国内信息公开的规定等。冷战结束后，世界安全形势发生深刻变化，军事透明也逐步从军备控制条约的范畴扩展到比较广泛的军事交流与合作领域，为越来越多的国家所接受。作为世界第一军事强国，美国的军事透明度既具有上述普遍特征，又有其特殊性和局限性。

## 一、美国军事透明度的主要实践与规范

在国际舞台上，世界大国往往是国际军事透明的理念倡导者和规则制定者，同时也是实践者与监督者。美国作为第一次世界大战以来世界重大军事透明事务的主要倡导者和参与者，其军事透明度以机制化框架为基础，并且通过具体措施展开。根据1966年美国制定的《信息自由法》②，美国各政府部门（包括军事部门）采取多种措施满足公众、国会对军事信息需求。同时，美国将提

① 与军事透明度相关的概念参见刘华秋主编：《军备控制与裁军手册》，国防工业出版社2000年版，第429—463页；潘振强主编：《国际裁军与军备控制》，国防大学出版社1996年版，第306—309页；约瑟夫·戈德布拉特著：中国国际战略学会军控与裁军研究中心编译：《军备控制导论》，军事谊文出版社2004年版，第11页。

② 该法案核心要义在于，政府文件原则上应当向公众公开，任何美国公民无论其目的如何都应享有得到政府文件的权利。为此，美国各政府部门（包括军事部门）都设立了《信息自由法》办公室。任何人都可以向该办公室索要在法律规定范围内的政府工作文件。FOIA的官方网站（http：//www. state. gov/m/a/ips/）也直接提供丰富的资料及索取资料的方法，是一种直接而开放的获取军事信息的途径。参见刘杰著：《知情权与信息公开法》，清华大学出版社2005年版，第94页。

升军事透明度作为一项长期性、战略性举措，在越来越广阔的国际范围推行，形成了一整套比较规范的做法：

第一，建立完善的军事信息发布制度。包括：1. 通过政府报告公布军事信息。美国法律规定总统有义务不定期向国会提供《国家安全战略报告》和国情咨文，国防部长定期向国会提供《国防战略报告》、《国家军事战略报告》、《四年防务评估报告》等。这些报告阐述美国国家安全利益和目标，分析安全形势，提出安全对策，通报武装部队实现国家安全战略的措施和军事战略的原则等。2. 召开新闻发布会公布军事信息。一般情况下，美国国防部每天都要召开至少 1 次新闻发布会，有时根据需要召开 2—3 次。主要形式有现场新闻发布会和远程可视新闻发布会。国防部负责公共事务的助理国防部长为国防部首席新闻发言人。3. 设立公共事务机构发布军事信息。美军各军种、各战区总部及各舰队、各师等均设有负责公共事务的机构或军官。公共事务机构的主要职能是同外界和媒体保持良好的关系，提供美军信息。4. 建立互联网网站公布军事信息。早在 1994 年建立的美国国防部网站是美国政府国防军事公共信息网站，该网站内容极为丰富，涉及几乎除相关法令禁止信息之外的所有军事公共信息。除国防部网站外，美军各机构和部门大都在互联网上设有自己的网页，共计达 1800 多个站点。5. 出版军事刊物提供军事信息。美国国防部、各军种、院校、科研单位公开出版各类军事期刊，其中大多数还提供网络版。2009 年，美国公开出版且中国内地可购买的军事、军种/兵种、军队后勤供应、军工技术类期刊有 400 多种。

第二，接受媒体采访和公众质询。接受媒体采访和公众质询在美军看来既是履行法律义务，又是进行新闻宣传，更是提高军事透明度的一个重要方面。一方面，美军非常注重与媒体建立沟通关系，主张建立良性运行的关系网络，避免被动应付。另一方面，按照《信息自由法》规定，美国国防部每年都要处理数万份要求提供信息的申请，在网上和以其他方式回答军队官兵和民众提出的问题。

第三，开展多种形式的军事交流。美军认为，双方通过交流进一步了解对方的安全战略，有助于防止误判导致的冲突，能够促进双方的军事透明①。据此，美国同许多国家开展军事交流活动，包括高级军官的互访、互派访问学者和军事留学生、就共同关心的问题举办研讨会、参观军事设施观摩军事演习、举行多种形式的联合军事演习等。这些国家既有美国的盟友，也有俄罗斯、中国等被美国视为潜在或现实对手的国家。在交流中，美国往往要显示其军力的强大，并热衷于向俄、中军官灌输所谓的民主自由思想。除此之外，美国还通过开放军事设施实现与外界交流和透明。包括向普通民众开放军事设施，如军事基地、五角大楼等，以及对外国军方开放军事设施，根据相关核查协议开放军事设施等。

第四，主导建立和参与双边、多边军事透明机制。第一次世界大战后，美国成为有强大军事实力的世界大国。为防止各国重新扩张军备，以美国为首的协约国在战后与各参战国共同签署了《凡尔赛条约》，该条约第一部分《国际联盟盟约》就涉及军事透明："各成员国应

① David Shambaugh, "Chnia Engages Asia," International Security, Vol. 29, Issue 3, Winter 2004.

互换有关本国军备水平、陆海空军计划以及可以为战争服务的工业的最坦白最完整的情报”。[①] 此后，美国几乎主导或参与了所有涉及军事透明的重大双边、多边条约。特别是冷战期间，美、苏为建立军事互信、避免危机升级和核战争爆发，相互之间签署了《美苏关于减少爆发核战争威胁的措施的协议》等一系列协议。美苏与欧洲各国之间也共同签署了《赫尔辛基最后文件》等多边条约、协议。在这些重要文件中，军事透明作为建立信任与安全措施的一个重要内容存在，并逐渐形成了可操作的规范性机制。

第五，实施多种形式的军事核查。核查是军事透明的重要措施，在一些重大问题，特别是在战略武器和力量发展与部署问题上，美国力图通过核查来达到单向或双向军事透明。主要有三种情况：一是通过签订条约进行军事核查。如 1962 年古巴导弹危机之后，美苏双方为避免因军事对峙而导致核战争，就限制军备竞赛及建立信任措施签订了一系列条约，其中许多都包括通过多种方式相互进行军事核查。1992 年 3 月，包括美、俄在内的 25 个国家签署的《开放天空条约》，规定签约国之间原则上每年可对对方实施一次空中侦察。[②] 美、俄双方在条约框架内又达成了一个协定，即双方军事人员每年可以相互在对方境内进行 2—4 次空中侦察活动，侦察的区域可以是对方的军事设施或军事演习地区。自条约签订后，美、俄之间已经进行了十数次空中侦查。二是以推

---

① 董爱国，高申：《军事透明：并非单纯的军事问题》，《环球军事》2007 年第 22 期。

② 潘振强主编：《国际裁军与军备控制》，国防大学出版社 1996 年版，第 310 页。

动联合国形成决议或以保证联合国安理会决议的完全实施为借口对特定国家进行军事核查。如1991年4月3日，美国推动联合国安理会通过关于对伊拉克进行武器核查的687号决议。三是依靠多国协调进行军事核查。如美国在朝核问题六方会谈中，与中、韩、日、俄等其他国家相互协调一致，最终促使朝鲜同意接受国际原子机构核查等。

## 二、美国军事透明度的局限性

尽管美国在军事透明度实践上有比较全面的规范性做法，但其局限性也是显而易见的。主要表现在：

**（一）在军事透明度领域坚持向他国推行美国标准。**军事透明在长期发展过程中，形成了一些通行的做法和惯例，美国在其中发挥了重要作用。但这并不意味着美国倡导的军事透明标准具有普世意义。一个更明显的案例是：联合国虽然达成了多项关于军事透明的决议，但也没有为军事透明设定统一的标准。例如，尽管联合国大会于1980年通过决议，建议联合国成员国向秘书长提交军事开支情况，并由秘书长每年向联大报告。但并没有强制要求所有成员国使用联合国决议所建议的汇报表。即使使用联合国提供的军事报表，也可选择标准版或简化版，而简化版只要求军费开支按陆、海、空军以及人员、业务、装备费用分类即可。[①] 这样可以防止有些国家，特别是力量弱小的国家认为，内容详细、格式统一的报表会迫使其自露家底，担心削弱其国家安全。由此可见，美国不断将其所谓的军事透明标准强加于别国是毫无道理的，对于未按其要求实施军事透明的国家，特别是广大军事力量相对弱小的发展中国家进行指责，更是一种有损美国形象的霸道做法。

**（二）将军事透明度作为遏制对手或潜在对手的重要工具**。美国对于其他国家的军事透明度是差别对待的，既实行双重甚至多重标准，也具有明显的意识形态烙印。美国对其欧洲盟国的军事透明度较高，对不可能成为对手的国家也比较透明，对有军备透明协议的国家如俄罗斯按协议开展军事透明，但对于被美国认为是潜在对手的、特别是不同社会制度的国家，则设定了很高的透明度标准。根据对美国国防部网站的检索统计，有关军事透明的报道一半以上涉及中国。特别是，为了促使中国按美国的想法提高军事透明度，美国政府往往凭借主观臆测和引用一些未经证实的数据指责中国可能造成地区不稳定。在中美军事交流过程中，美方对交流项目的时间、地点、方式和交流作种种限制。美国国会1999年通过的《2000财年国防授权法》，对美中两军作战、训练

① “联合国军费透明制度”又称“军事开支报告制度”，源于1980年12月联大通过的名为《削减军事预算》的35/142B号决议。各国提交的开支报告分作两种，一种是标准版，一种是简化版。标准版要求按照战略部队、陆、海、空军及其他作战部队将军费开支分类，并报告上述军兵种在人员、业务维持、装备采购、设施建设、研发等开支情况，其中装备采购费用更是具体到了飞机、导弹、核装备、舰船、装甲车辆等细项；而第二种简化版表格，只要求将军费开支按陆、海、空军以及人员、业务、装备费用分类，基本可以达到在保密的基础上增进互信的目标。详见：http://www.un.org./chinese/aboutun/prinorgs/ga/35/35all1.htm

等12个领域的交流予以限制。[①] 而美国对于一些明显可能威胁地区稳定、导致军备竞赛的国家，如以色列、印度等国包括核武器在内的军备发展却不作类似要求。鉴于美国的军事透明政策坚持的是多重标准，其权威性受到国际社会特别是发展中国家的广泛置疑。

**（三）为保护自身安全利益设定严格的对外透明标准**。美国时常自我表扬为军事透明的"典范"，但事实上从来没有做到也从来没想到要彻底地透明。在军事透明的范围、程度、方式、时机等方面，美国都有严格的规定。美国《信息自由法》规定了九项"豁免"条款[②]，当政府信息属于这九项内容之一时，便可以不予公开。这九项信息主要与国家安全、商业秘密或个人隐私相关，其中第一条就是国防和外交政策的某些文件。此外，为防止在对外交流中泄露军事机密，美国防部专门制定了

---

① 1999年，在美国众议院讨论《2000财年国防授权法》时，众议员迪莱提出修正案，要求对12个领域的美中两军交往予以限制：1. 兵力投送行动；2. 核行动；3. 作战行动；4. 后勤；5. 与大规模杀伤性武器有关的化学、生物防御等能力；6. 警戒和侦查行动；7. 与战争有关的联合作战实验及其他活动；8. 外空军事行动；9. 军队的其他作战能力；10. 军售和军事技术转让；11. 传递秘密或受限制的信息；12. 进入国防部实验室。该修正案最终获得通过，上述内容被写入法案正式文本。详见：http：//www. govtrack. us/congress/amendment. xpd? session = 106&amdt = h154

② 这九项豁免公开的政府信息分别为：（1）国防和外交政策的某些文件。免除公开的文件必须符合两个条件：其一，符合总统为了国防和外交政策的利益，在行政命令中规定的保密标准；其二，行政机关根据总统的行政命令，实际上已经把某一文件归属于国防和外交政策利益需要保密的文件。（2）机关内部人员的规则和习惯。（3）其他法律明确规定不得公开的信息。（4）贸易秘密和商业或金融信息。对于商业或金融信息必须符合下列三个条件：其一，信息属于商业或金融性质；其二，信息是政府以外的其他人提供的；其三，信息具有秘密性质。（5）机关内部和机关之间的备忘录。（6）公开后会明显地不正当侵犯公民隐私权的人事、医疗档案或类似的个人信息。（7）执行法律的某些记录和信息。这些信息的公开可能会妨碍执法程序、剥夺公平的审判或公正的裁决、不正当地侵犯个人的隐私权、泄露调查的技术和程序、泄露秘密信息的来源和泄露秘密的信息以及可能危害执法人员的安全。（8）金融管理部门为控制金融机构而使用的信息。（9）关于油井的地质的和地球物理的信息。

《对外交流工作指令》，并建立了“审批—情报安全—接待单位—陪同人员”四级安全保密制度。对信息发布的授权、媒介、内容、保密也有严格规定。1982年，美国以国防部指令形式颁布了《国防部信息发布权限》，并先后进行三次修订。此外，还颁布了《国防部信息安全项目》、《国防部公共信息保密与政策审查》等信息安全指令。“9·11”之后，美国更收紧了原有的军事透明制度，将官网上一些公开的军事信息删除，对五角大楼官员和工作人员接触媒体及发布消息做出更严格的规定等。[①]

除一系法规制度外，美国在其军事意图、军事能力、军事行动和军费预算上都有诸多不透明的地方，即使在美国自认为最为透明的国防预算中也存在很多不公开的“秘密预算”。这类预算专门用于一些不为人知的“黑洞”项目——通常是高度机密的武器研发项目，并为高度机密的采购项目、情报收集和特种行动等提供资金，只有少数的国会议员有权对预算内容进行审查。例如2007财年，美国国防部用于秘密军事研究开发的经费开支高达301亿美元，相当于武器采购经费的19%。[②] 由此可见，美国在军事透明方面与其他大多数国家没有什么本质上的不同，只有程度上的不同，美国对自身透明度的标榜只不过是自说自话。

---

① 2001年9月11日发生了恐怖袭击之后，布什政府限制政府信息公开越演越烈。不管是行政机构还是立法机构都以防御美国再次遭受恐怖袭击为由，采取了诸多倾向于保密的政策措施。参见：http://www.ciotimes.com/information/topic/topic200806071526/article/article200806020051.html? currentPage=2。

② 参见《美国为尖端武器开辟秘密通道》http://news.sina.com.cn/w/2006-06-06/202710083451.shtml《美国国防部2007财年预算增加秘密项目经费》http://www.chinadaily.com.cn/gb/doc/2006-02/28/content_524647.htm

## 三、从美国军事透明度实践看世界军事透明制度的发展规律

军事透明度既是一种世界潮流，为越来越多的国家所认可，又是一种国家间相互试探甚至是斗争的工具。在长期的实践中，以美国为首的西方国家积累了一定的实践经验，也显示出相对的局限性，这些对我军事透明度继续向深度和广度发展都有所启示。

**（一）军事透明度要以国家利益为根本。**国家利益至上是军事透明度要遵循的首要原则。军事透明度涉及国防和军队建设，关乎国家安全。在军事透明度问题上，所有国家都坚守国家利益为根本，保住国家安全的底线，该透明的要透明，该保密的也丝毫不能含糊。没有哪个国家能做到军事上的完全透明。即使是美国这个世界头号军事强国，在涉及自身安全利益时，也具有严格的保密标准。

**（二）军事透明度要以综合实力为内在支撑。**军事透明的程度是以国家综合实力为基础的。其中军事实力既是透明的实质内容，又是透明的先决条件。实力不同，透明的程度和效果不同。美国总是比军事力量弱小的国家更强调“能力透明”，认为能力透明才是有实际意义的透明，强调以计算一个国家的武器数量和军费开支实现透明。[①] 甚至于透明本身也被军事强国作为一种威慑工具来使用。而对于力量弱小的国家，不透明或适度模糊反

① （美）马伟宁：《中美军事关系中的透明度问题》，《现代国际关系》2005年第10期。

而有可能形成威慑力。在力量不对等的前提下，就不可能实现对等透明。如果力量强的一方一味要求力量弱的一方“增加透明度”，只能是损害力量弱方的安全利益，这对任何国家都是不能接受的。所以军事透明度必须把握双向互动规律。单方向“透明”是很难将透明的过程持续下去的。

从美苏冷战的斗争史看，两国军事实力尚有比较明显差距时，两国体现军事透明度的军控谈判只能达成一些原则目标，而真正取得实质进展，达成明确的军备透明条约，恰恰是在两国军事实力发展到“相互确保摧毁”之后。美苏从二战结束后就开始限制和裁减核武器的谈判，但直到 20 世纪 60 年代初，两国核武器相互威慑、互为制约的关系才逐步形成，特别是古巴导弹危机后，双方都惧怕军事对抗引发危机可能导致核战争的风险，才达成《外空条约》、《美苏热线协定》等条约。显然，正是实力做后盾，才有了大国间建立互信的谈判和相互军事透明的机制化进程。由此可将“实力原则”推广至发展中国家。发达国家尤其不能在军事透明上要求发展中国家对等，因为发展中国家的军事实力处于劣势，这也决定其安全诉求在以美为主导的发达国家的军事透明实践中易受减损。

**（三）军事透明度要以互信为前提和基础。**军事互信与军事透明是相伴相生的，如果一定要分先后，也是互信在前，透明在后，互信是透明的基础和前提条件，严格地讲，没有互信就没有透明度。互信的程度决定透明的程度。近年来，美国对中国在军事上越来越透明的现实视而不见，却在其发表的年度报告及一切可能的军事交往场合反复质疑中国的军事透明度，要求中国先按美国的标准透明、然后美中才可建立军事互信。这本身就与美国自身透明度实践不符，也是对军事透明度制度措施的“片面利用”。冷战时期美苏作为“敌手”，互信程度基本停留在防止军事误判，导致毁灭性核战的级别。两国在军备竞赛过程中启动基于力量、防止意外的互信谈判，之后才有了平时、危急时刻甚至战时的军事信息交换等相互透明的实践。可见，美国的军事透明度实践也是建立信任措施谈判在前，谈判达成一致后，军事透明制度作为履约内容实践在后。所以各国在军事领域透明什么、怎么透明、透明到什么程度，基本上还是取决于国家间基于政治关系的互信质量。国家间政治关系好，互信强，军事透明度自然就高。

**（四）军事透明度标准的相对性应得到认可。**军事透明制度可以成为促进各主权国家之间建立政治与安全互信的有效途径。但同时应看到，当今世界，透明度标准实质上是相对的而不是绝对的。国力强弱、历史传统、文化差异等，都会对军事透明度产生潜移默化的影响。美国和欧洲一些发达国家出于对彼此间曾经的军事恶性竞争——世界大战和军备竞赛的理解，形成了以国家实力相互制衡为基础的条约与法理规范的透明概念。[①] 而以中国为代表的亚洲发展中国家对透明度的理解，一是要有互信。中国认为透明的基础是战略或安全互信，这种互信也不同于美国等西方国家的机制化框架（如建立信任措施 CBMs），而更强调理念或战略层面的互信。二是能确保自身安全。亚洲国家大多遭受过殖民和侵略的厄

① 其基本目的是避免在缺乏政治及军事互信情况下误判对方意图而导致的意外冲突。参见郑迎平《欧洲与东亚安全合作模式的差异评析》，《现代国际关系》2008年第7期。

运，其民族自尊感更强，对保护国家独立统一、不受外来势力干扰和侵犯的自我保护意识更深，在军事透明度上对大国的强制做法表现出一种天然的防范态度。三是应符合本国文化传统。以中国为例，中华民族历来讲信修睦、崇尚和平，不喜欢炫耀武力。作为源远流长的礼仪之邦，中国人有热情好客的传统。做主人时，要用好的面貌照顾客人，在对外透明时也更喜欢把好的一面展示给外方，表示好不露怯的倾向。考虑到各国历史文化传统的特殊性与多样性，对于军事透明度标准的相对性，西方国家更应给予足够尊重。

【非政府组织作用】

# 更好地发挥非政府力量在国际军控领域中的作用

☞丁菲娅

# 更好地发挥非政府力量在国际军控领域中的作用

丁菲娅

**内容提要：** 随着全球化的深入发展，公共外交在国际交往中的地位得以迅速提升。各国政府为了解国外舆论的取向，为了让国际社会理解自己的外交方针，在国际交往中建立起国际信赖和认同，塑造和平、负责的国家形象，纷纷把公共外交纳入到国家整体外交事务中，通过公共外交来营销自己国家的价值观念并促进国家利益的实现。各国的非政府组织也作为公共外交的实践者活跃在国际事务的舞台上。

**主 题 词：** 公共外交 国家形象 非政府组织

**作者单位：** 中国军控与裁军协会

随着全球化的深入发展，公共外交在国际交往中的地位迅速提升。各国政府为了解国外舆论的取向，让国际社会理解自己的外交方针，在国际交往中建立起互信和认同，塑造和平、负责的国家形象，纷纷把公共外交纳入到国家整体外交事务中，并调动非政府力量，通过公共外交，宣传自己国家的价值观念及促进国家利益的实现。将公共外交提上议事日程，是我国对外开放政策继续深化的必然趋势，是适应经济全球化、政治多极化以及信息网络化时代的必然举措。我国军控领域的非政府组织也作为公共外交的实践者活跃在国际事务的舞台上。

## 一

公共外交（或称之为公众外交）指的是，一国政府借助传播和交流等手段向本国和外国的民众阐明其外交政策，争取理解和支持，创造良好的舆论氛围，树立本国的良好形象，是体现国家软实力的一个不可或缺的重要手段。公共外交本质上也是由政府幕后主导的。美国等西方发达国家，在公共外交领域形成了一种由政府出资、民间组织共同管理和多元参与的局面，取得了显著实效。尤以美国运作娴熟，大为受益。美国于 1953 年设立新闻署，把公共外交定位为国家外交战略的重要组成部分。1987 年，美国国务院《国际关系术语词典》把公共外交定义为："由政府发起交流项目，利用信息传播手段，了解、获悉和影响其他国家的舆论，减少其他国家政府和民众对美国产生错误观念，避免引起关系复杂化，提高美国在国外公众中的形象和影响力，进而增加美国国家利益的活动"。"9·11" 事件后，各国政府把公共外交提高到了空前的高度，越来越重视非政府力量在维护国家利益方面的作用。目前，美国政府经常举办媒体考察团，比如香港总领馆，每年都会发出这样的邀请，从东海岸到西海岸，每次十多天，介绍美国的政治文化。虽然是走马观花，但是对于被邀请的媒体人来说，一次集中地接触美国政治、经济、社会的各个层面，多少会加深对美国的了解。美国一些举足轻重的智库在全球也不断发展。例如，布鲁金斯学会在北京、多哈等重要城市设立了分支机构。美国在处理亚太国家关系时，也进一步整合了非政府力量，例如东西方研究中心、福特基金会等都发挥着重要作用。在军控与不扩散领域美国也引入了非政府的力量。例如美国蒙特雷防扩散中心参与了该领域的许多工作。另外，德国的阿登纳基金会、艾伯特基金会等在中国乃至亚洲都非常活跃。在全球化的背景下，各国政府利用本国的非政府力量在国外为其政府决策收集信息，为其政府的政策游说，影响他国的官员以及研究人员。

## 二

我国的公共外交与西方国家相比，尚属初级阶段。将我国的公共外交力量进一步整合，加大非政府组织对外交流的力度，有助于改善国际舆论环境，减少国际社会对我国的误解、偏见，增强我国的国际话语权，使世界更正确地了解中国的政策、国情和发展方向，为我们的国家树立真实和良好的国家形象，营造更好的国际环境。

2003 年 9 月，我国外交部向普通中国民众打开大门，第一次举办“公众开放日”，邀请他们与外交部长、发言人这些平时只能在电视里看到的人物面对面对话。此外，外交部驻外大使和资深外交官与网民在线交流，接受媒体采访，开放外交档案，建设信息丰富的外交部网站。在国外，越来越多的中国外交官走出使馆，向外国民众和青年学生宣讲中国的外交政策，在报纸上发表文章介绍中国，既宣传了中国的内外政策，又有力地批驳了“中国威胁论”、“中国崩溃论”、“中国责任论”、“中国傲慢论”以及“中国强硬论”等对中国的偏见和误解。

我国政府积极促进非政府组织健康发展。改革开放以来，我国非政府组织发展迅速。一是数量大幅增加，截至2008年底，全国共有基金会1597个，社会组织41.4万个。政府也越来越重视发挥非政府力量在国际事务中的重要作用，我国非政府组织参与国际事务的领域日益拓展，能力不断增强。在哥本哈根气候大会期间，十多家中国民间环保组织自发前去参与气候大会，在表达中国公民环保立场的同时传递中国文化。在军控与防扩散领域，自1998年以来，中美两国政府官员和学者就该领域共同关心的问题深入、坦诚地交换意见，增进相互了解，密切彼此联系，为推动两国在军控与防扩散领域的交流与合作发挥了有益作用。2001年7月成立了非政府组织——中国军控与裁军协会，该协会在军控与不扩散领域发挥了积极、重要的作用。多年来，中国军控与裁军协会通过组织协调相关的学术研究和民间交流活动，以及通过与国外非政府组织和军控研究机构开展学术交流与合作，有力地传播了中国的军控政策与和平外交理念。

但是目前，我国非营利组织的力量仍然还是太弱。非政府力量的发展以及作用仍然受限于客观现实，并存在一些问题。

### （一）非政府力量这一重要资源尚未被有效地充分利用

作为一个历史悠久、文化灿烂的大国，我国公共外交的资源十分丰富。特别是，我国参与外交与安全事务的非政府组织的力量雄厚，它们大多是研究机构和专业协会，它们最大的优势是，其成员大多是知识分子中的精英，特别是，这些专业性组织往往集中了许多本行业的专家，其中有许多人长期甚至终生研究某一问题，对自己关注的领域有深入的研究，对情况非常了解，易于提出有前瞻性的看法，并且能够提出一些新思想、新概念和新措施，而且有理论根据，甚至还有很强的说服力。如何整合非政府力量参与国际事务，利用这些力量维护国家利益，对政府整体外交战略部署作出有益补充，为国家的良好国际发展空间创造更多机会，是我们在新的国际形势下面临的挑战。随着我国综合国力的不断提高，国际影响日益扩大，特别是在全球金融危机时，国际社会对中国发展的关注度达到了前所未有的程度。针对西方国家对我国和平发展的猜疑，可以通过公共外交渠道，发挥非政府的力量，宣传我国和平发展的基本立场和发展方向以及我国的外交政策，增进相互理解。在全球化的背景下，公共外交超越了传统局限性，在更大的范围内和更多的领域中发挥非政府组织作用，这对于扩大我们国家的外交空间，增加国际话语权，表达国家意志和公众意志都具有十分重要的意义。目前，我国非政府力量这一重要资源尚有待于进一步发挥积极作用。

### （二）我国非政府组织与政府之间尚未形成有效的沟通渠道和交流机制

在全球化的背景下，往往需要通过多维的视角确定国家利益及实现国家目标。目前我们的非政府组织与政府之间缺乏思想乃至人事的互动。应该建立某种平台或机制，使政府与非政府组织之间经常沟通与交流，以保证政府与非政府组织的互动。目前，我国非政府组织与政府之间尚未形成有效的沟通渠道和交流机制，非政府组织对政府决策的影响力受到限制。

在美国，政府的要员会经常到布鲁金斯学会等智库进行演讲，借助智库扩大其政策和理念的影响，以寻求公众理解和支持。奥巴马、希拉里以及许多其他美国的领导人都曾在布鲁金斯学会做报告。例如，美国众议院议长佩洛西访华后立即到布鲁金斯学会演讲。美国超一流的智库布鲁金斯学会、战略与国际问题研究中心、兰德公司以及蒙特雷防扩散中心等智库对其政府内、外政策的影响至深至远，有一个重要原因，即数不胜数的美国政府高官出身智库或智库的资深学者来自政府高层，有的甚至几出几进。奥巴马政府的国家安全委员会亚洲事务高级主任杰佛里、贝德（总统特别助手）、美国驻联合国大使赖斯等都是来自布鲁金斯学会外交政策研究部的资深学者。现任布鲁金斯学会主席塔尔博特曾是克林顿政府时的第一副国务卿。这种智库与政府间人事的交流被称之为的“旋转门”现象。

### （三）我国非政府组织普遍面临经费匮乏问题

我国的非政府组织普遍面临经费匮乏以及筹资渠道少的问题，严重影响他们的生存与发展。据民政部统计，2007年第三产业产生的附加值中，非政府组织所占比例微不足道，只有0.3%。中国非营利组织的资金规模只占到国内生产总值的0.35%。目前，我国大部分非政府组织完全靠自筹资金，甚至有些重要领域的非政府组织的资金也要靠自筹，我国的非政府组织很难也很少从企业得到赞助，因为我国的大部分企业还没有形成赞助非政府组织的意识。还有一些非政府组织包括智库的主要经费来源于国外基金会的课题费或项目费。另外，我国非营利性质的组织只有22%符合全额免税的条件。非政府组织一方面面临经费匮乏的压力，而另一方面还面临赋税的压力。

相比之下，美国非营利组织的资金规模占GDP的比例高达2%。美国非政府智库的经费主要来源于基金会、政府和企业以及其他的非营利机构或个人。例如布鲁金斯学会的年预算为6000多万美元，与美国军方和军工集团联系密切的智库——战略与国际问题研究中心以及兰德公司的年预算比布鲁金斯学会更多。美国有大小基金会2000多家，诸如著名的福特基金会、洛克菲勒基金会、麦克阿瑟基金会、卡内基基金会等，其中不乏大财团控制的基金会，这些基金会用其雄厚的资金支持形形色色非政府组织、民间团体、研究机构，使得他们能够在本国和国外积极活动，宣传其价值观，收集信息，为其政府的利益和政策游说，影响他国的官员和智库人士。

### （四）我国非政府组织（包括智库）之间应加强交流并进一步提高自身的能力

非政府组织之间（包括智库）、学者与学者应该加强交流。智库是个出思想的地方，各种各样的观点、看法、主张、建议相互碰撞，才能产生出质量高并有影响力的思想。非政府组织（智库）还需要提高自身素养，只有不断提高自身的素养，有自己独立的思想，才能更好地向政府提出有价值的政策建议，才能更好地为政府服务。

## 三

进入新世纪以来，世界多极化、经济全球化深入发展，国际安全形势总体稳定，但不确定因素增多，传统安全问题依然存在。当前，国际军控、裁军与防扩散形势正在经历重要变化。核裁军领域呈现积极势头，建立无核武器世界的理念日益得到越来越多国家的认同，核问题在国际安全议程上的重要性进一步凸显。今年4月召开了全球核安全峰会，提高了国际社会对核安全问题的认识和重视；5月召开了《不扩散核武器条约》缔约国2010年审议大会；美国和俄罗斯签署了《进一步削减和限制进攻性战略武器条约》；一些无核武器国家及非政府组织也纷纷提出自己的核裁军倡议。同时，国际安全环境还很复杂，世界上仍存在上万枚核武器。实现无核武器世界目标，需要各国作出长期艰苦的努力；另外，核能在全球范围内蓬勃发展。面对气候变化和能源安全挑战，核能作为一种成熟、清洁、安全和有竞争力的能源，成为越来越多的国家解决能源需求、改善能源结构的重要选择。目前，正在或有意发展核能的国家有60多个，正在运行的核电机组有400多座，在建核电机组55座，核电占全球发电总量的比例达到14%。核安全问题越来越受到重视。核裁军、核不扩散、核安全与和平利用核能问题，都引起国际社会的高度关注；近年来，与人道主义相关的常规军控问题也引起国际社会越来越多的关注，《特定常规武器公约》活力不断增强，《特定常规武器公约》框架内的多边努力已成为国际军控领域的亮点之一；经过修订的《地雷议定书》履约工作取得稳步进展；《战争遗留爆炸物议定书》生效已届四年，缔约国数量持续增加。集束弹药问题政府专家组的工作也取得很大进展。加强公约的普遍性和有效性，实现公约的宗旨和目标依然任重而道远；《禁止生物武器公约》在消除生物武器威胁、防止生物武器扩散、应对生物恐怖主义、加强生物安全等方面正发挥着不可替代的重要作用。当前公约执行情况总体良好，普遍性有一定提高，公约缔约国已达 163 个。及时妥善应对生物武器或生物恐怖袭击，仍是国际社会面临的挑战；防止外空军备竞赛，维护外空和平与安全，也一直是国际社会高度关注的问题。目前，各国在安全领域相互依存日益加深，交流与合作不断加强，实现普遍安全的理念深入人心。与此同时，国际社会面临的安全挑战也在增多。恐怖主义、大规模杀伤性武器扩散和传染病流行等非传统安全问题日益突出，地区热点问题有增无减。

在当前的形势下，军控领域的非政府组织大有作为，并且面临空前的发展机遇。积极发挥非政府组织的作用，利用各种平台，就国际热点问题与国际上的非政府组织交换意见，增进相互了解，密切彼此联系。推动军控和防扩散领域的交流与合作，既宣传自己，也了解他国的观点和理念。非政府组织的主要任务是“把一个真实的中国告诉世界”。例如，中国积极参与国际防扩散进程，已参加了所有相关国际条约和组织，忠实履行国际义务；中国支持联合国安理会通过第 1540 号决议，积极参与解决朝核、伊核等地区防扩散问题的外交努力；中国政府高度重视《特定常规武器公约》在解决有关人道主义关切方面的作用，严格履行公约及有关议定书义务，为推动公约进程积极贡献力量。中国政府在军队和民众中大力开展公约及其议定书的宣传工作，积极参与有关国际交流与合作，2008 年，中国还向苏丹、秘鲁、厄瓜多尔、埃塞俄比亚、埃及提供了力所能及的扫雷援助；中国为推进裁谈会“防止外空军备竞赛”议题的相关工作做出努力，如中、俄2008年向裁谈会提交了“防止在外空放置武器、对外空物体使用或威胁使用武力条约”（PPWT）草案；中国政府高度重视防扩散出口管制工作，认为有效的出口管制是实现防扩散目标的重要手段。通过多年来的不懈努力，我们在这一领域取得了显著成效。我国已建立了明确的出口管制部际分工和协调机制，建立了跨部门的“防扩散出口管制应急协调机制”和“国家出口管制专家支持体系”。把提高有关部门的执法能力和水平列为政府的工作重点，有针对性地加强了对商务、海关等部门的出口管制执法人员，尤其是基层执法人员的培训。政府加强对企业的宣传教育，以便从源头防止扩散活动的发生。近年来，政府通过各种形式加强政企互动，提高企业的防扩散意识，指导企业建立内部自律机制，确保企业遵守国家出口管制法规。通过这些活动，中国企业的知法、守法和自律意识大幅提高；中国已建立起一套涵盖核、生物、化学和导弹等各领域的完备出口管制法规体系，并根据我们所承担的国际义务和出口管制工作的实际需要，对现有法规作必要的修订和完善。我们还根据加入“核供应国集团”后所应承担的义务，参照“澳大利亚集团”有关规定，修订了核和生物领域的管制条例。

非政府组织有责任也有义务把上述这一切——我们的理念、我们的政策、我们的作为以及取得的成就通过国际交流告诉世人，让世界知道，中国作为安理会常任理事国和负责任的大国，一直积极参加多边军控进程，为国际和地区的和平与稳定作出了积极贡献。任重而道远，军控领域所有的非政府组织精诚合作，奋发努力，在国际舞台上发挥更大的作用。

**【附件】**

## 附件一：2010 年国际军控与裁军大事记

## 附件二：2010 年中国军控与裁军文件摘编

# 附件一：2010年国际军控与裁军大事记

**1月**

1月5日　据新华社报道，在美国日前威胁可能对伊朗实施新制裁后，伊朗外交部发言人梅赫曼帕拉斯特重申，制裁不能阻止伊朗实施和平利用核能的计划。

1月21日　《据华盛顿时报》报道，美国国防部长盖茨20日在访问印期间与印度国防部长探讨了两国发展核力量的计划和意图，提出希望与中国进行核对话。

1月29日　据朝鲜先驱导报报道，美韩1974年签署的民用核能协议将在4年后到期，两国准备就新的协议进行谈判。目前，两国正在组织专家研究可能采用的高温冶金处理手段在技术上和经济上的可行性。

1月30日　据俄罗斯《独立报》报道，俄罗斯总理普京宣布，1月29日他在莫斯科会见了来访的利比亚临时总防务委员会秘书贾比尔，签署了价值13亿欧元（约合18亿美元）的武器供应合同。俄媒体表示，这份军售合同不只包括轻武器，可能还将加入苏－35战机和S－300导弹等重型装备。

**2月**

2月1日　据外电报道，俄罗斯与美国在瑞士日内瓦继续就两国削减大规模进攻性武器新条约的签订进行谈判。俄外交部发言人表示，这是“完全正式化的一轮谈判”。

2月2日　据美联社报道，尽管奥巴马政府声称将努力促进核不扩散进程，并誓要减少世界核武库，但奥巴马仍拟筹集资金于2011年启动或推进多项核武器研究及安全项目。美国政府1日要求国会将国家核安全管理局预算中超过70亿美元的资金用于核武器相关项目，较2010财年用于相关项目中的资金多出6.24亿美元。

2月2日—4日据新华网报道，“全球零核”峰会在巴黎召开，会议通过了分三阶段实现无核武器世界的“全球零核”行动计划。

2月3日　据新华网报道，俄罗斯总统助理谢尔盖·普里霍季科在莫斯科表示，俄美双方将在2010年3月、4月间最终签署关于削减进攻性战略武器的新条约。双方初步商定，签约仪式将在第三国举行。

2月5日　据新华网报道，俄罗斯总统梅德韦杰夫批准俄新军事学说及2020年前国家核威慑基本政策。新政策强调俄将保留对任何利用大规模杀伤性武器对俄及盟国的袭击使用核武器的权利。在俄及盟国主权和国家存在受到威胁时，俄将首先使用核武器。

**3月**

3月1日　据新华网报道说，俄罗斯与美国上周结束了在日内瓦的核裁军谈判，双方在为解决签署新条约余下的问题上取得重大进展。为了最终商定新条约并提交两国总统签署，双方确定从3月9日起继续在日内瓦举行谈判。

3月1日　据俄罗斯《独立报》报道，波兰国防部发言人证实，4月上旬美国将在波兰部署首个“爱国者”导弹连，部署地点距俄罗斯家里宁格勒州仅100公里。2009年奥巴马政府宣布放弃在捷克和波兰部署陆基中段防御系统后，调整了欧洲导弹防御计划，计划用末端的“爱国者”系统和海基中断“标准-3”系统取代原计划的陆基中段系统。

3月2日　据俄新网报道，印度《Daily News and Analysis》报称，新德里与莫斯科准备签署为印度空军提供42架俄制苏-30MKI战斗机的新合同。

3月2日　据新华网报道，日本外相冈田克也和哈萨克斯坦驻日本大使卡迈勒季诺夫在东京签署了两国原子能合作协定。该协定规定，以和平利用原子能为前提，两国间制定关于核有关物资、器材和技术转让的法律框架，禁止向第三国转让或转为军用，并接受国际原子能机构的核查。

3月2日　据中新网报道，国际原子能机构总干事天野之弥3月1日在向该机构理事会汇报工作时表示，原子能机构仍在继续按照《全面保障监督协定》核查伊朗是否未转用已申报的核材料，但由于伊朗方面未能提供必要的合作，该机构无法确定伊朗所有的核材料都只用于和平活动。

3月2日　据新华网报道，印度国防研究与发展组织宣布，该组织将于3月10日至15日之间进行第四次反导试验，以进一步提高拦截弹道导弹的能力。

3月2日　据英国媒体报道，俄罗斯联邦原子能机构主席谢尔盖·基里延科说，目前俄罗斯将在印度建造12个核反应堆。2012年至2017年将再建造6个反应堆。

3月4日　据新华网报道，俄罗斯“图拉”号核潜艇成功试射一枚RSM－54型洲际弹道导弹，弹头准确击中俄远东堪察加半岛库拉试验场预定目标。

3月5日　据新华网报道，俄罗斯总统梅德韦杰夫在出席俄国防部部务会议时发表谈话说，俄罗斯与美国已接近签署新的限制进攻性战略武器条约。

3月5日　据新华网报道，联合国秘书长潘基文就《不扩散核武器条约》生效40周年发表声明，承诺将继续致力于推动建立无核武器世界。

3月7日　据法新社报道，伊朗外交部发言人迈赫曼帕拉斯特称，在酝酿对伊采取新制裁的问题上，联合国安理会5个常任理事国以及德国将无法达成一致。他说：“由于针对伊朗和平核活动的制裁原则缺少合理合法的基础，是某些国家带着政治意图推动的，这些制裁自然无法实现”。

3月7日　据新华网报道，朝鲜人民军驻板门店代表部发言人“受权”发表声明说，在美韩举行大规模联合军事演习的情况下，朝鲜半岛无核化进程将“不得不中断”，朝鲜将“进一步加强自卫性的核遏制力”。

3月9日　据新华网报道，伊朗海军当天通过国产的“贾马兰”号驱逐舰成功发射一枚舰对地导弹。

3月9日　据新华网报道，正在巴以地区访问的美国副总统拜登说，美国将坚决阻止伊朗获得核武器。他还说，美国正与其他国家一道劝说伊朗履行国际义务，放弃核计划。

3月9日　据新华网报道，以色列国家基础设施部部长乌齐·兰多在巴黎表示，以色列有意发展核能，希望以此减轻对煤炭能源的依赖。他还表示，以色列希望与阿拉伯邻国的科学家和工程师合作，共同建造核电站，并将遵循严格的安全标准。

3月10日　据韩国媒体报道，朝鲜创设了射程4000公里的新型中程导弹师团。

3月10日　据俄罗斯新闻网报道，北约联合部队总司令斯塔夫里迪斯将军日前宣布，北约不排除在欧洲反导系统部署项目上与俄罗斯合作的可能性，而且还可能会在双方伙伴关系框架内使用俄方预警雷达，从而更早地发现导弹发射情况，及时应对。

3月15日　据综合媒体报道，印度国防部称其当日进行了一次导弹防御系统拦截试验，但因靶弹发射后偏离预定轨道，拦截弹未发射实施拦截，致使试验未能达到预期目的。

3月16日　据新华网报道，俄罗斯国家杜马（议会下院）主席格雷兹洛夫说，如果俄罗斯和美国即将签署的新的削减进攻性战略武器条约不与导弹防御问题联系起来，将不会得到国家杜马议员的批准。

3月16日　据新华网莫斯科报道，俄罗斯外长拉夫罗夫说，新的削减进攻性战略武器条约可能在2010年3月底或4月初准备就绪。

3月17日　据俄新网援引印度媒体报道称，俄罗斯证实准备在近期将“海豹”号核潜艇交给印度海军，租期为10年。

3月17日　据伊朗《青年报》报道，伊朗准备一次性以其生产的1200公斤纯度为3.5%的浓缩铀交换约120公斤纯度为20%的浓缩铀。但此项交换必须在伊朗境内进行。

3月17日　据法新社报道，韩国国防部部长金泰荣表示，朝鲜目前拥有1000多枚中程弹道、“飞毛腿”和“劳动”等型号的导弹，与两年前相比增加了25%。

3月19日　据共同社消息，日美两国政府在华盛顿召开了旨在促进核能领域合作的“日美核能运营委员会”会议。会议通过的共同声明表示，双方将在发展中国家和平利用核能、日美两国核电站老化对策方面加强合作。

3月21日　据新华网报道，印度海军一名高级官员说，印度海军当天在东部奥里萨邦沿海地区成功进行了新型巡航导弹“布拉莫斯”的垂直试射。

3月20日　据韩联社报道，对于美国媒体报道朝鲜驻英大使日前表示“六方会谈可能在6月中旬以前重启”，美国院19日回应说，美方一直期待朝方重返六方会谈，“若朝鲜真想重新与国际社会接洽，他们与其高谈阔论，倒不如直接知会六方会谈主席国”。

3月22日　据韩联社报道，美国福国防部长林恩在出席美国航空航天学会举办的导弹防御问题会议时说：“朝鲜仍在研发‘大浦洞’2型洲际导弹，而伊朗在开发可用于远程洲际导弹的航天运载器。这些研究将来都有可能威胁到美国本土。”林恩还表示，美国本土的导弹防御应主要以朝鲜和伊朗的导弹为对象。

3月22日　据新华网报道，印度国防研究与发展组织表示，该组织正加紧发展反导拦截系统，有望在2012年开始部署反导拦截网。该反导拦截网将分两个阶段部署：第一阶段主要拦截射程在2000公里以内的弹道导弹，第二阶段主要拦截射程超过2000公里的弹道导弹。

3月23日　据新华网报道，日本外相冈田克也在记者会上表示，日本和澳大利亚将要求有核国家不对无核国家进行核攻击。

3月25日　据俄罗斯《晨报》报道，俄罗斯未能迫使美国在削减战略进攻性武器新条约上做出原则性让步，尽管文件中将会提及反导问题，但是这丝毫不能阻止对方继续在东欧部署反导系统。

3月26日　据中新社报道，美国总统奥巴马上午与俄罗斯总统梅德韦杰夫通电话后表示，美俄已就签署一项新的裁减核武器条约达成共识，两国同意削减大约三分之一的核弹头。

3月28日　据中新社报道，印度两天试射3枚导弹。继27日试射两枚“大地”系列短程导弹后，又在28日试射一枚“烈火”－1短程弹道导弹，以此加紧调试印度导弹交付、控制及制导系统。

3月29日　俄罗斯原子能公司与国际原子能机构签署协议，成立世界首座核燃料银行，为其他国家民用核反应堆提供低浓铀。

**4月**

4月1日　据俄新社报道，美国总统核不扩散问题特别代表苏珊·伯克3月31日在华盛顿卡耐基中心参加圆桌会谈时宣布，今后美国将不再敦促所有国家都加入《核不扩散条约》。

4月1日　据新加坡《联合早报》报道，印度太空研究组织说，从2010/11财政年度开始，该组织计划在数年间每年平均发射10颗卫星，以满足国家经济发展等方面的需求。

4月2日　据英国《泰晤士报》报道，美国总统奥巴马下周可能改写美国的核武政策，届时他可能会宣布美国将进一步削减核武库，同时承诺不再研发新型核武器系统。

4月2日　据俄罗斯新闻网报道，俄罗斯外交部发言人涅斯捷连科1日声明说，俄罗斯仍主张尽快恢复朝鲜核问题六方会谈。他说："政治途径解决朝鲜半岛核问题是可能的，而且也应当在中国、朝鲜、韩国、俄罗斯、美国与日本参与的六方会谈框架内找到解决办法。我们主张尽快恢复六方会谈。"

4月5日　据新华网报道，马来西亚国会下院通过《2010年战略贸易法案》，授权马有关部门管制大规模杀伤性武器设计、开发、生产和相关贸易。

4月5日　据新华网报道，美国总统奥巴马表示，美国政府将重塑核战略，明确承诺不对遵守《不扩散核武器条约》的无核国家使用核武器。同时表示，伊朗、朝鲜等违反或退出《不扩散核武器条约》的国家不在美国政府承诺不使用核武器的对象国之列。

4月5日　据俄罗斯《导报》报道，俄罗斯上月与阿尔及利亚和乌干达各签订一份苏-30MK系列战斗机出口合同，合同总金额估计达10多亿美元。

4月6日　据中广网报道，美国国防部长盖茨召开新闻发布会，公布《核态势报告》，宣布美国将削减核武器、停止发展新核武、降低核武器在国家安全战略中的作用，但并未承诺不首先使用核武器。

4月7日　据外电报道，伊朗外交部长穆塔基表示，伊朗仍然希望能够商定联合国起草的核燃料供应协议。穆塔基称："燃料交换协议仍可考虑，我们可以实现它。"穆塔基表示已同多方进行了直接和间接对话，就燃料交换协议的不同方面进行了讨论。

4月9日　据法新社报道，伊朗原子能组织主席纳吉布·萨利希今天表示，伊朗已经成功对第三代离心机进行了测试。该离心机的铀浓缩速度比伊朗当前在用的离心机快六倍。

4月13日　据新华社报道，为期两天的首届核安全峰会13日在华盛顿落下帷幕。会议发表了公报和工作计划，承诺通过负责任的国家行动和持续有效的国际合作，以及强有力的安全措施，减少核恐怖主义威胁。

4月12日　据俄新网报道，俄罗斯总统梅德韦杰夫表示，如果美国反导系统发生实质性的变化，那么俄罗斯可能会提出退出俄美刚刚签署的削减进攻性战略武器新条约，但不希望发生这种情况。

4月19日　据外电报道，伊朗总统艾哈迈迪内贾德的一位助手表示，内贾德批准了新铀浓缩工厂的厂址。

4月29日　据《文汇报》报道，日本福井县的快中子增殖反应堆“文殊”号，14年前因冷冻剂泄漏发生大火后关闭至今，虽然有论评指反应堆应该永久关闭，但福井县政府不顾外界反对，昨日批准“文殊号”重启测试。

**5月**

5月2日　据新华网报道，《不扩散核武器条约》第8次审议大会定于5月3日至28日在纽约联合国总部召开，172个NPT成员国与会。

5月4日　据“中广新闻网”报道，美国国防部长盖茨建议美国减少航空母舰的数目，把节省下来的钱用来购买急需武器。

5月11日　据环球网报道，尽管美国总统奥巴马声称要推动世界无核化，并在不久前与俄罗斯签署了新的核裁军条约，但美国《华盛顿时报》5月10日消息称，美国不会将部署在欧洲的约200枚B-61核炸弹撤回国，而这很可能让恐怖分子有机可乘，让世界面临可怕的核恐怖袭击危险。

5月17日　据新华网报道，伊朗外交部发言人迈赫曼帕拉斯特透露，伊朗会继续在国内进行纯度为20%的铀浓缩活动。

5月19日　据新华网报道，俄罗斯外长拉夫罗夫在俄国家杜马发表讲话时说，新的俄美核裁军条约为俄罗斯确定了这样的权利，即一旦美国的反导计划对俄战略力量构成威胁，俄方将退出条约，维护自己的战略利益。

5月21日　据法新社报道称，美国众议院20日以410票赞成、4票反对的压倒性优势，支持奥巴马提出的向以色列提供2.05亿美元帮助其生产“铁穹”（Iron Dome）短程火箭防御系统的计划。

5月24日　据外电报道，伊朗原子能机构发言人称，伊朗将在24日稍晚时候向国际原子能机构报告与土耳其和巴西签署的核交换协议内容。

5月24日　据中新网电报道，一名伊朗高级官员说，一项把伊朗的浓缩铀运到土耳其，以换取用于医疗研究核反应堆的燃料棒的协议将在24日得到证实。

5月30日　据英国媒体报道，以色列将向伊朗海岸线附近的海湾地区部署三艘装备有核巡航导弹的德制“海豚”级潜艇，并且已经派遣了第一艘。

**6月**

6月3日　据新华网报道，加拿大国防部长彼得·麦凯说，联邦政府将在未来30年斥资300亿加元（约合

290亿美元）为海军和海岸警卫队建造28艘大型军舰和100艘小型军舰。

6月9日　据国际在线报道，伊朗原子能机构主席萨利希说，伊朗政府当天收到美国、俄罗斯和法国就德黑兰核燃料交换协议所作的答复。

6月10日　据俄新网报道，俄罗斯国家杜马国际事务委员会主席康斯坦丁·科萨切夫表示，针对伊朗的国际制裁并不牵扯到俄伊两国在和平利用核能领域的双边合作项目。这些双边合作项目包括布什尔核电站的投产使用，以及向伊朗提供S－300地空导弹系统的计划。

6月11日　据俄新网报道，俄罗斯外交部长谢尔盖·拉夫罗夫向记者表示，俄罗斯将公布禁止向伊朗提供的武器清单。拉杰罗夫称，联合国安理会9日通过制裁伊朗决议后，俄罗斯立即开始起草包含这份禁售武器清单在内的总统令。

6月11日　据英国媒体报道，美国国防部长罗伯特·盖茨表示，伊朗可能在3年内都不具备生产核武器的能力，因此，国际社会仍有时间向德黑兰施压。

6月16日　据新华网报道，伊朗原子能组织主席萨利希说，伊朗将再建一座比德黑兰核反应堆“更加先进、更加强大”的研究用核反应堆，以满足国内对放射性同位素的需求。

6月17日　据法新社报道，美国防部长罗伯特—盖茨警告说，美国获得的情报显示，伊朗有能力用“数十或者数百枚”导弹对欧洲发动袭击，这将推动美国对目前的导弹防御系统做出重大的变革。

6月18日　据全球安全新闻网报道，印度当日上午成功试射了国产“大地二型”可携带核弹头的短程地对地弹道导弹。该型短程地对地弹道导弹长9米、直径1米，最大射程为350公里，可携带500公斤弹头，由液体推进，双引擎驱动，采用先进惯性导航系统。

6月21日据新华网报道，伊朗原子能组织主席萨利希说，伊朗禁止两名国际原子能机构核查人员入境检查伊朗核设施，理由是他们发布了有关伊朗核计划的不实信息。

6月21日—25日　据新华网报道，“核供应国集团”全会在新西兰召开，会议决定启动全面审议触发清单和两用品清单的工作。

6月22日　据英国媒体报道，土耳其外交部长艾哈迈德·达武特奥卢表示，尽管联合国通过了对伊朗的新一轮制裁，土耳其和巴西将继续履行此前同伊朗达成的核燃料交换协议。

6月23日　据新华网报道，伊朗原子能组织主席萨利希说，伊朗已经生产出17公斤纯度为20%的浓缩铀。

6月25日　据新华网报道，保加利亚国防部长阿纽·安格洛夫25日说，保加利亚将来可能加入北约的导弹防御体系，将本国的防空与导弹防御体系连接在一起。

6月25日　据全球安全新闻网报道，美驻俄大使向俄表示，美国希望俄罗斯加入美正在构建的全球导弹防御系统。奥巴马政府正在寻求俄罗斯支持其欧洲导弹防御计划，虽然美国不断地向俄罗斯作出保证，俄仍对美导弹防御计划是否会对俄核威慑能力造成负面影响表示怀疑。

6月29日　据外媒报道，伊朗总统艾哈迈迪内贾德28日宣布，伊朗在8月底之前不会同西方国家展开核项目谈判，以此“惩罚”世界大国对其采取制裁。

6月29日据俄罗斯新闻网报道，美国在位于太平洋的靶场进行了一次反导试验，使用战区高空防御系统成功地拦截了一枚从海上浮动平台发射的近程导弹靶弹。

**7月**

7月1日　据美国核威胁倡议网站报道，近日俄罗斯军方部署了第一个新一代RS－24洲际导弹系统。RS－24导弹由莫斯科热工程研究所设计。该机构曾研制了目前使用的“白杨”－M洲际导弹以及正在开展试验的：“布拉瓦”潜射弹道导弹。RS－24导弹是一种新型多弹头的机动导弹系统，据俄总理普京称，该导弹能穿透任何导弹防御系统，将成为未来俄罗斯战略核力量的中坚。

7月5日　据日本共同社报道，由日本和澳大利亚倡议发起的国际专家会议“核不扩散与核裁军国际委员会”发表声明，建议于2011年成立“全球核不扩散与核裁军中心”。

7月9日　据美国《防务新闻》网站报道，北约将在2010年具备部分防御战术弹道导弹的初始能力。北约“多层主动战区弹道导弹防御”项目办公室已授予泰利斯雷声系统公司一份价值177万美元的合同，在2010年底前为北约提供弹道导弹防御系统组件。

7月26日　据美联社报道，俄罗斯外交部表示，伊朗必须停止针对俄的“不负责任的言论”，并采取行动结束双方在伊核问题上的分歧。伊朗总统内贾德23日曾发表讲话，谴责俄在6月投票赞成联合国安理会对伊实施制裁的决议，并指责俄总统梅德韦杰夫与美国一道“散布有关伊核计划的谣言”。

## 8月

8月2日　据中新网报道，2010年8月6日是广岛遭受原子弹轰炸65周年纪念日。日本广岛市市长秋叶忠利届时将在广岛举行的和平纪念仪式上发表的一份《和平宣言》，呼吁日本政府在缔结全面禁止核武器条约方面发挥主导作用等，要求日本政府脱离美国的核保护伞并将“无核三原则”法制化。

8月3日　据新华网报道，《禁用集束炸弹公约》8月1日起正式生效，得到反对使用集束炸弹的人士和国际组织欢迎。他们认为，这是十年来最重要的裁军和人道主义条约，尽管美国等国家没有签署公约，但公约的生效能对拥有集束炸弹却没有签署公约的国家施加压力。

8月5日　据美国《华尔街日报》报道，美国正与越南就分享核燃料与核技术问题展开深入谈判，包括允许越南在本国境内进行铀浓缩。

8月9日　据新华网报道，俄罗斯国防工业综合体透露，今年首次“布拉瓦”导弹试射将比原计划时间推迟两周到三周进行。消息人士的称，“布拉瓦”导弹2010年首次试射即第13次试射的时间原定于8月11日至14日。但没有透露推迟试射的原因。

8月10日　据新华报道，伊朗外交部发言人梅赫曼帕拉斯特说，伊朗已经准备好就核燃料交换问题与由法国、俄罗斯、美国及国际原子能机构组成的维也纳小组举行谈判。

8月11日　据外电报道，俄罗斯空军高官称，俄罗斯已经在阿布哈兹地区部署了先进的S－300防空导弹。

8月12日　据新华网报道，格政府对俄罗斯在阿布哈兹部署S-300防空导弹系统表示强烈谴责，称此举“极端危险和具有挑衅性”。

8月13日　据新华网报道，俄罗斯国家原子能公司发言人谢尔盖·诺维科夫说，俄罗斯将从8月21日开始，为伊朗首座核电站——布什尔核电站核反应堆装载核燃料。

8月16日　据法新社报道，伊朗总统内贾德签署了一项新的法案，旨在继续伊朗的铀浓缩计划，同时这项法案也将对与国际原子能机构的合作产生限制性影响。

8月15日据新华网报道，伊朗原子能组织主席阿里·阿克巴尔·萨利希说，伊朗将于明年上半年开始建造新的铀浓缩工厂。

8月20日　据外电报道，伊朗国防部长艾哈迈德·瓦希迪表示，伊朗试射了一枚地对地导弹。

8月21日　据伊朗媒体报道，伊朗首座核电站——布什尔核电站核反应堆将于今天装载核燃料。

8月21日　据共同社报道，日本外相冈田克也与印度外长克里希纳就缔结核能合作协定举行了会谈。冈田克也在会谈中表示，如果印度重启核试验则将停止核能合作，并希望在协定中写入该内容。印度方面则对此表示反对，缔结核能合作协定的谈判预计将陷入僵局。

8月23日　据人民网电报道，以色列核专家指出，伊朗已正式启动布什尔核电站，这无疑会加速伊朗核计划的发展，但距离制造出核武器还有不短的距离。

8月26日　据法国媒体报道，伊朗日前已向俄罗斯提议，建议两国共同生产核燃料以供俄罗斯帮助建造的伊朗首座核电站布什尔核电站之用。

8月27日　据新华网报道，印度国防部长安东尼说，印度自行研制的第一种洲际导弹“烈火”-5准备进行第一次试射。

**9月**

9月4日　据新华网报道，中国、美国、俄罗斯、英国和法国建立核裁军信任措施会议于9月3日至4日在伦敦举行。会议主要讨论了在核裁军领域建立信任措施问题，以及应对防扩散领域面临的挑战。

9月7日　据共同社报道，日本外相冈田克也在柏林会见了德国外交部长韦斯特韦勒。双方一致同意为实现“无核武世界”推进核裁军和核不扩散，并在两国都希望实现的“入常”等联合国安理会改革问题上携手合作。

9月24日　据日本《读卖新闻》报道，法国外交部官员在召开的联合国安理会核不扩散与核裁军问题峰会上宣布，美、英、法、中、俄五个有核国家将于2011年在巴黎召开首次核裁军会议。

**10月**

10月7日　据共同社报道，日本外务省宣布，日本与印度将于8日至9日在新德里举行第二轮核能合作协定谈判。日印于6月开始进行核能合作协定谈判，从而使双方核技术转让及核物质转移成为可能。但日本前外相冈田克也在8月与印度外长克里希纳会谈时表示，如果印度进行核试验，日方将终止合作。

10月7日　据俄国防部新闻局发言人表示，俄海军德米特里·东斯科伊号核潜艇是日从白海海域向堪察加半岛库拉靶场，成功试射1枚“布拉瓦”洲际弹道导弹。

10月7日　据俄罗斯新闻社报道，俄罗斯国防部新闻局代表透露，俄从“德米特里·东斯科伊”号核潜艇上进行的第13次“布拉瓦”海基洲际导弹试射获得成功。该导弹潜射在国家飞行设计试验计划内进行。导弹轨道数据正常，战斗部顺利到达库拉靶场。

10月8日　据“俄新社”报道，来自俄国防部的消息称，7日“圆锤”海基弹道导弹从“德米特里·东斯科伊”号战略核潜艇上成功发射。

10月13日　据韩联社报道，韩国国防分析研究院专家权阳柱发表文章称，韩国国防部估计朝鲜军队拥有2500吨至5000吨化学战剂，“如果朝鲜使用所有的化学战剂库存，它可能生产出62.5万至125万枚化学炸弹”。他说，除朝鲜的核计划外，其化学武器威胁也是韩国最紧迫的安全问题，“国际社会必须找到解除朝鲜化学武器并促其弃核的方法”。

10月26日　据韩联社报道，美国国务院表示，李明博总统和美国国务卿希拉里即将前往河内出席东亚峰会（EAS），两人预定于30日在当地进行会晤，商讨韩朝关系和六方会谈重启方案。

10月26日　据俄新社报道，俄罗斯“布拉瓦”海基洲际弹道导弹飞行设计试验委员会消息人士透露，委员会在对“布拉瓦”导弹第13次成功试射结果分析之后确定，第14次试射将在10月29日进行。

**11月**

11月2日　据法新社报道，法国总统府宣布，英法两国领导人将签订一项合约，根据合约两国将在法国一处联合设施上共同测试两国的核武库，此项核合作计划便是两国涉及海陆空三军全方位防御合作计划内容的一部分。

11月2日　据新华网报道，英国与法国两国政府在伦敦签署军事合作协议，根据这一协议，两国将共同创建5000人的“联合远征军”快速反应部队，在2015年之前实现核试验设备的共享，从2020年起联合使用航空母舰。

11月3日　据环球网报道，以色列军方情报负责人表示，伊朗目前有足够的浓缩铀，可以建造一颗核弹，并且不久将有充足的浓缩铀来造第二颗核弹。

11月7日　据伊朗迈赫尔通讯社报道，伊朗外交部长穆塔基称，伊朗已经同意与六国（美国、英国、法国、俄罗斯、中国和德国）在土耳其举行核谈判。

11月10日　据新华网报道，土耳其总理埃尔多安表示，伊朗已建议于11月23日或12月5日在土耳其伊斯坦布尔与美国、英国、法国、俄罗斯、中国和德国六国举行核谈判。

11月18日　据中新网报道，一名伊朗军方指挥官称，伊朗“成功”试射了前苏联时代导弹的升级版导弹。

11月21日　据美国之音网站报道，伊朗资深议员库萨利称，已将增加其核燃料产量，以满足本国需求，尽管以可能同世界大国就其有争议的铀浓缩项目恢复谈判。报道说，伊朗暂定与联合国五个常任理事国及德国于12月5日举行谈判，但双方目前仍未就谈判地点达成一致。

11月21日　据日本共同社报道，俄罗斯总统梅德韦杰夫在葡萄牙首都里斯本与北约组织的首脑们举行了会谈。梅德韦杰夫在记者会上呼吁俄罗斯协助欧洲全境导弹防御系统（MD）计划的提案，并表示在欧洲MD不损害俄罗斯核战斗力、俄罗斯拥有平等发言权的条件下，愿意积极合作。

11月23日　据韩联社报道，韩国青瓦台一名高官说，韩国和美国政府之间没有讨论过在韩重新部署战术核武器的问题，这一问题也并不是未来韩美之间的讨论议题。这名官员称，美国当时从韩国撤走核武器并不是根据朝鲜半岛局势作出的决定，而是根据美国的全球核战略作出的决定，此外，“韩国的目标是实现朝鲜半岛无核化，这一目标今后也不会出现变化”。

11月24日　据英国《每日电讯报》报道，北约一官员称，在今后10年时间里，欧洲各国将花费数十亿英镑打造一个弹道导弹防御系统，其目的在于保护该地区免受核袭击。

11月30日　据新华网报道，欧盟外交与安全政策高级代表凯瑟琳·阿什顿呼吁美国和俄罗斯议会尽快批准两国总统2010年4月在布拉格签署的新核裁军条约。

**12月**

12月22日　据新华网报道，美国参议院当天以71票赞成、26票反对批准了美俄新核裁军条约。美国总统奥巴马和俄罗斯总统梅德韦杰夫2010年4月在捷克首都布拉格签署了新的《削减和限制进攻性战略武器条约》，以替代已于2009年失效的旧条约。新条约规定，7年内两国部署的战略核运载工具数量将削减到700件以下，此外各自可部署的核弹头将减至1550枚，削减幅度近三分之一。

12月23日　据新华社报道，北约秘书长拉斯穆森对美国参议院批准美俄新核裁军条约表示欢迎，认为这一条约不仅能为北约和俄罗斯加强合作创造条件，而且有利于国际安全。

12月24日　据新华社报道，在国家杜马全体会议上，议员们以350票赞成、58票反对的投票结果一读通过了上述议案。根据俄立法程序，俄美新核裁军条约还须经国家杜马二读和三读通过，并交俄联邦委员会（议会上院）审议批准，然后提交总统签署生效。

12月24日　据新华网报道，美国参议院12月22日批准了美俄新核裁军条约，日本政府就此表示欢迎，同时期待该新条约能够推动全球核裁军的进程。

12月26日　据新华网报道，美俄新核裁军条约获美国参议院通过后，美国总统奥巴马计划2010年与俄国恢复核武谈判，把焦点转向较小型的战术核武器，确保这类最易被偷运和转移的武器受到法律限制。

# 附件二：2010年中国军控与裁军文件摘编

## 携手应对核安全挑战　共同促进和平与发展

——胡锦涛主席在核安全峰会上的讲话

（2010年4月13日，华盛顿）

尊敬的奥巴马总统，

各位同事：

核安全问题事关核能和经济可持续发展，事关社会稳定和公众安全，事关国际和平与安宁。核能开发利用是20世纪人类最伟大的科技成就之一，促进了人类社会进步，给广大民众带来了福祉。步入21世纪，为应对气候变化、保障能源安全，核能需求大幅增长，核工业发展势头强劲，核能与各国经济社会发展的关系更为紧密。

同时，国际安全形势复杂多变，核安全问题日益引起国际社会关注，主要是非传统安全问题凸显、核恐怖主义潜在威胁不容忽视、核材料流失和非法贩运风险上升。妥善应对核安全挑战，保障核能持续健康发展，维护国际安全稳定，成为各国共同面临的重要课题。

加强核安全符合各国共同利益，需要我们携手努力。借此机会，我愿提出5点主张。

第一，切实履行核安全的国家承诺和责任。各国应该更加重视核安全问题，履行相关国际义务，加强国内相关立法和监督管理机制，采取有效措施保护本国核材料和核设施安全，培育核安全文化，强化出口管制，提高核安全能力。

第二，切实巩固现有核安全国际法框架。我们应该推动《核材料实物保护公约》修订案尽早生效，促进《制止核恐怖主义行为国际公约》的普遍性。应该全面履行联合国安理会有关决议，有效打击核材料非法贩运，防范非国家行为者获取核材料。

第三，切实加强核安全国际合作。各国应该充分利用现有多边和双边合作机制和渠道，分享核安全经验，加强信息交流和执法合作。应该支持国际原子能机构在核安全领域发挥主导作用，充分利用机构平台，支持各国核安全努力。各国还可以探讨合作开发有助于降低安全风险的核技术。

第四，切实帮助发展中国家提高核安全能力。国际原子能机构和发达国家应该尊重发展中国家意愿，根据其实际需要和现有条件，在经济、技术、人力资源等方面加大援助力度，促进实现普遍核安全。

第五，切实处理好核安全与和平利用核能的关系。核安全措施应该有利于为各国和平利用核能营造有利环境，促进该领域国际合作。

各位同事，中国本着负责任的态度，高度重视核安全，坚决反对核扩散和核恐怖主义，为此作出了一系列积极努力。

——全面加强核安全能力。中国已建立较为完善的核安全法规和监管体系，采取有效措施确保核材料和核设施安全，注重在核工业界培育核安全文化，实施严格的出口管制，依法防范核材料非法贩运，保持着良好核安全记录。

——严格履行核安全国际义务。中国支持并严格履行现有核安全国际公约及联合国安理会相关决议。2008年，中国批准了《核材料实物保护公约》修订案。中国已启动《制止核恐怖主义行为国际公约》国内批约程序，将积极推动这一进程。

——重视并积极参与国际核安全合作。中国积极支持国际原子能机构核安全工作，是“打击核恐怖主义全球倡议”的创始伙伴国，同许多国家保持双边交流。2008年北京奥运会期间，中国同国际原子能机构及有关国家在核安全领域开展了良好合作。上海世博会即将举行，中国将继续就此同有关方面开展合作。中方愿同各国分享做好重大活动核安全工作的经验。

——积极向发展中国家提供核安全援助。近年来，中国通过技术演示和人员培训等方式，向本地区国家提供了力所能及的帮助。中国正积极考虑同有关国家合作，在华建立核安全示范中心，在地区核安全合作方面进一步发挥作用。

各位同事，实现核能完全和平利用是全人类的共同愿望。中国一贯主张全面禁止和彻底销毁核武器，坚定奉行自卫防御的核战略，始终恪守在任何时候和任何情况下不首先使用核武器的政策，明确承诺无条件不对无核武器国家和无核武器区使用或威胁使用核武器。中国坚决反对核武器扩散，积极支持加强国际核安全努力，坚定支持各国平等享有和平利用核能权利。

核能是清洁的，也必须是安全的。我相信，只要我们进一步凝聚共识，本着互利共赢的精神，普遍参与，密切合作，就一定能够有效应对核安全挑战，全面促进可持续发展，为世界持久和平、共同繁荣作出贡献。

谢谢各位。

# 中国代表团团长、常驻联合国代表李保东大使在《不扩散核武器条约》第八次审议大会一般性辩论中的发言

（2010年5月4日，纽约）

主席先生：

首先，请允许我代表中国代表团，对你当选本次审议大会主席表示衷心祝贺。我相信，你丰富的外交经验和智慧一定能引导会议取得成功。中国代表团将积极支持和全力配合你的工作。同时，我愿借此机会向三次筹备会的主席，日本的天野之弥大使、乌克兰的叶尔琴科大使、津巴布韦的齐迪奥斯库大使所做的工作表示感谢。

主席先生，

21世纪的前十年，见证了国际安全形势的复杂深刻变化。求和平、谋发展、促合作已成为强劲的时代主流。与此同时，人类社会也面临新的安全挑战。传统安全与非传统安全威胁交织，局部冲突和热点问题此起彼伏，恐怖主义和大规模杀伤性武器扩散等威胁不容忽视。

新的安全形势需要新的安全理念和更广阔的安全视野。各国安全从未像今天这样紧密相连，安全不再是孤立的、零和的、绝对的。任何一个国家或国家集团，都无法凭一己之力应对所有安全问题。唯有实现世界的普遍安全，方可确保每一个国家的和平与安全。

过去半年中，联合国安理会核不扩散与核裁军峰会和全球核安全峰会先后召开，与会各国领导人就事关国际和平与安全的核问题共商对策。中国国家主席胡锦涛

在上述峰会上，积极倡导各国携手应对挑战，共同缔造普遍安全的世界。中国认为，国际社会必须努力营造和平稳定的国际大环境，通过和平方式解决国际争端，增加各国的安全感，消除冲突和动荡根源；必须充分尊重和照顾各国正当合理的安全关切，不把本国安全凌驾于别国安全之上，通过互利共赢实现普遍安全；必须致力于建立相互理解和信赖的国家关系，在平等基础上开展对话与合作；必须坚持多边主义，巩固以联合国为核心的集体安全体系，增强公正性和合理性，使这个体系在国际安全中发挥强大作用。

主席先生，

四十年来，作为国际核不扩散体系的基石，《不扩散核武器条约》（《条约》）在防止核武器扩散、推动核裁军、促进和平利用核能等方面发挥了不可替代的重要作用。新形势下，进一步加强这一《条约》的普遍性、权威性和有效性，有利于维护和促进国际及地区和平与稳定，符合各国的共同利益。

这次审议大会是在重要的历史时刻召开的。全面禁止和彻底销毁核武器，建立无核武器世界的目标日益得到广泛认同，国际社会防扩散的共识不断得到增强，利用核能正成为越来越多的国家发展可再生和清洁能源的选择。

这次NPT审议大会成功与否，事关国际核不扩散机制的前途，事关国际核裁军进程的未来，事关核能和经济可持续发展，事关国际和平与安全。开好这次大会，是各缔约国和国际社会共同肩负的责任。

主席先生，

逐步推进核裁军进程，是实现全面禁止和彻底销毁核武器的重要步骤，需要各方做出不懈努力。核武器国家应切实履行《条约》第六条规定的核裁军义务，明确承诺不寻求永远拥有核武器。我们欢迎美国和俄罗斯最近签署新的双边核裁军条约。作为拥有最大核武库国家，两国继续以可核查、不可逆的方式大幅削减核武库，有助于为最终实现全面彻底核裁军创造条件。实现《全面禁止核试验条约》早日生效和尽快启动"禁产条约"谈判，对于推进核裁军进程具有重要意义。国际社会应继续为此做出更大的努力。条件成熟时，其他核武器国家也应加入多边核裁军谈判进程。国际社会还应适时制定一项切实可行的分阶段的长远规划，包括缔结《全面禁止核武器公约》。

核武器国家应切实降低核武器在国家安全政策中的作用，并明确承诺不首先使用核武器，无条件不对无核武器国家和无核武器区使用或威胁使用核武器。我们呼吁核武器国家尽早就此缔结国际法律文书。

核裁军必须遵循维护全球战略稳定和各国安全不受减损的原则。应放弃发展破坏全球战略稳定的导弹防御系统。应大力推进外空非武器化和防止外空军备竞赛的多边谈判进程。

中国一贯主张并积极倡导全面禁止和彻底销毁核武器，坚定奉行自卫防御的核战略，从不用自己的核武器威胁他国。中国始终恪守在任何时候任何情况下不首先使用核武器、无条件不对无核武器国家和无核武器区使用或威胁使用核武器。这一公开、明确、透明的核政策，在核武器国家中独树一帜。中国从未在其他国家部署核武器，过去没有、今后也不会参加任何形式的核军备竞赛。中国支持《全面禁止核试验条约》早日生效和尽快启动“禁产条约”谈判。中国将继续把自身核力量维持在国家安全需要的最低水平，并继续为推进国际核裁军进程做出努力。

主席先生，

有效防止核武器扩散，是实现全面禁止和彻底销毁核武器的必要条件，需要各方共同付诸行动。各国应努力营造一个合作与信任的国际安全环境，尊重彼此安全利益。应巩固和加强国际核不扩散机制，强化国际原子能机构的保障监督职能，促进全面保障监督协定及附加议定书的普遍性。实用主义和双重标准的做法必须予以摒弃。各国应严格履行防扩散义务，加强防扩散出口管制，并开展相关国际合作。各方应坚持通过对话与谈判和平解决地区核问题。

中国坚决反对任何形式的核武器扩散，以高度负责和建设性的姿态，认真履行自身承担的国际防扩散义务，积极参与国际防扩散努力。中国已加入所有有关国际条约与机制，建立起全面的出口管制法律法规体系，并采取有力措施确保其贯彻执行。中国始终从维护国际核不扩散机制、维护国际和地区和平与安全出发，积极致力于推动外交解决朝鲜半岛核问题和伊朗核问题。

主席先生，

大力促进和平利用核能及其相关国际合作，是《条约》重要目标之一，需要各方采取切实措施。和平利用核能是各国的合法权利，应当得到充分尊重和维护。发展核能对于许多发展中国家应对能源危机和气候变化挑战具有重要意义。国际社会有义务为发展中国家和平利用核能提供一切必要的协助。国际原子能机构应继续在促进和平利用核能及其国际合作方面发挥积极作用，发达国家应积极协助发展中国家为和平目的开发利用核能。国际社会还应通过广泛协商，努力探讨既能促进和平利用、又能减少核扩散风险的办法。

中国高度重视和平利用核能问题，在恪守《条约》不扩散义务的前提下和力所能及的范围内，积极与有关国家和国际原子能机构开展和平利用核能的合作与交流，并为推动国际和本地区和平利用核能事业的发展做出了积极贡献。

主席先生，建立无核武器区对推进国际核裁军进程、防止核武器扩散具有积极意义。核武器国家应大力支持各有关地区国家建立无核武器区的努力，并承担相应义务。中国一贯尊重和支持有关国家和地区建立无核武器区的努力。我们欢迎《非洲无核武器区条约》和《中亚无核武器区条约》生效。我们呼吁有关各方共同努力，切实履行联合国大会、特别是1995年审议大会通过的中东问题决议，尽早建立中东无核武器区和无大规模杀伤性武器区。

主席先生，

面对核问题引起的各种挑战，各国应站在新的历史起点上。我们对未来充满信心，又深知责任重大。中国代表团真诚希望，各方牢牢抓住这次审议大会的重要机遇，携手努力，通力合作，平衡推进核裁军、核不扩散及和平利用核能三大目标。我们愿与各方一道为此做出建设性努力。

最后，我预祝本次审议大会取得成功。

谢谢主席先生。

# 中国代表团向《不扩散核武器条约》第八次审议大会提交的关于防止核武器扩散问题的工作文件

（2010年5月，纽约）

中国代表团谨提请将下列要点纳入第二主要委员会的报告和审议大会的最后文件：

一、防止核武器扩散是实现全面禁止和彻底销毁核武器的有效和必要步骤，对维护国际和地区的和平与安全至关重要，符合国际社会的共同利益，是国际社会的共同责任。

二、各国应奉行以互信、互利、平等、协作为核心的新安全观，致力于营造和平稳定的国际安全环境，通过互利共赢实现各国普遍安全，从而消除冲突和动荡根源。

三、应摒弃在防止核武器扩散问题上的实用主义和双重标准做法。坚持多边主义，充分重视和发挥联合国等有关国际组织的作用，在各国普遍参与、民主决策的基础上，不断加强国际核不扩散机制的公正性、合理性和非歧视性。

四、应在现有国际法框架内，通过政治与外交手段和平解决核武器扩散的关切，制裁不是解决问题的有效途径，更不应动辄诉诸武力或以武力相威胁。维护国际和地区和平、安全与稳定，是解决有关核扩散热点问题的必要前提。

五、《不扩散核武器条约》的普遍性是防止核武器扩散的重要一环。尚未参加《不扩散核武器条约》的国家应尽快以无核武器国家身份加入，并根据条约规定将全部核设施置于国际原子能机构的保障监督之下。

六、应不断巩固和加强《不扩散核武器条约》在国际核不扩散体系中的基石地位，加强《不扩散核武器条约》的权威性和有效性，确保条约有关条款得到切实严格的遵守。

七、国际原子能机构保障监督是维护国际核不扩散机制有效性的重要手段。应努力促进全面保障监督协定和保障监督协定附加议定书的普遍性。

八、各国应采取措施，进一步加强核出口控制机制，支持桑戈委员会、核供应国集团在此方面的努力。

九、各国应切实执行联合国安理会第1540号和第1887号决议，在现有国际法基础上，进一步推动和加强国际合作，以有效解决非国家行为者非法贩运大规模杀伤性武器及其运载工具和相关材料的问题。

十、防止核武器扩散与和平利用核能相互促进。任何防止核武器扩散的措施，都不应妨碍各国和平利用核能的合法权利。同时，也要杜绝任何国家以和平利用为借口，从事核扩散活动。任何和平利用核能的国际合作均应有助于加强国际核不扩散机制的有效性。

# 中国代表团向《不扩散核武器条约》第八次审议大会提交的关于核裁军和减少核战争威胁问题的工作文件

（2010年5月，纽约）

中国代表团谨提请将下列要点纳入第一主要委员会的报告和审议大会的最后文件：

一、奉行以互信、互利、平等、协作为核心的新安全观，努力营造和平稳定的国际安全环境，通过和平方式解决国际争端，增加各国安全感，是核裁军取得进展的基础。

二、充分尊重和照顾各国正当合理的安全关切，不把本国安全凌驾于别国安全之上，通过互利共赢实现普遍安全，是核裁军取得进展的前提。

三、坚持多边主义，维护和增强相关多边机构和条约的权威性、普遍性和有效性，加强国际军控、裁军和防扩散法律体系，是推进国际军控与裁军、包括核裁军进程的正确途径。

四、正确认识并妥善处理核裁军、防止核武器扩散与和平利用核能之间的关系，使之相辅相承，相互促进。

五、所有核武器国家应致力于全面禁止和彻底销毁核武器，认真履行《不扩散核武器条约》第六条规定的义务，并公开承诺不寻求永远拥有核武器。

六、核裁军措施，包括各种中间措施及透明措施，均应以“维护全球战略稳定”和“各国安全不受减损”为指针，都应有助于促进国际和平与安全。

七、拥有最大核武库的国家对核裁军负有特殊和优先责任，应继续以可核查、不可逆以及具有法律约束力的方式，率先大幅度实质性削减其核武库，为最终实现全面彻底核裁军创造必要条件。

八、《全面禁止核试验条约》是核裁军进程的重要步骤，尚未签署或批准该条约的国家应尽快签署或批准，以使该条约早日按规定生效。核武器国家应在条约生效前继续恪守暂停试承诺。

九、日内瓦裁军谈判会议应根据其工作计划，开始谈判“禁止生产核武器或其他核爆炸装置用裂变材料条约”，也应就核裁军、防止外空军备竞赛、无核武器国家安全保证等问题开展实质性工作。

十、条件成熟时，其他核武器国家也应加入多边核裁军谈判进程。为最终实现全面彻底核裁军，国际社会应适时制定一项切实可行的分阶段的长远规划，包括缔结《全面禁止核武器公约》。

十一、不发展、不部署破坏全球战略稳定的全球导弹防御系统，不开展相关国际合作，以免损害国际核裁军努力。日内瓦裁军谈判会议应尽快谈判缔结有关国际法律文书，以防止外空武器化和外空军备竞赛。

十二、应采取以下措施，以促进核裁军、减少核战争威胁和降低核武器在国家安全政策中的作用：

（一）放弃以首先使用核武器为基础的核威慑政策；

（二）遵守不把自己的核武器瞄准任何国家的承诺，不把任何国家列入核打击对象名单；

（三）承诺在任何时候和任何情况下不首先使用核武器，无条件地不对无核武器国家和无核武器区使用或威胁使用核武器，并缔结相关国际法律文书；

（四）继续支持有关国家和地区根据本地区实际情况，在自行协商、自愿协议的基础上建立无核武器区或无大规模杀伤性武器区的努力；

（五）在国外部署核武器的国家将其核武器全部撤回本国；

（六）废除核保护伞及核共享政策与做法；

（七）采取一切必要措施，避免意外或未经授权的核武器发射。

十三、实现《不扩散核武器条约》的普遍性并增强其权威性至关重要，敦促尚未加入《不扩散核武器条约》的国家尽快作为无核武器国家加入该条约。

# 中国代表团向《不扩散核武器条约》第八次审议大会提交的关于无核国家安全保证问题的工作文件

（2010年5月，纽约）

中国代表团谨提请将下列要点纳入第一主要委员会的报告和审议大会的最后文件：

一、在实现全面禁止和彻底销毁核武器的目标之前，所有核武器国家都应明确承诺在任何时候、任何情况下不首先使用核武器，无条件不对无核武器国家或无核武器区使用或威胁使用核武器。

二、核武器国家向无核武器国家提供安全保证，有助于加强国际核不扩散机制。应就此尽早缔结一项普遍的、无条件的、具有法律约束力的国际法律文书。

三、所有核武器国家都应降低核武器在国家安全政策中的作用，不把任何国家列为核打击目标，不把自身控制的核武器瞄准任何国家。

四、所有核武器国家都应支持无核武器国家建立无核武器区的努力，并以具有法律约束力的形式承担相应的义务。

五、裁军谈判会议应尽早就达成一项无核武器国家安全保证问题的国际法律文书开展实质性工作。

# 中国代表团向《不扩散核武器条约》第八次审议大会提交的关于无核武器区问题的工作文件

（2010年5月，纽约）

中国代表团谨提请将下列要点纳入第二主要委员会的报告和审议大会的最后文件：

一、建立无核武器区对推动核裁军和防止核武器扩散、促进全球和地区的和平与安全具有重要意义，也是建立无核武器世界的重要步骤。

二、联合国裁军审议委员会于1999年通过的关于建立无核武器区的指导原则应得到忠实遵守。

三、国际社会应积极支持有关国家根据本地区实际情况，在自行协商、自愿协议的基础上建立无核武器区。

四、欢迎《非洲无核武器区条约》及《中亚无核武器区条约》生效。国际社会应鼓励无核武器国家继续就建立新的无核武器区提出倡议并付诸努力。

五、国际社会应切实履行1995年《不扩散核武器条约》审议大会达成的中东问题决议，支持中东国家建立中东无核武器和其他大规模杀伤性武器区的努力。中方认为，中东国家就如何落实上述决议提出的有关主张应予充分重视。

六、所有核武器国家都应承诺无条件不对无核武器国家和无核武器区使用或威胁使用核武器，并就此缔结国际法律文书。

七、所有核武器国家都应尊重无核武器区的法律地位，签署有关无核武器区条约议定书，并采取切实步骤，落实各无核武器区条约及其有关议定书规定的安全保证。

# 中国代表团向《不扩散核武器条约》第八次审议大会提交的关于和平利用核能问题的工作文件

（2010年5月，纽约）

中国代表团谨提请将下列要点纳入第三主要委员会的报告和审议大会的最后文件：

一、和平利用核能是《不扩散核武器条约》赋予各缔约国不可剥夺的权利，也是《不扩散核武器条约》和国际原子能机构《规约》所确定的重要目标之一。切实加强和平利用核能并促进有关国际合作，有助于全面实现条约的各项目标，推进核裁军和核不扩散进程。

二、和平利用核能与防止核武器扩散相辅相承。防止核武器扩散的努力不应损害各国、特别是发展中国家和平利用核能的正当权利。

三、国际原子能机构在保障监督与和平利用核能的国际合作两类活动之间保持适当平衡，有利于保证成员国积极支持和参与机构各项工作。

四、国际原子能机构和平利用核能促进性活动和技术合作活动应有相应的资源保证。机构所有成员国应足额和及时缴纳技术合作基金。

五、发达国家和国际原子能机构应根据发展中国家的实际需要，加强对发展中国家和平利用核能的援助。

六、加强核安全对保障核能可持续发展具有重要意义。各国有责任对本国核材料和核设施实施实物保护，确保核安全。应切实巩固现有核安全国际法框架，加强核安全国际合作。国际原子能机构应在核安全方面继续发挥主导作用。

七、有关各方应就建立多边核燃料供应机制问题继续进行建设性讨论，以期达成各方接受的解决方案。国际原子能机构可以在这方面发挥积极作用。

# 中国代表团向《不扩散核武器条约》第八次审议大会提交的关于中东地区核问题的工作文件

（2010年5月，纽约）

中国代表团谨提请将下列要点纳入第二主要委员会的报告和审议大会的最后文件：

一、地区安全与包括核武器在内的大规模杀伤性武器扩散问题密切相关。为此，各方应本着和解与合作的精神，推动中东和平进程，增进中东地区的安全与稳定。

二、中方主张，应根据历届联合国大会关于建立中东无核武器区的决议、1995年《不扩散核武器条约》审议大会关于中东问题的决议以及2000年《不扩散核武器条约》审议大会最后文件中的有关内容，切实推进建立中东无核武器和其他大规模杀伤性武器区的进程。中东地区国家就如何尽早落实1995年《不扩散核武器条约》审议大会达成的中东问题决议提出的有关主张应予以充分重视。

三、以色列应尽快以无核武器国家身份加入《不扩散核武器条约》，并将其所有核设施置于国际原子能机构的保障监督之下。该地区有关国家应尽快签署和批准国际原子能机构全面保障监督协定，并鼓励它们加入保障监督协定附加议定书。这对加强国际核不扩散机制，促进实现中东无核武器和其他大规模杀伤性武器区意义重大。

四、有关各方应坚持通过外交谈判和平解决伊朗核问题，并继续加紧政治和外交努力，寻求伊朗核问题长期、全面、妥善的解决办法。

# 中国代表团团长王群大使在第65届联大一委一般性辩论中的发言

（2010年10月7日，纽约）

主席先生：

我代表中国代表团对你当选本届联大一委主席表示祝贺。相信你凭借丰富的外交经验和智慧，将引导本次会议取得丰硕成果。中国代表团愿与你及各国代表团积极合作。

主席先生，

回首本世纪第一个十年，国际安全形势经历了深刻复杂的变化。虽然总体形势稳定，但地区热点问题、局部冲突等传统安全问题此起彼伏，非传统安全问题日益突出。面对复杂多元的安全挑战，同舟共济，通过互利共赢实现普遍安全成为各国共同的选择。

中方认为，为有效应对共同的安全挑战，缔造普遍安全的世界，我们需努力营造和平稳定的国际大环境；充分尊重和照顾各国正当合理的安全关切；在平等基础上开展对话与合作，致力于建立相互理解和信赖的国家关系；坚持多边主义，巩固以联合国为核心的集体安全体系。

主席先生，

今年以来，国际裁军和军控领域出现不少积极进展。我们对此表示欢迎。为继续推动国际裁军、军控和防扩散进程，需要各国共同做出进一步努力。

首先，应全面落实《不扩散核武器条约》（NPT）第八次审议大会最后文件，坚持核裁军、防扩散、和平利用核能三大目标，致力于最终实现全面禁止和彻底销毁核武器的目标。

今年5月，NPT审议大会成功举行，这对进一步加强条约的权威性、有效性和普遍性具有重要意义。

中方主张，核武器国家应明确承诺不寻求永远拥有核武器，切实降低核武器在国家安全政策中的作用，明确承诺不首先使用核武器，无条件不对无核武器国家和无核武器区使用或威胁使用核武器，并尽早就此缔结国际法律文书。国际社会应继续努力，推动《全面禁止核试验条约》尽早生效。

中方欢迎美俄达成新的核裁军条约，希望双方尽早批约。与此同时，美俄仍拥有最大的核武库，在核裁军方面负有特殊和优先责任，应进一步大幅度实质性削减核武库，为最终全面、彻底核裁军创造必要条件。条件成熟时，其他核武器国家也应加入多边核裁军谈判进程。核裁军应该遵循维护全球战略稳定和各国安全不受减损的原则。

核不扩散是实现全面禁止和彻底销毁核武器的必要条件。国际社会应维护国际防扩散机制，加强国际原子能机构保障监督。各国应严格履行防扩散国际义务，加强防扩散出口管制。应杜绝实用主义和双重标准的做法，平衡处理和平利用与防扩散之间的关系。各国和平利用核能的正当权利应予以充分尊重，核不扩散义务也应得到严格履行。应坚持通过政治外交手段解决防扩散问题。我们希望，关于朝鲜半岛核问题的六方会谈能尽早重启，伊朗核问题六国能早日与伊朗复谈。

切实加强核安全对促进和平利用核能和防扩散至关

重要。今年4月召开的全球核安全峰会提高了国际社会对核安全问题的认识和重视，达成的相关共识为解决核安全提供了有益指导，有助于国际社会更有效应对核恐怖主义威胁。今年8月28日，中国批准了《制止核恐怖主义行为国际公约》。

NPT审议大会关于2012年举行中东无核武器及其他大规模杀伤性武器区国际大会的建议具有积极意义。我们希望有关各方能以建设性态度积极参与大会筹备进程，确保大会取得实质性成果。

第二，应重振裁谈会工作，推进多边裁军谈判。

中方欢迎联合国秘书长潘基文阁下于9月24日召开的“重振裁谈会工作，推进多边裁军谈判”高级别会议。中方认为，裁谈会的地位和作用不可替代。中方支持重振裁谈会工作，但相关努力应遵循三条原则，即保持和加强裁谈会的权威地位；尊重和维护裁谈会“协商一致”的议事规则；重视和平等对待各国的正当安全关切。

中方一贯支持并积极参与裁谈会工作，始终认为裁谈会是谈判达成有关各方都参加的“禁产条约”的唯一场所。裁谈会在达成全面和平衡的工作计划基础上，尽早启动“禁产条约”谈判，符合各方共同利益。同时，裁谈会就防止外空军备竞赛、无核国家安全保证、核裁军等其他核心议题开展实质性工作也十分重要。

第三，应积极开展预防性外交，确保全球公共空间造福全人类。

外空是人类的共同财富，和平利用与开发外空符合全人类的共同利益。尽早谈判达成防止外空武器化的国际法律文书，对弥补现有外空法律体系漏洞，防止外空军备竞赛和武器化，维护外空安全至关重要。虽然适当可行的外空透明和建立信任措施对维护外空安全具有一定积极意义，但有关措施只能补充而不能替代制定上述法律文书的作用。

21世纪是信息化时代，信息通信技术的广泛应用正加速推动人类文明发展。各国对网络进行有效管理，维护网络安全，并避免网络空间成为新战场和干涉别国内政的新工具，无疑是多边军控外交的又一重要领域。为此，我们欢迎联合国信息安全问题政府专家组首次达成报告。国际社会应以此为新起点，继续努力探讨进一步共同应对网络威胁，维护国际网络秩序的途径。

第四，应循序渐进地推进常规领域军控谈判。

中方赞同国际社会采取必要措施，规范国际武器贸易行为，打击非法武器转让和贩运。“武器贸易条约”谈判应以公开、透明和协商一致的方式循序渐进地开展。这个条约应满足各国在政治、安全和经济等方面的合理需要，具有普遍性、客观性和非歧视性，避免出于政治目的滥用条约干涉别国正常军贸和内政。

有关各方应继续寻求在《特定常规武器公约》框架内达成一项平衡照顾人道主义关切和各国正当军事安全需求的集束弹药议定书。中方赞赏专家组主席为推动达成议定书所做的努力。主席最新案文反映了谈判两年多来形成的一些共识，并在此基础上有新的发展。希望专家组明年能以该案文为基础继续工作，早日取得积极成果。今年4月29日，中国批准了《特定常规武器公约》所附《战争遗留爆炸物议定书》。

主席先生，

我们祝贺尤祖姆居阁下就任禁止化学武器组织新任总干事，将一如既往地积极支持和配合总干事工作。中方呼吁所有《禁止化学武器公约》缔约国全面、严格履行公约义务。中方重视将于明年召开的《禁止生物武器公约》第七次审议大会，致力于加强公约的权威性、有效性和普遍性。中国将于今年11月与《禁止生物武器公约》履约支持机构和加拿大在北京共同举办国际研讨会，探讨《禁止生物武器公约》七审会及履约相关工作。希望此会能为明年七审会的成功发挥积极作用。

主席先生，

一个更加美好、和谐的世界离不开和平、安定的国际安全环境。中国愿与各国一道，继续为推动国际军控与防扩散事业的发展，创造持久和平、共同繁荣的美好未来而努力！

谢谢主席先生。

## 中国裁军大使王群在2010年裁谈会开幕式上的发言

（2010年2月23日，日内瓦）

主席先生：

中国代表团祝贺你担任裁谈会2010年届会首任主席。尽管今天是你就任主席第一天，但我们注意到，你和你的团队人员业已做了大量工作，以公开、透明的方式，与有关各方进行了广泛的非正式磋商，努力照顾各方关切，推动裁谈会工作。中方对此高度赞赏。我们相信，在你的卓越领导下，裁谈会在新的一年里将会继续取得积极进展。

当前，多边军控、裁军和防扩散进程正逐步走向复苏，多边军控领域议程日益繁重。除了在核领域即将召开核安全峰会及《不扩散核武器条约》第八次审议大会外，在生物、化学、常规等领域的相关多边审议和谈判进程也在有序推进。中方相信，各国继续秉承以联合国为中心的多边主义，坚持以合作求安全的理念，始终通过平等对话与协商解决有关问题，将有助于巩固和加强现有多边军控、裁军和防扩散体系，营造和谐、稳定的国际和地区安全环境，促进各国的普遍安全。

主席先生，

裁谈会在过去一年里达成了工作计划，取得了一定进展，受到国际社会普遍欢迎。中方赞赏裁谈会所有成员国为此做的努力。下一步工作是如何保持这一势头，推动裁谈会尽早启动各项实质性工作。不可否认，实现这一目标面临不少困难，但中方相信，只要各方能够尊重彼此关切，真诚、平等相待，通过公开透明的政府间磋商，摆在我们面前的困难就一定能够克服，启动实质性工作就会水到渠成。

中方支持裁谈会尽早协商一致达成工作计划，启动实质性工作。中方将继续以建设性态度与各方协商、合作，为实现上述目标而努力。

谢谢主席先生。

# 中国代表团团长康勇参赞在2010年联合国裁军审议委员会一般性辩论中的发言

（2010年3月29日，纽约）

主席先生：

首先，请允许我代表中国代表团对你当选今年裁军审议委员会主席表示祝贺。我相信，你的外交经验和才干将引导本次会议取得积极进展。中国代表团将与你和各国代表团充分合作。在此，我也想对你的前任、波兰托皮克大使的工作表示感谢。

主席先生，

当前，各国在安全领域相互依存日益加深，交流与合作不断加强，实现普遍安全的理念深入人心。与此同时，国际社会面临的安全挑战也在增多，局部冲突和热点问题此起彼伏，恐怖主义十分猖獗，多边军控和防扩散仍然任重而道远。

中方认为，为进一步公正、有效地推进多边军控和防扩散进程，国际社会应秉持以互信、互利、平等、协作为核心的新安全观，充分尊重和照顾各国正当安全关切，努力建立相互理解和信赖的国家关系，坚持多边主义，巩固以联合国为核心的集体安全体系，通过互利共赢实现普遍安全。

主席先生，

全面禁止和彻底销毁核武器，实现无核武器世界，关系到全人类的福祉，也是世界各国爱好和平人们的共同愿望。当前，推进国际核裁军进程正面临难得的机遇，国际社会应共同努力，在以下几方面采取切实举措：

一、核武器国家应切实履行《不扩散核武器条约》第六条规定的核裁军义务，并公开承诺不寻求永远拥有核武器。同时应切实维护全球战略平衡与稳定。美俄作为拥有最庞大核武库的国家，应继续率先以可核查、不可逆的方式大幅度削减核武器。我们欢迎美俄谈判新的双边核裁军协议，希望双方早日达成协议。

二、核武器国家应降低核武器在国家安全中的作用，放弃以首先使用核武器为基础的核威慑政策，切实减少核武器威胁。所有核武器国家应该明确承诺无条件不对无核武器国家和无核武器区使用或威胁使用核武器，并就此达成具有法律约束力的国际文书。同时，核武器国家之间应该谈判缔结互不首先使用核武器条约。

三、国际社会应共同努力，积极推进多边核裁军进程。《全面禁止核试验条约》应早日生效。应在日内瓦裁军谈判会议框架内，尽早启动“禁止生产核武器用裂变材料条约”谈判。有关地区国家在自行协商、自愿协议的基础上建立无核武器区的努力必须得到尊重和支持。

四、国际社会应适时制定一项切实可行的分阶段长远规划，包括缔结《全面禁止核武器公约》，在有效国际监督下，最终实现全面、彻底核裁军。

主席先生，

核不扩散与核裁军相辅相成。有效推进国际核不扩散努力，切实消除核扩散风险，对维护国际和地区和平与稳定，最终实现全面禁止和彻底销毁核武器至关重要。为此，国际社会应从以下几方面付诸努力：

第一，致力于营造一个和平稳定和普遍安全的国际环境，尊重彼此安全利益，增进相互信任，从而在根本上消除保留或谋求核武器的动因。

第二，坚持通过对话与谈判解决防扩散热点问题。有关各方应充分发挥政治智慧，共同寻求妥善解决问题的方案。制裁和施压难以从根本上解决问题。

第三，确保国际核不扩散努力的公正性和非歧视性，处理好核不扩散与和平利用核能的关系。应尊重和保证各国和平利用核能的正当权利。坚决摒弃双重标准的做法。

第四，切实巩固和加强国际核不散法律体系。进一步加强《不扩散核武器条约》的普遍性、权威性和有效性，提高国际原子能机构的保障监督能力，推动联合国安理会第1540号决议得到全面执行。

第五，在全球范围内提升核安全水平。采取切实有效措施，加强核设施和核材料的安全保护，有效防止核材料流失。各国还应在打击核恐怖主义方面加强合作。

即将举行的《不扩散核武器条约》审议大会意义重大。各方应抓住这一契机，全面、平衡推进条约确立的核不扩散、核裁军与和平利用核能三大目标，推动审议大会取得实质性成果。

主席先生，

中国一贯主张全面禁止和彻底销毁核武器，坚定奉行自卫防御的核战略。中国始终恪守在任何时候和任何情况下都不首先使用核武器，无条件不对无核武器国家和无核武器区使用或威胁使用核武器的承诺。中国是唯一做出上述承诺的核武器国家。中国在核武器发展方面始终采取极为克制的态度，从未参加任何形式的核军备竞赛，也从未在别国部署核武器。这本身就是我们为核裁军事业做出的独特贡献。

中国一直积极支持和参与国际防扩散努力，严格履行防扩散国际义务，已建立起一整套与国际接轨的出口管制法律法规体系。中国始终主张通过对话与谈判和平解决朝鲜半岛核问题和伊朗核问题，并为此做出了不懈努力。我们愿与有关各方一道，继续积极推进朝鲜半岛无核化目标，推动伊朗核问题得到妥善解决，维护国际核不扩散体系，维护有关地区的和平与稳定。

主席先生，

宣布2010年代为第四个“裁军十年”，对推动国际军控与防扩散进程具有重要意义。在去年裁审会上，各方围绕第四个“裁军十年”宣言草案要素内容进行了有益的讨论，取得不少共识。中方希望各方继续努力，尊重和照顾彼此关切，相向而行，早日就宣言草案要素达成一致。

中方认为，第四个“裁军十年”宣言应坚持《联合国宪章》的宗旨和原则，以及第一届裁军特别联大《最后文件》确立的有关军控和裁军指导原则，根据当前国际安全形势的新特点，明确今后十年军控与防扩散工作的主要任务和优先事项。宣言内容应全面平衡，能够得到各方普遍支持。

主席先生，

裁审会是唯一多边裁军审议机制。加强裁审会工作，对新形势下推进多边军控和防扩散进程具有积极作用。中方愿与各方共同努力，推动本次裁审会的各项工作取得积极进展，为推动国际军控与防扩散进程公正、合理、健康发展做出我们的贡献。

谢谢主席先生。

# 中国代表团团长、军控司参赞王晓宁在第十三届“化学武器销毁大会”上的发言

（2010年5月24日，布拉格）

尊敬的主席，

女士们，先生们：

很高兴有机会参加本次“化学武器销毁大会”，我想借此机会感谢会议举办方和东道国的与会邀请及周到安排。“化学武器销毁大会”长期以来致力于国际化武裁军，促进化武销毁技术进步，现已成为国际化武裁军领域颇具影响力的专业论坛。今天，我们齐聚美丽的布拉格，探讨化武销毁技术、分享成功经验、共同应对挑战，我相信这样的讨论和交流必将促进化武销毁国际合作，为实现我们的共同愿望——“无化武世界”提供专业技术支撑。

历史上，化学武器曾多次被使用，给有关国家人民带来巨大伤害。今天，化武威胁的阴影并未消失，甚至还时有遗弃化武伤人的事件发生。令人欣慰的是，在各国的共同努力下，第一个全面禁止和彻底销毁一整类大规模杀伤性武器的国际裁军条约——《禁止化学武器公约》于1997年4月29日生效。公约生效和实施将实现“无化武世界”的愿望化为国际法律义务，为彻底消除化学武器对人类的危害提供了国际法律保障。

中国作为遭受过化武伤害的国家，从政府到普通民众都一致主张全面禁止和彻底销毁包括化学武器在内的一切大规模杀伤性武器，支持公约的宗旨与目标，中国

认真、全面履行公约的各项义务，反对任何实体发展、生产、获取、使用化学武器，或以任何方式扩散这些武器，并为此作出了不懈努力。中方在履行公约义务的过程中，与禁化武组织技秘处及其他缔约国开展密切合作，与国际上致力于化武裁军的机构和组织进行广泛交流，共同推动实现真正摆脱化武威胁、将化工成果造福人类的目标。

主席，

按期、彻底销毁化武系公约核心目标，始终是禁化武组织最优先和最紧迫的任务。在化武拥有国和各方共同努力下，整体化武销毁已取得长足进展，已完成所有化武量的58%，但各化武拥有国进展情况令人喜忧参半。距2012年这一最终时限时日不多，仍有大量化武待销毁，按期完成销毁不容乐观，由此可能引发负面影响受到广泛关注。

我们注意到，在近期禁化武组织相关磋商中，各方均重申化武拥有国加速销毁进程的紧迫性和重要性。中方认为，当务之急是尚未完成销毁计划的化武拥有国应全力以赴加快工作进度，特别是应加强相关政策协调和销毁技术开发，力争按期完成销毁；在多边层面，相关磋商亦应以着力推进销毁进程为出发点，尽可能为销毁按期完成创造良好外部条件。归根结底，希望化武拥有国牢记自己承担的国际法律义务和道义责任，增强紧迫感，加大各方面投入，尽早完成销毁。

我们注意到，为妥善应对化武销毁可能逾期问题，有的国家并提出应制定切实可行的工作计划和时间表，从法律、行政和组织等方面妥善应对销毁可能逾期问题。中方支持各缔约国在公约框架下就此进行广泛、深入讨论，并尽早就有关问题达成一致。

主席，

妥善处理遗弃化武问题是公约实施的重要组成部分。下面我愿向大家介绍处理日本遗弃在华化学武器现状及进展情况。

日本在侵华战争期间多次使用化武，造成大量中国军民伤亡，并在战败前夕将大量化武遗弃在中国领土上。日遗化武分布较广，我们已在中国境内16个省（市、区）的70多个地点发现日遗化武，其中仅中国东北地区哈尔巴岭埋藏点就有遗弃化武几十万枚。因埋藏时间较长，很多日遗化武已变形、破损或泄漏，其危害性不亚于库存化武。近年来，日遗化武伤人和污染环境事件屡有发生，对中国人民的生命财产和生态环境安全构成现实危害。尽早、干净和安全销毁上述日遗化武刻不容缓。

在中方协助下，日方已挖掘回收了约5万枚日遗化武，暂时存放在31个托管库中等待销毁。未来，在继续进行挖掘回收作业的同时，相关销毁工作也将展开。日方计划在南京、石家庄安装两套移动式销毁设施销毁已回收的日遗化武，并在哈尔巴岭建设两套试销毁设施。其中，南京移动式销毁设施有望在年内启动。

在中日双方的共同努力下，处理日遗化武工作取得一定进展，但实质性销毁工作迄未启动。随着公约规定的最后销毁期限日益临近，中方对日遗化武销毁工作进度严重滞后深表关切，希望日方切实加大工作力度，特别是要做好政策协调和资金、技术保障工作，尽早启动日遗化武销毁作业，并在最终期限前完成全部销毁。为此，中方将一如既往提供必要协助。

主席，

彻底销毁包括遗弃化武在内的所有化武需要坚定的政治意愿、有力的技术支持和充足的资金保障。今天出席会议的有政府官员、专家学者、企业家等，相信在国际化武裁军大家庭的共同推动和努力下，我们一定能够克服面临的困难和挑战，加快推进化武裁军工作，早日实现“无化武世界”的美好愿景。

谢谢各位！

# 中国代表团团长张军大使在《禁止化学武器公约》第15届缔约国大会一般性辩论中的发言

（2010年11月29日，海牙）

主席先生：

首先，请允许我代表中国代表团对你当选大会主席表示祝贺。我相信，你丰富的外交经验和杰出的才能，一定能引导大会取得成功。中国代表团愿与你和各国代表团充分合作。我也愿对第14届大会主席立陶宛大使韦尔巴先生的辛勤工作表示赞赏。

主席先生，

当前，国际安全形势总体稳定，但不稳定、不确定因素增多，传统安全问题依然存在，同时，非传统安全问题日益突出。面对复杂多元的安全威胁和挑战，加强多边合作，采取更有力的集体行动加以应对，日益成为国际社会普遍共识。中方认为，为维护世界和平与安全，各方应进一步加强多边军控、裁军和防扩散体系。

《禁止化学武器公约》（下称“公约”）生效13年来，在消除化学武器威胁、维护世界和平、促进化工成果造福人类方面发挥了重要作用。中方高兴地看到，在过去一年里，公约履约形势总体良好，在各方共同努力下，禁化武组织在化武裁军、防扩散、化武防护与援助、国际合作等领域取得了积极进展。与此同时，随着2012年化武销毁最终期限的临近，禁化武组织还面临着推动化武拥有国如期完成销毁任务、谋划自身未来发展等挑战。中方认为，促进公约全面有效实施、维护公约权威是各缔约国的共同责任。

主席先生，

中国代表团赞同古巴大使阁下代表不结盟运动和中国所作的发言。下面我愿就本次大会所涉有关议题谈谈中国代表团的看法：

第一，按期完成化武销毁是公约的核心义务。化武销毁是禁化武组织当前和今后一个时期最重要、最紧迫、最优先的任务。中方赞赏有关国家为销毁化武所做的积极努力，同时注意到一些化武国面临销毁逾期问题，遗弃化武的销毁亦更趋紧迫。我们敦促化武拥有国和遗弃国充分展现履行公约义务的政治诚意，加大各个方面的投入，切实加快销毁进程。禁化武组织特别是执理会应加大对化武销毁的关注力度，将全力推动化武拥有国和遗弃国如期完成销毁任务作为当前及未来一段时间的工作重点，尽早消除化学武器对人类的危害。

各缔约国已经就化武销毁逾期相关问题开始非正式讨论，中方将继续积极参加并发挥建设性作用。我们认为，销毁逾期问题的任何解决方案均应确保公约的权威和信誉，体现缔约国在履行公约义务方面的平等，以公约有关规定为依据，同时兼顾政治、程序等多方面因素，尽可能减小负面影响，并有助于公约其他条款的顺利实施。

第二，妥善应对禁化武组织转型问题。中方认为，禁化武组织和各缔约国应继续将化武裁军放在当前及今后一段时间内的首要位置，并在此前提下就禁化武组织的未来发展进行探讨。中方一贯主张平衡推进公约组织的各项工作，在防扩散、化武防护援助及国际合作等领域平衡分配资源。中方愿以建设性的态度，积极参与禁化武组织转型相关讨论，支持总干事就此成立独立咨询小组。我们认为，最终禁化武组织的发展方向应由缔约国充分讨论，参考独立咨询小组意见，以协商一致的方式做出决定。

第三，合理分配工业核查资源。中方主张在保证化武销毁得到充分核查前提下，合理、平衡开展工业核查。我们认为，切实提高防扩散效果的关键是合理分配工业核查资源，应充分考虑设施风险度和地域平衡原则。中方呼吁各方继续就工业问题加强沟通与磋商，争取早日妥善解决其他化学品生产设施视察选择方法等未决问题。

第四，积极推进化工领域国际合作。加强国际合作对公约的全面实施具有深远意义。通过国际合作，各缔约国可以共享化工领域发展成果，有助于各国，特别是发展中国家提高化工水平，发展国民经济。中方赞赏缔约国和技秘处为此做出的努力，包括在大会前成功举办“第十一条研讨会”。中方呼吁各方在国际合作领域投入更多资金和技术，希望发达国家加大对发展中国家的化工援助与合作力度。

第五，加强公约普遍性和国家履约措施。在缔约国和技秘处的共同努力下，公约缔约国达到了188个，成为普遍性最强的军控条约之一。各国在建立国家履约机构、制定履约立法方面也取得了积极进展。中方对此表示欢迎和赞赏，支持各方为进一步扩大公约普遍性，完善国家履约措施所作的努力。同时，中方理解一些发展中国家在落实国家履约措施方面存在的实际困难，希望有关各方共同努力，通过实际可行的办法稳步落实国家履约措施，有关缔约国并应积极向有困难的国家提供帮助。

主席先生，

日本遗弃在华化学武器问题一直是中国政府和人民的重大关切。妥善处理遗弃化武攸关公约的宗旨和目标，是公约实施的重要组成部分。日遗化武处理工作滞后已成为《公约》实施中的严重缺憾。屡次发生的日遗化武伤人事件表明，日遗化武对中国人民生命财产和生态环境构成直接威胁和现实损害，其危害不亚于库存化武。

在中日双方共同努力下，南京移动式销毁设施已于今年10月12日开始销毁实弹，处理日本遗弃化武工作取得一定进展。但日本遗弃化武销毁工作整体进程仍严重滞后，大量已发现的日本遗弃化学武器亟待安全处理，中方对此表示忧虑和关切。中方敦促日方切实履行公约义务，加大投入，在公约规定期限内，全面、彻底、安全销毁日遗化武。

在本届大会期间，中方将举办日遗化武图片展，全面、系统介绍日遗化武问题的历史和现状、中日双方合作处理日遗化武取得的最新进展及技秘处参与日遗化武处理的情况。欢迎各位代表前往观展。

主席先生，

中国一贯支持公约的宗旨和目标，认真履行公约义务，业已建立一套完善的履约法律规范，形成了从中央到地方、覆盖全国、管理有效的履约体系。中国按时、准确提交了各种宣布，顺利接待禁化武组织视察240余次，其中今年前11个月达到33次。中国高度重视防扩散问题，制定了与国际通行做法相一致的出口管制法规体系，执法严格有效。中方与技秘处密切合作，积极开展国际合作与对非援助。今年7月，中方再次与禁化武组织在北京成功举办国际援助与防护培训班，中方并连续两年向非洲国家提供化工人员进修名额。

主席先生，

本届缔约国大会是新任总干事尤祖姆居阁下就任以来的第一届大会。中方赞赏尤祖姆居阁下及技秘处为推动化武销毁等重要工作所做出的努力，感谢他们为公约组织长远发展所做的工作。中方愿与各方一道，为促进公约的全面、有效实施，推动建设持久和平、共同繁荣的和谐世界继续做出积极贡献。

谢谢主席先生。下面我愿邀请中华人民共和国香港特别行政区工业贸易署副署长袁小惠女士介绍香港特区在履行公约方面的有关举措和努力。

# 《禁止生物武器公约》2010年缔约国专家会中国关于处理突发公共卫生事件方面的措施工作文件

（2010年8月23—27日，日内瓦）

## 一、法律法规体系

为有效应对突发公共卫生事件，近年来，中国颁布实施了《中华人民共和国刑法修正案（三）》、《中华人民共和国治安管理处罚法》、《中华人民共和国突发事件应对法》、《中华人民共和国传染病防治法》、《中华人民共和国国境卫生检疫法》、《突发公共卫生事件应急条例》、《病原微生物实验室生物安全管理条例》、《国家突发公共卫生事件应急预案》等一系列涉及生物反恐及突发公共卫生事件的法律法规及应急预案。

根据《刑法修正案（三）》的有关规定，将制造、买卖、运输、储存、投放、盗窃、抢夺、抢劫传染病病原体等物质的行为定为犯罪，将组织、领导、参加、资助或实施恐怖活动的行为定为犯罪，并视情节轻重给予不同程度的刑事处罚。

## 二、防范预警措施

国家建立统一的突发公共卫生事件预防控制体系。地方政府健全监测与预警系统，各地卫生行政部门指定机构负责开展突发公共卫生事件的日常监测，确保监测与预警系统的正常运行。

国家建立突发公共卫生事件报告制度、举报制度和信息发布制度。省级及以上卫生行政部门负责向社会发布突发公共卫生事件信息。

建立国家突发公共卫生事件应急物资储备系统，研发各类卫生应急队伍装备。地方政府及相关部门加强流行病学调查、医疗救护、现场处置、监测检验等资源储备建设。

加强重要目标安全防范。加强对具有生物危害等危险物品的管控和检验检疫，如实验室生物安全管理，菌（毒）种的采集、供应、储存、使用、包装、运输、废弃处置等。

提高全社会防范意识，加强应对能力。编写《公民安全防范手册》等相关教材、手册，把防范生物恐怖袭击纳入学校教育和社会宣传教育计划，有效提高民众的安全防范意识。开展专业人员反核生化恐怖培训，及应对生物恐怖袭击和突发公共卫生事件的应急演练，提高专业人员的防范意识和能力。

## 三、应急处置措施

健全各级预案体系，制定突发公共卫生事件应急预案。卫生部负责制定全国性应急预案，指导并协调全国突发公共卫生事件应急处理工作。地方卫生行政部门结合实际情况制定本地区应急预案。

国家及地方政府对突发公共卫生事件处置工作做了明确规定。突发公共卫生事件发生后，国务院、地方政府视情设立全国、地方突发公共卫生事件应急处理指挥部。医疗机构、疾病预防控制机构、卫生监督机构、出入境检验检疫机构是突发公共卫生事件应急处理的专业技术机构，负责突发公共卫生事件的调查与处置、实验室检测、诊断治疗、应急控制、卫生监督和事件评估等工作。建立交通、公安、民政等多部门、跨区域联防联控机制。

卫生部建立国家突发公共卫生事件专家咨询委员会，公安部也建立了专家咨询制度，为防范和处置突发公共卫生事件、生物恐怖袭击工作提供专业咨询。中国疾病预防控制中心为国家反恐生物检测鉴定指定机构。

## 四、承办重大国际活动时期采取的强化措施

为确保2008年奥运会和残奥会、2010年世博会期间的国际卫生安全和安保，进一步加强了应对生物恐怖及突发公共卫生事件的防范和应急措施。

### （一）在防范措施方面

加强传染病疫情监测，做好突发公共卫生事件医疗卫生救援准备工作；

加强对专供食品、化妆品、饮用水和公共场所卫生监测与管理；

加强重要场所和重要时段的防范和安检措施；

强化对生物实验室的安全管理；

加强对入境人员、物品、邮件的检验检疫；

开展卫生保障工作信息发布和新闻宣传工作，编写《公民防范恐怖袭击手册》等。

### （二）在应急处置方面

加强应急处置机制建设，建议以政府为主导、各部门参与、专家提供咨询、专业机构实施的综合保障体系；

建立防范和处置核生化恐怖袭击医学救援专家咨询信息系统，为决策部门提供技术咨询等。

## 五、国际合作

中国政府在突发公共卫生事件的预防与准备、监测与预警、应急处置与救援、事后恢复与重建等方面，积极与其他国家和有关国际组织开展合作与交流，切实落实《国际卫生条例》在中国的实施，多次参加世界卫生组织、国际原子能机构、国际刑警组织等国际组织举办的培训，与美国、澳大利亚等国建立合作关系。

中国多次应邀参加国际刑警组织举行的相关国际会议与演练：2005 年，参加了在法国召开的“第一届防范生物恐怖活动全球会议”；2006 年，参加了在新加坡召开的亚洲地区反生物恐怖会议；2007 年，参加了在法国举行的年度国际生物反恐联合演习（桌面推演）等。

# 《禁止生物武器公约》2010年缔约国专家会中国关于指称使用生物武器情况下国际援助与协调的看法与主张工作文件

（2010年8月23—27日，日内瓦）

一、传染病大规模流行、重大突发公共卫生事件等非传统安全威胁对全球安全构成严峻挑战。使用生物武器、生物恐怖袭击可导致疫情爆发或公共卫生事件。及时妥善应对并实行有效援助，与《禁止生物武器公约》调查与援助条款直接相关，也是许多缔约国的现实需要。

缔约国在应对、调查指称使用生物武器方面负有首要责任。中国支持缔约国在上述领域采取相应措施，建立并完善符合本国国情的应对、调查机制，在疫情监控、生物反恐、公共卫生突发事件调查及应对领域加强能力建设。

二、根据《禁止生物武器公约》第七条规定，如果安理会断定由于公约遭受违反而使缔约国面临危险，应该缔约国请求，其他缔约国有义务提供援助。

中国支持缔约国间根据公约上述规定开展国家援助。同意缔约国在其他缔约国面临指称使用生物武器危险时，应该缔约国请求，提供援助。

三、世界卫生组织、世界动物卫生组织、联合国粮农组织等相关国际组织在疫情监控与应对方面具有优势，能够在帮助缔约国提高相关能力方面发挥积极作用。应缔约国请求，上述国际组织可根据其职能，在卫生及人道主义领域，向有实际困难的缔约国提供资金、设备、技术等方面的帮助。

四、根据《禁止生物武器公约》第六条规定，如缔约国发现另一缔约国存在违约行为，可向联合国安理会提出控诉，安理会将决定是否启动调查。

调查指称使用生物武器复杂敏感，缔约国可根据公约上述规定向安理会提出控诉。如安理会决定启动调查，有关调查宜在安理会主持下进行。

## 中国代表团团长王群大使在《禁止生物武器公约》2010年缔约国会议上的发言

（2010年12月6日，日内瓦）

主席先生：

首先，请允许我代表中国代表团对你担任《禁止生物武器公约》（下称“公约”）缔约国会主席表示衷心祝贺。我相信，你丰富的外交工作经验，将为会议取得积极成果发挥重要作用。中国代表团将积极支持你的工作。

主席先生，

当前，世界多极化、经济全球化深入发展，国际安全形势总体稳定，但不确定因素增多，传统安全问题依然存在。同时，恐怖主义、大规模杀伤性武器扩散和传染病流行等非传统安全问题日益突出。应对全球威胁与挑战，需要各国共同努力，加强合作。

《禁止生物武器公约》在消除生物武器威胁、防止生物武器扩散、应对生物恐怖主义、加强生物安全等方面发挥着不可替代的重要作用。当前公约执行情况总体良好，普遍性有一定提高，公约缔约国已达163个。公约履约支持机构运行平稳，得到缔约国的普遍支持和信任。

主席先生，

在公约框架下加强全球生物安全，提高缔约国履约能力，加强相关援助与合作，有助于及时妥善应对生物武器或生物恐怖袭击。各方在专家会上就相关问题进行了广泛、深入讨论，提出了许多有益建议。中方赞赏主席提交的总结各方观点的“综合文件”，愿与各方在此基础上继续讨论，增进共识、争取提出现实可行的具体建议。

下面，我愿结合本次会议议题谈谈中方的看法。

第一，中方支持各国根据本国国情及需要，在应对指称使用生物武器方面采取有效的国家措施，加强疫情监控、生物反恐、公共卫生突发事件调查及应对等能力建设，加强相关部门合作与协调。

第二，加强对有需要国家的国际援助。发展中国家疫情防控、公共卫生突发事件应对能力相对较弱，普遍面临基础设施不够完善、应急反应机制不够健全等困难。中方支持有能力的国家根据公约第七条规定并应有关国家请求，向有需要的缔约国提供资金、设备、技术和人员方面的援助、开展相关合作。

第三，充分发挥相关国际组织在加强疫情监控及国际合作方面的积极作用。世界卫生组织、世界动物卫生组织、联合国粮农组织等相关国际组织应以缔约国请求为前提，在卫生层面及各自授权范围内，发挥其在应对指称使用生物武器的援助中的协调作用。

第四，妥善处理调查指称使用生物武器问题。调查指称使用生物武器涉及卫生、安全等多个层面，既要保证公正、有效，也要维护有关国家的正当权利。中方认为公约第六条确立的、由安理会启动的调查是处理相关问题的最佳方式。

主席先生，

公约第七次审议大会将于明年举行。会议将审议五年来公约执行情况，讨论公约未来发展方向，意义重大。中方高度重视七审会。为对公约七审会预做准备，中国与加拿大、公约履约支持机构于今年11月在北京联合举办“加强国际努力防止生物武器扩散：公约的作用”国际研讨会，并形成联合主席报告。报告全面反映了各方的讨论情况以及提出的建设性意见，相信有助于各方增进了解、弥合分歧，为七审会协商一致，顺利达成建设性成果创造条件。我愿借此机会感谢加拿大、公约履约支持机构等为研讨会提供的支持与帮助，感谢各国为研讨会成功举行做出的贡献。中方愿与各方就七审会相关问题保持沟通，为七审会成功作出共同努力。

谢谢主席先生。

# 中国代表团团长、军控司副司长李松在东盟地区论坛第二次防扩散与裁军会间会开幕式上的发言

（2010年7月5日，新加坡）

各位同事：

首先，非常高兴与来自东盟各成员国及相关国际和地区组织的代表共同参加东盟地区论坛第二次防扩散与裁军会间会，也很荣幸担任会议共同主席。我也愿借此机会感谢新加坡政府为本次会议所做周到安排。

一年前，我们在北京成功举行了第一次防扩散与裁军会议，就裁军、防扩散和出口控制等问题进行了有益的讨论。事实证明，该机制的建立，为我们交换看法、借鉴经验提供了良好平台。这不仅有利于促进亚太地区乃至全球的防扩散、裁军和和平利用核能进程，也有利于维护我们共同的安全和发展利益。

各位同事，

核能开发利用是20世纪人类最伟大的科技成果之一，促进了人类社会进步，给广大民众带来了福祉。步入21世纪，核能与各国经济社会发展的关系更为紧密。越来越多的国家把发展核能作为满足能源需求、改善能源结构的重要选择。核能作为对一种成熟、清洁、安全和有竞争力的能源，将对人类可持续发展做出重要贡献。

与此同时，也必须看到，核能、核技术的开发应用敏感性较强，既涉及各国和平利用核能的权利，也可能带来潜在的核扩散和核恐怖主义风险。此外，核能和核

技术的研发和实施周期长，投入需求大，安全要求高，并需要不同领域的技术支持。这些都对各国和平利用核能和核技术构成挑战，需要各国共同妥善应对。

各位同事，

为确保各国平等、安全地从和平利用核能中获益，首先应平衡处理和平利用核能与核不扩散的关系。和平利用核能是《不扩散核武器条约》（NPT）赋予各缔约国不可剥夺的权利，同时各国也应切实履行各自的核不扩散义务。防止核武器扩散的努力不应损害各国、特别是发展中国家和平利用核能的正当权利。

其二，确保核安全是保障核能可持续发展的重要前提。国际社会应共同努力，改进核电站等设施的设计和运行管理，以确保其安全。各国应加强对本国核材料和核设施实施的实物保护，建立有效的法规和监管体系，有效防范核材料非法贩运和核恐怖主义。核安全领域的有关国际公约应进一步得到普遍化，现有国际合作机制和倡议应得到加强。

第三，应大力加强对发展中国家的援助。发达国家及相关国际组织应根据发展中国家的现实需要，在核能技术、资金、人力资源、基础设施建设等各方面向其提供援助。

第四，应充分发挥国际原子能机构的作用。机构应按照《规约》赋予的职责，通过实施其在技术合作和核安全计划，继续在核电发展、核安全、废物管理以及核技术应用等方面向成员国提供帮助。

各位同事，

今、明两天，我们将围绕与和平利用核能和核技术相关的广泛议题进行讨论。我相信，通过讨论，我们一定能就如何妥善应对当前挑战、有效促进各国和平利用核能提出有益的看法和建议。

最后，我预祝会议取得成功。

谢谢大家。

# 中国政府落实联合国轻小武器《行动纲领》和《识别与追查非法轻小武器国际文书》国家报告

（2010 年 5 月）

**中国政府落实联合国轻小武器《行动纲领》和**
**《识别与追查非法轻小开战顺国际文书》国家报告**

**中华人民共和国外交部**

**二○一○年五月**

# 目　录

## 第一部分　中国政府在轻小武器非法贸易问题上的总体立场

严厉打击轻小武器领域的非法活动，有效管理轻小武器生产与转让等合法行为，对保护有关国家和地区平民安全，促进当地经济发展和社会安定，遏制地区及国际的和平与稳定，具有重要意义。

多年来，国际社会为打击轻小武器非法贸易做出了不懈努力，成效显著。

2001年，联合国轻小武器非法贸易问题大会通过了《行动纲领》，从国家、地区和国际三个层面制定了比较可行的目标和措施，并提出召开审议会议、就识别和追查非法轻小武器、打击非法中介活动开展研究等一系列后续行动，对于推动国际社会采取措施打击轻小武器非法贸易具有重要指导意义，开启了打击轻小武器非法贸易多边努力的崭新进程。

九年来，国际社会在落实《行动纲领》方面取得重要成果，《行动纲领》有关后续行动建议也逐步付诸实施。2003年、2005年、2008年召开双年度会议及2006年举行审议大会，全面审议了《行动纲领》的落实情况；2005年达成《识别与追查非法轻小武器国际文书》，国际社会在打击非法轻小武器问题上取得又一重大进展；2007年，联合国轻小武器非法中介问题政府专家组成报告，为加强打击轻小武器非法中介国际合作发挥了积极作用；2008年，过剩常规弹药库存问题政府专家组也达成报告,就加强国际合作处理过剩常规弹药库存问题提出建议。

轻小武器非法贸易问题起因复杂,表现形式多样,牵涉面广。应从国家、地区和国际各层面进一步加强努力,总结相关经验,积极探讨有效途径,推动联合国轻小武器《行动纲领》和《识别与追查非法轻小武器国际文书》全面落实,妥善解决轻小武器问题:

第一,各国政府应承担首要责任。各国应结合国情,不断加强自身能力建设,建立和完善国内相关法律体系,加大执力度,严厉打击轻小武器非法制造、贩运活动。应完善标识和记录保存制度,严格库存管理,加大收缴和销毁非法轻小武器工作力度;应建立有效出口管制体系,防止合法生产和转让的轻小武器流入非法渠道。在打击轻小武器非法贸易过程中,应尊重各国主权,各国合法生产、拥有和转让轻小武器的权利不应受到影响。

第二,联合国继续发挥主导作用。应利用轻小武器《行动纲领》审议机制,推动国家、地区和国际各个层面加强打击轻小武器非法贸易的努力。应切实履行《识别与追查非法轻小武器》国际文书各项规定。应根据联合国轻小武器非法中介问题政府专家组及过剩常规弹药库存问题政府专家组报告,继续加强打击轻小武器非法中介及过剩常规弹药库存管理的国际合作。

第三,加强国际协调与合作。各国应加强沟通与对话,加强警察、海关等执法部门的协调与配合。各地区可以从本地区实际,采取必要的协调行动或制定相关的统一措施。联合国应在推动相关国际合作和援助向深层次发展方面发挥更为重要作用。各国应与国际刑警组织等国际组织积极合作,充分利用好相关信息及资源。发达国家应在机制建设、资金技术、人员培训等领域积极向发展中国家提供帮助。

第四，标本兼治、综合法理。经济贫困和社会动荡是非法轻小武器滋生与蔓延的根源。国际社会应采取有效措施，积极帮助有关国家发展经济，实现和平，保持稳定，消除饥饿、贫困和社会不公等安全隐患，为从根本上解决轻小武器非法贸易问题创造条件。

中国一贯重视和支持国际社会打击轻小武器非法贸易的努力，支持联合国在这一领域继续发挥积极作用，以建设性姿态积极参加了联合国框架内的相关工作。中国将一如既往、继续与世界各国一道，全面、有效落实《行动纲领》和《识别与追查非法轻小武器国际文书》等现有国际文书，推动国际社会在解决轻小武器非法贸易方断取得进展。

# 第二部分 中国政府落实《行动纲领》和《识别与追查非法轻小武器国际文书》情况

## 一、国家层面

### （一）国家协调机构

在中国，轻小武器领域具体工作涉及外交部、国防部、公安部、国家国防科技工业局等部门。外交部负责协调有关多边谈判工作；协调各部门积极开展研究，制定打击轻小武器非法贸易政策措施；组织落实《行动纲领》、《识别与追查非法轻小武器国际文书》等轻小武器领域现有国际性安排等。

### （二）国家联络点

中华人民共和国外交部军控司是落实《行动纲领》和《识别与追查非法轻小武器国际文书》的国家联络点。联络中点为落实《行动纲领》和《识别与追查非法轻小武器国际文书》做了许多工作，包括：协调国内相关部门工作；组织相关部门研究按照《行动纲领》、《枪支议定书》、《识别与追查非法轻小武器国际文书》要求，完善轻小武器标识和记录保存体系；推动批准《枪支议定书》准备工作：向联合国提供中国轻小武器领域法律法规等信息及中国执行《行动纲领》和《识别与追查非法轻小武器国际文书》情况；积极与有关国家进行经验交流；向国内民众宣传《行动纲领》和《识别与追查非法轻小武器国际文书》及中国轻小武器方面的政策支规等。

联系方式：

名称：外交部军控司

地址：北京市朝阳门南大街2号

邮编：100701

电话：0086－10－65963900

传真：0086－10－655963909

Email：jks3@ mfa. gov. cn

**（三）相关立法**

中国制定的一系列法律、法规和行政措施，在对轻小武器生产、库存、运输、贸易、使用、收缴等各环节进行严格管理方面发挥着重要作用。

法律：

——《中华人民共和国刑法》（1979年7月6日颁布，1980年1月1日起施行，1997年3月14日修订，1997年10月1日起施行）

——《中华人民共和国枪支管理法》（1996年7月5日颁布，1996年10月1日起施行）

行政法规：

——《中华人民共和国民兵武器装备管理条例》（1995年6月3日颁布施行）

——《中华人民共和国军品出口管理条例》（1997年10月22日颁布，1998年1月1日起施行，2002年10月15日修订，2002年11月15日起施行）

——《公安机关公务用枪管理使用规定》（1999年

10月9日颁布施行）

——《军品出口管理清单》（2002年11月1日颁布，2002年11月15日施行）

——《中国人民解放军武器装备管理条例》（2002年12月26日颁布施行）

——《民兵武器装备仓库管理暂行规定》（2004年9月24日颁布施行）

相关具体规定如下：

| | 法律/行政法规 | 相关规定 |
|---|---|---|
| 生产 | 《中华人民共和国枪支管理法》 | 第三章就公务用枪和民用枪支的制造进行了规定。包括生产企业、生产数量、生产技术要求及民用枪支的研制和定型。 |
| 配备 | 《中华人民共和国枪支管理法》 | 第二章规定了公务用枪和民用枪支的配备或配置范围，配备公务用枪的审批及发证权限，配置民用枪支的审核及发证程序。 |
| | 《公安机关 公务用枪管理使用规定》 | 第三章规定了配备枪支单位在枪支管理方面的具体职责。<br>第四章规定了佩带、使用枪支的人民警察的条件与职责。 |
| | 《中华人民共和国民兵武器装备管理条例》 | 第三章规定了民兵武器装备的配备、调整的范围和权限。 |
| 使用 | 《中华人民共和国枪支管理法》 | 第四章对枪支的使用进行了规定。 |
| | 《公安机关 公务用枪管理使用规定》 | 第五章对公务用枪的使用进行了限制性规定。<br>第六章对公务用枪的保管办法进行了规定。 |
| | 《中华人民共和国民兵武器装 管理条例》 | 民兵武器、弹药实行持枪证和持枪通行证制度。<br>第四章第二十六条至第三十五条就民兵武器、弹药的使用进行了具体规定。 |
| | 《中国人民解放军武器装备管理条例》 | 有关章节对部队武器调配、动用、使用、保管等进行了规定 |
| 出口 | 《中华人民共和国军品出口管理条例》 | 详见“（七）出口控制”部分。 |
| | 《军品出口管理清单》 | |

（续表）

| | 法律/行政法规 | 相关规定 |
|---|---|---|
| 运输 | 《中华人民共和国枪支管理法》 | 第五章规定了枪支运输许可证的审批、枪支运输方式。<br>第六章规定了枪支出、入境的审批程序。 |

（四）执法措施及法律责任

1. 中国相关法律和行政法规对非法制造、买卖或运输枪支弹药等行为规定了明确的刑事定罪条款，制定了严厉的处罚是措施。具体规定如下：

| | 法律/行政法规 | 相关规定 |
|---|---|---|
| 生产 | 《中华人民共和国刑法》 | 第二章第一百二十五条、第一百二十六条规定非法制造枪支的行为构成犯罪并处有期徒刑、无期徒刑、死刑或罚金。 |
| | 《中华人民共和国枪支管理法》 | 第七章第三十九条、第四十条规定未经许可或违法制造枪支的，给予行政处罚或追究刑事责任。<br>第七章第四上条规定，未按照规定技术标准制造民用枪支的给予行政处罚或追究刑事责任。 |
| | 《中华人民共和国民兵武器装备管理条例》 | 第八章第三十条规定对擅自制造民兵武器装备的行为给予行政处分、行政处罚或追究刑事责任。 |
| 配备 | 《中华人民共和国枪支管理法》 | 第七章第四十一条、第四十三条、第四十五条规定对非法持有、配备枪支的行为给予行政处分或追究刑事责任。 |
| | 《公安机关公务用枪管理使用规定》 | 第九章第三十九条、第四十条规定对违反公务枪支配备规定的行为给予行政处分或追究刑事责任。 |
| 使用 | 《中华人民共和国刑法》 | 第二章第一百二十七条至一百三十条对盗窃、抢夺枪支、非法持有、私藏、出租、携带枪支及丢失公务用枪等行为规定了拘役、管制、有期徒刑、无期徒刑直至死刑的处罚措施。 |

（续表）

| | 法律/行政法规 | 相关规定 |
|---|---|---|
| 使用 | 《中华人民共和国枪支管理法》 | 第七章第四十三条、第四十四条规定对违反枪支管理规定的行为给予行政处罚或追究刑事责任。 |
| | 《公安机关公务用枪管理使用规定》 | 第九章第四十一条、第四十二条规定对违反公务枪支使用规定的行为给予行政处分或追究刑事责任，并追究有关领导的责任。 |
| 出口 | 《中华人民共和国军品出口管理条例》 | 第五章对违反条例的行为规定了有关法律责任，包括行政处分及追究刑事责任。 |
| 运输 | 《中华人民共和国枪支管理法》 | 第七章第四十一条规定对非法运输、携带枪支入境、出境的，追究刑事责任。 |

2. 执行安理会武器禁运决议

中国政府严格执行安理会关于武器禁运的决议。联合国有关决议通过后，外交部即发出制裁通知，要求各有关部门采取具体有效措施，切实执行安理会决议。

## （五）库存管理

中国对轻小武器库存采取严格和规范的管理措施，确保库存安全。中国将武器仓库划为军事禁区，在禁区外围构筑安全防护设施，采取防盗、防火、防雷、防爆等一系列严密的安全防护措施，并配有经专门训练的安全保卫人员昼夜值班，节假日、恶劣天气或有其他特殊情况时，加强警戒和巡逻。执行严格的武器收发清点、登记制度，库存管理人员根据详细的库存记录，每周核对库存武器的品种、型号、数量、质量、批次等内容，如发现异常情况立即上报。

中国的军贸公司根据《中华人民共和国枪支管理法》和公安部门颁布的枪支弹药库安全风险防范标准制定公司枪支弹药库存管理制度和安全工作实施细则。公司仓库的门卫哨兵、消防、接发货、仓库设施的维护维修等均有严格规定，工作人员下期接受相关安全培训。

### （六）收缴和销毁

中国依法严厉打击涉枪犯罪，依据《中华人民共和国枪支管理法》等法律法规，对非法枪支和报废枪械一律收缴并按照规定销毁。

2008年以来，中国公安机关继续在全国范围内开展“治爆缉枪”等专项行动，取得显著成效。至2010年3月，共收缴并销毁各类枪支22.3万支，其中制式枪支94256支（军用枪支17685支、小口径枪支7786支、猎枪26319支、气枪42466支，多为报废的废旧枪支）；火药枪128907支，持枪犯罪率呈逐年下降趋势。

### （七）出口控制

中国坚决反对非法转让轻小武器，对包括轻小武器在内的军品出口历来采取慎重、负责的态度，根据国内有关法规和所承担的国际义务实行严格管理。

中国政府在军品出口方面遵循以下三项原则，即有助于接受国的正当防卫能力，不损害有关地区和世界的和平、安全与稳定，不干涉接受国内政。中国只向主权国家出口军品，并要求接受国提供最终用户和最终用途证明，明确承诺未经中国政府许可不向第三方转让。

2002年10月，中国修订了1997年10月颁布的《军品出口管理条例》，并出台了配套的《军品出口管理清单》，对包括轻小武器在内的常规武器出口进行更加严格、有效的管理。

| 军品出口管理条例主要内容 | 军品出口应遵循的原则 | 有助于接受国的正当自卫能力;不损害有关地区和世界和平、安全与稳定;<br>不干涉接受国的内政<br>(第一章第五条) |
|---|---|---|
| | 实行统一的军品出口管理制度 | 凡从事军品贸易的公司,均须依法取得军品出口经营活动,其军品出口哟营权由国家有关主管部门审查批准。<br>未取得军品出口经营权的任何单位或组织,不得从事军品出口经营活动。<br>禁止个人从事军品出口经营活动。<br>(第一章第四条、第二章、第四章第二十条) |
| | 军品出口实行许可制度 | 出口项目和出口合同上国家主管部门审批。<br>军贸公司在军品出口前,应当凭军品出口合同批准文件,向国家有关主管部门申请领取军品出口许可证;海关凭军品出口许可证接受申报,并按照国家有关规下验放。<br>(第三章) |
| | 处罚措施 | 对违反条例规定的行为规定了严格的处罚措施。根据违规行为的不同,分为行政处罚和刑事处罚。行政处罚包括警告、罚款、暂停和撤销军品出口权。对触犯刑律的行为,依照刑法有关规定,依法追究刑事责任。<br>(第五章) |

### (八) 中介管理

根据《军品出口管理条例》,在中国,一切军品出口经营活动只能由经国家授权的特定军贸公司进行。目前,中国政府授权12家公司按特经营范围从事军品出口经营活动,其中只有4家公司具有枪支出口经营权。除此之处,任何实体和个人如从事包括中间交易在内的军品出口经营活动,均属违法。条例并对违反该条例的行为规下了严格的处罚措施。对违反条例规定、构成犯罪的,还将依法追究刑事责任。

### （九）标识

2007年8月，中国有关主管部门颁布了新的《国家军用标准—轻武器标志细则》。该细则规定了轻小武器、备/附件及共包装容器的标识内容、模式、位置和制作要求，符合《枪支议定书》和《识别与追查非轻小武器国际文书》的相关要求。根据该《细则》，中国生产的每件轻小武器都打印有独特标识（见附录），其中包含国家代码、轻小武器代号、工厂代号、生产年份代号、生产序号；进（出）口轻小武器应打印进（出）口国家代码和进（出）口年份标识；轻小武器的标识应打印在明显易见、不易磨损处，一般打印在武器的基本部件上，标识的耐久性应大于轻小武器的贮存和使用寿命。

### （十）记录保存

在中国，轻小武器生产厂家和军贸公司都有完备的记录保存体系，对其生产或出口的轻小武器保有详细记录，涵盖自生产厂家到最终用户之间的各个环节。企业还普遍建立了专门的生产、流转信息化管理系统。

2006年5月起，中国各军贸公司出口轻小武器时必须向军品出口主管部门登记进口国、最终用户、发货人、承运人、运输工具及航次、运输单据、产品型号、数量及标识编号等详细信息，由出口主管部门统一长期保存。中国公安机关的“枪支管理信息系统”已在全国范围内投入使用。该系统记录了全国所有公务用枪和民用枪支的信息及其持有人信息，并通过一系列配套管理措施，对公务用枪和民用枪支进行有效管理。

### （十一）提高公众意识

中国政府重视利用电视、广播、网络等大众传媒，就打击涉枪犯罪进行宣传，努力提高公众意识。中国关于加强以小武器管理的法律、法规和行政规章在通过后即予以颁布并大力宣传，有关文本可通过相关政府网站查询。中国公安部门在开展打击涉枪犯罪专项行动时，把开展相关宣传教育工作作为工作重点之一，印发各种宣传材料，公布举报电话和举报奖励办法。打击涉枪犯罪专项行动的成果均会通过新闻媒体及时公布。

## 二、国际与地区层面

中国积极参与国际和地区层面落实《行动纲领》和《识别与追查非法轻小武器国际文书》的各项努力，做出了自己的贡献。

### （一）国际合作与交流

——多次派人出席轻小武器领域有关国际和地区研讨会，与其他国家和国际组织代表交流各自政策举措和经验。

——中国在与有关国家举行的双边军控磋商中，就落实《行动纲领》及《识别与追查非法轻小武器国际文书》情况进行交流。

——中国警方积极与国际刑警组织就追查非法轻小武器开展合作。

——中国公安、海关等职能部门与其他国家相应主管部门保持着经常性的业务联系。

**（二）支持和参与有关国际和地区努力**

——中国政府支持并积极参与《联合国打击跨国有组织犯罪公约》所附《枪支议定书》谈判工作。2002年12月，中国政府签署了《枪支议定书》，现正积极准备批约。

——中国以建设性姿态参加了2001年联合国轻小武器大会及其后续双年度会议和审议大会，并发挥了积极作用。

——中国积极参加了联合国《识别与追查非法轻小型上器国际文书》谈判工作，为王永民电脑有限公司上的达成做出了贡献。

——中国积极参加了联合国框架内轻小武器专家组工作，为各专家组报告的达成发挥建设性作用。

——中国积极参与上海合作组织框架内打击轻小武器非法贸易的努力。

——2003年，中国政府向联合国裁军信息化项目信托基金捐款1万美元，用于联合国有关处理轻小武器问题的努力。

——2005年，中国通中国—美洲国家组织合作基金向美洲国家组织捐款21800美元，用于资助美洲地区召开禁止非法贩运枪支的会议。

——2005年4月，中国与联合国、日本及瑞士在北京联合举办轻小武器问题国际研讨会，取得了积极成果。

——2006年11月，中国政府在中非合作论坛北京峰会通过的《北京行动计划》中承诺，继续支持并参与非洲打击轻小武器非法贸易的努力，在力所能及的范围内提供资金、物资援助以及相关培训。

——2009 年 11 月 31 日至 6 日，中国政府官员参加了联合国毒品和犯罪办公室在维也纳举办的关于制定执行《枪支议定书》立法范本专家组第一次会议，参与了立法范本一般性条款和预防性措施的讨论。

——2010 年 2 月 18 日至 19 日，中国政府官员出席了在泰国曼谷举行的“加强国际和地区合作，打击轻小武器非法中介”研讨会。

——2010 年 2 月 23 日至 25 日，中国政府官中参加了联合国毒品和犯罪办公室在维也纳举办的关于制定执行《枪支议定书》立法范本专家组第二次会议，参与了立法范本“刑事定罪”及相关内容的讨论。

# 附录

## （一）中国轻小武器标识模式:

| 国家代码　　小武器代号　　进（出）口国家代码<br>进（出）口年份生产序号—年份代号—工厂代号 |
|---|

如：中国 111 厂 2005 年生产的序号为 12345、代号为 ABCDEFG 的手枪，其标识格式为:

| 集中标识 | CN　ABCDEFG<br>12345 - 05 - 111 | |
|---|---|---|
| 分开标识 | CN - ABCDEFG | 12345 - 05 - 111 |

## （二）中国轻小武器包装容器标识模式:

| 箱号 | 分装容器号　国家代码　小武器代号<br>生产序号—年份代号—工厂代号<br>包装体积　内装数量　总质量 | 危险货物图示标志<br>储运图示标志<br>箱号 |
|---|---|---|
| （左端面） | （正面） | （右端面） |

注：内装两件（含）以上轻小武器时，不打印生产序号标识。

# 中国代表团团长王群大使在2010年《特定常规武器公约》缔约方会议上的发言

（2010年11月26日，日内瓦）

主席先生：

首先，请允许我代表中国代表团，祝贺你当选本次会议主席。中国代表团将积极支持你的工作，并将与各国代表团保持合作。

今年是《特定常规武器公约》达成30周年。30年来，公约效力不断增强，其宗旨和目标得到国际社会越来越广泛的认同，经修订的《地雷议定书》履约工作稳步推进，《战争遗留爆炸物议定书》普遍性进一步加强，履约工作更加深入、务实。实践证明，公约在解决常规武器引发的人道主义问题方面，发挥着不可替代的重要作用。

主席先生，

中国政府秉承"以人为本"的理念，主张在平衡处理人道主义关切和各国正当安全需要基础上，不断完善常规军控法律机制，增进各国军事互信，解决相关人道主义问题。

中国政府重视并支持公约各项工作。过去一年，中国政府继续在国内大力开展公约及其所附议定书宣传工作，同时积极参与有关国际交流与合作。今年4月，中国批准《战争遗留爆炸物议定书》，该议定书将按规定于今年12月对中国生效。至此，中国成为公约及其全部五个附加议定书的缔约方。中国将继续重视公约及其所附议定书的有关履约义务，致力于加强公约普遍性和有效性。

主席先生，

中国积极开展国际人道主义扫雷援助。自1998年以来，中国政府通过援助扫雷设备、举办扫雷技术培训项目等多种方式，向近40个亚、非、拉国家提供了人道主义扫雷援助。今年，中国分别向斯里兰卡、苏丹、阿富汗等国提供了不同形式的援助。中国还向秘鲁、埃塞俄比亚两国提供"地雷受害者"援助，帮助地雷受害者重新融入社会。中国政府将继续在力所能及的范围内，为实现"在全球范围内清除雷患"这一目标做出努力。

中国高度重视集束弹药问题引发的人道主义关切，支持公约政府专家组集束弹药问题谈判。中方赞赏今年专家组主席多明戈先生为推动谈判所做的不懈努力，认为最新一稿主席案文反映了谈判三年来的重要共识，较平衡地处理了军事安全需要与人道主义关切。中方赞同明年专家组以此案文为基础继续谈判，呼吁各方本着务实合作的精神，尽早达成共识。

主席先生，

公约第四次审议大会将于明年举行。中方愿以此为契机，与各方一道努力，本着互谅互信、广泛参与、平等协商、扩大共识的原则，推动相关工作取得积极进展，不断增强公约权威性和生命力。

谢谢主席先生。

《禁止或限制使用可被认为具有过分杀伤力或滥杀滥伤作用的特定常规武器公约》2010年缔约方大会

# 中国
# 国家年度报告

根据《禁止或限制使用可被认为具有过分杀伤力或滥杀滥伤作用的特定常规武器公约》第三次审议大会最后宣言附件2第5段中关于建立遵约机制的决定提交

## 缔约方名称　中华人民共和国
## （是否是以下议定书的）缔约国：

☑　第1议定书（关于不可检测的碎片的议定书）

☑　第2议定书（关于地雷、诱杀装置及其他装置的议定书）

☑　经修订的第2议定书（经修订的关于地雷、诱杀装置及其他装置的议定书）

☑　第3议定书（关于燃烧武器的议定书）

☑　第4议定书（关于激光致盲武器的议定书）

☑　第5议定书（关于战争遗留爆炸物议定书）

（是否）批准：

第5议定书（关于战争遗留爆炸物议定书）经修订的公约第1条

提交日期　2010年10月

国家联络点　中华人民共和国外交部军控司

电话：86－10－65963900

传真：86－10－65963909

电子邮箱：jks3@mfa.gov.cn

报告期：2009年9月1日至2010年8月31日

**表A　资料的传播**

根据遵约机制决定第5段：

“缔约方应就下列事项向保存人提出年度报告:向其武装部队和平民传播有关本公约及其附加议定书的资料;”

缔约方:中华人民共和国　报告反映的时期:2009年9月1日至2010年8月31日

| 向武装部队及平民传播资料<br>　　地雷履约培训活动(详见中国履行经修订的《地雷议定书》年度报告) |
| --- |

**表 B　技术要求与相关资料**

根据遵约机制决定第5段:“缔约方应就下列事项向保存人提出年度报告:为满足本公约及其附加议定书的技术要求而采取的步骤和任何其他有关资料;”

缔约方:中华人民共和国　报告反映的时期:2009年9月1日至2010年8月31日

| 为满足本公约及其附加议定书的技术要求而采取的步骤<br>　　老旧地雷销毁与相关技术培训(详见中国履行经修订的《地雷议定书》年度报告) |
| --- |

**表C　立法**

根据遵约机制决定第5段："缔约方应就下列事项向保存人提出年度报告：与本公约及其附加议定书有关的立法；"

缔约方：中华人民共和国　报告反映的时期：2009年9月1日至2010年8月31日

| 立法<br>1. 中国军方组织军队法律专家开展了经修订的《地雷议定书》立法问题研究（详见中国履行经修订的《地雷议定书》年度报告）。 |
|---|

**表D　技术合作与援助**

根据遵约机制决定第5段："缔约方应就下列事项向保存人提出年度报告：就技术合作与援助而采取的措施；"

注释：

缔约方：中华人民共和国　报告反映的时期：2009年9月1日至2010年8月31日

| 清除地雷方面的国际合作、技术合作与援助<br>1. 向伊拉克、苏丹、阿富汗提供扫雷技术培训援助、向斯里兰卡提供人道主义扫雷援助（详见中国履行经修订的《地雷议定书》年度报告）<br>2. 联合国地雷行动处主任来华交流国际人道主义扫雷经验（详见中国履行经修订的《地雷议定书》年度报告） |
|---|

**表 E　其他有关事项**

根据遵约机制决定第 5 段:“缔约方应就下列事项向保存人提出年度报告:其他有关事项;”

注释:

缔约方:中华人民共和国　报告反映的时期:2009年9月1日至2010年8月31日

| 其他有关事项<br>1. 新型防步兵地雷替代武器研制(详见中国履行经修订的《地雷议定书》年度报告)<br>2. 关于不可检测的碎片的议定书<br>中国军方未装备主要作用在于以碎片伤人而其碎片在人体内无法用 X 射线检测的武器,也没有任何相关武器的研发计划。<br>3. 关于燃烧武器的议定书<br>近 20 年来,中国未与任何国家发生武装冲突,也未发生内战,严格遵守了议定书规定。<br>4. 关于战争遗留爆炸物议定书<br>2010 年 4 月 29 日,中国正式批准该议定书,议定书将于 2010 年 12 月 10 日正式对中国生效。中方积极进行履约准备工作,将认真履约,共同致力于解决因战争遗留爆炸物引发的人道主义问题。 |
|---|

《禁止或限制使用可被认为具有过分杀伤力或滥杀滥伤作用的特定常规武器公约》附加的、并于1996年5月3日修订的《禁止或限制使用地雷、诱杀装置和其他装置的议定书》第12届缔约方年度会议

# 中国
# 国家年度报告

根据《禁止或限制使用可被认为具有过分杀伤力或滥杀滥伤作用的特定常规武器公约》附加的、并于1996年5月3日修订的《禁止或限制使用地雷、诱杀装置和其他装置的议定书》的第13条第4款的要求提交

根据《禁止或限制使用可被认为具有过分杀伤力或滥杀滥伤作用的特定常规武器公约》附加的、并于1996年5月3日修订的《禁止或限制使用地雷、诱杀装置和其他装置的议定书》

（1996年5月3日修订的《二号议定书》）

根据第13条第2款和第11条第2款制定的临时报告格式。

缔约方名称　中华人民共和国

提 交 日 期　2010年10月

国家联络点　中华人民共和国外交部军控司

电话：86－10－65963900
传真：86－10－65963909
电子邮箱：jks3@mfa.gov.cn

报告期：2009年9月1日至2010年8月31日

| | | |
|---|---|---|
| 表格A：资料传播 | √ | 有改变 |
| | | 没有改变（上次报告：2009年） |
| 表格B：清除地雷和善后重建方案 | | 有改变 |
| | √ | 没有改变（上次报告：2009年） |
| 表格C：技术要求和有关资料 | √ | 有改变 |
| | | 没有改变（上次报告：2009年） |
| 表格D：立法 | √ | 有改变 |
| | | 没有改变（上次报告：2009年） |
| 表格E：国际技术资料交换、清除地雷方面的国际合作、技术合作与援助 | √ | 有改变 |
| | | 没有改变（上次报告：2009年） |
| 表格F：其他有关事项 | √ | 有改变 |
| | | 没有改变（上次报告：2009年） |
| 表格G：提供给联合国排雷数据库的资料 | | 有改变 |
| | √ | 没有改变（上次报告：2009年） |

报告期：2009 年 9 月 1 日至 2010 年 8 月 31 日

## 表 A 资料的传播

根据议定书第 13 条第 4 款（a）项：

“缔约方应就下列事项向保存人提出年度报告：向其武装部队和平民传播有关本议定书的资料；”

注释：

缔约方：中华人民共和国　报告反映的时期：2009 年 9 月 1 日至2010 年 8 月 31 日

| 向武装部队及平民传播资料 |
| --- |
| 地雷履约培训活动<br>2009 年 9 月至 2010 年 8 月，各军区兵种部队全面开展了地雷履约知识培训。学习了《特定常规武器公约》附加的、经修订的《地雷议定书》的主要内容，增强了履行经修订的《地雷议定书》的意识，规范了地雷武器作战使用、训练教学方法手段。 |

## 表 C 技术要求与有关资料

第 13 条第 4 款（c）项：“缔约方应就下列事项向保存人提出年度报告：为满足本议定书的技术要求而采取的步骤和任何其他有关资料；”

注释：为满足记录、可探测性、自毁自失能、雷场标志等 4 个方面的技术要求而采取的步骤和有关资料

缔约方：中华人民共和国　报告反映的时期：2009 年 9 月 1 日至2010 年 8 月 31 日

技术要求与有关资料

老旧地雷销毁与相关技术培训

中国军方按计划继续销毁处理了一批不符合经修订的《地雷议定书》技术要求且不具备改造价值的库存老旧防步兵地雷及其他爆炸物品。同时,为进一步做好相关地雷及其他爆炸物品的安全与洁净销毁,2010年组织了“全军库存地雷销毁技术培训班”,对来自全军各有关机构约40余名地爆器材检测与销毁技术骨干进行了培训。

**表D 立法**

根据议定书第13条第4款(d)项:“缔约方应就下列事项向保存人提出年度报告:与本议定书有关的立法;”

注释:

缔约方:中华人民共和国　报告反映的时期:2009年9月1日至2010年8月31日

立法

有关立法问题研究院

中国军方组织军队法律专家开展了经修订的《地雷议定书》立法问题研究,分析了中国军队地雷武器的研发生产、作战使用和日常管理的现状,探讨了中国军队地雷履约立法的框架和可行性方案。

**表E　国际技术资料交换、清除地雷方面的国际合作、技术合作与援助**

第13条第4款（e）项："缔约方应就下列事项向保存人提出年度报告：就国际技术资料交换、就清除地雷方面的国际合作以及就技术合作与援助而采取的措施；"

注释：

缔约方：中华人民共和国　报告反映的时期：2009年9月1日至2010年8月31日

国际技术资料交换、清除地雷方面的国际合作、技术合作与援助

1. 向伊拉克、阿富汗提供扫雷技术培训援助

2009年9月15日至11月9日，中国政府在江苏省南京市解放军理工大学工兵工程学院举办了一期国际人道主义扫雷培训班，38名来自伊拉克和阿富汗的军方扫雷人员接受了人道主义扫雷技术培训。

2010年3月，中国向两国分别援助了一批探扫雷器和防护装具。

2. 向苏丹、阿富汗提供扫雷技术培训援助

2010年5月31至7月8日，中国政府在江苏省徐州市解放军工程兵指挥学院举办了一期国际人道主义扫雷培训班，为苏丹政府培训扫雷专业技术人员21名。

2010年6月13至7月21日，中国政府在江苏省南京市解放军理工大学工兵工程学院举办了一期国际人道主义扫雷培训班，为阿富汗政府培训扫雷专业技术人员24名。

3. 向斯里兰卡提供人道主义扫雷援助

2010年3月，中国向斯里兰卡援助了一批探雷器和防护装具。2010年7月26至31日，中国扫雷专家工作组赴斯里兰卡对该国雷患和扫雷进展情况进行了考察。与斯里兰卡就扫雷方法、扫雷装备、扫雷合作等议题进行了交流、探讨。

4. 与联合国地雷行动处交流国际人道主义扫雷经验

> 2010年5月，联合国地雷行动处主任麦克斯威尔·科雷偕助手来华并出席了中国政府在江苏省徐州市解放军工程兵指挥学院举办的援助苏丹人道主义培训班开幕式并参观院校相关设施。科雷主任与中国国防部官员、扫雷专家就扫雷技术和国际扫雷合作等问题交流了意见与看法，其对中国在国际人道主义扫雷方面所做出的努力给予了肯定。

**表F　其他有关事项**

第13条第4款（f）项："缔约方应就下列事项向保存人提出年度报告：其他有关事项；"

注释：

缔约方：中华人民共和国　报告反映的时期：2009年9月1日至2010年8月31日

> 其他有关事项
>
> 替代武器研究
>
> 中国军方已按计划完成了几种新型防步兵地雷替代武器的试验和评审、评估工作。这几种新型防步兵地雷替代武器都具有可探测性和定时自毁功能，完全符合经修订的《地雷议定书》规定的各项要求，可以有效解决地雷的战后遗留问题。

# 中国政府向联合国常规武器登记册提交的2009年度常规武器转让情况

（2010年8月）

## 汇报国际常规武器转让的标准化表格（出口）a

## 出口

国际常规武器转让情况报告

（根据联合国大会第46/36 L号决议）

报告国：中华人民共和国　　　　历年：2009

国家联络单位（仅供政府使用）：

中国常驻联合国代表团裁军组，001－212－655－6126，001－212－6556120，chinamission_ un@ fmprc. gov. cn

（组织，　处/科，　电话，　传真，　电子邮件）

| A | B | C | Db | Eb | 备　注c | |
|---|---|---|---|---|---|---|
| 类型（一至七） | 最后进口国 | 件数 | 原产地国（如果不是出口国） | 中间地点（如果有的话） | 军品说明 | 转让说明 |
| 一、作战坦克 | | | | | | |
| 二、装甲战斗车 | 纳米比亚 | 21 | | | | |
| | 刚果（布） | 9 | | | | |
| | 加纳 | 48 | | | | 用于联合国维和行动 |
| 三、大口径火炮系统 | | | | | | |

（续表）

| A | | B | C | Db | Eb | 备注c | |
|---|---|---|---|---|---|---|---|
| 四、作战飞机 | | 尼日利亚 | 15 | | | | |
| | | 巴基斯坦 | 11 | | | | |
| | | 坦桑尼亚 | 2 | | | | |
| | | 委内瑞拉 | 6 | | | | |
| 五、攻击直升机 | | | | | | | |
| 六、军舰 | | | | | | | |
| 七、导弹和导弹发射器 d | a) | 泰国 | 12 | | | | |
| | b) | 马来西亚 | 16 | | | | |

**汇报国际常规武器转让的标准化表格（进口）a**

**进口**

国际常规武器转让情况报告

（根据联合国大会第46/36 L号决议）

报告国：中华人民共和国　　　历年：2009年

国家联络单位：（仅供政府使用）

中国常驻联合国代表团裁军组，001－212－655－6126，001－212－6556120，chinamission_ un@ fmprc. gov. cn

（组织，　处/科，　电话，　传真，　电子邮件）

| A | B | C | Db | Eb | 备注c | |
|---|---|---|---|---|---|---|
| 类别（一至七） | 出口国 | 件数 | 原产地国（如果不是出口国） | 中间地点（如果有的话） | 军品说明 | 转让说明 |
| 一、作战坦克 | | | | | | |
| 二、装甲战斗车 | | | | | | |
| 三、大口径火炮系统 | | | | | | |
| 四、作战飞机 | | | | | | |
| 五、攻击直升机 | 俄罗斯 | 6 | | | | |
| 六、军舰 | | | | | | |

（续表）

| A | | B | C | Db | Eb | 备　注c | |
|---|---|---|---|---|---|---|---|
| 七、导弹和导弹发射器d | a) | | | | | | |
| | b) | | | | | | |

**国家转让标准：**

a、b、c、d 见解释性说明。

所提供的资料性质应按解释性说明（e）和（f）注明。

解释性说明

a　无事可报的会员国应提出“无”报告，明确说明在报告期间没有进出口任何种类的武器。

b　国际武器转让除了武器装备实际进出国境，还包括装备所有权和控制权的转让。请各会员国在其报告中准确地说明如何确定武器实际转让的国家标准（参看 A/49/316 号文件，附件第 42 段）。

c　各会员国在“备注”栏中不妨说明转让的军品，填入其名称、种类、型号或任何认为有关的资料。各会员国也不妨使用“备注”栏说明或澄清与转让有关的问题。

d　多管火箭炮系统属于第三类的定义范畴。符合登记资格的火箭炮属于第七类。如果单人便携式防空系统作为一个整体加以提供，即由导弹、发射器/握柄组成的一个整体单位，就应提出报告。此外，单个发射器或握柄也应予以报告。如提供单个导弹，但不配备发射器或握柄，则不必报告。

e　检查下列各项是否已作为贵国报告一部分提出：

| | 检查 |
|---|---|
| （一）武器出口年度报告 | √ |
| （二）武器进口年度报告 | √ |
| （三）关于军事财产的现有背景资料 | — |
| （四）采购国内军品的现有背景资料 | — |
| （五）有关政策和（或）国家立法的现有背景资料 | — |
| （六）其他事项（请说明） | — |

f　报告转让时，采用的是A/49/316号文件附件第42段中的哪一项标准：

| | |
|---|---|
| （一）装备离开出口国领土 | √ |
| （二）装备抵达进口国领土 | √ |
| （三）转让所有权 | — |
| （四）转让控制权 | — |
| （五）其他（请在下面简要说明） | — |

# 常驻联合国代表李保东大使在安理会表决伊朗核问题新决议后的解释性发言

（2010年6月9日，纽约）

主席先生：

安理会刚刚表决通过了伊朗核问题新决议。这是自2006年7月以来，安理会就伊朗核问题通过的第六个决议。与此前的五个伊朗核问题决议一样，新决议既反映了国际社会对伊朗核问题的关切，也表达了各方对尽早通过外交谈判和平解决伊朗核问题的期望。中国呼吁国际社会所有成员全面、认真履行决议。

中国始终认为，安理会围绕伊朗核问题采取的行动必须立足于以下三个原则：

第一，应有利于维护国际核不扩散体系。作为《不扩散核武器条约》缔约国，伊朗应严格履行条约规定的义务。同时，条约赋予伊朗的和平利用核能权利应得到充分尊重和保障。

第二，应有利于维护中东、特别是海湾地区的和平与稳定。

第三，应有利于维护当前世界经济复苏的势头，避免影响伊朗人民的正常生活和其他国家与伊朗的正常经贸往来。安理会的行动应适度、渐进、指向明确并与伊方在核领域实际的做法相称，应有助于推动解决伊朗核问题的外交努力。

中国以认真和建设性态度参加了决议草案的磋商，积极推动决议草案全面反映上述原则。我们认为，制裁不可能从根本上解决伊朗核问题，伊朗核问题的全面最终妥善解决，必须回到对话和谈判的轨道上来。安理会通过伊朗核问题新决议并不等于关闭外交努力的大门。新决议的目的是促伊朗重返谈判，激活新一轮外交努力。为此，新决议有关制裁措施具有可逆性，即：如果伊朗暂停铀浓缩和后处理相关活动，遵守国际原子能机构和安理会相关决议，安理会将中止、甚至取消对伊朗制裁。

中国一贯认为，安理会保持团结对全面、长期、妥善解决伊朗核问题至关重要。我们一贯主张维护安理会团结，不赞成匆忙采取行动。我们应为维护安理会团结付出更多努力。

长期以来，中国一直积极致力于通过外交谈判和平解决伊朗核问题，并为此做出了不懈努力。中国欢迎并高度重视巴西、土耳其与伊朗就德黑兰研究堆核燃料交换问题达成三方协议，希望有关各方充分利用这一协议带来的积极势头，全力推进通过对话和谈判和平解决伊朗核问题。

主席先生，

在安理会通过伊朗核问题新决议的同时，六国外长发表共同声明，重申致力于通过外交谈判解决伊朗核问题的承诺，并表示将加大外交努力，积极推动复谈。中国希望有关各国在平等和相互尊重的基础上，尽早进一步加强接触与对话，增信释疑，解决彼此关切，寻求各方均可接受的复谈方案。中国将与各国一道，共同努力，为通过外交方式和平解决伊朗核问题继续做出自己的贡献。

谢谢主席先生。

# 中国代表团在国际原子能机构12月理事会关于朝鲜半岛核问题的发言

（2010年12月2日，维也纳）

主席先生：

当前，朝鲜半岛和东北亚形势仍然复杂敏感，六方会谈继续陷于停滞，最近又出现朝鲜铀浓缩问题，引起国际社会广泛关注。中方已建议于12月上旬在北京举行六方会谈团长紧急磋商。

中方认为，当前形势下，有关各方要着眼半岛无核武器化和东北亚和平稳定的大局，务必保持冷静克制，多做有利于缓和形势紧张、维护半岛和地区和平稳定的事情。六方会谈对缓和各方关系、推进半岛无核武器化进程、维护半岛和东北亚地区的和平稳定具有重要作用。当务之急是重启六方会谈，尽快让朝鲜半岛核问题重回对话协商轨道，这样做不仅可以控制事态发展，还可以在会谈的框架下寻求妥善解决各方关切的办法，谋求最终解决朝鲜半岛核问题。

中方将继续同有关各方和国际社会一道，为实现半岛无核武器化、为维护东北亚的和平与稳定发挥建设性作用。

谢谢主席先生。

# 中国代表团团长、国家原子能机构主任陈求发在国际原子能机构第54届大会上的发言

（2010年9月20日，维也纳）

主席先生：

首先，请允许我代表中国代表团对您当选为本届大会主席表示衷心的祝贺，我相信，您丰富的外交经验和卓越的领导才能将确保本次会议取得圆满成功！

主席先生，

国际原子能机构作为核领域唯一的政府间国际组织，在和平利用核能、防止核武器扩散、加强核安保方面的工作愈加得到国际社会的一致肯定。

全球核能复苏为机构在促进性领域发挥更大作用带来历史性机遇。机构依托技术合作平台，重点围绕核电基础结构、人力资源、核安全体系以及铀资源勘探等领域为新兴核电国家提供了有针对性的服务，开展的“综合核基础结构评审服务”活动取得了良好的效果；推动建立技术合作地区中心，设立综合性技术合作项目，更好地满足了成员国的需求。机构还注重核能的未来发展，“革新型反应堆和燃料循环国际项目”在过去十年取得了阶段性成果，已成为核技术创新的重要国际平台。

主席先生，

中国核科技事业又取得了新的进步，中国先进研究堆今年5月13日临界，中国实验快堆7月21日临界，为先进核能技术研发奠定了良好的基础。随着中国核能事

业不断发展，中国与机构的合作将不断深化。

在技术合作领域，中国与机构开展的核能专项正在稳步推进，不仅加强了中国核基础能力建设，培养了急需人才，推动中国核能事业健康发展，而且也将为亚太地区乃至世界范围内发展中国家核能发展起到示范作用。今年6月，中国和机构商定并签署了2010—2015年技术合作国家计划框架，这对中国与机构今后的合作制订了很好的规划。

在核安全领域，中国借鉴国际原子能机构的核安全标准文件，逐步建立了与国际接轨的核安全法规体系和监管体系。今年7月，来自15个国家和机构的23位高级专家对中国政府核与辐射安全监管体系、核安全法规标准、放射性废物管理等领域首次进行了全面评审。评审团听取了中国政府主管部门的报告，实地调查了核设施安全状况，提出了很多有益的意见和建议，对促进中国核安全监管体系与核安全文化建设具有重要的指导作用。

在核安保领域，今年8月，中国批准了《制止核恐怖主义行为国际公约》。胡锦涛主席出席了在华盛顿举行的核安全峰会，发表了重要讲话，指出要继续支持国际原子能机构在核安保领域发挥作用，并宣布将同有关国家合作，建立核安保示范中心。在天野总干事8月访华期间，我们召开了“国际原子能机构与中国”研讨会，邀请机构官员和长期从事与机构合作的专家介绍机构情况、交流与机构合作的经验，来自中国核工业各方面的近200名代表参加了会议。会议深入探讨了如何将机构的资源和中国的实际相结合，推动双方的合作迈向了一个新的台阶。中国和机构还签署了核安保实际安排，旨在北京奥运会核安保成功合作的基础上，进一步加强在核安保法规标准、大型公众活动核安保、核安保能力建设与人员培训等领域的合作。目前，中国正在筹建核不扩散与核安保技术示范中心，中国欢迎机构和有意愿的国家参与合作。

主席先生，

中国是最大的发展中国家，一方面，在核能发展过程中得到机构大力帮助，是机构技术援助的受益者，我们深表感谢！另一方面，中国核工业已具有一定的基础，在核电设计，建造、研发方面已经积累了一定的经验，对新兴核电国家有借鉴意义。我们愿意积极参与国际原子能机构倡导并组织的加强新兴核能国家核基础结构等活动，为发展中国家核能发展做出贡献。

主席先生，

为不断凸显国际原子能机构的重要作用，中国代表团认为，当前和今后一个时期机构应重点做好以下三方面工作：

第一、继续加大技术合作工作力度，促进核能可持续发展。广大新兴核能国家期待机构在推动核能可持续发展方面发挥更大的作用。机构要注意听取成员国，特别是广大发展中国家的意见，充分利用技术合作的渠道，进一步加大技术合作的力度，着力保持两类活动平衡发展。

第二、继续加强成员国核安全与核安保能力建设，不断提高核保障的有效性和效率。机构应继续积极推动全球核安全及核安保法规标准体系的建设，进一步加强核安全及核安保知识、经验和教训的交流，普及和推广核安全文化，进一步增强公众对核能发展的信心的决心。

随着核查任务日益繁重，机构应在增加自身技术能力的同时，全面加强与成员国的合作，充分利用成员国的资源实现核保障目标。

第三、继续为解决敏感热点核问题发挥积极作用。作为负责保障监督事务的政府间国际组织，机构为解决热点核问题所做的努力受到国际社会的关注。中国一贯主张通过对话与谈判和平解决朝鲜半岛核问题和伊朗核问题，支持机构及总干事继续为推动外交解决敏感热点核问题发挥应有作用。

上述三条建议的寓意可概括为：操奇多胜算，胜战顺新机，赖尔谋筹。谢谢主席先生和各位与会代表耐心地听取了我的发言。

# 中国代表团在国际原子能机构12月理事会关于“核燃料供应保障”议题的发言

（2010年12月3日，维也纳）

主席先生：

近年来，既为推动核能的和平利用，也为有助于应对核武器扩散的风险，各方提出了许多有关建立多边核燃料供应保障机制的倡议，并已在机构理事会等场合内进行了有益探讨。中方注意到美方提出的建立多边核燃料银行的方案，也注意到一些国家对该方案仍有关切。

中国原则上支持一切有助于推动和平利用核能和加强国际不扩散核武器机制的努力，对有关建立多边核燃料供应保障机制的倡议总体持开放态度。中方支持国际原子能机构在保持独立性的前提下，在建立多边核燃料供应保障机制方面发挥积极作用。

我们认为，多边核燃料供应保障机制的建立和运营涉及复杂的政治、经济、技术和法律等因素以及各国的实际利益，应充分考虑并解决有关国家的关切，争取最广泛的支持，既促进防止核武器扩散的目标，又避免影响各国和平利用核能的权利。中方愿与各方共同努力，在广泛磋商的基础上，找到各方均可接受的解决方案。

谢谢主席先生。

# 中国代表团团长胡小笛大使在《全面禁止核试验条约》组织筹委会核查工作组第35次会议上的发言

（2010年8月23日，维也纳）

主席先生：

首先，请允许我代表中国代表团感谢你主持本次会议。我相信，你丰富的外交经验和智慧将引导本次会议取得成功。中国代表团愿与你和各国代表团通力合作。刚才两位发言者对中国遭受的自然灾害表示了同情和慰问，我在此衷心地感谢他们。

主席先生，

中国代表团感谢执行秘书所作的报告，感谢并支持阿尔及利亚大使代表77国集团和中国所作的发言。中方注意到，今年以来，各缔约国积极努力，临时技秘处有效配合，我们在条约核查机制建设上取得了新进展。中方愿继续以积极和建设性态度，为相关筹备工作提供必要的人员、技术和财政支持。

主席先生，关于临时技秘处提出的重新修建国际监测系统受损台站的建议，中方希望，临时技秘处根据第34次筹委会的要求，尽早向核查工作组会提交详细的调查报告供各国研究，并在协商一致的基础上就重建问题和融资问题作出妥善决定。同时，中方希望在国际监测系统基建项目不受影响的情况下，找到妥善的融资方案，使临时技秘处关于更新内部财会管理系统的计划得以实施。

主席先生，中方一贯积极支持并建设性地参与条约组织的筹建工作。在国际监测系统和国际数据中心具体筹建项目上，特别是在台站设备安装和台站核证方面，中方也愿尽最大努力，对临时技秘处的工作予以积极合作。截至目前，包括放射性核素实验室在内，中方一系列国际监测台站已完成建设，随时准备接受临时技秘处的核证。昆明次声台站（IS16）的前期准备工作已完成，只等设备安装。中方希望，临时技秘处能将中国的国际监测台站核证项目列入2011年工作计划。我们期待临时技秘处为此做出新的努力。

主席先生，关于现场视察，中国代表团感谢临时技秘处提供的新情况，注意到为现场视察建章立制的工作已成为条约组织核查机制建设的新重点。同时，我们也注意到，由于条约现场视察没有现成经验予以借鉴，有些工作过去十余年虽然有些进展，但离条约要求尚有很大距离。为使现场视察机制建设更有条理，更加符合系统规划，中方希望了解临时技秘处在落实“行动计划”中的主要进展、主要问题和今后特别是明后两年的主要活动安排，包括对“战略规划”中原拟安排的下一场大规模实地演练的计划和设计思路。

主席先生，中国代表团高兴地看到，临时技秘处主办的国际科学大会的进程从无到有、由浅入深地构成了声势。中方原则赞成临时技秘处通过该进程接触国际相关科技组织，研讨条约核查技术问题。中方也愿派专家参与其中。同时，我们认为，应加强缔约国对该进程的指导和协调，使相关的科研工作不仅着眼于取得学术成果，更要从国际监测系统和国际数据中心建设的实际需要出发，公开、透明和规范地使用相关科研成果，有规划、有步骤地应用于有关技术项目。中方将认真研究2009年国际科学大会的报告，同时希望看到临时技秘处对国际科学大会结果的技术影响评估报告。

谢谢主席先生。

# 信息安全国际合作措施的要素——中国政府向联合国信息安全问题政府专家组提交的工作文件

（2010年1月，日内瓦）

在充分认识信息安全面临的威胁、风险和脆弱性，并遵循信息安全领域活动的基本原则在基础上，国际社会可在以下方面展开合作：

一、制定和发展国际信息安全领域的准则、原则和规范。

二、鼓励双边、地区或国际合作，发挥各国政府及相关国际组织的作用，在平等、公正、透明的基础上探讨在弥补信息技术产品缺陷、情报交换、监测预警、应急响应等方面开展合作的可能性。

三、合作保障互联网安全稳定运行，建立平等、民主、透明的互联网国际管理机制。

四、在尊重各国主权和安全的基础上，在打击网络犯罪和网络恐怖主义，保护关键信息基础设施等方面推动国际和地区层面的合作。

五、制定并实施有助于保障国际信息安全的共同信任措施。

六、制定并实施统一政策和组织技术管理程序，实现在跨国信息交流中使用电子签名和信息保护。

七、在信息安全领域开展立法、人员培训与经验等方面的交流。

八、落实国际技术贸易有关协定，消除信息技术壁断，帮助发展中国家提升信息安全能力建设水平，弥合“数字鸿沟”。

九、制定不得攻击的民用网络设施列表。

# 信息安全领域活动基本原则、准则和规范的要素——中国政府向联合国信息安全问题政府专家组提交的工作文件

（2010年1月，日内瓦）

就信息安全领域的相关活动建立指导性原则，是维护信息安全的重要基础和前提。专家组在讨论该问题时，应充分借鉴相关国际安全领域业已形成的普遍原则。中方认为，专家组可考虑以下原则：

一、遵守联合国宪章和公认的国际关系基本准则，包括尊重各国主权，和平解决国际争端，不使用武力，不干涉他国内政及尊重人权和基本自由。

二、联合国应该在促进制定信息安全国际规则、准则和规范，促进各国在信息安全领域合作等方面发挥重要作用。

三、有助于社会和经济发展，符合维护国际稳定与安全的目的。

四、信息技术和网络不应被用于危害别国安全，信息技术产品和服务不应被利用危害其使用者所在国家的安全。

五、主权国家有责任和权利采取认为恰当的手段保护本国信息安全，有责任和权利采取管理措施保护本国网络空间及相关设施免受威胁、干扰和攻击破坏。

六、各方享有寻找、获得、传播信息的正当权利，与此同时，应充分认识到此权利可能因各国国家和社会安全利益而受到属地国的必要的法律限制。

七、保障各国获得信息技术的自由，在平等、民主、透明的基础上促进因特网管理的国际化。

八、尊重各国历史、传统文化、社会制度等方面的多样性。

九、信息技术产品提供企业不得设置后门或以其他方式控制输入国。

# 信息安全威胁、风险和脆弱性的要素——中国政府向联合国信息安全问题政府专家组提交的工作文件

（2010年1月，日内瓦）

信息安全威胁、风险和脆弱性广泛存在于政治、军事、经济、科技、教育和文化等多个领域。国家、恐怖分子、犯罪集团以及其他实体和个人，均有可能利用信息系统的缺陷和脆弱性威胁信息安全。其具体表现主要有：

一、研发信息武器，以国家为主体进行信息战的准备和实施。

二、信息技术和产品存在缺陷，使得信息、信息系统、网络秩序面临外来破坏和干扰，尤其是面临信息技术产品提供者的潜在威胁。

三、利用信息技术和网络从事犯罪和恐怖活动。

四、利用信息技术和网络传播恐怖主义、极端主义，以及其他破坏他国政治、经济和社会制度以及精神文化环境的信息。

五、利用信息领域的领先地位，包括对国际信息网络基础资源、关键设施、核心技术产品和服务的高度垄断，控制他国的相关命脉，削弱他国或私营机构对信息技术产品和服务的自主控制权，威胁他国政治、经济和社会安全。

六、数据及相关信息服务的跨境流动日益增多，加大了信息泄露、失窃与信息失控的风险，威胁国家安全、

第二，尊重和维护裁谈会"协商一致"的议事规则。以"协商一致"为核心的议事规则，确保了所有"利益攸关方"的平等参与，保证了每个成员国的安全关切得到充分反映，有助于从根本上确保有关谈判成果的权威性、有效性和普遍性。

第三，重视和平等对待各国的正当安全关切。裁军与安全历来休戚相关。良好的国际和地区安全环境有助于国际裁军进程取得进展。裁军和军控的努力，也有助于增进各国的共同安全。我们希望，裁谈会各成员国能够显示足够的政治意愿，互相照顾彼此关切，为裁谈会早日重启实质性工作而共同努力。

主席先生，

中方一贯支持并积极参与裁谈会工作，始终认为裁谈会是谈判"禁产条约"的唯一和最佳场所。裁谈会在达成全面和平衡的工作计划基础上，尽早启动"禁产条约"谈判，符合各方共同利益。同时，裁谈会就防止外空军备竞赛、无核国家安全保证、核裁军等其他核心议题开展实质性工作也十分重要。所有这些将有助于促进国际核裁军与防扩散进程，也是履行《不扩散核武器条约》审议大会最后文件的重要步骤。

主席先生，

我深信，只要我们相互尊重，并坚持"各国安全不受减损"原则，裁谈会的工作及国际军控、裁军和防扩散事业定能不断取得新的进展，更好地增进所有成员国的安全。中方愿与各方一道，为此做出不懈努力。

谢谢各位。

# 我们的选择：谈判一项新的外空国际法律文书——中国代表团在日内瓦外空安全国际研讨会上的演讲

（2010年3月29日，日内瓦）

主席女士、各位同事：

很荣幸再次参加联合国裁研所外空安全国际研讨会，并有机会介绍中国、俄罗斯共同提出的“防止在外空放置武器、对外空物体使用或威胁使用武力条约”（下称“外空条约草案”）最新进展情况。

一、在正式介绍有关进展情况之前，我还是要从谈判缔结新的外空条约的必要性谈起。

外空的重要性。探索利用外空对人类文明进步起到了重要的推动作用。随着科技的进步，越来越多的国家参与到外空探索与开发中，成为外空利用的受益者，人类对外空的依赖与日俱增。一句话，外空已成为人类活动不可或缺的重要领域。

维护外空安全的重要性与紧迫性。外空的永久和平与世界各国的安全、发展和繁荣息息相关。外空安全关系着全球战略平衡与稳定，是营造良好国际安全环境的重要因素。

但是，自人类开发外空以来，外空军备竞赛、发展外空武器等思想和行动，一直伴随着人类和平利用外空的努力，像挥之不去的幽灵困扰着整个国际社会。如果有人仍声称外空武器化和外空军备竞赛不是客观事实、无须担心的话，恐怕更多的人将会怀疑其真实意图。

维护外空安全的优先次序。知识越多、问题越多。随着人类和平利用外空活动的不断拓展，外空安全挑战也在不断增多——空间碎片增加、空间环境恶化、卫星碰撞风险上升、轨道资源紧缺等，都是摆在国际社会面前的重大课题。

我们不反对探讨上述问题，也相信人类有足够的聪明才智找到解决之道。但我们主张，国际社会必须首先从根本上就确保外空永久和平、永远远离武器和战争达成共识，并缔结具有法律约束力的国际条约。在这个问题上，中方代表团其他专家稍后还会做详细说明。

二、谈判缔结新的外空条约，是我们当前所能做的最明智的选择。这是因为：

和平是发展的基础和前提。不从根本上防止外空发生战争，任何其他的规矩和准则都将成为空中楼阁。如果没有新的防止外空武器化条约作为基础，我们苦心构建的种种软规则，将会轻易地被部署在外空的一、两件武器彻底推翻。

防止外空军备竞赛代表着当今世界绝大多数国家的共同愿望。20多年来，每届联大都以压倒性多数票通过“防止外空军备竞赛”决议，要求谈判缔结一项防止外空军备竞赛的国际文书。2009年联大表决中，支持这一决议的国家多达176个，没有国家反对，仅有2个国家投了弃权票。

具有法律约束力的国际文书是最大的信任措施、最可靠的政治承诺。此类措施有利于增进信任，减少误解，防止冲突。在军控与裁军的许多领域，透明和建立信任措施在不同程度上起到了积极作用。但应当看到，透明和建立措施本身具有很大的局限性，特别是不具有法律约束力。它所依赖的仅仅是各国良好的意[illegible]行。要维护一个没有外空武器的世界，仅仅[illegible]良好的意愿恐怕是不够的。我们需要一个有法律约束力的国际文书来加以保障。

现有的外空领域国际法不足以防止外空军备竞赛。《外空条约》和其他相关条约对确保外空的和平利用起到了重要的作用。但是，它们都有明显的局限性。有的只针对大规模杀伤性武器，有的只针对特定天体或区域。简单的修修补补并不能弥补这些条约存在的缺陷和漏洞，也就不能从根本上杜绝外空武器化和外空军备竞赛的危险。

启动谈判所必需的经验和基础完全具备。1985 年至 1994 年，裁谈会曾连续十年设立特委会，就谈判新的外空条约涉及的定义、准则、现有条约、建立信任措施等问题进行了深入讨论。其后，特委会虽停止工作，但裁谈会内相关讨论和交流一直进行。与此同时，各国围绕维护外空安全、防止外空军备竞赛等提出了不少有建设性的倡议，也为我们今后开启谈判提供了有益参考。

在这当中，中国与俄罗斯共同开展的有关努力为裁谈会工作奠定了良好基础。2002 年，中国与俄罗斯、印尼、白俄罗斯、越南、津巴布韦、叙利亚 7 国向裁谈会提交了题为“禁止在外空部署武器、禁止对外空物体使用或威胁使用武力的国际法律文书的要素”的工作文件，载于 CD/1679 文件。该文件按照条约模式，就新外空法律文书的各组成要素提出了具体设想，为未来裁谈会工作提供了清晰、可行的蓝图。2006 年，中国与俄罗斯共同就透明和建立信任、定义、外空现有国际法律文书、核查等问题提交了专题文件（载于 CD/1778、CD/1779、

CD/1780、CD/1781号文件)。2008年2月，在各方对上述文件充分讨论的基础上，中俄共同提出了“外空条约草案”，个人认为，如裁谈会启动有关谈判，那么这一草案将是一个较为完备的谈判基础。

三、下面我主要介绍中俄外空条约草案相关进展和对下一步讨论的有关设想。

继2008年提交外空条约草案以来，中俄一直利用各种场合推动相关讨论。2009年8月，中俄再次共同向裁谈会提交工作文件（CD/1872)，针对在讨论当中各方针对条约适用范围、定义、核查、自卫权、争端解决机制、条约执行机构等问题所提的评论与问题做了解答。这一文件也许并没有解决各方所提出的全部问题，但至少进一步做了澄清，相信对各方加深对外空条约草案的理解会有帮助。

今后，中俄将继续积极推动裁谈会早日就防止外空军备竞赛议题进行实质性讨论，并期待着各方就启动谈判早日达成共识。着眼未来有关讨论与谈判，我愿提出以下三点看法：

一要始终保持进程的开放性。尽管中方认为，中俄外空条约草案已经为相关讨论奠定了良好基础，但是我们还是欢迎其他各方积极参与讨论、提出自己的主张和建议。凡是有利于维护外空安全、旨在推动裁谈会外空工作的建议，都应受到重视、都应予以讨论。只有保持裁谈会外空工作的开放性，才能不断吸收和借鉴各方的有意经验和智慧，不断完善中俄外空条约草案。

二要始终坚持讨论的平等性。中方主张，裁谈会外空议题的讨论应当建立在公正、平等的基础上。这一原则不仅要体现在讨论时间的分配上，还要体现在分议题的设置、协调员人选的轮换方式等具体问题上。关于有关具体安排等事宜，中方将在裁谈会上进一步与各方进行探讨。

三要努力确保讨论成果的包容性。中方相信，通过实质的、深入的讨论，各方最终会得出一个结论，即：外空条约草案集中体现了维护外空安全最根本要素，条约草案对权利与义务的划分简洁、清晰，在最大限度上体现着当今国际社会在防止外空军备竞赛问题上的共识。即便如此，我们仍然欢迎各方提出新的建议，以丰富和充实外空条约草案，使之平衡解决各方的关切。

总之，经过国际社会多年的共同努力，尽快就防止外空军备竞赛条约启动谈判的基础已经完全具备。正如我们这个会议的主题一样，我们现在的任务就是找到从基础通向谈判的钥匙。中方认为，各方特别是一些空间能力大国认真谈判的政治意愿和决心，对早日启动相关进程至关重要。

主席女士，

正如我去年在这个会议上发言所指出的那样，我们必须积极行动起来，共同努力，以缔造一个永远没有武器、远离战争的和平外空，以此共同见证人类文明的新高峰。

谢谢主席女士。

# 成竞业司长在联合国亚太军控与媒体研讨会开幕式上的讲话

（2011年1月20日，北京）

尊敬的杜阿尔特高级代表，

尊敬的各位媒体代表和专家学者，

女士们，先生们：

新年伊始，联合国亚太裁军中心与中国外交部军控司在北京联合举办亚太军控与媒体研讨会。我谨代表军控司，对此次会议的召开表示衷心祝贺，并对来自中外媒体代表和专家学者表示诚挚欢迎。我也要借此对在杜阿尔特先生领导下的联合国裁军事务办公室多年来与中方进行的良好合作表示感谢！

女士们，先生们，

二十一世纪的第一个十年，国际安全形势经历了复杂深刻的演变，传统与非传统威胁相互交织，全球性挑战和地区热点问题紧密联动，不确定、不稳定因素有增无减。

面对复杂多样的安全挑战，没有一国能独善其身。坚持多边主义，在相互尊重的基础上通过合作实现普遍安全，已日益成为各国的共识。

女士们，先生们，

军控和防扩散事关国际和地区的和平、安全与稳定，关乎各国人民利益与福祉。当前，在多边军控与防扩散领域有三个重要问题值得我们特别关注。

首先，全面禁止和彻底销毁核武器，实现无核武器世界，是国际社会的共同夙愿。自核武器诞生的第一天起，全球就笼罩在核战争的巨大阴影下。多年来，全世界爱好和平的国家、媒体人士及民间社会为推动全面禁止和彻底销毁核武器做出了不懈努力。

我们欢迎2009年9月联合国安理会就核不扩散与核裁军问题举行的峰会及通过的第1887号决议。我们积极评价去年4月在华盛顿举行的核安全峰会及其通过的公报和工作计划。我们特别赞赏《不扩散核武器条约》第八次审议大会取得的积极成果。我们也重视美俄达成的新的双边核裁军条约。两个拥有最大核武库的国家对核裁军负有特殊和优先责任。它们继续以可核查、不可逆以及具有法律约束力的方式进行大幅削减各自核武库，有助于为最终实现全面彻底核裁军创造必要条件。条件成熟时，其他核武器国家也应加入多边核裁军谈判进程。

其次，巩固和加强国际防扩散体系，是维护全球和地区和平稳定的重要支柱。当前，国际防扩散和核安全共识增加，合作不断加深。与此同时，核恐怖主义风险上升，伊朗核、朝鲜半岛核等地区核热点问题延宕难决，国际防扩散机制仍面临严峻挑战。

要从根源上防止核武器扩散，必须标本兼治、综合治理，摒弃双重标准和实用主义的做法。各国应严格遵守防扩散国际义务，加强防扩散出口管制。同时，还要充分尊重各国和平利用核能的合法权利。在地区核问题上，通过对话和谈判和平解决是根本出路。

最后，谈判制定新的国际法律文书，是维护外空永久和平与安全的最佳途径。随着人类对空间依赖日益加深，外空武器化的趋势也在同时增强，外空军备竞赛的风险进一步上升。与此同时，国际社会反对外空武器化、防止外空军备竞赛的呼声也在不断高涨。联大连续多年以压倒性多数票通过“防止外空军备竞赛”决议，要求谈判缔结相关国际法律文书。

外空是全人类的共同财富。无论发展中国家，还是发达国家，都是利益相关者。各国在享有和平利用外空权利的同时，也必须肩负起维护外空安全的共同责任。谈判制定新的“防止外空军备竞赛”的法律文书，有利于从根本上确保外空的和平利用，增进各国普遍、共同的安全。

女士们，先生们，

中国的军控与防扩散政策是中国总体外交政策的一部分，与防御性的国防政策相一致。其宗旨是维护国家主权、安全和发展利益，促进国际和地区和平、稳定与安全，增进与各国的相互理解、信任与合作。

一、中国是世界和亚太地区和平与稳定的坚定维护者

中国积极倡导互信、互利、平等、协作的新安全观，努力推动营造和平稳定的国际和地区环境。

中国坚持多边主义，主张巩固以联合国为核心的集体安全体系，支持联合国及其他多边机制在国际安全、军控与防扩散中发挥核心作用。

中国积极致力于维护半岛的和平稳定，实现半岛无核化。中国以建设性姿态参与伊核问题外交解决进程，推动通过对话和谈判达成全面、长期的解决办法。

二、中国是国际军控与防扩散进程的积极参与者和推动者

正如胡锦涛主席在安理会核不扩散与核裁军峰会所

指出的那样，中国一贯主张全面禁止和彻底销毁核武器，认为核武器国家应根据《不扩散核武器条约》切实履行其核裁军义务，明确承诺不寻求永远拥有核武器。为最终实现全面彻底核裁军，国际社会应适时制定一项切实可行的分阶段的长远规划，包括缔结《全面禁止核武器公约》。

中国认为，核武器国家应切实降低核武器在国家安全政策中的作用，明确承诺不首先使用核武器，无条件不对无核武器国家和无核武器区使用或威胁使用核武器，并尽早就此缔结国际法律文书。

中国以建设性姿态参与《不扩散核武器条约》审议进程，愿与缔约国一道，认真落实八审会达成的最后文件。

中国支持《全面禁止核试验条约》早日生效，支持日内瓦裁军谈判会议尽快启动“禁产条约”谈判，将继续为此做出积极努力。

中国一直致力于推进外空军控，与俄罗斯共同向裁谈会提交了“防止在外空放置武器、对外空物体使用或威胁使用武力条约”草案。希望裁谈会早日就此开展实质性讨论。

三、中国是国际军控防扩散义务的忠实履行者

中国从不回避核裁军义务，是核武器国家中唯一承诺不首先使用核武器，以及无条件不对无核武器国家和无核区使用或威胁使用的国家。中国过去没有、今后也不会参加任何形式的核军备竞赛，始终并将继续把自身核力量维持在国家安全需要的最低水平。中国的核政策是公开、透明和负责任的。

中国坚决反对任何形式的大规模杀伤性武器及其运

载工具扩散，积极参与国际防扩散努力，参加了防扩散领域所有的国际条约和相关国际组织，严格履行防扩散国际义务，建立完备的防扩散出口控制法律体系。

中国积极致力于《禁止生物武器公约》、《禁止化学武器公约》及常规武器领域有关国际条约的全面、严格履约，建立了与国际接轨、较完备的履约体系和机构。中国重视将于今年12月召开的《禁止生物武器公约》第七次审议大会，愿与各缔约国一道推动大会取得有意义的成果。中国将继续积极参与《特定常规武器公约》框架下的集束弹药议定书的谈判和联合国框架下的“武器贸易条约”的相关进程。

女士们，先生们，

在国际军控与防扩散领域，媒体不仅仅是报道者，也是重要的参与者和推动者。你们的专业、客观和及时的报道，有助于引导地区内民众全面准确理解当前军控防扩散领域形势和重要问题，促进各国政府和民众之间的交流和相互理解，推动国际军控与防扩散进程。

我衷心希望，各位与会代表能本着开放、坦诚、务实的精神，充分利用此次研讨机会就军控、裁军和防扩散领域的重大问题，及如何加强媒体与军控领域的互动等问题进行建设性的对话与交流，共同促进本地区媒体在推动国际军控与防扩散进程方面发挥积极作用。

最后，预祝研讨会圆满成功！

谢谢大家。

# 中国政府向联合国提交的 2009 年度军事开支报告

（2010 年 8 月）

**中华人民共和国**

〔原件：中文、英文〕

**军事支出国际标准汇报表**

（以时价计算的实际支出）

国家：中华人民共和国　　　　财政年度：2009

国家货币和计算单位：百万元人民币

（计算单位不应大于军事支出总额的万分之一）

中华人民共和国（百万元人民币）

财政年度：2009

| | 现役部队 | 预备役部队 | 民兵 | 合计 | |
|---|---|---|---|---|---|
| | | | | 金额 | 占总计的% |
| 人员生活费 | 167063 | 1465 | 0 | 168528 | 34.04 |
| 训练维持费 | 152171 | 1965 | 12859 | 166995 | 33.73 |
| 装备费 | 157426 | 1431 | 730 | 159587 | 32.23 |
| 总计 | 476660 | 4861 | 13589 | 495110 | 100.00 |

注：1. 人员生活费用于军官、文职干部、士兵和聘用的非现役人员等工资、津贴、伙食、被装、保险、福利、抚恤等。

2. 训练维持费用于部队训练和院校教育，以及各项事业建设发展。

3. 装备费用于武器装备的研发试验、采购维修、运输储存等。

# No-first-use of Nuclear Weapons: An Attainable and Critical Step towards A World Free of Nuclear Weapons

**By China Arms Control and Disarmament Association (CACDA) and Chinese People's Association for Peace and Disarmament (CPAPD)**

While the past 60 years have been witnessing up-and-downs of nuclear disarmament bargains, especially a momentum in nuclear disarmament has been emerging from last year, the world is embarrassedly remained in the shadow of nuclear weapons as a sword of Damocles hung overhead. Triggering of a nuclear war stands still in the nightmare of human beings and thousands of nuclear warheads constitute immediate and disastrous threats to the world peace and mankind's survival.

For years, the nuclear disarmament in a numeric term which concentrates on bargaining the decreasing aggregate limits of nukes is overemphasized. It is undeniable that, with the past disarmament accords in the efforts towards a nuclear-weapon-free world, the world nowadays with fewer nuclear weapons is seemingly less threatened than one in the cold war. The continuous reduction in nuclear arsenals is bricklaying efforts and the only way leading to the total elimination of the nuclear weapons. However, nuclear disarmament can by no means be purely engaged in a numeric way. To some extend, a world with scores of nuclear warheads is no better than one with thousands of nukes if the use of such lethal weapons is practically operational. A numeric nuclear disarmament should be supplemented with a conceptual revolution which explicitly lowers the role of nuclear weapons in the national security policy, pending the world nuclear arsenal reduced to zero. In this regard, a consensus on no-first-use of nuclear weapons which might eventually leads to a ban on the use of nuclear weapons is in an urgent need of the international community and will lay a solid basis for the total elimination of nuclear weapons.

**Significance of No-first-use:**

- Theoretically rules out the possibility of a nuclear war and marks immediately visible reduction of threats from nuclear weapons to world peace. A universalized no-first-use policy will also lead to substantive de-alerting and de-activating of nuclear weapons thus enhance nuclear safety and security;
- Implies less nuclear warheads needed and expedites nuclear arsenal reduction;
- will fundamentally uproot the incentives to possess and acquire nuclear weapons and remarkably promote nuclear nonproliferation and would pave the way to a total ban on nuclear weapons;
- Will be the most significant confidence building measures (CBMs) among nuclear weapon countries and between nuclear weapons states and non-nuclear-weapon states,

which will greatly improve the international security situation and create favorable atmosphere for nuclear disarmament;

- Makes the nuclear blackmails irrelevant any more;
- Automatically enables negative security assurance for non-nuclear-weapon states;
- Will also help cultivate a global culture and build internationally recognized norm against nuclear weapons, and illegalize nuclear weapons on a customary basis.

**Legal basis**

Though there is no universally recognized norm against preemptive nuclear striking, the legal basis concerning the no-first-use concept has been preliminarily built through the discussions on the unlawfulness of the use of nuclear weapons, since the no-first-use falls a sub-category under the general concept of the use of nuclear weapons.

- Advisory opinion of the international court of justice

  In 1996, upon the request of the UNGA, the international court of justice examined all aspects of the legality of the use or threat of use of nuclear weapons. Though it did not provide a clear-cut advisory opinion in favor of illegalizing the use or threat of use of nuclear weapons, the international court of justice tended to be of the view that "a threat or use of force by means of nuclear weapons that is contrary to Article 2, paragraph 4, of the United Nations Charter and that fails to meet all the requirements of Article 51, is unlawful".

- International humanitarian law

  In addition, the international humanitarian law prohibited a certain types of weapons either because of their indiscriminate effects on combatants and civilians or because of unnecessary suffering caused to combatants, that is to say, a harm greater than that unavoidable to achieve legitimate military objectives. Obviously, an envisaged use of nuclear weapons does not meet the requirement of the international humanitarian law, and a threat to engage in such weapons is contrary to the humanitarian law.

**Past successful experience**

History proves that the prohibition or restriction on the uses of a type of WMD could serve as a solid stepstone in the right direction toward the total elimination of those weapons, which was well testified in the successful story on the elimination of the biological and chemical weapons. It was 1925 Geneva Protocol enforcing a ban on the use of biological and toxin weapons that built a universal norm against those deadly weapons and finally led to a total elimination of chemical and biological weapons marked by the milestone accords of the Chemical Weapons Convention (CWC) and the *Biological and Toxin Weapons Convention* (BTWC) respectively.

What's more, the ban on the use of certain conventional weapons, i. e. incendiary weapons, blinding lasers weapons and weapons causing non-detectable fragments are another good example to eliminate a type of weapons by starting from dealing with its uses.

**Existing basis to be built on**

There has been a decades-long appeal from the international community in pursuit of a pledge of no-first-use and a ban on the use of nuclear weapons against non-nuclear-weapon states. Relevant efforts have been made and could serve as a solid basis for future's work:

- In 1992, China and Russia agreed, though temporarily, not to be the first to use nuclear weapons against one another. Two years later, Beijing presented a draft "Treaty on No-First-Use of Nuclear Weapons" to other nuclear powers and urged relevant countries to hold discussions on it;
- In 2000, the five recognized nuclear powers issued a joint statement saying their nuclear weapons would not target at any country;
- In 2001, China and Russia finally signed a treaty on no-first-use of nuclear weapons against one another - the first such treaty between two nuclear powers.

**Steps ahead in line**

To immediately shed the mankind from disastrous scenario of a nuclear war, the CACDA and the CPAPD strongly appeal that:

- The five recognized nuclear-weapon states publicly and immediately undertake not to first use of nuclear weapons against each other

- The five recognized nuclear-weapon states conclude a legally binding agreement on no-first-use of nuclear weapons.
- The five recognized nuclear-weapon states conclude a legally binding agreement to provide negative security assurance to non-nuclear-weapon states which prohibits the use of nuclear weapons against non-nuclear-weapon states and nuclear-weapon-free zones.
- Non-NPT states immediately accede to the *Nonproliferation Treaty* (*NPT*) as non-nuclear-weapon states. Pending their accession to the treaty, they shall make unequivocal pledge to abide by the norms to be established by the five nuclear-weapon states with regard to no-first-use and the use or threat of use of nuclear weapons.
- As a final step, the international community concludes a legally binding agreement to ban the use of nuclear weapons.